지은이
전홍식

초등학교 1학년 때 처음 용돈을 모아 미하엘 엔데의 〈끝없는 이야기(네버엔딩 스토리)〉를 사서 푹 빠진 이래, 판타지와 SF를 좋아하며 자라난 취미인.
취미는 독서. 취미 이외에도 독서. 책을 너무 좋아하고 책과 지식을 함께 나누고 싶어, 2009년 SF&판타지 도서관을 세워 운영했습니다.
게임 개발자로 드래곤볼 온라인 등 여러 프로젝트에 참여했고, 지금은 주로 대학교에서 게임 제작과 판타지, SF 세계관 창작 등을 가르치고 있습니다.

유튜브 채널 : 표도기의 SF&판타지 도서관을 운영 중 youtube.com/pyodogi

저서 : 〈한국 게임의 역사〉(공저, 북코리아, 2012), 〈웹소설 작가를 위한 창작 가이드 시리즈(판타지, SF, 라이트노벨편)〉(북바이북, 2015~2017), 〈SF유니버스를 여행하는 과학 이야기〉(요다, 2020), 등.

역서 : 〈판타지 세계 용어사전〉(AK커뮤니케이션즈, 2018), 〈크툴루 신화 대사전〉(AK커뮤니케이션즈, 2019) 〈판타지 유니버스 창작 가이드〉(요다, 2019), 〈판타지 유니버스 직업 소개소〉(요다, 2020) 등 다수.

THE FANTASY LIBRARY

전홍식 관장의

판타지 도서관

전홍식
지음

AK TRIVIA BOOK

책을 열며

판타지라는 놀랍고 멋진 여행

판타지는 신비가 가득한 세계를 모험하는 이야기입니다. 독특한 마법과 기묘한 환수가 넘쳐나고, 신비한 일이 끊임없이 벌어지는 흥미로운 세계에서 주인공이 겪는 다양한 체험을 함께 나누는 이야기죠. 물론 이 같은 개론은 그다지 중요하지 않을 겁니다. 중요한 것은 판타지가 재미있고 흥미롭고 무엇보다도 우리를 행복하게 해 준다는 것입니다.

제가 판타지라고 분류되는 작품을 처음 접한 것은, 초등학교 1학년 때 일입니다. 제가 그 책을 왜 샀는지는 알 수 없습니다. 다만 그 제목을 처음 보았을 때 뭔가 흥미를 느끼고 펼쳐본 것이죠.

『끝없는 이야기(네버 엔딩 스토리)』

그 책은 아마도 제가 제 용돈을 모아서 산 첫 번째 책이었던 것 같습니다. 부모님께서 사 주신 게 아니라, 제가 직접 골라서 돈을 낸 기억은 있거든요. '직접 골라서 샀다', 이게 가장 중요한 일입니다. 잘은 모르겠지만, 저는 그 책을 꼭 읽어야 한다고 생각했던 것이니까요.

지금 생각해도 상당히 두꺼운 그 책은 초등학교 1학년에게는 너무 어려웠던 느낌이 있습니다. 글자도 작고, 내용도 복잡했거든요. 하지만 뜻도 잘 모르는 내용임에도 기묘하게 종이는 절로 넘어갔던 것으로 기억합니다. 어느새 아침이 되었고, 그날은 난생 처음 밤을 새운 날이 되었습니다.

저는 한동안 그 책을 다시 보지 않았습니다. 책을 다시 펼친 것은 몇 년 지난 후의 일이었죠. 그리고 그 무렵부터였을 겁니다. 과학 책이나 SF 만화나 소설만 찾아보던 제가 판타지로 영역을 넓히게 된 것은.

친구의 집에 다양한 판타지 작품이 있는 문고(아마도 'ACE88문고')가 있다는 말에 친구네 집에 살다시피 하며 『호빗』과 『반지의 제왕』을 보았습니다. 아동용으로 간추린 내용이었지만, 당시는 '중간계'라고 번역된 '가운데 땅'의 여정은 너무도 흥미진진하여 눈을 뗄 수 없었죠. 당시 제가 좋아하던 컴퓨터 게임보다도 훨씬 재미있고 놀라웠습니다.

물론 소설을 보고 나니 컴퓨터 게임도 더 흥미로웠죠. 영어도 잘 모르면서 「호빗」의 어드벤처 게임을 해 보려고 노력했고(결국 제대로 깨지 못했지만), 친구와 넷이 함께 즐기는 「던전 마스터」라는 액션 롤플레잉 게임에 몰두하여 던전을 탐험하며 즐겼습니다.

「이스(YS)」라는 게임에 흥분하고 「울티마(Ultima)」를 처음 접하며, 「스타워즈」의 조지 루카스 감독이 제작한 영화 「윌로우」를 몇 번이나 극장에 가서 보면서 감동했던 일도 잊을 수 없습니다.

『끝없는 이야기』로 시작한 판타지의 여정은 제게 무한한 즐거움을 전해준 것이죠. 판타지 소설을 써 보겠다며, 게임을 만들어보고 싶다고 이것저것 해 본 기억도 추억으로 남아 있습니다. 그렇게 판타지에 푹 빠졌던 시간... 잘 기억나지 않지만, 적어도 그때를 떠올릴 때면, '행복했다'라는 느낌이 돌아옵니다. 지금 판타지를 좋아하고 즐기며 책도 쓰고 하는 건, 어쩌면 그때의 행복감을 계속 이어 나가고 싶기 때문일지도 모릅니다.

판타지에 빠지는 것이 항상 좋은 건 아니겠죠. 왜냐하면 판타지라는 것은 현실이 아니니까요. 물론 판타지나 SF가 현실에서 영향을 받아서 현실을 풍자하고 진실을 더욱 잘 보여준다고도 하지만 판타지는 현실이 아닌 가상의 세계, 환상과 신비의 세계에서 펼쳐지는 이야기입니다. 설사 무대가 현대 한국의 어딘가라고 해도 그 세계는 도깨비나 구미호가 돌아다니고, 좀비가 활개 치고, 지옥의 사자가 날뛰는 비현실적인 세계죠.

『반지의 제왕』의 작가 J.R.R.톨킨은 판타지를 가리켜 '도피의 문학'이라고 불렀다고 하죠. 물론 톨킨 자신이 부정적인 의미로 썼다고 생각하진 않지만, 실제로 판타지는 도피 대상으로 쓰이기도 합니다.

저는 '게임 중독'이라는 말을 부정하지만, '소설 중독'은 충분히 있을 수 있다고 생각해요(믿으세요. 판타지 소설에 빠져서 학교를 안 가는 자녀 문제로 고민하는 한 어머님의 하소연을 듣고 고민했고, 저 자신도 거의 2년쯤 무협 소설에 빠져서 일도 제대로 못 한 일이 있으니까요).

대리만족을 주는 이야기라면 더욱 빠지기 쉽습니다. 게임 역시 그렇지만, 게임은 내가 직접 즐기는 무언가라서 소설과는 조금 다른 것 같아요. 왜냐하면 게임을 잘하려면 노력이 필요하거든요. 하지만 소설은 그럴 필요가 없죠. 종이만 넘기면 되니, 초등학교 1학년도 밤새며 책을 볼 수 있습니다. 환상 세계의 모험담인 판타지는 힘든 현실을 벗어나 환상 세계로 도망치게 해 주는 작품이죠. 그러니 '도피의 문학'이라 부르는 것도 이상한 게 아니에요.

그런데 생각해 봅시다. 도피가 나쁜 건가요?

위기에 몰렸을 때, 힘겨울 때 휴식을 취하거나 잠시 피난하는 건 절대로 잘못된 게 아닙니다. 설사 목숨의 위기가 아닐지라도 어떤 힘겨운 상황에서 잠시 머리를 식히고 숨을 돌리는 건 도리어 그 상황을 극복하는 원동력이 되죠. 특히 마음이 지쳤을 때 우리에겐 휴식이 필요합니다. 이를 위해서 도피하는 것도 필요하죠. 다시 말해 도피란, 영원히 외면하거나 회피하는 게 아닙니다. 쉽게 말하면 두 발 전진을 위한 한 발 후퇴 같은 것이지요.

톨킨의 말대로 판타지는 '도피의 문학'이지만, 저는 동시에 '치유의 문학'이라고도 생각합니다. 우리 마음의 상처를 치유하고 마음의 힘을 채워 넣어서 현실의 어려움을 넘어설 수 있는 자신감을 얻게 하는 문학이라고 말이죠. 적어도 저 자신은 판타지에서 그런 것을 느꼈습니다.

그래서 제가 판타지를 좋아하고 즐기고 나아가 다른 이들에게 권하는 것입니다. 판타지 얘기라면 하루 종일, 아니 죽을 때까지 해도 절대로 질리지 않고 지치지 않을 테니까요. 그러다가 '단순히 판타지를 보고 즐기는 것만으로 좋을까?'라고 생각하게 되었죠. 어렸을 때 판타지 소설을 써 보고 싶었던 것처럼, 내가 생각하는 판타지를 한번쯤 사람들과 나누고 싶다고 말입니다. 그래서 판타지 책도 쓰고 게임 개발에도 참여해 보고 번역이나 강의했습니다. 다양한 판타지 이야기를 함께 나누며 즐겼죠. 하지만 성이 차지 않았어요. 그래도 여러 가지 뭔가를 더 할 수 있으리라 생각했죠.

그러던 중, SF와 과학 이야기를 연재하던 『소년중앙』 신문사에서 '다른 내용을 연재하면 좋겠다'고 제안해 주었습니다. 'SF였으니 이번에는 판타지'라 바로 떠올랐죠. 기존에 썼던 책(판타지의 역사와 개론에 대한 정리)과는 다른 형태로, 판타지의 지식을 정리해 보기로 했습니다. 글은 그때그때 새로운 소재를 잡아 보기로 했으며, 일단 판타지의 여러 가지 소재에 관하여 소개하기로 했죠.

처음에는 쉽지 않았습니다. 늑대인간이니 구미호니 하는 것들을 설명할 때만 해도 쉬웠지만, 시간이 지날수록 소재를 잡기 힘들어졌죠. 물론 판타지에는 다양한 설정이 등장하지만 2,500자의 칼럼으로 옮길 만큼 이야깃거리가 있는 것은 생각만큼 많지 않습니다. 가령 그리스 신화에서 탄생한 샐러맨더라는 불도마뱀이 있죠. 파라켈수스라는 연금술사가 불의 정령이라고 설정한 존재. 여기저기 작품에서 등장하기도 합니다. 그런데 이걸 글로 옮기려면 어떻게 하죠? 무엇보다 단순히 설정을 나열하는 게 아니라, '지식과 생각을 읽기 쉬운 이야기로' 옮기려면?

그렇게 연재를 계속하면서 소재를 잡기가 힘들어진 어느 날이었습니다. 원고 마감까지 불과 몇 시간. 하지만 소재가 떠오르지 않았죠. 잠시 달력을 본 저는 이제 곧 다음 해라는 것을 깨닫고 새로운 달력을 꺼냈습니다. 거기에는 떠오르는 태양의 사진이 붙어있었죠. 그때 떠올랐습니다. 태양은 사실 판타지의 존재라는 것을 말이죠. 수많은 신화와 전설이 담겨 있고, 여러 작품에서 매우 중요하게 등장하는 소재라는 것을 말입니다.

그 순간 원고가 쏟아졌습니다. 머릿속에서 무수한 생각과 이야기가, 하나의 글로 정리하기 어려울 만큼 쏟아져 나왔죠. 악전고투 끝에 태양에 관하여 글을 정리하고 나니, 뭔가가 보이기 시작합니다. 사실 제 주변에 모든 것이 판타지였기 때문이죠.

봄이 되면 봄의 신화나 전설이 있습니다. 칠석에 오작교 이야기도 흥미로운 내용을 담고 있죠. 제가 좋아하는 롤플레잉 게임은 판타지에서 탄생했고, 제 방 벽에는 요정 세계를 그린 판타지 지도가 있습니다. 그야말로 무궁무진한 판타지 소재가 사방에 널려 있었던 것입니다.

그야말로 세상은 판타지 세계를 담은 도서관 같았죠.

판타지를 좋아하는 데다 도서관을 운영하는 만큼, 제가 좋아하는 판타지 이야기를 나누고 싶어졌습니다. 이를 통해 판타지가 얼마나 재미있고 흥미로운지, 얼마나 다채롭고 풍요로운지를 말이죠. 그리고 이러한 생각 하나하나가 우리를 얼마나 행복하게 해 주는지를. 그렇게 시작한 원고가 어느새 5년. 60편을 넘어섰습니다. 한 권의 책으로 묶어낼 자신이 생겼죠. 그간의 원고를 모으고 정리하면서, 원고엔 담지 못한 여러 가지 이야기를 더하기로 했습니다. 판타지의 다양한 이야기를 좀 더 많은 이와 나누고 싶었으니까요.

『전홍식 관장의 판타지 도서관』은 바로 그런 제 마음이 담긴 책입니다. 판타지의 여러 이야기를 여러분과 나누고, 함께 하기 위한 책.

어떤 분은 이 책을 판타지에 관한 지식을 담은 책으로 받아들일지도 모릅니다. 이 책에는 당연히 다양한 소재에 대한 방대한 지식이 담겨 있습니다. 제가 기억하고 있던 것만이 아니라, 그때그때 조사하여 정리한 것까지 무수한 내용이 있죠. 2,500자에 맞추어 쓴 칼럼에 그치지 않고, 신문엔 싣지 못한 여러 이야기를 더했습니다. 여기에 기사를 6개 항목으로 나누고 항목마다 기본적인 지식을 '판타지 가이드'라는 이름으로 소개합니다. 그리고 각 항목의 기본 지식은 좀 더 편하게 볼 수 있도록 노트와 도표를 추가하여 정리했습니다.

또 누군가는 이 책을 판타지 창작을 위한 소재나 아이디어집이라 생각할 수도 있습니다. 물론 여기에는 판타지의 여러 소재가 있고, 그 소재에 대한 제 상상이 실려 있습니다. '이런 얘기도 재미있지 않을까?'라는 부분을 얼마든지 찾아볼 수 있으며, 하나하나의 주제에서 수많은 이야기를 꺼낼 수 있습니다.

저는 이 책을 '판타지 세계를 즐겁게 여행한 사람의 기행문'으로 생각합니다. 어릴 때부터 지금까지 판타지를 여행하며 즐거워했던 사람의, 5년이 넘게 판타지 기사를 정리하며 좋아했던 행복한 순간의 추억이 담겨 있으니까요.

일단 한 권을 완성했지만, 여기서 끝날 것 같지는 않습니다. 기사를 연재한 지 5년을 넘기지만, 신문 기사는 지금도 이어지고 있고, 설사 연재가 끝나도 이 작업은 계속될 것 같으니까요. 이 책을 재미있게 보신다면 한 번쯤 여러분 주변을 돌아보길 권합니다. 사실 우리가 사는 세상은 그 자체가 놀라운 판타지이며 경이와 신비로 가득하다는 것을 알게 될 것입니다.

그렇다면 여러분만의 판타지를 찾아서 저처럼 뭔가 적어보시길 권합니다. 설사 신문 기사나 책이 되지 않더라도 그것은 행복한 추억으로서 여러분의 마음을 더욱 풍요롭게 해 줄 것입니다.

언젠가 또 함께 판타지 여행자의 기행문을 나눌 수 있기를 기대합니다.

이 책을 보는 방법

이 책은 여섯 가지 주제로 나뉘어 있으며, 각 항목은 크게 두 부분으로 구분합니다.

판타지 가이드

각 항목 초반에는 칼럼과 별개로 판타지의 여러 설정과 항목을 분류, 정리한 내용이 있습니다. 각 항목에 대한 종합적인 정보와 지식, 판타지 가이드라고 할 수 있는 부분입니다. 판타지에 대해서 일반적인 내용에 대해 궁금하다면, 판타지 가이드를 읽어보세요.

판타지 가이드의 각 단락 후반은 중요한 점을 간추려 노트(도표와 항목)로 정리했습니다. 이 노트만으로도 기본적인 내용은 충분히 이해할 수 있고, 어떤 부분이 적혀 있는지 손쉽게 알 수 있습니다.

이렇게 기본적인 내용을 머리에 담고, 글을 차근차근 읽는 것도 좋겠죠.

판타지 칼럼

『소년중앙』에 연재했던 글을 바탕으로 수정·추가한 내용입니다. 선정했던 소재에 대한 가벼운 칼럼과 함께 그 칼럼의 내용을 보완하는 글상자를 더했습니다. 너무 지나치게 많은 내용을 몰아넣지 않도록 칼럼은 내용을 일부 수정하여 수록하는데 그쳤지만, 칼럼 소재와 관련한 내용을 따로 정리한 것입니다.

칼럼은 비슷한 항목끼리 모아두었지만, 본래 하나씩 독립적인 글입니다. 목차를 보시고 가장 눈길이 가는 내용을 골라 보셔도 좋습니다. 소재에 대해 좀 더 다른 내용을 보고 싶다면 추가된 글상자를 보면 되겠죠.

목 차

02 권하고 싶은 판타지
다양한 판타지 작품 이야기

03 환상계의 신비한 존재
환수와 몬스터

04 판타지의 일상
판타지를 살아가는 종족들

05 판타지의 주인공들
다양한 직업과 사람들

06 환상계의 또 다른 이야기들

판타지에는 매우 다양한 이야기가 존재한다. 거대한 용이 하늘을 날아다닐 수도 있고, 고대의 마법사가 놀라운 마법으로 세상을 바꾼다. 요정과 정령이 하늘을 날며 빛을 내는가 하면 흡혈귀나 좀비가 마을을 위협하고, 영웅과 용사들이 마왕에 맞서 사람들을 구해낸다. 공주와 마술사가 등장하는 동화부터 마법 탐정과 마녀가 활약하는 도시 판타지에 이르기까지, 판타지 세계는 온갖 신비로 가득하다. 그야말로 신비와 경이로 가득한 판타지 이야기. 이러한 이야기의 시작에는 신화와 전설이 존재한다.

신화란 신에 관한 이야기, 더 정확히 말하면 인간이 만들어낸 신들과 관련된 이야기를 가리킨다. 그리스 로마 신화부터, 북유럽 신화나 켈트 신화, 수메르, 이집트, 그리고 한국의 단군 신화에 이르기까지…. 세상에는 다양한 신화가 존재한다. 그 자체로서도 재미있고 흥미롭지만, 판타지나 SF 같은 여러 작품에 영감을 준 신화들…. 이들은 모두 우리 인간이 가진 호기심과 상상력에서 시작되었다.

이 같은 신화에는 어떤 형태가 있을까? 이 장에서는 판타지를 시작으로, 인류의 창작에 도움을 주는 신화와 전설에 관해 이야기한다.

판타지 이야기를 시작하며

환상계를 펼쳐내는 신화와 전설

PART

01

판타지 칼럼 신화, 판타지를 엮어내는 상상의 원천

1. 신화의 시작

인간은 호기심이 많고 궁금한 것을 참지 못하는 존재이다. 영어에 '호기심이 고양이를 죽인다'[1]라는 말이 있듯이, 인간은 원인이나 결과가 궁금한 일에 대해서는 물불 가리지 않는다. 그렇기에 공포 영화에서 죽을 것을 뻔히 알면서도 문을 여는 상황이 벌어지는 것이다.

일찍이 도구와 불을 사용하면서 여유가 생긴 인간들은 주변을 돌아보면서 의문을 가졌다. 하늘은 왜 저렇게 파란지, 피는 왜 내리는지, 밤과 낮은 왜 존재하며 계절은 왜 있는지. 무엇보다도 우리는 어디에서 왜 태어났고 어떤 존재인지 궁금하게 생각했다.

아무리 생각해도 답은 알 수 없었다. 과학 기술이 발달하지 않았던 당시에는 지구가 자전하거나 태양 주변을 공전한다는 것은 물론, 물이 증발해서 구름이 되고 비가 되어 떨어지는 과정 같은 것도 전혀 알지 못했기 때문이다(물론 유전자라던가 진화 같은 것을 몰랐던 것도 당연한 일이다).

1 Curiosity killed the cat. 영국 각본가인 벤 존슨이 사용한 'Care will kill a Cat.'이라는 표현을 윌리엄 셰익스피어가 사용하면서 전해진 표현으로, 영국에서 떠돌던 '고양이는 아홉 개의 생명이 있다'라는 소문을 실험하다가 고양이를 죽일 수 있다는 의미로 시작되었다.

플라마리옹 판화(1888년)
이 세상 밖에는 무엇이 있을까? 오래전부터 사람들은 이를 궁금하게 여겼다.

원인이 있으니까 결과가 생기기 마련인데, 그 원인을 알 수 없었다. 세상을 보는 눈이 넓어질수록 궁금한 것은 늘어났지만, 답은 알 수 없었다. 그렇게 궁금한 게 계속 늘어나 더는 참을 수 없게 되었을 무렵, 한 사람이 말했다.

"그래! 비가 내리는 건 구름에 비의 정령이 살고 있기 때문이야."

단지 상상에서 시작된 그 말에는 어떤 근거도 없었지만, 뭔가 그럴듯하게 보였다. 비를 내리는 먹구름이 보통 구름과 다른 것은 그 안에 비의 정령이 살고 있기 때문이라는 말도 이치에 맞아 보였다. 이로써 사람들은 '비의 정령이 있다'라는 상상을 받아들이며, 비가 왜 내리는지에 대한 호기심을 충족할 수 있었다. 하지만 거기에서 만족할 수 없었다. '비의 정령'이라는 상상을 받아들이자, 이번에는 비의 정령 그 자체가 궁금해졌기 때문이다.

'비의 정령은 어떻게 생겼지?'
'비의 정령은 왜 은총을 내리지?'
'비의 정령은 어디에서 살지?'

'비의 정령'이라는 상상의 존재에 관한 무수한 질문은, 그에 대한 상상의 나래에 힘을 더해주었다. 사람들은 끝없이 상상을 거듭하고 비의 정령에 관한 이야기를 만들어냈다. 비의 정령이나 마음, 그가 살아가는 세상…. 이렇게 전설이 시작되고, 신화가 생겨났다.

호기심과 상상은 여기에서 그치지 않았다. 비의 정령 이야기가 만들어지면, 구름의 정령이나 태양의 정령, 그리고 강과 바다, 물의 정령이 탄생한다. 겨울이 되면 눈의 정령으로 변신하는 비의 정령이 이들 다양한 자연의 정령과 함께 '정령계'라는 세상을 만들고 있다는 상상으로 뻗어나간다.

이러한 상상은 '비의 정령에게 도움을 요청하고 싶다'라는 바람과 연결되어 신앙과 종교를 낳았지만, 동시에 세상을 구하는 영웅과 탁월한 현자, 그리고 세상을 위협하는 악당의 이야기를 만들어내기도 했다. 세상에 온갖 위협에 맞서 신의 힘을 가진 영웅이 활약하는 이야기를 바랐기 때문이다.

정령과 신 역시 계속 태어난다. 사람의 숫자가 늘어나고 문명이 발달하고, 다채로운 직업과 생활이 생겨나면서 호기심과 상상이 넘쳐났기 때문이다. 비나 바람, 태양 같은 자연의 현상에 대한 궁금증에서 탄생한 정령과 신은, 어느새 대장장이나 농부 같은 인간의 직업을 수호하는 존재로 거듭났다. 도둑이나 사기꾼 같은 범죄자조차 수호신을 갖기에 이르렀다. 화덕이나 물병처럼 보잘것없어 보이지만 가족에게 소중한 물건을 지켜주는 존재도 있었고, 결혼이나 이혼 같은 사람들의 규칙에 대한 신도 생겨났다.

NOTE 신과 신화의 탄생

- 비는 왜 내릴까?

↓

- 누군가가 내리게 하는 게 아닐까?

↓

- 그를 '비의 정령'이라 하자.

↓

- '비의 정령'은 어떻게 생겼고 뭘 하고 살까?

↓

- '비의 정령'에겐 가족이나 동료, 아니면 적은 없을까?

↓

- 신과 신화는 이처럼 호기심에 관한 질문과 답변으로 탄생하고 발전했다.

신이 늘어날수록 그들의 이야기가 늘어나고, 인간의 바람이 영웅과 용사를 만들어내면서 신화라는 상상의 세계는 더욱 풍족해졌다. 그리고 신화의 상상은 창작자의 마음을 자극하여, 그들만의 이야기를 만들어내기에 이른다. 바로 '판타지'가 탄생한 것이다.

2. 신화와 창작 이야기

신비한 이야기인 판타지는 신화에서 영감을 얻어 탄생했지만, 동시에 『반지의 제왕』같은 많은 작품에는 독자적인 신화가 존재한다.

신화를 '인간이 만들어낸 신의 이야기'라고 할 때, 우리 세상에 존재하는 모든 신화 속의 신들은 실제로는 창작된 존재에 불과할 수도 있다. 물론 「마블 시네마틱 유니버스」의 토르처럼 과거에 실존했다가 현재는 잠시 떠난 것일 수도 있지만, 적어도 그들 신이 현재의 우리 삶에 큰 영향을 주는 것처럼 보이지는 않는다.

판타지 이야기에서는 다르다. 『호빗』이나 『반지의 제왕』에서 창조주나 세상을 만들어낸 천사에 해당하는 '아이누'라는 이들은 직접 등장하지 않지만 그들의 발자취는 '가운데 땅'에 남아 있으며, 이야기 속에서 그들의 영향을 느낄 수 있다(대표적으로 간달프나 사루만, 심지어는 사우론 조차도 본래는 아이누였다). '가운데 땅'의 혼란 자체가 신과 천사들이 세상을 만들던 과정에서 생겨난 불협화음의 결과이니 말이다.

판타지 이야기 속에서 신화가 등장할 때 그 신화는 현재 만들어지는 이야기에 어떻게든 연관을 주게 마련이다. 한국 판타지 문화에도 큰 영향을 준 미즈노 료의 판타지 소설 『로도스도 전기』의 무대인 로도스섬은 신들의 싸움으로 생겨난 땅이며, 후반에선 로도스에 봉인된 파괴신인 사신(邪神) 카디스의 부활을 둘러싼 싸움이 중심이 된다.

세상을 만들어낸 신 그 자체가 주인공의 적이 되기도 하는데, 대개는 신에게 사악한 목적(적어도 주인공에게 좋지 않은 목적)이 있기 때문이다. 「마블 시네마틱 유니버스」 중 「이터널즈」에서도 셀레스티얼이 이터널즈로 하여금 인간들을 보호하게 한 것은 단지 지구 속에서 자라는 새로운 셀레스티얼을 부활시키는 목적이 있었으니 말이다. 그밖에도 전쟁 구경이 재미있다는 이유로 전쟁을 부추기는 신이나 인간의 공포를 좋아해서 주인공을 위험에 빠뜨리는 등, 사악한 신의 설정은 얼마든지 존재한다.

판타지 속 신화가 이야기에 중요한 역할을 하는 것은 그 이야기 속 신화가 그 세계의 과거에 실제로 있었던 사건이기 때문이다.

많은 판타지 작품에선 데우스 엑스 마키나[2]가 될 수도 있는 신의 개입을 막고자 '신이 봉인되었다'라거나 '신이 떠나버렸다'라는 식으로 신을 멀리하지만(신은 자연스러운 변화를 좋아해서 인간계를 구경만 한다는 설정도 있다), 설사 그렇다고 해도 과거에 신 때문에 일어난 어떤 일은 현재에 영향을 주게 마련이다.

신이나 신에 필적할 영적 존재는 평범한 인간만이 아니라 영웅조차 쉽게 상대할 수 없는 만큼, 그들의 등장은 이야기의 규모를 키우고 주인공들의 위기를 고조하는 재미가 있다. 과학자들의 코믹한 유령 사냥 이야기였던 영화 「고스트버스터즈」에서도 고대의 파괴신이 등장하는 순간, 위기가 극대화되며 세계 멸망을 건 싸움이 펼쳐진다. 고지라 같

2 데우스 엑스 마키나(Deux ex Machina) – 기계 장치의 신을 뜻하는 그리스어. 연극이 유행했던 그리스 시대에 이야기를 고조시키다 진행하기 힘들면 천정에서 신을 등장시켜 강제로 이야기를 마치는 일이 있었다. 가령 두 가문이 서로에게 복수를 거듭하다가 싸움이 너무 커졌을 때, 신이 등장하여 '싸움을 그쳐라.'라고 명령하며 이야기를 마치는데, 그 결과 이제까지 주인공들의 이야기가 무의미해지고 만다.

은 거대 괴수나 슈퍼맨 같은 슈퍼히어로/빌런(초인 영웅/악당) 대결도 세상을 멸망시킬 가능성이 있는 신들의 싸움과 같다. 가장 극적인 사례로는 절대적인 존재이기 때문에 등장과 함께 이야기를 끝장내버리는, 크툴루 신화에 나오는 '위대한 옛것(그레이트 올드원)' 같은 신적 존재를 생각할 수 있다.

신화가 이야기에 큰 영향을 주지 않더라도 신의 존재는 '신에 대한 기도로 능력을 발휘'하는 신성 마법의 바탕이 되어 이야기에 살을 붙여주고, 마법과 같은 신비한 힘의 가능성을 더욱 높인다(반대로 이런 마법이 신의 존재를 믿게 하기도 한다).

판타지 세계의 신은 때때로 인간에 의해서 창조되기도 한다. 바로 '신자들에 의해서 신이 존재한다'라는 개념이다. 이에 따라서 신자가 사라진 신이 소멸해버리거나, 소멸하지 않으려고 발버둥 치는 이야기가 등장할 수도 있고, 반대로 신자가 생겨나면서 신이 탄생하는 이야기가 나오기도 한다.

닐 게이먼의 소설 『신들의 전쟁(원제: American Gods)』은 바로 이 같은 설정을 바탕으로 한 작품으로, 게르만의 주신 오딘을 비롯한 여러 신이 사람들과 함께 미국으로 이주했지만 신자가 없어 힘을 잃고 무위도식하는 사이, 미국에서 텔레비전처럼 사람들이 경배(?)하는 존재에 관련된 미국의 신들이 새롭게 생겨나 이들을 몰아내려고 싸운다는 설정으로 눈길을 끌었다.

신들이 신자를 놓고 싸운다는 것은 게임 「파퓰러스(Populous)」에서 먼저 나왔는데, 여기서 플레이어는 신의 역할을 맡아서 상대방 부족에

영화 「고스트버스터즈」에 등장한 파괴신?
코믹한 모습과는 상반된 무시무시한 힘으로 신의 부조리함을 재미있게 엮어냈다.
ⓒ1984 Columbia Pictures Industries, Inc.

게 군대를 보내거나 재앙을 내려 상대방의 신자를 줄이고, 신을 파괴하며 세계를 정복해나간다.

신자의 믿음은 인간을 신으로 만들기도 한다. 고대 로마에서 황제가 죽은 후에 황제의 신전을 만들어서 황제를 신으로 격상시킨 것이 가장 대표적인 사례. 심지어 그중에는 살아있는 시기에 신전을 세워서 스스로 신이라고 선언하는 사례도 있는데, 현실에선 사이비 교주 같은 상황이지만 판타지에선 인간의 마음이 마법의 힘이 되어 정말로 신의 힘을 부여한다는 설정을 넣을 수도 있다.

신이 되어 상대 신을 파괴하는 게임, 「파퓰러스」
당시 최고의 전략 게임으로 불리며, 이후 많은 작품에 영감을 주었다.
ⓒ1989 Electronic Arts Inc.

NOTE 판타지와 신화

- 판타지에서 신화와 신은 다양하게 활용된다.
- 신이 세상을 좌우한다. ➔ 세상은 신의 놀이터
- 신화가 현재에 영향 ➔ 이 세상은 신에 의해 창조된 것
- 신의 힘이 마법으로 존재 ➔ 마법으로 신의 존재를 입증?
- 믿음이 만들어낸 신 ➔ 인기를 끌고자 발버둥 치는 신?

도교의 신선이나 불교의 부처처럼 수행이나 수련으로 인간이 특별한 힘을 얻는 사례도 있기에, 신이나 그에 필적하는 존재의 이야기는 끝이 없다. 중국에서는 관성제군(삼국지의 관우)같은 실존 인물만이 아니라, 제천대성(손오공)처럼 창작 작품의 인물도 신으로 받들었다. 믿음이 곧 신을 만들 수 있다면 이들 역시 신으로서 세상에서 활동할지도 모른다.

읽을거리 **어령 신앙**御靈信仰

어령 신앙이란 일본의 전통 신앙 중 하나로서, 인간을 신으로 만드는 특별한 방법 중 하나이다. 보통 인간을 신으로 모시는 경우는 중국의 관성제군이나 한국의 장군신처럼 무언가 업적을 세운 사람을 기리는 사례가 많다. 하지만 어령 신앙은 억울하게 죽거나 비명횡사한 사람, 또는 요괴나 동물을 신사에 모셔서 신으로 경배한다. 일찍이 일본에서는 이러한 자들의 영혼이 원혼이 되어 자연재해나 전염병을 일으킨다고 여겼는데, 특히 죽은 적의 영혼이 자신에게 원한을 품는다고 여긴 이들은 적의 영혼을 신사에 모시고 경배함으로써 원한을 풀고 재앙과 소동을 피하려고 했다.

어령 신앙의 가장 대표적인 것으로 학문의 신으로 인기 높아서 일본 신사 중 가장 큰 파벌을 자랑하는, 스가와라노 미치자네가 있다. 한때 권력자였던 그는 반대파에 몰려 몰락하고 죽었는데, 이후 조정에 재난이 계속되자 그가 원령이 되었다고 여긴 이들이 그를 신으로 모시게 되었다. 이처럼 권력 다툼 외에도 전쟁에서 패하고 도망치다 낙오무사 사냥으로 전멸한 병사를 모시는 등, 일본 각지에 원령을 위로하고 진정시키기 위한 어령 신앙의 신사가 존재한다(로마 황제처럼 자신이 죽은 후에 신사를 만들어 신으로 모시라고 한 도요토미 히데요시 같이, 그들 가문의 조상을 받드는 신사를 만드는 사례나 자연신에 해당하는 괴물이나 정령을 모시는 신사도 있다). 이는 '신으로 받들어주었으니 이제 원한을 풀겠지'라는 가해자 중심 사고일 수도 있지만 자신과 직접 관련 없는 영혼, 심지어는 인간이 아닌 동물이나 괴물도 대상으로 삼아 안타까운 영혼을 위로하고자 하는 마음이 반영되었다고도 볼 수 있다.

3. 신화와 종교

판타지, 그중에서도 중세 판타지라고 불리는 작품들은 중세 유럽을 모델로 한 사례가 많다. 하지만 실제 중세 유럽과 달리 종교가 없거나, 종교가 별로 등장하지 않는 사례도 많다. 실례로 『반지의 제왕』의 '가운데 땅'에는 정말로 신이 있고 마법이라는 힘도 등장하지만, 성직자나 사원을 포함한 종교적인 요소가 전혀 나오지 않는다.

톨킨의 팬으로도 유명한 조지 R.R. 마틴의 『얼음과 불의 노래』 같은 작품도 마찬가지로, 실제로 마틴은 다음과 같은 말을 남기기도 했다.

> "저는 성당에 거의 가지 않는 가톨릭 신자입니다. 다른 사람 눈에는 무신론자 혹은 불가지론자로 보일 수도 있겠지요. 저는 종교와 영성(靈性)은 매혹적이라 생각합니다. 이승이 끝이 아니라 저 너머에 뭔가 더 있을 거라고 믿고 싶어요. 하지만 이성적인 측면의 나는 그것을 이해할 수 없기에 받아들이기 힘들더군요. J.R.R. 톨킨이 빼버린 것이 바로 이 부분이지요. 『반지의 제왕』 세계에는 성직자는 없어요. 그러니 당연히 사원도 없고요. 숭배한다는 것 자체가 없지요." _ 조지 R.R. 마틴

판타지에서 신이 등장한다는 것은, 신들에 관한 이야기가 실제로 있다는 말이 될 것이다. 이는 신화라는 이름으로 사람들에게 전달되어 그 세상 사람들의 삶에 영향을 주겠지만, 그것이 반드시 종교로 연결된

다고는 볼 수 없다.

종교란 신적인 존재를 숭배하는 데 그치지 않고, 신의 말(또는 신의 말을 전하는 성직자의 말)에 따라 행동하는 것을 말한다. 특히 옳고 그름의 문제에도 적용되는데, 극단적일 때는 모든 가치관에서 신이나 성직자의 뜻을 우선하는 형태로 연출된다. 종교의 영향이 강하면 인물들이 자기 마음에 따라 행동하는 게 아니라, 오직 신이나 성직자의 뜻에 따라 움직이는 꼭두각시처럼 보일 수 있다.

판타지 작품에서 종교나 신앙이 존재하는 것이 반드시 나쁜 일은 아니다. 종교나 신앙을 이야기에 활용할 수 있기 때문이다. 우선 종교나 신앙과 관련된 성직자를 캐릭터로 활용할 수 있다.

많은 판타지 게임에서는 치료를 담당하는 인물로서 신성 마법을 부리는 성직자가 등장하는데, 그렇다고 해서 그들이 꼭두각시처럼 행동하는 것은 아니다. 신관복을 입고 신의 계율을 따르며 신에게 기도를 올리지만, 신의 뜻만 강조하면서 행동하지 않는다. 무엇보다도 이들 성직자 이외의 인물들(특히 주인공)이 숭배 행위에 별 관심을 보이지 않으면, 이야기에서 종교의 영향은 많이 줄어든다.

반면 이야기에서 종교의 영향이 강해지면, 종교의 이름으로 온갖 악행을 저지르는 사례를 연출하여 활용하는 것도 가능하다. '이교도는 인간이 아니다'라는 성직자의 말에 따라 벌어진 종교 전쟁의 학살이나, '신께서는 희생을 바란다'라는 말에 따라 벌어지는 자살 테러 같은 상황이 벌어지는 것이다. 정말로 신이 존재하면, 신 자신이 이 같은 파괴를 일으키는 원흉이 될 수도 있다.

필립 풀먼의 소설 『황금나침반』 시리즈에선 창조주를 몰아내고 사칭하는 천사가 신봉하는 종교 조직과의 대립 상황이 펼쳐지는데, 정말로 신이 있다고 해도 그것이 진실한 신이 아니거나 또는 신의 여부에 관계없이 광신적인 종교 조직의 편협한 모습이 이야기를 흥미롭게 끌어내는 원동력이 될 수 있다.

종교나 신앙을 도입할 것인가 말 것인가는 이야기의 특성에 따라서, 그리고 이들을 어떻게 활용할 것인가에 따라서 달라진다. 종교나 신앙이 없다고 해도 종교적인 이야기가 될 수 있으며(『실마릴리온』까지 포함한다면, 톨킨의 작품은 기독교적인 설정과 분위기가 매우 강한 작품이다), 종교나 신앙이 있어도 「드래곤 퀘스트」 같은 작품 속 교회처럼 모험을 도와주는 도구 정도로만 활용될 수도 있다.

일반적으로 기독교의 영향이 강한 서양의 판타지 작품에서 종교/신앙 요소가 아예 등장하지 않는 경향이 있으며, 종교가 등장하면 이야기에 매우 큰 영향을 주거나 악의 근원처럼 부정적으로 연출된다. 신 그 자체보다는 종교와 그 조직이 이야기에 깊이 관여하는 경우가 많은 것도 일반적인 사례.

반면 한국, 일본, 중국처럼 기독교 색채가 약한 나라의 판타지에선 중세 유럽풍의 세계라고 해도 종교나 신앙이 이야기를 흥미롭게 만드는 한 요소 정도로 추가되는 정도로 그치는 경향이 있다. 때로는 그리스 신화나 게르만 신화처럼 신들이 이야기 속에 직접 등장하고 활동하는 사례도 적지 않다.

이는 절대적인 정의의 상징인 유일신을 신봉하는 설정과 인간적인 욕구와 매력을 지닌 다양한 신이 등장하여 세속적인 느낌을 잘 보여주는 다신교의 차이 때문일지도 모른다(종교의 종교에 따른 특성의 차이는 다음 장을 살펴보자).

다양한 신이 등장한다고 해서 그리스나 게르만 신화처럼 인간적인 욕구와 행동을 보여줄 필요는 없다. 소설 『유년기의 끝』(아서 C. 클라크)의 오버마인드처럼 인간과는 근본적으로 다른 사고방식을 지니고 있거나, 러브크래프트 작품 속 신적 존재나 드라마 「지옥」 속 천사처럼 아예 인간의 상상을 벗어난 존재로 나올 수도 있다.

4. 종교의 개성과 특징

종교의 가장 기본적인 형태는 자연 숭배에서 시작한다. 이 자연 숭배가 체계적인 형태로 발전한 것을 고대 종교라고 하는데, 크게 애니미즘(Animism), 토테미즘(Totemism), 샤머니즘(Shamanism)이 있다. 이들을 '고대 종교'라고 부르긴 하지만, 다신교나 유일신교보다 미개하거나 야만적이라는 뜻은 아니다. 경전이나 성전, 성직자 계급 같은 특징이 있다는 점에서 다신교나 유일신교 쪽이 좀 더 체계적인 느낌이 있지만, 애니미즘이나 토테미즘 같은 종교에도 여러 가지 개성과 장점이 있기 때문이다.

가) 애니미즘(Animism, 정령 신앙)

신과 신화라는 개념이 등장했음에도 사람들의 호기심은 사라지지 않고 상상은 계속되었다. 사람들은 비뿐 아니라 하늘, 태양, 달, 그리고 불이나 바위에 이르기까지 모든 것에 정령이 있다고 여기고 그것을 존중해야 한다고 믿었다. 그들은 나무가 맺는 열매를 먹었고, 동물을 잡아먹었다. 불이 있기에 음식을 맛나게 먹을 수 있었고, 비가 있었기에 자연이 풍요롭다는 것을 알게 되었다. 반면 비가 심하게 내리면 재앙이 몰려왔고 불은 때때로 숲과 집, 그리고 인간을 불살랐다. 모든 것에 정령의 은혜가 있었고 정령의 분노가 있었다.

"정령의 분노를 사지 않게 받들어야 한다."

누군가가 말했고 사람들은 따랐다. 그리하여 세상 만물에 깃든 정령을 숭배하는 신앙, 애니미즘이 탄생했다.

판타지에서 애니미즘은 보통 부족 국가 체계의 종교로 자주 등장한다. 정령을 부리는 정령사가 나오거나, 우주의 기운을 다룬다는 설정은 애니미즘으로 볼 수 있다. 「스타워즈」에서 제다이가 사용하는 포스나 무협 소설의 기(氣), 풍수지리의 용맥(龍脈) 같은 것도 넓은 의미에선 애니미즘 요소로 볼 수 있으며, 판타지만이 아니라 SF에서도 폭넓게 적용할 수 있다. 정령은 보통 자연의 존재이지만, 컴퓨터나 자동차처럼 현대의 발명품에 정령이 존재한다는 개념도 괜찮다. 근래에는 지구 생태계가 하나의 생명체처럼 반응한다는 '가이아 가설'에 애니미즘 해석을 넣어, 지구에 의지가 있다는 설정을 넣는 작품도 적지 않다.

애니미즘 요소를 넣을 때는 정령이나 기, 용맥과 같은 존재가 인간과 다르다는 것을 염두에 두는 게 좋다. 정령이 생각하는 옳고 그름은 인

지구의 생태계가 하나의 생명체처럼 행동한다는 가이아 가설을 내세운 제임스 러브록. 그의 가설은 지구가 의지를 지닌다는 설정에 영감을 주었다.
(https//aeon.co/)

간의 그것과 다를 수 있다는 것이 애니미즘 설정의 가장 매력적인 개념 중 하나이다.

나) 토테미즘(Totemism)

문화가 발달하면서 사람들의 삶은 더욱 풍요로워졌다. 늑대를 길들여 가축으로 삼았고 소와 말, 낙타를 이용하면서 먼 거리로 짐을 나르기도 쉬워졌다. 그럴수록 자연은 더욱 위험한 존재가 되었다. 특히 인간의 영토가 넓어지면서 부딪칠 기회가 늘어난 호랑이나 표범 같은 맹수는 자연의 재앙과도 같았다.

'어떻게 하면 호랑이의 피해를 막을 수 있을까?'

고민하던 사람들은 누군가의 이야기를 들었다. 어느 날 숲에서 호랑이를 만난 사람이 엉겁결에 절을 하며 부디 살려달라고 외친 것이다. 그 말을 알아들은 건지 아니면 단순히 배가 불러서 그런지는 모르겠지만, 호랑이는 그를 한번 돌아보고는 어딘가로 가 버렸다.

'호랑이도 기도하면 들어준다.'

사람들은 생각했고, 호랑이에게도 인간과 같은 영혼이 있다고 믿게 되었다. 인간처럼 그들에게도 마음이 있으며 정성은 통한다는 생각이다. 가축을 기르면서 사람들은 동물에게도 영혼이 있다고 확신하게 되었다. 정성을 다할수록 가축은 더 잘 자라나고 사람을 따랐기 때문이다. 동물에 영혼이 있다면 그 영혼은 어디에서 온 것일까? 강한 동물을 동경하던 누군가는 그것이 죽은 조상이 변한 존재라고 생각했고, 자신이 그 동물의 후예라고 여겼다. 강한 힘과 영혼을 가진 존재. 그 동물을 숭배하지 않을 이유는 없었다.

동물의 힘에 대한 동경을 담아서 사람들은 그 모양을 본뜬 조각상을 만들었고, 그것을 '토템'이라 불렀다. 강한 힘을 가진 어떤 존재를 숭배하며 상징(Totem)을 만들어서 따르는 사상, 즉 토테미즘이 탄생했다.

토테미즘은 강력한 신령적 생명체를 동경하며 그와 동일시 하려는 종교이다. 이러한 의식은 동물 가면을 쓰거나 동물로 변신하여 힘을 발휘하는 토템 능력자의 이야기를 연출하게 하며, 드래곤처럼 강력한 환수가 인간을 자기 후손으로 여기며 공존하는 이야기를 더욱 자연스럽게 만들어줄 수도 있는 만큼 판타지 이야기에 어울리지만, SF에서도 강력한 동물의 성향을 동경하여 이들을 문양을 쓰는 집단이 종종 등

31세기 미래를 무대로 늑대를 내세우는 전사 집단과 매를 내세우는 전사 집단의 대결을 그려낸 게임, 「메크워리어 2」. 이처럼 토테미즘적 설정은 미래 무대의 SF에서도 자주 등장한다.
ⓒ1995 Activision Publishing, Inc.

장한다. 동물의 유전자를 도입하여 강력한 힘을 발휘하는 초능력 종족 같은 설정도 재미있다.

애니미즘의 정령과 마찬가지로 토템 역시 자연의 존재이며, 인간과 다른 생각을 지닌 이야기로 만드는 게 재미있다.

다) 샤머니즘(Shamanism)

다양한 종교가 조직적인 형태를 띠면서 처음엔 각자 자신이 믿는 존재를 향해 의식을 진행했지만, 시간이 흐르면서 수많은 이가 같은 마음으로 하나의 신앙을 공유하기에 이른다.

그런 와중에 자신이 정령과 소통하거나 토템 대상인 동물이나 식물과 이야기를 나눌 수 있다고 주장하는 사람이 등장하였다. 그는 비가 내리는 것을 예견했고, 동물과 말을 나누는 것처럼 보였다. 가면을 쓰면 그야말로 동물 자체가 되기도 했다.

사람들은 정령이나 토템을 숭배하듯, 그 사람을 숭배했다. 그들은 스스로 샤먼(Shaman)이라 부르며 신앙을 주재하였고, 정령과 토템을 대신하여 사람들을 이끌었다. 샤먼이 신비한 존재를 대신하여 신앙을 이끄는 사상, 샤머니즘은 그렇게 생겨났다.

샤먼은 신앙을 이끄는 자인 동시에 신화를 들려주는 자이기도 했다. 그들은 수많은 신화를 체계적으로 정리하여 사람들에게 소개하였고, 때로는 의식을 통해서 그 행위를 모방하기도 했다. 이야기와 연극, 그리고 춤과 노래를 통해 신비한 존재들의 이야기가 더욱 다채롭게 전달되면서 신화의 상상력은 방대한 규모로 성장해나갔다.

권력자이자 신앙의 지도자였던 샤먼은 이러한 이야기를 더욱 체계화하였고, 그 과정에서 이야기에는 교훈이 깃들기 시작했다. 세상이 태어난 이치를 통해서 이 세상이 가야 할 방향을 제시하였고, 인간이 태어난 이치를 통해 우리가 해야 할 행동을 정의하였다. 때로는 권력의 근거이기도 했던 신화는 점차 교훈을 넘어 규율, 법률로서 세상에 전해졌다.

강을 중심으로 대규모 농경문화가 발전하면서 사람이 모이고 국가가 탄생하고 성장했다. 그 과정에서 샤먼의 권력은 더욱 강해졌다. 특히 날씨가 중요한 농경 사회에서 그들은 절대적인 권력자로 군림하였고, 초기 도시 국가의 지배자로서 신과 같은 위치에 올랐다. 그처럼 강력한 권력을 갖게 된 샤먼이 자신을 '신'이라고 칭하게 되는 데는 오랜 시간이 걸리지 않았다.

「워크래프트」 세계관에서 가장 강력한 샤먼 중 하나인 쓰랄. 인간이 붙인 노예라는 이름을 그대로 사용하는 게 재미있다.
©2004 Blizzard Entertainment, Inc.

실제로 초기 문명 시대에 종교 지도자가 자신을 신이나 신의 자손이라고 칭한 사례는 적지 않다. 한국에서도 단군왕검을 시작으로 많은 건국 지도자가 신의 자손이라고 알려져 있다. 세계 각지의 건국 신화에서 신과 관련이 없는 것을 찾는 게 더욱 어려울 정도다. 그리스 신화와 같은 다신교 체제는 이와 같은 환경 속에서 탄생했다.

라) 다신교

다신교는 인간의 삶과 매우 밀접하게 연관된다. 토테미즘이나 애니미즘이 자연에 초점을 맞추며 샤머니즘도 여기에서 크게 벗어나지 않지만, 다신교는 인간의 문명에 관련된 내용을 함께 다루기 때문이다.

농업의 신이나 대장장이의 신, 사랑의 신이나 바람피우기의 신처럼 다신교에는 인간의 여러 가지 활동을 다스리고 수호하는 신들이 등장한다. 당시의 생활과 밀접하게 연관된 만큼, 이 같은 신들의 존재를 통해 당시의 삶을 느낄 수도 있다.

실례로 수메르 신화 속에서 강의 신 엔키의 자손으로 인간의 생활에 대한 3명의 신이 등장하는데, 이들은 각각 양치기, 포도주, 그리고 귀신(병을 주는 역귀) 쫓기라는 역할을 갖고 있다. 양치기와 포도주의 신은 각각 당시 수메르 도시 국가들의 대표적인 산업을 가리키며, 귀신 쫓기라는 것은 의식을 통해 병을 몰아내는 의술이 존재했음을 보여준다.

다신교에서는 다양성을 중시하며, 숭배 그 자체보다는 그 신의 성향을 더 중요하게 여긴다. 고대 그리스의 디오니소스 신앙처럼 술과 춤, 노래를 즐기는 축제를 더 중시하는 사례도 있었기 때문이다(디오니소스는 광기의 신이기도 하다 보니, 술에 취한 상태로 파괴 행위나 살상 행위를 자행하는 광신도도 많아서 사회 문제가 되었다).

그리스나 로마에서는 신에 대한 축제가 자주 열렸는데, 이런 축제는 평소의 신앙에 상관없이 모두에게 열려있었다. 일 년 내내 특정한 종교의 교리에 따라서 행동할 필요는 없었다. '신을 공경해야 한다'라는 의식은 있었지만, '모든 것을 신의 뜻대로' 할 필요는 없었던 만큼 좀 더 자유분방한 분위기가 강조되었다.

무엇보다 중요한 것은 그리스와 로마는 다신교로서 다양한 신이 있었다는 점이다. 전쟁의 신만 해도 아레스와 아테네 둘이 있었듯 다채로운 신과 행사가 있었고, 신마다 추구하는 윤리와 도덕 의식도 달랐다. 디오니소스처럼 술과 광기에 빠진 신이 있는가 하면 헤르메스처럼 도둑이나 거짓말쟁이를 수호하는 신도 있었으니, 모세가 받은 '십계명'처럼 절대적으로 지켜야 할 하나의 경전이나 윤리가 없었다. 게다가 그리스나 로마에선 하나의 신만 따를 필요는 없었다. 가령 로마의 정의의 신 유스티티아를 좋아하는 동시에, 그리스의 헤르메스를 좋아해도 상관없었다.

판타지 작품이라면 하나의 집단에 다양한 신의 숭배자들이 있어서 제각기 개성을 갖고 행동하는 모습을 보여줄 수 있다. 심지어 사회에서는 사악한 존재로 여겨지는 신을 숭배하는 이들이 용사와 함께 활동하며 세계를 구하는 이야기를 그려낼 수도 있다. 왜냐하면 다신교에서는 악신조차 다양성을 갖고 있기 때문이다.

게르만 신화의 서리 거인이나 힌두교의 마신처럼 악한 존재로 그려지는 이들도 있지만, 거인 출신 로키가 토르와 친하게 활동하듯 악신 역시 선신과 협력하곤 했다.

다신교는 이처럼 다양한 신이 공존할 수 있기에, 소설 『던전에서 만남을 추구하면 안 되는 걸까』(오모리 후지노)처럼 그리스 신화와 게르만 신화, 수메르 신화처럼 전혀 다른 계통의 신이 한 세계에 공존하는 이야기에 활용하기도 좋다. 똑같이 미의 여신이라도 바빌론의 이슈타르와 그리스의 아프로디테의 성향은 다르기 때문이다(이슈타르는 전사이기도 한 만큼, 그리스의 달과 수렵의 여신 아르테미스에 더 가깝다).

다신교의 조금 다른 사례로서 단일신교, 또는 일신교적 다신교가 있다. 단일신교에는 여러 신이 있지만, 이들은 모두 단 하나의 신이 지닌 여러 가지 모습일 뿐이다. 세상이 허구로 되어 있으며 창조자인 브라만

「사비니 여인들의 중재」 자크루이 다비드, 1799
수많은 신이 둘로 갈라져 싸운 트로이 전쟁. 이는 다신교의 특징을 잘 보여준다.

이 실재한다고 여기는 사상을 지닌 인도의 힌두교처럼 다신교 체계 속에서 단일신교적인 모습을 지닌 경우를 자주 볼 수 있다. 인도에는 인구보다 많은 신이 있지만, 이 모든 신은 하나의 신에서 태어나고 변형된 존재들이다. 단일신교는 다양한 신앙과 주의 주장을 하나로 모으는 데 도움을 준다. 보호의 신인 비슈누의 화신(아바타) 중엔 깨달은 자인 붓다(부처)도 있는데, 이를 통해 불교도를 힌두교의 질서 아래 포용하는 것이다. 고대 이집트의 파라오 아트나톤이 아톤이라는 단일신을 내세운 것처럼, 다신교 신앙에서 권력 집중을 위하여 단일신적 색채를 강하게 드러내는 일을 자주 볼 수 있다.

다양한 종교를 포용하는 듯한 다신교에서 특정한 신을 내세우고 나머지 신을 밑에 두는 느낌은, 다신교 종교가 권력과 관련되면서 상하관계 같은 것을 무시할 수 없음을 잘 보여준다. 누구나 자신이 믿는 신의 권위가 제일이길 바라는 만큼 다신교에서도 신자나 조직의 대립은 충분히 나올 수 있다.

마) 유일신교

절대적이며 하나뿐인 신을 믿는 종교를 유일신교라고 부른다. 히브리 성서[3]에서 "내 앞에서 다른 신을 섬기지 말라."라고 하듯, 세상에 신이 여럿 있다고 해도 오직 하나의 신에게만 경배하고 신앙하는 체계로서,

3 히브리 성서 - 창세기가 수록된 유대교의 경전(유대교에선 타나크라 한다). 기독교의 구약 성경과 비슷한 내용이지만, 구약이란 말은 기독교에서만 사용하는 용어고 유대교와 이슬람교 등에서는 받아들이지 않는 만큼, 중립적 용어인 히브리 성서/성경이란 말을 쓰기도 한다. 자세한 것은 읽을거리(53쪽) 참고.

절대적인 질서와 정의를 내세우는 것이 특징이다.

유일신교의 가장 큰 특징은 '이단'이라는 개념이 강하다는 점이다. 실례로 그리스도교(기독교)와 이슬람교는 모두 유대교에서 파생된 종교로 사실상 같은 신을 믿고 있지만, 서로를 인정하지 않고 적대한다. 같은 기독교라도 가톨릭(천주교), 개신교(프로테스탄트), 동방정교, 성공회처럼 종파가 다르면 이단으로 배척하며 과거에는 피로 피를 씻는 학살극을 벌였다(이슬람교의 수니파와 시아파는 지금도 학살을 계속하고 있으며, 미국이나 유럽에서도 극단주의 기독교 신자에 의한 총기 난동 사건 같은 테러가 적지 않다).

신이 정한 절대적인 정의가 있기에 여기에서 조금이라도 벗어나는 것은 이단이며, 죽어서 지옥에 떨어질 행동으로 여긴다. 그리스·로마나 게르만 같은 지역의 다신교에서는 지옥이라는 개념은 없었으며 무엇보다 이단도 존재하지 않았다. 술을 중심으로 한 광기를 내세우는, 그리스의 디오니소스 신앙처럼 부정적으로 비추어진 사례도 있지만 그들을 모두 이단으로 몰아서 전쟁을 벌이거나 한 것은 아니었다(영어 단어로 지옥을 뜻하는 Hell에 영향을 준, 게르만 신화의 저승 니플헬름은 죄인만이 아니라 신도 가는 곳이었다. 다만 용감하게 싸우다 죽은 전사는 오딘의 궁전으로 초대되어 잔치와 전쟁 훈련을 즐기기 때문에, 게르만인은 용맹하게 싸우다 죽는 것을 두려워하지 않았다고 한다).

지중해를 지배한 로마인은 이집트의 신전을 방문하고, 갈리아에선 그들의 토속 종교도 흡수했으며, 그리스 신을 대부분 그대로 받아들였다.

지옥이라는 개념 자체는 동양에도 있지만, 한국을 비롯한 아시아의 지옥은 지상의 재판관처럼 인간으로서의 옳고 그름만 따졌는데, 유일신교의 지옥은 이단이란 죄를 더욱 중시했다. 그래서 유일신교에서는 신의 말에 따라 이단을 멸해야 함을 강조한다.

판타지와 SF 이야기에서 종교의 영향을 높이고 종교 전쟁을 연출하고 싶다면, 유일신교나 배일신교를 도입하면 좋다. 『아르슬란 전기』(다나카 요시키) 같은 소설부터 우주가 무대인 게임 「워해머 40000」에 이르기까지, 유일신이 내세우는 절대적인 정의에 따라 성전을 벌이는 이야기가 많다.

유일신교의 독특한 사례로 배일신교가 있다. 사산조 페르시아에서 신봉한 조로아스터교가 대표적인 종교로 유대교가 조로아스터교의 영향을 받아서 나왔다는 의견이 있는 만큼, 유일신교와 배일신교는 비슷

「워해머 40000」에서 황제를 신으로 받들며 수많은 세력과 싸우는 스페이스 마린
우주의 십자군 기사를 연상케 한다.
ⓒGames Workshop Limited 1987

한 면이 있다. 다만 유일신교에서 악은 '타락한 선'을 가리키지만, 배일신교에서는 악 그 자체가 선과 동등한 힘을 가진 존재라는 점에서 차이가 있다.

유대교나 기독교의 악인 사탄은 본래 천사였다가 타락한 존재, 빛에 반대되는 그림자 같은 존재로 창조주의 뜻에서 벗어나지 못하지만(그래서 악마는 신이 아니라 천사와 맞선다), 조로아스터교의 악신이자 어둠의 신 앙그라 마이뉴는 선신이자 빛의 신 아후라 마즈다에 맞서 대립한다.

조로아스터교를 국교로 삼은 사산조 페르시아에서는 앙그라 마이뉴가 아후라 마즈다의 두 아들 중 하나로 쌍둥이인 스펜타 마이뉴와 대립하며 결국 패배할 운명이라고 여겼다. 하지만 조로아스터교 신자 중에는 앙그라 마이뉴가 아후라 마즈다와 대등한 존재로서 선과 악의 영원한 싸움을 벌인다고 생각하는 이도 적지 않다.

유일신교에서는 선만이 존재하며 선에서 벗어난 것(타락한 것)이 악이지만, 배일신교에서는 선과 악이 함께 존재하며 투쟁을 계속한다. 때문에 유일신교에서 인간은 오직 선을 따르기만 하면 되지만 배일신교에서 인간은 항상 악에 맞서 싸워야 하며, 아후라 마즈다를 중심으로 한 선신 역시 악신과 계속 대결한다. 길고 치열한 싸움 끝에 선과 빛은 승리하지만, 싸움은 절대로 끝나지 않고 다시 반복된다(조로아스터교에선 3000년 동안 싸움이 이어지며, 결국은 선이 승리하지만 악이 유리한 느낌이 드는 경우 세상이 혼란해진다고 여긴다). 이처럼 배일신교의 독특한 '악' 개념은 게임 「워크래프트」 시리즈의 불타는 군단처럼 끊임없이 선한 세력을 위협하는 적대 세력의 모습에 영감을 주었다.

유대교의 '악=타락한 존재'라는 개념도 창작 작품에 꾸준히 등장하는데, 실례로 게임 「월드 오브 워크래프트」에서 군단이 아닌 악의 보스들은 모두 강력하고 선한 존재였다가 타락한 존재이며, 『반지의 제왕』에서 악역인 멜코르(모르고스)나 사울론, 사루만 같은 이들 모두 본래는 소설 『실낙원』을 통해 사탄의 원형으로 설정된 직천사 루시펠처럼 선한 강자였다가 조화를 어기고 자신만의 욕심에 물들어 타락한 인물로 설정된다. 창작물 역사상 가장 유명한 악역인 다스베이더도 타락한 악당. 그만큼 타락한 악당이란 개념은 대중적이지만 - 기독교적인 유일신 사상에 바탕을 둔 이유로 - 다신교적 전통이 더 강한 아시아권에서

NOTE 다양한 종교 체계

고대신앙	애니미즘	• 모든 존재에 정령? 기(氣), 포스, 용맥 • 비자연적인 정령도 가능. 인간과는 사고방식이 다르다.
	토테미즘	• 강한 존재에 대한 동경 → 우리 조상이었으면... • 인간을 자손으로 여기는 토템 = 강력한 수호신?
	샤머니즘	• 샤먼 = 정령과 토템을 다스리는 자 • 하지만 상대가 이를 거부할 수도 있다.
다신교		• 신마다 다른 정의. 도둑, 살인 같은 범죄의 수호신도 있다. • 신들의 전쟁? 다른 신을 포섭?
배일신교		• 악도 처음부터 존재, 선과 악의 영원한 투쟁 • 인간, 천사, 선신 = 악과 맞서 싸우는 전사
유일신교		• 오직 하나의 신(정의)만 믿음 • 악 = 타락한 선 • 처음엔 선만 존재했다. 모든 것은 인간의 타락에서 비롯된 것

는 그다지 눈에 띄지 않으며, 아시아권의 창작물에선 영웅이었던 사람이 악당이 되는 사례에서도 타락보다는 추구하는 방향성 차이를 강조하는 경향이 있다.

읽을거리 **서양 문화의 바탕을 이룬 기독교 성경과 히브리 성서**

기독교(그리스도교)는 유대교를 바탕으로 탄생한 종교 중 하나로, 신의 아들이자 구세주인 예수 그리스도의 정신을 따르는 종교이다. 그의 제자들을 통해 정리되어 로마 제국에 퍼져나가 국교로 인정되며 유럽을 시작으로 세계에 영향을 미쳤다. 기독교에는 카톨릭(천주교), 프로테스탄트(개신교), 동방정교, 성공회처럼 여러 교파가 있지만, 모두 성경/성서(Holy Bible)라는 경전을 통해서 사상을 공유한다. 기독교 성경은 신/구약 2권으로 정리되어 63책의 내용에 – 번역된 언어에 따라 다르지만 – 100만 개 가까운 단어가 들어간 방대한 책이다. 로마 시대에 기독교의 중심 경전으로 받아들여져 기독교 사회, 특히 서양권 세계의 법과 윤리, 도덕, 철학의 기초가 되었으며, 많은 문화 작품의 원형으로써 활용되었다. 다양한 판타지/SF 작품에서 지금도 활용되고 있기에, 성경에 대한 흥미로운 요소를 소개한다.

*** 성경의 구성**

기독교 성경은 유대교의 히브리어판 경전을 중심으로 다양한 자료를 수집/정리한 책이다. 이 과정에서 일부 책자는 외경, 때로는 이단으로 여겨져 제외되었는데, 이는 기독교가 유일신교인 만큼 하나의 해석만을 인정하기 때문이다. 성경이 언제 정리, 통합되었는지는 확실치 않지만, 콘스탄티누스 1세 때 완성된 것으로 여겨지는데, 정리한 이들의 가치관이나 해석에 어긋나는 것은 제외되었다.

1. 구약(Old Testament/라틴어 Vetus Testamentum)

구약은 유대교 경전들을 기독교 관점에서 정리해서 완성한 책이다. 모세오경, 이스라엘민족의 역사서, 선/악에 대한 지혜문학, 예언서의 네 부분으로 되어 있는데, 그중 모세가 신에게서 받은 계시로 만들어진(하나님의 말씀을 담은) 모세오경(히브리어:토라)이 가장 중요하다.

히브리어 경전들은 알렉산드리아에서 그리스어로 이후, 로마에서 라틴어로 번역되었다. 이 과정에서 그리스나 라틴어로 새로운 경전이 추가되기도 했다. 로마에서 이들 경전 중 중요하다고 여긴 것을 정리하여 구약이라는 이름으로 완성했으며, 이를 바탕으로 다양한 언어로 번역되어 기독교 신앙의 바탕이 되었다.

구약은 유대교 경전에서 나온 것이며, 많은 부분을 이슬람교에서도 받아들였기에 구약을 중립적 표현으로 히브리 성서/성경이라고 부르기도 하지만, 구약은 히브리어로 된 책만이 아니라, '마카베오기', '집회서(벤시라 서)', '에스델기', '다니엘기' 처럼 그리스어로 새로 만들어진 부분도 추가되어 히브리 성서보다 양이 많다. 천지창조, 출애굽처럼 옛이야기를 담은 부분은 거의 같지만, 솔로몬 왕의 재판을 소개한 '솔로몬의 지혜'처럼 옛이야기 중에도 새로 창작된 것이 적지 않다.

구약 내용은 신화로 볼 수 있지만 진실이라 여기는 이들이 적지 않으며, 이 내용을 증명하려는 성서고고학이라는 학문도 있다. 구약의 많은 내용은 이스라엘 민족(유대인)들이 신에게서 계시를 얻어 예루살렘을 중심으로 한 가나안 지방을 지배하는 내용이다. 특히 유대인의 왕국을 세우고 번영시킨 다윗, 솔로몬 이야기가 인기있는데, 유대인은 이들 이야기를 이스라엘 건국과 영토 점거의 근거로 여긴다. 반대로 팔라스타인인은 자신들이 성경에 나온 – 유대인 이전에 이 지역을 차지하고 있던 – 가나안인의 후손이라 자신들에게 영유권이 있다고 주장하는데, 이 역시 구약이 지닌 무게감을 잘 느끼게 한다.

2. 신약(New Testament/라틴어 Novum Testamentum)

예수와 그 제자의 행적과 말씀, 편지 등을 담은 책자로 기독교 윤리와 도덕의 기반이 되는 책으로, 구약처럼 여러 경전과 자료들을 정리한 책이다. 이 과정에서 도마 복음이나 그노시스파의 경전처럼 제외된 책이 적지 않은데, 이 내용들은 학문 연구만이 아니라, 『다빈치 코드』[4]같은 여러 작품에 영감을 주었다. 예수의 가르침에 초점을 맞추었기에, 그가 어떻게 성장하고 깨달음을 얻었는지와 같은 삶의 내용이 별로 없어서, 훗날 이에 관한 전승/전설이 생겨났다.

4 다빈치 코드 – 댄 브라운의 스릴러 소설. 예수가 죽은 후 피를 받았다는 성배가 컵이 아니라 예수의 혈통을 뜻하며, 그 혈통을 성전 기사단이나 시온 수도회 같은 비밀 결사가 보호했다는 이야기. 다빈치의 최후의 만찬 같은 그림에 암호적 소재를 넣어 흥미를 끌며 영화로서 성공했다. 댄 브라운은 이 내용이 자신이 연구한 것이며 모두 사실이라고 했지만, 내용은 대부분 여러 음모론을 조합한 것이다.

신약에서는 예수 그리스도의 탄생과 죽음과 부활 내용이 중심으로, 크리스마스나 부활절 같은 기념일이 생긴 것으로도 알 수 있다. 마지막 장엔 인류 문명의 멸망을 그려낸 종말의 예언인 동시에 예수의 재림과 신세기의 탄생을 그린 요한계시록이 있다. 신약의 다른 부분과 동떨어진 느낌의 요한 계시록은 『신세기 에반개리온』 같은 여러 작품에 영감을 주었으며, 기독교에 대한 믿음을 더욱 강화하고 구원론을 내세운 사이비 종교의 등장과 일부 신자의 광신적 행동을 정당화하는 근거가 되었다.

*** 히브리 성서와 히브리어**

기독교에서 구약을 자신들의 경전으로 정리하자, 유대인들은 그리스어 등 다른 언어로 창작된 경전을 제외하고 자신만의 성서를 완성했는데, 이것이 유대교 신앙의 중심인 히브리 성서/성경이다. 기독교 구약과 공통된 부분도 있지만 차이점도 적지 않은데, 가장 큰 차이는 기독교 구약이 기독교 관점에서, 히브리 성서는 유대교 관점에서 완성되었다는 점이다. 기독교 구약은 라틴어판을 바탕으로 영어 등 번역본도 인정하지만, 히브리 성서는 – 아랍어 코란만 인정하는 이슬람교처럼 – 히브리어로 된 두루마리만 인정하는 경향이 있다.

유대교에서는 언어에 신앙의 진수가 있다고 생각하며, 창세기를 비롯하여 모세오경(토라)에 사용된 언어는 하나님이 모세에게 내린 글이기에 오직 히브리어로 된 경전만이 신성하다고 여긴다. 하나님은 정확하게 설명하지 않고 상징적으로 말씀하시기에, 그 문장 하나, 글자 하나마다 하나님이 있다는 것. 때문에, 옮겨적을 때도 엄격한 규칙이 있다.

모세오경엔 613개의 계율이나 율법이 있는데, 그중 긍정적 계율 238개, 부정적 계율 365개가 있다. 이는 인체의 뼈와 혈관/신경 숫자와 관련된다(365일도 생각할 수 있다).

히브리어엔 한 글자에 여러 의미가 담기는 등 표의문자의 특색도 있는데, 이 탓에 하나의 글자도 해석이 달라지면서 새로운 종파가 생겨나기도 한다. 또한 히브리어는 숫자가 없고 문자로 대신하는 것도 흥미롭다. 첫 글자인 א(알레프)는 1, 두 번째 글자인 ב(베트)는 2로 바뀌며, 10인 י(요드) 이후론 10자리의 숫자로, 19번째 글자인 ק(코프)가 100을 뜻한다. 이 결과 서로 다른 단어라도 숫자값이 같으면 같은 의미로 해석되기도 하는데, 이 같은 요소는 숫자와 다양한 존재의 관계를 따지는 수비학의 발전에도 영감을 주었다. 한 가지 재미있는 점은, 하나님을 뜻하는 יהוה(야훼/여호와)를 함부로 부를 수 없도록 일부 숫자는 규칙을 바꾸어 표기하는데, 이 역시 히브리어와 종교와의 깊은 관계를 잘 보여준다. 이처럼 히브리어 경전의 해석이 다양하기 때문에, '성경에는 미래에 대한 예언이 있다.' 같은 주장이 나오기도 한다.

*** 성경에는 없는 성배 이야기**

성경은 서양인의 도덕의 근본이자 문화적 상상의 원천이지만, 창작물에 등장하는 기독교 관련 내용 중엔 성경과 무관한 것도 적지 않다. 이는 서양인의 생활에서 성경이 매우 가까우면서 한편으로는 멀었기 때문이다. 구텐베르크 이전까지 성경은 일일이 손으로 베껴서 적어야만 했기에 그 수가 많지 않았다. 어지간히 큰 교회가 아니면 성경 자체가 없는 경우도 많았고, 성경이 워낙 두껍고 귀해서 함부로 가지고 다닐 수도 없으니 많은 성직자는 기억에 의존하여 그것도 일부 대목만을 반복 소개했다.

초기 성경은 오직 라틴어로만 되어 있었는데, 교양 있는 성직자 중에도 라틴어를 자유롭게 읽을 수 있는 이는 생각만큼 많지 않았다. 많은 이는 성직자의 말을 통해서만 성경을 접하며, 때로는 잘못된 내용이 전달되는데, 이 과정에서 여러 가지 오해와 상상이 결합하며 새로운 설정이 탄생했다(성경 같은 책이 고대어로 되어 읽지 못하거나 잘못 해석하는 이야기는 판타지에서도 자주 나온다).

가장 대표적인 것이 『다빈치 코드』, 「인디아나 존스 3」 같은 여러 작품의 중심 소재인 성배. 성배는 최후의 만찬에서 예수가 사용했으며, 십자가에 메달린 후, 로마 병사인 롱기누스[5]가 창으로 찔러서 난 피를 받았다는 잔이다. 신약에는 예수가 최후의 만찬에서 제자들에게 포도주를 나누어주었다는 이야기나 한 병사가 창으로 찔렀다는 이야기는 나오지만, 잔 자체에 대해 구체적인 언급은 없다.

예수가 남긴 잔에 대해선 중세 초기 순례자도 언급했지만, 성배(Holy Grail, 프랑스어 Saint Graal, 고대프랑스어 san greal)라는 단어는 12세기의 음유시인 크레티앵 드 트루아가 아서왕 이야기를 바탕으로 창작한 「퍼시벌 이야기」에서 처음 등장했다. 중세 시대 인기있던 아서왕 이야기는 오랜 세월에 걸쳐 여러 이야기가 더해지며 방대해졌는데, 크레티앵이 퍼시벌이란 새로운 캐릭터를 만들면서 성배 탐색 이야기를 넣은 것이다. 이는 켈트와 게르만 전설을 바탕으로 요정이나 마법사가

5 롱기누스의 이름은 성경 정경이 아닌 외경에서 나오며, 이후 수도사가 되어 성인으로 알려지게 되지만, 그의 이름을 포함한 대부분은 훗날 창작된 것으로 여겨진다.

등장하는 기존 설정과는 색채가 다른 내용이었지만, 아서왕 이야기에 기독교 요소를 결합한 신비한 내용으로 사람들을 매료시켰다. 이후 많은 이가 성배 이야기를 만들었는데, 12세기 후반에 시인 로메르 드 보롱이 성배를 최후의 만찬에 나온 잔으로 묘사하면서 성배 전설이 탄생했다. 15세기엔 필사 과정에 단어가 잘못 적힌 결과 성배가 '왕의 피(sang réal)'라는 해석이 덧붙어 예수의 혈통 이야기가 탄생했고, 이후 수많은 이야기가 더해지며 현재로 이어진다.

천주교 교회 등에선 포도주가 예수의 힘으로 성혈로 바뀌었다고 이야기하며 실제 성배라는 유물도 있지만, 이는 퍼시벌 이야기 같은 창작 작품이 나온 후에 '발견'된 것이다. 성경의 내용에서 착상을 얻은 한 작가가 자기 캐릭터를 띄우기 위해 활용한 소품이었던 성배가 지금까지 화제를 모으며 다양한 창작물에 활용되는 모습을 통해 성경과 기독교가 서양 문화에 깊이 관련되었음을 잘 느낄 수 있다.

진실과 상관없이 성배는 많은 이를 매료시키는 흥미로운 소재이다. 단테의 『신곡』이나, 존 밀턴의 『실낙원』 같은 책이 기독교 설정으로 여겨지며 다른 작품에 영감을 주었듯, 성경 내용만이 아니라 성경의 구절을 통해 얻어진 상상은 새로운 이야기의 원천이 된다.

구텐베르그의 성경

성경은 그리스어로 책이라는 이름에서 나왔듯, 서양의 모든 책과 그림책의 원형이었다.

5. 역사는 전설이, 전설은 신화가 된다.

오랜 옛날, 세상에는 신이 있었다고 한다. 하지만 시간이 흐를수록 신들의 이야기는 전설로서 잊히고 사람들은 신에게서 벗어나 그들만의 삶을 꾸려나간다. 바로 '역사'가 시작되는 것이다.

많은 판타지 작품에서는 신화가 등장하지만 대개 배경 이야기, 옛이야기로 소개되는 경향을 보인다. 마치 영화 「저스티스 리그」에서 슈퍼맨이 활약할 때 배트맨은 잊히기 쉬운 것처럼, 신이 이야기의 주역으로 등장할 때 인간은 들러리가 되기 쉽기 때문이다. 초인 영웅(슈퍼 히어로)이 초인 악당(슈퍼 빌런)과 싸울 때, 평범한 사람이 응원 말고 뭘 할 수 있을까?

신이 주역인 작품도 있지만, 일반적으로 이야기의 주역은 보통 우리가 공감할 수 있는 인간인 - 그것도 완벽하지 않고 무언가 부족한 부분이 있는 인간 - 경우가 많다. 평범한 인간인 배트맨이 DC에서 가장 인기가 좋고, 여러 면에서 불행하고 부족한 면이 많은 스파이더맨이 마블 최고 인기 캐릭터인 것도 그러한 점을 잘 보여준다.

그렇다면 신화가 존재하는 판타지 이야기에서는 어떤 형태로 인간의 역사를 펼쳐낼까? 이를 위해서는 창세기에서 신화를 거쳐 전설이 등장하고, 다시 역사로 발전하는 과정을 떠올리면 좋다.

많은 판타지 작품 속, 신화에서 시작된 세계의 역사는 다음 흐름을 따르는 경향이 있다.

(1) 세계의 탄생

창세 신화. 세계가 어떻게 탄생했는지, 또는 이미 탄생했다면 그 세계는 어떤 세계인지를 이야기한다. 이러한 세계 모습을 통해서, 이 세계에서 어떤 이야기가 펼쳐질지 암시한다.

(2) 신화의 시대

신의 이야기가 펼쳐지는 시대. 신들 사이의 이야기 와중에 새로운 신이나 신의 경쟁자(마신, 괴물 등)가 등장하며, 신 또는 그 경쟁자와 갈등과 대립이 전개된다. 이 와중에 거대한 전쟁이 벌어지기도 하는데, 이 전쟁을 통해 주요 신은 이 세상의 방향성을 확립한다.

이 과정에서 인간이 태어나거나 찾아오는데, 초기에 등장하는 인간은 신의 자손인 반신이나 요정처럼 특별한 힘을 지닌 경우가 많다. 이 시대의 여러 이야기를 통해 신의 세계가 어떤 곳인지, 다양한 신의 특성과 역할을 소개하며 그들이 펼쳐내는 질서의 형태를 확립한다. 나아가 신의 후손에 해당하는 존재가 등장하면서 신의 역할이 점차 줄어든다.

(3) 전설의 시대

전설적인 영웅이 활약하는 시대. 각지에 존재하는 괴물을 물리치고 활약하며 명성을 떨친 영웅이 위대한 나라를 세우고 성장하는 과정을 그려낸다. 신은 세계의 전면에서 벗어나 인간 영웅을 돕는 역할에 머무르며, 아예 세계를 인간에게 맡기고 떠나기도 한다.

신의 힘이 줄어들며 신비한 존재 역시 모습을 감춘다. 신화적인 힘을 지닌 물건이나 괴물 등이 하나둘 사라지고 '옛날에는 이런 것도 있었다지'라는 느낌으로 잊힌다. 이따금 신화시대의 존재가 등장할 때도 있지만, 영웅이 활약하는 가운데 퇴치되거나 파괴된다.

신화시대와 전설 시대의 마지막에는 로마 제국의 멸망[6]처럼, 위대한 문명이 파괴되는 사건이 벌어지는 경우가 있으며, 이후 후계자를 자처하는 수많은 나라가 생겨나 서로 싸우는 혼돈의 시기가 펼쳐진다.

(4) 역사의 시대

인간의 역사가 펼쳐지는 시대. 신의 개입은 사실상 사라지고, 신적인 존재나 반신적인 영웅은 전설로만 여겨지는 상황. '고대의 유산을 찾은 제국이 이를 이용하여 세계 정복을 노린다'라는 식으로, 신화와 전설 시대의 잔재가 등장하기도 한다. 신화와 전설 시대 설정이 이야기 중심이 되면 규모가 커지기 쉽지만, 자칫 데우스 엑스 마키나 상황이 될 수 있다.

역사 시대란 평범한 인간이 주역이 되는 시대로, 판타지 이야기는 보통 이 시대를 무대로 펼쳐진다. 이 시대의 배경 설정은 실제 역사지만, 누군가의 음모로 감추어진 사례도 있다.

6 로마 제국의 멸망 - 로마 제국의 멸망은 5세기 중반 반달족의 로마 약탈 사건을 소재로 하는 경우가 많지만, 서로마 자체는 그로부터 수십 년간 이어졌고, 로마 제국 자체는 콘스탄티노플을 중심으로 이어졌다(역사책에선 비잔틴 제국, 동로마 제국이라 하지만, 사람들은 그들을 로마라 불렀다). 하지만 반달족의 로마 약탈과 계속된 파괴 행위는 신화 속 최종 전쟁을 연상할만큼 충격적인 사건이었기에, '공공시설이나 남의 물품을 고의로 파괴하는 행위'를 말하는 반달리즘의 어원이 되었다.

세계 창조부터 신화를 걸쳐 역사의 시대가 진행되는 흐름은 다양한 판타지 작품에서 등장한다. 세계를 만들었거나 가장 먼저 존재한 절대자(신)가 계속해서 활약하면, 인간의 이야기가 펼쳐지기 힘들기 때문이다. 창작 작품에서는 신들이 서로 싸워서 사라지거나, 세상이 창조된 것에 만족하고 어딘가로 떠나거나, 아니면 인간의 자유의지로 펼쳐지는 이야기를 보는 것을 즐기고자 개입하지 않는다는 설정을 택하는 사례가 많다. 신이 있다고 해도 스스로 제약을 걸고 적극적으로 개입하지 않기 때문에, 인간이 활약할 기회가 생긴다.

판타지 세계는 마법이나 신비한 무언가가 존재하는 세상인 만큼, 신화나 전설 시대의 존재들이 현재에 공존하며 활약하는 상황이 전개되어도 문제는 없다. 이 경우 주인공이 일방적으로 휘둘리는 상황이 될 수 있는 만큼, 그들 존재들의 힘을 어느 정도 제한하거나 반대로 주인공이 신적 존재와 어울릴만한 힘을 갖도록 성장시키는 것도 좋다.

세계 창조부터 역사의 시대로 가는 흐름을 반드시 따를 필요는 없지만(특히 아시아에는 고대 로마에서 중세 유럽으로 연결되는 파괴적인 몰락과 단절의 느낌이 약하기 때문에 꼭 도입할 필요는 없다.) 톨킨의 레젠다리움[7]을 비롯한 많은 판타지 작품에서 답습하는 만큼 그 특징과 내용을 한 번쯤 확인해 두면 좋다.

7 레젠다리움(Tolkien's Legendarium) – 톨킨 자신이 미완성된 『실마릴리온』을 포함한 자기 작품을 부른 이름으로, 톨킨 팬들 사이에서는 톨킨의 신화적 작품과 그 세계관을 부르는 이름으로 자주 사용된다.

읽을거리 톨킨의 세계관 속 세계의 흐름

수많은 판타지에 영감을 준 톨킨 세계관은 아리움이라 불리는 고대 지구를 무대로 펼쳐지는 방대한 이야기로, 톨킨에 의해 모두 소개되진 않았지만, 아들이 정리하여 공개한 『실마릴리온』을 비롯한 여러 작품을 통해서 창조→신화→전설→역사로 이어지는 흐름을 엿볼 수 있다.

(1) 세계의 탄생(아이눌린달레)

가장 처음에 절대자(일루바타르라는 이름이지만, 이야기 속에선 절대자라고만 불린다. 야훼를 하나님이라 부르는 것과 마찬가지)가 천사 아이누를 창조하여 이들에게 세상을 창조하는 노래를 알려주었다. 하지만 그중 훗날 모르고스라고 불리게 될 멜코르가 자기만의 노래를 부르면서 불협화음을 낳았고, 이 탓에 악이 생겨났다.

(2) 신화의 시대(발라퀜타: 등불의 시대~나무의 시대)

발라의 이야기. 아이누를 이끄는 발라와 부하 마이아 무리가 세상에서 활동하는 과정에서 멜코르(모르고스)를 따라 타락한 마이아들이 태어나며 혼란이 시작되었다.

등불의 시대와 나무의 시대에 걸쳐, 세상을 장악하려는 멜코르와 이에 맞서는 발라의 전쟁이 지속되었고, 이 과정에서 세상에 밝은 빛을 비추는 두 개의 등불(발라의 등불)과 이에 이어 세계를 비추었던 두 나무가 파괴된다. 발라의 빛이 사라지면서 세상에는 어둠이 드리우게 되었다.

(3) 제1시대-전설의 시대 1(퀜타 실마릴리온: 다고르 아글라레브~분노의 전쟁)

실마릴의 노래. 모르고스와 그에 의해 생겨난 악의 존재에 맞서 싸움을 벌인 시대. 위대한 보석 실마릴을 둘러싼 이 싸움에서 요정-난쟁이-인간은 모르고스에 맞서 서로 협력한다. 분노의 전쟁이라는 거대한 싸움 끝에 모르고스는 봉인되었지만, 실마릴을 모두 되찾는 데는 실패하고 말았다.

(4) 제2시대-전설의 시대 2(아칼라베스~다로글라드 평원의 전투)

모르고스가 몰락하고 요정 세력도 쇠퇴하는 동안, 인간은 누메노르 왕국을 세웠다. 고대 로마를 모델로 한 이 나라는 위대하고 놀라운 문명을 건설하며 강대한 힘을 떨쳤지만, 마이아의 일원이자 모르고스의 후계자인 사울론의 음모로 이 시대에 그늘이 지기 시작했다. 기술과 공예 발전에 이바지하며 힘의 반지 제작에 협력한 사울론은 동시에 이를 지배하는 절대반지를 만들어, 인간을 지배하고 난쟁이들의 욕망을 키우고 요정을 몰아내기 시작했다.

사울론의 지배는 강력한 왕국 누메노르의 협력으로 막을 내렸지만, 사울론은 포로로 잡힌 상황에서도 지배층을 유혹하여 타락하게 했고 왕국을 붕괴시켰다(아칼라베스). 육체를 잃고 영혼만 남은 상황에서도 사울론은 모르도르로 돌아와 전쟁을 일으켰지만, 제1차 반지 전쟁과 다고를라드 평원의 전투를 거쳐 절대반지를 빼앗기고 악령의 모습으로 잠적했다.

(5) 제3시대-역사의 시대(동족 분쟁~제2차 반지 전쟁)

누메노르의 후예가 세운 곤도르 왕국은 제1차 반지 전쟁을 거치며 성장하여 번영했지만, 동족 분쟁이란 내전과 대역병으로 그 힘을 잃고 악의 세력 공세를 방어할 힘을 잃어 갔다. 그 사이 사울론은 힘의 반지를 되찾고 모르도르에 돌아왔다. 사울론은 절대반지를 되찾고자 했지만, 반지는 골룸으로부터 빌보를 거쳐 프로도에게 전해졌고, 빌보와 프로도는 각각 다섯 군대 전투와 제2차 반지 전쟁에서 동료와 함께 활약하며 그의 몰락을 이끌었다.

제2차 반지 전쟁에서 절대반지가 파괴되며 사울론은 모든 힘과 형체를 잃고 무력화되었고, 동시에 힘의 반지들도 그 권능을 잃고 요정이 '가운데 땅'을 떠나 서녘 저편으로 향하고 난쟁이는 땅속 깊이 사라지면서, '가운데 땅'의 신비는 더욱 흐려지고 인간을 제외한 모든 종족이 쇠퇴하며 오직 인간만의 역사가 펼쳐진다.

(6) 다고르 다고라스 : 종말 신화(예언)

추방되었던 모르고스가 부활하고 요한묵시록의 하르마게돈이나 게르만 신화의 라그나로크 같은 최후의 전쟁이 벌어진다. 신약 성경의 요한묵시록처럼 앞으로 벌어질 일에 대한 예언서이기에 크리스토퍼 톨킨이 편집한 『실마릴리온』에는 포함되지 않았다.

톨킨 세계관이 이 같은 흐름을 따르는 것은 톨킨이 유럽 역사와 성경에서 영향을 받아 세계를 창조했기 때문이지만 동시에 신화와 전설, 신비의 세계에서 인간이 활약하는 역사 시대로 이어지는 자연스러운 형태 중 하나이기 때문이다.

톨킨은 자신의 이야기가 '우리 세계(유럽)의 잊힌 고대 역사'라고 생각하며 창작했다. 그래서 고대 로마를 닮은 누메노르나 동로마 제국을 닮은 곤도르 왕국이 등장하고, 시대가 흐르며 신이나 요정 같은 신비한 존재와 힘이 점차 사라지는 형태로 진행된다.

한때 톨킨은 4시대 이후의 이야기를 계획했다가 싫증 나서 그만두었다고 하는데, 이는 신화와 전설이 사라진 시대의 이야기에는 관심이 생기지 않았기 때문이라 여겨진다. 설정에 따르면 반지 전쟁을 끝으로 인간 이외의 모든 종족이 쇠퇴하고 잊히면서, 그리스-로마-중세로 이어지는 유럽 역사로 이어지는 만큼 의미가 없다고 생각했을지도 모른다.

* 소설에서 직접 언급되지는 않지만, 톨킨은 '가운데 땅'을 중심으로 한 세계인 아르다를 우리 지구의 고대 세계의 이야기라고 생각했다. 반지 전쟁이 벌어진 것은 기원전 4000년 정도로 수메르 문명(기원전 4500년~기원전 2000년) 초기에 해당하는데, 이에 대한 기록과 전승은 사라졌다가 유럽 중세 시대에 발라와 요정의 땅인 아만[8]에 우연히 도착한 사람에 의해 알려졌으며 톨킨 자신은 이 기록을 수집하여 소설로 출간했다는 설정이다. 신의 분노로 가라앉은 누메노르는 아틀란티스의 전설에서 영향을 받는 등 다양한 전설과 신화, 전승을 바탕하여 독자적인 설정으로 완성한 지구의 고대사이다.

톨킨 외에도 『코난 연대기』를 쓴 로버트 하워드나 크툴루 신화로 유명한 H.P. 러브크래프트처럼 자기 창작물을 지구의 고대사라고 생각하며 집필한 이들은 적지 않다.

톨킨의 수많은 설정을 바탕으로 톨킨 세계의 역사를 개략적으로 정리한 『실마릴리온』. 여기에서 세계 창조에서 역사시대로 넘어가는 흐름을 엿볼 수 있다.
©George Allen & Unwin 1977

8 발라와 요정의 땅이자, 빌보, 프로도 같은 반지의 사자만이 아니라 호빗을 비롯한 여러 종족이 이주하는 서쪽 대륙 아만은 누메노르 붕괴 후 세상에서 분리되어 쉽게 갈 수 없게 되었다. 켈트 신화에서 바다로 떠난 다난 신족(투어허 데 다난)이 산다는 섬 '티르 나 노그'나 아서왕이 떠났다는 죽음의 땅, 아발론을 모델로 한 것으로 보인다.

읽을거리 세계 창조에서 역사에 이르는 흐름

톨킨의 세계만이 아니라, 실제 고대사나 신화에서도 창조→신화→전설→역사로 이어지는 흐름을 볼 수 있다.

	톨킨 세계관	고대 그리스	고대 중국	고대 한국
세계 창조	아이눌린달레	· 카오스 탄생 · 우라노스와 가이아 탄생 · 크로노스의 반란 (천지개벽)	· 혼돈의 탄생 · 천지개벽	· 천지왕 신화 (혼돈→천지개벽→질서) · 마고 신화
신화 시대	제1 시대 (발라 퀜타) · 등불의 시대 · 나무의 시대	신들의 이야기 · 인간의 다섯 시대 · 티타노마키아 · 기간토마키아	삼황오제 시대 · 여와의 인간 창조 · 황제와 치우의 전쟁 · 하나라	고조선 · 환웅과 웅녀 · 단군의 건국 · 위만의 반란
전설 시대	제2 시대 (퀜타 실마릴리온) · 아칼라베스 · 제1차 반지 전쟁	영웅의 전설 (암흑 시대) · 아르고호 원정 · 칼리돈의 멧돼지 사냥 · 테베 전쟁 · 테세우스의 모험 · 트로이 전쟁	· 상나라 (=은나라) · 은주전쟁 (봉신연의) · 주나라 · 춘추시대	상고 시대~삼국 초기 · 삼한, 부여 (금와왕) · 삼국과 가야 건국 (주몽, 온조왕, 혁거세, 수로왕) · 호동왕자와 낙랑공주
역사 시대	제3 시대 · 곤도르 내전 · 제2차 반지 전쟁 제4 시대 이후	· 아테네, 스파르타 성장 · 페르시아 전쟁 · 펠로폰네소스 전쟁 · 알렉산드로스 전쟁	· 전국 시대 · 진시황 통일 · 초한 대전 · 한나라	· 삼국 시대 · 후삼국-발해

6. 역사 시대의 의식 전환-신명에서 법치를 향하여

여러 판타지 작품에서 신화와 전설을 거쳐 인간의 역사가 시작되지만, 인간의 시대에서도 신비한 존재의 영향을 완전히 떨어내는 데는 오랜 시간이 필요하다. 설사 신이 사라져도 인간은 신이 있었음을 기억하고 그들의 뜻에 따라 행동할 것이며, 자기 자신보다 더욱 절대적인 존재인 신의 뜻을 중시하기 때문이다.

이 같은 역사의 흐름에서는 다음과 같은 단계가 등장한다. 오래될수록 야만적이라는 느낌이 들 수도 있지만, 그 시대에는 그 시대 나름의 의미가 있고 장점이 있었다고 생각하면 좋다. 이 같은 가치관 차이를 통해 독특한 분위기를 더해주는 것도 장점.

여기서 소개한 여러 가지 내용, 특히 결투 재판이나 명예의 결투 같은 개념은 주로 서양에서 발달한 것이며 그 이외 지역에서는 찾기 힘들다. 아시아에서는 주로 성악설에 바탕을 둔 '법의 통치(법가)'와 성선설에 바탕을 둔 '인의통치(유가)', 또는 국가를 따르는 충(忠, 충성)과 개인의 신념에 바탕을 둔 협(俠, 협의)이 대립하는 구조를 더 쉽게 볼 수 있다.

다만 왕권신수설이나 천명사상처럼 하늘의 뜻에 따른다는 개념은 세계 전역에서 엿볼 수 있으며, 하늘이나 신의 뜻을 묻는 시련도 오랫동안 존재했다. 아시아나 중동에서도 신전 결투라는 이름의 결투 재판을 찾을 수 있기에, 완전히 먼 얘기는 아니다.

가) 신명(神命)의 시대

많은 이가 신의 존재를 믿고, 그 뜻에 따르고자 노력하는 시대. 이 시대 권력자는 신의 명을 받아 행하는 사람이라고 여겨지며, 그리스에서 전쟁에 앞서 신탁을 청한 것처럼 종종 신에게 어떤 것이 올바른지를 묻는다.

고대 세계에서는 누군가에게 죄가 있는지 없는지 알기 어려울 때 신에게 그 결과를 묻는, 신명 재판이 있었다. 가령 '신은 옳은 자를 수호한다'라는 믿음으로 매우 뜨겁게 달군 쇳덩이를 쥐게 하여 손에 화상을 입지 않으면 무죄라고 한 것. 이교도 지역에서 기독교 선교를 할 때 '불 위로 걷는다'라는 식으로 신의 힘을 보여주는 사례도 있었는데, 이 같은 신명 재판은 역사가 진행되면서 점차 사라졌지만, 지금도 '마녀재

중세의 마녀 사냥
여러 가지 문제가 있지만, 신이 사악한 마녀를 밝혀줄 것이라는 신명 재판의 특성을 보여준다.

판' 같은 형태로 남아 있다.

신명의 시대는 매우 어리석어 보일지도 모르지만, 이 시대 사람들은 신이 정말로 있다고 믿고 신의 뜻에 따라 올바른 길을 찾고자 했을 뿐이었다. 모든 이가 신을 정말로 믿고 따르지는 않았지만, 대다수가 신의 존재를 믿었고, 신의 뜻이 정말로 있다고 생각하며 행동했다. 신과 관련 없어 보이는 많은 현상을 신과 연결하여 생각했기에 이를 악용하는 이도 적지 않았다.

나) 진인사대천명[9] 시대

신이 존재한다고 믿지만, 신의 보호를 받기 위해 스스로 노력해야 한다고 믿는 시대. 이 시대를 대표하는 것이 바로 '결투 재판(Trial by combat)' 또는 '사법적 결투'라고 불리는 독특한 재판 방식이다['신 앞에서 벌이는 결투(신전 결투)'라고도 한다].

결투 재판이란 어떤 분쟁이 생겼을 때 결투로 승패를 겨루는 방식으로, 4세기경 게르만족의 왕 분데팔트가 시작했다고 한다. 하지만 그 이전에도 어느 정도 존재했던 방식으로 히브리 성서에 나오는 다윗과 골리앗의 싸움도 일종의 결투 재판이라고 볼 수 있다.

결투 재판은 '신은 올바른 이를 수호할 것'이라는 신명의 시대 전통을 계승하는 동시에, '신의 보호를 받으려면 스스로 노력해야 한다'라는 믿음이 뒷받침된 체계이다. '강한 전사들이 살아남으면 앞으로 도움

9 진인사대천명(盡人事待天命) – 먼저 사람이 자신이 할 바를 다하고 하늘의 뜻을 기다린다는 말. '하늘은 스스로 노력하는 자를 돕는다'라는 말과 일맥상통한다.

이 될 것'이라는 권력자의 욕심도 있었을 것이다.

결투 재판에선 여자와 남자의 대결은 물론, 개와 인간의 대결(살인 용의자와 희생자의 개가 벌인 대결)처럼 기묘한 결투가 많았다. 신체적으로 불리한 이들이 대결할 때는 강인한 자가 구덩이에 들어가서 싸우는 등 어느 정도 공평성을 추구했지만, 기본적으로 강자가 승리한다는 것은 별 차이가 없었다.

대리인을 내세울 수도 있었기에 권력자나 부유층은 돈으로 고용한 투사(챔피언, Champion)를 내세워 대신 싸우게 했다. 훌륭한 무장을 갖추고 평생 싸움만 하던 투사와 몽둥이를 든 농민의 대결은 당연히 투사의 승리로 끝나겠지만, 당시 사람들은 이런 피 튀기는 싸움을 즐겁게 감상하며 승자를 칭송했다.

투사와 부유층에만 유리한 이러한 체계는 비상식적이라고 보일 수도 있다. 사람이 손쉽게 죽어가는 중세 시대엔 그 역시 운명이라 여기고 받아들였고, 전사 숭배 기운이 강했던 게르만인을 중심으로 매우 오랜 기간 이어졌다.

'투사'에게 유리한 이 시스템은 판타지만이 아니라, 미래를 무대로 한 SF에서도 등장한다. 중세 봉건시대를 모델로 한 게임 「멕워리어」 시리즈에서 클랜이라는 전사 집단이 이런 제도를 채택하고 있으며, SF 소설 『노인의 전쟁』에선 콘수라는 외계인이 다른 모든 종족을 압도할 만한 기술력을 지니고 있으면서도 오직 '신의 뜻에 따라 적과 같은 수로 같은 무기(적이 돌도끼를 들면 돌도끼, 레이저총을 들면 레이저총)로 싸운다'라는 모습으로 눈길을 끈다.

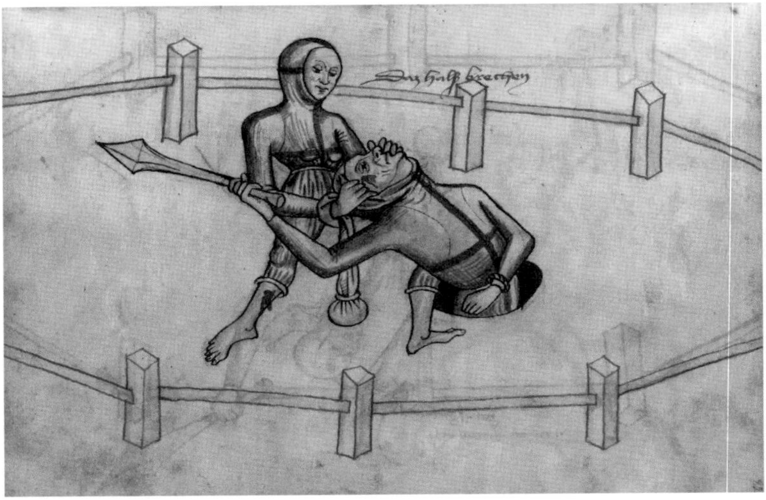

남자와 여자의 결투 재판을 그린 15세기 그림, Hans Talhoffer
남녀 차이를 고려해서 이처럼 공평성을 추구하려 노력한 모습도 있다.

다) 명예의 시대(명예의 결투)

인간이 점차 자신에게 관심을 두게 되면서, 결투 재판은 점차 개인과 개인 간에 명예를 건 결투로 변화하게 된다. 신의 이름을 내세운 결투 재판은 무엇보다 교황의 뜻에 맞지 않았기에 남부에서는 일찌감치 금지되었고, 프랑스에서는 16세기 앙리2세 시절 자낙 남작의 결투를 통해 변화했다.

이 결투는 옳고 그름이 아닌 모욕과 관련된 문제로 벌어졌다. 바로 앙리2세가 왕세자 시절 '자낙 남작이 자기 계모와 불륜을 저질렀다는 말'을 퍼트린 것. 이에 대해 자낙은 자신이 무죄라며 결투를 선언했고 앙리 2세는 당대 최고의 검사를 대리인으로 내세웠다. 많은 이가 자낙의 패배를 예상했지만, 결투는 훗날 '자낙의 일격'이란 이름으로 유명해진 허를 찌르는 기습 공격에 성공한 자낙의 승리로 끝났다. 자낙은 '나는 명예만을 위해 싸웠다'라며 상대를 죽이는 것은 바라지 않는다고 했지만, 상대는 수치심에 치료를 거부하고 사망했다. 자낙은 왕에게 결투 재판의 판정을 내려줄 것을 원했지만 패배 당사자인 앙리 2세는 아무 말도 하지 못했기에, 자낙은 관중에게 자신의 명예가 지켜졌음을 인정해 달라고 선언했다. 왕 자신이 결투의 당사자로 대리인을 내세웠지만 패배하고 판정도 내리지 못하고 끝난 이 사건으로, 사문화되었던 결투 재판은 사실상 사라졌다. 다만 이 사건으로 결투 자체가 사라진 것은 아니었다. 도리어 옳고 그름을 가르는 재판으로 진행되던 결투가 '명예를 따지는 이들의 사적인 대결'로 발전하며 전보다 훨씬 자주 결투가 벌어졌다.

사람들은 너도나도 '명예'를 떠들며 결투를 진행했고, 수많은 이들이 희생되었다. 당시엔 결투 한두 번 하지 않으면 신사라고 불리지도 못했다고 하는데, 프랑스 문학의 대가로 유명한 모파상도 당시엔 문학 작품보다 결투로 유명했다고 할 정도였다. 모파상은 수십 번의 결투에 승리했는데 특히 사격술이 뛰어나서, 친구가 불리한 결투에 말려들자 자기가 쏜 과녁을 친구 것이라고 속여 상대가 결투를 포기하게 만든 일화도 전해진다.

지나가던 사람의 콧수염이 마음에 안 든다고 결투를 벌이는 상황은 소설 『삼총사』(알렉상드르 뒤마)에서 엿볼 수 있다. 19세기 중반의 이 소설에서 주인공 달타냥은 처음 몇 쪽도 되지 않아 별것 아닌 이유로 삼

「삼총사」 삽화, 1894년
결투로 시작하여 친구가 되는 삼총사. 당시 사람들이 갖고 있던 결투에 대한 낭만적인 생각을 잘 보여준다.
ⓒCalmann-Lévy

총사 전원과 결투를 선언한다. 이 결투는 총사대와 사이가 나쁜 근위대의 등장으로 흐지부지 끝나는데, 목숨을 걸고 결투를 벌이기로 했다가 서로 칼을 나란히 하고 싸운 삼총사와 달타냥이 친구가 되는 장면은, 당시 유럽인이 결투에 대해 가졌던 낭만적인 사고를 잘 보여준다.

유럽인의 결투 의식은 미국, 특히 귀족 취향을 내세운 남부 지역에 전파되었는데[10] 대통령 후보들이 결투를 벌여서 한 사람은 죽고 또 한 사람은 후보에 제명되는 결과를 낳은 일도 있다.[11]

10 미국 남부는 지금도 이런 의식이 남아 있는 경향을 보이는데, 명예 결투가 유행하던 당시엔 남녀노소를 가리지 않고 명예를 이유로 끝없는 결투를 벌였다고 한다. 일부 역사학자는 남북전쟁이 '노예제도는 야만적인 것'이라고 한 말을 모욕으로 받아들인 남부인의 결투 선언이라고 하는데 당시 북부와 남부의 경제력 면에서 남부가 이길 가능성이 거의 없었다는 점, 북부에서 남부가 전쟁을 선포하리라 예상하지 못했다는 점에서 그럴듯한 느낌도 있다(물론 남북전쟁이 단 하나의 이유만으로 시작된 건 아니다).

11 미국 전역에서 명예의 결투가 성행한 것은 아니었고, 실리적인 면을 중시했던 북부나 살아남고자 발버둥친 서부 개척 지역에서는 도리어 이런 결투를 찾아보기 힘들었다고 한다. 동명의 영화로도 유명한 'OK 목장의 결투'도 명예의 결투가 아니라, 당시 보안관이던 와이어트 어프가 계략을 세워 기습 공격한 결과였다고 한다. 서부 영화에서 나오는, 서로 마주 본 두 총잡이가 빨리 뽑기 대결을 벌이는 것도 영화적 재미를 위한 장면이다.

무엇이든 명예를 내세워서 결투하는 당시 상황을 대변하는 말 중에 '몸의 상처는 치료하면 나을 수 있지만, 명예의 상처는 칼(강철)로만 회복할 수 있다.(Wounded Fresh cured by Heal, Wounded Honor only cured by steels)'라는 것이 있다. 이 같은 명예율은 남북전쟁이나 제1차 세계대전 같은 끔찍한 전쟁을 거치며 사라져갔지만, 지금도 마피아의 '피는 피로 갚는다'라는 규율처럼 다양한 형태로 남아 있다.

라) 법치 시대

수많은 희생자가 발생한 남북전쟁과 제1차 세계대전을 거치면서, 그리고 의학의 발달로 수명이 늘어나면서, 사람들은 단순히 상대의 콧수염이 마음에 안 든다고 목숨 걸고 싸우는 것을 바보같이 여기게 되었다.

많은 나라에서 결투나 사적 제재를 법의 이름으로 금했고 무법자는 줄어들기 시작했다. 지금도 '법은 멀고 주먹은 가깝다'라고 주장하는 무법자가 적지 않지만, 대다수 나라에서 치안은 안정적으로 유지되고 있다. 이처럼 법의 시대가 진행되는 상황은 대중의 생각이 바뀌었기 때문이기도 하지만, 사적 제재가 공공질서를 해치기 쉽다는 이유 때문이기도 하다.

하지만 모든 이들이 그렇게 생각하는 것은 아니다. 미국처럼 총기를 정부에 맞설 수 있는 개인의 최후 보루처럼 여기며 초인 영웅처럼 '힘을 지닌 개인'을 숭배하는 나라나 치안이 안정되지 않아 결투 같은 사적 제재가 벌어지는 나라도 적지 않기 때문이다[실제로 미국이나 멕시코에선 리얼라이프 슈퍼 히어로(real-life superhero)라는 이름의, 가면을 쓴 자경

읽을거리 **결투를 중심으로 한 의식의 흐름**

신명의 시대	· 신에 대한 절대적인 믿음 = 천명사상 · '신의 정의는 의심할 수 없다' 신명 재판
↓	
진인사대천명 시대	· 신의 뜻을 얻으려면 노력해야 한다. · '신은 올바른 자를 수호한다' 결투 재판
↓	
명예의 시대	· 나의 명예는 오직 내 스스로 결정한다. · '네 콧수염이 맘에 안 드니 결투다' 명예의 결투
↓	
법치 시대	· 처벌의 기준은 오직 공권력에 의해서만 결정된다. · 사적 제재, 결투 불법화

단이 존재한다].

판타지 세계에서 이 같은 상황을 연출한다면, 결투 재판이나 명예의 결투 같은 요소가 흥미롭게 등장할 수 있을 것이다.

판타지 칼럼 **세계의 다양한 신화와 전설**

1. 세계의 시작, 창세 신화

오랜 옛날, 하늘도 땅도 없는 세상에 한 거인이 있었다. 마고라는 이름의 그 거인은 구만 필의 천으로 옷을 지어도 몸을 감싸지 못할 만큼 거대했다. 세상의 구석에서 한가로이 잠을 자던 거인은 어느 날 일어나 세상을 돌아다니기 시작했다. 너무도 거대한 마고에게 바다조차 장해물은 아니었으며, 산조차 장벽이 되지 않았다. 세상을 떠돌던 마고는 언제부터인가 놀이를 하기 시작했다. 치마폭에 흙을 싸서 나르는가 하면, 커다란 바위를 굴리기도 한 것이다. 때로는 여기저기 소변이나 대변을 보았는데, 그때마다 세상에는 변화가 생겨났다. 치마폭에 싸서 나르던 흙이 틈으로 떨어지며 산이나 섬을 이루었고, 강이나 큰 바위가 생겨났다. 그렇게 마고는 세상을 만들었다고 한다.

한 거인 여신이 세상의 자연이나 지형을 만들었다는 이야기. 이처럼 세상을 만드는 이야기를 '창세 신화'라고 한다. 신화에서는 대개 인간을 비롯하여 여러 존재가 만들어지는데, 창세 신화는 모든 것의 기본이 되는, 세계가 만들어지는 이야기라는 점에서 신화의 시작에 해당한다.

창세 신화에는 마고 할미같은 신적인 존재가 이 세상을 만드는 내용이 많다. 유대교에 나오는 천지창조도 그중 하나이다. 히브리 성서의

『창세기』에는, "하나님이 말씀하시기를 '빛이 생겨라.' 하시니, 빛이 생겼다."라는 대목이 있다. 이로써 빛과 어둠이 나누어지고 낮과 밤이 생겨났다는 것이다. 하나님은 그 밖에도 물을 둘로 나누어 하늘과 땅의 물을 만들고 바다를 만드는 등, 세상의 온갖 것을 만들었다고 한다. 말씀으로 세상이 생겨나니, 이 '말'이라는 게 얼마나 강력한 힘을 가졌는지 잘 느낄 수 있는 이야기이다.

여기서 영향을 받았을까? J.R.R.톨킨도 『실마릴리온』에서 창조주가 만든 영적 존재, 아이누들이 창조주의 뜻에 따라 합창으로 세상을 창조했다고 기술했다(이 중 한 명인 멜코르가 혼자서 딴 노래를 부르면서 악과 혼돈이 생겨났다는 것은 또 다른 이야기이다).

이는 톨킨이 자신만의 언어를 만들고 언어학자로 활동할 정도로 '언어'를 중시했기 때문이지만, 구약 성경이나 톨킨 작품 외에도 '모든 것이 라(Ra, Rah)의 말에 의해 존재하게 되었다'라고 말하는 이집트 신화처럼 '말'이나 '노래'로 세상을 만든 신화가 적지 않다(라는 정오의 태양신인데, 아툼에게서 태어났다는 말도 있다).

말조차 필요하지 않았던 창조주도 있다. 힌두교의 창조신 브라흐마는 어둠(타마스), 기(라자스), 선(사트바)이 모여 생겨났는데, 오랜 명상을 통해 생명만이 아니라, 신비한 에너지로 땅(地, 지), 물(水, 수), 불(火, 화), 바람(風, 풍), 공간(空, 공)의 다섯 근본 원소를 만들었다. 그 밖에도 힌두교에는 알에서 태어난 브라흐마가 알껍데기로 하늘과 땅을 만들어냈다는 이야기처럼 다양한 창조 신화가 있는데, 여기서도 말이나 노래는 필요하지 않았다.

재미있는 것은, 브라흐마가 아닌 비슈누(악에서 세상을 보호하고 질서를 지키는 신)나 시바(파괴와 재생을 관장하는 신), 또는 여신 아디 파라샤티(우주에 흐르는 원초적 에너지이자 생명력을 나타내는 샤티의 화신인 대성모신)가 먼저 태어나 세상을 만들었다는 신화도 있다는 점이다. 비슈누 신도들에겐 '비슈누의 배꼽에서 브라흐마가 태어났다는 이야기'가 가장 인기 있는데, 신 중에서도 창조주는 최초의 신이자 가장 위대한 존재로 여겨지는 만큼 자신이 믿는 신이 가장 위대한 신이 되었으면 하는 신도의 마음이 반영되었을지 모른다.

많은 신화에서 세상은 처음 생겨난 누군가가 만들었다고 한다. 하지만 모든 신화가 그런 것은 아니다. 대표적으로 북유럽 게르만족 신화에서는 최초에 태어난 거인인 이미르가 세상을 만든 것이 아니라, 세상을 만드는 재료가 된다. 먼저 이미르가 태어났는데 이후 태어난 신들이 그를 죽이고 그 시체로 세상을 만든 것이다. 이미르의 몸은 땅이 되고, 머리뼈는 하늘이 되며, 머리털과 뇌수, 뼈, 피, 그리고 이빨 등이 각각 숲과 구름, 산과 바다/호수, 그리고 바위와 돌이 되었다. 북유럽에서 멀리 떨어진 중국에도 비슷한 이야기가 있다. 삼국지에 등장하는 오나라에서 소개된 신화인데, 여기서는 혼돈의 알에서 반고라는 거인이 태어나 자라났다고 한다. 반고가 커질수록 세상은 늘어나면서 하늘과 땅이 서로 나뉘게 된다. 그렇게 오랫동안 애쓰며 천지를 나눈 반고는 결국 지쳐 죽고 말았고 그 몸은 태양이나 달, 산이나 강, 길이나 나무 같은 것을 이루었다.

유대교의 하나님부터 마고 할미에 이르기까지, 창조주가 왜 세상을 만들었는지는 알 수 없다. 마고 할미처럼 우연히 세상을 만들 수도 있지만 브라흐마처럼 깨달음을 통해 세상이 생겨날 수도 있고, 외롭거나 자신이 살 땅이 없어서 만든 신도 있다. 히브리 성서의 창세기에서 '하나님이 그 지으신 모든 것을 보시니 보시기에 심히 좋았더라'라고 하는 것을 보면, 예술가의 감성일지도 모른다.

창조자가 좋은 의도만으로 세상을 만든 게 아닐 수도 있다. 그래서인지 창조자가 사실 사악한 존재라고 설정한 작품도 있다. 인간의 싸움을 영화처럼 즐기거나 인간의 영혼을 키워 잡아먹기 위해, 혹은 게임처럼 직접 죽이고 멸망시키는 것을 즐기기 위해서란 이야기다.

작자 미상, 1913년

비슈누의 배꼽에서 나온 연꽃에서 브라흐마가 태어나고, 이를 노린 마신들이 달려든다. 비슈누 신도들이 좋아하는 이 신화 설정은 세계를 창조한 최초의 신이 누군가라는 점이 매우 중요하다는 것을 잘 보여준다.

어느 쪽이든 창세 신화는 누군가의 노력으로 이 세상이 태어나, 우리 인간의 땅이 되었다고 이야기한다. 이 세상의 주인공은 인간이고, 창조자가 우리를 위해서 이 세상을 만들어주었다는 것이다. 때로는 이미르나 반고처럼 자신을 희생하면서. 그런 점에서 - 과학적인 내용과 관계없이 - 창세 신화는 우리에게 매우 고마운 이야기이기도 하다.

읽을거리 창세 신화의 종류

창세 신화에는 여러 가지 형태가 있지만, 누군가가 세상을 만들어내는 것과 세상이 스스로 만들어지는 것의 두 가지로 나누어 볼 수 있다.

누군가 세상을 만들 때는 목적이 있게 마련이다. 신은 다양한 이유로 이 세상을 만드는데, 근래에는 '따분함을 덜고 싶었던 신이 세상을 무대로 게임을 하고 있다' 같은 설정이 자주 보인다. 세상이 신의 보드게임(정확히는 테이블 탑 RPG)이라 설정한 「고블린 슬레이어」(카규 쿠모)가 대표적인 사례. 신이 있음에도 전란과 위험이 넘쳐나는 세상을 연출할 때 어울리는 설정이다.

세계 신화에서는 '외로움을 덜거나', '살아남기 위해' 활동하는 신도 등장하는데 대표적으로 인도의 창조신 브라흐만을 생각할 수 있다. 창조주인 브라흐마의 모습을 취한 그는 자신을 둘로 나누어 남성과 여성을 만들어 맺어졌으며, 이후 여러 동물로 변하면서 세상의 모든 것을 낳았다.

세상이 스스로 만들어지는 신화에는 혼돈으로부터 음과 양이 자연스레 나뉘어 세상이 만들어진 중국의 도교 신화처럼, '세상의 질서나 운명'이 깃들어 있는 경우가 많다.

어떻게 세상이 만들어지든 재료가 필요하게 마련인데, 게르만 신화의 이미르나 바빌로니아 신화 속 신들의 어머니인 티아마트(아들 마르두크와 대립하고 전쟁을 거쳐 패하여 세상의 재료가 되었다)처럼 누군가의 몸이 재료가 되기도 하지만 판타지 설정이라면 4대 원소나 음양오행, 기(氣)나 도(道) 같은 것이 세계의 재료가 되는 설정도 재미있다.

이 경우 이들 물질에 의해 세상의 법칙이 이루어진다는 이야기를 엮어낼 수 있다. 가령 세상을 유지하기 위해서 자연의 마력이 필요하다면, 석유처럼 마력을 지나치게 사용한 나머지 세계의 균형이 깨지고 세계가 파괴된다는 식으로 현대의 환경문제를 풍자하는 것도 좋다.

2. 인간의 탄생과 대홍수 전설

매년 여름이면 덥고 습한 날씨 속에 장마가 밀려온다. 매일 같이 비가 내리고 이따금 찾아오는 태풍이 호우를 뿌리는 시간 속에서, 문득 '이러다 세상이 모두 물에 잠기는 건 아닐까?' 생각하게 마련이다. 다행히 세상이 모두 물에 잠기는 일은 없다. 지구의 물을 모두 쏟아부어도 세상을 뒤덮을 정도는 되지 않기 때문이다(얼음으로 된 거대 혜성이 충돌한다면 가능하다). 일부 지역에 빗물이 쌓이거나 제방이 무너져 피해가 발생하긴 하지만 대개 큰 문제없이 지나간다.

신화와 전설에서는 상황이 다르다. 신이 존재하는 세상에서 끝없이 쏟아지는 비가 세상을 뒤덮고 인류를 멸망시킬 수 있기 때문이다. 바로 '대홍수 전설'이 그것이다.

대홍수 전설이라면 보통 히브리 성서의 '노아의 방주' 이야기를 떠올리는 사람이 많겠지만, 세상을 뒤덮어 인류를 벌하는 홍수 이야기는 여러 신화와 전설에서 등장한다.

오래된 문명 중 하나인 수메르에서는 아트라하시스(또는 지우수드라, 우트나피쉬팀)라는 사람의 이야기가 등장한다.

오랜 옛날 수메르에는 지위가 높은 신과 낮은 신이 있었다. 높은 신은 높은 자리를 차지하고 낮은 신은 그들을 위해 일했다. 결국 낮은 신이 자신들만 일하는 것에 불만을 품고 일을 관두자, 지혜의 신 엔키는 출산의 신 닌후르쌍과 협력하여 인간을 창조한다.

"피를 모아 뼈를 만들겠습니다.
미개인을 만들어 그를 '인간'이라 부를 것입니다.
나는 실로 미개한 사람을 창조하렵니다.
인간은 신에게 봉사하게 될 것입니다.
신들이 편안해지도록!"
– 바빌로니아 신화 속 인간의 탄생 이야기

* 로마가 그리스 신화를 받아들였듯, 바빌로니아 문명은 수메르 신화를 받아들여 발전시켰다.

인간은 신을 대신하여 일할 존재, 즉 신의 노예로 만들어져 신에게 봉사해야 했다. 하지만 시간이 흐르고 인간이 너무 많이 늘어나면서 지상이 혼란에 빠지자, 엔릴은 대홍수를 일으켜 인간들을 멸하려 했다.

인간을 만들어낸 지혜의 신 엔키는 어떻게든 인간을 살리려는 마음에 인간의 왕인 아트라하시스에게 이 사실을 알려주었고, 그는 급히 집을 분해하여 배를 만들고 사람과 동물을 태워 살아남았다. 이 사실을 안 엔릴은 분노했지만, 이들을 해칠 수 없었다. 왜냐하면 제사를 지낼 인간이 없으면 신들이 굶주릴 수밖에 없음을 알았기 때문이다. 결국 엔릴은 아트라하시스 부부에게 영생을 약속한다.

그리스 신화에도 데우칼리온이란 사람이 등장한다. 데우칼리온은 일찍이 인간에게 '신의 힘'인 불을 전해준 프레메테우스의 아들이었는데, 인간들을 벌하려던 제우스가 내린 대홍수에서 살아남았다. 아버지인 프로메테우스가 이 사실을 알려주었기 때문이다(프로메테우스가 엔키와 마찬가지로 지혜를 상징한다는 점이 재미있다). 아내와 함께 산 위로 도망쳐 살아남은 데우칼리온은 제우스에게 제물을 바쳤고, 제우스는 그들을 용서했다. 그리고 '인간을 되살려 달라'라는 그들의 부탁에 '천으로 얼굴을 가린 채 어머니의 뼈를 등 위로 던져라.'라는 신탁을 내려주었다. 처음엔 불효라고 생각하여 고민했지만, 어머니가 바로 인간을 낳은 '대지'를 가리킨다는 것을 깨달은 두 사람이 대지의 뼈인, 돌을 집어 뒤로 던지자 여기서 인간들이 태어나 세상은 인간으로 가득 찼다(신이 아닌 인간이 새로운 인간을 만들어낸다는 점에서 수메르 신화나 히브리 성서의 이야기와 같으면서도 다른 느낌을 주는데, 이 때문인지 그리스 신화는 판타지만이 아니라 SF에서도 소재로 자주 쓰인다).

대홍수 이야기는 세계 각지의 신화나 전설에서 얼마든지 만날 수 있다. 중동이나 유럽만이 아니라 아스텍, 마야 같은 아메리카의 여러 지역은 물론이고 일본 오키나와나 중국 일부 지역, 심지어 한국에도 홍수에서 살아남은 두 오누이 전설이 있을 정도다.

대홍수가 정말로 있었다고 믿는 사람이 적지 않다. 히브리 성서에서 방주가 멈추었다고 말하는, 아라라트산에서 방주를 발견했다고 주장하는 사람도 있다. 세계를 뒤덮을 정도의 대홍수가 있었다는 과학적인 증거는 존재하지 않지만, 누군가에게 대홍수는 판타지 세계를 넘어 진실의 역사라고 기억된다.

세계 각지에 존재하는 대홍수 전설이 실제 체험을 바탕으로 했다고 믿는 학자들이 많다. 세계를 뒤덮을 정도는 아닐지라도 주변을 전부 잠기게 하기에 충분한 홍수나 지진 해일이라면 이 같은 전설이나 신화의 대상이 되기엔 충분하기 때문이다. 수메르 지역에서 매년 봄이 되면 눈이 녹은 물이 산에서 내려와 강 주변을 휩쓸고 갔기에, 수메르 도시들은 강에서 떨어진 산기슭에 세워졌다. 중국에서도 뇌신이 홍수로 인간계를 멸하려 했다고 하는데, 황하가 범람해서 주변이 물로 뒤덮이는 것도 흔한 일이었다.

어떤 학자는 대홍수 전설이 빙하기가 끝나고 얼음이 녹아 해수면이 상승하면서 일어난 결과라고도 한다. 중동 인근에서는 빙하기 동안 육지였던 흑해가 한순간에 바다로 변해버렸는데, 영화 「2012」처럼 산 너머에서 바다가 쏟아져 내려오는 광경이 펼쳐졌다면 세상의 종말처럼 보였을 것이다. 물론 이 모든 것에 신의 뜻이 존재할 가능성도 부정할 수는 없다.

대홍수 같은 물에 의한 재앙은 누구나 쉽게 상상할 수 있는 만큼 판타지에서 활용하기에 좋다. 판타지에선 세계를 뒤덮을 정도는 아닐지라도 요정들이 물을 조종해서 악당의 마을을 쓸어버리는 등의 이야기를 자주 볼 수 있다. 자연재해는 인간이 어찌할 수 없는 무서운 존재라는 것을 잘 느끼게 하는 이야기이다.

모든 이야기에서 인간은 홍수를 극복하고 살아남는다. 신화나 전설만이 아니라 역사 속에서도 마찬가지였다. 이를테면 고대 이집트에선 나일강이 정기적으로 범람하여 농지를 휩쓸었지만, 그 덕분에 땅은 비옥해졌다. 나아가 농지를 다시 만들고자 기하학과 수학이 발달하고, 강의 변화를 예측하기 위해 천문학이 발달하여 현재와 같은 달력을 만드는 데 도움을 주었다. 자연재해가 문명의 발전을 이끈 것이다. 수많은 이들이 홍수에 맞서 치수 사업을 벌이며 거대 문명이 탄생했다는 것도 무시할 수 없다.

홍수에서 살아남는 건 언제나 '준비한 사람'이었다. 심지어 수메르 신화에선 신조차 인간을 멸망시킨 뒤의 일을 예측하지 못하고 굶주렸을 정도이다. '자연의 위협에 대비하라. 하지만 너무 겁먹지는 말라.' 대홍수 이야기를 비롯한 재앙의 전설들은 모두 이러한 대비가 필요함을 잘

「데우칼리온과 피라(Deucalion and Pyrrha)」 조반니 마리아 보탈리, 1635년
돌을 던져 인간을 만드는 데우칼리온과 피라. 이는 방주 이야기와 차별되는 그리스 신화만의 흥미로운 설정이다.

보여준다.

대홍수를 비롯하여 신화에서 등장하는 자연재해의 원인은 언제나 인간(정확히는 인간의 악업)이기에, 인간의 잘못을 신이 벌한다는 이야기로 엮어낼 수 있다(반대로 신이 비를 내리지 않는 것도 벌이 될 수 있다). 이를 통해 재앙 신화는 신을 공경하고 받들어야 하며, 신의 말에 따라 올바른 행동을 해야 한다는 도덕성을 심어준다.

읽을거리 노아의 방주는 실존했을까?

대홍수 이야기는 세계 각지의 신화에 등장하며 그 내용이 매우 유사해서 실제로 대홍수가 있었을 거라는 주장을 종종 듣게 된다. 종교 근본주의자뿐 아니라, 고고학자 중에서도 노아나 그 모델이 된 인물이 실존했을 것이라고 말하는 이들이 적지 않을 정도.

고대 기술로 노아의 방주만큼 큰 배를 만드는 건 불가능하며, 설사 그렇다고 해도 그 안에 세계의 모든 동물을 싣는 것은 불가능하다(오스트레일리아의 캥거루처럼 아예 바다를 넘으면 찾아올 수도 없는 동물이라든가, 동물이 살아가는 데 꼭 필요한 식물 등, 세계에는 150만 종이 넘는 생물이 있다는 것을 생각해 보자).

하지만 노아의 방주가 정말로 존재했다면 과연 어떤 식으로 모든 동물을 실었고, 또한 어떤 역할을 했을지 생각하는 건 판타지나 SF 이야기에서 충분히 활용할 수 있는 소재이다.

배 한 척에 세계의 모든 동물을 싣는 것은 허황한 얘기고, 설사 모든 동물을 싣는다 해도 한 쌍뿐인 동물로 현재의 지구 생태계를 복원하는 건 힘든 일이다(7쌍이라고도 하지만 역시 충분하지 않다). 여기서 그리스 신화의 데우칼리온 이야기를 결합해 보면 어떨까? 가령 노아가 어떤 방법으로 동물을 만들어냈다면? 영화 「쥬라기 월드」처럼 유전자만 보관하면 작은 배에 수십, 수백만 종의 생물 정보를 보관할 수도 있다. 판타지라면 마법으로 동물을 축소해서 보관했다가 키우거나 연금술로 재생할 수도 있다.

넷플릭스 애니메이션으로 나온 만화 『스프리건』(타카시게 히로시, 미나가와 료지)에서는 노아의 방주가 고대의 기상 병기이며, 그 안에 온갖 동물의 유전자 데이터가 들어 있다는 설정이 나온다. 이 역시 '노아의 방주가 실존한다면?'이라는 상상을 초과학 고대 문명설과 결합하여 만든 이야기이다. 『스프리건』에선 SF의 과학적 상상에 가까운 설정이지만, 신비와 마법의 판타지라면 또 다른 느낌으로 연출할 수 있을 것이다.

물에 의한 재앙은 대홍수만 있는 것은 아니다. 지진 해일(쓰나미)로 인한 피해를 자주 겪었던 일본에는 바다에서 괴물이 나타나 세상을 위협하는 이야기가 적지 않다. 신화나 전승도 있지만, 「고질라」 같은 거대 괴수물도 이러한 이야기로 볼 수 있다. 핵 실험으로 깨어나서 세계를 위협하는 고질라는 핵병기라는 인간의 잘못으로 자연의 재앙이 탄생했다는 점에서 강한 정치색을 느낄 수 있다.

미국의 레전더리 영화사에서 고질라를 중심으로 만든 「몬스터 버스」 시리즈에서는 고질라 같은 거대 괴수를 타이탄이라 부르면서 고대인이 신으로 숭배했다고 설정한다. 특히 고질라는 자연의 균형을 지키는 존재로 설정해 신화적인 분위기를 강조했다.

리바이어던, 카리브디스, 크라켄처럼 신화나 전승 속 바다 괴물을 활용하는 것도 좋지만, 고질라처럼 자연재해라는 설정에 신이나 자연의 의지 같은 신비한 요소를 넣어 새롭게 엮어내는 것도 재미있다.

3. 십이지신과 새해의 시작

오랜 옛날, 하늘의 높으신 분이 수많은 동물에게 명령을 내렸다. 새해를 맞이하여 자신에게 인사를 하러 찾아오라는 것이었다. 높으신 분의 말씀을 따르는 것은 당연한 일, 동물들은 제각기 최선을 다해서 높으신 분이 계신 곳을 향해 달려갔다. 어떤 동물은 열심히, 또 어떤 동물은 조금 게으르게…. 그렇게 동물들은 높으신 분께 새해 인사를 드렸고, 일찍 도착한 동물부터 순서대로 새해를 뜻하는 동물, 십이지신이 되었다고 한다.

새해 아침이 떠오르면 사람들은 올해가 '어떤 동물의 해'라고 이야기한다. 작년엔 개, 올해는 돼지…. 그렇게 매년 그해를 상징하는 동물 이야기를 하며, 자기가 태어난 해의 동물을 따서 '~~띠'라고 이야기한다. 그러니까 2023년에 태어난 사람들은 모두 '토끼띠'가 된다.

내가 무슨 띠인지 나타내는 동물을 십이지(十二支)라고 하는데, 오래전부터 사람들은 묘지나 절, 신당 같은 데에 이들 모습을 수호신처럼 표시하곤 했다. 경주에 있는 김유신 장군 묘 주변에는 각 방위를 나타내는 지석이 있는데, 여기에는 무기를 들고 주변을 지키는 십이지신 모습이 멋지게 새겨져 있다.

십이지를 수호신으로 표시하기 때문일까? 십이지는 종종 점술에 사용하곤 한다. 가령 그 사람은 무슨 띠이므로 무슨 성격이라던가, 무슨 운명을 타고났다거나 그런 식으로 말이다. 태어난 해만으로는 정확하지 않으니 태어난 달이나 날짜, 시간처럼 다양한 요소를 더해서 이야기하지만, 그만큼 십이지는 우리 삶에 많은 영향을 준다고 여긴 것이다.

십이지는 해만이 아니라, 계절이나 달, 날짜와 시간에도 관련되어 있다. 봄은 호랑이와 토끼, 용의 시기이며, 밤 11시부터 1시(0시 59분)까지를 쥐의 시간이라고 해서 '자시(子時)'라고 한다. 이렇게 태어난 연도나 달, 정확한 시간에 이르기까지 십이지를 통해 표현하며, 이를 통해 우리의 운명을 점치는 것이다.

십이지가 어떻게 정해졌는지는 알려지지 않았다. 서양의 황도십이궁은 각 달에 보이는 별자리를 바탕으로 하지만, 십이지의 동물은 별자리나 그 밖의 어떤 요소와도 관련되지 않았기 때문이다. 일설에는 밤 11시부터 1시에 쥐가 활발하게 움직이기에 '자시'라고 했다고 하지만, 모든 동물에 맞는 설명도 아닐뿐더러 용처럼 실제로 존재하지 않는 동물이 포함되어 있다는 점에서 거리가 있다.

역사학자에 따르면 그냥 오래전 점술에서 방위나 시간에 맞추어 12개의 단위를 정해서 정리했고, 여기에 사람들에게 친숙한 동물 이름을 더해서 십이지가 완성되었다고 한다. 하지만 이것만으론 재미가 없기에, 하늘의 높으신 분이 동물에게 인사를 받는다는 전승이 추가되었다.

전승에 따르면 높으신 분이 동물들을 연회에 초대하여 도착한 순서대로 연도의 수호신으로 결정하기로 했다. 모든 동물은 열심히 달렸는데, 자기가 느리다는 것을 알고 있던 소는 가장 일찍 출발하여 가장 먼저 도착한다. 하지만 소가 결승선에 도착하기 전에 소의 뿔에 매달려 있던 쥐가 먼저 뛰어내려 1등이 된다. 소가 화를 냈다고도 하고 아니라고도 하지만 결국 쥐가 첫 번째, 소가 두 번째 동물이 되었다(넓은 마음씨를 지닌 소가 처음부터 쥐를 태우는 것에 동의했다고도 하지만, 어느 쪽이건 쥐가 소를 이용한 사실에는 차이가 없다).

발이 빠른 토끼가 호랑이보다 늦게 도착한 이유가 동화처럼 게으름을 부렸다고도 하고, 몸이 작은 만큼 강물을 넘어가기 힘들었기 때문이라는 설도 있다. 다음으로 용이 도착했는데 하늘을 나는 용이 늦게 도착한 것은 세상을 위해 비를 뿌리느라 늦었기 때문이라고 한다.

그 밖의 동물들은 여러 가지 이유로 늦거나 빠르게 도착했다. 재미있는 건 나라마다 이들이 늦거나 빠르게 도착한 이유가 다르다는 점이다. 가령 중국에선 양, 원숭이, 닭이 서로 협력해서 뗏목을 타고 강을 건넜다고 하지만, 일본에선 사이가 안 좋은 개와 원숭이를 닭이 중재하다 보니 원숭이-닭-개의 순서로 들어왔다고 한다.

돼지가 가장 늦은 것은 몸이 뚱뚱해서라고 생각하기 쉽지만, 십이지의 돼지는 집돼지가 아닌 날렵한 멧돼지로, 그림에서도 갈색의 굵은 털이나 솟아오른 송곳니를 볼 수 있다(소설 『서유기』의 저팔계도 돼지 정령이 아닌 멧돼지 정령이다). 본래 훨씬 빨리 들어올 수도 있었지만, 도중에 배가 고파 밥을 먹고 잠들어 버려서 문을 닫기 직전에야 겨우 들어왔다고 한다. 심지어 닫히는 문을 들이받아 뚫고 들어왔다는 이야기도 있다.

한 가지 재미있는 것은, 십이지 중에 현재 사람들에게 친숙한 동물 중 하나인 고양이가 없다는 점이다. 이는 십이지가 정해진 이후에야 고양이가 동양에 소개되었기 때문이지만, 전승에서는 교활한 쥐가 고양이에게 일부러 날짜를 다르게 알려주었기 때문이라고 설명한다. 고양이가 쥐를 잡는 것은 바로 이에 대한 보복이라고 하던가? 흥미롭게도 베트남의 십이지에선 토끼 대신에 고양이가 나오는데, 여기선 쥐와 고양이가 소를 타고 오다가 쥐가 고양이를 밀어서 호랑이보다 늦었다고 하니 고양이가 쥐를 미워하게 된 결과는 마찬가지다.

이렇듯 재미있는 전설이 있지만 사실 이 전설은 십이지의 동물이 정해진 뒤에 추가된 이야기다. 십이지가 정해진 이유와는 아무런 관련이 없지만 사람들이 생각하는 동물의 성격, 그것도 나라마다 다른 생각을 잘 보여준다는 점이 흥미롭다. 십이지라는 개념이 사람들의 상상과 더해져서 다채로운 이야기를 만든 것에서 신화와 전설을 만드는 원리도 엿볼 수 있다.

십이지는 오래전부터 동양인에게 친숙한 존재다. 그들은 우리의 수호신인 동시에 우리 모습을 반영하는 모습으로 수많은 전설과 설화, 창작

김유신 장군묘에 새겨진 십이지신

이처럼 십이지는 오래전부터 일종의 수호신처럼 여겨진 것 같다.

작품에 등장하기 때문이다. 이따금 '어떤 띠는 나쁘다'라고 생각하는 이도 있지만 십이지의 여러 설정이나 전설에는 양면성이 있으며, 나쁘기만 한 띠도, 좋기만 한 띠도 존재하지 않는다.

위 전승만으로 보면 쥐는 교활하고 나쁜 존재처럼 생각될 수도 있지만, 한편으론 자신의 연약함을 잘 이해하여 가능한 방법을 모두 동원한 영리한 동물이라는 측면도 있다(애니메이션 「톰과 제리」가 떠오른다). 부정적인 것만이 아니라 긍정적인 면도 생각할 수 있다. 마지막에 도착한 돼지는 게을러 보이지만 복의 근원이기도 하며, 문을 뚫고 들어온 만큼 끝까지 포기하지 않고 최선을 다하는 면모도 엿보인다.

십이지는 사람의 운세만이 아니라 그 해의 운세에도 영향을 준다고 하는데, 여기에 양면성을 더한다면 분명히 흥미로운 설정이 될 것이다.

읽을거리 십이지의 창작물

십이지는 동양만의 설정이라는 점에서 서양 판타지와 차별되며, 동양 판타지 설정으로 활용하기 좋은 캐릭터다. 서유기의 손오공(원숭이)이나 우마왕(소)처럼 다른 창작물 캐릭터와 연결하기도 좋아서 활용하기 편하다.

십이지 동물들은 제각기 차별된 개성과 특징을 가졌기에, 여러 캐릭터로 활용되는데, 애니메이션 「꾸러기 수비대」나 만화 『십이지전사』(손태규)처럼 악당과 싸우는 주인공이 되기도 하고, 영화 「전우치」처럼 괴물로 나와서 주인공들과 싸우기도 한다. 십이지를 활용한 술법이나 무술 같은 게 등장하는 것도 재미있다. 당연히 십이지 자신이 아니라, 십이지의 기운을 이은 술법자 대결이라는 것도 자연스러운 설정. 근래엔 서양에서도 어느 정도 알려진 듯, 애니메이션 「미니언즈 2」에서 마법 스톤으로 십이지 캐릭터로 변신하는 내용이 등장하기도 했다.

단순히 캐릭터만이 아니라 종족으로 활용하기도 좋은데, 한자 공부로 잘 알려진 만화 『마법천자문』에서도 십이신마와 십이신족이라 하여, 십이지를 바탕으로 한 인물들과 수인 종족이 등장한다.

십이지에서 역시 고양이 문제를 생각해야 한다. 베트남에선 토끼 대신 고양이지만 한국, 중국, 일본에선 애완동물로 친숙한 고양이가 십이지에서 빠졌기 때문이다. 이집트의 바스테트 같은 고양이 신이 "왜 동양에선 나를 무시하는 거야."라며 화를 내거나("베트남으로 가세요."라는 말로 해결할 수 있을까?), 웹툰 「신시」(정은숙)처럼 십이지가 제 역할을 하지 못하면서 고양이 신이 이 역할을 맡을지도 모른다는 상황을 연출하는 것도 재미있을 것이다.

판타지 세계라면 우리 세계와 다른 십이지, 십이궁이 있어도 좋다. 용이 아닌 드래곤이 나올 것이고, 그 밖에 여러 동물이 판타지의 환수로 바뀔 수 있을 것이다.

4. 겨울의 전설, 페르세포네의 슬픔

오랜 옛날 그리스에 하데스라는 신이 있었다. 세상을 지배하는 티탄 신족의 왕 크로노스의 자식으로 태어난 하데스는, '태어난 자식에게 권력을 빼앗긴다'라는 예언을 두려워한 아버지에게 삼켜지지만, 막내 제우스의 도움으로 구출되어 형제, 누이와 함께 티탄 신족과 싸워 승리하고 저승과 땅속 세계를 지배하게 된다.

저승이라는 거대한 세계를 지배하지만 땅 밖으로 함부로 나올 수 없었던 하데스는 이따금 땅의 틈으로 지상을 내다보며 아쉬움을 달랬다. 그러던 어느 날 하데스는 요정 님프들과 함께 꽃을 따고 있던 아름다운 여성을 발견한다. 하늘의 신 제우스와 땅의 여신 데메테르의 딸 페르세포네였다.

빛나는 하늘 아래 꽃을 따는 여성. 그 모습에 반한 하데스는 제우스를 찾아 페르세포네와 결혼하고 싶다고 이야기했다. 제우스는 데메테르에게 묻지 않고 허락하였고, 하데스는 수선화를 이용해 페르세포네를 유혹하여 납치한다. 갑작스레 어머니와 떨어져 저승에 갇힌 페르세포네. 하데스가 그녀를 사랑한다며 청혼했지만, 갑작스레 어머니와 떨어져 지하로 내려온 페르세포네는 오직 슬퍼할 뿐이었다. 하데스도 어쩔 도리가 없이 시간만 흘러갔다.

지상에서는 데메테르가 곳곳을 돌아다니며 페르세포네를 찾고 있었다. 모든 사실을 알게 된 데메테르는 제우스에게 따졌지만, 제우스는 "지하의 왕인 하데스는 페르세포네의 남편으로 충분하다."라고 말할 뿐이었다. 분노하고 실의에 빠진 땅의 여신은 지상으로 내려와 램프를 들고 방황했다. 풍요의 여신이기도 했던 데메테르가 올림포스를 떠나자 지상에는 재난이 밀려왔다. 대지는 말라붙고 작물은 비틀어져 흉작이 이어졌다. 결국 제우스는 데메테르에게 딸을 돌려주기로 약속한다.

페르세포네는 지상으로 돌아올 수 있었지만, 다시 저승으로 내려가야만 했다. 지상으로 돌아갈 수 있다는 소식을 들었을 때 무심코 저승의 음식을 먹고 말았는데, 저승의 음식을 먹은 사람은 그곳 손님으로 남아야 한다는 규칙이 있었기 때문이다.

논의 끝에 페르세포네는 1년의 1/3을 저승에서 머무르게 된다. 그리하여 페르세포네가 저승에 내려간 사이, 대지에는 풀도 나무도 자라지 않는 황량한 시간, 겨울이 오게 되었다고 한다.

지구상 많은 나라에는 계절이 존재한다. 적도 주변처럼 기후 변화가 거의 없는 지역도 있지만, 인간이 사는 대다수 지역에서 시기에 따른 기온 차가 존재한다. 특히 온대 지역에서는 초목이 잘 자라는 시기와 거의 자라지 않는 시기가 있다. 이처럼 계절, 특히 겨울과 봄은 왜 찾아오는 것일까? 이유를 알 수 없었던 고대 그리스인은 겨울의 여러 가지 상황에 신화적인 해석을 추가해서 이야기를 만들었다.

수메르 신화에도 출산과 땅의 여신인 인안나(바빌로니아에서는 이슈타르)가 저승에 내려갔다가 그곳에 머무르게 되는 이야기가 있다. 저승에서는 꾸미면 안 된다는 규칙을 어기고 온갖 치장으로 내려간 인안나가 저승의 법도에 따라 모든 권위를 잃고 저승의 신과 마주하여 죽어버렸기 때문이다.

출산의 여신인 인안나가 죽어버리자, 땅에서는 모든 것의 생산이 멈추고 말았다. 지혜의 신인 엔키가 꾀를 내어 인안나를 부활시키는 데 성공하지만, 저승에 왔다가 살아난 존재가 있으면 안 되기에, 인안나를 대신하여 누군가가 저승에 머물러야만 했다. 인안나는 풍요의 신이자 양치기의 신인 남편 두무지를 희생양으로 삼으려고 했고, 그로 인해 땅에선 풍요가 사라지고 말았다. 아내를 대신해 저승에 떨어진 두무지에겐 아닌 밤중에 홍두깨 같은 일이지만, 다행히도 두무지의 착한 누나이자 포도의 신이었던 게슈티난나가 자신도 함께 내려가기로 한다.

두무지와 게슈티난나가 번갈아 저승에 내려가면서 황량한 시기와 풍요로운 시기, 즉 겨울과 그 밖의 계절이 나뉘게 되었다는데 이는 당시 메소포타미아 지역에서 '축산(양치기)'과 '농경(포도 재배)'을 번갈아 진행한 것과 관련되며, 이들이 당시의 주요 산업이었음을 보여준다.

페르세포네와 인안나. 풍요의 신과 관련된 사람이 저승에 떨어져 겨울이 찾아온다는 신화. 이 비슷하면서도 다른 두 이야기에는 '겨울=죽음'이라는 인식이 있다. 그만큼 봄이 소중하고도 반갑다는 마음도 담겨 있는 것이다.

페르세포네는 결국 하데스와 결혼하여 저승의 여왕이 되었다고 한다. 물론 어머니를 위해 한해의 2/3는 여전히 지상에서 보낸 것 같지만, 헤라클레스나 오르페우스가 저승을 찾아왔을 때는 하데스 곁에서 저승의 여왕으로서 당당한 모습을 보여준다.

페르세포네가 하데스의 청혼을 받아들인 것은 저승에서 홀로 머물러 외로운 그의 마음을 받아들였기 때문이라고 하는데, 저승의 왕이라는 지위와 달리 상냥한 마음을 갖고 있음을 깨달아서라는 말도 있다. 저승의 시간인 겨울이 혹독하고도 힘든 시기지만 추운 겨울, 밖에 나가지 않고 모여서 있다 보면 서로 친해질 수도 있음을 보여주는 이야기가 아닐까? 흔히 겨울은 아무것도 없는 황량한 공간이자 시간이라고 생각하기 쉽지만, 봄의 '새로운 탄생'을 위한 만남과 맺어짐의 시간일지도 모른다.

판타지 세계에서 겨울은 왜 찾아올까? 과학적으로 볼 때 겨울은 지구가 둥글고 자전축이 기울어진 채로 태양을 돌고 있어서 일어나는 천문학 현상이다. 하지만 이러한 과학을 판타지 세계에 적용할 필요는 없다. 판타지에서는 세상이 둥근 공 모양이 아니라, 힌두 신화의 세계처럼 넓적한 판 모양일 수도 있기 때문이다.

그런 세계에 계절이 있다면 여기에는 뭔가 마법적인 힘이 필요하고, 그 이면에 신들의 이야기가 엮일지도 모른다. 중국의 『산해경』에서는 계절이나 기후를 주관하는 촉룡(燭龍)이라는 용이 있는데, 이처럼 계절을 관리하는 누군가가 있다는 이야기도 충분히 등장할 만하다. 흔히 혹독한 겨울을 가리켜서 동장군(冬將軍)이라고 부른다. 나폴레옹의 러시아 원정이 실패한 원인을 번역하는 과정에서 생긴 말이지만 정말로 '동장군'이라는 괴물이 겨울을 일으킨다는 설정도 재미있다.

중국의 신 중 하나인 신농은 농업과 의약, 약초의 신이지만 동시에 염제(炎帝)라고도 불린다. 이는 불과 태양만이 아니라 더운 여름을 관리하기 때문이다. 몸보신이 필요한 날로 알려진, 삼복(三伏)은 가을의 기

「페르세포네의 납치(The Rape of Proserpine)」 페테르 파울 루벤스, 1636~1637년
페르세포네를 납치하는 하데스와 그녀를 구하려는 아테네.

운(가을신이라고도 한다)이 오다가 염제의 기세에 눌려 세 번 엎드렸다는 뜻이라 한다. 만일 그것이 진실이라면 염제에게 사정하여 여름의 기세를 조금은 누그러뜨리는 일도 가능할지 모른다. 동장군을 토벌해서 겨울을 쫓아내는 이야기도 좋지 않을까? 하데스의 사랑 이야기만큼 감동적이진 않겠지만, 또 다른 재미가 있을 것이다.

읽을거리 계절과 신화

계절과 관련한 신화는 계절 차이를 느끼기 힘든 적도 인근 등의 일부 지역을 제외하면 거의 세계 전역에 존재한다. 이는 계절이 인류의 삶에 그만큼 크게 영향을 주기 때문이다. 농사를 짓는다면 당연히 중요하겠지만, 수렵이나 채집 생활에서도 겨울의 영향은 적지 않다. 식물의 생장이 느려지거나 거의 멈추고 동물들이 동면에 들어가거나 숨어버려서 식량을 얻기 힘들어지는 만큼, 겨울을 걱정하면서도 왜 겨울이 생기는지 궁금하게 여겼던 것은 당연한 일이다.

과학적으로 겨울은 지구의 자전축이 기울어져 태양이 비추는 각도가 달라지면서 단위 면적 당 비추는 에너지와 밤낮의 길이가 달라져서 생겨나지만, 고대인은 이를 이해할 수 없었기에 신화와 연결하여 설명하고자 했다.

정말로 겨울이 신화와 관련되었다면 어떨까? 염제 같은 신이 있어서 그들이 자리를 바꾸면서 계절이 변한다면? 이 경우 어떤 사정으로 특정한 계절의 신이 늦게 오거나 하여 계절이 제대로 바뀌지 않거나, 또는 인간이 마법으로 신을 조종하게 되면서 계절을 맘대로 바꾸는 이야기도 가능할 것이다. 소설 『책벌레의 하극상』(카즈키 미야)에서는 겨울의 주인이라는 괴물이 등장하는데, 이 괴물이 날뛰면 겨울이 더욱 가혹해진다. 그래서 매년 겨울마다 겨울의 주인과 싸워서 물리치면 봄이 좀 더 빨리 찾아온다. 봄을 부르는 의식도 등장하는데, 정말로 신이 계절을 좌우한다면 이런 이야기가 좀 더 다양하게 등장할 수 있을 것이다.

인도 신화처럼 평평한 땅으로 된 세상이라면(지구와 달리 태양이 비추는 각도가 달라지지 않을테니), 이런 신화적 설정이 더욱 자연스럽다. 겨울 신이 북쪽에 산다거나, 북쪽에서 냉기를 뿜어내는 드래곤이 있다는 식으로 북쪽이 더 추운 이유를 설명하는 설정이 필요할지도 모른다.

5. 태양의 옛이야기~낮과 밤의 전설

옛날 먼 옛날, 어느 산속에 홀어머니와 오누이가 살고 있었다. 어느 날 떡장수를 하던 어머니를 잡아먹은 호랑이가 오누이의 집까지 습격했다. 오누이는 재빨리 뒤뜰 나무 위로 올라가 하늘을 향해 빌었다. 그러자 놀라운 일이 일어났다. 하늘에서 밧줄이 내려온 것이다. 밧줄을 타고 하늘로 올라간 오누이는 해와 달이 되었다. 처음에는 오빠가 해, 누이가 달이 되기로 했지만, 밤이 무섭다는 누이의 말에 서로 바꾸어 오빠가 달, 누이가 해가 되었다고 한다.

「해님 달님」이라는 설화이다. 설화 중에서는 특이하게도 해와 달이라는, 인류에게 가장 소중한 존재가 태어난 이야기를 담고 있는 재미있는 이야기다. 흥미롭게도 해와 달이 있기 전에 낮과 밤이 있었는데, 이 이야기를 지은 사람은 낮과 밤이 해와 달과는 관계없다고 생각한 것이 아닐까? 해와 달이 낮밤과 관계가 없다고 생각한 것은 해님 달님만의 이야기가 아니다. 히브리 성서의 창세기에도 신이 '빛이 있으라' 하여 낮과 밤이 먼저 생기고, 별이 생긴 후에 2개의 큰 발광체인 해와 달을 만들어 밤과 낮을 나누었다고 하니 말이다.

하지만 대다수 옛이야기에서는 낮과 밤은 태양이 있기에 생겨난다고 이야기한다. 그리고 많은 신화에서 태양을 신으로 숭배한다.

그리스 신화에서 태양은 태양신 헬리오스가 모는 4마리 말이 끄는 마차라고 한다. 훗날 아폴론과 합쳐지게 되는 이 신은 아침마다 하늘로 올라가 마차를 끄는데, 그 마차의 빛과 열이 태양으로서 세상을 비추고 달군다. 하루는 그의 아들인 파에톤이 찾아와서 마차를 끌게 해 달라고 했다. 용감하게 해를 몰기 시작한 파에톤이었지만 마차를 조종하는 건 쉽지 않았다. 처음에 너무 높게 날아 대지가 추워서 떨었고, 나중에는 너무 낮게 날아서 대지가 불에 탈 지경이었다. 아프리카가 사막이 된 것도 에티오피아 사람들의 피부가 까맣게 된 것도 모두 그 때문이라고 한다. 결국 강물과 바다마저 말라버릴 지경이 되었을 때, 제우스가 벼락을 내려 파에톤을 죽이고 말았다.

게르만 신화에서도 솔이라는 이름의 여신이 두 마리의 말이 끄는 마차를 몰고 하늘을 달린다고 한다. 재미있는 것은 스콜이라는 이름의 늑대가 이 마차를 쫓고 있다는 점이다. 이따금 스콜이 마차를 따라잡아 삼키는데 그때마다 일식이 일어난다. 이때마다 솔은 스콜에게서 도망치는 데 성공하지만 신들의 전쟁, 라그라로크의 그날 결국 솔은 스콜에게 잡아먹혀 죽고 만다. 하지만 다행히도 그 전에 딸을 낳았고 그 딸이 새로운 세상의 태양신이 된다. 이 역시 세상에는 태양이 필요하다는 것을 느끼게 하는 이야기이다.

태양이 소중하다고 생각하며 신으로 숭배한 옛사람들은 태양이 사라질까 봐 두려워했다. 고대 이집트인은 태양이 매일같이 새로 태어난다고 믿었다. 태초의 바다에서 태어난 태양신 아툼은 입에서 공기와 습기를 뱉어내어 세상을 만들어낸다. 창조를 마친 아툼은 혼돈의 물속으로 돌아가지만, 아침이 되면 새로 태어나서 떠오른다.

이집트 신화의 태양신은 케프리, 라, 아툼 세 가지 모습으로 등장한다. 각기 아침, 정오, 저녁의 해를 상징하는데, 이렇게 변모하는 태양은 밤이 되면 죽음의 세계로 향했다가 다음 날 아침이 되면 다시금 바다에서 떠올라 여행을 계속한다. 태양에게 힘을 주기 위해서 죽은 왕, 파라오가 필요하다. 밤이 되면 죽음의 세계에서 깨어난 파라오는 험난한 세계를 넘어서 신의 세계로 향한다. 그리고 태양에 힘을 실어주고 다시 잠든다. 태양을 깨우며 세상의 안정을 지키는 것이 바로 파라오의 역할이었다.

바다 건너 마야와 아스텍에서는 태양에 힘을 실어주려면 희생이 필요하다고 믿었다. 특히 태양이 네 번 파괴되고 다섯 번째 태양의 시대에 살고 있다고 생각했던, 그리고 언젠가 종말이 온다고 여긴 아스텍 사람들은 태양이 매일 떠오르게 하려면 사람의 피와 심장을 태양과 전쟁의 신 우이칠로포츠틀리에게 바쳐야 한다고 믿었다. 이를 위해 매년 '꽃의 전쟁'이라 불리는 전쟁을 벌여 잡은 포로를 신에게 바쳤다(이는 아스텍이 가장 강했기 때문에 가능한 일이었는데, 결국 이러한 행동에 불만을 품은 주변 나라가 스페인의 침략자 코르테스와 손을 잡고, 아스텍 멸망을 이끌었으니 참 흥미로운 일이다).

일본에서는 아마테라스 오미카미라는 태양 여신이 동굴 속에 숨어버린 일이 있는데, 그로 인해 세상이 어둠에 휩싸이며 온갖 재앙이 밀려왔다. 그 어떤 설득으로도 여신을 나오게 할 수 없자 꾀를 낸 신들은 춤을 추고 노래를 부르며 '새로운 태양을 환영하는' 축제를 벌인다. 자신이 숨었는데도 축제를 벌이는 사실을 이상하게 여긴 아마테라스가 바깥을 내다보는 순간, 힘센 신이 여신을 잡고 동굴에서 강제로 끌어내고 또 다른 신이 동굴 앞을 가로막으며 다시 태양의 자리로 돌려보냈다고 한다. 아마테라스는 신들의 땅을 다스리는 최고신이지만 태양의 자리라는 곳에서 벗어나면 강제로 끌려 나갈 수도 있다는, 다시 말해 태양은 존귀하지만, 그 자리를 지킬 때만 존중받을 수 있음을 이야기하는 것 같다. 나아가 아마테라스를 불러내기 위해 춤추고 노래하며 축제를 벌였다는 점은 '태양의 부활'을 위해 의식을 치른 아스텍과 비슷한 느낌도 있다.

일본 신화에선 아마테라스의 손자가 일본 땅에 내려오자, 모든 신이 그를 경배하며 일본을 다스려줄 것을 청했다고 한다. 그의 자손이 바로 일본의 덴노(일왕)인데, 덴노 역시 아마테라스처럼 높은 지위에 있고 존중받지만, 함부로 행동할 수 없다는 제약을 받는다는 점에서(이를테면 2020 도쿄 올림픽에서처럼 덴노가 직접 자기 생각을 드러내기보다는 그 신하이자 감시자인 궁내청 관리가 '덴노께서 이러이러한 말씀을 하셨다'라는 식으로 간접적으로 전한다) 아마테라스를 연상케 한다. 덴노 역시 태양처럼 그 자리에 있는 것으로 고마운 존재지만, 서민 곁으로 내려와서 직접 행동하면 안 된다는 느낌.

태양이 항상 축복만을 주는 것은 아니다. 옛날 중국에는 태양의 여신에게 10명의 아들이 있었다. 그들은 번갈아 떠오르며 세상을 비추었지만, 하루는 10명이 동시에 떠올라서 세상을 달구었다. 옥황상제는 그들을 설득했지만 듣지 않자 뛰어난 궁수 예를 지상에 보내어 9명의 태양을 쏴 죽였다. 이때 떨어진 태양들은 황금빛의 세 발 까마귀 신(삼족

오)의 모습을 하고 있었다고 한다. 태양은 축복이지만 천공의 질서를 어길 때 재앙으로 변할 수 있다는 이 이야기는 질서를 어긴 태양을 신이 쏴 죽인다는 점에서 파에톤 이야기를 떠올리게 한다.

태양이 여러 개가 있으면 재앙이 온다고 하지만, 사실 우주에는 태양이 하나인 단일 성계보다 여러 개인 다중성계가 더 흔하다. 영화 「스타워즈」의 사막 행성 타투인에선 2개의 태양이 동시에 떠오르지만, 여러 태양이 제각기 떠오르면서 낮만 계속될지도 모른다. 여러 개의 태양이 동시에 뜨면서 밤이 없는 세계의 사람들은 태양을 어떻게 생각할까? 그들에게는 어떤 신화가 있을까? 또는 정말로 태양의 신이 있어서 태양을 움직여주는 것일까?

반대로 지하 세계처럼 태양이 아예 없거나, 태양빛이 매우 약한 땅이라면 어떨까? 그래도 마력 같은 힘으로 생명체가 존재하며 번영한다면? 그 세계의 태양신은 우리 세계의 그것과 달리 그다지 대단하지 않

「아폴론의 전차를 모는 파에톤」 니콜라 베르탱, 1667–1736년

거나, 아예 존재하지 않을지도 모른다. 어쩌면 태양과 같은 빛에 익숙하지 않은 나머지 태양신을 저주스러운 존재로 받아들일 수도 있다.

태양은 우리에게 빛을 주는 존재이지만, 동시에 지구가 식지 않도록 열과 에너지를 전하는 존재다. 태양 신화가 다양한 만큼 판타지에서 태양은 우리의 그것과 다를 수도 있다는 점에서 재미있는 상상의 여지가 있다. 태양처럼 친숙하고 일상적인 존재가 달라지는 것은 그 어떤 개념보다도 특별한 느낌이 들 테니까.

읽을거리 태양의 힘과 판타지

판타지나 SF라면 태양이 없거나 태양이 미약한 세계를 창작할 수도 있겠지만 대다수 작품에선 태양이 반드시 존재하며, 도리어 더욱 강력한 모습을 보여주는 사례가 많다. 「스타워즈」의 타투인처럼 태양이 2개가 뜨거나, 소설 『나이트 폴』(아이작 아시모프)에서처럼 태양이 너무 많아서 아예 밤이 없는 세계가 나오기도. 소설 『듄』(프랭크 허버트)처럼 사막의 행성이라 낮에는 밖에 나가기도 힘든 경우도 자주 나온다. 낮에는 태양이 너무 강렬해서 밖에 나갔다가는 죽어버린다는 설정은 SF나 판타지에선 매우 흔하다.

태양은 판타지에서도 마법의 중요한 요소로 자주 등장한다. 흡혈귀를 비롯한 온갖 부정적인 괴물들이 햇빛에 취약하고, 때로는 햇볕을 쬐기만 해도 재가 되어 사라지거나, 돌이 된다는 설정은 신화나 전설에서 자주 나온다. 태양의 힘을 빌려 괴물을 퇴치하는 이야기도 적지 않다. '태양의 힘으로 벼려진 보검' 같은 것은 판타지에서 매우 친숙한 소재이다.

괴물이 태양빛에 약하다는 것은 반대로 괴물이 태양빛을 동경하면서도 접근하지 못한다는 비극적인 설정으로 연출할 수도 있다. 근대 일본을 무대로 외계인이 등장하는 만화 『은혼』(소라치 히데아키)에는 햇빛에 약해서 항상 양산을 들고 있는 외계 종족이 나오는데, 그중 하나인 암흑가의 지배자 야왕 호센은 태양빛을 동경하면서도 자신을 거부한다며 저주했다. 만화 『드래곤퀘스트:다이의 대모험』(산죠 리쿠, 이나다 코지)의 대마왕 버언처럼 지상을 날려버려서 마계에 태양을 가져오겠다는 야망을 보여주기도 한다. 이 같은 설정에 「해님 달님」과 같은 인격신 요소를 결합한다면 또 다른 재미가 있을 것이다.

6. 밤을 밝히는 신비한 존재, 달 이야기

설날로부터 보름이 지나면 사람들은 들뜨기 시작하며 처음 만나는 사람에게 말한다.

"내 더위 사가라!"

더위팔기. 정월 대보름을 기념하는 놀이이다. 정월 대보름은 휴일은 아니지만 한국에선 설과 추석 다음으로 전통 행사가 많은 날이다. 일찌감치 호두나 땅콩, 밤, 잣 같은 견과류를 깨물어 먹고, 다섯 가지 곡물로 이루어진 오곡밥과 묵은 나물로 아침을 먹는다. 귀밝이술이라고 하여 부럼을 깨는 동시에 찬술을 마시기도 하는데, 귀가 밝아질 뿐만 아니라 귓병도 막아주고 좋은 소식만 들리게 한다는 이야기가 있어 아이에게도 권할 수 있다. 팥죽이나 약식도 빠질 수 없다. 쥐불놀이나 다리밟기 같은 놀이도 마찬가지. 하지만 무엇보다 중요한 것은 '달맞이'이다. 커다랗게 떠오른 달을 보며 소원을 빈다. 달의 힘을 믿고 달의 신비를 떠올리면서.

예로부터 달은 세계 각지에서 신성한 존재로 여겨졌다. 태양을 낮의 지배자로 인식한 것처럼, 달은 밤을 지배하는 존재, 그리고 밤에 세상에 영향을 주는 존재로서 여긴 것이다. 해만큼 밝지는 않아도 어두운 밤을 지켜주는 달은 그만큼 믿음직하고 대단한 존재라고 생각했다. 이는 달이 그만큼 크기 때문이기도 하다. 우리가 보는 달은 빛이 약할지 몰라도 해와 크기가 비슷했기에 태양과 동격으로 여겨지기에 충분했다.

세계 각지에서 달은 태양과 함께 신으로 여겨지는데, 달의 신은 야생

동물과 관련된 경향이 있다. 그리스의 아르테미스는 사냥이자 야생동물의 여신이며 헤카테는 출산과 야성, 그리고 저승의 여신이다. 백로의 날개를 갖고 고둥 모자를 쓴 아스텍 신 테크시트테카톨(메츠틀리라고도 한다)이나 따오기의 머리를 한 이집트의 토트처럼 동물 모습을 한 예도 있다.

그래서일까? 예로부터 달, 특히 보름달은 동물의 행동에 영향을 준다고 여겨졌다. 보름달을 보고 짓는 늑대 모습은 워낙 유명하며, 보름달이 되면 동물들이 무리를 지어 이동하거나 반대로 행동을 자제한다. 보름달과 함께 시작되어 수백만 개의 알이 마치 별처럼 퍼져나가는 산호의 산란은 유명한 관광 상품이 될 정도이다.

달은 신비하고도 귀중한 존재지만 서양에서는 신비와 함께 불길한 존재로 여겼다. 한국이나 중국, 일본 등에서 보름달을 좋은 존재로 여기며 즐거워했던 것과 다르게 서양에선 마법이나 악마와 관련이 있다고 생각했다. 보름달이 되면 늑대인간이 나타나 사람을 해치며 마녀들이 축제를 벌이며 희생자를 찾는다고 여긴 것이다. '달'이라는 뜻의 영어 단어 중 하나인 루나(Lunar)에서 파생된 루나틱(lunatic)이라는 단어엔 '정신 이상'이라는 뜻이 담겨 있는데, 보름달의 마력이 사람들을 미치게 만든다고 생각했기 때문이다. 밝게 빛나는 보름달 아래에서 벌어지는 미치광이들의 축제. 온갖 이야기 속 악당이 보름에 악마적인 의식을 벌이는 것도 이상한 일은 아닐 것이다.

고결하고도 신비한 달이 사악한 어둠의 존재로 여겨진 것은 빛과 어둠을 선과 악으로 나누는 조로아스터교에서 시작되었다고 한다. 여기에 저승의 여신이기도 한 헤카테나 보름달에 울부짖는 늑대 모습, 연금술이나 마술에서의 달 이야기 등이 결합하여 달을 무서운 것으로 바꾸었다. 아르테미스 같은 고대 신 숭배를 배척한 기독교의 영향도 빼놓을 수 없다.

서양에서 달을 불길한 존재로 보는 것은 여성과 관련되어서라는 주장도 있다. 하지만 달=여성이라는 건 일부 지역 이야기에 불과하다. 여성의 생리 주기가 달의 주기와 비슷하다는 점에서 연관하기도 하지만, 달이 반드시 여성일 필요는 없기 때문이다. 그리스의 달의 신은 모두 여성이지만, 게르만 신화 속 달의 신 마니는 남성이다. 중국에선 달에 항아라는 여신이 살고 있다고 믿지만 일본 신 츠쿠요미는 남성이며, 힌두교의 찬드라나 수메르의 난나처럼 달이 남성이라고 믿는 신화가 많다. 전래동화 「해님 달님」에서도 오빠가 달이 되었다.

동양에선 보름달이 풍요와 생명의 상징으로 여겨졌다. 정월 대보름과 추석을 명절로 기념하는 것은 물론이고, '보름달 같다'라는 말은 아름답다는 표현이다. 보름달을 보며 소원을 비는 것은 말할 필요도 없다. 보름달에 떡방아를 찧는 토끼가 있다고 보는 우리나라나 천녀가 산다고 믿는 중국과 달리 아프리카나 남미에선 흉측한 두꺼비, 유럽에선 무서운 게나 마녀가 보인다고 한다. 똑같은 보름달인데도 사람마다 다르게 보이는 것은 역시 마음의 문제가 아닐까?

과학적으로 보면 달은 지구의 형제이다. 지구의 자전 속도를 늦추어 24시간을 만들어준 주인공이자, 밀물과 썰물을 만들어 생태계에 영향을 주고 생명이 태어나는데 이바지했던 존재라고 한다. 나아가 지구로 날아오는 소행성들을 줄여주는 청소부이자 생명의 수호자다. 무엇보다도 예로부터 빛으로 밤길을 지켜주었던 존재이다.

정월 대보름에 잠을 자면 눈썹이 희게 변한다고 한다. 그래서 아이들이 잠들면 어른들이 장난삼아 밀가루로 눈썹을 하얗게 칠하곤 했다. 정월 대보름에는 잠을 자지 않는 것. 이것은 어쩌면 밝은 보름달 아래 지난해를 돌아보며 한 해를 새롭게 계획하며 시작하라는 배려일지도 모른다. 판타지라면 '보름달의 마력을 받아 힘을 키우라'는 뜻이 될 수도 있겠지만.

태양과 마찬가지로 달도 하나뿐일 필요는 없다. 달에 마력이 있고 그 마력이 차고 지는 모습에 따라 달라진다고 할 때, 여러 개의 달은 서

연극 「파우스트」 포스터, 19세기 말
달밤은 악마들의 향연에 특이 어울리는 시간이다.

로 힘을 주고 받으며 특별한 현상을 일으킬 수도 있다. 게임 「울티마」에서는 2개의 달이 떠오르는데, 달들이 차고 기우는 상황에 따라서 세계 어딘가에 신비한 문게이트(Moon Gate)가 열린다. 문게이트는 그때그때 세계의 다른 지역을 연결하게 되는데, 「울티마」의 세계에 위기가 찾아왔을 때 이 문게이트를 통해 아바타라고 불리는 다른 차원의 영웅이 세계를 방문한다고 한다.

일본 설화 「타케모노가타리」(대나무에서 발견된 가구야 공주가 여러 사람의 청혼을 받지만, 온갖 요구로 이를 거절하고 달나라로 돌아간다는 이야기)나 중국의 항아 이야기처럼 달에 신비한 세상이 있을지도 모른다. 달을 불길하게 보는 서양의 이야기처럼, 마녀나 악마가 살고 있을 수도 있지만.

밤하늘의 별 중에서도 특히 강렬한 존재감을 드러내고 있는 달은 판타지 이야기에서 그만큼 중요한 존재이다.

읽을거리 마법과 달 이야기

지구에서 볼 때 태양과 비슷한 크기로 밤하늘을 밝혀주는 달은, 일찍부터 신화와 전설의 중요한 소재로 활용되었다. 태양은 신화건 전설이건 엄청나게 뜨거운 불덩어리처럼 묘사되지만, 달은 반대로 차가운 세계이며 뭔가가 산다는 느낌이 든다는 점에서 아예 또 하나의 세계로 묘사되는 일도 적지 않다.

판타지에서도 마찬가지로, 고블린이 달에서 온다는 전설이 소개되는 소설 『고블린 슬레이어』처럼 달에 괴물이나 요괴가 살면서 어떤 특정한 방법으로 지상에 내려온다는 이야기가 많다(『타케토리 모노가타리』의 카구야 히메가 외계인이나 외계 괴물이라는 설정도 자주 나온다). 달은 마력을 지니고 있다는 이야기도 많은데 달의 상태에 따라서 힘이 강해지거나 약해지고, 마법에 필요한 마력을 달로부터 보충하며 달의 힘으로 변신하거나 활동하는 인물이 등장하는 것도 친숙한 설정이다. 보름달이 뜨면서 괴물이 강하고 흉포해져서 위기가 찾아온다는 이야기도 자연스럽다.

여기서 한 가지 생각할 점이 있다. 사실 지구의 달은 적어도 태양계 내부에서 보면 비정상적으로 큰 존재라는 것이다. 명왕성과 카론처럼 어느 정도 크기가 비슷한 예도 있지만, 태양계의 대다수 행성에는 위성이 없거나, 있어도 본성에 비하여 매우 작다. 그게 보통이라면 판타지 세계의 달은 어쩌면 우리의 것처럼 크지 않고 매우 작을지도 모른다.

그러한 세계에서 달의 역할은 어떻게 될까? 적어도 우리 지구의 달처럼 큰 영향을 주지 않을지도 모른다. 그렇게 되면 달이라는 매력적인 소재를 쓸 수 없는 만큼, 커다란 하나의 달 대신에 수많은 작은 달을 등장시켜 독특한 마법 설정을 만드는 것도 재미있을 것이다.

7. 새벽을 알리는 별, 금성의 매력

오랜 옛날. 한 여신이 저승으로 여행했다. 그는 아름다운 옷에 빛나는 광채를 걸치고 저승의 문을 들어섰다고 한다. 그런데 저승에는 그 누구도 이승의 것을 들일 수 없다는 신성한 계율이 있었다. 이에 따라 저승의 문을 하나 들어설 때마다 그는 몸에 걸친 물건을 빼앗기고 만다. 신의 광채를, 아름다운 옷을… 여신은 항의했지만, 항의는 받아들여지지 않았다. 결국 마지막 문을 들어설 때 여신은 타고난 미모를 제외하면 아무것도 걸치지 않는 모습으로 남게 되었다.

저승의 신은 아무것도 가져와서는 안 되는 저승의 계율을 생각하지 않고, 온갖 물건으로 꾸미고 온 여신을 비난했다. 신의 힘을 잃은 채 심판받은 여신은 죽어 저승에 남게 되었다. 여신의 이름은 인안나. 바빌로니아에서는 이슈타르라고 불린 고대 수메르의 미의 여신이자 금성, 샛별의 여신이었다.

오랜 옛날부터 사람들은 하늘을 보며 신비한 질서를 떠올렸다. 세상에는 태양과 달이 있었지만, 그 밖에도 무수한 별이 존재했다. 대다수의 별은 정해진 형태로 움직였지만, 이따금 그 법칙을 무시하고 이상한 움직임을 보이는 별이 있었다.

그중에서도 금성은 특이한 별이었다. 태양이 뜨기 전이나 태양이 진 직후에야 나타나는 신비한 별이었고, 한편으론 태양과 달 다음으로 밝고 아름답게 빛나는 별이었다. 새벽을 밝히며 아침을 칭송하는 듯 보이는 별. 고대인이 '미의 여신'의 상징으로 삼은 것도 자연스러운 일이었다.

동시에 금성은 신비하고도 불길한 별이었다. 금성은 달처럼 차고 기우는 모습을 보여주었으며, 여느 별과는 다르게 움직였기 때문이다. 사람들은 하늘에서 금성이 떠오르는 위치를 그려보았는데, 놀랍게도 그것은 5개의 모서리를 가진 별처럼 보였다. 사람들은 금성에 신비한 힘이 있다고 생각하게 되었고, 오망성이나 오각성이라 불리는 이 그림을 마술의 상징으로 여겼다.

이러한 기묘한 움직임 때문이었을까? 기독교에선 금성을 타락 천사인 루시퍼라고 부르기도 한다. 어떤 때는 태양보다 먼저, 어떤 때는 태양 다음에 나타나면서 그 밝고 아름다운 모습으로 태양에 도전하는 별. 그리고 하늘의 질서를 거부하고 제멋대로 움직이는 별이었기 때문일 것이다.

중국에선 태백이라 불린(시인 이백-이태백-은 이를 따서 지은 이름이라 한다) 금성은 항상 해가 뜨고 지는 것을 전후하여 나타났지만, 이따금 낮에 나타났다. 사람들은 이를 불길한 징후라고 생각했다. 『한서 천문지』에는 "태백성이 낮에 하늘을 지나가면 천하에 혁명이 일어나서 백성이 왕을 바꾼다. 이에 기강이 무너지고 백성이 흩어져 유랑한다."라는 말이 있다. 본래 해를 따르며 저녁이나 새벽에 나타나야 할 금성이 낮에 나오는 것은 태양에 도전하는 것이며, 왕의 권위가 위험하다는 뜻이라는 말이다.

나아가 살벌(殺伐-죽고 벌하는 것)을 주관하는 금성이 낮에 당당하게 나타난 것은 천하에 변란이 일어나는 징조라고 여겼다. 조선에선 임진왜란이나 병자호란을 앞두고 금성이 낮에 나타났다고 전해지는데, 역병의 전조로 나타난 일도 적지 않았다.

금성이 불길한 존재이기만 했던 것은 아니다. 히브리 성서에서 금성은 때때로 대천사 미카엘이나 구세주를 가리키는 말로 사용되기 때문이다.

수메르의 여신 인안나는 금성이자 미의 여신이었지만, 세상에 탄생을 가져오는 출산의 신이기도 했다. 그래서 인안나가 저승에 떨어졌을 때 세상에는 죽음만이 존재했다.

동양에서는 금성이 새벽에 나타날 때 계명성(啓明星)이라 부른다. "밝음을 알리는 별", 우리말로는 샛별이 불리는 그 이름에는 희망이 함께 담겨 있다.

새의 날개만이 아니라, 발도 새 발톱 모양인 여신 인안나. 때때로 반인반수로 묘사되면서도, 미의 여신으로서 속성을 지녔다는 점이 흥미롭다.

J.R.R.톨킨은 금성이 고대의 신비한 보석 실마릴 중 하나라고 했다. 하늘로 올라간 보석이 사람들에게 빛을 내려준다는 뜻에서 말이다. 아름답고 신비로운 금성. 변화무쌍한 모습을 보여주며 때로는 희망을, 때로는 불길한 재앙을 전하는 별. 어쩌면 이 별은 보는 사람의 마음을 반영하는 존재일지도 모른다. 때로는 불길하고, 때로는 희망의 별이었던 금성. 태양에 앞서 아침이 찾아옴을 알리고 사람들에게 기쁨을 주는 금성은 밤하늘에 가장 밝은 별 중 하나로 우리를 지켜주었다.

독자적인 판타지 세계에서 금성이라는 별을 그대로 등장시키는 것은 자연스럽지 않을지도 모른다. 하지만 사람들의 기억에 남는 천상계의 존재를 만들고 싶다면, 금성을 참고하는 것은 어떨까?

읽을거리 금성과 마법 이야기

금성은 태양과 달 다음으로, 어떤 점에서는 그 이상으로 신화와 전설 속에서 자주 등장하고 마법 설정에서도 매우 중요하게 다룬다. 이는 금성이 밤하늘에서 특히 밝게 빛나는 데다 매우 복잡한 움직임을 보여주었기 때문이다. 나아가 태양이나 달처럼 너무도 거대하고 강대한 존재가 아니라는 점도 비교적 접근하기 쉬운 이유가 되었을 것이다. 물론 새벽과 함께 가장 먼저 찾아오는 희망의 별이라는 점도 중요한 요소 중 하나였을 것이다.

금성의 여신인 인안나는 사랑과 다산의 여신인 동시에, 전쟁의 여신으로 숭배되기도 했다. 무서운 광휘를 걸치고 전장을 질주하며 자신을 따르지 않는 자들에게 혼란을 일으키며, 대학살을 벌이는 존재로서 중근동 일대에서 인기가 높았다(여전사라는 모습에서, 그리스의 달의 여신 아프로디테에 영감을 주었다는 견해도 있다).

기독교에서는 여신으로서 이 같은 혼란과 대학살을 저지르는 모습, 지옥이라고 여겨질 수 있는 저승으로 직접 내려간다는 설정, 나아가 매춘부의 수호신으로도 여겨진다는 점에서 – 게다가 일부 신화에서 남신으로 해석되어 동성애 모습도 보여준다는 점에서 – 악마나 마녀의 원형처럼 여겨졌다. 그래서 솔로몬의 72악마 중 하나로 남자 악마인 아스타로트의 모델이 되기도 했다.

재미있는 점은 본래 인안나/이슈타르는 팔각별이나 육각별로 표현되었는데(이를 인안나/이슈타르의 별이라고 한다) 그 중 육각별은 근대 이후 유대교의 기호로 쓰인다는 점이다. 금성을 나타내는 오각별과는 다르지만 팔각별이나 육각별 역시 마법 기호로 쓰이며, 양쪽 모두 중국의 팔괘에 영감을 주었다는 설이 있다.

금성은 연금술이나 천문학에선 구리를 의미한다. 비교적 제련하기 쉬워 일찍부터 인류 역사에 등장했던 구리의 상징이라는 점 역시, 금성의 마법적 가능성을 잘 보여준다.

8. 전쟁을 부르는 불길한 별, 화성 이야기

맑은 밤하늘을 올려다보면, 수많은 별이 눈에 띈다. 은하수를 중심으로 펼쳐진 다채로운 별자리들은 태양처럼 동쪽에서 떠서 서쪽으로 사라진다. 시기와 장소에 따라 다르지만, 그 움직임은 일정하여 변함이 없다. 하지만 유독 독특한 움직임을 보여주는 별이 있다. 별의 바다를 자유롭게 헤엄치듯 종횡무쌍으로 움직이는 별, 유독 밝게 빛나며 유독 특이한 움직임을 보여주는 별. 그리스 사람들은 그들을 '방황하는 자'(PLANETES, 플라네테스, 행성)라고 불렀다.

달, 그리고 금성과 목성, 토성…. 방황하는 자들은 천체의 다른 별과는 유독 구분되는 모습으로 사람들의 눈길을 끌었다. 하지만 그중에서도 초저녁 동쪽 하늘에서 붉은색으로 빛나는 한 존재는 유독 사람들의 관심을 받았다.

동서양을 막론하고 불길한 존재로 두려워했던 별. 형혹성(熒惑星), 네르갈(Nergal), 망갈라(मङ्गल), 그리고 마르스(MARS). 별을 부르는 이름은 다양했지만, 그 모두는 비슷한 의미를 담고 있었다. 전염병, 혼란, 그리고 전쟁. 20세기 초반엔 외계 침략자의 고향이라고도 여겨졌던 곳. 그 곳을 우리는 화성(火星)이라고 부른다.

일찍부터 사람들은 화성을 주목하며 흥미를 품었다. 금성만큼은 아니지만, 그래도 밤하늘에서 또렷하게 눈에 띄는 별. 때로는 목성보다 밝게 빛나며, 무엇보다도 그 독특한 붉은 색은 사람들의 관심을 끌기 충분했다. 하지만 사람들의 눈길을 끈 것은 그것만이 아니었다. 화성이 여느 별들과 달리 때때로 하늘의 움직임을 거스르는 모습을 보였기 때문이다.

태양이나 달처럼 동쪽에서 서쪽이 아닌, 서쪽에서 동쪽으로 움직이는 모습. 이른바 행성의 역행 운동이라는 것은 화성만이 아니라 목성이나 토성 등 다른 행성에서 볼 수 있지만, 다른 별에 비해 급격하게 역행하면서 가장 밝은 빛을 발하는 모습은 세상의 질서를 깨뜨리는 존재로 여겨지기에 충분했다. 그래서 오래전부터 많은 나라에서 화성을 '불길한 존재'라고 여긴 것이다.

고대 수메르인은 화성을 전염병과 전쟁의 신, 네르갈(Nergal)이라 부르며, 죽은 사람의 운명을 결정한다고 생각했다. 인도인은 지구의 신인 부미와 비슈누 사이에서 태어난 존재로서 금욕과 분노의 신이라 여겼다. 동아시아에서 화성은 형혹성(熒惑星)이라 불렸는데, 이는 이 별이 재앙과 혼란을 가져오며 사람들을 미혹한다고 여겼기 때문이다. 오행에서는 불(火), 계절로는 여름, 방위로서는 남방을 뜻하는 이 별은 예절을 상징하는 별이지만 동시에 지상의 정치가 잘못되었을 때 그 잘못을 드러내는 존재라고 알려졌다. 그리하여 형혹성이 하늘의 중요한 별자리에 머무를 때 '형혹성이 성좌를 범하다'라고 역사서에 기록했다.

화성처럼 붉고 화려하게 빛나서 그리스에선 '화성에 맞선다'라고 했고 중국에서는 천자를 상징하여 심대성이라 불린 별, 안타레스(Antares) 주변에 화성이 머무르는 것을 '형혹수심(熒惑守心)'이라 부르며 최악의 흉조라고 생각했다. 진시황이 죽기 1년 전에도 형혹수심이 일어나며 진나라의 멸망을 예언했다고 한다. 형혹성은 때때로 아이의 모습으로 지상에 내려와 노래를 부르며 세상에 재앙을 알린다고 했다. 『삼국지연의』를 비롯한 많은 이야기에서 아이들의 노래가 위기를 알리는 장면이 나오는데, 어쩌면 형혹성의 화신이 벌이는 일일지도 모른다.

화성은 단순히 불길한 존재만은 아니다. 고대 중국인이 화성을 형혹성이라 부르면서도 '예절'이라는 상반된 속성을 부여하고 인도인이 분노인 동시에 금욕의 신으로 여겼듯이, 그리스인을 따라 이 별에 전쟁신의 이름을 붙인 로마인 역시 이 별을 다양한 모습으로 바라보았다. 그것은 로마인이 그리스인에 비하여 무예를 숭배하고, 수호를 위한 전쟁을 더욱 중시했기 때문이다.

그리스 신화에서 전쟁신 아레스는 난폭하고 충동적이며 파괴적인 속성을 가진 인물이다. 혐오스럽고 끔찍한, 야만적인 존재였다. 하지만 여기서 영감을 얻어 탄생한 로마의 전쟁신 마르스(Mars)는 다르다. 그는 제우스의 로마식 설정인 유피테르와 함께 로마의 3대 신 중 하나로서 로마의 수호자이며, 평화를 지키고 국경을 안정시키는 존재였다. 로마인은 그들에게 새해인 3월 첫날에 마르스의 탄생과 마르스의 어머니 유노를 기리는 축제를 열었고, 이 중요한 달에 그 신의 이름을 붙였다. 로마 건국자의 로물루스와 레무스의 아버지였던 그는 로마인이 가장 본받을만한 '장중하고 고결한 전사'였기 때문이다.

로마에서도 화성이 재앙을 알리는 존재였다는 점은 달라지지 않았지만, 화성이 재앙을 가져온다고 여기진 않았다. 그보다는 재앙을 예언하며 이에 대비할 수 있게 해 준다고 생각했다. 이는 마르스의 창이 가진 힘이기도 했다. 그의 창은 유피테르의 번개나 넵툰의 삼지창처럼 강력한 힘을 가진 무기로, 동시에 전쟁과 재앙을 예지하여 대비하게 하는 힘이 있었다. 로마 왕정 시대에 세워진 왕의 집무실에는 마르스의 창이 보관되어 있었다고 하는데, 전설에 따르면 카이사르의 암살 같은 재앙이 일어나기 전에 창이 스스로 진동했다고 한다.

과학적으로 화성과 재앙은 아무런 관련이 없다. 단지 다른 행성처럼 물리법칙에 따라 움직일 뿐이다. 지극히 당연한 자연의 모습이다. 하지만 그것을 보는 사람들에게 화성은 때로는 재앙의 상징이며 때로는 예절, 때로는 고결한 전사로 비친다. 그래서 사람들은 때로는 화성을 두려워하고, 때로는 존경하며 바라본다.

100여 년 전, 퍼시벌 로웰이라는 천문학자가 있었다. 일본과 조선을 여행하며 '고요한 아침의 나라, 조선'이라는 말을 처음 사용했고, 노월

네르바 포룸의 마르스상
거칠기만 한 전사가 아닌 고결한 지휘관 느낌을 준다.

(魯越)이란 한국 이름을 갖기도 했던 그는 개인 재산을 털어 천문대를 만들고 화성 모습을 관측하며 수많은 스케치와 관측 기록을 남겼다. 그의 스케치와 기록에는 화성의 극지방에서 연결되는 거대한 수로와 수로를 만든 지적 존재 이야기가 담겨 있었다. 사람들은 화성을 볼 때마다 외계인을 떠올렸다. 하지만 반세기가 지나 화성에 탐사선이 도착했을 때 거기에는 수로도, 외계인도 존재하지 않았다. 로웰의 수로는 단지 그의 상상에 불과했다.

고대부터 재앙의 상징으로 여겨진 화성. 역사에는 화성과 전쟁, 재앙의 관계를 상징하는 무수한 기록이 존재한다. 정말로 화성이 재앙을 가져왔다고 믿는 것도 이상하지 않을 정도. 하지만 어쩌면 그것은 로웰의 수로와 같은 것일지도 모른다. 화성을 형혹성이라 부르며 '재앙이 올 거다'라고 생각한 사람들의 불안이 낳은 결과는 아닐까?

'예언이 결과를 만든다.'라는 이야기가 있다. 사람들이 예언을 진실로 믿은 결과, 거꾸로 그 일이 일어나고 마는 상황을 말하는 이야기다. 전쟁과 재앙을 예지하는 동시에 재앙을 불러온다는 화성. 그것은 바로 예언의 모습을 잘 보여주는 사례일 것이다.

읽을거리 천구의 괴물들

태양계에는 8개의 행성이 있지만(명왕성을 행성으로 돌리자는 이들도 있지만 현재는 사실상 제외되었다) 망원경이 나오기 전까지 일부만 볼 수 있었다. 그중 화성처럼 기묘한 움직임을 보여주는 것도 있었는데, 이를 설명하기 위해 괴물이나 악마 같은 설정을 만들어내기도 했다.

서양에서는 별자리에 다양한 괴물을 배치하였고, 중국에서는 별들에 성군이라는 이름을 붙여 신격화하곤 했는데, 특히 황도를 가로지르며 12년 주기(정확히는 11.86년)로 우주를 도는 목성은 간지와 연결하여 중요한 별이었던 만큼, 태세(太歲)라는 이름을 붙여서 신성시했다. 문제는 목성이 서쪽에서 동쪽으로 태양을 가로지르듯 움직였다는 점인데, 이를 설명하고자 중국에선 목성의 반대 방향으로 움직이는 가상의 별을 생각한다. 이는 훗날 목성 움직임에 연동해서 땅속을 지나가는 태세라는 괴물로 상징화되었는데, 하늘의 별과 지상의 존재가 서로 연동된다는 설정이 흥미롭다.

중국의 도교에서는 천상에 수많은 별이 모두 신이나 신선, 또는 괴물로 설정되어 있다. 판타지 세계에 별들이 있다면, 그 세계의 별은 마법적인 어떤 것일 수 있다. 그들이 정말로 중국 전승 속의 태세나 신선 같은 존재라면, 이야기 속에서 어떻게 활용될지 다양한 상상을 펼쳐내기 충분하다.

9. 라그나로크와 신들의 종말

매년 12월이 되면 한해가 막을 내리고 새로운 해가 시작된다. 연말이 되면 수많은 이가 한해가 끝나는 것을 기념하고 새해가 다가오는 것을 기대한다. 그런데 만일 한해가 끝나도 새로운 해가 오지 않으면 어떻게 될까? 가령 해가 끝나면서 세상이 막을 내린다면?

오랜 옛날부터 많은 이가 이런 걱정을 한 것인지, 세계 여러 신화에는 세상의 멸망을 예언하는 이야기가 등장한다. 그중에서도 게르만 신화에 등장하는 '라그나로크'는 가장 인상적인 이야기다.

마블 영화 제목으로도 알려진 라그나로크는 '신들의 마지막 운명'에 대한 이야기이다. 오딘을 중심으로 한 게르만 신들, 토르와 로키를 비롯한 모든 신이 죽음을 맞이하고 세상이 막을 내리는 이야기이다.

라그나로크는 극심한 추위와 함께 시작된다. 3년간 겨울이 계속되면서 세상은 혼란에 빠진다. 두 마리 늑대에게 쫓기던 태양과 달이 늑대에게 잡아먹히며 영원한 어둠이 세상을 뒤덮는다. 오딘과 신들에게 사로잡혔던 사악한 존재들이 풀려나고, 저승의 군단과 함께 서리와 불의 거인이 신들의 세상으로 달려간다.

아스가르드의 수문장인 헤임달이 거대한 뿔피리 갈라르호른을 불며 전쟁의 시작을 알린다. 그 전쟁은 절대로 피할 수 없기에, 이 사실을 알고 있던 오딘은 용맹하게 싸우다 죽은 바이킹의 전사들을 자신의 궁전인 발할라에 맞아들여 싸움의 준비를 하고 있었다. 그들보다도 용맹한 여전사 발키리에 의해 소환된, 에인헤랴르라 불리는 전사들은 낮에는 서로 죽고 죽이는 전투를 벌이며 최후의 전쟁에 맞선 연습을 하지만 해가 지면 다시 살아나서 잔치를 벌였다.

에인헤랴르의 활약으로 서리와 불의 거인, 그리고 저승의 군단은 상당수 사라졌다. 본래부터 죽음을 두려워하지 않았던 그들인 만큼, 죽어서도 더욱 강해져서 거인에 맞설 수 있었던 것이다. 하지만 그들의 활약에도 불구하고 신들의 운명은 결코 잘 풀리지 않았다.

가장 먼저 무지개 다리 비프로스트를 지키던 헤임달이 로키에 맞서 함께 숨을 거두었다. 이윽고 신들의 왕인 오딘이 사슬에서 풀려난 거대한 늑대 펜리르에게 먹혀버렸다. 오딘의 아들 비다르가 절대로 찢기지 않는 신발을 이용하여 펜리르의 입을 찢어 죽이지만, 오딘을 되살릴 수는 없었다.

전쟁의 신 티르는 저승을 지키는 개, 가름과 맞서다 함께 숨을 거두었고, 최강을 자랑하던 천둥 신 토르는 지구를 둘러쌀 정도로 거대한 뱀 요르문간드에 맞서 그 머리를 망치로 내리쳐 부수었지만, 요르문간드가 내뿜은 독기에 중독되어 쓰러져 죽는다.

그렇게 거의 모든 전사와 거인, 그리고 신들과 괴물이 쓰러지고, 오직 남은 것은 풍요의 신이자 전사였던 프레이와, 불의 거인을 이끄는 왕 수르트뿐. 하지만 프레이는 제대로 싸울 수가 없었다. 그가 자랑하던 '스스로 움직이며 거인을 죽이는 검'은, 거인족 미녀와 결혼하고자 하인이었던 스키르니르에게 내어주었기 때문이다.

프레이는 후회했지만, 검은 돌아오지 않았고 사슴뿔을 대신 들고 용맹하게 맞서다 수르트의 칼 앞에 쓰러졌다. 그렇게 라그나로크는 신의 패배로 막을 내렸다.

수르트는 불타는 칼을 휘둘러 남은 신과 거인을 거의 모두 죽이고, 세상을 불태운다. 오랫동안 세상을 떠받치던 세계수 위그드라실조차 수르트의 불에 타서 세상은 가라앉았다.

게르만 신화에서 가장 인기 높은 토르와 로키를 비롯해 모든 신과 거인이 사라져 버리는 라그라로크 이야기는, 훗날 기독교가 북유럽에 들어온 이후에 만들어졌다는 이야기도 있다. 이교도 신앙을 몰아내고자 꾸몄다는 것이다. 한편으로 이 이야기는 북유럽의 혹독한 겨울을 상징한다는 이야기도 있다. 거대한 나무조차 말라 죽어버리고 다시는 봄이 찾아오지 않을 것 같은 끔찍한 겨울을 나타내는 이야기라는데, 바이킹이 활발히 활동하던 시기는 추위가 극심했던 소빙하기였다는 만큼 더욱 그럴듯해 보인다. 그중에는 아이슬란드의 화산 폭발로 인해 생겨난 추운 계절을 뜻한다는 말도 있는데, 어느 쪽이건 라그라로크는 북유럽 사람에게 끔찍한 추위와 절망을 뜻하는 이야기라는 게 느껴진다.

하지만 라그라로크는 단지 비극적인 시기만을 뜻하지 않는다. 수르트가 사라지고(불길에 탔다고도 하고, 단지 어딘가로 가버렸다고도 한다) 사라진 줄 알았던 세상에서 새롭게 땅이 솟아오르기 때문이다. 씨를 뿌리지 않아도 작물이 자라는 그 세상에는 수르트의 불길을 피한 여러 젊은 신과 한때 죽었던 오딘의 아들 발드르가 되살아나 황금의 시대를 펼쳐내며, 이때 숲에 숨었던 한 쌍의 인간에게서 자손이 태어나 새로운 인간의 삶을 엮어낸다는 것이다. 서리와 불의 거인이 사라져 버린 세상은 오딘이 다스리던 그 시대보다 더욱 풍요롭고 아름답다고 한다.

북유럽 겨울은, 특히 화산 폭발 이후나 소빙하기의 겨울은 우리나라의 그것과는 비교도 할 수 없을 정도로 춥고 끔찍한 시간이었다. 그런 시간은 그들에게 라그나로크의 이야기를 가져왔지만, 동시에 그들은 그 겨울이 언젠가는 끝나고 더욱 찬란한 봄이 찾아온다는 것을 믿었다.

세상의 많은 종말 신화에는 이처럼 종말의 끔찍한 정경과 슬픔, 절망의 순간만이 아니라 그 이후 새로운 시작이 담긴 경우가 많다. 기독교 신약에 담긴 요한계시록에는 하르마게돈(아마게돈이라고도 한다)이라는 땅에서 최후의 전쟁이 벌어지는데, 끔찍하기 이를 데 없는 재앙과 전쟁 끝에 새로운 하느님의 나라가 시작된다고 한다.

힌두교도 마찬가지이다. 힌두교에서 세상은 끊임없이 순환하여 멸망하고 다시 생겨난다. 세상을 멸망시키는 것은 파괴신 시바라고 하지만, 동시에 이 세상을 변화시키며 재건하는 존재이기 때문이다. 무엇보다도 단순히 물질만을 파괴하는 것이 아니라, 카르마(업보) 같은 것도 모두 파괴하여 초기화하는 만큼 더욱 좋은 세상과 가능성을 만들어낸다.

종말론은 판타지 이야기에서도 자주 등장하는데, 이 경우에는 예언으로서 일종의 경고 형태로 등장하는 사례가 많다. 대개 이러한 예언이 달성되지 않도록 종말을 막고자 노력하는 내용이 중심을 이루며, 종말 자체가 사실은 더욱 좋은 세상을 위한 변화 과정으로 묘사된다.

소설 『스크랩드 프린세스』(사카키 이치로)에서는 한 나라의 왕녀로 태어났지만, 이 세상에 종말을 가져오는 존재라는 예언을 받아서 암살자에게 쫓기는 주인공이 등장한다. 사실 그 주인공은 외계인에게 지배되고 있던 세상을 구원하는 역할을 맡은 존재, 마치 영화 「매트릭스」의 네오 같은 존재였다. 결과적으로 판타지처럼 보였던 세계가 사실은 외계인에게 패한 인간들이 있는 가상 세계라는 점에서도 「매트릭스」와 비슷한 느낌의 작품이다. 왕녀에 의해서 가상 세계가 붕괴한다는 점에서 '세계의 종말'이라는 점은 맞겠지만, 동시에 인간이 해방되어 새로운 세계를 맞이한다는 희망의 이야기이다.

겨울을 상징한다는 라그나로크. 하지만 겨울이 지나면 봄이 찾아오듯, 종말은 끝을 의미하지 않는다. 겨울이 깊을수록 봄이 아름답듯 종말이 끔찍할수록 신세기는 더욱 좋은 시대가 될 수 있다는 점에서, 라그나로크가 세상의 멸망만을 말하는 끔찍한 이야기가 아님을 알 수 있다.

「거인과 싸우는 토르」 마튼 에스킬 윙게, 1872년

이처럼 강인한 토르조차 라그나로크의 운명은 피할 수 없었다.

읽을거리 라그나로크와 역사 속의 포스트 아포칼립스

게르만의 라그나로크로에서 기독교 신약 성경의 하르마게돈, 노스트라다무스의 예언에서 20세기 말의 휴거론, 그리고 2012년 멸망설까지. 인류는 언젠가 우리 세계가 종말을 맞이하게 될 것이라는 두려움을 갖고 살아왔다. 고대 세계부터 이어진 멸망설 속에서 황혼은 신적 존재에 의해 벌어지는 경우가 대부분으로, 거대한 전쟁으로 종막을 맞이하는 형태가 많다.

신화 속 멸망 그리고 새로운 시대의 이야기는 타락한 세계가 파멸적인 재앙으로 붕괴하지만 이후 신의 질서가 지배하는 풍요로운 세계가 펼쳐지는 것으로 막을 내린다.

포스트 아포칼립스(Post-Apocalypse)는 이와 같은 상상을 펼쳐내 즐기는 장르이다. 아포칼립스는 히브리 성서의 요한묵시록(계시록)과 같기에 포스트 아포칼립스는 묵시록과 같은 파멸적인 사건 이후, 즉 재앙 탓에 문명이 붕괴한 후의 세계를 무대로 펼쳐내는 이야기를 말한다. 보통 SF의 하위 장르로 이야기하지만, 내용에 따라 판타지가 될 수도 있으며, 실제로 많은 판타지에서 포스트 아포칼립스 상황이 펼쳐진다.

포스트 아포칼립스에는 겨울이나 소빙하기 같은 기후적인 영향만이 아니라, 로마 제국 같은 강대한 문명이 붕괴한 역사가 영향을 주었다. 로마, 적어도 서로마가 멸망한 이후로 유럽에서는 로마의 강대한 문명을 동경하는 풍조가 지속되었다. 암흑기라는 말과 달리 기술적으로 중세 유럽은 로마 시대보다 발달한 점이 많았지만, 콜로세움이나 수 킬로미터에 이르는 달하는 수도교, 유럽 전역에 거미줄처럼 뻗어 핏줄이 되었고 지금도 사용되는 도로망 같은 시설을 만들만한 경제력은 없었기에 '고대의 위대한 문명'으로 기억하며 놀라워했다.[12]

12 영화 「글래디에이터」에서 로마의 콜로세움을 처음 본 검투사들이 '어떻게 이런 걸 인간이 만들었지.'라고 놀라워 하듯, 중세 유럽에선 이들을 악마가 만들었다고 상상한 이들도 있었다. 피라미드 같은 고대 건축물을 고대인이 만들지 못했을 것이라 상상하여, 외계인이나 신, 특별한 힘을 지닌 누군가가 만들었을 것이라 말하는 외계인 문명설, 초고대 문명설도 비슷한 사례이다.

『반지의 제왕』에서 등장하는 거대한 석상 아르고나스나 초고층 빌딩 같은 성 미나스티리스도 유럽인이 바라본 로마 제국의 유산에서 영향을 받았다. 『로도스도 전기』 처럼 동양에서 만들어진 판타지에서 '고대의 위대한 마법 왕국' 같은 설정이 나오는 것도 이들 작품에서 영감을 받았기 때문이다. '고대의 위대한 문명' 설정은 게임 「파이널 판타지」 시리즈에서 자주 등장하는 '고대 마법 기술을 부활시켜 세계를 정복하려는 제국'처럼 악역을 연출할 때도 편하다. 미야자키 하야오 감독도 「미래 소년 코난」이나 「바람 계곡의 나우시카」, 「천공의 성 라퓨타」 같은 작품에서 비슷한 설정을 도입하여 이들에 맞서는 주인공의 모험을 재미있게 펼쳐냈다.

포스트 아포칼립스는 문명을 붕괴시킨 재앙이나 그 원인보다도, 그 이후의 삶에 초점을 맞추어 이야기를 연출한다. 신화에선 신벌 이후 바로 황금시대가 펼쳐지지만, 현실이라면 그렇게 되기 어렵다. 무엇보다 멸망 자체가 한순간에 끝나는 상황은 많지 않다. 전면 핵전쟁 같은 상황이라면 한순간에 수많은 이들이 죽고 문명이 붕괴하겠지만, 이후 살아남은 사람은 재앙 속에서 발버둥 치며 오랫동안 괴로워하고 더욱더 많이 죽어갈 것이기 때문이다.

포스트 아포칼립스는 재앙 후 시련을 극복하고자 노력하는 사람이나 재앙 자체가 전설이 될 만큼 오랜 시간이 흐른 뒤 바뀐 세계의 삶을 통해 다양한 모험과 흥미로운 이야기를 펼쳐낸다. 유토피아보다는 디스토피아 이야기 쪽이 훨씬 쉽고 흥미로운 만큼, 그 세계는 암흑기라는 말에서 상상하는 중세 유럽처럼 암울하게 그려지기 쉽다. 영화 「매드맥스」 시리즈처럼 국가 권력이 붕괴하여 혼란과 야만이 지배하고 정의와 이성보다도 폭력을 내세운 극소수 권력자가 사람들을 짓밟는 상황에서 주인공이 이에 맞서는 것이다.

그렇다면 실제 역사 속 포스트 아포칼립스는 어떻게 되었을까? 일단 서로마 멸망 후 유럽 자체가 상상만큼 암울한 세계는 아니었던 것 같다. 로마 제국만큼 번영하지는 못했을지언정, 폭력과 야만만 날뛰는 세상은 아니었다. 그 밖에 역사 속 포스트 아포칼립스의 사례로서 모아이로 유명한 이스터 문명이 있다.

이스터 문명은 바다를 건너온 이주민에 의해 시작되었다. 새로운 터전을 찾아 정처 없이 길을 떠난 그들이 발견한 것은 풍요로운 자연으로 가득한 낙원. 지금과는 달리 숲과 사냥감이 가득하고 바다엔 물고기가 넘쳐나는 이스터섬에서 그들은 오랜 기간 번영하였다. 이 과정에서 그들은 종교적 목적으로 모아이를 세우며 풍요를 기렸다.

하지만 인구가 늘어나고 숲이 줄어들면서 상황은 나빠졌다. 땅은 점차 메말랐고,

땅에서 흘러가는 양분이 줄며 주변의 물고기도 자취를 감추었다. 바다 멀리까지 나가고자 더 많은 배가 만들어졌고, 동시에 모아이 제작에도 열중하며 숲은 더욱 줄었다. 부족한 식량을 차지하고자 싸움이 벌어졌고 남을 믿지 못하게 된 사람들은 지하로 대피했다. 그중엔 다른 사람을 잡아먹는 이들도 있었다.

여기까지는 영화 속에서 흔히 보는 야만적인 포스트 아포칼립스이지만, 이후 내용은 달랐다. 어느 순간 분쟁은 급격하게 줄어든다. 어쩌면 투쟁에 지친 이들이 평화를 찾고자 했을지도 모르고, 인구가 줄어서 싸움이 줄었을지도 모른다.

어느 쪽이건 그들은 싸움을 중단하고 서로 협력하는 길을 모색했다. 한정된 식량을 조금이라도 공평하게 나누고자 지도자를 선출한 것이다. 매년 지도자를 뽑는 날이면 도전자들이 집을 나서 경쟁을 시작했다. 그들의 목적지는 바닷새가 아직 남아 있던 근처 섬. 달리고 헤엄치며 섬에 도착한 그들 중, 가장 먼저 바닷새의 알을 갖고 돌아온 이가 '새 인간(버드맨)'이란 이름의 지도자가 되었다. 싸움이 아닌 운동 경기를 통해 지도자를 뽑는 제도 덕분에 이스터 문명은 평화를 되찾았다.

이스터 문명의 파멸과 재생의 역사는 신이 아닌 인간의 손으로 신세기가 펼쳐지는 과정을 보여준다. 파멸의 상황에서 모아이를 만들며 신에 기원하는 행위는 그들의 파멸을 더욱 가속했을 뿐이며, 인간의 가능성을 믿고 진행한 공정한 운동 경기로서 평화를 얻었다. '스포츠로 세계 평화를 이끈다'라는 올림픽 정신의 실제 사례라고 할까?

아홉 번의 아포칼립스를 거쳐 남겨진 문명의 잔재를 마법처럼 사용하는 RPG, 「누메네라」
내면은 SF라고 볼 수 있지만, 판타지 스타일 모험을 잘 느끼게 한다.
™&© 2013 Monte Cook Games, LLC

안타깝게도 이스터 문명은 붕괴한다. 그들의 삶이 안정되고 어느 정도 시간이 흘렀을 때 침략자, 서양의 정복자들이 도착했기 때문이었다. 침략자에 의한 학살과 착취, 그리고 그들이 가져온 질병으로 수많은 이가 죽고 문명은 사라졌다. 만일 침략자가 없었다면 어떤 상황이 펼쳐졌을까? 또는 판타지 세계라서 정말로 신이나 신적 존재가 있었다면? 이스터 문명의 포스트 아포칼립스 상황에는 다양한 이야기의 씨앗이 담겨 있다.

이스터 문명 속 포스트 아포칼립스의 흐름

- 풍요로운 낙원에 도착한 사람들

↓

- 인구 증가와 무분별한 파괴로 인한 쇠퇴(끝없는 겨울의 시작)

↓

- 종교에 집착과 경쟁으로 인한 파괴 가속(거짓 예언자?)

↓

- 한정된 식량을 노린 투쟁과 다툼(최종 전쟁)

↓

- 조직의 분열과 지하로의 대피, 식인 풍습의 등장

↓

- 혼란을 극복하려는 노력과 결속

↓

- 공정한 경쟁을 통한 지도자 선출과 부족하지만 평화로운 안정

10. 그리스 신화의 영웅 전설

오랜 옛날, 지중해에 한 왕국이 있었다. 그곳에는 아름다운 궁전이 있었는데, 그 궁전에는 사실 끔찍한 비밀이 감추어져 있었다. 바로 지하의 미궁에 소머리를 한 무서운 괴물 미노타우로스가 있었던 것이다. 신이 내려준 소와 왕비 사이에서 태어난 그 존재는 신의 노여움의 상징이자 자신의 욕심을 위해 신의 뜻을 저버린 국왕의 어둠을 상징하는 존재였다.

난폭하기 이를 데 없는 괴물을 진정시키고자 수많은 젊은이가 희생자로 바쳐졌다. 사람들은 슬퍼하고 분노했지만, 그 누구도 이 괴물을 막아낼 수 없었다.

어느 날 한 젊은이가 나섰다. 그는 용감하게 미궁에 도전하여 미노타우로스를 물리치고, 고향으로 돌아와 왕이 되었다. 그의 이름은 테세우스. 훗날 아테네의 위대한 왕이 되는 사람이다.

고대로부터 현대에 이르기까지 세상에는 위험이 도사리고 있었다. 특히 신화시대는 그야말로 암흑세계나 다를 바 없었다. 괴물이 활개 치고 도적이 날뛰며 사람들을 괴롭혔다. 마신이나 악마가 삶을 위협하며 변덕스러운 신의 분노가 세상을 뒤흔든다. 그럴 때면 사람들은 자신들을 지켜줄 누군가가 나타나길 바란다. 그리고 이에 호응하듯 누군가가 나타난다.

힘과 지혜, 그리고 무엇보다 용기를 품고 악에 맞서 세상을 구하는 이. 우리는 그들을 영웅이라고 부른다. 영웅은 자신의 모든 힘을 다하여 어둠에 맞서며 세상에 희망을 준다. 그렇게 영웅의 이야기, 영웅 전설이 탄생한다. 사람들이 영웅을 바라는 이상 영웅의 이야기는 끊이지 않는다. 유럽뿐 아니라 세계 문화에 큰 영향을 끼친 그리스 문화, 그리스 신화에는 영웅 이야기가 넘쳐난다.

테세우스는 그런 영웅 중 하나이다. 테세우스는 미노타우로스 이외에도 많은 적과 싸웠다. 청동 몽둥이를 휘두르는 악당이나 사람을 찢어 죽이는 악당, 싸움을 걸어 패하면 죽이는 포악한 왕, 그리고 사람을 해치는 황소에 이르기까지 많은 위협을 물리쳤다.

그리스 신화에는 그 밖에도 많은 영웅이 있다. 눈을 본 사람을 돌로 만들어버리는 메두사를 쓰러뜨리고 나라를 파괴하려는 바다 괴물마저 퇴치한 페르세우스, 수많은 영웅과 함께 아르고호의 원정대를 구성하여 황금 양털을 찾아온 이아손. 날개를 지닌 말 페가수스를 타고 사자와 염소, 용이 합쳐진 모습에 불을 뿜는 괴물 키마이라를 물리쳤지만, 지나친 오만함으로 신의 노여움을 사 절름발이가 되어버린 벨레로폰.

그리스 영웅 중에는 괴물을 물리친 사람만 있는 것은 아니다. 요정 테티스의 아들로서 불사신의 몸을 지니고 트로이 전쟁에서 명성을 떨쳤지만, 유일한 약점인 발뒤꿈치에 화살에 맞아 숨진 아킬레우스나 그리스군에 맞서 3만 명이 넘는 적을 죽인 헥토르처럼 전쟁에서 활약한 무인도 영웅으로 불린다. 그 중엔 트로이 전쟁 중 앞을 가로막는 수렵의 신 아프로디테의 손을 찌르고, 군신 아레스조차 달아나게 만든 디오메데스 같은 이들도 있었다.

이처럼 놀라운 영웅 중에서도 가장 돋보이는 것은 초인적인 힘과 불굴의 정신으로 수많은 모험을 완수한 헤라클레스이다.

그가 물리친 괴물은 최강의 마수 중 하나였던 황금 사자나 히드라를 포함하여 셀 수 없을 만큼 많았고, 강의 신조차 그를 이길 수 없었다.

헤라클레스는 힘만 센 것은 아니었다. 수천 마리의 소가 있는데 30년이나 청소하지 않았던 외양간을 청소하는 임무를 받았을 때는, 근처의 강물을 이용하여 단숨에 처리해 버렸으니 말이다. 훗날 그는 음모에 휘말려 독에 고통받다가 스스로 목숨을 바치지만, 그의 영혼은 올림포스로 향하여 신과 함께 무서운 괴물 기간테스와의 전쟁을 승리로 이끈다. 그야말로 신화 속 영웅 중에서도 독보적인 존재라고 할 수 있을 것이다.

그리스의 영웅 중엔 지혜로써 스핑크스를 물리친 오이디푸스처럼 머리를 쓰는 영웅도 있으며, 오르페우스처럼 음악으로 활약한 영웅도 빼놓을 수 없다. 아르고호의 모험에 동참하여 바다 마녀 세이렌의 노래를 음악으로 물리친 오르페우스는, 훗날 저승으로 향하여 저승의 뱃사공 카론과 문지기개 케르베로스를 음악으로 굴복시키고 하데스조차 감동하게 한다. 죽은 아내를 되살리고자 했던 그의 목표는 지상에 올라갈 때까지 뒤를 돌아보지 않겠다는 약속을 지키지 않아서 실패하고 말았지만, 그의 업적은 테세우스를 저승에서 구해낸 헤라클레스에 필적할 것이다.

위대한 업적을 세운 사람을 영웅이라 부른다면, 미노타우로스를 가둔 미궁을 세운 다이달로스 같은 발명가도 영웅이라고 할 수 있지 않을까? 미궁을 탈출하는 방법을 알려줌으로써 테세우스의 성공을 도운 그는 왕의 노여움을 사서 탑에 갇혔지만, 새의 깃털로 날개를 만들어

하늘을 날아 탈출했다. 비록 아들 이카로스는 흥분한 나머지 너무 높이 날아올라 떨어져 죽었지만, 다이달로스는 신의 도움이나 마법이 아닌 과학의 힘으로 하늘에 도전한 최초의 사람이라 할 수 있다.

그리스의 여러 영웅 중에서 가장 흥미로운 캐릭터는 누구일까? 나는 바로 오디세우스라고 생각한다. 그는 아폴론의 활을 당길 만큼 힘이 세지만 그 이상으로 뛰어난 지혜와 말솜씨를 지녔다.

오디세우스는 아킬레우스를 설득하고 목마를 만드는 등 수많은 업적으로 트로이 전쟁을 승리로 이끈다. 하지만 그의 진정한 모험은 바로 고향으로 돌아가는 과정에서 펼쳐진다. 외눈 거인 퀴클롭스에게 잡혔다가 속임수로 탈출하면서 그의 아버지 포세이돈의 노여움을 샀기 때문이다. 그로 인해 오디세우스는 부하들을 모두 잃고 10년에 걸쳐 바다를 헤맨다. 그야말로 지중해 거의 모든 곳을 갔다고 할 만큼 방대한 여정 속에서 수많은 시련과 유혹이 있었지만, 그는 포기하지 않았다.

「세이렌과 율리시스」 윌리엄 에티, 1837년

자기 몸을 묶고 세이렌의 노래를 듣는 오디세우스. 이처럼 그는 호기심이 왕성하면서 지혜로운 인간이었다.

오직 가족이 기다리는 집으로 돌아가기 위해서.

사람들은 영웅에게 놀라운 업적을 요구한다. 당연히 영웅은 자신들과 다른 어떤 존재라고 생각한다. 하지만 오직 가족을 만나고자 시련을 넘어선 오디세우스나, 사랑하는 아내를 위해 저승으로 향한 오르페우스, 그리고 가족의 자유를 위해 목숨을 걸고 하늘에 도전한 다이달로스처럼 영웅 역시 우리와 같은 인간적인 바람을 갖고 있다. 그것이 바로 영웅 전설이 더욱 매력적인 이유가 아닐까?

읽을거리 영웅의 두 가지 여정 – 영웅이 되는 방법

판타지 문화는 신화에서 영감을 얻어 탄생했지만, 그중에서도 영웅 전설에서 큰 영향을 받았다. 신화학자인 조셉 캠벨은 저서 『천의 얼굴을 가진 영웅』에서 신화와 전설에 등장하는 영웅의 여정을 정리하여 많은 작가에 영감을 주었다(특히 스타워즈를 만든 조지 루카스는 조셉 캠벨이 '가장 훌륭한 제자'라고 평할만큼 많은 영향을 받았다). 조셉 캠벨에게 받은 영감은 이후 여러 사람에 의해 다시 정리되었는데, 그중 다음의 두 가지가 가장 유명하다.

이 이야기는 각각 '남성 영웅'과 '여성 영웅'의 이야기로 설정하고 있지만, 반드시 같은 성별의 여정을 따라야 하는 것은 아니다. 이 모델들이 모든 남성이나 여성에게 맞는 것도 아니며 여성이나 남성에 꼭 한정한 것도 아니다.

두 모델은 모든 영웅이 모험을 통해 자기 내면에 감추어진 진정한 힘이나 소망을 깨달음으로써 세상만이 아니라 자기 자신도 구한다는 것을 보여준다. 즉 영웅이란 단지 악과 맞서 세상을 구하는 존재가 아니라 내면에 지닌 진정한 소망, 자신에게 정말 소중한 것을 찾아내며 깨닫고 성장하는 존재임을 느끼게 한다. 많은 이가 보편적으로 감동할만한 이야기로 사람들이 바라는 왕도적 영웅 이야기를 구성할 때 쓰기 좋다.

1) 영웅의 12단계

시나리오 작가인 크리스토퍼 보글러가 조셉 캠벨의 연구를 정리하여 만든 '영웅의 12단계'는 「라이언 킹」 같은 작품을 시작으로 다양한 작품에 영감을 주었다. 주인공은 '성공에 대한 욕망'을 갖고 모험을 떠나 보상을 얻지만, 이 과정에서 '자신의 진정한 소망(또는 목적)'을 깨닫고 최후의 시련에서 그 보상을 기꺼이 포기하며 진정한 영웅으로 거듭난다.

영웅의 12단계는 보편적인 영웅의 성장과 탄생 이야기를 그려낼 때 좋지만 여기에서 가장 중요한 것은 영웅의 업적이 아니라, 다양한 역경을 거쳐내면서 마음속에 감추어진 진정한 바람을 깨닫는다는 사실이다. 풍족한 재산에도 불구하고 항상 허전함을 느끼며 살던, 처음엔 단순히 모험을 동경했을 뿐인 호빗 빌보가 여정을 거치면서 진정한 바람인 우정을 지키고자 자신이 얻은 모든 보상을 포기했듯이, 영웅은 위대한 업적이 아니라 자신이 진정 바라던 것을 깨닫고 이를 위해 노력하며 영웅의 자리에 이른다.

영웅을 동경했던 이가 진정한 영웅으로 탄생하는 과정을 보여주는 영웅의 12단계는, 디즈니의 여러 작품만이 아니라 마블 시네마틱 유니버스 같은 영웅 이야기의 시작을 연출할 때 써먹기 좋다.

	단계	내용
1	평범한 일상	주인공은 평범한 일상을 지내고 있다. 부족한 것 없는 느낌이지만, 어딘가 아쉬움을 느낀다(이를 통해 세계와 영웅의 모습을 보여준다).
2	모험에의 소명	모험을 떠나도록 누군가의 제안(유혹)이 들어온다.
3	소명의 거절	주인공은 – 일상에서 떠나고 싶지 않다는 마음과 자신감의 부족으로 인하여 – 이를 거절한다.
4	조언자와 만남	주인공을 여정으로 이끄는 인물이나 사건이 등장한다.
5	첫 관문 통과	여정에 나선 주인공은 일상에서는 겪지 못한 위협적인 사건을 마주하고 거의 죽을 뻔 한다. 조언자가 힘을 발휘하여 주인공을 구하지만, 영웅 역시 감추어진 가능성을 보여준다.
6	아군, 적, 시험	수많은 사건을 마주하며 주인공을 시험의 길로 이끈다.
7	핵심부로 접근	주인공은 모험의 목표에 다가선다.
8	시련	핵심부에 이르러 주인공에게 큰 시련이 찾아오지만, 이제까지의 성장 덕분에 영웅은 분연히 맞서고 극복한다.

	단계	내용
9	보상	시련을 극복한 주인공은 큰 보상을 얻는다.
10	귀환	시련을 마쳤다고 생각한 주인공은 귀환의 길에 나선다.
11	부활	진정으로 감추어져 있던 적이 드러나거나 주인공의 귀환을 방해하는 적이 나타나면서 최후의 싸움이 벌어진다(이 싸움에서 주인공은 시련에서 얻은 보상을 기꺼이 포기하기도 한다).
12	보상과 함께 귀환	부활 과정에서 주인공은 자신의 마음에 감추어져 있던 진정한 목적을 달성한다. 그리고 자기 삶을 바꾸기에 충분한 성장의 보상과 함께 현실로 돌아온다.

2) 여성 영웅의 여정

심리치료사인 모린 머독은 조셉 캠벨의 연구에서 영감을 얻어, 저서 『여성 영웅의 탄생』에서 자신의 길을 찾아가는 영웅의 여정을 다음과 같이 정리했다.

주인공은 성공이라는 야망을 위해 계속 투쟁하며 자신의 힘을 증명하려 한다. 하지만 이를 위해 싸워나갈수록 공허함을 느끼고 진정한 '자아'가 없음을 깨닫는다. 내면에서 진정한 자신을 찾은 주인공은 다양성을 포용하고 조화로운 세상을 이룩하는 영웅이 된다.

이 과정을 여성 영웅의 여정이라 부르며 여성성, 남성성이라는 말을 사용하고 있지만, 여기서 말하는 여성성은 성별로서의 여성이 아니라 여성 영웅이 지닌 '자신의 본성', 남성성은 '성공이라는 결과를 추구하는 마음'이라고 볼 수 있다. 즉 여성만이 아니라 '남에게 인정받지 못하는 것에 불만을 품은 사람'의 이야기로서 여성이 주인공인 이야기가 아니라, 마블 시네마틱 유니버스의 「스파이더맨 홈커밍」처럼 남성이 주인공인 이야기에서도 활용할 수 있다.

여성 영웅의 여정은 영웅으로 성장한 주인공이 남의 인정을 받지 못하는 사실에 불만을 품은 결과, 자신이 진정으로 바랐던 모습과 다른 결말로 성공만을 추구하면서 방황하는 과정의 이야기이다. '능력이 있음에도 인정받지 못하는 사실에 고민하는 인물이 남의 인정을 받고자 노력한다. 하지만 그 길이 자신이 진정으로 바라는 것이 아님을 깨닫고 자신의 길을 찾아내는 여정'으로, 영웅의 두 번째 여정 이야기로 매우 잘 어울린다.

	단계	내용
1	여성성 분리	성공을 위해 모험에 나서며, 기존의 질서에 따라서 장해가 된다고 여기는 내면의 모든 요소를 거부한다.
2	남성성과 동일시, 그리고 조력자를 만남	자신이 독립적임을 증명하고자 남성적 모델을 따라 목적과 야망에 적합한 남성이나 남성 지향적 여성을 멘토로 삼아 노력한다.
3	시련의 길: 괴물과 용을 만남	눈앞의 모든 시련에 용감하게 맞서 물리쳐 나간다.
4	성공이라는 허황한 열매를 찾음	성취를 통해 만족스러운 순간을 맞이한다.
5	정신적 메마름 자각: 죽음	만족을 넘어 새로운 성취를 갈망하지만, 황폐한 내면을 느끼고 진정한 '자아'가 없음을 깨닫는다.
6	여신으로 입문과 하강	공허함에 대한 방황과 비탄, 분노로 어둠 속 나 자신을 찾아 하강한다.
7	여성성과 재결합을 갈망함	나 자신과 대면하며 진정한 나 자신을 찾고자 노력한다.
8	모녀 분리 치료	몸과 영혼을 보살피며 여성성을 거부하면서 생겨난 상처를 치유하고, 내 안의 진정한 본성을 만난다.
9	상처받은 남성성 치유	(성취만을 추구한 끝에) 지나치게 메마르고 상처 입은 남성성을 치유한다.
10	남성성과 여성성의 통합	세상의 균형을 느끼고 '더불어 존재함'의 가치를 깨달아 다양성을 포용하고, 세상을 치유하는 존재가 된다.

11. 세계를 연결하는 물의 통로, 나무의 신비

오랜 옛날, 세계가 창조되었을 때 주신 오딘은 세계의 중심에 한 그루 나무를 심었다. 그 나무는 계속 자라나 우주로 뻗어나갔다. 위로는 신의 세계인 아스가르드로부터, 인간의 세계인 미드가르드를 거쳐, 지하의 나라 니플헤임에 이르기까지. 자라난 가지와 뿌리는 우주를 이루는 아홉 세계 모두에 이르렀다. 그리하여 우주를 뒤덮은 거대한 나무가 생겨나니 신들은 이를 위그드라실이라고 불렀다.

위그드라실은 게르만 신화에서 가장 신성한 장소로서, 세계를 이루는 나무를 뜻한다. 이 이름은 '오딘의 말(馬)'이라는 단어로 죄수의 목을 매달아 처형하는 도구인 '교수대'라는 뜻도 담겨 있는데, 최고신이자 마법과 지혜의 신, 오딘이 이 나무에 매달렸기 때문이다.

신화에 따르면, 오딘은 위그드라실의 가지에 목을 매단 채 자신의 창으로 몸을 찔렀다고 한다. 그렇게 죽음을 맞이한 오딘은 9일 동안 저승을 여행하며 신성한 문자, 룬(Rune)의 지혜를 얻어 우주에서 가장 지혜로운 이가 되었다.

위그드라실엔 사슴이나 뱀 같은 생명들이 살면서 잎과 가지를 먹지만 나무는 다시 자라기에 문제없다. 지하의 샘에 사는 니드호그라는 용이 뿌리를 갉아 먹으며 독을 뿌리지만, 운명의 세 여신이 끊임없이 생명수를 부어주며 나무를 지킨다. 세계와 우주 그 자체라고 할 수 있는 위그드라실은 무수한 나무 중에서도 가장 으뜸이다.

세계 신화에는 '세계의 나무'나 '생명의 나무'라는 나무가 많이 등장한다. 고대 메소포타미아에서 아메리카 원주민에 이르기까지, 옛사람들은 나무를 신성한 존재라고 믿었기 때문이다.

예로부터 인간은 자연의 벗인 나무를 바라보며 살아왔다. 겨울이면 떨어지지만 봄이면 피는 활엽수 잎을 보며 성장과 죽음, 그리고 재생을 느꼈고 겨울에도 푸른 잎을 가진 상록수는 영원한 불멸의 존재라고 생각한 것이다. 나무에는 정령이 살며 함부로 베어내면 천벌을 받는다고 생각한 이들도 적지 않았다. 세계의 모든 나무가 거대한 생명의 흐름을 이룬다고 생각한 사람도 있었는데, 이러한 설정은 제임스 카메론의 「아바타」 같은 작품에 영감을 주었다.

하늘 높이 뻗어 오른 나무와 대지를 뒤덮은 숲은 자연의 신비 그 자체였다. 인간보다 훨씬 오래, 어쩌면 거의 영원히 사는 듯한 나무는 오랜 지혜의 상징으로도 여겨졌다. 오딘이 위그드라실을 통해 룬을 얻은 것도 자연스러운 일이다. 그래서일까? 『반지의 제왕』에는 나무 종족 앤트가 등장한다. 나무처럼 매우 느리고 둔해 보이지만 더없이 지혜롭고 현명한 존재. 동시에 분노하면 누구도 상대하지 못할 종족. 그들의 힘은 거대한 오크 군단을 가볍게 전멸시키고 그들의 손길 앞에서는 강대한 성벽조차 가루처럼 무너진다.

앤트의 분노처럼 숲은 공포의 대상이 되기도 한다. 빽빽한 잎과 가지로 낮에도 밤처럼 어두운 숲속은 무엇이 숨어 있을지 모르는 미지의 세계였으며, 중세 시대 유럽 사람들에게 마녀나 괴물이 사는 마계. 때론 로빈후드처럼 유쾌한 도적이 살아가는 소굴이기도 했다.

나무는 한없이 긴 수명과 놀라운 생명력, 그리고 튼튼한 몸을 지닌 존재이지만 그런 나무에도 약점은 있다. 바로 불에 약하다는 것이다(물론 이 약점은 전 세계 모든 나무에 해당하는 것은 아니다).

게르만 신화에선 위그드라실이 신들의 전쟁 라그나로크 마지막에 수르트가 일으킨 불에 의해 완전히 타버리면서 세상이 멸망하는데, 실제로 세계 각지에서 화재로 수많은 나무가 사라진다.

숲이 주는 은혜를 얻고자 사람들이 나무를 끊임없이 베어내는 문제도 있다. 불과 수백 년 전까지만 해도 세계 각지에서 장작으로 소비되며 거의 사라졌는데, 특히 온돌을 사용하는 우리나라는 모든 숲이 벌거숭이가 되었다고 한다. 나아가 인구가 늘어나면서 살 땅을 얻고자, 또는 농경이나 목축을 위한 장소를 마련하기 위해 나무를 베어내는 일도 적지 않다.

「재 이그드라실(The Ash Yggdrasil)」
프리드리히 윌헬름 하이네, 1886년
세계를 연결하는 위그드라실

나무가 사라지면, 단순히 장작이나 열매 같은 은총이 줄어드는 것으로 끝나지 않는다. 나무는 뿌리를 통해 흙이 날아가지 않게 잡아주며, 습기를 보존하는 역할을 한다. 잎에서 증발한 물은 나무가 뿜어내는 여러 성분과 함께 하늘 위로 올라가 구름을 만들어내고 비를 내려준다.

"숲은 땅과 하늘을 연결하는 물의 통로"라고 누군가 이야기했다. 오행에서 나무는 물에 의해 만들어지지만, 반대로 나무가 물을 만들어낼 수도 있다는 말이다. 나무가 사라지면 세상은 사막으로 변하고 생명은 살 수 없게 된다. 당연히 세계는 파괴될 것이다.

신화에서 나무는 생명이자 세계라고 하는데, 이는 과학적으로 보아도 그럴듯한 이야기이다.

위그드라실은 라그나로크의 불길로 사라졌지만, 그 가지 깊은 곳에 두 인간이 숨어 살아남았고 그들이 바로 새로운 인류의 조상이 된다. 열매나 장작 같은 은총만이 아니라 세계의 안정을 좌우하며 생명을 주는 나무. 그들은 불에 타면서까지 인간을 지켜준 것이다. 그야말로 '아낌없이 주는 나무'라는 말에 잘 어울리는 일이 아닐까?

읽을거리 **다채로운 세계의 모습**

여러 나라의 신화 속에서는 세상의 모습을 매우 다양하게 묘사하곤 한다. 위그드라실과 같은 나무 형태도 있지만, 인도 신화에서처럼 거대한 거북이 등에 서 있는 코끼리 위의 판자 모양도 있다. 어느 쪽이건 신화 속 세상의 모습은 지구와 같은 공 모양의 행성이 아니라, 판자나 반구형처럼 위와 아래가 명확한 경우가 많다. 현대인의 감각에서 볼 때 이처럼 평평한 세계는 매우 이상하게 여겨질 수도 있지만, 고대인에겐 그처럼 평평한 세상이 자연스러운 것이었을 것이다.

신이 존재하는 판타지 세계에선 어떤 독특한 모양이라도 존재할 수 있다. 소설 『십이국기』(오노 후유미)에서는 사방으로 대칭 구조를 한 12개의 땅으로 나뉜 세계가 등장한다(중앙의 신성한 땅을 포함 13개). 굉장히 이상한 모양이지만 이 세계가 누군가에 의해 만들어져 정해진 규칙에 맞추어 통치된다는 상황에 어울린다. 소설 『책벌레의 하극상』에선 원형의 결계로 둘러싸인 세계가 등장하는데, 이 역시 신에 의해 외부와 격리된 세계라는 점에 그럴듯해 보인다.

신화에서 볼 수 있는 다양한 세계의 모습도 고대인이 믿는 '신이 창조한 세상'이라는 측면에서 자연스러운 모습이었을 것이다. 그렇다면 여러분이 생각한 판타지의 세계는 왜 그런 모양을 하고 있을까? 거기에는 어떤 의미가 있을까? 이러한 상상은 새로운 세계의 신화를 낳고 이야기를 엮어낼 것이다.

12. 한민족의 세계관, 단군 신화를 찾아서

오랜 옛날, 천제의 화신인 환인(桓因)에게 환웅(桓雄)이라는 자식이 있었다. 서자인 환웅은 천상이 아닌 지상에 뜻을 품고 인간 세상을 바라보았다. 아들의 뜻을 안 환인이 삼위 태백산을 내려다보니 인간 세계를 널리 이롭게 할 만했다. 환웅은 많은 이를 이끌고 신단수에 내려와 이를 '신시(神市)'라고 불렀다. 환웅 천왕은 풍사, 우사, 운사를 거느리고 곡식, 수명, 질병, 형벌, 선악을 주관하고, 인간 세계를 다스려 교화하였다.

한편 이때 곰과 호랑이가 사람이 되기를 바라며 환웅에게 빌었다. 환웅은 신령한 쑥과 마늘을 주며 '이것을 먹고 백날 동안 햇빛을 보지 않으면 사람이 될 것이다'라 말했다. 참지 못한 호랑이는 사람이 되지 못했지만, 곰은 21일 만에 여자의 몸이 되었다. 곰은 아기를 갖기를 원했지만 그와 혼인할 상대가 없어 나무 밑에서 기원하니, 환웅이 인간의 몸으로 내려와 곰과 맺어져 단군이 태어났다. 단군이 평양성에 도읍을 정하고 나라를 세우니 그를 단군 왕검이라 하며, 나라 이름을 조선이라 부른다.

단군 신화는 한국인에게 있어 가장 친숙하면서도 익숙한 신화이다. 일연의 『삼국유사』와 이승휴의 『제왕운기』에서 소개된 이 이야기는, 많은 이에게 인용되면서 우리를 '단군의 후예'라는 이름으로 모이게 했다.

신의 아들로서 단군 왕검이라는 인물이 정말로 실존했는지 알 수 없다. 우리가 확인할 수 있는 것은 중국의 『위서(魏書)』라는 책에 있었다는 내용을 인용해서 기록했다는 『삼국유사』 내용뿐이기 때문이다(『제왕운기』도 있지만, 이 책은 역사서보다는 문학서로 인정받고 있기 때문. 게다가 단군에 대한 기록에서도 『삼국유사』와는 조금 차이가 있다).

한 가지 확실한 것은 오래전부터 내려온 단군 왕검 이야기가, 『삼국유사』와 『제왕운기』를 통해 정리되었고, 고려와 조선시대를 거치면서 우리의 사상적 뿌리가 되었다는 점이다.

단군 신화는 무엇보다도 한민족의 자주성을 강조하는 신화로서 주목할 만하다. 『태종실록』의 한 상소문에선 '우리 동방은 단군이 시조인데 대개 하늘에서 내려왔고, 천자가 분봉(分封)한 나라가 아닙니다'라고 하여, 우리나라가 중국의 신하로 시작한 나라가 아님을 강조하고 있다.

단군에 대한 제사는 최소한 고려 태조 왕건 이전부터 진행되었다는 기록이 있는데, 앞서 말한 상소문에서도 '하늘에 제사하는 예가 어느 시대에 시작하였는지를 알지 못하겠습니다만 또한 1,000여 년이 되도록 이를 혹은 고친 적이 아직 없습니다'라고 하여, 최소한 삼국시대부터 내려왔음을 강조한 것이다(마니산 참성단은 최소한 삼국시대 이전부터 제사를 지냈던 장소이다). 이에 따라 단군의 왕조를 계승한다고 선언한 조선에서 사직단에 단군성전을 세우고 국가 주도로 단군에 대한 제사를 진행했는데, 이 역시 중국을 대국으로 존중하면서도 우리는 그들과 다른 뿌리로서 대등한 입장임을 자부했음을 알 수 있다.

단군의 이야기로서 가장 널리 알려진 것은, 앞에서 소개한 『삼국유사』의 환웅-웅녀 이야기이지만 『제왕운기』에서는 환웅(桓雄)이 내려와서 단웅 천왕이라고 불리는데, 그가 손녀에게 사람이 되는 약을 내리고 단수신(檀樹神)과 혼인하게 하여 단군을 낳았다고 한다. 그밖에도 환인, 환웅 등의 신이 등장하지 않고, 단군이 박달나무(檀木, 단목) 곁에서 스스로 태어났다(또는 나무가 변하여 단군이 되었다)는 이야기도 있다. 어느 쪽이건 단군은 신의 자손이거나 스스로 태어난 신으로서 한민족의 임금이자 조상이 되었고, 훗날 아사달에 올라 신이 되었다고 한다.

그렇다면 이 이야기는 과연 어떤 내용을 담고 있는 것일까? 중요한 점은 단군 신화가 '하늘에서 내려온 신과 맺어지는 천손 강림' 이야기라는 점이다.

반면 중국의 시조에 해당하는 삼황오제는 대부분 땅이나 흙과 관련된 느낌이 강하다(어떻게 태어났는지는 알 수 없지만 복희나 여와는 땅과 관련이 깊은 뱀의 몸을 하고 있으며 신농은 소, 황제(黃帝)는 천상의 위대한 신이라는 황천상제라는 뜻이지만, 흙의 덕을 지니고 있다). 이는 단군 신화가 중국 신화와 차별된 계보를 지니고 있음을 느끼게 한다.

신성한 박달나무(神檀樹)에 내려왔다는 이야기를 통해 신성한 나무라는 개념을 강조하고 있다는 점도 특징으로, 모두 동아시아 유목 민족의 신화에서 공통으로 보이는 요소임을 알 수 있다.

여기에 바람과 구름, 비의 신을 통해 농경문화를 강조하고 있으며, 천부인이라는 권력의 상징이 되는 신물로서 국가 체계를 갖추고 있음을 이야기한다(천부인이 동아시아 샤머니즘 문화의 상징이란 해석도 있는데, 이에 따르면 제정일치 사회임을 보여줄 수도 있다).

그리고 또 하나, 짐승인 곰이나 신의 손녀가 인간이 되어 단군을 낳는다는 설정이 있다. 이에 대해 문화 연구에서는 농경 부족과 곰을 토템으로 숭배하는 유목민족이 결합하여 부족이 결합했다는 의견이 있다. 드라마 『아스달 연대기』에서는 이러한 설정을 받아들여 각기 곰과 호랑이를 토템으로 받드는 민족, 또는 호랑이 같은 외모와 힘을 지닌 이민족을 등장시키고 있다.

곰이건 신의 손녀건, 바로 인간이 되지 않았다는 점이 아닐까 생각한다. 신의 손녀는 신의 몸을 버리는 약을 먹고, 곰은 오랜 시간 먹을 것을 참는다는 시련을 극복하면서 인간이 되었고 또 다른 신과 맺어져서 단군을 낳았다. 어느 쪽이건 '인간이 되고 싶다'라는 바람을 위해 노력했다는 점에서 눈길을 끈다.

신의 자손이라는 자리를 포기하면서까지 단군을 낳은 신의 손녀 이야기도 흥미롭지만, 곰이 수십 일간 음식을 가리며 공덕을 쌓았다는 웅녀 이야기에서는 타고난 동물적 욕구를 참고 노력했다는 점에서 놀라울 따름이다. 누군가는 단순히 '곰과 같은 인내의 정신'이라고 이야기하겠지만, 그보다는 '인간적인 바람'이라는 목표를 위해 '동물적인 욕망'을 참으며 노력한 영웅적인 모습이라고 하는 게 더 좋을 것 같다. 결과적으론 아이를 낳기 위한 목적이라는 점에서 성차별적 이야기라고 할 수도 있지만, 그 역시 웅녀가 선택한 길이라는 점에서 '자신에게 중요한 목적을 위해 다른 욕구를 참을 수 있는 영웅'으로 부르기에 부족함이 없다.

오래전부터 우리네 한국인은 단군 이야기를 들으며 자라났다. 우리는 환웅이 단지 신의 아들이라는 지위 때문이 아니라, '널리 인간 세상을 이롭게 하고 싶다(홍익인간)'라는 바람을 위해 자신의 지위를 포기하고 지상으로 내려왔다는 것을 알고 있다. 동시에 지상에 있던 곰이 인간이 되고 싶은 마음을 위해 본능적인 욕구를 참으며 노력하여 뜻을 이루었음도 알고 있다. 인간 세상을 위해 노력했던 환웅과 진정한 인간의 길을 위해 시련을 넘어선 웅녀의 결합에서 단군이 태어났고, 그것이 바로 우리 한민족 최초의 지도자이자 우리네 정신의 뿌리이다.

세계 각지에는 수많은 건국 신화가 있다. 이들은 대부분 창작된 이야기이니, 실제 사실과는 거리가 있을 것이다. 하지만 창작된 이야기인 만큼, 여기에는 이 이야기를 엮어낸 이들이 진정으로 바라는 무언가가 담겨있을 가능성이 크다. 또한 이야기를 듣고 자라난 그 후손 역시 그 나름의 세계관을 갖게 되는 것이다. 그런 면에서 홍익인간의 이상과 진심으로 바라는 것을 위해 본능적 욕구를 참으라는 세계관을 엮어낸 우리네 조상님은 참 멋진 분들이 아닐까?

부여 천진전의 단군 영정

읽을거리 한국의 창세 신화

단군 신화만큼 대중적이진 않지만, 한국에도 세계의 탄생을 그려낸 창조 신화가 있다. 『창세가』의 미륵 신화와 『천지왕 본풀이』의 천지왕 신화가 그것이다. 혼돈으로 가득한 세상이 벌어지면서 하늘과 땅이 열리고, 빛이 가득하게 되는 상황에서 시작한다는 점에서 '개벽 신화'의 형태를 띠고 있다. 둘 다 흥미로운 신화이지만 한국에서 창조주에 대한 신앙은 지속되지 않아서 사실상 잊히고 말았다.

1) 미륵 신화

『창세가』에 수록된 미륵 신화는 혼돈에서 태어난 미륵이 땅과 하늘을 나누어 고정하고, 하늘에 빌어서 받은 금, 은벌레를 땅에 뿌려 인간을 만드는 이야기이다. 안정된 세상의 주인이 될 인간이 하늘에서 내려왔다는 매우 전형적인 개벽 신화이자, 인간 중심의 신화이다.

2) 천지왕 신화

『천지왕 본풀이』에 수록된 신화로서, 여기서는 하늘과 땅이 자연스레 벌어지며 천지개벽이 시작된다. 흥미로운 점은 천지왕 신화에서 세상이 단번에 완성된 형태로 탄생하지 않았다는 것이다. 처음에 혼돈에서 하늘과 땅이 열리며 세상이 생겨나고, 음양(하늘의 청이슬과 땅의 흑이슬)이 조화되어 만물이 태어났다. 별이 생겨났지만 태양은 없었는데, 여기서 천제인 천지왕이 등장하여 해와 달을 보내서 천지를 밝힌다. 문제는 해와 달이 각각 두 개인데다 짐승과 초목이 말하고 귀신과 인간이 구별되지 않는 등 세상은 아직 혼란한 상태였다는 것이다.

이를 바로 잡은 것이 천지왕의 아들인 대별왕과 소별왕이다. 천지왕은 둘에게 각각 이승과 저승을 맡기려 한다. 처음엔 소별왕이 욕심을 내어 속임수로 이승을 차지하지만, 능력이 되지 않아 결국 대별왕이 질서를 바로잡기에 이른다.

천지왕 신화는 '혼돈→천지개벽→만물의 탄생→빛의 탄생→질서를 찾아가는 세계'라는 단계로서 세상이 완성되는 과정을 연출하며, 형제의 다툼처럼 이야깃거리도 풍부하다.

재미있는 점은 대별왕이 해와 달을 하나씩 쏘아 떨어뜨리고, 나무와 짐승의 말을 금하고, 무게로 귀신과 인간을 나누어 구분하면서 세상의 질서를 바로 잡았지만 인간 사회의 질서에는 개입하지 않았다는 점이다. 그로 인해 인간의 불화, 역적, 도둑, 간음 등의 현상이 남았는데 이는 인간 사회 질서는 어디까지나 인간 스스로 해결할 일이라는 인식을 보여준다.

한국에는 산이나 섬, 강을 만든 마고에 대한 신화도 있는데, 천지왕과 그 자손이 세상을 만들었지만 우리 땅의 다양한 지형은 마고가 완성했다는 형태로 연결하면 하나의 세계관을 구성할 수 있다.

천지왕 신화의 과정	
• 혼돈	세상 모든 것이 뒤섞인 세계
↓	
• 개벽	하늘과 땅이 열리고 세상이 탄생
↓	
• 만물의 탄생	음양의 조화로 만물이 태어남
↓	
• 빛의 시작	천지왕이 해와 달을 보내어 천지를 밝힌다.
↓	
• 강림	천지왕이 지상에 내려와 총명부인과 맺어져 자식을 얻는다.
↓	
• 후예와 통치	대별왕(형), 소별왕(아우)이 각각 저승과 이승을 맡는다.
↓	
• 질서 바로 잡기	대별왕이 소별왕의 간청으로 세상의 질서를 바로 잡는다.

한국에서 '판타지(Fantasy)'라는 장르가 정착된 것은 얼마 되지 않았지만, 서양에서도 이 용어가 생긴 것은 100년이 채 되지 않는다. 그런 면에서 판타지라는 장르의 역사는 길지 않으나 요정이나 마법이 등장하는 신비한 이야기는 인류 역사와 함께 할 만큼 오래되었다.

판타지의 원형이라고도 할 수 있는 이야기, 가슴 뛰는 영웅담과 아름다운 요정과의 애절한 사랑, 그리고 저 멀리 어딘가에 숨겨진 신비한 땅과 보물 이야기는 힘겨운 현실을 살아가는 많은 이에게 꿈과 희망과 함께 내일을 살아갈 수 있는 용기를 심어주었다.

오랜 세월에 걸쳐 다채롭게 발전하며 변화한 창작 판타지의 세계. 여기서는 현대 판타지의 원형에 해당할 수 있는 여러 작품과 함께, 판타지의 다양한 갈래와 특성을 살펴본다.

권하고 싶은 판타지

다양한 판타지 작품 이야기

PART
02

판타지 가이드 **판타지를 생각해 보자**

1. 판타지란 무엇인가?

가) 판타지를 어떻게 생각할까?

SF&판타지 도서관 관장으로서 나는 판타지나 SF에 대한 강의나 강연을 자주 한다. 특히 신화나 판타지에 관한 이야기가 많은데, 참가자의 이야기를 들어보면 '판타지가 뭔지 잘 몰라서', '어떤 판타지를 보는 게 좋은지 알고 싶어서'라는 분이 생각보다 많다는 점에 놀라곤 한다.

한국에 『반지의 제왕』을 비롯한 판타지 소설이 들어오고 발전한 지 오랜 시간이 흘렀지만 지금도 판타지가 무엇이며, 판타지가 무엇인지 궁금하게 여기는 이들이 많다는 얘기다. 판타지에 친숙하지 않은 중장년층이 많기 때문이기도 하겠지만, 때로는 판타지와 매우 친숙한 게임학과에서도 판타지의 기본에 관하여 궁금하게 여기는 학생을 종종 보게 된다. 분명히 만화나 영화, 애니메이션, 또는 게임으로 판타지를 접하고 즐기겠지만 정작 그것이 어떤 것이냐고 물으면 대답하기 힘들다는 점도 있고 모든 이가 판타지를 친숙하게 접한 게 아니라는 점도 있을 것이다. 나아가 게임학과 학생이라도 대부분 자기가 즐긴 일부 게임만 알거나 고교 시절 학업에 시달리는 만큼 판타지 작품을 즐기지 못한 경우도 생각보다 많다는 문제도 있다.

어느 쪽이건, 판타지에 대해서 '대충 이런 거 같은데'라는 생각은 있지만 판타지가 명확하게 뭐냐고 물으면, 또는 어떤 것이 판타지 작품이냐고 물으면 명쾌하게 대답하기 어려운 게 사실이다. 워낙 다양한 작품이 있으며, 비슷한 게 있는가 하면 그렇지 않을 수도 있으니 말이다. 그렇다면 판타지(Fantasy)는 무엇일까? 이에 대해서 물어보면 다음과 같은 이야기를 자주 듣는다.

> A. 서양 중세 시대를 모델로 한 신비한 세계에서 칼을 든 전사와 마법사가 활약하는 이야기
>
> B. 요정이나 유령 같은 신비한 존재가 등장하고 마법을 쓰는 이야기
>
> C. 신화나 전설을 바탕으로 만든 신비하고 환상적인 이야기

이 밖에도 다양한 답이 있겠지만, 대개 이 범주에서 크게 벗어나지 않는다. 각 대답에 대해서 생각해 보자.

A. 서양 중세 시대를 모델로 한 신비한 세계에서 칼을 든 전사와 마법사가 활약하는 이야기

『반지의 제왕』(J.R.R.톨킨)에서 가장 쉽게 떠오르는 대답이다. 일찍이 한국에 '판타지'라는 장르명이 들어와서 비슷한 작품이 만들어지기 시작할 때 『반지의 제왕』과 여기서 영향을 받아 만들어진 게임 「던전&드래곤」, 그리고 이를 바탕으로 탄생한 일본의 『로도스도 전기』(미즈노 료) 그리고 각종 롤플레잉 게임을 모델로 삼았다[『퇴마록』(이우혁) 같은 작품도 있었지만, '판타지'라는 용어 중심에선 조금 벗어난 느낌이다].

'중세 유럽풍 판타지', 줄여서 '중세 판타지'라고 부를 수 있는 이들 작품은 『반지의 제왕』의 영향으로 탄생했기에 그 모습이 별로 다르지 않았다. 『로도스도 전기』와 함께 한국 판타지에 절대적인 영향을 준 마법사 이야기 『슬레이어즈!』(칸자카 하지메)는 패러디를 강조하는 데다 검사보다 마법사가 중심이고 SF 느낌도 있다는 점에서 차이가 있었지만, 역시 칼을 든 검사와 마법사가 주인공이고 일단 중세 유럽풍 세계가 무대였다(동양에서 생각한 중세 유럽으로, 가치관이나 생활상은 훨씬 현대적이다).

한국/일본의 중세 판타지는 『반지의 제왕』보다는 『로도스도 전기』나 『슬레이어즈!』의 영향이 더 크다고 할 수 있는데 실례로 한국이나 일본에서 엘프라면 지금도 「반지의 제왕」의 레골라스보다는 『로도스도 전기』의 디트리트와 다크엘프인 필로테스를 떠올리며, 마법사라면 「반지

한국/일본의 판타지 문화, 특히 중세 판타지 이미지에 큰 발자취를 남긴 『로도스도 전기』
©KADOKAWA SHOTEN 1990

의 제왕』의 갠달프보단 『로도스도 전기』의 슬레인, 칼도 쓴다면 『슬레이어즈!』의 리나 임버스가 더 친숙하다. 갠달프는 굳이 말하면 '현자'라는 표현이 더 어울릴까?

『해리포터』(조앤 롤링) 시리즈를 시작으로 한국에 소개된 판타지의 폭이 넓어졌음에도 '판타지=중세 유럽'이라는 인식은 크게 달라지지 않

읽을거리 해리포터는 중세 판타지?

『해리포터』 시리즈는 현대 영국을 무대로 한다는 점에서 중세 판타지가 아니라고 생각하기 쉽지만, 주 무대인 마법사 세계만 보면 중세 판타지 분위기에서 크게 벗어나지 않는다. 호그와트도 그렇지만 주변 마을도 건물, 거리의 느낌과 생활 모습 면에서 사람들이 생각하는 중세 유럽의 마을 분위기로, 촛불이 일렁이는 호그와트는 아예 중세 유럽의 성을 그대로 옮긴 느낌이다. 마법사의 생활이나 가치관도 중세 유럽에 가깝다. 일반인 세계가 더 많이 등장한다는 점에서 과거의 이야기인 『신비한 동물 사전』 쪽이 『해리포터』보다 더 현대적으로 느껴질 정도. 이는 『해리포터』만이 아니라, 흡혈귀와의 사랑을 그린 『트와일라잇』(스테프니 메이어)처럼 시대는 현대지만 주로 환상 세계에서 이야기가 펼쳐지는 작품에서 공통적으로 느껴지는 현상이기도 하다. 동양에서 판타지란 용어가 중세 판타지와 함께 시작되었고, 중세라는 말 자체가 '암흑기', '마녀사냥', '종교 재판', '마법', '연금술' 같은 말과 자연스레 연결되어 판타지를 떠올리게 하기 때문일지도 모른다.

유니버셜 스튜디오의 해리포터 위저드 월드
관광객을 빼면, 중세 마을과 다른 점을 찾기 힘들다.

았는데, 실례로 이전에 내가 인터넷에서 '판타지 게임을 만들 때 어떤 장르가 좋은가?'라는 설문을 했을 때, 2/3 가까운 이들이 '중세 판타지'를 선택했다.

전에 비해 도시 판타지를 선호하는 이들도 늘어났는데, 『해리포터』 외에도 『마녀 배달부 키키』나 『하울의 움직이는 성』 같은 작품이 늘어났기 때문일지도 모른다. 지금도 판타지라면 『반지의 제왕』, 『왕좌의 게임』 같은 작품을 가장 먼저 떠올리는 것은 사실이지만, 중세 판타지에만 국한하지는 않는다.

B. 요정이나 유령 같은 신비한 존재가 등장하고 마법을 쓰는 이야기

폭넓은 의미에서의 판타지를 뜻하지만, 판타지보다는 동화라는 표현이 더 익숙하다. 한국에서 「도깨비」를 '판타지 드라마'라고 부르는 사람은 별로 보이지 않는 점도 마찬가지(외계인이 등장하는 드라마 「별에서 온 그대」를 SF 드라마라 부르는 사람도 많지 않다).

이는 도깨비나 외계인 같은 소재보다는 '로맨스'라는 이야기에 좀 더 친숙하기 때문이며, 아직도 '판타지나 SF는 황당무계하고 애들이 보는 것'이라 생각하는 이들이 적지 않기 때문이다. 근래엔 동화나 로맨스 앞에 판타지라는 말을 붙이는 일도 늘어났다. 웹소설 분야에선 로맨스 판타지(로판)가 매우 인기 있는 장르이며, 호러 판타지나 판타지 동화 같은 말도 쉽게 접할 수 있다. 그런 점에서 B는 A보다 판타지의 정의에 좀 더 가까운 표현이 되었지만, 판타지에 신비한 존재나 마법이 필수는 아니라는 점에서 정확한 대답은 아니다.

C. 신화나 전설을 바탕으로 만든 신비하고 환상적인 이야기

조금 특이한 대답. 판타지는 신비한 존재/신비한 사건이 등장한다는 점에서 신화나 전설, 특히 신화와 관련이 깊다. 『반지의 제왕』을 비롯한 많은 판타지가 신화에서 영감을 얻었으며, 판타지를 분류할 때 신화와의 관계를 빼놓기 어렵다. 하지만 『해리포터』만 해도 신화나 전설과 별로 관련이 없으며, 신화/전설에서 영감을 얻었더라도 직접적인 바탕이 아닐 수 있다는 점에서 역시 정확한 대답은 될 수 없다.

이렇게 보았을 때, 위의 답변은 모두 판타지의 일부 작품을 나타내는 대답이 될 수 있지만, 판타지 전체를 가리키는 말은 될 수 없다는 것을 알 수 있다. 하지만 이 세 답변에는 '신비'라는 공통점이 있다.

나) 신비한 판타지. 그리고 SF

'신비'란 신기하고 비밀스럽다는 의미다. '일이나 현상 따위가 이성적으로나 상식적으로 설명할 수도 없고 이해할 수도 없을 만큼 신기하고 묘한 것'(국어사전)을 말한다. 판타지 작품 중에는 모든 것이 어떻게 된 것인지 소개하는 작품을 찾아보기 어렵다. 『해리포터』에서 마법이 어떤 원리로 작동하는지 설명하지 않으며, 『반지의 제왕』을 비롯한 톨킨 작품에서 노래로 세상이 만들어진 이유를 말하지 않는다. 그 세계는 원래 그런 것이기 때문이다. 중요한 건 이유나 원리가 아니라 그로 인해 무엇이 일어나는가 하는 것이다.

여러 명의 천사가 조화로운 노래로 세상을 창조하는데, 한 천사가 제멋대로 다른 노래를 부르면서 세상이 혼란에 빠지고 악이 탄생했다는 점. 그리고 그 탓에 그 천사는 타락해서 사악한 존재가 되어 선과 악의 싸움이 일어나게 된다는 점. 판타지에선 이걸로 충분하다.

판타지의 이런 특성은 과학보다는 신화에 가깝게 느껴진다. 신화와 과학은 모두 자연에 대한 궁금증에서 탄생했다. 신화는 원인이 알 수 없는 무언가를 '신이(인격을 지닌) 했다'라고 정리하면서 생겨난 신이라는 존재, 그 존재가 어떤 것이며 어떻게 사는지를 상상하면서 생겨난 이야기이다. 반면, 과학은 신 이외의 해답, 설명할 수 있는 무언가를 찾고자 하는 과정이다. '세상은 신이 만들었으니 원래 그런 것'이 아니라 왜 그렇게 되었는지 찾는다. 정말로 신 때문이라면 그 신의 존재를 찾아내는 것이 과학이다.

작아진 아이의 모험을 통해 역사와 지리를 배우는 『닐스의 모험』
ⓒPierrot Co.,Ltd 1980 ⓒGakken

판타지는 뭐라고 설명할 수 없는 신비한 세계, 또는 신비한 일이 일어나거나 신비한 존재가 있는 세계를 무대로 그 신비로 인해서 일어나는 이야기를 펼친다. 『닐스의 모험(닐스의 신기한 여행)』(셀마 라겔레프)에서 아이가 왜 작아졌는지는 중요하지 않다. 작아진 아이가 어디를 여행하고 뭘 보고 배우는가가 중요하다.

SF에서 사람이 작아지면 여기에는 원인이 존재하며, 같은 원리로 다른 사람도 작아질 수 있다. 영화 「앤트맨」에서 핌 입자라는 물질로 작아질 수 있는 이상, 주인공만이 아니라 악당도 작아져서 악용할 수 있다. 하지만 닐스에게 일어난 '신비한 일'은 원인을 알 수 없기에 다른 사람에게 일어나리란 법도 없고, 일으킬 수도 없다.

모든 판타지에 통용되는 이야기는 아니다. 일본 판타지 소설에서는 원인과 결과로 이야기를 만드는 작품이 적지 않다. 『슬레이어즈!』에선 흑마법이 정신 생명체인 마족의 힘을 빌려서 사용하는 기술이라고 설정하면서, 흑마법으로 해당 마족이나 상위 마족을 공격할 수 없다고 한다. 가령 마왕의 힘을 빌리는 드래곤 슬레이브란 마법으로 마왕을 공격하면 마왕이 힘을 빌려주기를 거부하기에 반격당할 수 있다는 것이다. 『슬레이어즈!』의 전반적인 스토리는 이 같은 '힘을 빌려오는 마법'이라는 설정과 관련되며, 이를 위해 다양한 방법으로 설정과 이유를 설명한다.

비슷한 면에서 만화 『강철의 연금술사』도 '연금술은 어떤 것이며 어떻게 작동하는가?'를 통해 이야기를 펼쳐낸다. 기술이나 설정의 원리를 통해서 가능성을 펼쳐내는 것은 판타지보다는 SF에 가까운 것이기에,

이들 작품을 SF 판타지라고 부르기도 한다(미국의 한 SF 웹진에서는 『강철의 연금술사』의 아라카와 히로무를 대표적인 여성 SF 작가로 소개했으며, 『슬레이어즈!』의 칸자카 하지메도 본래 SF를 좋아하는 작가로서 SF도 여러 편 썼다).

SF와 판타지를 엄격하게 구분하는 것은 쉬운 일이 아니다. 미국이나 일본, 심지어 중국의 SF 상에서 SF만이 아니라 판타지 작품도 대상이 되는 것은 그 때문이다.

이따금 SF와 판타지를 과학과 마법으로 구분하는 이도 있지만 SF 작가 아서 C 클라크가 말했듯이 '매우 발달한 과학은 마법과 구분할 수 없다'이므로, 이런 구분에도 의미는 없다. 마법처럼 보이던 기술이 알고 보니 초능력이나 나노머신에 의한 기술이라고 등장하는 작품도 적지 않으니까.

그래도 SF와 판타지를 굳이 구분하자면, 다음과 같이 부를 수 있다.

> 판타지는 신비한 일이 일어날 수 있는 **환상 세계를 체험**하는 이야기.
>
> SF는 과학적 상상력이 펼쳐내는 **가능성의 모습**을 보여주는 이야기.

판타지는 환상 세계에서 펼쳐지는 주인공 이야기에 초점을 맞춘다. 신비한 일이 일어날 수 있지만, 중요한 것은 그로 인해 주인공이 무엇을 보고 느끼는가 하는 것이다. 『슬레이어즈!』가 마법 설정을 통해 이야기를 펼쳐내지만, 중요한 건 주인공이 이를 이용해 마왕을 물리친다는 점이다.

SF는 과학이 펼칠 수 있는 상상의 가능성을 보여준다. 어떤 일이 일어날 때 그것은 세계에 영향을 주어 변화시키고 새로운 가능성을 만들어낸다. 『슬레이어즈!』의 세계는 마족이 그 자신의 힘을 방벽으로 삼아 적대 세력인 신족의 힘을 차단한 세계였다. 하지만 주인공의 활약으로 주요 마족이 사라졌다. 그 탓에 주인공은 일부 흑마법을 쓸 수 없게 되었지만, 방벽이 약해지면서 세계가 넓어지고 신족의 힘이 들어와 새로운 마법, 신성 마법을 사용할 수 있는 가능성이 생겨난다.

판타지나 SF를 쓸 때 어느 한쪽에 초점을 맞출 필요는 없다. 『슬레이어즈!』가 1~15권(데몬슬레이어즈편)에서 주로 마족을 물리치는 데 초점을 맞추고, 16, 17권에선 마족이 사라지면서 벌어진 변화를 펼쳐내듯, 하나의 작품에서 얼마든지 SF와 판타지는 뒤섞일 수 있다. 다만 지나치게 뒤섞는 건 피하는 게 좋을지도 모른다. 왜냐면 과학적 상상으로 변화하는 세계에서 모험이 뒤섞이면, 게임에서 규칙이 계속 바뀌듯 모험 이야기를 이해하기 힘들 수도 있으니까.

『슬레이어즈!』에서 마족이 사라지면서 세계의 변화가 시작된 것은 오

한국 판타지에 큰 영향을 미친 『슬레이어즈』
판타지 안에 SF 색채도 흥미롭게 담겨 있다.

래전 일이지만, 마족이 사라지면서 생긴 세상의 변화를 모든 이야기가 끝나고 새로운 시리즈를 시작하면서 펼쳐내기 시작한 것도 앞부분에서는 변화보다는 모험이 더 중요했기 때문일 것이다.

다) 그래서, 판타지란 무엇인가?

판타지는 무엇인가? 이에 대해서 정확하게 말할 수 있는 사람은 없다. 누군가가 말했듯이 창작자가 SF라고 말하면 SF, 판타지라고 말하면 판타지라고 해도 좋다. 아니면, 독자/시청자/플레이어인 내가 SF이거나 판타지라고 결정해도 좋다(SF&판타지 도서관장으로서 나는 SF와 판타지의 정의를 매우 넓게 보는 편이다). 다만 판타지를 창작하고 싶은 사람이 '판타지가 뭐지?'라고 묻는다면, 다음과 같이 대답하고 싶다.

'판타지란 신비로 가득한 놀이공원이다. 상상으로 만들어진 이 세계에서는 신비한 존재가 등장하거나 온갖 신비한 일이 일어날 수 있으며 우리는 등장인물 중 하나가 되어 그 신비한 세계를 체험한다'

판타지는 우리에게 환상계의 다양한 재미를 준다. 환상계가 어떤 곳이며, 어떤 재미와 모험이 감추어져있는지를 보여주는데 주목한다. 이를 위해서 판타지는 세상의 현재 모습을 눈앞에 펼쳐지듯 보여주는데 주력하여 우리를 그 세계에 몰입하게 돕는다.

판타지를 만들고 싶다면 매력적인 놀이공원에서 매력적인 신비가 등장하게 연출하는 것이 좋다. 2장에서는 그 같은 매력적인 신비를 다룬 작품 중에서도 고전에 속한 것을 골라 소개하고 있다.

2. 판타지의 변화와 흐름

판타지의 시작은 인류 탄생의 순간으로 거슬러 올라간다. 일찍이 사람들이 동굴에 벽화를 그리고 상상을 덧붙이면서 판타지가 탄생했다고 볼 수 있다. 그들은 자신이 겪은 일을 벽에 그리면서 다양한 동물을 그려 넣는데, 여기에 자신의 상상과 기대를 추가하여 변화시켰다. 처음에는 실제 동물에 신비를 더했지만 오래지 않아 환상의 사냥감이나 사건이 추가되었고, 내용이 발전하며 신화와 전설이 생겨났다.

가) 한 영웅의 모험담(영웅 판타지)

신화가 아닌 판타지 이야기는 영웅 이야기에서 시작되었다. 「길가메시 서사시」나 「오디세이아」 같은 작품은 분류상 신화에 속해 있지만, 인간

3만 년 전 경에 완성된 쇼베 동굴 벽화
사자를 경건하고 숭고하게 연출한 게 눈에 띈다.

의 모험이라는 점에서 영웅 판타지의 원조이다. 특히 가장 오랜 역사를 지닌 「길가메시 서사시」는 흔한 괴물 퇴치만이 아니라, 친구의 죽음에 고뇌하던 영웅이 영생이란 목표를 향해 나아가고 실패하는 이야기로 마무리된다는 점에서 매우 인간적인 모습을 느끼게 된다.

길가메시로부터 시작하여 오디세우스, 아서왕을 거쳐 베오울프에 이르는 영웅 판타지의 변화는 이후 『화성의 공주』(에드거 라이스 버로우)를 거쳐 『야만인 코난(코난 사가)』(로버트 하워드) 같은 이야기로 변화한다. 특히 1932년에 등장하여 작가가 죽은 후에도 꾸준하게 창작되며 영화, 만화, 게임 같은 여러 작품으로 꾸준하게 선보이는 『야만인 코난』은 판타지 속 야만인 전사의 전형적인 모습을 남기는 동시에, 각지를 떠돌며 다양한 사건에 직면하며 해결하는 영웅 판타지의 기본 패턴을 충실하게 완성했다.

이 같은 작품은 한 영웅이 사건이 벌어진 장소에 도착하여 그곳의 문제를 해결하고 다시 떠나는 구조를 지니고 있다. 처음엔 서로 관계없어 보이던 사건들은 점차 서로 얽힌 것이 드러나며 큰 사건으로 변화한다. 그리고 한 영웅의 개인적인 싸움이 아닌 나라나 세계의 운명을 건 이야기로 발전한다. 『야만인 코난』의 이 같은 구도는 쿠리모토 카오루의 『구인 사가』 같은 작품에도 영감을 주었다.

『어스시의 마법사』(어슐러 르귄) 같은 소설에서는 괴물 퇴치자나 해결사가 아닌 자신과의 싸움을 거쳐 깨달음을 얻는 이야기를 통해 영웅의 새로운 가능성을 펼쳐냈다.

영웅 판타지에서 중요한 것은, 영웅이 아닌 인간을 그려내야 한다는 점이다. 영웅 이야기를 그의 활약으로만 한정하면, 단지 싸움꾼의 이야기일 뿐이다. 하지만 영웅의 주변과 관련된 사람들, 그의 내면적인 문제와 고뇌를 그려낸다면 우리는 그에게 공감하며 그의 모든 활동에 관심을 기울이게 된다. 무엇보다 영웅 판타지의 영웅은 완벽하고 절대적인 존재여서는 안 된다. 특별한 힘을 지녔다고 해도 고뇌와 약점이 있기에 더욱 영웅다워 보인다.

한 도시에서 코난은 자신에게 무례하게 구는 문명인을 보며 "문명 세계에선 무례하게 굴어도 머리가 쪼개지지 않으니까 문명인이 야만인보다 더 예의가 없는 것이다."라고 하는데, '야만인'이라는 제목이나 머리보다는 몸이 먼저 움직일 것 같은 코난이 보여주는 이런 독특한 내면이 코난을 더욱 매력적인 영웅으로 만든다.

아놀드 슈왈츠제네거의 이름을 알린 영화, 「코난 더 바바리안」
ⓒ1982 Universal Pictures

나) 요정 이야기(Fairy Tale, 동화)

한자어로는 동화(童話, 아이들을 위한 이야기)라고 번역하는 페어리 테일은, 상상의 생물이나 마법 같은 요소가 담긴 전통적인 이야기이다. 아이들을 위한 이야기라고도 하지만 꼭 그렇지만은 않으며, 때로 아이들에게 너무 잔혹하거나 선정적인 이야기도 적지 않다.

요정 이야기는 요정이나 신비한 힘을 통해 신비한 일이 일어난다. 요정 이야기는 **변신과 변화에 관한 이야기**라고 하는데, 사람들의 바람이나 기대에 호응하여 신비한 힘으로 변화가 일어나면서 사건이 해결되는 구조를 보인다. 호박이 마차로 변하고, 독을 먹고 죽었던 공주가 깨어나며, 개구리가 왕자로 변신하며 이야기를 펼쳐내고 마무리하는 것이다.

요정 이야기는 신이 존재하는 것이 당연한 신화처럼 '요정이나 신비한 힘이 당연하게 존재한다'라는 설정으로 이야기를 펼쳐낸다. 나무 인형이 사람처럼 말하고 걷는 등 신비한 일이 일어나지만 세상 사람들은 당연하게 받아들인다. 뭔가 이상한 일이 생겨나면 요정이나 도깨비나 트롤이 한 짓이고 마법이니까.

신비한 일이 왜 일어났는지 의심하고 추궁하기보다는 그러한 변화가 어떤 이야기를 만들어내는가, 어떻게 행복한 결말을 맞이하는가에 초점을 맞춘다. 신비한 요소는 있지만 이야기 전개는 자연스러워야 한다. 피노키오는 요정의 힘으로 인간이 되지만 이는 피노키오가 자기 잘못을 뉘우치고 열심히 노력한 덕분이다. 동화 중에는 수천 년 역사를 지닌 것도 있다. 그렇게 오랫동안 계승되는 동안 이야기는 좀 더 그 시대에 맞게 자연스럽고, 그 시대 사람들이 흥미를 느끼는 형태로 바뀌었다. 가령 「신데렐라」에서 호박 마차가 등장하는 것은, 당시 호박이 신대륙에서 들어와서 사람들의 관심을 끌고 있었다는 사실과 무관하지 않다. 그런 면에서 동화는 적어도 그 작품이 만들어지던 당시에는 가장 친숙하면서 참신한 작품으로 대중성을 얻었으며, 창작 동화에서도 이런 점을 생각해야 한다.

NOTE 1 전설과 신화, 우화, 그리고 동화

전설	역사를 바탕으로 아서왕 전설(언젠가 브리튼이 위험에 빠지면 아서왕이 돌아올 것)이 탄생했듯이 사람들의 기대를 담아 만든 이야기. 실제 장소나 시간을 배경으로 펼쳐진 이야기이기에, 증거가 되는 장소나 물건이 등장하기도 한다.
신화	신들의 이야기. 문명의 시작과 가능성을 담은 내용으로, 우리 세계의 신성한 역사의 시작을 변형한 것이라 할 수 있다. '역사는 전설이 되고, 전설은 신화가 된다'라는 말이 있다.
우화	사회 풍자와 도덕적 교훈을 주고, 메시지를 전하는 이야기. 보통 말하는 동물이 사람의 모습을 풍자하는 형태로 이야기를 연출한다.
동화	신비하고 특별한 사건이 일어나는 이야기로 전설과 달리 모호한 장소, 모호한 시간(옛날 옛적에)을 배경으로 한다. 사람의 바람과 기대, 흥미를 자극하는 이야기이기에 기본 구조가 같지만, 지역에 따라 다르게 변형된 동화를 자주 볼 수 있다.

NOTE 2 동화의 기본 구조

- 세계와 영웅의 등장

↓

- 악당의 위협

↓

- 신비한 힘의 도움

↓

- 역경과 시련

↓

- 해결과 보상

↓

- 행복한 결말

다) 중세의 낭만, 로망 문학(Romance)

흔히 암흑기라 불리는 유럽 중세 시대는 정체된 세계이기도 했다. '암흑 시대'라는 인식과 달리 실제로는 다양한 변화와 혁신이 있던 시기였다. 하지만 적어도 중세를 살아가는 일반인에게 있어 그 시대는 영광으로 가득했던 전설적인 로마 시대, 성스러운 질서가 넘쳤던 신화 시대처럼 빛나는 열정을 찾을 수는 없었다.

로마의 질서가 물러나고 게르만을 중심으로 한 왕과 기사의 봉건 시대가 정착되는 과정에서 피지배층과 다르다는 점에서 '푸른 피[1]'를 내

1 푸른 피 – 게르만 등 북방민의 피부빛이 창백해서 푸른 혈관이 드러나 보인다는 점에서 부른 명칭. 처음엔 피지배층이 부르던 차별 용어였지만, 어느새 귀족이 된 이들이 자신의 혈통이 피지배층과 다르다는 점에서 자신을 푸른 피라 부르게 되었다.

세웠던 그들은 자신들의 정복과 지배 과정을 더욱 영광스럽게 그려내고자 장엄하고 비장미가 넘치는 영웅 서사시를 선보였다. 종종 이들 작품은 사악하고 강력한 괴물에 맞서서 그 자신을 희생하며 사람을 구하는 영웅의 모습을 연출했는데, 이는 훗날 『반지의 제왕』을 중심으로 한 하이 판타지 장르의 분위기에도 영향을 주었다.

중세의 평범한 이들은 고착되고 변화 없는 세계를 벗어나는 꿈을 꾸며, 환상적인 몽상을 펼쳐내었는데 이 같은 몽상은 음유시인(바드)이라 불리는 떠돌이 시인들을 통해 이야기로 꾸며져 사람들의 마음을 사로잡았다. 이들이 펼쳐낸 이야기는 고전적인 영웅 서사시에서 보여주었던 장엄하고 비장하며 자기희생적인 영웅의 업적과 이에 대한 찬미가 아니었다. 죽음의 계곡을 넘어 마녀를 물리치며 용과 싸우며 공주를 구하는 기사의 활약상에 초점을 맞춘 이야기, 그야말로 '손에 땀을 쥐게

귀부인에게 열정을 바치는 기사의 모습
로망에는 정체된 중세의 삶에서 꿈꾸었던 열정이 담겨 있다(14세기 초 코덱스 마네스).

하는 모험담'이었다.

음유시인의 노랫가락으로 펼쳐낸 '로망' 이야기는 서민에서 귀족에 이르기까지 중세의 많은 이를 사로잡았다. 로망의 매력은 그 이야기 속에 담긴 신비와 환상, 그리고 사람들의 열정으로 드러난다. 귀부인의 은총을 위해 목숨을 걸고 용과 맞서는 기사 이야기는 그 같은 모험을 꿈꾸는 기사만이 아니라 귀족 여성에게도 인기가 있었고, 신화적인 영웅 전설이 아닌 한 인간의 모험담으로 서민에게 공감을 얻으며 사랑받았다. 귀부인을 향한 기사의 열정은 육체적인 사랑이 아닌 정신적이고 고결한 사랑이다. 믿음과 신뢰라는 기사도적 가치를 위해 기꺼이 목숨을 내던지는 기사의 모습은 당시 민중이 바라는 이상적인 영웅상이었다.

서민의 몽상과도 같은 로망은 비슷한 시기 중국에서 이야기꾼이 노래하던 「삼국지의 영웅」이나, 「수호전의 호걸」 이야기와도 비슷한 면이 있다. 대중이 즐기는 오락거리로서 이야기에 온갖 전설과 설화, 민담이 뒤섞이면서 다양한 판타지 요소가 발전했다.

라) 근대 판타지의 성장

인쇄술로 인한 출판문화의 성장과 도시를 중심으로 한 연극 등의 무대 예술의 발전, 대항해 시대를 거치며 확장된 세계에 대한 인식은 판타지 문화에 다채로운 변화를 가져다주었다. 프랑스의 샤를 페로나 독일의 그림 형제, 중국의 포송령 같은 이들이 각지의 설화나 기담을 수집하여 소개하면서 창작을 위한 밑바탕이 다져졌다.

작은 지방에서 지인들 사이에 입으로만 전해져 내려오던 온갖 이야기들이 수집자의 손으로 변형되어 대중에 선보이면서 사람들은 더욱 다채로운 이야기에 관심을 기울이기 시작했다. 그 지방의 친숙했던 이야기만이 아니라 『천일야화』, 『서유기』처럼 이국적인 이야기가 흥미를 끄는 와중에 안데르센 같은 창작자는 신비한 이야기에 독자적인 상상을 뒤섞고 자신들의 이야기를 담은 새로운 작품을 선보였다. 이러한 변화 속에서 좀 더 현실에 가까운, 우리 주변의 이야기가 늘어나기 시작했다. 현실에 신비가 뒤섞인 도시 판타지 같은 이야기. 물론 「니벨룽의 반지(또는 니벨룽겐의 반지)」(바그너)처럼 영웅 서사시의 색채를 빌린 큰 규모의 서사극도 창작되어 인기를 모았다.

(1) 공포 문학

19세기 초, 한 사람이 지인과 무서운 이야기를 나누다 영감을 얻었다. 그는 당시 화제를 모으던 동물 전기 이론[2]을 바탕으로 완벽한 인간을 만들려다가 괴물을 만들어낸 과학자의 이야기를 만들었다. 메리 셸리의 소설 『프랑켄슈타인: 또는 현대의 프로메테우스』는 당대의 평론가에겐 큰 주목을 받지 못했으며, 훗날 작가가 10대 여성이었다는 사실이 드러나면서 온갖 악평이 이어졌다. 하지만 대중에게는 정말로 있을 것 같은 무서운 이야기로 눈길을 끌며 엄청난 성공을 거두었다. 훗날 많은 평론가에 의해 최초의 SF로 인정받는 이 작품은 이를 전후하여 등장한

2 동물 전기 이론(갈바니즘) – 이탈리아의 생물학자 갈바니가 개구리 다리에 전기를 흘리면 경련을 일으키는 현상을 바탕으로 생명의 근원은 전기이며, 전기를 통해 죽은 이를 되살릴 수 있다고 주장한 이론. 이후 부정되었지만, 신경이나 뇌의 작용 등과 관련하여 전기와 생체 활동에 관계 있음이 증명되고, 제세동기 같은 기술에 영향을 주었다.

수많은 '공포 문학'의 이정표가 되었고 과학적인, 또는 신비한 공포물이 수없이 등장하며 화제를 모았다.

중세 기사 시대를 배경으로 초자연적인 사건이 일어나는 신비한 성의 이야기를 그려낸 『오트란토 성』(호레이스 월풀)을 시작으로, 설화를 재연출한 동화풍 괴담 『헨젤과 그레텔』(그림 형제) 같은 작품이 뒤를 이었다. 설화 속 괴물인 흡혈귀에게 귀족적인 면모를 부여함으로써 사랑받은 『뱀파이어』(존 윌리엄 폴리도리)를 시작으로 신비하고 아름다운 흡혈귀를 주역으로 한 『카르밀라』(조지프 셰리든 레 퍼뉴), 중세의 실존 인물 블라드 체페슈를 모델로 설정한 흡혈귀 귀족을 등장시켜 그에 맞서는 인간들의 이야기를 연출한, '햇빛에 약하다'거나, '박쥐로 변한다'처럼 흡혈귀물의 '설정'을 정착시킨 『드라큘라』(브램 스토커) 등 많은 작품이 등장했다. 일상의 공포를 그려낸 에드거 앨런 포의 여러 작품, 과학

『프랑켄슈타인』의 1831년판 삽화
프랑켄슈타인 박사와 그가 창조한 괴물

적 설정으로 인간의 이중성을 그려낸 『지킬 박사와 하이드씨』(로버트 루이스 스티븐슨), 『투명인간』(H.G.웰스) 같은 작품은 현실성을 더하며 화제를 모았다.

20세기에는 당대 수많은 호러물에 영감을 받아, 코스믹 호러라는 독특한 장르를 발전시켜 정착시킨 H.P.러프크래프트나 일본을 중심으로 다양한 요괴 설정을 이야기로 승화하여 일본 요괴물의 바탕을 구축한 미즈키 시게루 같은 작가가 근대에서 현대에 이르는 판타지 공포물을 완성해나갔다. 그림 형제부터 미즈키 시게루에 이르는 근대-현대 공포물은 기존의 설화나 전설을 수집하고 독자적인 해석과 상상을 더하여 '현실에 있을 법한 이야기'로 완성한다는 점에서 흥미롭다. 중세의 성을 무대로 한 『오트란토 성』에서도 인간들의 관계는 18세기 당시에 친숙한 느낌을 주며, 『프랑켄슈타인』 같은 이야기는 정말로 어디선가 벌어질 듯 그럴듯한 느낌을 준다.

(2) 미지를 향한 출발, 다른 세계 여정

오랜 옛날부터 많은 이는 우리 세계와는 다른 환상 세계를 떠올리며, 그곳으로 여행하는 꿈을 꾸곤 했다. 중국의 유명한 『도원향』, 용궁 여행을 그려낸 한국의 『심청전』이나 일본의 『우라시마 타로』, 또 다른 생의 이야기를 그려낸 『구운몽』처럼 신비한 세계로 여행하는 이야기는 언제나 사람들의 사랑을 받았다. 하지만 이들은 어디까지나 환상의 이야기, 덧없는 한 줌 꿈으로 연출되는 게 보통이었다.

19세기 중반 영국의 수학자인 찰스 루트위지 도지슨은 루이스 캐럴이라는 필명으로 한 편의 소설을 발표했다. 앨리스라는 이름의 소녀가 토끼굴에 들어가 기묘한 생명체가 살아가는 환상의 세계를 여행하고 돌아오는 이 이야기는 훗날 『이상한 나라의 앨리스』라는 제목으로 알려졌고, 지금까지 꾸준히 재창작되는 매력적인 작품이다. 그리고 '이상한 나라(Wonder Land)'라는 말은 독특한 다른 세계의 대명사 중 하나가 되었다.

『이상한 나라의 앨리스』를 중심으로 『피터팬과 웬디』(J.M.배리), 『오즈의 마법사』(라이먼 프랭크 바움) 같은 작품들은 평범하기 이를 데 없는 소년 소녀들이 어떤 과정을 통해 신비한 세계로 넘어가게 되고, 그 세계에서 모험을 거쳐 성장하여 돌아온다는 형태로 구성된다. 『닐스의 모험』처럼 우리 세계의 여기저기를 모험하는 이야기도 있지만, 오즈나 원더랜드, 네버랜드처럼 신비로 가득한 또 다른 세계에서 펼쳐지는 모험 담은 다음 편이 나올 때마다 오즈 세계의 인물과 설정이 늘어나는 『오즈의 마법사』 시리즈처럼 그 세계만의 독자적인 이야기로 발전하면서 독자적인 신화와 설정을 갖춘 하이 판타지에도 영감을 주었다. 그리고 『나니아 연대기』(C.S.루이스) 같은 소설과 「울티마」 같은 게임을 거쳐 대중적인 인기를 얻은 '다른 세계 모험물'의 기초가 되었다.

『이상한 나라의 앨리스』의 1865년판 삽화, 존 테니얼
기묘한 존재들과 티파티를 벌이는 앨리스.
이를 통해 본래 검은 머리로 설정했던 앨리스는 금발의 소녀로 인식되었다.

(3) 신비한 이웃

많은 동화는 평범한 주인공 앞에 요정 마법사나 말을 하는 개구리, 마법의 콩 같은 신비한 존재가 등장하면서 시작된다. 전래동화에서 보이는 이런 구조는 안데르센 같은 작가를 거쳐 현대에 이르러, 때때로 독설이 넘치는 신비한 보모가 주역인 『메리 포핀스』(P.L.트레버스)나 동물의 말을 알아듣는 것을 빼면 평범한 수의사가 주역인 『닥터 두리틀』(휴 로프팅) 같은 작품을 통해 연출되었다.

이들 이야기 속에서 주인공과 함께 독자는 신비한 힘을 가진 이들을 통해 세계에 감추어져 있는 다채로운 신비를 마주하며 환상적인 모험을 즐긴다. 일상을 무대로 평범해 보이는 이들이 등장하기에 전래동화와 달리 왠지 내 주변에 일어날지도 모른다는 느낌에 기대를 품게 하고 그 모험을 즐길 수 있다. 신비한 이웃을 통해 내 주변의 세계가 넓어지며 우리 세계에 감추어진 여러 신비와 마주한다는 구조는 도시 판타지의 기본 구조에도 영감을 주었으며 현대 동화에서도 널리 활용되고 있다.

마) 현대 판타지: 하이 판타지의 등장과 나만의 모험담

작가가 창작한 환상 세계를 무대로 펼쳐지는 하이 판타지의 시초는 19세기 말까지 거슬러 올라간다. 현대 판타지에서 가장 중요한 이 장르는 『호빗』, 『반지의 제왕』과 이에 영감을 얻어 탄생한 『나니아 연대기』를 거쳐 정착되었다.

하이 판타지의 가장 중요한 점은, '정말로 어딘가에 있을지도 모르는 세계'를 사람들 앞에 보여주면서 '나도 환상 세계에서 모험하고 싶다'라는 마음을 갖게 한 것이다. '반지 원정대' 같은 모험을 꿈꾼 이들은 친숙한 보드게임의 형식으로 이들 모험을 재현하기 시작했고, 선택에 따라 스토리가 달라지는 게임 책을 시작으로 1974년 최초의 롤플레잉 게임 「던전&드래곤」에 이르게 된다.

현대 판타지에서 게임의 영향은 절대로 빼놓을 수가 없다. 책이나 영화는 주인공의 눈을 통해 환상 세계를 간접 체험할 뿐이지만, 게임은 주인공을 직접 조작하여 환상 세계를 직접 체험하게 해 주었다. 여럿이 보드게임처럼 진행하는 「던전&드래곤」을 거쳐 「울티마」, 「위저드리」, 「드래곤퀘스트」처럼 혼자서 진행하는 컴퓨터 롤플레잉 게임, 「바람의 나라」, 「울티마 온라인」처럼 수많은 이가 하나의 세계에서 모험하는 온라인 게임으로 진화하면서 사람들은 환상 세계의 체험담을 즐겼다. 그리고 젊은 세대가 공감하는 이런 체험담은 대규모 출판 소설을 거쳐 인터넷이라는 무대를 중심으로 다채로운 판타지 작품을 낳는 원동력이 되었다.

오랜 옛날 세상을 바라보며 환상 세계를 꿈꾸었던 사람들은 말과 글을 통해 꿈을 함께 나누며 창작의 폭을 넓혀나갔고 옛이야기가 아닌 실제로 있을 법한 이야기를 거쳐, 어딘가 있을지 모르는 환상 세계를 창작했다. 그리고 게임을 통해 직접 체험하며 그 경험을 새로운 창작으로 승화시켰다. 이를 통해 판타지는 다양한 색채와 특성을 갖고 발전하고 있다.

NOTE 판타지의 대표적인 흐름

영웅 전설/서사시	거대한 시련과 정복을 거쳐 위업을 달성하는 영웅 이야기. 지배층을 중심으로 권력의 정당성과 위대함을 알리는 측면이 강하다.
요정 이야기(동화)	예기치 못한 문제에 직면한 주인공이 요정과 같은 신비한 존재나 힘의 도움으로 변화를 거쳐 목적을 달성하는 이야기. 전설과 달리 모호한 장소와 시간을 무대로 하며, 우화처럼 교훈이 없어도 된다.
로망 문학	중세인의 기대를 반영한 환상적인 모험담. 비장한 분위기에 위업을 달성하는 위대한 영웅의 모습보다는 현대 액션물처럼 그 과정의 재미에 초점을 맞춘다. 정신적이고 고결한 열정이 잘 그려진다. 음유시인이 전한 대중적인 이야기로, 중국의 이야기꾼과 일맥상통.
창작 동화	각지의 설화, 민담 등을 수집하여 새롭게 해석하여 전한 환상적인 이야기에 영감을 얻어, 작가의 개인적인 경험과 상상을 중심으로 만든 이야기. 전래동화와 달리 슬프거나 안타까운 결말을 통해 작가의 메시지를 담기도 한다.
근대 공포물	유령, 흡혈귀 같은 괴담을 당시의 장소와 인물에 결합하여 현실성을 부여한 이야기들. 평범한 이들이 초현실, 초과학적인 존재에 의해 일상을 위협받고 이에 맞서는 이야기가 많다.
다른 세계 여정	평범한 소년, 소녀가 신비한 세계로 향하여 겪는 모험담을 그려낸 이야기. 놀이공원 같은 환상적인 장소에서 온갖 모험을 겪고 성장하여 돌아오는 구조로서, 신비한 세계의 독특한 모습을 강조한다.
신비한 이웃	평범한 소년, 소녀가 신비한 존재와 만남을 통해 이 세계에 감추어진 신비를 만나는 이야기. 쥘 베른, 코난 도일 스타일의 과학 모험/탐험물과도 일맥상통한다.
현대 판타지	『반지의 제왕』을 중심으로 한 하이 판타지와 현대 도시를 무대로 한 도시 판타지, 이 같은 현실성 있는 세계를 체험하는 게임을 통해 성장하고 있다.

3. 판타지의 다양한 모습, 판타지의 갈래와 양상

판타지는 신비로 가득한 놀이공원 같은 세계다. 다양한 성격을 지닌 놀이공원처럼, 판타지도 그 연출이나 세계 설정과 관련하여 다양한 모습을 보여준다.

'신비한 일이 일어날 만한 세계 이야기'라는 점에서 판타지에는 매우 다양한 작품이 포함된다. 마법이나 신비한 존재가 나오고, 꿈과 환상이 담긴 모든 이야기를 판타지라고 부를 수 있는 만큼, 다양한 형태가 있을 수 있다.

『반지의 제왕』처럼 선과 악의 대결을 그려낸 신화풍 서사 작품이 있는가 하면 『오즈의 마법사』처럼 특이한 세계에서 모험을 할 수도 있고, 『닐스의 모험』같이 신비한 여행 이야기도 포함된다.

판타지의 갈래에는 그 특징에 따라 대표적으로 다음과 같은 것들이 있다. 다만 모든 판타지에는 아래에서 소개한 갈래의 요소가 다양하게 포함될 수 있기에 하나의 작품이 하나의 갈래에만 포함되는 건 아니다. 가령 한 작품이 '검과 마법 이야기'이면서 '다크 판타지'이고, '도시 판타지'일 수도 있다. 여기서 소개한 갈래는 판타지의 다양한 모습과 그 모습에서 특히 중요한 특징을 이해하는 목적으로 소개했다고 생각하면 좋겠다.

가) 하이 판타지와 로우 판타지, 판타지 세계를 상상하는 방법

판타지의 창작 세계는 크게 하이 판타지(High Fantasy)와 로우 판타지

(Low Fantasy)로 나눈다(작품 수준이 높다, 낮다는 것이 아니라 단지 무대 상상의 깊이-높이를 말한다).

하이 판타지란 용어는 로이드 알렉산더(『프레데인 연대기』 등)가 1971년 에세이 「High Fantasy and Heroic Romance」에서 처음 소개했다. 그는 '하이 판타지가 중세의 영웅 서사시의 전통과 관습을 바탕으로, 독자적인 신화와 설정으로 만들어진 현대 문학'이라 정의한다.

하이 판타지를 대표하는 작품은 당연히 톨킨의 『반지의 제왕』이지만, 하이 판타지의 시초는 톨킨과 C.S.루이스에게도 영감을 주었다고 알려진, 영국 작가 윌리엄 모리스의 『세상 끝의 우물』(1896)로 볼 수 있다.

업미드(Upmeads)라는 가상의 중세 유럽풍 세계를 무대로 왕의 막내 랄프의 모험을 그린 이 작품은, 엘프나 용 같은 중세 판타지에 친숙한 존재들은 나오지 않지만, 신비한 힘을 준다고 알려진, '세상 끝의 우물'을 향한 여정을 중심으로 흥미로운 모험담을 펼친다.

하이 판타지는 작가가 새롭게 창작한 세계를 무대로 이야기를 진행한다. 중세 유럽처럼 지구상 어느 시대, 어느 지방과 비슷해 보일 수도 있지만 완전히 다른 장소로, 지구엔 없는 신비한 존재나 마법이 등장하

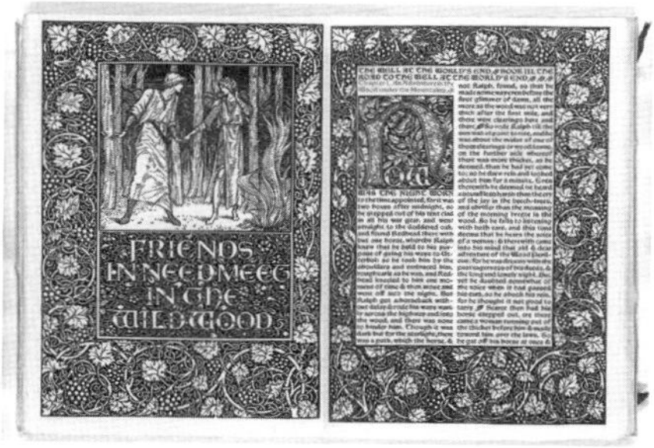

하이 판타지의 시초인 소설,
『세상 끝의 우물(The Well at the World's End)』의 1896년 삽화

기도 한다. 무엇보다 중요한 부분은 독자적인 신화와 전설, 역사가 있다는 것. 독특한 가치관이나 사상, 종교를 지닌 경우도 많다.

하이 판타지 작품은 지구가 아닌 어떤 세상이라는 점에서 가상의 테마공원이라는 판타지의 방향성에 가장 어울리며, 현실 도피라는 측면을 갖고 있다. 일본 판타지 소설에서 압도적인 숫자를 자랑하는 '전생물(주인공이 우리 세계에서 죽고 다시 태어나거나, 다른 세상으로 소환되는 장르)' 무대로 하이 판타지 세계가 많은 것도 그 때문이다.

하이 판타지에는 다음의 3가지 형태가 있다.

(1) 완전한 하이 판타지: 우리와는 전혀 다른 판타지 세계에서 태어나고 자라난 주인공이 활약하는 이야기
(2) 판타지 세계에서 우리 세계 주인공이 활약: 이른바 전생물이나 소환물이라 불리는 장르. 『이상한 나라의 앨리스』처럼 우리 세계의 주인공이다.
(3) 역사/신화 모델로 새롭게 창조한 환상계: 아서왕 전설의 세계를 변형하고 여주인공을 등장시킨 『아발론의 안개』처럼, 우리 세계의 역사나 신화를 변형시켜 환상계를 창조한 이야기. 모델은 있지만 그 설정과 상황은 새롭게 창조하여 차이를 둔다.

하이 판타지는 완전히 새로운 세계이기에, 이국적인 세계를 여행하는 재미를 주지만, 세계 설정이 다른 만큼 독자들이 이해하기 힘들고, 일일이 설명해야 한다는 단점이 있다. 하이 판타지가 판타지에서 친숙한 중세 유럽풍 세계를 주로 만드는 것도 그 때문이며, 전생이나 소환 등으로 우리 세계 사람이 가는 것도 우리와 같은 세계관의 주인공을 통해

그 세계의 특징을 쉽게 이해하고 공감하게 하기 위함이다.

하이 판타지는 접근성이 떨어질 수는 있지만, 독특한 세계관으로 사람들의 흥미를 끌기 좋다는 매력을 지니고 있다. 독창적인 세계인만큼, 세계관 그 자체가 상품화되어 그 세계를 무대 외전이나 시리즈가 나오기도 좋다. (2)의 전생/소환물도 주인공 이외 사람들의 관점에서 차이를 드러내면서 하이 판타지 색채를 더 강조하면 충분히 가능성이 있다.

하이 판타지가 작가의 창작으로 만들어진 세계를 무대로 한 이야기라면, 로우 판타지는 그 반대를 말한다. 엄격한 판타지 분류자라면, 하이 판타지의 (1) 항목 이외는 모두 로우 판타지로 분류하기도 하며, 더 엄격한 이들은 아예 『반지의 제왕』처럼 서사적이고 거대한 연대기 작품만을 하이 판타지로 보면서, 『코난』 사가처럼 한 영웅의 이야기는 하이 판타지가 아니라고 한다(『반지의 제왕』도 『코난』 사가도 현실의 지구를 모델로 한 세계를 무대로 한 작품이며, 『반지의 제왕』은 작가 설정에 따르면 지구의 과거 이야기지만, 가운데 땅이 우리 세계와 완전히 다른 느낌의 환상계라는 점은 부정할 수 없다). 독자에게 친숙한 현대를 중심으로 약간의 신비를 더한 작품만 로우 판타지로 분류하는 사람도 있다.

로우 판타지의 이점은 접근하기 쉽다는 점이다. 『해리포터』의 주 무대는 하이 판타지라고도 볼 수 있는 마법사 세계지만, 주인공들은 독자와 비슷한 세대에 비슷한 고민과 생각을 가진 현대 학생이라 공감하기 쉽다. 『어떤 마술의 금서목록』(카마치 카즈마)처럼 대체 역사 느낌의 세계를 무대로 초능력이나 마법이 넘쳐나는 상황이라도, 똑같이 교복을 입고 보충수업을 신경 쓰는 고교생이 주인공이라면 친근하게 느낄 것이다.

우리 삶에서 친숙한 백화점, 빵집, 편의점 같은 소재를 통해 이야기를 펼쳐내기 좋다는 것도 장점이다. 『끝없는 이야기』(미하엘 엔데)처럼 평범한 서점에서 신비한 세계와 만나는 장면을 통해 일상과 환상을 자연스럽게 연결하기 좋은데, 런던역을 통해 환상계로 들어서는 『해리포터』도 이 같은 사례이다.

이처럼 일상의 장소를 소재로 한 경우, 『위저드 베이커리』(구병모)처럼 현실 문제를 정면에서 다루는 어두운 느낌의 작품도 좋지만, 『달러구트 꿈 백화점』(이미예)처럼 복잡하고 무거운 상황에 얽매이지 않고 일상의 평범한 풍경 속에 신비한 만남을 통해 다양한 이야기를 펼쳐내는 작품에도 어울린다.

로우 판타지에서 우리가 살아가는 세계를 무대로 설정하면, 현실의 정치나 사회, 역사적 설정도 그대로 적용하면서 하이 판타지나 먼 미래/우주 세계를 무대로 한 SF보다 작가의 정치적 경향이나 사회 풍자, 비판 같은 메시지가 좀 더 직접적으로 드러나는 경향도 있다. 우리네 현실에 가까운 만큼, 수용자가 자기 주변 이야기로 받아들이기 쉽다는 점도 고민해볼 필요가 있다. 『달러구트 꿈 백화점』처럼 익숙한 요소를 사용하면서도 한국이 아닌 장소를 무대로, 한국 사람이 아닌 주인공과 인물이 등장하면 『해리포터』가 영국인보다 한국인에게 좀 더 거리가 있는 이야기로 느껴지는 것처럼 하이 판타지 분위기가 강해지면서 현실적인 부담이 줄어든다.

하이 판타지와 로우 판타지는 제각기 특색이 있지만, 이 둘을 나누는 기준은 명확하지 않다. 『해리포터』 시리즈는 현대 영국이 배경이지만, 이야기 대부분은 신비한 마법사 세계에서 펼쳐진다는 점에서 하이 판타지 성격이 더 강하다. 『신비한 동물사전』은 현실 세계를 무대로 마법사가 아닌 인간과 마법사의 충돌이 자주 그려진다는 점에서 로우 판타지에 더 가깝다.

같은 시리즈라도 작품에 따라 다를 수 있다. 『나니아 연대기』 시리즈의 시작은 현실 세계 주역들이 환상 세계로 가는 내용이라 로우 판타지 느낌이지만, 『캐스피언 왕자』 같은 작품은 그 세계 주민인 캐스피언이 중심이라 하이 판타지 성격이 더 강하다. 『오즈의 마법사』 시리즈처럼 뒤로 갈수록 환상계와 환상계 사람들의 비중이 늘어나면서 하이 판타지 색채가 강해지는 작품도 있다.

'가운데 땅'의 지도
하이 판타지에선 이처럼 지도부터 우리와 다르다.

NOTE 1 하이 판타지와 로우 판타지

하이 판타지	정의	작가가 새롭게 창작한 세계 = 가상의 테마공원
	장점	매력적인 신천지. 세계 속의 또 다른 작품(외전/또 다른 주역 이야기)을 만들기 쉽다. → 유니버스 작품 또 다른 현실 → 현실 사회의 갈등/문제에서 자유롭다. =편하고 부담없다.
	단점	접근성 낮다. 현실 도피 경향성.
	특이	고증이 필요하지 않지만, 비슷한 판타지 세계(중세 유럽풍 판타지)를 양산하는 경향이 있다.
로우 판타지	정의	현실 세계 + 판타지 요소 → 신비가 추가된 오늘 하이 판타지 외 모든 작품?
	장점	접근성 높다(=공감, 친근감↑). 현실/사회 문제에 접근 쉽다.
	단점	새로운 느낌이 약하다. 차별 의식이나 사상처럼 현실 사회 갈등과 문제를 무시할 수 없다(장점이 될 수도 있다).
	특이	과거의 시대 + 판타지 요소 → 하이 판타지에 가깝다? 판타지 요소 → 현대 사회의 또 다른 관점/가능성 연출

NOTE 2 하이 판타지의 3가지 형태

완전한 하이 판타지	특징	창조된 세계. 그 세계의 주인공(출생/가치관)
	사례	『반지의 제왕』(J.R.R.톨킨), 『로도스도 전기』(미즈노 료)
	장점	그 세계 사람들 이야기 → 위기감, 긴장감, 당위성 고조 그 세계의 가치관 = 세계관의 개성/차이 부각
	단점	접근성 문제 – 세계를 자연스레 설명하기 어렵다.
	비고	여행이 처음인 주인공(예: 『반지의 제왕』의 프로도)의 여행기 연출로 접근성을 높일 수 있다.
우리 세계의 주인공	특징	창조된 세계. 우리 세계 인물이 주역으로 활약
	사례	『나니아 연대기』(C.S. 루이스), 『십이국기』(오노 후유미)』
	장점	세계를 설명하는 당위성. 공감을 얻기 좋다.
	단점	초대받은 손님. 현대적 가치관 강요 → 세계관 오염
	비고	독자와 비슷한 세대/상황의 주역이 많다.
역사/신화 모델로 재창조	특징	역사/신화 기본 설정 + 새롭게 창조한 설정/주인공
	사례	『아발론의 안개』(매리언 짐머 브레들리)– 아서왕 전설에 새로운 여주인공으로 진행. 『퍼언 연대기』(앤 매카프리) – 우리 세계/다른 세계의 미래?
	장점	친숙한 배경 + 이색적인 요소/해석 → 색다르고 차별화된 재미
	단점	하이 판타지 색채가 약하다. 메리 수(래리 수) 문제 → 본래 주역을 무시한 대리만족형 주인공 양산 가능성
	비고	미래 배경이면 SF로 인식되기도 한다.

나) 요정 이야기(Fairy Tale)

흔히 동화라고 번역하는 이들 작품은 요정처럼 신비한 존재로 변화하거나 그러한 능력을 통해 시련을 넘어 문제를 해결하고 행복한 결말을 맞이하는 패턴으로 보여주는 경우가 많다.

➔ 앞서 서술한 '요정 이야기(168쪽)' 참조.

다) 검과 마법 이야기(Sword and Sorcery)

마법이 일상적으로 등장하는 세계에서 주인공이 검이나 마법 같은 힘으로 문제를 해결하는 이야기. 『야만인 코난』이나 『슬레이어즈!』처럼 소수의 주역이 중심이 되어, 주로 개인의 활약에 초점을 맞추는 작품이다.

인간 주역이 자신의 힘으로 문제를 해결하며 마법이나 괴물은 있지만 그들의 힘이 세계 기준에서 벗어나지 않고, 여기서 생기는 문제는 주역이 노력해서 처리할 수 있는 무언가여야 한다. 변덕으로 세상을 뒤엎을 만한 신이 없거나 있어도 크게 영향을 주지 않기에 주인공이나 동료, 또는 적의 노력이 가볍게 부정되지 않는다. 그래서 자신의 힘으로 사건을 해결하고 성취감을 얻어 새로운 여정을 떠나는 재미를 느낄 수 있다.

중세 판타지가 대세지만, 반드시 중세 유럽풍 세계가 아니라 『야만인 코난』 시리즈처럼 고대이거나 『황금나침반』(필립 풀먼)처럼 근대풍 세계나 현대, 미래가 무대일 수도 있다.

검과 마법 이야기는 헤라클레스 같은 신화 속 영웅 이야기를 시작으로 중세 기사 로망이나 근대의 『삼총사』 같은 작품에서 영향을 받았고, 『천일야화』에서도 영감을 얻으며 발전했다. 『야만인 코난』을 시작으로 다양한 영웅 판타지가 나왔는데, 「던전&드래곤」을 시작으로 발전한 롤플레잉 게임과 관련된 설정은 대부분 검과 마법 이야기로 분류할 수 있으며, 『슬레이어즈!』 이래로 많은 판타지 소설이 검과 마법 이야기로 발전했다.

검과 마법 이야기는 소수 개인의 투쟁에 초점을 맞추고, 컴퓨터 게임에 영향을 받기 쉽다는 점에서 문학적으로 수준이 낮다는 비판을 받기도 한다. 하지만 가상 세계의 주인공으로 세계를 탐험하며 다양한 활동을 보여준다는 점에서 누구나 쉽게 접근할 수 있는 대중성을 가진다.

검과 마법 이야기는 보통, 소수의 영웅이 활약하는 영웅 판타지(Heroic Fantasy)를 말하지만, 『반지의 제왕』처럼 서사적이고 장중한 서사 판타지(Epic Fantasy)를 '검과 마법 이야기'에 포함하는 이들도 많다.

방대한 세계를 무대로 전사의 모험을 그려낸 「젤다의 전설, 브레스 오브 더 와일드(닌텐도)」는 검과 마법 이야기의 매력을 충실하게 느낄 수 있는 작품이다.
©2017 Nintendo

라) 초자연적 픽션(Paranormal Fiction)

초자연적 픽션은 현실을 무대로 유령이나 귀신처럼 과학으로 설명하기 어려운 초자연적 존재를 소재로 펼쳐내는 이야기이다. 초자연적 픽션은 초자연적 상황이 존재하지 않거나, 매우 드문(있어도 주변에선 잘 보이지 않는) 평범한 세계를 무대로 하는 일이 많다. 사람들은 지극히 평온하고 평범한 일상을 보내고 있지만, 어느 날 초자연적 상황이 벌어지며 일상이 깨어지고 삶이 위협받는다. 영화 「고스트버스터즈」처럼 갑자기 유령이 나타나 위협하거나, 파괴신이 출몰하는 등 일상이 무너지는 현상이 일어나면서, 사람들은 이들에 휘둘리며 문제를 극복하고자 노력한다. 『드라큘라』(브램 스토커)나 『엑소시스트』 같은 작품도 이 분류로 볼 수 있기에, 호러물로 분류하는 작품도 많은데, 그중에는 H.P. 러브

'이상한 일이 일어나면 누구를 부르지? 고스트버스터즈!'라는 영화 가사는 초자연적 픽션의 특징을 잘 느끼게 한다.
영화 「고스트버스터즈」의 포스터
ⓒ1984 Columbia Pictures Industries, Inc.

크래프트의 작품처럼 절대로 맞설 수 없으며, 일상을 산산조각 낼 만한 존재감을 지닌 신과 같은 자 등장하는 일도 적지 않다.

초자연적 픽션 작품은 신비한 존재나 힘 때문에 평온이 깨어지고, 두려워하면서도 이에 맞서는 보통 사람에 초점을 맞추어 이야기를 펼쳐야 한다. 유령이나 귀신을 가볍게 싸워서 격퇴할만한 초인 영웅이 아니라 「고스트버스터즈」의 주역처럼 조금 학위가 높을지는 몰라도 빌딩 계단을 올라가다 지쳐 헐떡대는 이들, 『드라큘라』의 헬싱 교수처럼 지혜와 용기 외엔 잘난 게 없는 노인처럼 특별한 힘이 없는 이가 주역일 때 공감하기 좋고 더욱 고조된다. 「엑스파일」처럼 평범한 조사원 둘이 수많은 신비에 마주하는 이야기가 좋은 사례. 물론 이러한 사건을 마주하는 가운데, 「슈퍼내추럴」처럼 점차 능력을 얻어나가는 이야기도 있다.

마) 슈퍼히어로 판타지(Superhero Fantasy)

슈퍼히어로 판타지는 초자연적인 힘을 지닌 주인공이 강력한 초자연적 존재에 맞서 싸우는 이야기다. 슈퍼히어로, 초인 영웅물은 SF에 가까운 느낌이 있지만 슈퍼히어로 판타지에 등장하는 초인 영웅은 신화 속 존재이거나, 신이나 악마 같은 초자연적 존재의 도움을 받아 특별하고 신비한 힘을 지닌 존재이다. 일상을 위협하는 적과 맞선다는 점에서는 초자연적 픽션과 비슷하며 겹치는 부분이 많지만, 주인공도 적과 맞설만한 특별한 힘을 지닌 만큼 신비와의 만남 그 자체보다는 능력을 사용한 대결이 좀 더 중요하고 눈길을 끈다. 「닥터 스트레인지」, 「샤잠」 처럼 마법을 쓰는 초인 영웅물이 대표적이지만, 만화 『헌터×헌터』, 『나루토』

같은 '이능력 전투물'도 넓은 의미에서 슈퍼히어로 판타지에 해당한다.

슈퍼히어로 판타지에서 중요한 것은 주인공이 얼마나 강한가가 아니라, 주인공의 내면과 함께 자신의 힘을 어떻게 활용하여 상황을 극복하는지를 잘 보여주는 것이다. 소설 『어떤 마술의 금서목록』처럼 주먹으로 상대의 능력을 중화시키는 것 외에는 어떤 능력도 없는 이가 단지 사람들을 돕겠다는 마음 하나만으로 강대한 적과 맞서는 상황이 오거나 할 때 이야기가 더욱 고조된다.

바) 다크 판타지(Dark Fantasy)

어둡고 암울하며 비관적인 분위기와 잔혹한 묘사를 중심으로 하는 세계관을 가진 작품. 흡혈귀나 늑대인간 같은 괴물이 주역으로 등장하기도 한다.

다크 판타지라는 것은 하나의 명확한 장르로 구분하기 어렵다. 독자들이 보기에 어둡고 암울한 분위기의 작품을 다크 판타지라고 나누어 이야기하는 것이 대부분이며, 내용 면에서는 다른 장르와 겹치는 부분이 많다.

다크 판타지에서는 상황이 주인공이나 중심인물만을 위해서 진행되지 않는다는 점이 중요하다. 플롯 아머(Flot Armor, 이야기 진행상 중심 인물이 어째선지 다치거나 죽지 않는 것) 같은 상황이 거의 보이지 않고, 이야기상 중요한 인물도 가차 없이 다치거나 죽는다. 즉 등장 인물에게 '비현실적인 행운'이 찾아오지 않는다.

'기사도가 없는 검과 마법 이야기'라는 느낌으로, 고결하고 정의로운 인물이라고 해서 반드시 성공하는 건 아니며, 아이나 노인이라도 죽음을 피하지 못한다. 소설 『오버로드』(마루야마 쿠가네)처럼 주인공이 세계를 위협하는 악역이 되어 이야기 속 일상과 평화를 파괴할 수도 있다.

『왕좌의 게임』(얼음과 불의 노래)은 다크 판타지 느낌을 잘 보여준 작품이다. 『반지의 제왕』 팬인 작가 조지 R.R.마틴은 모리아에서 갠달프가 죽는 장면을 통해 '중심 인물이 죽어도 된다'라는 점을 느꼈다고 하는데, 이에 대해 그는 다음과 같은 말을 남기기도 했다.

> "톨킨은 간달프를 되살린다는 잘못된 선택을 했다. 간달프는 위대한 죽음을 맞이했기에, 다른 이들은 그가 없이 나아갈 수 있었다."(조지 R.R.마틴)

다크 판타지의 매력은 단순히 참혹하고 끔찍한 모습이 아니라, 현실이 동화가 아니라는 걸 보여주는 것이다. '이렇게 착한 사람은 죽지 않

「왕좌의 게임」 속 고결한 영주, 에다드 스타크
검과 마법 이야기의 주역에 어울리는 그의 처참한 죽음은 다크 판타지의 암울함을 잘 보여준다.
ⓒ2011 Home Box Office, Inc.

았으면 좋겠다'라는 기대가 현실이라는 벽에서 처참하게 무너지고, 때로는 불편하게 여길만한 사실이 드러나는 상황. 대중의 기대에 부응하는 왕도적 이야기와 달리, 암울하거나 부조리하게 여겨지는 냉혹한 전개 속에서 독자는 다음을 예측할 수 없게 되고 이야기에 몰입한다.

사) 도시 판타지(Urban Fantasy)

일상적인 삶의 공간인 도시를 무대로 환상적인 이야기를 펼쳐나가는 작품. 현대 도시가 아니라, 빅토리아 시대나 그 이전을 무대로 한 작품도 많다. 도시를 무대로 친숙한 분위기를 느낄 수 있고, '뒷골목에 신비한 무언가가 있다'라는 도시 전설 내용을 쉽게 만나게 된다.

도시 판타지의 매력은 판타지와 멀게 보이는 일상의 도시에서 신비한 상황을 마주한다는 점이다. 초자연적 픽션과 비슷한 면이 있지만, 우리 세계와 다름없는 평범한 현실 세계가 무대인 초자연적 픽션과 달리 도시 판타지 세계는 본래부터 어느 정도 판타지 요소를 지닌 경우가 많다. 앞집에 흡혈귀가 살고, 뒷집에 마녀가 살며, 옆집에 늑대인간이 살고 있을지도 모른다. 어느 날 갑자기 문을 두드리고 마법사가 찾아오거나, 시장에서 우연히 손에 든 상품이 놀라운 마법서일 수도 있다. 또는 어쩌다 들어선 골목에 소원을 들어주는 신비한 등불을 파는 가게가 있을지도 모른다.

주인공은 '만남'을 통해 현실과 신비라는 두 세계에 오가며 다양한 이야기를 펼쳐낸다. 그런 만큼 평범한 소년이 신비한 소녀를 만나(또는 그 반대) 신비한 세계를 접하며 성장하는, '소년이 소녀를 만나는 이야기

(Boy meets Girl)'를 통해서 연출되는 사례가 많다.

도시 판타지에서는 도시의 현실적인 '일상'을 충실하게 묘사함으로써 그 이면에 감추어진 '신비'를 강조한다. 『드레스덴 파일즈』(짐 버처)에선 주인공이 마법을 쓰지만 평소엔 명함을 돌리며 사무실 임대료를 걱정하는 뒷골목 탐정이며, 『어벤져스 3』에서 닥터 스트레인지가 동료와 '점심을 뭘 먹을지' 이야기하면서 시작하는 것도 좋은 사례이다.

'도시 판타지를 어떻게 정의할까'라는 글[3]에선 도시 판타지에 필요한 요소로 아래와 같이 7가지를 소개한다.

NOTE 도시 판타지에 필요한 7가지 요소

판타지 요소	판타지 세계적인 요소를 가진 현대 세계와 현실적인 삶이 결합한 이야기
도시 무대	작은 마을을 무대로 할 수도 있지만, 보통 현대적인 대도시가 등장한다.
신비한 마법	초자연적인 요소나 SF적인 기술, 전설과 설화 등이 등장한다.
느와르 분위기	안정 속에 불안이 감돌고 빛과 어둠이 뒤섞인 느와르 분위기가 눈에 띈다.
신비한 존재	좀비나 흡혈귀, 늑대인간, 마녀나 마법사, 유니콘이나 도깨비처럼 신비한 존재와 생명체가 등장한다.
두 세계에 걸친 주인공	주인공과 중심인물은 현실적이고 일상적인 삶의 세계와 신비한 마법의 세계 양쪽에서 활동한다.
젊은/ 어린 주인공	많은 도시 판타지에서 주인공은 젊거나 어린 모습으로 등장한다. 이는 '새로운 세계와의 만남'이라는 현실에 쉽게 적응할 수 있으며, 판타지의 주요 독자와 비슷한 연령으로 보여주기 위해서지만 반드시 그런 건 아니다.

3 https://www.masterclass.com/articles/how-to-recognize-urban-fantasy

도시 판타지는 우리 세계와 별 차이가 없어 보이는 현대 도시에 신비한 상황이 연출되면서 평범해 보이던 주인공에게 기회가 찾아온다는 점에서, 초자연적 픽션과 함께 현실 세계의 가능성을 중시하는 한국 창작계에서 인기 있다. 일찍이 『퇴마록』(이우혁), 『월야환담』(홍정훈) 같은 소설이 화제를 모았고, 「별에서 온 그대」, 「도깨비」 같은 드라마가 사랑받았으며, 『나혼자만 레벨업』(추공)처럼 현대 도시에 '던전'이란 기묘한 장소가 등장하며 특별한 힘을 갖고 활약하는 헌터물이나 레이드물 장르가 인기를 끈다. 일본 작품 중에서도 게임 「페이트」, 「페르소나」나 소설 『어떤 마술의 금서목록』 같은 도시 판타지 분위기의 작품이 사랑받는다.

아) 역사 판타지(Historic Fantasy)

실제 역사를 바탕으로 마법이나 술법, 환상적인 존재 등을 추가한 이야기.

역사에 실제로 있었던 일에 신비한 요소를 결합하여 그 이면의 재미를 연출한다. 판타지 분위기의 가상 역사나 대체 역사와 달리, 역사 판타지에서는 역사의 결과가 바뀌지는 않는다. 가령 이순신 장군이 중심이 되어 역사 판타지를 그려낸다면, 이순신은 노량 해전에서 전사할 것이다. 이순신을 대신하여 변신한 도사가 대신 죽을 수도 있지만 역사에는 이순신이 죽었다고 기록될 것이다. 물론 진짜 이순신은 이후 역사 뒤편에서 뭔가를 할 수도 있겠지만, 이로 인해 우리가 아는 역사가 바뀌지는 않는다.

역사 판타지에서는 '알고 보니 그 사람이 악마'였다거나, '그 전쟁은 사실 세계의 운명을 구하기 위한 선과 악의 싸움' 같은 식으로 역사의

평범해 보이는 소녀가 신비한 존재를 만나 현실 너머의 환상 세계의 사건을 겪는 드라마 「도깨비」. 일상 세계의 신비를 흥미롭게 보여주었다. ⓒCJ ENM 2016

뒤편에 신비한 무언가가 있었다고 연출하는 사례가 많다. 이우혁의 『왜란종결자』처럼 '임진왜란의 배후에 사악한 존재가 있었다'라고 설정하는 것이다. 일본에서도 '오다 노부나가는 사실 악마에게 조종당하고 있었고, 미쓰히데는 오다를 구하려는 의도로 반란을 일으켰다'라는 식의 이야기를 자주 볼 수 있다. 한국이라면 '광해군이 마귀와 손을 잡았기에 인조가 반란을 일으켰지만, 그 마귀는 청나라를 조종해서 조선을 공격했다'라는 식으로 연출할 수 있을까? 재미있는 역사 판타지 작품으로 게임으로도 사랑받은 만화 『바람의 나라』(김진)가 있다. 역사 기록이 많지 않은 고구려 초기를 무대로 사신수나 각종 괴물, 다양한 술법을 등장시켜 흥미롭게 엮어냈다.

역사 판타지는 아니지만, 조선을 무대로 좀비가 등장하는 드라마 「킹덤」처럼 사극 분위기에 판타지 요소를 섞은 작품은 독특한 색채로 외국에서도 인기를 끈다.

게임으로 잘 알려진 만화 『바람의 나라』
김진의 매력적인 그림과 이야기 연출 능력으로 잘 완성된 작품이다.
ⓒ시공사

읽을거리 가상 역사/대체 역사

가상 역사나 대체 역사는 역사에 '만약'이라는 요소를 넣어서 역사가 바뀐 상황을 펼쳐내는 이야기를 말한다. 일반적으로 가상 역사가 바뀌는 과정을 보여준다면, 대체 역사는 이미 역사가 바뀐 상황에서 새로운 이야기를 엮어낸다. 노량해전을 무대로 한다면, 각각 다음과 같은 이야기를 생각할 수 있다.

가상/대체 역사는 실제 역사를 바탕으로 새로운 재미를 펼쳐낼 수 있는 장르지만, 자의적이고 편의적인 설정에 집착하면 억지스러운 이야기가 되기 쉽다. 고전소설 『임진록』에서 삼국 시대의 관우가 나타나 일본 장수를 베어버리는 장면 같은 것이 대표적인 사례이다.

학생들에게 대체 역사 과제를 내주면, '고구려가 삼국을 통일해서 한국이 세계 정복에 나서는 이야기'를 종종 볼 수 있다. 그럴듯하게 연출하면 좋겠지만, '한국이 잘나가는(사이다 같은) 결과'만을 위해 편의적인 설정을 잡다 보면 이야기가 지루해지기 쉽다. 도리어 '신라도 당에게 패해서 한반도 대부분이 점령된 상황에서 당에 맞서는 의병의 활약' 쪽이 좀 더 재미있게 연출하기 쉽다.

가상 역사	노량 해전에서 총알은 빗나갔다. 살아남은 이순신은 일본군을 이대로 둘 수 없다고 생각하고, 명나라 도독 유정을 설득하여 조명 수군을 이끌고 대마도로 진군한다. 대마도를 무대로 조명 연합군과 급하게 파병된 일본군과의 전투가 벌어진다(이순신이 살아남는 순간부터 시작하여 대마도 진군을 이야기로 펼쳐낸다).
대체 역사	노량 해전에서 살아남은 이순신은 수군을 재편하고 강화한다. 선조의 뒤를 이은 세자 이휘는 수군의 후원으로 파주에 제2수도를 세우고 대만을 경유한 동남아 해상 교역로를 구축한다. 수십 년 후, 조선은 대만으로 대피한 명나라 후손과 비밀리에 손잡고 해상으로 진출하려는 청나라를 막으려 한다(명나라 후손과의 교섭부터 비밀 작전 이야기를 펼쳐낸다).

스토리텔링 방법론 중, '유토피아보다 디스토피아 쪽이 흥미로운 이야기를 만들기 쉽다'라는 것이 있다. 주인공을 불행이나 위험에 빠뜨리면 이를 극복하는 과정에서 자연스레 이야기가 펼쳐지기 때문이다. 가상/대체 역사도 손쉽게 이야기가 펼쳐지는 경우보다 힘겹고 위험한 상황이 연출될 때 좀 더 재미있는 이야기를 만들기 쉽다.

가상/대체 역사를 포함한 역사 판타지는 실제 인물과 역사를 다른 형태로 엮어내는 매력이 있다. 소설 『철학자의 돌』(그레고리 키스)에서는 아이작 뉴튼이 연금술을 연구했다는 설정을 바탕으로, 피뢰침의 발명자이자 미국의 역사적 인물인 벤자민 프랭클린이 주인공이 되어 뉴튼에게 연금술을 배우고, 인류를 지배하는 천사들에 맞서 싸운다는 내용으로 흥미로운 이야기를 연출했다.

자) 마술적 사실주의(Magic Realism)

일상에 있는 것이 일상에 없는 것과 융합되어 만들어진 이야기.

미하일 불가코프, 에른스트 윙거처럼 종래의 사실적인 표현을 뒤엎는 작가의 작품을 지칭하는 것으로 현실에서는 있을 수 없는 일이 일어남에도 등장 인물들은 그 상황을 대수롭지 않게 받아들이는 등 이상한 상황이 전개된다. 현실 자체가 부조리한 모습으로, 인과 법칙이 맞지 않으며 영문을 알 수 없는 상황이 펼쳐진다. '요정이 있으니 그런 거지'라는 요정 이야기(동화)와도 일맥상통하여 '어른을 위한 동화'라고도 부를 수 있다.

마술적 사실주의 작품에서는 주인공에게 이해할 수 없는 어떤 상황이 일어나며, 주인공은 그 상황에 당황하며 벗어나려고 노력하지만, 이 과정에서 주인공이나 독자(관객)가 무언가를 느끼게 한다.

실존주의의 대표작 『변신』(카프카)에서 주인공 그레고르는 어느 날 벌레 모습으로 깨어난다. 가족들은 그를 그레고르로 인식하지만, 그가 밖으로 나갈 수는 없다. 결국 수입을 잃고 궁핍해진 가족 사이에서 주인공은 쓸쓸하게 죽어간다. 꿈인지 현실인지 알 수 없는 부조리한 상황에 던져진 인간과 사회의 또 다른 모습을 통해 다양한 메시지를 전한다.

마술적 사실주의 작품을 영화나 게임으로 만들면, 꿈 같이 비현실적인 장면을 자연스럽게 연출하며 관객의 눈길을 끌 수 있다. 꿈에 들어갈 수 있는 SF 장치를 통해 꿈의 세계를 흥미롭게 그려낸 애니메이션 「파프리카」나 영화 「인셉션」, 사람들의 무의식 세계를 무대로 특별한 힘으로 싸워나가는 「페르소나 5」 같은 게임이 대표적이다.

차) 다른 세계 모험물(이세계 판타지)

다른 세계 모험물(이세계물이라고도 한다)은 평범한 현실 세계 주인공이 어떤 이유에선가 이상하고 신비한 세계로 넘어가서 그 세계를 체험하는 이야기이다. 주인공은 독자나 관객과 비슷한 사고방식과 고민을 지닌 사람이기 때문에, 그의 눈을 통해서 바라본 환상 세계의 이상한 점을 쉽게 발견할 수 있고, 공감하기 좋다. 반대로 환상 세계 사람들이 자신들과 다른 현실 세계 주인공을 통해 자기 세계의 특이한 점을 느끼기도 한다. 「어서 와, 한국은 처음이지」 같은 방송에서 외국인 관점에서 한국을 보면서, 생각지 못했던 재미있는 장소와 특징을 발견하는 상황을 생각하면 이해될 것이다.

이 같은 연출은 '다른 세계' 이외에도 쓸 수 있다. 해리포터가 현실

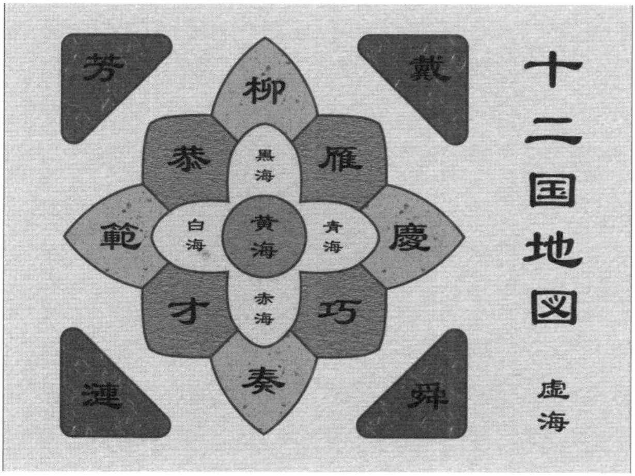

신에 의해 만들어져 독특한 설정을 가진 십이국기의 지도
다른 세계 모험물은 이런 독특한 세계의 특징을 좀 더 쉽게 보여줄 수 있다.

세계에서 살아온 어린이라서 마법사 세계만의 차이점을 쉽게 느낄 수 있으며, 『반지의 제왕』도 여행을 떠난 적이 없는 프로도의 눈을 통해 '가운데 땅'의 여러 풍경이 더 놀랍게 다가온다. '다른 세계 모험물'은 이처럼 여행 초보자의 기행문 같은 문화적 충격을 더욱 극적으로 연출한다. 무엇보다도 주인공이 그 세계의 상식을 모르는 만큼, 이를 설명하는 장면을 넣기도 좋다.

최근엔 남보다 월등하게 뛰어난 치트[4] 능력을 얻어서 활동하는 내용이 많이 등장한다. 컴퓨터 게임이 대중화되면서, 게임처럼 생명력이나 공격력 같은 것이 숫자로 표시되거나, 클래스라는 직업에 따라 할 수 있는 일에 제약이 있고, 특별한 점수를 써서 작동시키는 스킬(Skill) 같은 능력이 등장하는 일도 많다.

➔ '5장. 판타지 직업의 판타지 가이드' 중 스테이터스 항목 참조(487쪽).

『달빛 조각사』(남희성), 『소드 아트 온라인』(카와하라 레키)처럼 게임 세계를 무대로 활동하는 이야기도 현실이 아닌 가상 세계라는 점에서 다른 세계 모험물의 일종으로 볼 수 있다. 보통 '게임 세계도 가치가 있다'라는 주제를 담는 경우가 많지만, 『옥스타칼니스의 아이들』(김민영)처럼 게임 세계의 상황과 현실의 살인 사건이 뒤섞이며 이야기를 펼쳐내는 것도 재미있다.

4 치트(Cheat) – 게임 용어로, 게임에서 기본 규칙에 무관하게 캐릭터에 능력을 높여주거나, 스테이지를 건너뛰게 만드는 등 특별한 이점을 주는 기능을 말한다. 소설 속 치트로는 다른 사람의 능력이나 물건의 특성을 볼 수 있는 감정 능력 같은 것이 기본이며, 처음부터 최강의 힘(만렙이라 부른다)을 갖거나 아예 그 세계 규칙에서 벗어난 신적 존재로 시작하는 작품도 있다.

다른 세계 모험물에는 그 밖에도 여러 특성과 고민이 있는데, 이들의 종류와 특성은 '6장. 환상계의 또 다른 이야기들' 중 '4. 독특한 판타지 : 이세계 판타지, 차원을 넘어 펼쳐지는 모험(625쪽)'을 참조한다.

카) 신마(神魔) 이야기

신마 이야기는 신과 마귀 이야기라는 뜻으로, 환상이 뒤섞인 세계에서 신과 마귀, 요물 등이 활약하는 작품이다. 괴상한 소설이라는 뜻의 '지괴 소설'에서 발달한 장르로, 주로 명/청나라 때 유행했으며, 지금도 중국의 판타지 문화에 깊은 발자취를 남기고 있다.

신마 이야기의 대표작으로는 『서유기』, 『요재지이』가 있다. 신마 이야기라는 이름 그대로, 보통 선한 존재로 알려진 신선이나 천신만이 아니라, 사악한 존재로 그려지는 경우가 많은 요괴, 요물, 마귀나 요정 같은 이들이 주역이 되거나, 인간을 돕는 선한 역할로 등장한다. 반대로 신선이나 천신조차 항상 선한 모습으로 등장하는 것은 아니다.

『요재지이』(포송령)에서는 사람들을 해치는 여우에 맞서던 선비를 향해서 천신이 벼락을 내리는 장면이 등장한다. 선비가 자신들을 해치려 한다는 여우의 고발을 들은 천신이 어느 쪽이 옳은지를 생각하지 않고 무조건 여우 편을 든다는 이야기인데, 선비가 하늘에 화를 내며 항의한 뒤에야 천신은 사악한 여우들에게 번개를 내려 벌한다. 이 이야기는 선비가 '하늘조차 이런 데 인간 세계의 관리는 오죽하랴'라고 비난하는 장면으로 끝나는데, 이 같은 내용은 신마 이야기의 신비한 존재들이 사실은 인간 세상의 여러 모습을 풍자한 우화적 성격을 지니고 있음을 잘 느끼게 한다.

신마 이야기에서 선악이 명확하지 않은 것은 기독교적인 절대 선을 내세우는 경향이 있는 서양 판타지와 차별되는 특성으로, 중국만이 아니라 한국, 일본의 여러 고전에서 자주 볼 수 있다. 그래서인지 똑같은 중세 유럽풍 판타지라고 해도 아시아의 작품에선 절대적인 선이나 타락 같은 기독교적인 설정보다는 상대적인 선과 악, 사람마다 다른 정의가 등장하는 사례가 많다.

신마 이야기는 신선이 반드시 선한 게 아니고 마귀가 반드시 악한 게 아니라는 점이 재미있다. 요물인 손오공이 주인공이 되어 산적을 물리치고, 천신이 욕심을 내어 선비를 위협하는 건 흔한 사례. 이 같은 특성은 동양 판타지의 일종이라 할 수 있는 무협, 선협 작품에도 영향을 주어 광명정대해야 할 정파 조직이 부패하여 위선적으로 행동하고 군자처럼 보이던 스승이 무공 비급을 위해 제자를 살해하는 장면이 자주 등장한다.

읽을거리 무협과 선협의 정신

무예와 협의 정신을 연출하는 장르인 무협과 거기에 신선, 술법 같은 요소를 결합하여 만들어진 선협은 중국을 중심으로 한 동양 판타지를 생각할 때 빼놓을 수 없는 장르이다. 무협의 바탕이 되는 '내공'이나 '기' 같은 설정은 수행으로 쌓을 수 있는 마법적인 힘이며, 무협의 원형이 된 『수호전』이나 여기서 영향을 받은 『홍길동전』, 『전우치전』에서 무술만이 아니라 동양의 마법인 술법이 자주 등장하고, 신수나 요물처럼 신비한 존재를 종종 볼 수 있다.

무협에는 무술, 술법 같은 기술이 등장하지만 그보다 중요한 것은 '협(俠)'이라는 정신이라 한다. 이 협이라는 개념은 특히 중국의 서민들이 좋아하는 개념으로, 나라를 따르는 충(忠)과는 비슷하면서도 매우 다르다.

협(俠)이라는 한자는 '큰 사람(大)'이 '작은 사람(人)'들을 감싸고 있는 '마음(亻)'이라는 개념으로, 강자가 약자를 보호한다는 것으로 말할 수도 있지만, 그보다는 '큰 뜻(마음)을 지닌 이가 그 마음을 지키고자 노력하는 자세'라고 보는 게 맞을 것이다. 힘이 있고 없고가 중요한 것이 아니라, 뜻을 위해 목숨을 바치는 것이 곧 '큰 사람'이라는 뜻으로, 자신이 옳다고 믿는 바를 위해 목숨을 바치는 행동을 말한다.

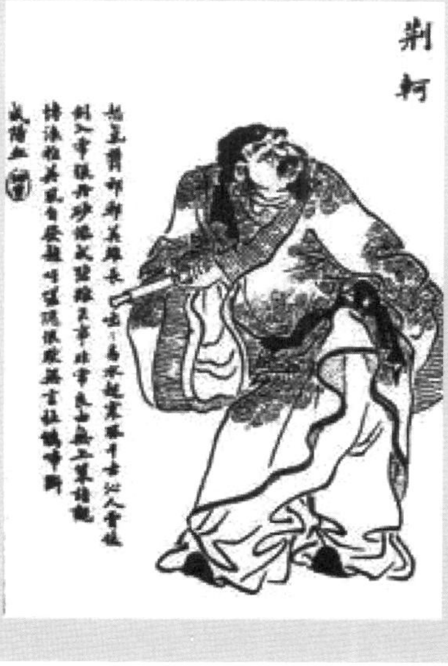

사기 자객 연전에 등장하는 형가(荊軻)
어떤 이득도 없이 자신을 믿어준 이를 위해 목숨을 건 그는 협객이라 부를 수 있다.

무협의 협객이란, 협의 정신을 지키고자 노력하는 이로서, 소설『혈기린외전』(좌백)에선 '협객이 무엇인가?'에 대한 대답으로「협객불망원(忘怨, 원한을 잊지 않는다)」,「협객불상신(傷信, 믿음을 저버리지 않는다)」,「협객불기의(棄義, 의를 버리지 않는다)」라는 부제로 답하고 있다.

협(俠)은 서양에서 보면, 명예의 결투 시대를 상징하는 명예(Honor)와 비슷한 개념인데, Honor라는 단어가 좀 더 자신을 지키는 것에 치우쳤다면, 협은 다른 사람과의 관계를 생각한다는 점에 차이가 있다. 즉 '남이 뭐라든 내가 옳다고 믿으면 그만'이 Honor라면, '나를 믿어주고, 내가 믿을 수 있는 이를 위해 목숨을 바친다'라는 것이 협이라고 보는 것이다. 그래서『수호전』의 호걸들은 자신을 믿어준 송강을 위해 목숨을 던지며, 진시황을 암살하려던 협객 형가의 이야기에서 연나라 태자에게 형가를 추천한 협객은 "비밀을 지켜달라"라는 태자의 말에, '태자가 내게 이런 말을 하는 것은 내가 믿을만한 모습을 보이지 못했기 때문.'이라 생각하고, '죽음으로서 내가 믿을 수 있는 사람임을 입증'하고자 자살한다. 무협이란 무술을 잘하는 사람의 이야기가 아니라 무술로서 자신의 협의 정신에 따라 행동하는 이야기이다. 그래서 무술이 뛰어나고 명성이 높아도 협의 정신이 없으면 소인배고, 삼류 무사라도 협을 위해 목숨을 걸면 대인으로 인정받는다.

→ '6장 삼왕묘의 전설(587쪽)' 참고.

타) 매직/아케인 펑크(Magic/Arcanepunk)

발달한 마법을 과학 기술처럼 활용하여 마법을 이용한 문명을 구축하고, 이 기술로 다양한 상황이 전개되는 세계의 이야기. 매우 발달한 증기 기술로 싸우거나 악에 맞서는, 스팀펑크(Steampunk)에서 파생된 장르로, 게임「파이널 판타지」, 애니「하울의 움직이는 성」, 연금술을 소재로 한 만화『강철의 연금술사』(아라카와 히로무) 같은 작품을 말한다. 여기서 마법은 신의 기적이나 모험 수단이나 신비한 힘이 아니라 사회에 보급되어 활용하는 일종의 과학 기술로서 다양한 분야에서 활용한다. 과학 기술을 마법이 대체하는 느낌으로, 소설『다아시경 시리즈』(랜

달 개릿)처럼 마법을 이용해서 범죄를 조사하는 '마법 세계의 CSI'같은 작품도 있다.

⊖ 자세한 내용은 '6장, 스팀펑크, 레트로퓨처와 기술의 양면성(621쪽)' 참고.

NOTE **판타지의 양상과 특징**

요정 이야기 (동화)	정의	요정과 같은 신비한 존재/힘으로 문제를 해결하는 주인공 이야기
	작품	그림 형제, 샤를 페로의 동화집, 안데르센 동화 등
	특성	모호한 장소, 시간을 무대로 한다. 교훈이 없어도 된다.
	비고	신비한 일이 자연스레 일어나며, 이로 인한 변화로 이야기가 진행된다.
검과 마법 이야기	정의	검과 마법의 활약으로 상황을 헤쳐 나가는 이야기
	작품	『야만인 코난』(로버트 하워드), 『슬레이어즈!』(칸자카 하지메), 『드래곤라자』(이영도)
	특성	소수의 주역이 중심이 되어 주로 싸움으로 문제를 해결한다. 수수께끼 풀이 같은 지혜 대결도 가능
	비고	신이 없거나, 직접 개입하지 않는 배경을 둔 경우가 많다.
초자연적 픽션	정의	현실에서 초자연적 존재/현실을 통해 연출하는 이야기
	작품	「고스트 버스터즈」, 『드라큘라』(브램 스토커), 『퇴마록』(이우혁)
	특성	초자연적 존재로 인해 위협받는 일상을, 평범한 이들이 되찾고자 한다.
	비고	주역이 평범할수록 공감된다. 시리즈에선 점차 성장하여 능력을 얻기도
슈퍼히어로 판타지	정의	마법, 신비한 힘을 지닌 초인 영웅이 활약하는 이야기
	작품	「헬보이」, 「닥터 스트레인지」, 「전우치」
	특성	주인공이 자신의 능력으로 위기를 극복하는 방법에 주목
	비고	상대가 강할수록(예: 주인공에게 힘을 준 존재) 이야기가 고조되며, 인간 의지를 강조한다.

다크 판타지	정의	암울하며 부조리한 상황, 잔혹하고 어두운 묘사에 초점을 맞춘 작품
	작품	「왕좌의 게임」, 「오버로드」, 「지옥」
	특성	왕도적인 기대를 벗어난 상황으로, 다음을 예측하기 힘들게 한다.
	비고	등장 인물에게 비현실적인 행운이 찾아오지 않는다.
도시 판타지	정의	현대풍 도시 + 신비한 요소/환상적 이야기
	작품	『월야환담』(홍정욱), 『노블레스』(손제호/이광수), 「도깨비」
	특성	일상의 주인공이 신비한 만남으로 두 세계에 걸쳐 활약
	비고	현실적인 일상을 충실하게 보여줄수록 신비가 더욱 빛난다.
역사 판타지	정의	실제 역사에 판타지 요소를 결합한 작품
	작품	『바람의 나라』(김진), 『봉신연의』
	특성	역사의 결과는 바뀌지 않지만, 감추어진 진실을 연출하기 좋다.
	비고	가상 역사 – 역사가 바뀌는 과정 대체 역사–바뀐 역사 속 새로운 이야기 실제 역사보다 더 위기 상황을 연출할 때 재미있게 만들기 쉽다.
마술적 사실주의	정의	일상과 부조리한 비일상을 뒤섞은 이야기. 어른을 위한 동화?
	작품	「파프리카」(츠츠이 야스타카), 『신들의 전쟁(아메리칸 갓)』(닐 게이먼)
	특성	주인공에게 부조리하고 이상한 상황이 찾아온다.
	비고	영상적인 연출을 보여줄 때 쉽게 다가온다.
다른세계 모험물 (이세계물)	정의	주인공이 환상계/다른 시대 같은 다른 현실의 세계에서 활약하는 이야기
	작품	『이상한 나라의 앨리스』(루이스 캐럴), 『명군이 되어보세!』(슈타인호프)
	특성	독자와 비슷한 관점에서 그 세계를 관찰하여 공감하기 좋다. 다른 가치관, 다른 지식을 활용하는 이야기도 인기 있다.

다른세계 모험물 (이세계물)	비고	반대 경우(환상계 존재가 우리 세계로 온 것)도 흥미롭다. 최근엔 게임적 세계관/치트 요소가 많이 보인다. 도피 성향의 작위적 이야기가 되지 않게 주의 → 환상계 사람의 시점을 가져보자.
신마 이야기	정의	신과 마귀가 활약하는 이야기.
	작품	『요재지이』(포송령), 『서유기』(오승은)
	특성	신과 마귀, 인간이 뒤섞여 환상적인 이야기를 펼쳐낸다.
	비고	신=선, 마귀=악이 아니라 반대일 수 있다.
매직/ 아케인 펑크	정의	스팀펑크에서 파생된, 마법 기술이 과학처럼 사용되는 세계 이야기
	작품	「하울의 움직이는 성」, 「파이널 판타지」 시리즈
	특성	마법을 과학으로 활용. 과학처럼 마법의 선한 면, 악한 면이 보인다.
	비고	마법이 과학의 위치를 대체하는 느낌. 과학도 함께 등장할 수 있다.

판타지 칼럼

다양한 판타지 이야기

1. 환상계로 떠나는 여정, 끝없는 이야기

바스티안 발타자르 북스는 평범한 아이이다. 통통한 체격에 작은 키, 운동도 공부도 못하고 자신감도 없는 아이. 남들에게 놀림 받기 쉬운 아이였다. 어느 날 짓궂은 아이들에게 쫓기다 한 서점으로 도망쳐 들어간 바스티안은 그곳에서 한 기묘한 책을 발견한다.

'끝없는 이야기'.

기묘한 문양이 그려진 그 책에는 이런 제목이 적혀 있었다.

자랑할 게 거의 없는 바스티안이었지만, 그에게도 남들 못지않은, 아니 훨씬 많은 호기심이 있다. 자신도 모르게 바스티안은 그 책을 몰래 집어 들고 도망쳐 나왔다. 그리고 학교 창고에 숨어서 책을 읽기 시작한다.

책에는 환상계라는 이름의 독특한 세계에 관한 이야기가 적혀 있었다. 요정이나 괴물, 온갖 신비한 존재들이 살아가는 책 속 세계는 매우 흥미롭고 독특한 곳이었지만 한 가지 문제가 있었다. 바로 그 세계가 점차 멸망해가고 있었던 것이다.

어째서인지 모르겠지만 그 세계는 점차 사라져 버리고 있었다. 무엇이라고 표현할 수 없는, '무(無, 없음)'라고 밖에는 할 수 없는 존재가 세상에 퍼져나가고 있었기 때문이다. 환상계의 존재들은 그 기묘한 그늘과 같은 존재를 접하고 그에 빠져들며 이윽고 사라져 버린다. 처음에는 두려운 마음을 품을 수도 있지만, 그 존재에 접촉하는 순간 모든 것을 생각하지 못하게 되고 그 존재와 하나가 되어 없어져 버리는 것이다.

모든 것을 먹어 치우는 존재가 퍼져나가는 상황에서 두려움에 빠진 여러 종족은, 제각기 대표를 뽑아서 환상계의 여신에게 전령으로 보냈다. 여신이라면 어떻게 해 주리라고 믿었기 때문이다. 바스티안은 그 중 아트레유라는 소년에게 끌린다. 자신과 나이가 비슷하지만 훨씬 용기가 있고, 열심히 노력하는 모습에 자신도 모르게 응원하고 싶어진 것이다.

바스티안이 지켜보는 가운데, 아트레유는 환상계를 떠돌며 여신을 찾아간다. 동료를 만나고 적에게 쫓기고 때로는 친구를 잃으면서. 그때마다 바스티안은 두려워하고 기뻐하고 때로는 놀라면서 아트레유를 응원했다. 그 응원 덕분일까? 아트레유는 여신을 만나게 된다. 그리고 여신은 말한다. '아트레유가 구세주를 데려왔다'라고.

'끝없는 이야기'라는 이름의 책, 그것은 바로 멸망해가는 환상계를 구원할 존재, 독자인 바스티안을 환상계로 안내하는 장치였다. 과연 바스티안과 환상계의 운명은 어떻게 될까?

독일 작가 미하엘 엔데의 작품, 『끝없는 이야기(Never Ending Story, 네버 엔딩 스토리)』는 한 소년이 책을 통해 판타지 세계를 모험하는 내용이다. 우리 세계의 평범한 아이가 환상계를 통해 많은 것을 느끼며 성장하는 이야기이다.

한 소년이 기묘한 운명으로 만난 책을 통해서 다른 세계로 넘어간다는 이 이야기는 세계의 수많은 독자에게 판타지와의 만남이 어떤 것인지를 느끼게 해 주었고, 여러 작품에 영감을 주며 지금도 사랑받고 있다.

이 책의 중반부에서 책 속의 독자였던 주인공 바스티안은 자신도 모르게 집어든 책을 통해 환상계에 관심을 품고, 그 세계로 향한다. 그리고 타고난 상상력으로 환상계의 새로운 모습을 떠올리고 여신의 새로운 이름을 부르게 된다. 그로써 사라져 가던 환상계는 새롭게 태어나 번영한다.

일개 독자에서 환상계의 구세주가 된 주인공 바스티안은 엄청난 힘을 발휘한다. 바로 환상계의 모든 것을 맘대로 할 수 있는 힘이다. '저 멀리 산이 있다'라고 말하면 그 순간 산이 생겨난다. '공주를 납치한 용이 있다'라면 공주와 용이 나타난다. 그야말로 구세주, 세상의 창조주라고 부르기에 충분한 힘이다.

마법과 신비가 존재하는 판타지 세계로 향하여, 영웅이 되는 이야기. 판타지를 좋아하는 사람들이라면 한 번쯤 바란 적이 있을 이 상황 속에서 바스티안은 어느새 '환상계의 주인공', 왕이라는 역할에 집착하게 된다. 그리고 현실 세계를 잊어간다. 환상계의 힘에 몰입될수록 우리 세계의 여러 가지, 학교나 친구, 가족과 같은 사실을 잊어버리고 마는 것이다. 바스티안의 자신의 본 모습을 잊어버리고, 가족과 친구가 있었음을 잊어버리고, 심지어는 자신이 현실 세계의 독자였다는 사실도 잊어버리기에 이른다. 나아가 환상계에서 역할과 기억조차도 점차 희미해진다.

하지만 바스티안은 모험을 마치고 가족의 품으로 돌아가는 데 성공한다. 바로 환상계에서 사귄 친구, 아트레유와 행운의 용 덕분이었다. 비록 책 너머의 환상의 존재들이지만 - 그리고 바스티안 자신이 버린 이들이었지만 - 그들은 세계를 넘어선 우정으로 바스티안을 구해낸다. 그리고 환상계의 모험은 바스티안의 마음을 강하게 만들어 주었다. 아버지와 화해하고, 바스티안이 한 발짝 나아가게 도와준 것이다.

환상계의 매력에 빠져서 현실을 잊어버리는 주인공. 그것은 마치 게임이나 만화, 소설에 빠져버린 사람들을 떠올리게 한다. 실제로 나도 한때 모험 소설에 빠져서 오랜 기간 헤어 나오지 못한 적이 있다.

기회를 얻어 성장하는 주인공과 신나는 활약상. 다음이 궁금하다는 점도 있지만, 이야기를 읽다 보면 어느새 내가 주인공이 된 것처럼 느껴지며 통쾌한 느낌, 사이다 같은 감각을 체험한다. 하지만 그러한 사이다 감각은 책을 덮는 순간 사라지며 아쉬움을 전하고, 다시 새로운 사이다를 찾아 또 다른 책을 펼친다. 특히 환상계에 처음 도착했을 때의 바스티안처럼 무적의 주인공 이야기는 정말로 감미로운 환상의 시간으로 독자를 유혹한다.

놀이동산의 아이들이 집에 돌아가고 싶어 하지 않는 것처럼, 소설을 접고 현실로 돌아가지 않으려 한다. 특히 현실이 힘들고 괴로울수록, 환상과 신비가 넘쳐나는 작품일수록 그런 경향은 심해진다.

『반지의 제왕』으로 유명한 톨킨은 판타지를 '도피의 문학'이라고 부르기도 했다. 톨킨 자신이 제1차 세계대전이라는 참혹한 현실과 가난한 일상에서 벗어나고자 신화와 전설에 몰입하고 판타지 이야기를 만든 것처럼, 사람들은 판타지를 통해서 현실의 어려움을 잊는다는 것.

하지만 톨킨은 '도피의 문학'이라는 말을 절대로 부정적인 의미로 쓴 것이 아니었다. 왜냐하면 톨킨 자신이 신화와 전설, 판타지를 통해서 마음의 상처를 상당 부분 치료할 수 있었기 때문이다. 가령 제1차 세계대전에서 희생된 톨킨의 두 친구는 『반지의 제왕』 속에서 적에게 사로잡혔다가 전사의 모습으로 성장해 돌아오는 두 호빗으로 그려졌다. 비록 톨킨의 상상처럼 친구들이 돌아올 수는 없지만, 톨킨은 이를 통해 친구들의 사라진 흔적이 아니라 그들과 함께했던 추억과 어쩌면 함께할 수 있었을 미래의 가능성을 떠올리며 위안을 느꼈을 것이다.

『호빗』에서 소린의 죽음을 바라본 빌보는 그의 죽음에 절망하지 않고 그와의 우정이 회복된 것을 기뻐하며, 프로도와 샘은 『반지의 제왕』 속 모르고르의 모습에서 참혹한 전장을 떠올리면서도 작은 꽃 한 송이를 통해 '영원히 정복할 수 없다'라는 희망을 떠올린다. 이 모든 것은 톨킨이 현실에서 도피하고자 판타지를 창작하면서도 그 안에 현실의 고통과 절망, 그리고 이를 넘어서는 치유의 과정을 그려냈기 때문이다.

판타지는 도피의 문학이지만 동시에 치유와 응원의 문학이다. 아이들에게 놀림 받던 바스티안이 '환상계의 왕'에 집착했던 것처럼 환상계의 이야기, 판타지 작품에는 힘든 현실에 고생하는 이들을 유혹하며 도망치게 만드는 힘이 있다. 판타지는 현실과 거리가 있고, 뭔가 쓸모있는 지식을 주거나 공부에 도움을 주지 못한다고 여겨질 수도 있기 때문에, 판타지를 보는 것을 '시간 낭비'라고 생각하는 사람도 있다.

하지만 『끝없는 이야기』처럼 잘 만든 판타지에는 도피만 있는 것이 아니라, 역경과 시련을 극복하고 성장하는 이야기가 있다. 아트레유처럼 성장과 극복의 여정을 도와주며, 손을 내밀어줄 친구가 있다. 어차피 창작 작품이고 한여름 밤 꿈같은 이야기지만, 주인공과 함께 시련을 넘어 성장하는 간접 체험을 통해 마음의 상처를 치유하고 마음의 힘을 키울 수 있다.

이야기의 마지막에 서점 주인 코레안더 씨는 이렇게 말한다.

"세상에는 환상계로의 문이 얼마든지 있단다. 어떤 이는 이를 찾지 못하고, 어떤 이는 여기서 빠져나오지 못하지. 그리고 환상계로 갔다가 돌아오는 이들이 있지. 바스티안 너처럼 말이다. 그리고 그런 사람들이 양쪽 세계를 건강하게 만든단다."

소설, 만화, 영화, 그리고 게임. 언뜻 시간 낭비처럼 보이는 환상계로의 여정. 하지만 이를 통해 뭔가를 얻을 수 있다면 그것으로 좋은 게 아닐까? 물론 이를 위해선 '나에게 올바른 문'을 찾아야겠지만 말이다.

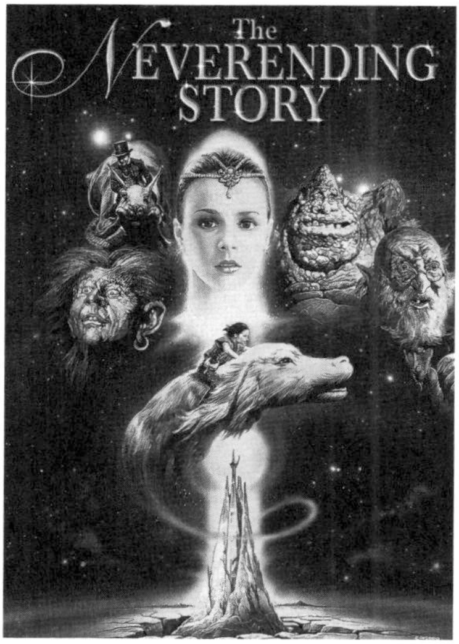

다채로운 환상으로 가득한 『끝없는 이야기』
그 모험은 주인공만이 아니라, 우리의 마음도 키워준다.
TM& ⓒ 1984 Warner Bros. Entertainment Inc.

읽을거리 미하엘 엔데의 창작 이야기

"끝이 좋으면 모든 게 좋다(Ende Gut, Alles Gut)".

자신의 이름을 따서 마무리하는 작가, 미하엘 엔데는 독일의 동화 판타지 작가이다. 한국에선 『끝없는 이야기』 외에 『모모』로 잘 알려진 작가로, 두 작품 모두 수십 년 전 고전이지만, 작가의 철학적 성찰은 지금 시점에서 더욱 빛난다. 특히 빠르고 효율적으로 돈을 버는 것에 집착하여 시간의 노예가 되는 현대인의 모습을 비판한 모모는, 살아남겠다며 영화조차 빨리 감기를 해서 보는 지금 사람들에게 더욱 쉽게 다가오는 주제. 그래서 그를 철학자로 보는 이도 적지 않다.

미하엘 엔데의 작품은 현대를 무대로 한 것이 많은데, 작품마다 독특하고 흥미로운 설정으로 하나하나의 독자적 세계관을 구축한 것이 특징이다. 위암으로 사망하기 직전까지 집필을 계속하며 모든 작품마다 새로운 설정과 철학을 담은 그의 작품을 보면, 새로운 것을 창조할 때마다 기억이 사라진다는 『끝없는 이야기』 속 설정이 반대가 아닌가 생각될 정도.

무엇보다도 그의 작품은 우리네 현실에 친숙한 요소를 잘 엮어서 만들었다는 것도 좋다. 평범한 서점을 통해서 환상계의 문을 찾아내고, 새해의 시작이라는 일상의 이야기를 통해 마녀와 마법사의 마술 대결을 연출한다. 평범한 작은 도시에서 시간 도둑이라는 거대한 사건을 엮어내는 것도 있다.

『모모』에서 주인공은 평범한 공터조차 놀라운 모험의 공간으로 만들어내는 재주를 갖고 있는데, 현실에서 온갖 상상을 펼쳐내며 다양한 환상계를 엮어낸 미카엘 엔데는 모모처럼 평범한 일상에서 환상의 가능성을 펼쳐내는 재주를 지닌 것처럼 보여진다. J.R.R.톨킨처럼 하나의 거대한 세계관을 엮어낸 것은 아니지만, 제각기 하나의 세계 이야기로서 손색없는 그의 작품은 독일만이 아니라, 그의 작품을 본 많은 이에게 흥미로운 영감을 준다.

2. 가운데 땅에서 시작된 하이 판타지, 호빗의 여정

100여 년 전, 제1차 세계대전의 전장에 한 사람이 있었다. 최초의 현대전이라 불린 제1차 세계대전은 정말로 끔찍한 전쟁이었다. 수많은 군인과 민간인이 참호에서 평야에서, 그리고 병원에서 죽어갔다. 그러한 끔찍한 전장에서 죽을 고생을 하던 사람은 병에 걸린 덕분에 무사히 영국으로 돌아왔지만, 마음에는 깊은 상처가 새겨지고 만다. 여러 절친한 친구를 비롯한 수많은 사람의 죽음을 체험하고 느꼈기 때문이다.

한가한 요양 병원에서 사내는 많은 생각을 했다. 친구와 동료, 사랑하는 연인, 그리고 무엇보다도 어린 시절부터 그가 좋아했던 자연과 신화의 이야기를….

전쟁은 끝났지만, 그의 상처는 쉽게 사라지지 않았다. 가정을 꾸리고 대학교수가 되었지만, 전쟁 때의 기억은 사라지지 않았다. 그럴수록 그는 이를 씻어내려는 듯 자신이 좋아하던 신화와 전설, 그리고 언어 연구에 전력을 기울였다. 그럴수록 그의 마음속에 '나만의 신화'에 대한 생각은 더욱 커졌다.

어느 날 그는 학생들의 시험지를 채점하고 있었다. 시험지 채점은 따분하고 불편한 일이었지만, 어쩔 수 없었다. 가난한 그로서는 대학에서 교수 급여와는 별도로 채점을 맡은 사람에게 주는 채점비가 꼭 필요했기 때문이다. 그렇게 한참이 흐르고, 그의 앞에 한 장의 종이가 펼쳐졌다. 아무것도 쓰이지 않은 빈 답안지. 그냥 0점이라고 표기하면 되었겠지만, 어째선지 그는 펜을 들 수 없었다. 그렇게 한참을 바라보던 그는 자신도 모르게 펜을 들고 글을 적고 있었다.

"땅에 난 구멍 속에 한 호빗이 살고 있었다."

그것이 무슨 뜻인지 그 자신도 알지 못했다. 하지만 마음속에서 흘러나온 이 글에는 뭔가 비밀이 감추어져 있는 것 같았다. 그래서 그는 그 글을 바라보며 질문을 던지기 시작했다. 땅에 난 구멍? 대체 어떤 구멍이지? 구멍에 산다? 어떻게 사는데? 아니 무엇보다도 호빗(Hobbit)이 대체 뭐지? 그 자신이 적었음에도 이해할 수 없는 이 문장에서 무수한 질문이 나왔고, 무수한 답이 나왔다.

오랜 시간이 흐르고, 한 장의 종이 위에 그림이 그려졌다. 아치형의 둥근 천정이 있는 공간에 유복한 느낌의 키 작은 사람이 담배를 피우고 있다. 단추가 여럿 달린 고급스러운 옷을 입은 사람이지만, 어째서인지 신발은 신고 있지 않다. 벽에는 시계나 그림이 있고, 카펫이 깔린 바닥은 편안한 분위기여서 구멍이라기보다는 저택의 거실 같은 느낌. 거대하고 둥근 문 저편으로는 멀리 길이 뻗어 언덕 너머로 흘러가고 있다.

톨킨이 그린, 구멍에 사는 호빗의 모습
이 한 장의 그림에서 무수한 상상이 펼쳐졌다.

그는, 아니 그림을 본 모두는 생각했다. 저 길 끝에는, 저 언덕 너머에는 도대체 무엇이 있을까? 이윽고 그는 언덕 너머를 보려면 이 사람이 문밖으로 나가야 한다는 것을 깨달았다. 모험과는 전혀 어울릴 것 같지 않은 소인이 언덕 너머로 여행을 떠나려면 무언가 계기가 필요했다. 그리고 함께 할 동료도.

이 같은 상상이 더해지면서 어느새 그는 이야기를 완성하고 있었다. 처음에는 동화처럼 시작된, 어느새 모험이 더해지면서 거대한 세계를 펼쳐낸 이야기. 그의 이름은 바로 존 로널드 루엘 톨킨. 바로 현대 판타지의 아버지라 불리는 그 사람이었다.

톨킨이 창조한 『호빗』과 『반지의 제왕』은 수많은 이를 매혹하며 새로운 세계로 이끌었다. 호빗 마을에서 출발하여 거대한 용이 머무르고 있는 외로운 산으로 향한 여정을 통해서. 그리고 반지를 짊어지고 운명의 산을 향하는 거대한 운명을 통해서. 사람들은 가운데 땅이라 불리게 되는 그 땅의 이모저모를 만끽한다. 눈앞에 존재하는 것처럼 보이는 세계의 이야기는 독자의 마음을 사로잡았다. 한 발짝 한 발짝, 훗날 가운데 땅이라 불리게 될 그 세계를 나아갈 때마다 새로운 장소가 등장한다. 그곳에 처음 발을 들인 주인공이 그곳을 바라볼 때, 우리 역시 그들을 통해 지켜보며 그곳에 무엇이 있을지 궁금해졌다. 마치 주인공의 시점에서 기술된 기행문처럼 톨킨이 세밀하게 묘사한 장소의 모습에 사람들은 흥분하고 즐거워했으며, 때로는 두려움에 떨기도 했다. 그리고 생각하게 된다.

'나도 가운데 땅을 여행하고 싶다.'

우리 세계의 어떤 곳도 아니면서 한없이 신비한 세계도 아닌, 정말로 저 멀리 어딘가에 존재할지도 모르는 세계. 그러한 세계에서 여행하고 싶다는 마음을 느끼게 된다. 그리고 상상한다.

'저기에는 도대체 무엇이, 그리고 어떤 이야기가 생겨날까?'

작가가 창조한 환상 세계를 배경으로, 끝없는 상상을 펼쳐낼 수 있는 이야기. '하이 판타지'란 장르는 그렇게 탄생했다.

톨킨이 처음부터 이런 것을 생각하고 만든 것은 아니었다. 처음엔 단지 자신이 창조한 신화시대 이야기를 늘어놓고 싶었을 뿐. 노래를 통해 세상이 태어난 이야기, 아름답고 매혹적인 보석을 둘러싼 선과 악의 싸움, 훗날 그의 아들이 『실마릴리온』이라고 정리해서 내놓은 바로 그 신화적인 설정을 톨킨은 생각했다.

하지만 그의 이름을 알린 것은 한 빈 답안지에 적은 문장에서 시작한 이야기, 훗날 자신들의 아이들에게 들려주고자 만들기 시작한 작품 『호빗』이었다.

처음에 『호빗』은 옛날 동화처럼, 작지만 똑똑한 빌보가 용을 물리치고 보물을 얻어내는 내용으로 시작되었다. 여러 드워프가 등장하지만, 모험을 헤쳐나가는 데는 아무런 도움도 되지 않는다. 솔직히 민폐였다. 결국 빌보 혼자 모든 것을 해결하는 그런 얘기였다. 트롤을 물리치는 데 도움을 주고, 거미를 쓰러뜨리고, 엘프 요정으로부터 탈출하고, 나중엔 용의 약점도 홀로 알아내는. 그야말로 주인공만을 위한 환상의 모험이었다.

하지만 언제부터인가 이야기는 조금씩 바뀌게 된다. 빌보와 함께 그 세계를 여행하는 톨킨 자신이, 훗날 독자들처럼 빌보의 눈을 통해 그 세계(당시엔 '가운데 땅' 이야기도 아니었다)를 보고, 그 세계에 관심을 품기 시작하면서.

톨킨은 생각했다. '이처럼 다양한 풍경으로 가득한 세상이 오직 빌보만을 위한 것이어야 할까?' 그리고 떠올렸다. '이 세계에는 빌보만 사는 게 아니다. 다른 이들도 용의 공포에 직면하고 있다'고 말이다. 그래서 용의 위협 속에 살아가는 호수 마을 사람과 일찍이 용에 맞섰던 영웅의 후손, 바르드라는 인물을 등장시켜서 빌보가 아닌 바르드가 용에게 최후의 일격을 가한다.

용의 보물은 용을 물리친 자가 차지하는 것이 당연한 것. 그런데 용이 보물이 있던 곳이 아닌 다른 곳에서, 그것도 본래 주인인 드워프들이 아니라 전혀 다른 인간의 손에 죽어버리면서 이야기는 복잡해진다. 무서운 용이 사라진 이상 그 보물은 누구나 차지할 수 있다. 그래서 죽어버린 용이 남긴 보물을 둘러싼 거대한 전쟁 이야기가 펼쳐진다. 엘프와 드워프, 인간이 손을 잡고 사악한 오크 세력을 물리치는 다섯 군대 전투가 펼쳐진 것이다. 정작 빌보는 전투가 시작되자마자 기절해버렸지만(그래서 원작에서 이 전투는 다섯 쪽도 안 되는 분량으로 끝난다), 자기가 손에 넣은 막대한 보물을 기꺼이 내놓음으로써 선한 세력의 동맹을 완성하는 데 이바지한다. 그리고 되살아난 우정과 모험의 추억을 갖고 고향으로 돌아갔다. 이로써 세상을 매혹한 '가운데 땅' 이야기는 완성된다. 한 영웅이 보물을 얻는 이야기가 아니라, 수많은 이가 자신이 살아가는 세계, 자신이 소중하게 여기는 것을 지키고 살아가는 이야기로써.

톨킨은 처음에 상상했을 뿐이다. 누구나 심심할 때 하듯, '이러면 재밌겠지'라는 공상을 이야기로 펼쳤을 뿐이었다. 하지만 그 이야기의 무대가 되는 세계, 그리고 그곳에서 살아가는 이들에 눈길을 돌리면서 이야기는 생명력을 얻었다.

이 모든 것은 창조자인 톨킨이 그 세계에 살아가는 여러 존재에까지 관심을 기울이고 그들의 목소리를 듣고자 노력했기 때문이다. 그 마음은 작품에 깊이 새겨져 사람들이 그가 만든 세상에 몰입하게 했다. 나아가 이에 감명받은 이들이 자신의 공상으로 새로운 세계, 새로운 이야기를 만들게 했다.

'나만의 신화'를 넘어서 '모두의 세계'로. 판타지는 그렇게 시작되었다.

읽을거리 **지금도 계속되는 가운데 땅의 모험**

가운데 땅을 중심으로 펼쳐지는 톨킨의 이야기는 수많은 이에게 즐거움과 감동을 주고 영감을 남겼지만, 사실 그의 생전에 소개된 작품은 『호빗』과 『반지의 제왕』 단 두 작품에 불과하다. 『톰 봄바딜의 모험』이나 『길은 끝없이 이어진다오』 같은 시도 있지만, 어디까지나 가운데 땅의 단상을 보여주는 것에 불과하며, 그의 무수한 창작 이야기 중에서 극히 일부에 지나지 않는다.

그가 정말로 완성하고 싶었던, 세계 창조로부터 멸망과 재탄생에 이르는 신화와 역사를 담은 『실마릴리온』은 그의 사후 아들 크리스토퍼 톨킨이 정리하여 선보였으며, 그가 남긴 무수한 설정과 이야기, 그리고 그림은 크리스토퍼 톨킨이 별세한 시점에서도 완벽하게 마무리되지 못한 상황. 이야기 초안에서부터 수정안, 그리고 작은 쪽지와 메모, 때로는 편지를 통해서까지 등장한 그의 설정은(실제 신화가 그렇듯) 때때로 서로 모순되고 충돌하기에 하나의 내용으로 정리될 수 없는 것이다.

그래서인지 톨킨의 세계는 수많은 이에게 창작의 원천으로 여겨지며 이 순간에도 톨킨 이야기를 새롭게 엮어낸 작품이 등장하고 있다. 작은 동화였던 『호빗』이 3편의 영화로 만들어지는 과정에서 원작에선 다섯 쪽에 불과했던 '다섯 군대 전투'가 3시간에 이르는 영화로 만들어진 것만 해도 그의 작품이 얼마나 다양한 가능성을 지니고 있는지 엿볼 수 있다.

아마존 프라임에서 거액을 들여 제작한 「반지의 제왕:힘의 반지」 같은 드라마 시리즈나, 반지전쟁을 전후하여 모르도르를 모험하던 순찰자의 이야기를 그려낸 「모르도르의 그림자」 같은 게임 시리즈가 대표적인 사례이며, 「반지의 제왕 온라인」처럼 '가운데 땅'을 자유롭게 돌아다니며 다양한 모험을 즐길 수 있는 게임도 있다.

톨킨의 세계는 단 한 작가가 만들었다고는 상상할 수 없을 만큼 방대하고 다채로운 만큼, 앞으로도 이를 바탕으로 한 다양한 창작물을 기대할 수 있을 것이다.

톨킨의 창작 설정인 레젠다리움은 H.P.러브크래프트를 중심으로 창조되어 수많은 창작자에 의해 활용되는 크툴루 신화와 달리 저작권이 엄격한 편이다. 호빗처럼 많은 고유명사가 톨킨에 의해 창조되었기에 저작권이 있으며, 판타지에 무수히 등장하는 미스릴(Mithril)이란 용어도 본래는 맘대로 쓸 수 없다. 단지 철자를 바꾸거나 하면서 워낙 널리 쓰이다 보니(나아가 영어가 아닌 다른 언어로도 많이 사용되어) 굳이 신경 쓰지 않을 뿐.

톨킨 저작권은 – 디즈니의 로비로 미국의 저작권 기간이 70년으로 연장된 사례 같은 상황이 다시 벌어지지 않는다는 선에서 – 그의 사후 70년인 2043년에 풀릴 예정인데, 이후에는 『호빗』이나 『반지의 제왕』과 같은 그의 창작물을 바탕으로 한 다양한 재창작이 이루어질 가능성이 있다. 단 『실마릴리온』 같은 작품 저작권은 아들 크리스토퍼 톨킨의 사후 70년인 2070년 이후에나 풀린다.

3. 나를 찾아가는 길, 어스시의 마법사

곤트섬에 한 아이가 태어났다. 대장장이의 아들로 태어난 더니는 평범한 아이였지만, 어느 날 자신에게 마법 재능이 있음을 알고, 훌륭한 마법사가 되겠다는 꿈을 꾸었다. 어느 날 더니에게 대현자 오지언이 찾아왔다. 더니의 재능을 알아본 오지언은 그를 제자로 삼겠다며, '게드'라는 이름을 주었다. 게드는 마법사의 제자가 되어 들떴지만, 기대했던 것과 달리 그 삶은 지루한 것이었다. 매일 침묵을 수련하며 오직 사물의 이름을 찾고 자연과 생활하는 삶의 연속. 싫증 내던 게드는 어느 날 우연히 만난 영주의 딸에게 마법을 자랑하려다 죽은 영혼(그림자)을 불러내고 말았다. 다행히도 대현자 덕분에 그림자가 나타나기 전에 쫓아냈지만, 게드는 대현자에게 혼이 나고 말았다.

하지만 게드는 반성하지 않고 마법을 제대로 가르쳐주지 않는 것에 대한 불만을 토해놓을 뿐이었다. 오지언은 게드에게 제자로 남을 것인지 아니면 로크섬 마법사 학교로 갈 것인지를 선택하게 한다. 고민 끝에 마법사 학교로 찾아간 게드. 그곳은 마법사가 가득하고 마법이 넘쳐나는 놀라운 장소였다. 드디어 마법사를 향한 길을 걷기 시작한 게드. 과연 그의 운명은 어떻게 될까?

SF 작가이기도 한 어슐러 K. 르귄의 『어스시의 마법사』는 수많은 섬으로 이루어진 독특한 세계를 무대로 한 어스시 연대기라는 판타지 작품집 중 하나이다. 총 6권에 단편집이 추가되어 이루어진 시리즈로 일부 사람들에겐 『반지의 제왕』, 『나니아 연대기』와 함께 세계 3대 판타지 작품 중 하나로 거론되기도 했다(3대 판타지 같은 말은 주로 일본에서 홍보용으로 만든 용어에 가깝다) 1, 2편을 묶어서 만든 드라마나, 3, 4편을 바탕으로 만든 애니메이션 모두 원작의 느낌을 충실하게 살리지 못했기에 더 대중화되지는 못했지만, 지금도 판타지 역사상 최고의 명작 중 하나로 기억되고 있다.

어스시 연대기의 첫 작품인 『어스시의 마법사』는 시리즈의 주역인 게드가 마법사로서 성장하는 이야기를 보여주고 있다. 새매와 함께 있는 일이 많아서 새매라고도 불리는 게드는 마법 재능이 뛰어나서 자신의 실력을 보여주고 싶어 안달하게 되는데, 불러서는 안 될 죽은 자를 부름으로써 저승 세계의 존재에게 공격당하여 위험에 빠진다.

훌륭한 스승의 가르침에 만족하지 못하고 자만한 끝에 금단의 주문을 외우고 마는 마법사 지망생 게드의 이야기는 판타지 세계 이야기인 동시에 우리 세계 어린이, 청소년들의 이야기이다. 흔히 재능을 가졌다고 자부하는 이들은 남들이 자신을 인정해주지 않는 것에 불만을 품게 마련이기 때문이다(마블 영화에 익숙하다면, '어벤저스'에 들어가고 싶다며 안달하던 스파이더맨의 모습이 떠오를지도 모른다).

자기 능력을 뽐내고 싶었던 그가 처음 그림자를 부르는 마법을 외운 것도, 선배를 시기한 그가 주변의 만류에도 불구하고 그림자를 다시 불러낸 것도, 이처럼 '인정받지 못하는 것'에 대한 불만 때문이었다.

결국 그는 자신만이 아니라, 다른 이도 위험에 빠뜨리고 만다. 학교의 대마도사 넴머를이 그의 목숨을 구하고자 애쓴 나머지 자신의 생명을 다하고 말았기 때문이다. 게드는 얼굴에 큰 상처를 입고, 마법의 힘도 약해지고 만다.

이 상황에 이르러서야 게드는 자신이 잘못했음을 깨닫는다. 죗값을 치르고자 사람들을 도우러 다니던 게드는 그림자에 쫓기면서 두려움을 느끼지만, 스승인 오지언의 도움과 격려를 통해 마법사로서의 진정한 힘은 자기 내면에서 나온다는 것을 깨닫게 된다.

훗날 대현자가 되는 마법사, 게드는 많은 스승과 만나면서 성장한다. 마법 학교는 그에게 마법의 재능을 펼칠 수 있는 기회를 주었지만, 그것은 단지 그의 힘을 키워주었을 뿐 그의 내면은 성장시키지 못했다. 마법사로서 그는 스승의 희생을 통해서야 자신의 부족함을 깨닫고 여정을 통해 세상과 마주하면서 조금씩 성장해나간다. 이 과정에서 대현자인 오지언은 전혀 개입하지 않는다. 단지 게드에게 학교에 들어갈 기회를 제공하고 멀리서 그의 성공을 기원했을 뿐이다. 하지만 그림자에 쫓긴 게드가 찾아왔을 때, 오지언은 이를 거부하지 않고 받아들이며 격려하였다.

어스시 연대기 속에서 마법사들은 사물의 진정한 이름을 깨달음으로써 이를 지배할 수 있게 된다. 때문에 그림자가 게드 자신의 진정한 이름을 불렀을 때, 게드의 두려움은 극에 달하게 된다. 자기가 지배당할지도 모른다고 생각했기 때문이다. 하지만 그것은 어쩌면 단지 자신의 부족함이, 자기 마음 속 어둠이 드러나는 게 두려웠기 때문일지도 모른다. 성장 과정에서 사람들은 때때로 이처럼 예기치 못한 공포를 마주하게 된다. 그것은 사회에 대한 두려움일 수도 있고, 자신에 대한 격정이나 의문일 수도 있다. 하지만 그 모든 것은 결국 자기 자신의 마음 속에서 나온다는 것을 『어스시의 마법사』는 이야기한다. 그리고 그것을 극복하기 위해서는 단순히 재능을 키워나가는 것이 아니라, 마음의 힘을 키우고 이를 맞서는 용기를 가져야 한다고 말한다.

모든 것은 내 마음에서 나오는 법. 게드는 자신의 모습으로 눈앞에 나타난 그림자를 자기 이름으로 부르며 받아들인다. 그리고 공포를 벗어나 진정한 마법사로서 자유를 되찾는다. 그림자 역시 게드 자신에게 해당하는 것, 그를 마법사로 성장시킨 마법사 학교는 그 자신의 마음에 있었던 것이다.

하이 판타지의 시작을 알린 『호빗』, 『반지의 제왕』과 『나니아 연대기』는 모두 장소와 그곳에 살아가는 사람들의 이야기이다. 주인공은 그 세계를 모험하며 목표를 찾아내고 이를 달성하며 세상을 구하고 영웅이 된다. 하지만 어슐러 르귄의 『어스시의 마법사』에서 가장 중요한 것은 주인공이 여행하는 장소도, 그곳에서 만나는 사람도 아니다. 바로 이러한 장소와 만남을 통해서 주인공이 느끼고 체험하며 그리고 무엇보다도 깨닫는 무언가. 바로

어스시 연대의 첫 작품이라 할 수 있는
어슐러 르귄의 『어스시의 마법사』
ⓒ시공사

여정을 통해서 자신을 찾아내는 것이 가장 중요한 점이다. 세계를 구하는 것이 아니라, 자기 자신을 찾아가는 영웅 이야기. 그래서 어스시 시리즈, 특히 초기 3부작 이야기는 『반지의 제왕』, 『나니아 연대기』처럼 중세 유럽과 기독교 신화에 얽매이지 않은 독특한 세계관만이 아니라, 자신과 다른 사람과의 관계와 갈등을 중심으로 펼쳐내는 이야기라는 면에서 새로운 느낌을 주었다. 인간의 내면을 중심으로 다루어 보는 사람마다 그리고 볼 때마다 다른 느낌을 주는 작품. 어스시 시리즈를 통해 하이 판타지는 깊이를 더했고, 비록 영상이나 게임으로 호평받지는 못했음에도 걸작으로 기억되고 있다.

읽을거리 어슐러 K. 르귄과 어스시 세계

어슐러 K. 르귄은 판타지만이 아니라 SF로도 잘 알려진 작가이다. 대표작인 헤인 연대기와 어스시 연대기를 중심으로 20편 이상의 장편과 100여 편의 중단편을 발표했고, 동화, 번역, 문학 비평까지 손을 대며 활발한 활동을 벌였다. SF 문학상인 휴고상을 8번, 네뷸러상을 6번 수상한 어슐러 K. 르귄은 '노벨 문학상에 가장 가까운 SF 작가'라는 평을 받기도 했는데, SF/판타지로서의 이야기만이 아니라 문학적 완성도에서도 훌륭하기 때문.

여성작가로서의 성평등 문제만이 아니라(초기 작품에선 사회적 현실에서 영향을 받았기 때문인지 남성중심적 표현도 종종 등장하지만, 점차 페미니즘을 적극 수용하고 강조했다) 저명한 문화인류학자이자 작가였고, '최후의 야생 인디언'을 맡아 보호했던 부모에게 영감을 받아 기독교 중심의 서양 문화에서 벗어난 폭넓은 인류학적 견해를 종종 바라볼 수 있다. 동양 철학에도 조예가 깊어 종종 도덕경 같은 동양 철학이 중요한 설정으로 등장한다.

『어스시 연대기』는 이 같은 르귄의 견해가 충실하게 반영된 작품으로 언어, 특히 이름이 특정한 힘을 가지는 설정이나 게드를 비롯한 주요 인물이 아메리카 원주민에 가까운 홍인족인 점, 어둠이나 그림자가 타락이나 악을 뜻하는 게 아니라는 점처럼 기존 서양 하이 판타지 문화와는 다른 색채를 많이 보여준다. 방대한 우주 세계관을 지닌 『헤인 연대기』 시리즈에서도 매우 다채로운 세계와 가치관, 우주라는 방대한 세계에서 펼쳐지는 다양한 삶의 모습을 통해서 오직 하나의 정의와 질서만이 옳은 것이 아니라는 점을 잘 보여주었다.

서양만이 아니라 지구나 인류라는 시점조차 벗어난 다양한 모습의 작품들. 르귄의 판타지, SF는 독특한 세계와 이야기를 엮어내고 싶은 이들에게 필요한 상상의 폭을 넓혀주고 있다.

4. 저승에서 펼쳐지는 상상의 여정, 단테의 신곡

어느 날, 한 사람이 산길을 걷다 짐승에게 쫓기게 되었다. 겁을 먹은 그는 벌벌 떨었지만, 그 앞에 한 사람이 나타나 인도해주었다. 하지만 그가 인도한 곳은 절대로 안전한 곳은 아니었다. 도리어 위험하고 끔찍하기 이를 데 없는 곳. 바로 '지옥'이었다. 뱃사공 카론이 죄인을 후려치고 수많은 이가 괴물과 악마에게 쫓기며 벌을 받는 곳. 끔찍한 장소와 무서운 괴물, 그리고 사악한 죄인이 가득한 현장. 존경하던 시인 베르길리우스의 인도를 받아 지옥의 수많은 장소를 다니며 다양한 체험을 한 그는, 그 체험을 글로 기록하여 소개한다. 그것이 바로 『신곡』이다. 기독교 세계에서 이야기하는 지옥과 연옥, 천국. 저승 세계의 모습을 가장 흥미롭게 그려내어 눈길을 끈 바로 그 작품이었다.

오랜 옛날부터 사람들은 죽은 이후에 어떤 일이 있을지 궁금하게 여겼다. 사람은 모두 죽게 마련이기에, 죽은 후의 삶에 대해서 한편으로는 걱정하고 한편으론 기대했다. 시대나 나라, 심지어 사람에 따라 죽은 후의 세상에 대해 다양하게 상상했다. 사람들은 이러한 내용을 이야기로 정리하여 세상에 전하였다. 신화나 전설이라는 이름으로 말이다.

저승 세계에 대한 신화와 전설. 여기에는 종종 교훈이 담겨 사람들의 삶에 영향을 주었다. 일찍이 수메르인은 저승에는 아무것도 존재하지 않기에 그 무엇도 갖고 갈 수 없다고 생각하여 죽은 사람을 위해서 무언가를 남기지 않아야 한다고 믿었고, 이집트인은 반대로 죽은 후의 삶이 더 중요하다고 여기며 무수한 물건을 남겼다. 용감하게 죽은 사람이야말로 오딘의 궁전으로 향한다고 믿었던 게르만인은 죽는 것을 두려워하지 않고 병들고 늙어 죽는 것을 부끄럽게 여겼다. 죽은 사람의 세계는 산 사람의 세계와 다르며, 삶의 기록이 저승 세계의 삶에 영향을 준다고 여겼다. 어느 쪽이건 저승 세계가 존재한다는 사실은 '죽음이 끝이 아니다'라는 마음을 품게 했고, 나이가 들수록 자기 삶을 돌아보게 했다.

오랜 세월에 걸쳐 다채롭게 펼쳐진 저승 세계 신화는 이후 창작 작품에도 영향을 주었다. 수많은 전설과 동화, 설화에서 저승 세계를 방문한 사람들의 이야기가 등장했다.

단테의 『신곡』은 그러한 저승 세계를 다룬 이야기 중에서도 가장 대표적인 작품이다. 언제부터 내려왔는지 알 수 없는 신화나 전설, 또는 종교 경전에 소개된 내용이 아니라, 한 시인이 자기 상상을 더하여 만들어낸 이야기지만 너무도 흥미롭고 그럴듯하여 '저승'에 대한 최고의 작품으로 손꼽힌다. 단테 자신이 다른 이의 인도를 받아 저승 세계의 지옥과 연옥, 그리고 천국을 여행하며 역사나 신화 속 인물들과 만나는 형식으로 그려낸 이 이야기는 수많은 사람에게 영감을 주었다. 미노타우로스 같은 괴물이 날뛰며 죄인을 벌하는 지옥의 모습은 끔찍하면서도 생동감이 넘쳐서 지옥에 관련된 내용을 다룬, 특히 기독교의 지옥을 다룬 이야기에서는 거의 빠짐없이 참고하는 작품이 되었다.

하지만 단테의 『신곡』은 저승 세계를 다룬 작품 중 하나에 불과하다.

사실 저승의 모습은 세계 각지에 신화나 전설의 수만큼, 그리고 작품의 수만큼 다양하기 때문이다. 불교에는 불교만의, 이슬람교에는 이슬람교만의, 조로아스터교나 힌두교, 나아가 그리스나 북유럽의 게르만족, 켈트족에 이르기까지 세상에는 제각기 다양한 저승 이야기가 있다. 물론 우리나라에도.

저승이라면 흔히 지옥과 천국을 떠올리지만, 지옥과 천국이 나뉘지 않은 이야기도 많다. 저승이 여러 개라고 해도 지옥과 천국으로 나뉘지 않는 일도 많다. 가령 북유럽의 게르만족 신화에서 죽은 이들은 헬(또는 헬라)이 다스리는 니플헤임 중에서도 그의 이름을 딴 헬이라는 곳으로 향하는데, 그곳은 딱히 죽은 자를 벌하거나 괴롭히는 장소는 아니다. 단지 죽은 이라면 누구나, 심지어 신조차 이곳으로 향하게 된다. 실제로 최고신 오딘의 둘째 아들 발두르가 죽었을 때 그 역시 헬로 향하게 되었다.

게르만 신화 속에도 천국이라 할 곳은 존재한다. 바로 전사의 궁전인 발할라이다. 전쟁터에서 용감하게 싸우다 죽은 전사들이 발키리의 인도를 받아서 향한다고 알려진 이곳에서 죽은 전사와 영웅의 혼인 에인헤랴르들이 살아간다. 그들은 밤이면 발키리와 함께 연회를 벌이며 즐기지만, 아침이 되면 서로 무기를 잡고 죽고 죽이는 싸움을 거듭한다. 하지만 해가 지면 모든 상처가 회복되고 죽은 사람도 다시 일어나 다시 연회를 벌인다. 그야말로 싸움과 약탈로 살았던 게르만, 그리고 바이킹의 천국에 어울리는 느낌이다.

발할라로 향하려면 전쟁터에서 싸우다 죽어야 한다. 그래서 병으로 죽거나 늙어 죽는 것을 부끄럽게 여겼으며, 병이나 노환으로 쓰러진 전사들을 죽여주는 풍습도 있었다고 한다.

신들도 죽어서 저승에 가는 건 다른 신화에서도 등장한다. 수메르 신화에서 금성의 신이자 미의 여신인 인안나(바빌론 신화의 이슈타르)는 어떤 이유에선가 저승으로 향한다(자기 때문에 길가메시에게 죽은 형부를 만나기 위함이라는 이야기도 있지만, 특별한 이유가 없는 경우도 많다). 그녀는 당연히 미의 여신에 어울리는 차림을 했지만, 저승의 법도에 따라서 문을 통과할 때마다 권위를 하나씩 잃는다. 결국 알몸의 차림이 된 인안나는 자신의 언니이자 저승의 지배자인 에레쉬키갈과 대적하지만, 모든 힘을 잃은 만큼 죽음을 맞이한다.

생산의 여신이기도 한 인안나가 죽어서 지상의 모든 생산이 정지했기에, 결국 신들의 합의 끝에 인안나는 되살아난다. 하지만 '저승에서 살아 돌아간 이는 없다'라는 법도 때문에, 인안나를 대신하여 그녀의 남편인 두무지와 두무지의 누나인 게슈틴안나가 번갈아 저승에 머무른다. 그로 인해 겨울이 생겨났다는, 그리스 신화 속 페르세포네 이야기와도 일맥상통하는 이야기다.

죽은 사람을 되살리려 저승으로 향하는 이야기는 많지만, 그것이 성공한 일은 없다. 오딘의 아들 발두르도 저승의 법도로 인해 되살아날 수 없었고(세상의 모든 이가 발두르를 위해 울어주면 되살려주겠다고 했지만 노파로 변장한 로키가 울지 않았기에 발두르는 살아나지 못했고, 라그나로크 이후에야 새로운 세계의 주신으로 부활한다. 로키는 이런 미래를 위해 발두르의 부활을 막았다고 생각해볼 수도 있다) 그리스 신화에선 음악의 천재인 오르페우스도 저승에서 아내를 데려오겠다는 뜻을 이루지 못했다. 영웅 테세우스는 저승의 페르세포네를 아내로 맞이하겠다는 친구의 부탁을 들어주고자 저승으로 향했다가 사로잡히고 만다. 훗날 헤라클레스가 그를 구해주었지만, 친구인 페이리토스는 이승으로 돌아오지 못했다.

그러고 보면 저승에 이어 연옥, 천국까지 모두 구경하고 무사히 돌아온 단테는 참으로 운이 좋은 사람일지도 모른다. 그것도 저승에서 여러 사람과 이야기를 나누면서 많은 가르침을 얻을 수도 있었으니 말이다. 인간이라면 반드시 갈 수밖에 없는 죽음의 세계. 그에 관한 이야기가 넘쳐나는 것은 매우 자연스러운 일이다. 그것은 반대로 우리 삶의 시간이 더욱 소중하다는 것을 보여주는 것이 아닐까?

신곡에서 묘사한 지옥의 모습
이 같은 상상력은 수많은 이를 놀라게 한다(보티첼리, 1495년).

읽을거리 기독교와 판타지 창작

기독교(그리스도교)는 유일한 신과 절대적인 정의를 믿는 유대교의 기본 전통을 바탕으로 하지만 구원자로서 예수 그리스도와 그의 행적, 특히 아낌없는 사랑이라는 정신과 자세를 따르는 종교이다. 로마 시대에 탄생한 기독교는 유일신 사상과 반체제적 측면으로 인해 탄압되었지만, 이후 로마의 국교로 정착되어 로마 영토 전역은 물론 적극적 포교 활동을 통해 유럽 전역을 넘어 세계 각지로 퍼져나갔다. 특히 유럽과 아메리카에서 영향을 주었다.

기독교의 영향이 워낙 오래되었기에 유럽과 아메리카의 문화에선 기독교의 영향을 손쉽게 찾을 수 있는데, 다스베이더 같은 여러 악당을 '타락 천사'처럼 묘사하거나, 그리스의 저승 신 하데스나 힌두교의 파괴신 시바를 사탄 같은 악당으로 연출하며(경전에는 사탄이 지옥을 다스린다는 내용은 없지만, '사탄이 떨어졌다', '악마를 가두려고 준비한 곳'같은 표현 때문에 지옥 지배자=사탄으로 생각하는 이가 많다), 판타지 세계에서 다신교처럼 보이지만 창조주는 하나뿐이라고 설정한 작품이나 구세주 설정 같은 걸 자주 볼 수 있다.

천사나 악마, 지옥 같은 기독교 설정은 동양 작품에서도 자주 볼 수 있다. 성경을 시작으로 기독교 관련 설정이나 용어가 등장하면 '뭔가 있어 보이기' 때문으로, 「신세기 에반게리온」 같은 작품이 대표적인 사례이다.

창작 작품에서 기독교 설정을 도입할 때는 경전이나 기독교 교리가 아니라, 창작 작품 속 설정을 반영하는 것도 좋다(서양 쪽 작품에서도 창작 작품 속 설정이나 잘못된 상식이 그대로 들어간 경우가 적지 않다) 『신곡』은 지옥–연옥–천국에 이르는 기독교 저승 세계를 흥미롭게 구성한 사례로서 많은 작품에 영감을 주었으며, 사탄에 의한 인류의 타락과 낙원 추방을 그려낸 존 밀턴의 『실낙원』도 방대한 지식을 바탕으로 한 독자적 해석으로 온갖 천사와 악마를 설정하고 사탄의 음모나 천상계의 전쟁 같은 흥미로운 이야기를 연출하여 인기 있다. 『실낙원』의 속편으로 예수와 악마의 논쟁을 그려낸 『복낙원』도 있다.

이들은 모두 각자의 상상과 독자적 해석이 들어간 창작 작품이지만, 기독교 설정과 교리를 바탕으로 당대의 뛰어난 작가들이 방대한 지식과 상상을 결합하여 만든 독자적 세계관의 재미있는 사례로 참고할 만하다.

5. 섭소천과 요재지이, 있을 법한 기이한 전승

오랜 옛날, 중국 어딘가에 영채신이라는 사람이 있었다. 하루는 그가 일이 있어 먼 곳에 다녀오던 중 한 절에서 머무르게 되었다. 그곳에는 연적하라는 청년이 있었는데, 영채신은 그와 마음이 맞아 이것저것 이야기를 나누게 되었다. 그날 밤 영채신이 방에 들어와 쉬고 있는데, 한 아름다운 낭자가 방에 들어와 함께 있고 싶다고 했다. 그는 온갖 방법으로 영채신을 유혹했지만, 영채신은 염치와 도리를 생각하라며 꾸짖고 내쫓았다. 방을 나가던 낭자는 황금덩어리를 영채신 앞에 놓았지만 그는 이조차 의롭지 못하다며 던져 버렸고, 낭자는 홀연히 사라져 버렸다.

다음날 절에서 묵던 한 사람이 죽은 채 발견되었다. 이튿날 그의 하인도 시체로 발견되었다. 그들의 발바닥엔 구멍이 나 있었고 그 누구도 이들이 왜 죽었는지를 알 수 없었다.

얼마 후, 그 낭자는 다시금 영채신을 찾아와서 사실을 밝혔다. 자신은 요절한 귀신이며, 요물의 지배를 받아 절에 묵는 사내들을 유혹하여 바치고 있었다는 것이다. 섭소천이라는 이름의 귀신은 영채신을 노렸지만, 그의 올곧은 마음에 감동하여 그를 구하고자 위험을 무릅쓰고 사실을 밝힌 것이다. 요물의 위협에 빠지게 된 영채신. 과연 그는 살아날 수 있을까?

중국에 『요재지이』라는 책이 있다. 청나라 때 포송령이 지었다는 이 책은 오랜 세월 동안 많은 사람에게 인기를 끌었다. 이 책엔 귀신이나 정령, 괴물에 관한 이야기로 가득 차 있는데, 영화 「천녀유혼」의 원작인 「섭소천」이 그중에서도 가장 유명하고 널리 알려져 있다. 귀신과 사람의 기묘한 인연, 그리고 저승과 이승을 연결하는 독특한 사랑 이야기와 요물을 물리치는 퇴마가 뒤섞인 재미있는 이야기로 말이다.

귀신은 인간이나 동물 같은 생물의 영혼이 저세상으로 가지 않고 남아서 움직이는 존재로, 인간에게 해악을 끼친다고 알려져 있다. 음양설에선 인간이 양이고 귀신은 음이기 때문에 서로에게 피해를 주며, 무속신앙에서 귀신은 원한이 남아 저승에 가지 못했기에 이승에 남아서 떠돌며 인간의 양기를 빼앗는다는 것이다. 그 밖에도 귀신이 해코지했거나 귀신 탓에 병에 걸린다고 하는 등, 귀신은 인간에게 좋은 존재가 아니다. 반대로 중국엔 죽은 이의 세계에 산 사람이 가서 - 인간의 양기 때문에 - 죽은 이들이 병에 걸리는 이야기도 있다.

섭소천도 다르지 않다. 그녀는 젊은 나이에 요절했음에도 인간에게 원한을 품고 있진 않지만, 요물의 협박으로 인간을 해치는 역할을 맡았다. 죽은 이들이 유혹에 넘어가거나, 황금 덩어리(로 보이는 나찰의 뼈)를 탐했다곤 하지만, 그들을 해친 것은 분명히 잘못된 일이다.

그런 섭소천이 정신을 차린 것은 영채신의 올바른 마음을 만났기 때문이다. 어떤 유혹에도 넘어가지 않고 도리를 지키는 인간의 마음이 귀신을 감동하게 한 것이다. 더욱 놀라운 것은 영채신이 섭소천의 말을 믿었다는 점이다. 생각해 보자. 근처의 사람들이 영문 모를 죽음을 맞이한 뒤에 '귀신'이 찾아온다면, 여러분은 그의 말을 정말로 믿을 수 있을까? 하지만 영채신은 그 말을 믿는다. 비록 섭소천이 귀신이지만, 그 마음에는 진실이 담겨있다는 것을 깨달았기 때문이다.

섭소천의 조언에 따라 영채신은 절에 머무르던 연적하라는 서생과 함께 지냈고, 그 덕분에 목숨을 건질 수 있었다. 연적하는 사실 뛰어난 검객이었고, 그에게는 스스로 움직이며 적을 쓰러뜨리는 칼이 있었기 때문이다. 사실 연적하 역시 영채신의 진심을 믿고 인품에 감동하여 그를 구하고자 힘을 쓴 것이다.

이처럼 「섭소천」은 진실한 마음이 소중하다는 것을 잘 보여주는 이야기이다. 귀신이라도 진실한 마음 앞에서는 감동한다는 것을 말이다. 그리고 무엇보다 올바른 마음을 갖는 것이 얼마나 어렵고도 소중한지를 잘 느끼게 한다.

이야기는 여기서 끝나지 않는다. 영채신은 섭소천과의 약속을 지켜서 그녀의 뼈를 가져다 고향에 있는 자기 서재 밖에 무덤을 만들어 준다. 더는 요물에게 협박당하지 않도록 그녀를 구해준 것이다. 그러자 놀라운 일이 일어난다. 섭소천이 다시금 그 앞에 나타난 것이다. 영채신의 신의에 보답하는 뜻에서 섭소천은 그의 곁에서 시중을 들기로 한다. 그렇게 귀신과 인간의 기묘한 생활이 시작된다. 훗날 둘은 맺어지게 되었는데, 오랫동안 산 사람의 기운을 받으며 생활한 섭소천은 밤과 낮이 바뀐 것을 제외하면 인간과 전혀 다를 바 없는 모습으로 행복하게 살았으며 심지어 둘 사이에 아이도 태어났다.

『요재지이』에는 이처럼 귀신만이 아니라 여우의 정령이나 까마귀 요정(요사한 정령) 같은 온갖 요물과 인간이 함께 살아가며 맺어지는 이야기가 등장한다. 흥미로운 것은 이들 귀신이나 정령, 요정(요사한 정령)들이 때로는 인간보다도 더욱 인간적인 마음을 갖고 있다는 점이다. 산 자건 죽은 자건 괴물이건, 중요한 것은 외모나 놓여 있는 처지가 아니라 남을 아끼고 자신을 소중히 여기며 약속을 지키고 공경하는 것. 괴물이라도 이런 진실한 마음만 있다면 인간보다 훨씬 나은 존재라는 것을 이들 이야기는 보여준다.

영화 「천녀유혼」에서도 이점은 마찬가지이다. 비록 영화 속에선 섭소천과 영채신이 안타까운 이별을 맞이하지만(여러 후속작에서 다시 얽히기도 한다) 두 사람이 세상을, 그리고 서로를 구했다는 사실은 달라지지 않는다. 결국 가장 중요한 것은 외모나 출신, 신분 같은 것이 아니라 남을 생각하는 진실한 마음이 아닐까.

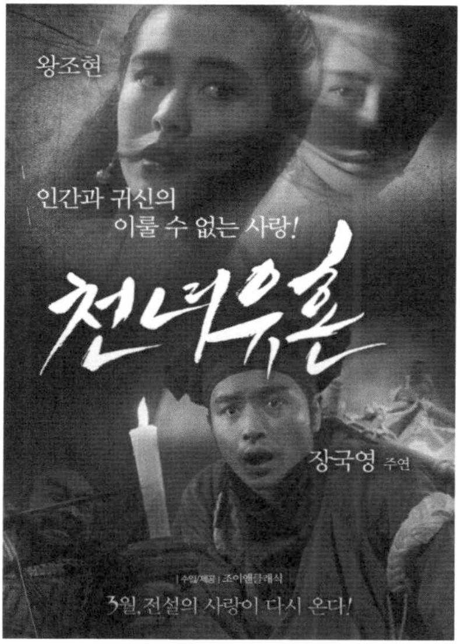

「섭소천」 이야기를 바탕으로 만든 영화 「천녀유혼」의 재상영 포스터
두 주인공은 안타까운 이별을 맞이한다.
ⓒ1987 FILMWORKSHOP

읽을거리 요재지이의 다양한 이야기

요재지이는 청나라 초기 이야기꾼 포송령이 지었다는 소설집이다. 과거에 급제하지 못하고 불우했으나 박식하고 글재주가 있던 그는 오랫동안 민담 설화를 수집하고 집필하여 책으로 냈다. 포송령은 아침이면 시장으로 향하여 돗자리를 펼쳐놓고 지나가는 사람을 청하여 함께 술과 차를 마시며 이야기를 나누었다. 여기서 그는 자신이 아는 기담을 풀어내며 상대를 즐겁게 해 주고, 상대에게 자신이 아는 이야기를 하도록 유도했다. 그렇게 모은 이야기를 모은 것이 바로 『요재지이』라는 것이다. 귀신 씻나락 까먹는 소리 같은 황당한 일화지만, 처음 만난 이들이 다양한 이야기를 풀어냈다는 점에서 포송령의 친화성을 엿보게 되는데, 그런 그가 정리했기에 이야기 속 귀신이나 정령이 친근한 것일지도 모른다.

『요재지이』에는 귀신이나 망령, 정령 등이 등장하는 신비한 이야기가 가득하지만, 그 이야기는 대부분 인간 세계의 삶을 바탕으로 한 것이다. 귀신이나 도깨비 같은 신령, 여우나 까마귀, 백사 같은 동물의 정령, 사당에 있는 조각상의 영혼 같은 다양한 존재가 등장하는데, 그들 하나하나가 특이하고 흥미롭고 매우 인간적이다.

각 이야기를 정리한 후반에는 가공의 인물을 내세워 이야기에 대한 평을 담았는데, 주로 세상이나 인간사에 대한 비판이 많아 이 작품이 신비한 이야기를 활용한 사회 비평, 우화의 일종임을 느낄 수 있다. 나아가 이 작품에서 여성 모습으로 등장하는 다양한 존재와 인간의 사랑에선 자유연애가 허용될 수 없던 당대의 시대상과는 다른 매력도 전해진다. 섭소천 외에 요재지이의 대표적인 이야기로는 다음과 같은 것이 있다.

죽청 (竹靑)	낙방한 선비가 꿈에서 사당을 지키는 까마귀가 되어, 죽청이란 암까마귀와 맺어져 살다가 인간의 돌에 맞아 죽고 깨어난다. 훗날 과거에 급제한 선비가 사당을 지나가며 제물을 바치면서 기도하자, 그날 밤 죽청이 찾아와 다시 맺어진다.
화피 (畫皮, 사람 가죽)	한 도령이 부잣집에서 학대받다 도망쳤다는 여인을 숨겨주지만, 사실 그 여인은 사람 가죽을 뒤집어쓴 악귀였다. 도령은 한 도사의 경고로 이 사실을 알게 되고 여인에게 맞서는데, 결국 도사의 도술로 악귀를 물리치고 사람 가죽만 남았다. 영화, 드라마 등으로 만들어졌다.

육판 **(陸判)**	성격이 호탕하지만 우둔한 청년이 친구들과 담력 내기를 계기로 십왕전의 판관(저승의 재판관)과 술친구가 되고 판관의 도움으로 내장을 똑똑한 사람의 것으로 바꾼다. 사당의 판관상을 짊어지고 나왔지만 무례함을 사과하고 집에 초청하는 청년의 행동이 좋은 결과를 낳았다는 이야기.
팔대왕 **(八大王)**	어부에게 잡힌 자라를 불쌍히 여긴 선비가 자라를 구해 주면서 자라의 보물(鼈寶)를 얻어 신통력을 얻고, 이를 통해 온갖 보물을 얻어 왕의 딸과 결혼까지 하게 된다. 신비한 거울로 왕의 딸 얼굴을 담아내자 왕이 화를 내었지만, '보물이 많다'라는 이유로 보물과 바꾸어 딸을 내어주는 등, 속물적인 왕의 모습이 인상적이다.

6. 서유기와 삼장법사의 모험

옛날 화과산에서 돌로 된 원숭이가 태어났다. 태어나면서부터 엄청난 안광으로 옥황상제를 놀라게 한 그 원숭이는 수보리 조사로부터 손오공이라는 이름과 함께 도술을 배웠고, 자라나면서 온갖 말썽을 부리며 결국엔 천계와 대결을 벌인다. 상제의 부하들이 원숭이와 맞섰지만 아무도 이기지 못했고 석가여래, 부처님이 나서서 그를 잡아 가둔다. 손오공은 단숨에 10만 8천 리를 날아가는 근두운으로 멀리 날아갔지만, 결국 부처님의 손에서 벗어나지 못했다. "네가 뛰어봐야 부처님 손바닥 안"이라는 말은 이렇게 생겨났다.

오지산에 갇혀 무쇠알과 구리 녹인 물을 먹으며 벌을 받던 손오공 앞에 한 사람이 나타났다. 그의 이름은 현장. 일찍부터 불경 공부로 이름을 떨쳤고, 3가지 경전에 능숙하여 삼장법사라 불리는 뛰어난 스님이었다. 그의 도움으로 풀려난 손오공은 그를 스승으로 모시고, 불교 진경을 얻고자 천축으로 향하는 긴 여정을 함께 한다. 과연 그들은 목적을 이룰 수 있을까?

손오공, 저팔계, 사오정이라는 세 명의 괴물이 삼장의 제자가 되어 천축으로 경전을 얻으러 떠나는 이야기, 『서유기』는 『삼국지』, 『수호전』, 『금병매』와 더불어 중국 4대 기서 중 하나이다. 명나라 때 오승은이라는 사람이 썼다고 알려진(그가 썼다는 것이 확실하진 않다) 이 작품은 손오공을 비롯한 다양한 괴물이 등장하는 판타지로 유명하다.

이 이야기의 가장 재미있는 부분은 역시 다양한 도술을 부리는 손오공이 온갖 도술과 각종 보패를 휘두르는 요마에 맞서서 싸우는 장면. 제자 중엔 저팔계와 사오정, 그리고 용이 변신한 백마도 있지만, 81난이라 불린 문제 대부분은 손오공 혼자서 해결한다. 분신술을 포함한 72가지 변술에 단방에 하늘 높이 날아오르는 근두운 술법을 익히고, 만근이 넘는 여의금고봉을 자유롭게 다루는 손오공은 그야말로 무적. 하지만 그 여정은 쉽지 않다. 손오공이 근두운으로 날면 단번에 천축까지 갔다 올 수 있지만, 고난을 겪지 않고는 진경을 얻을 수 없다는 이유로 삼장법사와 함께 걸어야 하기 때문이다.

삼장은 도가 높은 스님이라 수많은 요마가 그를 노린다. 잡아먹고 도력을 얻겠다는 욕심으로 말이다(삼장에게 반하여 남편으로 맞으려는 요마도 있다). 손오공은 그 정체를 꿰뚫어 보지만, 사람 좋은 삼장은 오공을 꾸짖고 그들을 도우라 해서 위기에 빠지는 상황이 반복된다. 열 받은 손오공이 일행을 떠나기도 하지만, 돌아온 손오공이 삼장을 다시 구해내고….

이처럼 『서유기』는 흥미로운 이야기이지만, 사실은 그 바탕이 된 이야기도 그 이상으로 흥미롭다. 삼장법사, 현장이라는 스님이 천축(인도)를 향하여 경전을 얻어온 이야기는 사실 실제로 있었기 때문이다.

현장은 중국 당나라 때의 스님이다. 그는 일찍부터 불교를 공부하여 명성을 떨쳤지만, 불경을 보면 볼수록 뭔가 이상한 점을 느낀다. 아무리 보아도 앞뒤가 맞지 않은 것이다. 사실 이는 번역에 오류가 있었기 때문인데. 이대로는 제대로 된 불교를 깨우칠 수 없다고 생각한 그는 불경 원본을 보고자 불교의 고향, 천축(인도)을 찾기로 한다.

당나라에서는 사람들이 외국으로 떠나는 것을 허락하지 않았다. 온갖 비밀을 지키는 동시에, 인재와 노동력 유출을 막기 위해서였다. 현장은 몇 번이고 외국 여행을 신청했지만 허락받지 못했다. 참지 못한 현장은 몰래 나라를 빠져나가기로 한다. 불교를 깊이 알고자 하는 열망 앞에선 허락이고 뭐고 관계가 없었다.

국가의 허락 없이 몰래 빠져나가는 건 쉽지 않았겠지만, 열정으로 가득한 현장은 다양한 시련을 넘어 당나라를 빠져나가는 데 성공한다. 불교를 믿는 관리들이 눈감아주었던 일도 적지 않았다. 그렇게 천축, 인도로의 여행길은 시작되었다.

여행길은 고난의 여정이었다. 자동차도 없고 도로도 제대로 나 있지 않던 시절. 비단길이라는 이름으로 서방 상인이 중국을 찾고 있었지만, 처음 여정을 나선 스님이 그 길을 거슬러 올라가 천축까지 향하는 것은 보통 일이 아니었다. 산을 넘고 사막을 지나 여정은 계속되었다. 가끔 지쳐서 포기하고 싶어질 때마다, 각지의 스님과 신자들이 그를 도와주었다고 한다. 때로는 어떤 나라의 왕이 그에게 가르침을 요청하기도 했다(현장은 천축에서 돌아와서 제대로 불법을 이야기하기로 했지만, 그 나라는 현장이 돌아오기 전에 당나라에게 멸망당했다). 그 같은 노력과 도움이 열매를 맺어 현장은 천축에 도착한다. 그리고 부처님의 행적을 따라 각지를 여행하며, 수많은 경전과 불상을 모아 중국에 돌아온다. 떠날 때와 달리 그는 수많은 이의 환영 속에 당당히 수도 장안으로 들어섰고, 황제에게도 치하받았다. 그는 수많은 불경을 번역하는 한편 자신의 여정을

인간으로 위장한 요괴 백골정에 맞서는 손오공
요괴인 손오공만이 다른 요괴를 알아보는 게 재미있다(16세기 판화).

남긴 『대당서역기』라는 책을 남겼는데, 이 책을 본 사람들이 덧붙인 수많은 상상이 모여 『서유기』가 탄생했다.

역사 속 삼장법사가 수많은 방해와 시련을 겪고 중국으로 돌아와 고승으로서 인정받았듯이 『서유기』 속 손오공도 천축에 도착하여 싸움의 부처, '투전승불'이 된다.

중국에서 편히 불교를 배울 수 있었던 현장이 천축으로 험난한 길에 나선 것은 모두 지금까지 배운 가르침에 의문을 품고 제대로 된 깨달음을 얻고 싶었기 때문이다. 손오공 역시 처음엔 어쩌다 보니 따라나섰지만, 그 내면에는 자기 자신에 대한 의문이 있었다. 돌원숭이라는 매우 이색적인 존재로 태어난 자기 자신에 대한 고민, 자신을 찾고자 하는 마음이 그를 여행으로 이끈 것이다. 수백 년 전 탄생한 『서유기』가 지금까지도 사람들에게 사랑받는 것은, 단순히 신나는 모험물이기 때문만은 아닐 것이다. 그렇기에 『서유기』를 바탕으로 한 흥미로운 영화나 드라마가 지금도 계속 나오는 것이 아닐까?

읽을거리 봉신연의, 또 하나의 선도(仙道) 이야기

『서유기』는 천축으로 불교 경전을 얻으러 가는 이야기라는 점에서 불교 색채가 매우 진하지만, 이야기 전반에서 인의로운 통치를 중시하는 유교 분위기를 엿볼 수 있으며, 중국 민간에서 널리 받아들인 도교 색채도 강하게 느껴진다. 특히 손오공이 도술을 배워서 활용하고, 천계에서 옥황상제를 중심으로 한 도교의 신들과 대립하는 이야기 등은 중국의 온갖 기담에서 친숙한 신선 사상을 중심으로 펼쳐내고 있다. 도술을 배운 손오공이 부처가 된다는 설정이니, 도교 신자가 불교로 개종하는 이야기라고 할까. 도교 수행자로 도술을 쓰는 요괴를 불법으로 물리치는 내용도 있는 만큼 불교 우위의 이야기처럼 보이기도 하지만, 손오공을 제천대성으로 신봉하는 사당도 있다는 것을 보면, 중국인에겐 도교와 불교가 뒤섞인 이야기 정도로 여겨지는 것 같다(천축의 강을 건널 때 삼장 일행의 또 다른 몸이 강으로 떠내려가는데, 이 과정에서 손오공이 불교의 투전승불과 도교의 제천대성으로 나뉘었다고 봐도 재미있다).

『서유기』나 『요재지이』처럼 중국의 전설이나 설화에선 도교와 관련된 도사나 신선, 선도가 자주 등장하는데 요물에 맞서는 정의의 사도로 나오기도 하지만 자기 목적을 위해 도술을 써서 서로 싸우는 이야기를 자주 볼 수 있다.

그중 하나인 『봉신연의』는 명나라 때 소설로, 주나라가 은나라(상나라)의 폭군 주왕을 물리치는 왕조 교체기가 무대인, 배후에 선인이 있다는 설정으로 펼쳐낸 역사 판타지이다. 중국 4대기서만큼 인정받지 못하고, 이야기 완성도도 떨어진다는 비판도 있지만(역사와도 별 관계가 없다), 당시 인기 있던 신선이나 요괴, 온갖 보패와 도술의 활약상은 『서유기』와 함께 동양풍 판타지의 원형으로 인기 높다. 일본에서 후지사키 류가 SF 스타일로 연출한 만화판을 비롯하여 영화, 드라마, 게임 등 다양하게 재창작되기도 했다.

이 이야기는 정의로운 선인과 사악한 요괴의 싸움이 아니라는 점이 재미있다. 상황은 폭군이 등장하여 선악 대립으로 설정하지만, 이야기 자체만 보면 정의로운 편인 천교에서 승리를 위해 민간인을 학살하고 제자를 가차 없이 희생시키는 등 온갖 잔혹한 행위를 자행한다(주왕의 폭정도 주왕이 자신을 모욕한 것에 분노한 선인 여와가 요괴들을 보내 그를 타락시켰다는 설정이다).

은나라 편인 절교는 도술을 배우고 써먹는 것만 중시한 나머지 짐승이나 물건(오랜 세월 기를 받아서 변화한 돌, 나무 등)이 변한 요괴 선인이 눈에 띄고 도술을 악용하는 이들이 적지 않다. 반면 주나라 편인 천교는 수행을 중시하여 도를 닦는 데 최선을 다하면서도, 때로는 가차 없이 학살을 저지르는 인간 선인이 주로 등장한다. 여기서 나오는 '도술을 악용하는 요괴'와 '위선적인 선인' 구조는 무협/선협의 도사, 신선에도 자주 사용된다. 이는 중국의 도교가 선악에 초점을 맞춘 종교가 아니라, '스스로 신선이 되는 것'과 '도술을 이용한 치료술' 같은 기복신앙적인 성격이 강하기에 나오는 것이기도 하다.

도교 수행자인 도사들은 『홍길동전』, 『전우치전』 같은 한국 이야기 속 도사와 다르다. 한국 이야기 속 도사는 '도를 깨우쳐서 도술을 쓰는 사람'으로, 유교 선비나 무속 신앙의 산신령처럼 속세를 벗어난 신에 가까운 느낌을 준다. 그런 면에서 한국 도사는 중국의 도사보다 신선에 가까운 느낌이며, 무협 소설이나 『봉신연의』의 천교/절교처럼 파벌을 이루고 대립하기보다는 홀로 활동하는 경향이 더 강하다. 한국 창작물에서 거점이 있고 제자를 많이 거느린 도사는 보통 악당으로 많이 나온다.

중국 창작물, 특히 근대 창작물 속 신선은 『봉신연의』속 선인처럼 자기 목적을 위해 도술을 악용하는 슈퍼 악당에 가깝지만, 한국 창작물 속 도사는 전우치처럼 장난스러운 모습은 있어도 보통 속세를 떠난 선한 존재로 나오는 일이 많다.

7. 니벨룽의 이야기와 반지의 전설

오랜 옛날, 손에 넣은 자는 세계를 지배할 수 있다는 전설을 가진 반지가 있었다. 난쟁이 알베리히가 마력을 가진 황금으로 만든 이 반지에는 큰 힘이 있었지만, 동시에 이를 가진 자는 반지의 노예가 되어 파멸한다는 저주도 함께 함께 서려 있었다. 우여곡절 끝에 그 반지는 거인 파프너가 손에 넣었지만, 반지의 저주에 걸린 파프너는 반지를 홀로 차지하고자 형제를 죽여버리고는 큰 뱀으로 변하여 동굴에 숨었다.

이를 알게 된 주신 보탄은 반지의 주인인 알베리히가 반지를 되찾으면 신들이 위험해지리라 생각하고, 영웅 지크문트가 파프너를 죽이고 반지를 찾게 하고자 했다. 하지만 지크문트는 죽고 말았기에, 그의 아들 지크프리트가 그 운명을 맡고 만다. 아버지의 검을 되찾아 여정을 떠난 지크프리트. 과연 그는 어떻게 될까?

「니벨룽의 반지(또는 니벨룽겐의 반지)」는 독일 출신의 음악가 리하르트 바그너의 최고 역작으로 26년에 걸쳐 완성하여 16시간 가까운 길이를 자랑하는 대작 오페라이다(영화『반지의 제왕』 3부작 확장판이 11시간 반 정도로 「니벨룽의 반지」가 1.5배 길다).

이 작품은 매년 독일에서 연주되는데, 총 나흘 동안, 며칠 간격으로 띄어서 진행한다. 2005년 한국에서 초연되었을 때도 토요일부터 다음 주 목요일까지 엿새간 차례대로 연주되었다(유니버설뮤직에서 만든 한글 자막판 DVD도 나와 있다).

반지가 가진 힘을 향한 욕망과 저주, 사랑과 배신, 그리고 복수와 죽음…. 온갖 내용이 충실하게 담긴 이 작품은 이후 많은 작품에 영향을 끼쳤다. 원작을 바탕으로 여러 편의 영화나 애니메이션이 제작되었고, J.R.R. 톨킨의 『반지의 제왕』 같은 작품에도 영감을 준 것. 어떤 점에선 현대 판타지 문화의 원형 중 하나라고 할 수 있을 것이다.

이 작품도 다른 작품에서 영감을 받아서 만들어졌다. 게르만 고전 문학인 니벨룽의 노래와 원전이 된 북유럽의 볼숭 일족의 사가(시구드르 영웅담), 여기에 북유럽 신화 속의 '신들의 황혼(라그나로크)'를 합쳐서 하나로 만든 것이기 때문이다.

재미있는 것은 이들 작품 역시 또 다른 작품의 영향을 받았다는 점이다. 가령 「니벨룽의 노래」는 시구르드 영웅담을 바탕으로, 실제로 존재했던 부르군트족의 멸망 이야기가 덧붙여져서 완성되었다.[5] 이 과정에서 북유럽 신화와 관련한 요소와 반지 이야기가 빠져버리고 기독교적 색채와 중세 시대의 기사도가 더해지며 만들어졌다.

시구르드 영웅담도 고 에다를 기초로 여러 신화에서 원형을 찾을 수 있다. 「니벨룽의 반지」는 이처럼 다양한 이야기가 서로 영향을 주고받으며 완성되어가는 과정을 잘 보여준다.

바그너 작품 「니벨룽의 반지」는 이러한 여러 이야기를 바탕으로 하면서 '권력'을 둘러싼 욕망과 그로 인한 비극을 잘 엮어서 완성했다. 『반지의 제왕』 속 절대 반지의 원형이라 할 수 있는 '저주받은 반지'는 권력이라는 것이 가진 자에게 혜택을 주지만, 동시에 가진 자를 속박할

5 부르군트족 – 게르만족 일파로 로마 제국 말기에 잠시 존재했다가 훈족에게 멸망해버렸지만, 이후에도 이름은 남았다.

수도 있다는 것을 느끼게 한다.

사랑을 저버리고 반지를 만든 난쟁이는 반지를 욕심낸 동생의 배신으로 사로잡히고 반지를 잃고 만다. 그가 반지에 저주를 걸기 전에 이미 반지에는 저주가 서린 것이다. 주신 보탄(오딘)조차 반지에 집착하다가 신들의 힘을 잃을 뻔했으며, 반지를 얻은 파프너는 이를 홀로 차지하고자 형제를 죽여버리고, 반지에 집착하여 추한 괴물로 변했다가 영웅에게 죽고 만다. 두려움을 모르는 영웅 지크프리트마저도 반지를 버리라는 예언을 무시하다가 살해되었다. 반지를 탐내어 지크프리트를 속이고 살해한 군터와 하겐도 마찬가지로 목숨을 잃는다. 그로 인해 왕국은 멸망했고, 반지의 저주는 신들의 땅 발할라마저도 불태우기에 이른다.

흥미로운 점은 이야기 전체에 걸쳐서 반지가 어떤 특별한 힘을 발휘하는 장면이 나오지 않는다는 점이다. 반지를 낀다고 해서 힘이 세지거나 마법을 발휘하는 것도 아니고, 『호빗』이나 『반지의 제왕』처럼 투명해지게 하거나 다른 누군가를 지배하는 능력을 지닌 것도 아니다. 단지 '이를 소유한 자가 세계를 정복한다'라는 전설만 있을 뿐. 그런데도 사람들은(신이나 거인, 난쟁이마저) 이 반지에 집착하며 독차지하려 죄를 짓는다. 반지 그 자체가 아니라, 허망한 권력욕이 이들의 눈을 흐리고 그들을 멸망으로 이끈 것이다.

반지는 항상 저주로만 작용한 것은 아니다. 지크프리트가 브륀힐데에게 반지를 주었을 때, 이 반지는 저주의 상징이 아닌 사랑의 징표로서 둘을 맺어 주었기 때문이다. 반지를 탐낸 하겐의 음모로 둘의 사랑은 불행으로 끝나고 말았지만, 브륀힐데는 사랑으로서 지크프리트를 용서하며 그와 함께 자기 몸을 불태우며 반지의 저주를 끝내고 만다.

바그너의 대작 니벨룽의 반지는 다양한 장면이 엮여서 완성된다.
ⓒ2003 Universal Music Group N.V.

「니벨룽의 반지」는 매우 훌륭한 작품이다. 매력적인 음악과 연출, 그리고 멋진 장면으로서 눈을 사로잡는다. 하지만 이 작품이 꾸준히 사랑받으며 수많은 음악가와 창작자에게 영감을 주었던 이유는 '반지'라는 존재를 중심으로 권력이 얼마나 허망한 것이며, 우리에게 진정으로 소중한 것이 무엇인지를 잘 알려주기 때문이 아닐까.

읽을거리 판타지 세계 속 보물

「니벨룽의 반지」와 『반지의 제왕』은 모두 반지라는 보물이 이야기 속에서 중요한 역할을 맡는 작품이다. 이들 외에도 전설이나 신화, 그리고 이들에게 영감을 얻어 탄생한 판타지 이야기에서는 어떤 보물이 이야기 속에서 중요한 역할을 맡는 사례가 많다.

아서왕 이야기는 서양의 기사도 이야기에서 가장 유명한 작품이지만, 만약 엑스칼리버나 성배 같은 보물이 나오지 않았다면 그만큼 매력은 떨어졌을 것이다. 엑스칼리버만큼 유명하진 않아도 쿠 훌린의 창 게 볼그나 베오울프의 흐룬팅처럼, 영웅에게 뭔가 특별한 무기를 들려주면 더욱 그럴듯해 보인다.

판타지 작품 속 무기라면 '태양빛으로 벼려진 루크나바드'(아르슬란 전기), '달빛으로 싸늘하게 빛나는 서부의 불꽃(안두릴)'(반지의 제왕)처럼 그럴듯한 수식어가 들어가는 것도 재미있다.

이 같은 보물 중에는 그 자체로 가치가 있는 게 아니라, 사용한 사람 덕분에 유명해진 것도 많다. 관우의 청룡언월도, 장비의 장팔사모, 유비의 쌍고검은 본래 동네 장인에게 부탁해 만든 평범한 무기이지만, 이야기 속 주역과 함께 등장하며 그들의 대표적인 보물이 되었다. 무엇보다 '큰 칼을 휘둘렀다'보다 '청룡언월도를 휘둘렀다'라는 쪽이 기억도 쉽고 매력적이라는 점도 한몫할 것이다.

창작 작품 속 보물은 신화나 전설에서 가져오는 사례가 많지만, 원전에 없는 특성을 더하여 흥미를 끌기도 한다. 소설 『아르슬란 전기』의 바탕이 된 페르시아 신화에서 마왕 자하크에 맞선 영웅 파리둔은 소머리 모양 창을 썼지만, 『아르슬란 전기』에선 '루크나바드'라는 성검이 등장하는 것이 대표적인 사례. 반대로 상처와 출혈을 막아주는 엑스칼리버의 칼집처럼, 원전 내용이 창작물에서 생략되기도 한다.

『반지의 제왕』 속 절대반지는 여러 면에서 니벨룽의 반지에서 영향을 받았지만, 저주받은 반지가 '저주받는다는 전설'처럼 알아보기 힘든 특성이 있는 대신, 절대반지는 모습을 감춘다는 점에서 상당히 쓸모 있는 물건으로 취급된다. 다른 마법의 반지를 지배할 수 있을 뿐만 아니라, 영화에선 그 자체가 의지를 지닌 것처럼 연출되면서 하나의 캐릭터로서 존재감을 준 것도 흥미롭다. 절대 반지는 일단 손에 넣으면 편리하지만, 전쟁 등에 악용되기 쉬운 과학 기술을 상징한다는 평을 받기도 한다. 그만큼 '쓸모 있는 보물'의 특성으로 더하여 이해하기 쉽게 만들었다.

한 가지 재미있는 점은, 『호빗』에 등장한 반지는 절대반지가 아니었다는 점이다. 이 당시엔 단지 투명하게 만드는 마법의 반지였을 뿐, 그 이상의 힘은 갖고 있지 않았다. 인물의 성장을 위해 보물을 줄 때는 그 인물이 본래 지닌 능력을 높여주는 게 좋은데, 투명 마법 반지는 – 의적으로 잠입 능력이 뛰어난 스콧 랭에게 앤트맨 슈트를 준 것처럼 – 몰래 숨어드는 재주를 지닌 호빗에게 딱 어울리는 물건이었다.

『반지의 제왕』을 집필하면서 톨킨은 설정으로만 있던 강령술사(네크로맨서)와 마법의 반지를 연결하기 좋다고 생각하여 '절대반지'란 내용을 더하고, 본래는 평범하게 헤어진 골룸이 빌보를 저주하는 장면을 수정본에 추가했다. 이처럼 본래와 다른 설정이 더해지면서 이야기를 더욱 흥미롭게 만드는 것도 판타지 속 보물의 다양한 특성 중 하나이다.

8. 엑스칼리버와 아서왕의 전설

오랜 옛날, 브리튼 섬에 한 자루 칼이 있었다. 언제부터인가 바위에 꽂혀 있던 검에는 이것을 뽑아낸 자가 브리튼의 왕이 된다는 전설이 있었다. 하지만 오랫동안 그 검을 뽑은 사람은 없었다. 아무리 강한 힘을 가진 자도 검의 마법 앞에서는 무력했기 때문이다. 그렇게 사람들이 전설을 잊어버렸을 무렵, 한 소년이 우연히 검에 손을 대었고 바위에서 뽑아냈다. 전설을 떠올린 사람들은 왕으로 받들었으니 그의 이름은 아서. 브리튼의 영웅왕은 이렇게 태어났다.

수많은 용사를 원탁의 기사로 맞아들인 아서왕은 사악한 침략자를 물리치고, 세상을 위해 싸웠다. 많은 싸움 끝에 아서왕은 어둠에게 승리하고 떠나갔지만, 사람들은 위기가 닥쳐올 때마다 그 위대한 영웅왕이 돌아오리라 믿었다고 한다.

영국의 전설적인 아서왕은 서양 전승에서도 가장 유명한 인물이다. 5세기 후반에서 6세기 초반까지 영국을 다스렸다는 그는 로마 제국이 쇠퇴하여 물러나고 위기에 빠진 브리튼 섬에 몰려온 침략자들에 맞서 물리쳤다고 한다. 영국 역사, 특히 로마 제국이 물러난 이후의 역사적 암흑기 속에 그가 정말로 있었는지는 알 수 없지만, 적어도 중세의 수많은 전설과 이야기 속에서 그는 위대한 군주이자 훌륭한 기사의 상징으로 확연한 존재감을 드러낸다.

엑스칼리버를 들고 사악한 침략자에 맞서 승리한 영웅왕. 원탁의 기사와 함께 싸움에 나선 위대한 기사. 카멜롯성을 거점으로 강력한 마법사인 멀린의 도움으로 브리튼을 번성시킨 통치자. 그리고 예수가 남긴 성배를 찾고자 했던 기독교의 수호자. 아서왕과 관련한 무수한 이야기는 중세를 거치며 끝없이 늘어나면서 사람들에게 용기와 희망을 주었고, 이를 바탕으로 한 많은 창작 작품이 탄생하게 되었다.

한국에서 널리 알려진 토머스 불핀치의 『아서왕 이야기』를 시작으로 아서왕에 대한 수많은 작품이 나왔고, 아서왕과 원탁의 기사를 주역으로 한 소설이나 영화, 만화, 게임이 많다. 21세기에 들어서도 아서왕을 주역으로 한 영화가 몇 편이나 만들어졌고, 「아쿠아맨」처럼 아서왕 전설에서 모티브를 얻은 작품까지 따지면 정말로 셀 수 없을 정도이다.

아서왕에 대한 여러 작품은 독자적인 형태로 아서왕 이야기를 해석하고 있다. 모바일에서 인기 있는 게임 「페이트 그랜드 오더」의 원형인 「페이트」 시리즈에서는 아르토리아 펜드래건(알트리아 펜드래건)이란 이름의 남장 여성으로 등장한다. 『허클베리 핀』의 모험으로 유명한 마크 트웨인도 소설 『아서 왕 궁정의 코네티컷 양키』에서 아서왕 시대로 가버린 미국인이 과학 기술로 활약하는 이야기를 그려냈다.

아서왕의 이야기는 너무도 다양한 형태가 있어서 그 중 어느 것이 원전인지는 알 수 없다. 가령 아서왕이 바위에서 뽑은 칼도 한 가지가 아니다. 여러 이야기에서 아서왕은 바위에 박힌 엑스칼리버를 뽑고 왕이 된다. 애니메이션 「미니언즈」에서도 바위에 박힌 엑스칼리버를 뽑은 미니언즈가 왕이 되는 장면이 등장할 정도.

하지만 웨일스 전설에서 바위에 박힌 검은 엑스칼리버가 아니다. 아서는 바위에서 칼을 뽑아 왕이 되었지만, 그 칼은 전투 중에 부러져 버렸고 아서왕이 마법사 멀린에게 부탁하여 호수의 요정으로부터 엑스칼리버를 받았다고 한다(유럽의 한 성에는 정말로 바위에 박힌 칼이 전시되어 있는데, 아서왕 전설을 더욱 그럴듯하게 한다).

다양한 이야기가 공존하는 것은 비단 아서왕과 엑스칼리버에만 해당하지 않는다. 마법사 멀린이나, 원탁의 기사 중 가장 유명한 랜슬롯, 아서왕의 조카이자 최고의 기사였던 가웨인, 랜슬롯의 아들로서 성배를 찾은 갤러해드에 이르기까지. 아서왕 이야기는 다양한 내용으로 넘쳐난다. 원탁의 기사가 몇 명인지도 이야기마다 달라서 13명에서 300명까지 다채로운데, 그만큼 사람들에게 사랑받은 이야기임을 보여준다.

실존 인물인지 아닌지도 명확하지 않고, 중세 유럽으로 보면 변두리에 불과했던 영국의 왕이 이처럼 인기 있는 이유는 무엇일까? 그것은 아서라는 인물이 그만큼 친숙하고 매력적이었기 때문이라고 생각된다. 흔히 아서왕은 위대한 인물로 기록되지만, 전설 속의 그는 완벽한 왕도, 무적의 기사도 아니다. 침략자를 물리치고 브리튼을 구했지만, 아내와의 관계와 관련하여 부하와 다툼이 붙었고 누나와 불륜을 저질러 태어난 자식(조카)과 내전을 벌인 끝에 숨을 거둔 인물이니 말이다. 그 밖에도 아서왕은 영웅이라는 말엔 어울리지 않을 듯한 무수한 실수를 저지르고 있다(영화 「엑스칼리버」에선 불륜 행위 끝에 잠든 기네비어와 랜슬롯의 모습에 질투하여 성검 엑스칼리버로 그들을 해치려다가 엑스칼리버가 힘을 잃는 장면도 나온다).

하지만 바로 그 인간적인 면이 아서왕과 원탁의 기사라는 캐릭터들에 매력을 주고 있다고 생각된다. 스탠 리가 말했듯이, 너무 무적이거나

전형적인 중세 군주로 묘사한 아서왕
그의 이미지는 시대와 상황에 따라 다르지만, 항상 영웅왕으로 묘사된다(N.C. Wyeth, 1917).

너무 완벽한 인물은 가까이 다가가기 힘들다. 그보다는 훌륭한 업적을 자랑하면서도 어딘가 부족한 면, 인간적인 약점이 있을 때 그를 진정한 영웅으로 사랑하기 쉽다.

최근의 역사학계에서는 아서왕이라는 인물이 존재하지 않았다는 가능성에 무게를 싣고 있다. 이를테면 약해진 로마가 물러나고 색슨족의 침공에 처한 브리튼인이 바랬던 영웅의 모습을 바탕으로 한 전설이라고 말이다. 또 어떤 사람은 아서의 모델이 된 인물이 있었지만, 왕이 아니라 장군(부족장이나 로마 군단장)이었다고도 한다. 이러한 이야기를 바탕으로 2004년엔 「킹 아서」라는 영화가 나오기도 했다(여기서 아서는 후퇴하는 로마군을 따르지 않고 마지막까지 남은 로마 장군 아르토리우스로, 그의 아내가 되는 기네비어는 원주민 부족장 딸로 등장한다).

역사의 진실이 어떻든, 앞으로도 사람들은 아서왕의 전설을 바탕으로 다양한 이야기를 즐길 것이다. 전설적인 왕 아서는 위대한 인물인 동시에 매력적인 인간이기 때문이다.

읽을거리 아서왕 이야기의 변천

한국에선 토머스 불빈치의 작품이나 만화 영화 등을 통해 잘 알려진 아서왕 이야기는, 일찍이 브리튼 섬 남부에 살던 켈트족 신화로 시작되었지만, 이후 다양한 변천을 거쳐 지금에 이르렀으며, 현대도 다양한 창작물을 통해 변화하고 있다(그중 가장 놀라운 건 게임 「페이트」 시리즈를 통해서 아서왕이 사실은 남장 여성이었다는 설정인데, 이 작품이 워낙 유명하다 보니 정말로 그게 진짜라고 착각하는 이들도 종종 보인다. 「페이트」 시리즈의 온라인 게임 「페이트 그랜드 오더」에선, 다른 차원의 아서왕으로 남성도 등장했다).

아서왕 이야기는 켈트인의 신화와 전승에 바탕을 두지만 그들은 로마 문물과 함께 기독교를 받아들였고, 이후 브리튼에 들어온 앵글로색슨족의 게르만 문화와 유럽 각지의 영웅 서사시, 로망 문학 요소가 합쳐서 만들어졌다. 이 와중에서 각지의 영웅 이야기가 아서왕 이야기에 편입되는데, 이러한 다양한 이야기는 12세기 영국 수도사 몬머스의 제프리가 『브리타니아 열왕사』에 브리튼의 전설적인 왕들과 함께 아서왕의 일대기를 기재하면서 어느 정도 정리되었다.

중세 중후반에는 로망 문학의 인기 속에 다양한 기사 이야기가 탄생했는데 이 중 상당수가 원탁의 기사로서 편입되고, 많은 나라에서 '이상적인 군주'로 아서왕을 도입하고 자국 기사들을 이야기에 추가하면서, 이야기는 더욱 방대해졌다(『브리타니아 열왕사』에서 아서왕은 영국만이 아니라, 노르웨이, 덴마크, 갈리아를 정복하고 로마와 맞서기도 했는데, 이를 받아들인 해당 지역 사람들은 아서왕에 자기네 인물을 넣으려 했다).

15세기 영국의 토머스 맬러리는 아서왕 이야기의 온갖 판본을 수집하고 정리하여 『아서왕의 죽음』이라는 작품을 선보였다. 중세가 막을 내리며 아서왕에 관한 관심은 약해졌지만 19세기에 이르러 다시금 주목받기 시작했으며, 토머스 불빈치 같은 작가들이 방대한 작품인 『아서왕의 죽음』을 쉽게 읽을 수 있는 축약본으로 정리하면서 세계 전역으로 퍼져나가 현대에 이르고 있다.

9. 천하고도 하룻밤에 펼쳐진 끝없는 이야기, 천일야화千一夜話

옛날하고도 오랜 옛날, 아라비아의 어딘가에 한 왕이 있었다. 그는 믿었던 아내에게 배신당한 것에 충격을 받고 방황하던 그는 자기 동생도 같은 상황을 겪었음을 알고 여자들을 믿지 못하게 된다. 그는 매일 다른 사람과 결혼하고는 다음 날엔 죽여버리기를 반복했다. 날이면 날마다 한 명의 젊은 여성이 왕비로서 처형되는 상황. 사람들은 겁에 떨고 가족을 숨기기에 바빴다. 그러던 중 한 사람이 나타났다.

그의 이름은 셰에라자드. 훌륭한 대신으로 이름 높은 재상의 딸이었다. 술탄은 재상의 딸이 자청한 것에 놀랐지만, 맹세를 깰 생각은 없었다. 대신 마지막 소원을 들어주기로 한다. 셰에라자드는 말했다. 오랫동안 같이 산 여동생과 마지막 밤을 함께 지내고 싶다고.

간략하게나마 결혼식이 열리고 첫날이자 마지막이 될 밤, 셰에라자드의 동생이 심심하다며 이야기를 듣고 싶다고 했다. 셰에라자드는 왕의 허락을 받아 이야기를 시작했고, 신비하기 이를 데 없는 기묘한 이야기들의 향연에 왕도 정신없이 빠져들고 말았다.

그렇게 하나의 이야기가 끝나는가 싶은 순간, 셰에라자드는 말했다.

"하지만 이보다도 재미있는 이야기가 있습니다."

그리고 처음 이야기에 못지않은, 아니 더 재미있는 이야기를 들려주기 시작했다. 그렇게 한참의 시간이 지나가고, 이야기를 모두 마치지 못한 상황에서 날이 새기에 이르렀다. 이대로라면 이야기의 결말을 듣지 못하겠다고 생각한 왕은 '하루 정도는 더 살려두어도 되겠지.'라며 왕비를 죽이지 않기로 한다. 하지만 다음 날에도 이야기는 끝나지 않았다. 이야기 속의 인물이 또 다른 이야기를 들려주고, 그 이야기 속 인물이 또 다른 이야기를 들려주고…. 그야말로 새끼를 치듯 끝없이 계속되었기 때문이다.

그렇게 하루, 하루…. 왕은 셰에라자드가 펼쳐내는 수백, 수천의 이야기에 빠져들어 처형을 미루게 된다. 그렇게 천하고도 하룻밤이 지나, 셰에라자드의 이야기가 막을 내렸을 때, 이제껏 모든 이야기가 재미있었다며 칭찬하는 왕에게 셰에라자드는 말한다. 더 이상을 사람을 해치지 말아 달라고. 그렇게 말하는 셰에라자드의 곁에는 왕과의 사이에서 태어난 세 아이가 있었다.

왕은 깨달았다. 셰에라자드가 오직 그 말을 위해서 자신의 목숨을 걸고 왕비가 되길 자청하여, 온갖 지혜로 이야기를 엮어냈다는 것을. 그것은 억울하게 죽어가는 여자들을 구하기 위해서만이 아니라, 왕 자신도 구하고자 했다는 것을.

수많은 모험과 흥미로운 사건들, 눈길을 끄는 사람들과 마신, 그리고 온갖 상상의 동물에 이르기까지 온갖 이야기가 왕을 사로잡았지만, 그보다도 왕은 셰에라자드의 용기와 지혜에 더욱 감동하였다. 그리하여 왕은 더는 왕비를 죽이지 않겠다고 선언한다.

셰에라자드의 이야기는 자기 목숨만이 아니라 온 국민, 나아가 그 국민의 증오로부터 왕을 구한 것이었다. 그리고 왕은 그 모든 이야기를 기록하여 왕궁의 보물로 남기기로 한다.

그렇게 '마술 램프에 소원을 비는 알라딘'이나, '거대한 물고기나 새를 만났던 놀라운 선원 신드바드', '도적의 동굴에서 보물을 얻은 알리바바' 같은 이야기가 후세에 전해지게 되었다. 마법의 양탄자와 비밀스러운 암호, 무서운 괴물과 마신, 전설적인 왕자와 영웅, 그리고 그런 영웅들을 구하는 지혜로운 여성에 이르기까지. 『아라비안나이트』라는 이름으로 유럽에 전해진 그 모든 이야기는 세계 전역에 퍼져 큰 인기를 누렸다.

이를 통해 우리가 살아가는 동아시아나 여러 동화나 판타지 이야기로 친숙한 유럽과는 다른, 신비한 아라비아의 분위기가 이야기를 통해서 널리 알려지게 되었다.

천일야화의 모든 이야기는 창작이다. 셰에라자드가 들려준 이야기만이 아니라 그 자신도, 수많은 왕비를 죽여버린 왕조차 역사 속 인물은 아닐 가능성이 크다고 한다. 하지만 이야기로 왕의 마음을 치유하고, 수많은 이를 구해낸 셰에라자드의 이야기는 정말로 있었다고 여겨질 만큼 그럴듯하다. 무엇보다도 천 하룻밤에 걸쳐 펼쳐진 이야기 하나하나가 용기와 지혜로 위기를 극복하며, 교훈과 희망을 전해주는 이야기이기 때문이다.

상상해보자. 동서양의 문화가 오가는 아라비아의 어느 곳에서, 많은 이야기를 보고 들으며 자라난 여성 작가 셰에라자드를. 환상의 이야기를 통해 용기와 지혜를 쌓아간 그는 이야기의 힘을 믿고 폭군에 맞선다.

섬이라고 착각할 만한 거대한 물고기와 불타는 마신, 물고기로 변해버린 사람들의 비극과 온갖 신기한 사건. 아랍과 페르시아, 인도와 중

「이야기를 들려주는 세헤라자드」 M. 라심, 1930년

국, 아프리카와 유럽을 아우르는 다양한 지역을 무대로 한 환상의 이야기. 평범하기 이를 데 없는 주인공들이 겪는 기묘한 사건들, 경이로운 세계와 환상적인 상황이 넘쳐나는 이야기는 힘겨운 일상에 지친 폭군의 마음에 즐거움과 함께 휴식을 안겨준다. 나아가 이야기를 통해 왕을 사로잡고, 그의 마음을 치유하며 나아가 슬픔에 빠졌던 왕국을 구원한다…. 이러한 세에라자드의 이야기야말로, 천일야화 속 어떤 이야기보다도 신비하면서도 그럴듯하고, 무엇보다도 감동적인 이야기이다.

온갖 신비와 놀라움으로 가득한 천일야화. 리처드 버틀러를 통해 서양에 옮겨지면서 선정적인 색채가 강해지며 감동이 다소 퇴색되어 보이기도 하는 이야기는, 수많은 작가에 의해 변주되어 지금도 이어지고 있다. 그리고 시대를 건너 많은 이에게 즐거움과 위안을 전해준다.

천년의 세월을 넘어 사랑받는 천일야화. 이 이야기는 단순히 '놀라운' 이야기가 아니라, '듣는 이의 마음을 치유하는 이야기'이다.

읽을거리 천일야화의 성립과 또 하나의 아라비안나이트

18세기 초 『천일야화』, 또는 『아라비안나이트』라는 책이 파리에서 나와 선풍적인 인기를 끌기 전까지 아라비아, 아랍 지역은 유럽인에게 미지의 땅이었다. 아시아와 아프리카, 그리고 유럽을 연결하는 지리적 요충지이자 현재는 석유라는 자원의 큰 공급처 중 하나이지만 중국과 유럽을 연결하는 실크로드에서도 벗어나 있고 지방의 패자였던 오스만튀르크 제국의 중심에서도, 놀라운 문명의 이집트에서도 떨어진 이곳은 모래만 가득한 황무지로만 여겨졌다. 하지만 고대 아랍 문서를 번역한 책이 유럽에 소개되면서, 사람들은 이 땅에 관심을 기울이기 시작했다.

천일야화의 이야기들은 시장에서 이야기꾼이 들려주던 이야기를 모은 것으로 여겨진다. 이야기 속 주인공들은 대개 평범한 인물이기에 공감하기 쉽지만, 그들 앞에 나타나는 신비한 사건과 장소, 그리고 존재들은 그들의 일상을 변화시키고 새로운 기회를 가져다주며, 때로는 놀라운 성공을 가져온다. 일상에 지친 사람들에게 휴식과 함께 일상을 벗어난 즐거움을 전해주는 이야기. 테마공원이라는 판타지의 기본적인 목적에 가장 충실한 모습이다.

천일야화 이야기를 누가 수집하여 정리했건, 여기에는 아라비아만이 아니라 세계 각지(심지어 북유럽 끝이나 동아시아 끝)에서 만들어진 이야기가 포함된 만큼, 세계 수많은 작가의 종합 작품이라 부르기에 부족함이 없다. 이 중 가장 유명한 마술램프 이야기의 주역 알라딘은 본래 중국인 재단사로 당연히 알라딘과 맺어지는 공주, 알라딘을 위협하는 마법사도 모두 중국인이다. 램프는 과학의 상징이자 빛의 상징이지만, 여기에 아랍 전통의 진이 결합하여 마법적인 이야기로 마무리된다. 신드바드의 모험담 같은 작품에선 한 선원이 겪기엔 너무도 다채로운 상황이 끊임없이 펼쳐지며 몰입하게 한다.

천일야화의 이야기가 이처럼 다채로운 세계를 무대로 한 것은 당시 아라비아 지방, 특히 그 중심인 바그다드 같은 땅에 수많은 교역로가 걸쳐있어 다양한 이야기가 모일 수 있는 환경이었기 때문이다. 거리의 이야기꾼은 어디선가 들은 이야기에 또 어디선가 들은 신비한 내용을 더했는데, 그럴수록 이야기는 더욱 풍요롭고 재미있어 관객을 끌어들였다. 가령 친숙한 양탄자로 세상을 날아다니는 이야기는 평범한 생활에 지쳐 지평선 너머로 여행을 꿈꾸는 이들에게 너무도 매혹적인 이야기였을 것이다.

그리고 수백 년 전 누군가가 이들 이야기를 모을 생각을 했다(14세기의 불완전한 필사본이 현존하는 가장 오랜 작품이다). 흥미로운 것은 그 누군가가 그림 형제 등과는 달리 이들을 하나의 이야기에 녹여냈다는 것이다. 셰에라자드라는 인물이 탄생하고, 여성 혐오증의 왕과 끔찍한 처형극이 만들어졌을 것이다(수많은 왕국이 생겨나고 사라지던 천여 년 전 아라비아에 비슷한 사건이 정말로 있었을지도 모른다). 이처럼 하나의 이야기가 된 것은 이야기 속 셰에라자드처럼 매일 같이 관객을 사로잡고 싶던 이야기꾼의 욕심 때문이었을지도 모른다(유럽에서도 전해진 판본은 모두 불완전했기에, 일부는 최초의 번역자 앙투앙 갈랑에 의해 창작되었고, 영국의 리처드 프랜시스 버턴을 비롯해 다른 작가 역시 번역 과정에 다양한 변화를 도입했다).

그런 욕심을 품은 것이 한 사람뿐이었을까? 지명도는 낮지만, 프랑스의 동양학자 프랑수아 페티 드 라 크루아가 번역하여 소개한 비슷한 이야기가 있다. 『천일일화(프랑스어:Les mille et un jours)』라는 제목처럼, 1710년부터 3년에 걸쳐 선보인 이 책은 1706년에 나와 폭발적인 인기를 끈 『천일야화』를 모방하여 똑같이 액자식 구성을 하고 있다(본래는 다른 이야기들을 천일야화처럼 억지로 묶었다는 설도 있으며, 날짜가 중간에 건너뛰는 등 불완전한 상태이다). 남성 혐오증인 공주가 매일 낮 유모의 이야기를 들으며 마음을 돌린다는 내용으로, 신나는 활극과 모험, 색정이 넘쳐나는 천일야화와 달리 순수하고 진지한 이야기가 많아서 재미는 다소 떨어진다. 하지만 이 중 한 이야기는 정신적 문제로 창작을 못 하게 된 작곡가 푸치니에게 영감을 주어 미완성 오페라, 「투란도트」를 낳았다.

수많은 지방의 설화나 전설, 그리고 기담이 교역로를 통해 바그다드에 모여 누군가에 의해 하나의 이야기로 완성된다. 이 중 일부가 발굴되어 유럽의 작가들에 의해 번역 과정에서 새롭게 추가, 변형되고 다시 이를 본뜬 작품이 등장하는 과정에서 오페라에 영감을 준다. 이처럼 천일야화 성립과 관련된 이야기는 영감을 통해 작품이 성장하고, 변화하는 모습을 잘 보여준다.

10. 안데르센과 눈의 여왕

먼 옛날 어딘가에 한 소년과 소녀가 살았다. 어릴 때부터 함께 했던 둘은 누가 보아도 가족처럼 사이가 좋았다. 그런데 어떻게 된 것일까? 어느 날부터인가 소년이 돌변해 버렸다. 차가운 마음과 싸늘한 눈동자를 갖게 된 소년은 소녀만이 아니라 주변 모든 사람에게 나쁜 짓을 하고 냉정하게 대했다. 그토록 소녀와 함께 아꼈던 장미마저 사정없이 짓밟아버릴 정도로 말이다.

그것은 악마가 만들어낸 거울 때문이었다. 모든 것을 추악하게 비추어 보이는 이 거울을 한 트롤이 깨뜨리면서 그 파편이 세상이 퍼져나갔고, 그중 일부가 소년의 심장과 눈에 박힌 것이다. 소년의 마음은 차갑게 식어버렸고, 모든 것을 나쁘게 보게 되었다. 오직 돋보기로 겨울의 눈송이를 볼 때만 미소 짓는, 감정 없는 인간이 된 것이다. 소녀는 소년의 변화를 슬퍼했지만, 언젠가 돌아오리라 믿었다.

하지만 믿음은 절망으로 바뀌었다. 어느 겨울날 어디선가 나타난 눈의 여왕이 소년을 앗아갔기 때문이다. 차가운 마음을 지닌 소년이 마음에 들었던 눈의 여왕은 가족과 소녀의 기억을 없애버리고 어딘가로 데려갔다. 봄이 되어, 소녀는 어딘가로 사라진 소년을 찾아 여정을 떠났다. 과연 소녀는 소년을 찾아낼 수 있을까? 그리고 소년의 마음은 다시금 돌아올까?

『눈의 여왕』은 『인어공주』, 『성냥팔이 소녀』 같은 슬픈 이야기를 선보인 한스 크리스티안 안데르센의 창작 작품으로, 성냥팔이 소녀의 목숨을 앗아갔던 겨울을 소재로, 겨울의 힘에 맞서 친구를 구하는 아름다운 이야기이다.

제목은 눈의 여왕이지만 이야기 속에 눈의 여왕은 그다지 등장하지 않는다. 주역은 눈의 여왕에게 납치된 친구를 찾으려는 소녀인데 눈의 여왕에게 소년이 납치되었다는 사실을 모르기 때문이다. 소녀는 소년이 살아있다는 사실조차 모르고 있다. 당연히 소년을 찾는다는 것은 꿈에 불과할지도 모른다. 겨울날 어딘가로 사라져 버린 소년이 살아있을 가능성은 지극히 낮다. 어딘가에서 차갑게 얼어붙어 죽어버렸을 가능성이 훨씬 크다. 그렇지만 소녀는 포기하지 않는다. 어딘가에 소년이 살아있을 것이라고, 자기가 찾아주길 기다리고 있다고 생각하며 여행을 계속한다.

그런 소녀를 많은 존재가 응원한다. 태양과 꽃, 동물들이 말을 걸어주고, 마녀나 공주가 따뜻하게 맞이하기도 한다. 때로는 그것이 함정이거나 친절로 인해 문제가 발생하기도 한다. 상냥해 보였던 마녀는 손녀를 갖고 싶다는 마음에 소녀의 기억을 없애 버리고, 공주가 내어준 마차 탓에 산적에게 잡힌다. 소녀의 마음만이 그런 역경을 넘어서게 도와준다. 마녀가 없애버린 기억은 소년과의 추억 덕분에 되살아나고, 순수한 소녀의 마음에 감동한 산적의 딸이 그를 구해준 것이다. 그렇게 소녀는 소년을 찾아 북쪽으로, 북쪽으로 나아간다.

눈의 군단을 넘어 겨우 도착한 얼음 호수 위에서 소녀는 드디어 소년을 만난다. 소년을 껴안은 소녀가 흘린 한 방울의 눈물. 그 눈물은 소년의 심장에 박혀 있던 거울 조각을 녹여서 사라지게 한다. 감정을 되찾은 소년. 그 소년의 눈에도 눈물이 흐르고 눈 속의 거울 조각도 빠져나간다. 드디어 소년은 모든 마음을 되찾게 된다.

눈의 여왕은 소년을 설득하려 하지만, 눈의 여왕의 어떤 마법으로도 되찾은 마음은 물리칠 수 없었다. 그리하여 소년과 소녀는 함께 고향으로 돌아간다.

『눈의 여왕』은 한 사람의 마음이 얼마나 강한 것인지를 잘 보여주는 이야기이다. 어떤 역경 속에서도 따뜻한 마음만을 잃지 않는다면 모든 것을 극복할 수 있다는 것을 느끼게 하는 이야기이다. 이 이야기는 안데르센 자신의 체험에서 나온 이야기라고 한다. 어릴 때 안데르센은 아버지를 여의었다. 전쟁에 참여했다가 돌아온 아버지가 신경쇠약으로 돌아가셨기 때문이다. 어느 날 갑자기 아버지가 사라진 이유를 궁금하게 여긴 안데르센이 묻자, 어머니는 아버지가 눈의 요정에게 잡혀갔다고 했다고 한다. 전설 같은 이 이야기가 사실이라면, 안데르센은 동화 속 소녀처럼 아버지를 되찾고 싶었을 것이다. 언젠가 아버지를 다시 만날 수 있을지도 모른다고 생각했을지도 모른다. 어떻게 하면 아버지를 만날 수 있을지. 어쩌면 산타에게처럼 착한 마음을 갖고 기도하면 되지 않을까 하고 말이다.

'순수한 마음만이 겨울의 마법을 깨뜨릴 수 있다.'

『눈의 여왕』에는 안데르센의 마음이 담겨있다. 아무리 추운 겨울에도 따뜻한 인간의 마음만은 잊어서는 안 된다는 교훈과 함께.

『눈의 여왕』은 연극만이 아니라 여러 번에 걸쳐 애니메이션이나 드라마, 영화로 만들어지면서 사람들에게 사랑받았다. 나아가 디즈니의 애

아름답고 신비한 모습으로 그려진 눈의 여왕
(Andrew Lang, 1897년)

니메이션 「겨울왕국」을 비롯한 많은 작품에 영감을 주었다. 한 작가가 만들어낸 겨울에 대한 전설, 『눈의 여왕』 이야기가 이토록 사랑받은 것은 어째서일까? 그것은 이 작품이 전해져 내려오는 이야기, 단순히 사람들이 흥미를 느끼는 동화로서만이 아니라, 창작자의 바람이 담긴 작품이기 때문이라 생각한다.

해마다 겨울이 되면 사람들의 몸은 꽁꽁 얼어붙는다. 그와 함께 마음도 움츠러들고 차갑게 굳어가게 마련이다. 마치 사악한 거울이 박힌 소년처럼. 춥고 짜증나니 그만큼 남을 생각하기도 싫어진다. 하지만 그럴수록 팔을 벌리고 서로를 향해 마음을 열고 따뜻하게 대해야 한다는 것을 이 이야기는 말한다. 눈물의 힘으로 사악한 거울의 마법조차도 몰아냈던 소녀를 통해서.

읽을거리 창작 동화의 발전

근대의 창작 동화에서 한스 크리스찬 안데르센의 이름을 빼놓을 수는 없지만, 근대와 현대 창작 동화 발전에는 그 밖에도 많은 작가의 이름을 볼 수 있다. '요정 이야기', 때로는 '놀라운 이야기(Wonder Tale)'라고 부르는 동화는 어느 한 지역에서 등장하여 발전한 것이 아니라, 세계 전역에서 유사한 이야기가 무수하게 태어나고 뒤섞이면서 발전하였다. 『신데렐라』 같은 이야기는 유럽만이 아니라 아프리카, 심지어 중국에도 유사한 이야기가 넘쳐나고 있으며, 이들 이야기가 각 지방에 정착되면서 그 지방 사람들의 취향에 맞추어 변형되었다. 가령 『신데렐라』에서 호박 마차가 나온 것은 이 이야기가 정착될 당시 호박이 신대륙에서 들어온 신기한 물건이었기 때문이다. 지역에 따라선 소문으로만 들었던 만큼, 마법의 힘을 받아들이는 놀라운 작물이라는 말에 설득력이 부여했을 것이다.

톨킨의 묘사에도 영감을 준,
조지 맥도널드의 『공주와 고블린』 1911년판 표지

동화는 본래 글보다는 구전으로 전해져 내려오는 경우가 더 많았다. 고대 신화나 전설에 이미 『프쉬케 이야기』처럼 요정 이야기 스타일 작품이 종종 눈에 띄는데(이 이야기는 한국의 『콩쥐팥쥐』와도 닮았으며, 역시 세계 각지에 비슷한 얘기가 많다), 이들이 이야기꾼이나 음유시인, 연극 형태로 전해지다 어느 시점에서 조금씩 글로 옮겨지기 시작했다. 앞서 소개한 『천일야화』도 이 같은 사례 중 하나로, 교역로를 통해 전해진 이국적인 이야기가 그 지방 이야기로 변형되어 정착되었다(가령 중국에서 탄생한 보물찾기 얘기에 램프와 진, 술탄의 공주가 합쳐져 알라딘이 나왔을지도 모른다).

17세기에 이르러 유럽 귀족들 사이에 신비한 마법 이야기 붐이 일어나면서, 장 드 라 퐁텐이나 샤를 페로 같은 작가들이 이야기를 수집하기 시작했다. 이들은 자국의 지방에 전해지는 다양한 구전 동화를 수집하면서 이들을 당시 사람들의 입맛에 맞추어 수정했는데, 이를 통해 무수한 판본 중에서 그들이 선택한 하나의 이야기가 정착되었고 본래의 이야기는 사라져 버리기 일쑤였다.

18세기 독일의 낭만적 민족주의가 성장하는 와중에 독일 이야기 수집에 나선 그림 형제는 이야기의 내용만이 아니라 그 형태도 중요하다고 생각하여 가능한 원전을 그대로 남기고자 했다. 이는 훗날 민속학자들에게 귀중한 유산이 되었겠지만 사람들의 반응은 좋지 않았고, 결국 그림 형제는 이들 이야기를 당시에 맞추어 새롭게 쓰면서 좀 더 대중적인 이야기로 정착시켰다. 그림 형제의 가장 큰 고민은 샤를 페로가 프랑스 동화를 정리하여 소개한 결과, 독일에도 이들 이야기가 유입되어 전통 이야기가 오염되었다는 점이었다. 특히 인구가 많고 교류가 활발할수록 이런 '오염'은 심했다(한국에서도 일본 전래동화인 「혹부리 영감」을 한국의 도깨비 이야기로 아는 사람이 많다).

'독일의 민담을 남기고 싶다'라는 그림 형제의 작업은 러시아나 노르웨이, 루마니아 등 다른 나라의 민족주의를 자극하여 세계 각지에서 다양한 동화를 수집하기 시작했고, 수집된 다채로운 이야기 원형들은 개인의 경험과 이야기를 충실하게 담은 근대 동화의 대가 안데르센이나 『공주와 고블린』처럼 신비한 존재를 중심으로 한 고전풍 판타지를 재미있게 엮어낸 조지 맥도널드 같은 이들에게 영감을 주었다. 이들 작품은 이후 톨킨 같은 판타지 창작물에도 영감을 주었다. 판타지라는 용어가 정착되기 전, 『호빗』을 비롯한 많은 판타지 작품은 '요정 이야기'라고 불렸지만, 그것이 아이들만을 위한 작품이라는 뜻은 아니었다.

어른들이 즐기던 '요정 이야기'가 아이들만의 작품이 된 것은 19세기에 들어 아동을 대상으로 한 축약본이나 삭제본이 등장했기 때문이었다. 덜 폭력적이고, 덜 선정적인 이들 이야기는 아이들을 위해 권선징악 같은 교훈을 더욱 강조했지만, 한편으로 세상의 위험(때로는 성교육도 포함)을 알려주는 또 다른 교훈과 재미 요소를 가리기도 했다. 20세기 들어 디즈니에서 동화를 애니메이션으로 제작하면서 이 같은 상황은 더욱 가속되었고, 그 결과 '요정 이야기'는 '아이들(만)을 위한 이야기=동화'라는 이름으로 아시아에 전해졌다.

마법과 신비로 가득한 판타지 세계에는 소나 말처럼 친숙한 동물도 있지만, 마법의 힘을 지녔거나 마법과 관련된 존재들도 있다. 호랑이나 사자처럼 우리 세계에서 익숙한 동물부터 마법의 힘을 지녔거나 마법으로 만들어진 독특한 존재들까지, 판타지 세계에서 살아가는 여러 존재를 여기서는 환수(幻獸)라고 부른다.
환수란 환상의 동물, 신비한 동물이라는 뜻이지만 드래곤이나 그리폰 같은 짐승만을 말하는 것은 아니다. 환수에는 나무나 미생물도 포함될 수 있고 유령이나 귀신처럼 실체가 없는 존재나 좀비나 흡혈귀처럼 어떤 특별한 원리로 움직이는 시체(언데드), 고렘처럼 마법으로 작동하는 기계 같은 존재까지 다양하다. 기계 장치로 만들어진 꼭두각시나 로봇도 환수에 포함할 수 있다.
그렇다면 판타지 세계에는 어떤 환수가 등장할까? 판타지 세계에서 자주 볼 수 있는 환수, 한편으로는 환수라고 생각하지 못했던 여러 가지 존재를 정리하여 소개한다.

환상계의 신비한 존재,
환수와 몬스터

PART
03

판타지 가이드 환상계의 다양한 존재들

1. 환수? 몬스터? 어떻게 불러야 할까?

판타지 세계에 등장하는 다양한 생명체들, 동물과 식물 같은 모든 존재를 우리는 환수라 부른다고 했지만 게임에 익숙한 이들이라면 몬스터(Monster)라는 말이 더 친숙한 것이다. 게임이 아니라도 드래곤이나 슬라임, 좀비 같은 존재들은 창작물에서 몬스터로 등장하는 사례가 많다.

문제는 '몬스터'라는 표현이 환상계의 존재라기보다는 게임 속의 적을 가리키는 느낌에 더 가깝다는 점이다. 몬스터라는 말 자체가 '괴물'이라는 뜻이 있기 때문이기도 하지만, 게임 속에서 몬스터란 인공지능이 조종하는 적대적인 존재로 등장하기 때문. 「포켓몬스터」 같은 작품처럼 동료로 함께 싸우는 사례도 적지 않지만, 몬스터(줄여서 몹(Mob)이라고도 한다)는 대개 게임에서 적으로 나오기에 환상계의 모든 생명체를 부르는 말로 쓰기는 애매하다.

일본의 창작물에선 '마물(魔物)'이라는 말도 쓴다. 마(魔)에 속한 존재, 또는 마법과 관련된 존재라는 뜻인데, 라이트노벨이나 애니메이션 등으로 한국에서도 친숙한 용어가 되었지만 역시 엘프나 드워프, 천사 같은 선한 존재라기보다는 어둠이나 악에 속한 존재에 가까운 느낌이 있는 만큼, '환상계의 모든 존재'라는 용어에는 적합하지 않다.

이 책에선 환상계의 여러 존재를 '환수(幻獸)'라고 부르고 있다. 환수란 단어는 '환상적인 동물'이라는 뜻으로 『해리포터』 시리즈의 '신비한 동물(Fantastic Beast)'이나 영어의 '크립티드(Cryptid)'와 비슷한 단어지만, 이 책에선 동물만이 아니라 인간도 포함하는 환상계의 모든 존재를 가리키는 표현으로 사용한다고 생각하면 좋겠다(「월희」, 「FATE」 시리즈 같은 게임이나 만화 『원피스』에서 쓰인 환상종(幻想種), 환수종(幻獸種)도 비슷한 의미를 지닌 표현이다).

심야에 배회하는 수많은 요괴를 그려낸 「백귀야행도」
환상계엔 이처럼 다양한 존재들이 등장할 수 있다(카와나베 쿄사이, 19세기).

환상계에 사는 모든 존재를 환수라 부르면 지나치게 넓고 그 수도 많아지는 만큼 인간, 엘프처럼 집단으로 문화/사회 활동하는 존재들은 환상계의 종족으로 따로 나누어 소개했다.

다음은 환상계의 여러 존재를 부르는 용어와 의미를 간단히 정리한 것이다. 작품마다 내용이 다른 만큼 자신만의 설정이나 용어를 만들어도 좋겠지만, 어느 정도 기본적인 내용은 살펴보도록 하자.

읽을거리 **환상계의 존재를 부르는 여러 용어**

환수 (幻獸)	상상의 신비한 동물을 가리키는 말. 이렇게 보면 환상계에서 살아가는 인간도 환수에 속하며, 좁은 의미로는(인간 기준에서는) 개나 사자처럼 익히 알고 있는 동식물이 아니라 미지의 생물만 말한다. 비슷한 말로 환상종(幻想種), 환수종(幻獸種). 영어로는 크립티드(Cryptid, 미지의 생물), 이들을 연구하는 분야는 신비 동물학(cryptozoology)이라 부른다.
몬스터 (Monster)	괴물이라는 뜻이지만 게임에선 괴생명체만이 아니라, 산적, 해적, 적군처럼 아군과 맞서는 적 캐릭터 모두를 말한다. 소설, 만화 등에서 몬스터는 보통 기묘하거나 괴상하게 생긴 모습에 이상한 생태를 가진 괴상한 생명체를 부르는 경우가 많다.
마물 (魔物)	마(魔)에 속한 존재. 최근 일본 창작물에서는 마법이나 마법 에너지/물질인 마나/마소(魔素)에 의해 만들어지거나 변해버린 존재로 나오는 일이 많다. 그래서 에너지를 얻어서 변신/진화하고, 쓰러지면 안개처럼 사라지면서, 마법 에너지의 결정체(≒마석)만 남는 연출을 자주 볼 수 있다. 보통 인간, 엘프처럼 선한 계열 종족은 포함하지 않는다. 한국에서 마물은 악귀나 괴물, 저주받은 물건처럼 '사람에게 해를 끼치는 요사스러운 물건'을 부르는 표현으로, 비슷한 말로는 요물(妖物). 반대는 영물(靈物)이라 한다.

아인 (亞人)	엘프, 드워프, 도깨비, 거인, 수인처럼 인간과 닮았지만, 조금 다른 종족을 말한다. 아인이란 '인간과 비슷한 존재'라는 의미인데 인간과 아인을 구분하는 행위 자체가 인간(휴먼) 중심 사고인 만큼, 차별이나 비하, 경멸의 뜻으로 부르거나 종족 갈등을 부각하는 느낌이 있다. 엘프나 드워프 등이 자기 자신을 '아인'이라 부를 리는 없기 때문이다. 고블린, 트롤, 오크처럼 과거엔 몬스터로 나오던 것들을 아인으로 설정한 작품이 늘고 있다.
요정(妖精)	서양 동화에서 요정은 『피터팬』의 팅커벨처럼 작고 날개가 달린 존재, 즉 페어리(Fairy)를 말한다. 전설 속 요정은 도깨비처럼 추한 모습을 한 것도 있다. 유럽 전설의 트롤, 코볼트, 고블린 같은 괴물도 요정의 일종. 동양 기담에서 요정은 '요사한 힘을 지닌 정기'로서, '여우의 요정'처럼 기묘한 능력을 지닌 자연계의 여러 존재들을 말한다.
정령(精靈)	자연이나 무생물에 깃들은 혼령으로 본래는 실체가 없는 기운에 가깝지만, 판타지에선 제각기 여러 가지 모습을 하고 있다. 연금술사 파라켈수스가 연금술의 4대 원소의 정령으로 설정한 실프(바람), 님프/운디네(물), 샐러맨더(불), 노움(흙)의 정령이 가장 유명하다. 드라이어드 같은 나무 정령이나 빛이나 어둠, 번개 같은 모든 자연 현상에 정령을 설정할 수 있으며 전화, 컴퓨터 같은 현대 기기의 정령을 생각해도 재미있다.
요괴(妖怪)	요사하고 괴이한 존재. 요괴란 말은 일본의 표현으로 한국, 중국에선 본래 물괴(物怪), 이매(魑魅)라고 했지만 일본 창작물을 통해 요괴라는 말이 유입되어 더 자주 쓰인다. 요괴라면 보통 사악한 존재로 생각하기 쉬우나 『서유기』의 손오공처럼 요괴도 선악을 알고 행한다는 설정이 많다.
마수(魔獸)	마에 속한 짐승. 창작물에선 평범한 짐승이 사악한 힘에 영향을 받아서 변해버린 것들을 말하는 일이 많다.
영수(靈獸) 성수(聖獸) 신수(神獸)	영적인 힘을 지니고 성스럽거나 신비한 짐승을 가리키는 여러 표현. 일본 창작물의 환수, 환상종, 환수종에 대응하는 표현이다. 환수에는 마물, 마수도 포함하는 반면, 영수, 성수, 신수는 보통 마수와 반대되는 상서로운 존재를 가리키는 경향이 있다. 동양에선 청룡, 백호, 주작, 현무, 기린, 봉황 등이, 서양에선 유니콘, 피닉스, 그리핀, 드래곤 같은 것이 해당한다.

2. 환수의 역할과 활약

판타지 속의 환수는 왜 등장할까? 게임 속 몬스터처럼 주인공에게 경험치와 아이템을 던져주기 위한 존재일 수도 있겠지만, 한 세계에서 환수가 산다면 나름의 역할을 하고 있을 것이다.

환수의 역할은 신이 정한 세계 자체에 대한 역할일 수도 있지만, 판타지에서 보통 주인공 종족으로 등장하는 인간에 대한 역할을 따지는 경우가 많다.

가령 소는 우리 세계의 대표적인 대형 초식동물로 자연계의 생태 피라미드에서 나름 중요한 역할을 맡고 있다. 인간에게는 고기나 우유 같은 맛있는 식량의 공급원이자, 강한 힘과 끈기로 농경을 비롯한 일거리를 도와주는 중요한 가축이다. 하지만 그 소를 대량으로 기른 결과 막대한 사료와 물을 소비하고, 엄청난 양의 배변과 여기서 발생하는 메탄가스로 지구 온난화로 대표되는 기상 이변을 낳는, 생태계 파괴의 원흉 중 하나로 손꼽히기도 한다.

이처럼 환수의 역할은 그 관점과 상황, 물론 작품에 따라서도 매우 달라진다. 일반적으로 드래곤은 사람들의 삶을 위협하는 무서운 존재다. 그러나 「드래곤 길들이기」 애니메이션에서는 듬직한 동료이자 적수이고, 「몬스터 헌터」 같은 게임에선 귀한 소재와 아이템, 그리고 막대한 경험치를 주는 보물상자 같은 존재이다.

자연계의 생명체들은 어떤 쓸모가 있어서 존재하는 것은 아니다. 소가 인간에게 고기를 주기 위해 존재하는 것이 아니라, 진화 과정에서 소라는 개체가 되어, 적응하여 번성할 뿐이다. 그런데 판타지 이야기 속에서 그들은 이야기 속의 어떤 목표를 위해 등장하는 경우가 많다.

소설 『던전에서 만남을 추구하면 안 되는 걸까』에는 알 미라즈라는 몬스터가 등장한다. 아랍 전승에 나오는 노란 몸에 검은 뿔이 달린 토끼 모습의 지니를 모델로 한 이 몬스터는 하얀털에 눈에 빨간 토키 모양 몬스터인데, 처음에 이 몬스터를 만난 주인공의 동료들이 주인공과 닮았다고 하여 주인공의 이름으로 부르는 장면이 있다. 이야기에서 중요한 부분은 아니며 스쳐 지나가는 연출에 불과하지만 주인공이 토끼와 닮았다는(귀엽다, 하얀 머리칼, 빨간 눈동자, 날렵한 몸놀림과 엄청나게 빠른 성장) 점을 강조하는 동시에, 소소한 웃음을 던져준다(이후엔 인간과 의사가 통하는 알 미라즈가 나와 주인공에게 호감을 보여준다거나, 여러 가지 도움을 주는 등 역할을 한다).

모험 이야기에서 불을 뿜는 환수가 등장하면, 주인공이 불에 대처하는 이야기를 펼쳐낼 수 있으며, 냉기를 지닌 환수 앞에서는 추위로 고생하는 이야기가 펼쳐지고 좋은 가죽을 지닌 환수는 옷이나 다양한 물품 재료로 활용된다.

판타지의 환수는 생활이나 모험과 연결되어 펼쳐지는 만큼 이야기 속, 그리고 세계 속 환수의 역할을 생각하면 상황을 재미있게 엮어내기 좋다. 물론 '이러이러한 환수가 있다면 어떤 역할을 할까?'라며 환수를 통해 그 역할을 생각해 보는 것도 재미있다.

가) 본래부터 지닌 역할(신이 정한 역할)

현실 속의 생명체는 어디까지나 돌연변이 등 우연한 현상이 계속되는 와중에 종이 분화하여 생겨난 것이기에 정해진 역할은 존재하지 않지만, 창조주가 존재하는 판타지 세계에서는 누군가가 의도를 갖고 생명체를 만들었다는 설정을 부여할 수 있다(누군가가 어떤 의도로 생명체를 만들었다는 것은 창조론의 일종으로 지적설계론이라고 한다).

소 같은 동물이 뿔을 지닌 것은 뿔을 지닌 종이 생존에 유리했기 때문이지만, 신이 온순한 성격의 소에게 자위 수단을 주었다고도 할 수 있다. 기린의 목이 길고 다리도 긴 것은 '높은 곳의 먹이를 먹을 수 있으면서 낮은 곳의 물도 먹을 수 있기 위함'이라고 할 수 있다(만화 『천지창조 디자인부』(헤비조, 스즈키 츠타, 타라코)에서는 의뢰인, 즉 신의 요청으로 날개 달린 말이나 식충식물 같은 동물처럼 다양한 생명체를 디자인하는 장면이 나오는데, 여러 가지 문제점을 제시하면서 최종적으로 기린이 결정되는 이유를 설명한다). 판타지에서는 이 같은 지적설계론을 넘어, 아예 특정한 역할을 지닌 환수를 탄생시키는 이야기를 엮어낼 수 있다.

유대교의 천사는 날개로 하늘을 날아다니는데, 그 날개는 – 비둘기처럼 작은 날개를 지닌 아기 천사도 있지만 - 독수리 같은 맹금류를 모방한 형태가 많다. 이는 맹금류의 날개가 멋지고 비율상으로도 어울리기 때문이겠지만, 만화 『데빌맨 레이디』(나가이 고)에서는 천사가 악한 존재와 싸우는 존재이기에 싸움에 적합한 맹금류의 날개를 가졌다고 이야기한다. 선한 존재들이 악과 영원히 맞서 싸우는 조로아스터교 같은 설정에 잘 어울린다.

무함마드에게 말씀을 전하는 가브리엘
기독교의 천사와 다르게 생겼다. 왜 알라는 이런 천사를 설계했을까?
이런 호기심에 상상의 근원이 있다.

신의 적과 싸우는 전사 역할 외에도 감시와 관리, 창조/유지, 인간 같은 존재를 심판하거나 벌주는 등 다양한 역할이 있다.

다신교 신들은 제각기 역할을 지녔는데 기본적으로 대장장이나 도둑처럼 특정 직업을 가진 이들을 수호하는 이들이 많으며, 태양이나 달의 움직임이나 계절의 변화 같은 자연계의 흐름을 관장하는 이들도 있다. 염라대왕이나 아누비스 같은 심판관도 빼놓을 수 없다.

신화 속 신은 인간 편으로 인간을 돕는 일이 많지만, 판타지의 신들은 반드시 그렇다곤 할 수 없다. 소설 『고블린 슬레이어』(카규 쿠모)처럼 세상을 게임으로서 즐길 수도 있고, 소설 『거미입니다만, 문제라도?』(바바 오키나)의 관리자 D처럼 재미만을 위해 힘을 멋대로 휘두를 수도 있다. 애니 「마법소녀 마도카☆마기카」의 큐베처럼 우주 멸망을 막고자 인간을 가축처럼 이용하기도 한다. 신(또는 신에 가까운 인공지능 시스템

등) 입장에서 인간이 악이라서 이들이 만든 존재가 인간을 위협한다는 것도 매우 흔한 이야기.

신화에 바탕을 둔 환수를 만들 때는 그 환수를 만든 신이 어떤 의도로 그렇게 했는지 생각해 보는 것도 좋을 것이다. 신이 꼭 인간적인 사고를 할 필요는 없고, 단지 '이런 게 있으면 재미있을 것 같아서' 만들었다고 해도 무방하다.

이러한 역할은 환수의 위치나 계급에 따라서 달라진다. 나라에 있어서 왕과 농민 A의 역할이 완전히 다르듯, 대천사나 청룡 같은 존재가 아니라 코볼트 B나 호빗 C라면 세상에서 크다지 큰 역할을 부여받지 못했을 것이다. 물론 신에게 대단한 역할도 받지 못했고 큰 힘이 없다고 해도, 큰 책임감을 느끼고 세상을 위해 무언가 할 수 있겠지만.

소설 『호빗』, 『반지의 제왕』에서 호빗들이 활약했듯이, 근래에는 슬라임이나 고블린처럼 판타지 게임에서 잔챙이로 등장하는 환수들이 주역이 되어 이야기를 펼쳐나가는 작품이 종종 등장한다.

비록 영웅이나 용자는 될 수 없다고 해도, 제각기 자신만의 개성과 역할을 갖고 있음을 잘 보여준다면 더욱 매력적인 이야기가 될 것이다.

읽을거리 천사는 꼭 인간 모습이어야 할까?

히브리 성서에서 인간은 신의 모습을 본떠 만들었다고 하지만, 천사가 왜 인간처럼 생겼는지는 나오지 않는다. 우리가 로봇을 만들 때 그 역할에 맞추어 로봇을 디자인하듯 만약 신이 있어 어떤 역할, 가령 악한 존재와 맞서야 하는 목적을 가진 존재를 만든다면, 그 싸움에 어울리는 상대가 필요할 것이다.

천사가 오직 악과 맞서는 역할만 지녔다면, 흔히 아는 대로 날개 달린 인간일 필요는 없다. 게르만 신화의 발키리는 용맹하게 싸우다 죽은 전사들을 인도하는 역할도 있기에 인간 여성 모습이 더 나을지도 모르지만, 전투만을 목표로 한다면 이들은 해당 전투에 적합한 모습을 지니는 게 더 나을 것이다. 아니 모습을 자유롭게 바꿀 수 있다면, 본 모습은 전투에 맞추어 설계하고, 필요할 때 인간의 모습으로 바꾸어도 괜찮을 것이다.

SF에 '인형 병기 무용론'이라는 게 있다. 건담이나 태권브이처럼 인간 모양 거대 전투 로봇은 현실적이지 않다는 것인데, 거대 로봇에 설득력을 주려 노력한 「기동전사 건담」에서도 전투기나 잠수함 모양 로봇을 등장시키는가 하면, 마지막엔 두 다리가 없는 거대로봇을 만들면서 "다리 따윈 장식이에요. 높으신 분은 그걸 몰라요."라는 말로 비꼬기도 했다(지옹그란 로봇으로 설정상 시간이 부족해 다리를 못 달았지만, 다리가 있는 지옹그는 더 강력하다고 한다).

일반적으로 볼 때 무기를 들 수 있는 팔이 있어서 다양한 무기를 들 수 있고 두 다리로 날렵하게 달리는 전사가 좋아 보이겠지만, 하늘을 나는 천사에게 다리가 꼭 필요할지는 의문이다. 팔에 무기를 드는 게 좋다면, 힌두교 신들처럼 여러 개의 팔에 다양한 무기를 드는 게 더 좋을 수도 있다. 그리스 신화의 신족 헤카톤케이르는 팔이 100개인데 힘도 강해서 산만한 바위 100개를 동시에 던져서 적을 위협했으며, 헤라의 심복 아르고스는 4개의 눈으로 사방을 볼 수 있어 감시자로 활약한다.

기독교 설정을 참고한 애니 「신세기 에반게리온」에 등장하는 사도들은 인간이 아닌 괴상한 형태를 한 것이 많다. 팔다리가 없는 건 보통이고, 피라미드 두 개를 겹친 듯한 기하학적 모양의 것도 있다. 여러분이 만일 판타지 세계의 신이라면 어떤 디자인의 환수를 만들까? 오크나 트롤처럼 흔한 것이 아닌 다른 것은 없을까? 역할에 맞는 디자인을 생각하면 좀 더 재미있는 존재가 나올지도 모른다.

나) 관계를 통한 역할

판타지 이야기 속 환수의 역할 중에는 관계를 통해서 결정되는 역할이 가장 중요하다. 가령 천사가 악마와 싸우는 존재로 설정되었다고 해도 이야기 진행에 따라 악마와 관련되어 우정을 느끼고 악마의 편이 될 수도 있을 것이며, 싸움 자체를 거부하고 숨어버릴 수도 있다.

관계를 통한 역할에는 주인공과 관련된 역할, 즉 이야기 속에서의 역할과 그 세계에서 주인공이 속한 종족(보통 인간)과 관련된 역할의 두 가지를 생각해 볼 수 있다.

주인공과 관련된 역할은 가족이나 친구처럼 주인공과의 관계만을 의미하기보다는 이야기 속에서 그들이 맡는 역할, 즉 캐릭터로서의 역할이라고 할 수 있다.

주인공 이외에 협력자(파트너, 동료, 가족 등), 적대자(악역, 적대 캐릭터, 라이벌, 관문 등), 이야기에 변화를 주는 자(계기, 도우미, 현자, 배신자 등), 이야기를 보강하는 캐릭터(휴식, 돌입, 동물 등) 같은 것이 있는데(게임이라면 세이브/로드나 장비의 수리, 판매처럼 게임 시스템이 맡는 역할을 맡는 시스템 캐릭터도 있다), 이러한 역할을 통해 이야기를 끌어나가게 된다.

인간처럼 주인공이 속한 종족이나 생명체와의 관계는 일반적으로 그들의 쓸모나 위협도 등에 따라서 결정되는데, 이는 관계하는 존재들의 위치나 상황에 따라 달라질 수 있다.

소는 인간에게 유용한 가축이지만 지나치게 늘어난 결과 지구 온난화와 사막화의 원흉이 되는 자연의 파괴자이기도 하다. 소가 늘어나는 건 특히 고기와 우유라는 자원의 영향이 크지만(가죽이나 털도 있다), 소를 신성시하고 살생을 피하는 힌두교에선 우유는 먹을지언정 고기는 먹지 않는다(인드라가 홍수를 일으켜 소들을 모두 죽이려 할 때, 비슈누의 화신이자 힌두 신화 최고의 영웅 크리슈나가 거대한 산으로 소를 보호했다는 이야기가 있을 정도로 힌두교의 소, 특히 암소를 보호해야 한다는 의식이 강하기에 소를 열심히 기르며 활용한다. 이슬람교에선 알라가 금했다는 이유로 돼지고기를 먹지 않기 때문에 아예 돼지를 기르지 않는다. 때문에 파키스탄과 인도는 지리적으로 가까움에도 가축과 관련한 풍경과 상황은 다르다).

『반지의 제왕』에서 거대한 늑대인 와르그는 인간과 호빗 등을 위협하는 괴물이지만, 고블린/오크에겐 믿음직한 동료이자 탈 것이다. 소설 『전생했더니 슬라임이었던 건에 대하여』(후세)처럼 주인공이 마족 진영이라면, 고블린이나 오거 같은 괴물도 동료가 된다. 물론 주인공 진형과 손잡은 인간 쪽에서도 이들을 아군이자 믿음직한 동료로 생각한다.

판타지 환수의 역할을 생각할 때는 이처럼 이야기 상황이나 화자 입장에서 대상을 보아야 한다. 때로는 본래부터 주어진 역할과 관계로 생기는 역할이 다르고, 그중에서도 주인공이나 특정 인물과의 관계에서 다양한 관계와 역할이 생겨날 때 상황을 더욱 재미있게 엮을 수 있다.

읽을거리 몬스터가 동료가 되는 게임들

보통 적으로 등장하는 몬스터를 아군으로 만들어서 함께 싸우는 게임으로 「포켓몬스터」 시리즈가 유명하며 「디지몬」이나 「요괴워치」 등도 빼놓을 수 없다. 이러한 시스템은 1987년에 선보인 「여신전생(女神転生)」 시리즈에서 시작되었다.

「여신전생」 이전에도 미국의 RPG 「바즈테일(Bard's Tales, 1985)」처럼 마법사가 몬스터를 소환하는 게임이나, 슈팅 게임 「필드 컴뱃(Field Combat, 1985)」처럼 특수 무기로 적을 사로잡아 아군으로 만드는 게임이 있었다. 하지만 이처럼 일시적으로 몬스터/적이 아군이 되는 게 아니라, 스토리를 진행하면서 다양한 몬스터와 만나고 교류하며 동료로 만들고 함께 성장해나가는 개념은 「여신전생」에서 완성되었다고 볼 수 있다.

「여신전생」 시리즈는 「드래곤 퀘스트」 같은 게임과 달리 현대 일본을 무대로 펼쳐지는 도시 판타지(더 정확히는 문명이 파괴된 후의 세계를 그려낸 포스트 아포칼립스에 가깝다) 롤플레잉 게임(RPG)이다. 요정이나 코볼트, 미노타우로스처럼 동서고금의 다양한 신화, 전설 속 존재들이 '악마(惡魔)'라는 이름의 몬스터로 등장한다. 이러한 '악마'에는 흔히 판타지에서 적으로 등장하는 사악한 괴물만이 아니라 불교의 사천왕, 기독교의 대천사처럼 선한 속성의 존재도 포함되어 있는데, 이들을 설득하여 동료로 포섭하여 함께 싸운다. 이를 '악마 설득 시스템'이라 하는데 전투 전에 설득하는 게 보통이지만 전투 후 설득하기도 하고 반대로 악마 쪽에서 먼저 나서서 동료가 되겠다고 제안하기도 한다. 때로는 생명 에너지나 돈 같은 보상을 요구하는데 보상만 얻고 도망치기도 하고, 반대로 어떤 보상도 없이 주인공을 치료하거나 아이템을 주는 등 다양한 모습을 보여주는 점도 재미있다.

「여신전생」에서 동료가 된 악마는 동료 악마(또는 동료마. 일본어로는 나카마(仲魔). 동료(仲間=나카마)란 단어와 발음이 같다)라고 불리며, 설정상 디지털 데이터 상태로 컴퓨터에 저장하여 필요할 때 꺼내어 함께 모험에 나선다.

'악마 합체 시스템'이라고 하여 둘 이상의 악마를 합쳐서 새로운 악마를 만들 수 있는 시스템도 있다. 때로는 매우 약한 악마를 재료로 하여 강력한 악마를 만들 수도 있어서, 단순히 싸워서 수집하는 것에 그치지 않고 다양한 시도로 새로운 악마를 만드는 재미가 있다(설정상 악마들은 더 강해지기를 바라기에 기꺼이 합체에 응한다).

또한 게임을 진행에 따라 주인공의 성향이 질서–중립–혼돈 중 하나로 고정되고, 이에 따라 동료가 될 수 있는 악마의 속성이나 종류가 한정되며 전개도 달라진다.

「여신전생」 시리즈에서 도입된 몬스터를 동료로 만드는 시스템은 1992년에 선보인 「드래곤 퀘스트 5 : 천공의 신부」를 통해 대중화되고, 「포켓몬스터」를 거쳐 더욱 인기를 끌게 된다.

「여신전생」과 같은 해에 나온 미국 RPG, 「위저드리 4 : 워드나의 귀환(Wizardry IV: The Return of Werdna)」에서는 1편에서 보스였던 사악한 마법사 워드나가 주인공이 되어 몬스터를 소환하여 동료로 삼아 미궁에서 탈출하는 내용이었는데, 몬스터를 동료로 만들 뿐만 아니라 사악한 마왕이 주인공이 되어 이야기를 진행한다는 재미를 주었다.

「위저드리 4」에서 보여준 '마왕이 주인공'이라는 요소는 신의 역할을 맡아 다른 신과 싸우는 게임 「파퓰러스(Populous)」를 만든 피터 몰리뉴와 동료[1]가 제작한, 미궁의 주인이 되어 함정과 몬스터로 다른 마왕만이 아니라, 영웅(이라는 약탈자)도 물리치는 전략 게임 「던전 키퍼(Dungeon Keeper)」를 통해 더욱 강렬하게 완성되었다.

*** 「여신전생」 시리즈의 특징**

1) 가까운 미래 배경의 포스트 아포칼립스 설정과 암울한 스토리

2) 동료 악마 시스템(악마 설득 시스템)

3) 악마 합체 시스템

4) 혼돈–중립–질서의 성향에 따라 달라지는 시스템/스토리

1 알파고로 유명한 딥마인드의 창업자, 데미스 허사비스가 인공지능과 게임 디자인을 맡았다.

읽을거리 게임의 몬스터 동료 시스템의 변천

쇼기 (일본 장기)	보드게임. 상대 말을 먹어서 자기 말로 사용 가능
갤러그(1981)	전투기 슈팅 게임. 적에게 아군기가 사로잡힐 수 있으며, 그 적을 물리치면 동료로 돌아와서 합체하여 강해진다.
바즈테일(1985)	RPG. 몬스터를 소환할 수 있는 마법사(소서러) 등장
필드컴뱃(1985)	슈팅 게임. 적군을 사로잡아 아군으로 사용
여신전생(1987)	RPG. 동료 악마 시스템. 악마 합체 시스템
위저드리(1987)	RPG. 1편의 보스가 주인공. 악마를 소환하여 함께 활동
드래곤퀘스트 5 (1992)	RPG. 전투 승리 후 동료 영입. 장비도 착용 가능
포켓몬스터 (1996)	RPG. 주인공 캐릭터는 싸우지 않고 포켓몬만으로 팀을 짜서 대결. 다양한 포켓몬을 수집/육성한다.
던전 키퍼(1997)	전략 게임. 던전 마스터(마왕)가 되어, 몬스터를 소환하여 던전을 건설하고 함정을 만들며 다른 마왕을 공격하여 정복한다. 던전에 침입하는 영웅들도 잡아서 고문하여 아군으로 만들 수 있다. [6장의 1. 판타지의 놀이동산? 던전, 던전 키퍼와 판타지의 던전 시스템 (650쪽) 참고]

몬스터를 동료로 만들어 함께 싸워나가는
디지털 데빌 스토리, 「여신전생」
ⓒATLUS ⓒSEGA

3. 생태로 본 환수의 분류

환수의 역할을 생각할 때는 그 환수가 어떤 존재이며 어느 정도의 위치에 있는지를 생각해야 한다. 환수는 환수의 크기(소/중/대), 환수의 희귀성(흔함/희귀함/유일), 세계에서의 중요도(평범/중요), 능력(저레벨, 중레벨, 고레벨)처럼 여러 기준으로 나눌 수 있지만, 보통 그 환수가 생물인지 아닌지처럼 환수의 생태적 특성으로 나누는 것이 편하다.

가) 생물

그 세계에서 태어나서 자라나는 생명체. 소, 말이나 사자, 호랑이, 대나무, 소나무처럼 우리 세계에서 친숙한 것만이 아니라 구미호처럼 신비한 힘을 가진 변이 생물, 다양한 생명체가 뒤섞인 키마이라 같은 합성 생물도 모두 포함한다.

키마이라나 스핑크스는 신화에서는 오직 하나뿐인 존재로 등장하지만 이들이 사자처럼 새끼를 낳고 살아가면 그 세계의 독자적인 생명체가 되며, 신화 속 천사는 신에 의해 창조된 존재로 성별이 없다고 하지만 역시 자식을 낳고 산다면 그 세계의 생물이다. 생물은 보통 생물, 변이 생물, 합성 생물, 마력 생물로 나눌 수 있다.

(1) 보통 생물

우리 세계의 가축이나 맹수처럼 친숙한 존재들. 개, 고양이만이 아니라 그 세계만의 독자적인 생물도 포함한다. 마법이 존재하는 판타지 세계에서 우리 세계와 똑같은 가축이 등장하는 건 이상할 수도 있지만 현실의 생물과 전혀 다른 생물은 상상하기 힘든 만큼 개, 고양이, 소, 말처럼 친숙한 동물은 그대로 등장시키는 일이 많다. 이 경우에도 그리스 신화의 거대 멧돼지나 황금털 양, 흉포한 소처럼 우리 세계 생물보다 훨씬 크거나 성질 나쁜 것으로 설정하기도 한다.

반대로 우리 세계의 생물보다 훨씬 작을 수도 있는데, 실제 가축이나 야채, 과일 같은 작물이 오랜 교배를 통해 품종 개량된 종이라는 걸 생각하면 야생종에 가까운 고대, 중세의 야채나 과일이 우리 세계의 것과 다른 건 당연하다.

마법이나 신의 기적으로 인해 우리 세계의 가축, 작물보다 굉장할 수도 있다. 소설 『이 멋진 세상에 축복을』(아카츠키 나츠메)에선 꽁치를 밭에서 캐고, 철새처럼 여행하며 날아다니는 양배추/양상추가 등장한다. 개그물이란 특성도 있지만 이 작품만의 흥미로운 세계관을 잘 느끼게 한다. 소설 『슬레이어즈!』(칸자카 하지메)에서도 품종 개량의 결과로서 눈이 달려 울부짖는 밤(맛은 매우 좋다)을 사냥하거나, 식물로 된 건 뭐든(옷의 섬유 포함) 먹어 치우는 걸어 다니는 고구마(역시 맛이 좋다)와 전투를 벌이는 장면처럼 우리 세계에서 친숙한 생물이 판타지 세계에서 달라지는 것도 개성을 드러내는 좋은 방법이다.

「파이널 판타지」의 거대한 새, 초코보처럼 우리 세계의 탈것이나 가축을 대신하는 생물은 마스코트로도 충분히 매력적이다. 이 중 가축이나 작물은 인간의 삶과 밀접한 연관이 있는 만큼 그들이 어떤 생태를 갖고 있고, 어떻게 살아가는지 한 번쯤 생각해 두면 좋다.

(2) 변이 생물

동양 설화의 구미호, 『반지의 제왕』에 나오는 식물 종족 앤트, 머리가 8개 달린 야마타노 오로치처럼 현실의 생물을 원형으로 마법이나 신화적으로 변화한 것. 누군가에 의해 만들어졌다면 마법 생물이나 개조 생물이지만, 원래부터 그런 생명체(일본의 요괴화된 고양이, 네코마타처럼 어떤 이유로 변이한 경우도 있다)라면 변이 생물에 해당한다. 구미호처럼 마법적인 힘을 쓰거나 하지 않아도 상관없다.

여우보다 교활한 구미호, 나무처럼 튼튼하고 강인하지만 불에 약한 앤트처럼 본래 생명체의 특성을 바탕으로 더욱 강하거나 특이한 능력을 지닌 경우가 많은데, 보통 신화나 전설에서는 사람을 잡아먹는다는 표현이 자주 나오는 『산해경』의 동물이나 그리스 신화의 프시케 이야기 속 황금털 양처럼 겉보기보다 위험한 형태로 그려진다. 아랍 전승의 알 미라지처럼 겉모습은 뿔 달린 토끼에 불과하지만 끔찍하게 무서운 존재로 설정하면 판타지의 특이함을 강조하기 좋다.

(3) 합성 생물

인간의 몸에 날개가 달린 천사나 인간과 말이 합쳐진 켄타우로스, 여러 생물이 뒤섞인 키마이라처럼 다양한 생물의 특성이 뒤섞인 생명체. 신화나 전설에 자주 나오며, 다양한 생명체의 성향을 동시에 지닌 것이 특징이다.

보통 신화, 전설 속 존재만 나오지만 그 밖의 합성 생물은 악마나 사악한 누군가가 만든 실험 생명체로 등장하는 사례가 많다. 보통 키메라라 부르는데, 『슬레이어즈!』에서 강해질 수 있다는 마법사의 꼬드김에 넘어가 인간의 몸에 바위 골렘과 데몬이 합쳐진 젤가디스처럼 그런 몸으로 만든 자를 증오하며, 본래의 몸을 찾고자 하는 것도 자주 나오는 이야기다.

(4) 마력 생물

마력이나 마력의 입자인 마소로 구성된 존재. SF의 에너지 생명체와 달리 물리적 실체가 있고 보통 생물처럼 태어나서 성장하고 자식을 낳고 살아가지만, 그 육체가 마력과 같은 에너지로 이루어져 죽으면 소멸하는 설정. 일본 창작물에서 나오는 마물은 보통 이런 종류로, 핵을 중심으로 마력이 뭉쳐진 형태를 이루고 있으며 죽으면 핵에 해당하는 마석이나 몸 일부만 소재로 남는다.

게임에서 몬스터를 물리치면 시체가 사라지고 아이템과 돈만 남는 상황을 설정으로 정리한 느낌으로 「여신전생」에서 여러 악마가 합체하여 더 강한 악마가 되거나, 「포켓몬스터」에서 약한 포켓몬이 진화하여 다른 모습으로 바뀌는 것 등을 그 세계의 과학으로 설명할 때도 활용할 수 있다. 마력 생물은 평범한 생물처럼 보이지만 그 육체가 마력 덩어리라서 변신, 진화, 합체 같은 설정을 넣기 좋으며, 네임드 몬스터처럼 별도의 이름을 줄 때 마력을 얻어 강력한 존재로 변화하는 상황을 연출하기도 좋다.

마력이 세계를 구성하는 중요한 요소로 설정된 소설 『책벌레의 하극상』에선 돼지처럼 마력이 거의 없는 동물은 평범하게 시체가 남아 고기를 먹을 수 있지만, 마력 생물인 마물은 약한 존재라도 잘못 처리하면 마석만 남기고 사라진다. 사람(특히 마력을 지닌 귀족)들도 죽으면 마석만 남기고 사라지기에 주인공처럼 마력이 높은 평민은 마석을 얻는 소재처럼 보는 악당이 등장했으며, 마석으로 변해버린 사람의 모습에 주인공이 트라우마를 얻는 장면도 인상적이다.

읽을거리 **네임드 몬스터(Named Monster)**

네임드 몬스터란 보통 롤플레잉 게임에서 똑같은 모양에 종류 이름만 표시되는 몬스터 중에 별도의 이름을 가진 몬스터를 말한다. 반대말은 범용/양산형 몬스터.

네임드 몬스터는 게임에서 무수하게 등장하는 몬스터 중에서 고블린 무리의 보스처럼 조금 특별한 존재를 등장시킬 필요가 있어서 등장했다. 이들은 보통 중간 보스 정도로 연출된다. 겉모습은 다른 몬스터와 같지만 크기가 더 크거나 색깔이 다르며, 독자적인 이름을 주어 개성을 부여했다. 당연히 범용 몬스터보다 강하고 물리치면 특별한 보상을 얻을 수 있다.

네임드 몬스터 자체는 게임에서 등장했지만, 사람들을 위협하는 특별한 맹수에게 이름이나 별명을 붙이는 것은 『시튼 동물기』로 알려진 늑대왕 '로보'나 영화로도 여러번 만들어진 케냐의 식인 사자 '고스트'와 '다크니스'처럼 현실에서 있었던 일이다. 게임의 네임드 몬스터는 이 같은 역사에서도 영향을 받았다. 마력 같은 마법적 요소를 넣으면 맹수에 이름을 주는 순간 더 강해진다는 설정도 가능하다.

소설 『전생했더니 슬라임이었던 것에 대하여』에는 몬스터에게 이름을 주면 마력도 함께 주게 되면서 강해지고 진화하는 '네임드 몬스터' 설정이 있다. '로보'처럼 피해자들에게 불리는 것이 아니라 자격 등의 요건을 따진다는 점이나 이를 통해 가신 같은 존재가 된다는 점에서, 덴노(일왕)나 다이묘가 성씨를 내림으로써 상대에게 권위와 자격을 내리는 봉건 풍습의 영향도 엿볼 수 있다.

나) 마법 환수

유대 전승의 골렘이나 연금술의 호문쿨루스처럼 마법의 힘으로 탄생한 환수. 독자적인 의지가 있는지 아닌지에 따라 마법 생물, 마법 인형 등으로 나눌 수 있다. 가령 골렘이라도 의지를 갖고 행동하면 마법 생물이며, 호문쿨루스라도 명령에 따라서만 행동하면 마법 인형이다.

마법 환수는 마법사에 의해 어떤 목적으로 만들어진 존재인 만큼, 그 목적을 달성하거나 실패하면 파기되는 등 도구처럼 여기는 모습을 볼 수 있다. 이따금 마법에 실패하여 예기치 못한 형태로 환수가 탄생하거나 목적과 다른 환수가 등장할 수도 있다.

마법 자체로 만들어진 것은 아니지만 시체에 전기를 가해 탄생한 프랑켄슈타인의 괴물이나, 소설 『어스시의 마법사』에서 주인공이 마법에 실패하여 불러낸 저편의 그림자도 마법 환수의 일종으로 볼 수 있다.

다) 정령

자연계를 이루는 에너지 그 자체라고 할 수 있는 존재. 마력 생물의 일종처럼 보이지만, 물리적 실체가 없거나 인격이 없는 등 생물적인 모습을 보이지 않는 게 특징. 자손을 낳거나 하지도 않지만, 고위 정령 중에는 각자 개성을 갖고 인격신의 모습을 보이기도 한다. 악마, 천사와 동격인 신적 존재의 일종으로 설정하기도 한다.

애니미즘에서 숭배의 대상인 정령은 보통 인간과는 다른 사고방식을 지닌 존재로 등장한다. 자연 현상 그 자체를 환수로 설정한 만큼, 본능만 존재한다고 설정할 수도 있다.

인간의 바람이나 마음이 깃들어 정령이 탄생하기도 한다. 소설 『신들의 전쟁(아메리칸 갓)』(닐 게이먼)은 텔레비전처럼 미국인이 일상적으로 사용하며 '경배를 올리는' 물건과 관련한 인간의 마음이 모여 텔레비전의 신 같은 미국만의 신이 탄생하면서 벌어지는 이야기이다.

라) 사물 변이

오래된 물건에 영혼이나 신이 깃들여 생겨난 일본 요괴 츠쿠모가미(부상신)처럼, 사물이 마법적인 힘으로 변화한 존재. 한국의 도깨비 전승 중에도 싸리빗자루가 도깨비로 변하는 이야기가 있으며, 세계 각지에 비슷한 신화, 전승을 찾을 수 있다. 원령이나 한이 깃들여 탄생하는 사례가 많지만, 물건을 아끼는 주인의 마음이 깃들여 탄생하여 주인을 돕는다는 설정도 있다. 돌에 천지의 정기가 담겨 탄생한 돌 원숭이 손오공처럼 놀라운 괴력을 지니기도 한다. 『봉신연의』에도 돌의 정령 석기낭낭이나 비파 정령 왕귀인처럼 사물 변이형 환수가 많이 등장한다. 사물 변이로 만들어진 환수는 본래 사물의 특징을 갖기도 하지만, 호러영화 「사탄의 인형」 시리즈 속 연쇄 살인마의 영혼이 깃든 처키처럼 사물에 깃든 영혼이나 한의 영향을 많이 받는다. 실례로 안장으로 만들어진 츠쿠모가미 쿠라야로는 사망한 무사의 원념이 깃들었기에 대나무 봉을 들고 싸운다.

마) 언데드

죽었다가 되살아난 존재. 이미 죽었기에 다른 의미에서 불사라고 할 수 있는 존재로서, 이 과정에서 흡혈귀처럼 어떤 변화를 겪기도 한다. 생명 활동이 정지되어 있고 당연히 자손을 낳을 수 없겠지만, 흡혈귀가 단순히 피를 빨아먹는 종족이라고 설정된 작품도 있어서 후손을 낳기도 한다.

➔ 자세한 것은 3장 '다양한 언데드와 생명 이야기(352쪽)' 참고.

여기서 소개한 것 이외에도 창조신이나 영수처럼 세상의 질서를 좌우할만한 절대적인 힘을 지닌 환수도 있다. 이들은 고차원 존재나 정신 생명체 같은 식으로 불리는데, 보통 유일한 개체인데다 그 특성도 다양하다.

읽을거리 환수를 어떤 이름으로 부를까?

판타지 환수에는 우리 세계 생물과 같거나 비슷한 것, 신화나 전설에서 가져온 것, 「던전&드래곤」, 『반지의 제왕』처럼 다른 창작물에서 가져온 것, 그리고 독자적인 것(오리지널 환수)이 있다.

1) 독자적인 환수

독자적인 환수라면, 그 이름은 자유롭게 붙여도 상관없다. 게임 「포켓몬스터」의 포켓몬 이름은 제작자가 그 특징에 따라 임의로 만들어 붙인 것이며, 각 나라 번역어도 그에 맞추어 부른다.[2] 톨킨의 호빗도 독자적인 환수의 대표적인 사례이다.

2 일본어라는 느낌이 약한 피카츄(반짝(피카)+쥐 울음 소리(츄)의 합성어)나 이브이는 우리나라에서도 같은 이름이지만, 일본 단어 느낌이 강한 후시기타네, 제니가메, 소난스는 각각 이상해씨, 꼬부기, 마자용으로 번역한다.

독자적인 환수나 존재 이름은 즉흥적으로 생각하기도 하지만 영어나 그리스어, 스와일리어처럼 모국어가 아닌 언어를 응용하는 사례가 많다(포켓몬의 이상해씨(후시기타네)처럼 모국어를 쓰는 일도 늘어나고 있다). 무적이라는 뜻으로 다이아몬드의 어원이기도 한 그리스어, 아다마스(ἀδάμας)를 바탕으로 만들어진 마블 작품의 아다만티움(Adamatium)[3], 진동을 뜻하는 영어, 바이브레이션(Vibration)에서 나온 비브라늄(Vibranium) 같은 이름도 비슷한 사례.

2) 신화, 전설, 창작물에서 가져온 경우

신화나 전설, 그리고 다른 창작물에서 가져온 경우, 그 고유명사를 그대로 쓰는 일이 많다. 그리스 신화의 미노타우로스, 켄타우로스, 히드라, 중국의 청룡, 백호, 봉황 등 신수나 한국의 이무기, 불가사리, 일본의 야마타노 오로치 같은 게 대표적이다.

신화, 전설, 창작물에서 가져와도 특성을 바꾸거나, 용어를 바꾸기도 한다. 특히 창작물에서는 저작권 문제도 고려해야 한다. 호빗을 하플링이나 하프풋, 발록을 발더 등으로 부르거나 「던전&드래곤」의 거대한 눈에 작은 눈이 달린 촉수가 특징인 몬스터 비홀더를 게이저나 '이름을 말하면 안 되는 존재'처럼 부르는 것도 저작권 때문이다(미스릴, 아다만티움은 톨킨, 마블의 고유명사임에도 재료로서 고유명사로 굳어졌기 때문인지 제약 없이 쓰는 경향이 있지만, 미스릴은 '진은', '마법은'이라고 부르기도 한다).

3) 우리 세계의 생물이나 비슷한 것

일반적으로 우리 세계의 생물이나 존재, 특히 가축이나 작물처럼 실생활에 관련된 것은 우리 세계의 것을 그대로 쓰는 사례가 많다.

만화, 게임이라면 그림으로 보여줄 수도 있지만, 소설 『이상한 전생』(코류 노조무)처럼 사과를 '봉가'라고 바꾸어 부르면, 등장할 때마다 사과 같은 과일이라고 설명해주어야 한다(작가도 그걸 인식했는지, 사과 이후엔 별도의 고유명사를 붙이지 않는 편이다).

3 그리스 신화에서는 크로노스가 가이아가 준 낫 스퀴테로 아버지 우라노스를 거세하는데, 이는 아다

무엇보다도 톨킨 작품이 '그 세계의 언어를 톨킨이 영어로 번역한 결과물'이라고 했듯이, 다른 작품도 독자를 위해 번역했다고 생각할 수 있기 때문이다['가운데 땅'의 호비튼 사람들이 자기들이 사는 곳을 타운(Town, 마을)이라 부르지는 않을 것이다. 그들이 사는 지역을 마을이라고 적었는데, 그곳에 사는 개나 고양이를 댕댕이나 냥냥이라고 바꾸어 부를 필요 있을까?]. 다만 우리 세계의 생물과 비슷하지만 다른 존재라면 다른 이름으로 차별화할 수 있으며, 판타지라는 것을 강조하고자 이름을 조금 바꾸는 것도 괜찮다.

소설 『영민 0명으로 시작하는 변경 영주님』(카제로)엔 '메아'라는 동물이 나오는데, 양과 닮았지만, 인간과 소통할 정도로 머리가 좋은데다 독자적인 문화와 풍습을 지니는 등 차이가 많다. 수를 셀 때도 몇 명이라 부를 정도. 무엇보다도 양이란 동물이 따로 있으니, 차별화하고자 새로운 이름을 넣는 건 자연스럽다[메아는 주인공 영지 이름(메아바다르=메아의 용자)과 이 세계의 신과 관련된 마스코트이기도 하다].

만트로 만들어졌다고 나온다. 아다만트는 철기라고 볼 수 있지만, 다른 창작물에선 아다만트나 아다만틴, 아다만타이트 같은 식으로 부르기도 한다.

양처럼 생긴 흥미로운 생명체 '메아'가 등장하는 작품, 『영민 0명으로 시작하는 변경 영주님』
마스코트와 가축으로서만이 아니라, 이 세계의 신화적 설정과 관련되었다는 점이 재미있다.
ⓒEARTH STAR Entertainment.

판타지 칼럼

판타지의 여러 환수들

1. 점액 괴물, 슬라임의 공포

어느 날, 거리에서 사고가 있었다. 주인공이 난폭한 사람의 칼에 찔려 숨을 거둔 것이다. 그의 이야기는 여기서 끝나지 않았다. 주인공이 다른 세계에서 환생했기 때문이다. 문제는 그가 환생한 몸이 인간이 아니었다. 아니 동물조차 아니었을지도 모른다.

그 몸에는 팔다리는 고사하고, 몸통과 머리도 구분할 수 없었다. 눈 코 입, 어느 것도 없었기에 말을 하거나 숨을 쉬기는커녕 주변을 보지도 못했다. 그 몸은 아예 제대로 된 형태조차 없었다. 젤리 같은 느낌에 흐물거리는 점액질의 몸.

주인공은 바로 슬라임(Slime)이라 불리는 괴물로 다시 태어난 것이다. 검과 마법의 판타지 세계에서 기묘한 모습으로 환생한 주인공, 과연 주인공은 어떻게 살아가게 될까?

소설 『전생했더니 슬라임이었던 건에 대하여(이하 전생슬)』(후세)는, 우리 세계에서 평범하게 살다가 살인 사건에 휘말려 죽은 주인공이, 슬라임이라는 기묘한 괴물로 다시 태어나서 겪는 이야기이다. 다채롭고 특이한 설정이 많은 라이트노벨 중에서도 흥미로운 내용이 많은 작품으로 소설, 만화책 등 관련 작품을 모두 포함하면 3,000만 부가 넘게 팔린 인기 작품이다(만화 연재 잡지에서는 본편, 외전을 합쳐 5편의 만화가 동시 연재되고 있다).

소설 중에서 인간이 아닌 몸으로 다시 태어나는 이야기는 적지 않다. 일찍이 소설 『드래곤과 조지』(고든 R. 딕슨)에서 주인공의 영혼이 드래곤 몸에 들어가서 활약하는 이야기가 나왔으며, 일본에서도 해골 모습의 마법사로 등장하는 『오버로드』를 필두로 무수한 작품에서 다양한 모습으로 '환생(전생)'하는 이야기가 펼쳐진다(전생슬도 『오버로드』에서 영감을 얻었다고 한다).

『전생슬』에서 주인공은 슬라임이라는 괴물로 다시 태어난다. 중간부터 인간 모습을 할 수 있게 되지만, 그 본질은 성별도 없는 점액질 괴물. 일본 판타지에선 보통 가장 약한 괴물이라고 알려진 존재로 「드래곤 퀘스트」 같은 게임에서 슬라임은 고작해야 1 정도 피해밖엔 입히지 못하는, 최약체 적으로 등장한다.

'슬라임'이 본래부터 약한 설정은 아니다. 크툴루 신화로 유명한 H.P.러브크래프트가 창조한 슬라임의 원형인 점액질 생명체 쇼거스는 신과 같은 존재인 옛 존재(올드원)가 만든 도구였지만, 반대로 그들을 멸망시켜 버렸다. 영화 「블롭」에서 등장하는 추락한 유성에서 흘러나온 점액질 괴물은 칼도 총도 통하지 않으며, 달라붙은 모든 존재를 녹여서 잡아먹는다(1988년에 리메이크된 작품에선 폭탄이나 총의 에너지도 흡수하여 더욱 커진다).

슬라임이라는 이름의 괴물은 1953년 미국의 조셉 페인 브레넌이 쓴 동명의 단편 소설에서 등장한다. 여기서 슬라임은 처음 바다가 태어날 때 생겨난 존재로 바닷속 깊은 곳에 살고 있으며, 가까이 다가간 모든 것을 잡아먹는다. 무한한 허기로 괴로워하며, 모든 것을 녹여 삼켜버리는 슬라임은 정말로 무시무시하기 이를 데 없는 괴물로 묘사되고 있다.

슬라임이나 그와 비슷한 점액질 괴물은 모든 종류의 이야기 속에서 끔찍하고 무시무시한 존재로 등장한다. 생각해 보자. 슬라임은 점액질이며 자유롭게 모양을 바꿀 수 있다. 칼로 베어봐야 둘로 갈라질 뿐, 금방 다시 붙어버린다. 화살이나 총은 물론, 대포에도 끄떡없다. 강력한 독이나 산성 물질로 이루어져 있어 달라붙은 모든 것을 녹여버린다. 사람은 물론이고 강철조차 오래 버티지 못한다. 유일한 약점은 매우 느리다는 거지만(물론 엄청나게 빠르게 움직이는 슬라임도 나온다) 어두운 동굴 속에서 갑자기 머리 위에 떨어지면 한순간에 게임 끝. 용사 건 마왕이 건 추한 점액질 괴물로 변해버리고 만다.

하지만 미국 게임 「위저드리」에서 상황이 바뀌었다. 여기서 등장한 슬라임은 공격력도 약하고, 가볍게 때리기만 해도 쓰러지는 약한 적이었기 때문이다. 점액질 몸을 하고 있으니 끔찍하게 생겼다는 점은 변함이 없다. 때로는 반쯤 녹아버린 사람 같은 모습으로 등장하는데, 별로 유쾌한 모습은 아니다. 영화 「고스트버스터즈」에서 등장한 슬라임 모양 괴물, 머깨비(슬라이머)는 조금은 귀여운 모습도 있지만 말이다.

일본 게임 「드래곤 퀘스트」에서 슬라임의 상황은 다시 한번 바뀐다. 「드래곤 퀘스트」를 만든 개발자 호리이 유지는 「위저드리」를 참고로 슬라임 괴물을 넣기로 했다. 당연히 매우 약하고, 추한 점액질 모양으로

생각하고 그림을 그려달라고 부탁했을 것이다.[4]

그런데 도착한 그림을 보니 뭔가 달랐다. 우선 녹색의 점액질 괴물이 아니었다. 점액질이라고 부를 수 있을지조차 애매했다. 받은 그림에는 하늘색 투명한 젤리에 동그란 눈과 입이 달린, 물방울 모양 앙증맞은 생명체가 있었다.[5] 개발자들이 얼마나 당황했을까? 약하지만 추한 괴물을 그려달라고 했는데, 정작 나온 건 아이들이 좋아할 만한 귀여운 생명체, 인형이라도 있다면 당장 껴안고 자고 싶어질 만한 그런 존재였으니 말이다.

호리이 유지는 이 디자인을 받아들이고, 예정대로 최초의 가장 약한 적으로 등장시켰다. 그것도 한 종류만이 아니라, 디자인을 바꾸며 계속 등장시킨다. 녹색이나 주황, 빨강처럼 다양한 색상은 물론 하늘에 둥둥 떠다니는 슬라임이나 소라껍데기를 뒤집어쓰고 위장한 슬라임, 금속으로 된 슬라임도 있었다. 슬라임을 타고 다니는 기사가 있는가 하면, 해파리처럼 다리가 달린데다 마법도 쓰는 슬라임도 등장한다. 입도 있으니 당연히 말도 한다.

"나는 나쁜 슬라임이 아니야."

한 슬라임이 이렇게 말하면서 슬라임은 적으로서만이 아니라 중립 캐릭터, 나아가 용사를 돕는 아군으로 등장하게 된다. 어느새 슬라임은

4 「드래곤 퀘스트」 시리즈의 캐릭터와 몬스터는 『드래곤볼』, 『닥터슬럼프』로 잘 알려진 도리야마 아키라가 원화를 그리고 있어서 기존 판타지 작품과 상당히 다른 느낌이다.

5 무생물적인 캐릭터에 눈이나 입 같은 얼굴 모양을 넣으면 캐릭터의 느낌이 달라지고 귀엽게 변하는 경향이 있다. 비슷한 사례로 생태계의 진화를 다룬 게임 「스포어」에서 제작자인 윌 라이트는 최초의 세포 캐릭터에 "세포에 눈이 없는 건 알지만, 있으면 귀엽다."라며 눈을 집어넣었다.

「드래곤 퀘스트」를 대표하는 마스코트 캐릭터가 되었다. 인형이나 장난감에 이어, 슬라임이 주인공인 게임까지 나오면서 사람들을 즐겁게 해주었다.

평범한 사람이 슬라임으로 환생한 이야기 『전생슬』에서 주인공은 슬라임 모양으로 귀여움을 받는다. 악당들은 그를 '고작 슬라임 주제에'라며 비웃지만, 사실은 무진장 세고 강력하다. 본래의 슬라임 설정대로 무엇이든 삼켜서 흡수하며 그만큼 강해지는 점액질 괴물이기 때문이다.

『전생슬』의 슬라임은 능력으로 보면 쇼거스나 블롭처럼 무시무시한 괴물이다. 하지만 그 모습은 「드래곤 퀘스트」의 그것처럼 귀엽고 앙증

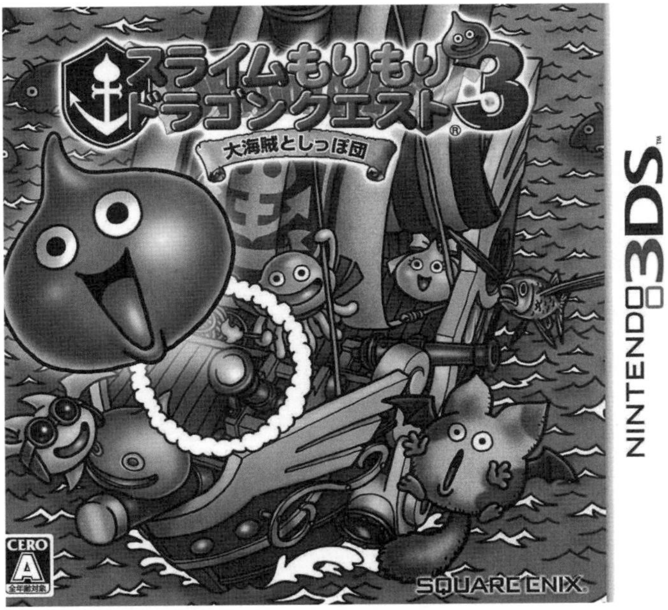

추한 괴물이었던 슬라임이 주인공이 된 게임 「슬라임 모리모리(부쩍부쩍) 드래곤퀘스트」
이 모든 건 귀여운 그림 한 장에서 시작되었다.
©2011 ARMOR PROJECT/BIRD STUDIO/SQUARE ENIX

맞게 생겼다. 이제까지 등장한 다양한 슬라임의 장점을 모두 뒤섞은 존재. 그만큼 매력적인 모습으로 인기를 끈 것이다.

이 모든 건 한 만화가가 제작진이 바랬던 추한 점액질 괴물을 귀여운 캐릭터로 그려내면서 시작되었다. 발상의 전환이 추한 괴물을 인기 캐릭터로 바꾼 이야기는 환수의 재밌는 가능성을 보여준다.

읽을거리 **슬라임은 정말로 어떻게 되어 있을까?**

판타지의 여러 환수 중에서도 슬라임만큼 다채롭고 독특한 존재는 쉽게 찾기 힘들다. 최약에서 최강까지 강한 정도가 다양하며 외형도 영화 「고스트버스터스 2」에 등장하는 추한 점액에서부터 귀여운 물방울 모양까지 무수하기 때문. 「드래곤 퀘스트」만 해도 슬라임의 형태가 한도 끝도 없지만, 동서양 여러 작품에 등장하는 슬라임을 생각할 때 그 종류와 특성은 판타지 최고 인기 환수인 드래곤에 필적한다고 해도 과언이 아니다. 많은 작품에서 슬라임은 다양한 형태로 연출되지만, 크게 다음 4가지로 구분할 수 있다.

우주에서 온 끔찍한 점액질 괴물의 공포를 그려낸 영화, 「블롭」
슬라임의 공포를 느낄 수 있다.
©1958 Paramount Pictures

1) 점액질 집합체

하나의 생명체가 아니라, 의지를 지닌 무수한 점액 생명체로 구성된 사례.

영화 「블롭」에 나오는 존재가 대표적으로, 서양의 슬라임은 이쪽을 가리키는 경우가 많다. 세균이나 나노머신 집합체 같은 것으로, 본능만으로 움직인다. 점액질 자체가 독성을 지니고 있어 접촉하는 모든 것을 녹여서 흡수하고 그만큼 덩치가 커진다. 「블롭」에선 일단 달라붙으면 떼어낼 수 없지만, 물이나 약품으로 씻어내거나 불길로 그을려 태울 수 있는 작품도 있다. 점액질 덩어리라 얼마든지 나뉘어 증식하며 약점에 해당하는 장소가 없지만, 액체에 가까워서 냉기에 약하다는 설정이 많다.

영화 「고스트버스터즈 2」에서도 비슷한 슬라임이 나오는데, 「블롭」과 달리 독성이 없어서 빠진 대원들이 무사할 수 있었다. 다만 이 슬라임은 정신 에너지에 영향을 받아 그 특성이 바뀌기에, 사악한 기운을 받은 슬라임이 묻은 옷을 입은 대원들은 분노에 가득차 서로를 죽이려고 싸우기도 했으며, 선한 기운을 받아 악령을 물리치는 무기로 사용할 수도 있다. 음악, 특히 신나는 음악에 영향을 받아 강력한 에너지를 발휘하여 자유의 여신상이 로봇처럼 움직여서 적의 본거지로 쳐들어갈 때 활용하기도 했다.

작품에 따라선 사람 같은 유기물이나 쓰레기 같은 특정한 소재만 녹이는 슬라임도 나오는데, 이 경우 유리나 금속에 가둘 수 있다.

『전생슬』 주인공은 약점이라는 부분이 없고 몸이 완전히 박살나도 다시 합쳐지는 등 이 점액질 집합체에 가깝지만, 하나의 생명체로서 생각하며 활동한다. 원하는 존재만 흡수하는 등 자유롭게 활동하는데 「블롭」의 괴물이 사고 능력을 가졌을 때 얼마나 무서운 존재가 될 수 있는지를 잘 보여주는 사례.

2) 핵(코어)를 지닌 점액질 덩어리

핵을 중심으로 일정한 양의 점액질 덩어리가 모여서 하나의 슬라임 개체를 이루는 사례. 모양을 자유롭게 바꾸어 다른 물체를 둘러쌀 수 있다는 점에서 점액질 집합체와 비슷한 느낌이지만, 기본적으로 둥글둥글한 젤리 모양을 하고 있다(표면 장력 때문에 둥근 모양을 하고 있다고 볼 수도 있다). 보통 1번 사례보다 몸이 탄탄하고 흐르지 않아서 손으로 들어 올리거나 할 수 있다. 일본의 많은 창작물, 특히 소설이나 만화에 나오는 슬라임 중 많은 종류가 이쪽에 속한다.

핵이 부서지면 활동이 정지되고 액체로 변하거나 소멸하지만, 핵만 무사하면 회복되는 사례가 많다. 슬라임이 아니라도 부정형이나 집합형 적에게 핵이 있는 건 창작물에 자주 사용되는 사례. 많은 경우 핵은 눈에 보이지 않아 쉽게 물리칠 수 없지만, 소설 『신들에게 주워진 남자』(Roy) 속 슬라임처럼 구슬 모양 핵이 있어 간단히 파괴할 수 있는 경우도 있다.

3) 젤리 모양 짐승

「드래곤 퀘스트」가 대표적인 사례로, 「영웅전설」 등 많은 일본 RPG의 슬라임이 해당한다. 고무 인형에 가까운 몸으로, 「드래곤 퀘스트」에선 물방울 모양 몸에 눈과 입도 있다. 대다수 슬라임이 눈에 해당하는 감각 기관이 없어 냄새나 기척, 소리(진동)으로 먹이를 감지하는 것과 차별된다(『전생슬』 주인공도 눈이 없어서 마법적인 힘으로 주변을 인식하며, 마법을 쓸 수 없으면 주변을 볼 수 없다). 「드래곤 퀘스트」의 슬라임이 워낙 유명해서 다른 슬라임엔 눈, 입이 없지만 게임 「마도 이야기」 시리즈의 비슷한 생명체 뿌요[6]에겐 눈이 있다.

이 종류의 슬라임은 몸이 유연해서 쉽게 모양을 바꿀 수 있고 몸 일부를 팔이나 다리처럼 뻗어서 물건을 집거나 할 수 있지만, 칼로 손쉽게 베어지며 상처가 심하면 죽어버린다. 유연한 몸을 빼면 보통 짐승과 다를 바 없는 것. 칼이 아니라 철퇴나 몽둥이 같은 둔기로도 타격을 가해서 죽여버릴 수 있다. 일본 창작물에서 슬라임이 최약체 몬스터로 불리게 된 것은 이런 특성 때문이다.

「드래곤 퀘스트」의 슬라임은 여러 마리가 모여 킹슬라임이라 불리는 거대한 슬라임으로 변하는 특성도 있으며, 메탈 슬라임이라고 해서 금속으로 이루어진 슬라임도 있다. 금속이기에 당연히 유연성도 없지만, 모든 마법을 튕겨내고 공격도 쉽게 통하지 않는다. 「드래곤 퀘스트」나 『마도 이야기』의 뿌요 같은 존재는 지능이 있으며, 말을 배워서 대화를 나누기도 한다.

6 뿌요 – 퍼즐 게임 「뿌요뿌요」에서 같은 색의 4마리를 합치면 소멸하는 젤리형 생명체. 젤리형이지만, 같은 색끼리 서로 붙어버린다. 슬라임과 달리 다른 세계에서 온 생명체로 번식 속도와 재생 능력이 높아서, 이들이 너무 늘어나서 세상을 뒤덮는 상황을 막기 위해서 '뿌요뿌요 승부'라는 놀이가 보급되었다는 설정이 있다. 4마리를 모으면 사라지는 것도 원래의 특성이 아니라, 오와니모라는 시공 마법을 해방하여 같은 모양 4개를 모으면 사라지게 했다는 설정이었다.

4) 소화액으로 둘러싸인 생명체

던전에서 몬스터들을 잡아서 요리해 먹는다는 설정의 판타지 요리 만화 『던전밥』의 슬라임이 대표적인 사례로, 여기서는 위장이 반대로 뒤집힌 느낌이라 설정하고 있다. 해파리처럼 흐느적거리는 고형질의 몸을 점액질 소화액이 둘러싸고 있는 형태. 유연하지만 고체의 몸이 있으며 눈에는 잘 보이는 장기(두뇌, 호흡기, 내장 등)가 있어서 이들을 정확하게 노리면 칼로도 죽일 수 있다는 설정이다. 『던전밥』에선 슬라임의 점액을 씻어내고 말려서 해파리 같은 요리 재료로 쓰는 장면이 인상적이다. 던전의 모든 존재를 식재료로 삼는다는 작품 특성상, 슬라임이라는 존재를 어떻게 식재료로 만들지 고민한 작가의 아이디어가 돋보인다.

「드래곤 퀘스트」 이래 슬라임은 다양하게 변화했지만 『던전밥』처럼 기존 슬라임과 다른 사례도 늘어나는 만큼, 자신만의 설정으로 흥미롭게 연출하는 것도 좋다.

2. 드래곤Dragon, 판타지 세계 최강의 환수

J.R.R.톨킨의 명작, 『호빗』은 작은 난쟁이 호빗과 드워프가 함께 모험을 떠나는 이야기이다. 멀리 떨어진 땅, 외로운 산에서 보물을 되찾는 모험의 기록이다. 영화에 따르면 그 이야기는 이렇게 시작된다.

"오래전, 가장 위대한 왕국 에레보르가 있었다. 왕국은 산속 깊은 곳에 세워졌는데, 얼마나 아름다운지 명성이 자자했고 왕국 밑 땅속에는 온갖 귀한 보석들과 흐르는 강처럼 엄청난 양의 금이 묻혀있었다. 왕은 갈수록 더 많은 금을 원했고 탐욕에 사로잡힌 그의 마음은 병들기 시작했다. 마음이 병들면 불행한 일이 따르는 법. 북쪽에서 폭풍이 밀려오듯 천지를 흔드는 소리가 들렸고, 산의 나무들은 뜨거운 바람에 갈라지고 쓰러졌다. 불을 내뿜는 북쪽의 드래곤, 스마우그가 나타났다. 그날 처참한 살육이 계속됐다. 에레보르를 영원히 뺏긴 것이다. 난쟁이들은 황무지를 떠돌았고 과거의 영광은 사라져 버렸다…."

서양에서는 드래곤(Dragon), 동양에서는 용(龍)이라 부르는 환수가 있다. 일부 소설이나 애니메이션에서는 주인공에게 가볍게 당해버리는 약골로 묘사되지만, 사실 판타지나 전설에서는 가장 강력하고 위험한 존재이다. 『호빗』에선 강인한 전사로 가득한 위대한 왕국이 단 한 마리의 드래곤 때문에 멸망하고, 드워프들은 초라하게 도망치니 말이다. 신화 시대부터 근대에 이르기까지, '드래곤을 죽인 자(드래곤 슬레이어)'라는 별명은 수많은 전사와 모험가에겐 최고의 명예이며, 일생을 걸고 도전할만한 가치 있는 일이라고 생각되었다. 그만큼 드래곤이 강하고 위험한 존재이며, 세상에 큰 영향을 미친다는 뜻이다.

드래곤은 판타지에서만 나오지 않는다. 고대 신화나 전설에서, 그리고 동화나 설화에서 드래곤에 맞서는 용사와 기사, 왕자를 볼 수 있다. 동양과 서양, 구대륙과 신대륙을 가리지 않고 드래곤은 인기 있는 소재였다.

드래곤의 전설이 이처럼 여러 곳에서 생겨난 것은 '공룡' 때문이라고 생각된다. 6,000만 년 전 운석으로 멸망하기 전까지 수억 년 동안 지구를 지배한 공룡의 화석은 세계 각지에서 발굴되었는데, 사람들은 도마뱀을 닮은 그 거대한 뼈를 보고 강력한 괴물, 드래곤의 시체라고 생각했다. 공룡(恐龍, Dinosaur)이라는 이름 자체가 '무서운 용', 또는 '무서운 도마뱀'이라는 뜻인데, 중국에선 공룡 화석을 용 뼈라 부르며 약재로 쓰기도 했다.

지금은 보이지 않지만 어딘가에 있을지 모르는 거대하고 무시무시한 괴물. 그 놀라운 뼈를 보면서 사람들은 온갖 상상을 풀어냈고 모험과 낭만을 담았다. 그리하여 세계 각지의 온갖 드래곤 전설이 탄생했다.

판타지에서 등장하는 드래곤은 보통 다음과 같이 묘사된다.

'도마뱀이나 뱀을 닮은 거대한 몸은 강철보다 강한 비늘이 뒤덮고 있으며 등에는 박쥐 같은 거대한 날개가 있다. 긴 꼬리와 긴 목을 지니며, 입에서는 불길이나 독을 뿜거나 바위도 부술 수 있는 거대한 소리를 낸다. 드래곤의 육체는 어지간한 집보다 훨씬 크고, 때로는 성이나 산보다 더 커서 하늘을 날아다닐 때는 갑작스러운 밤이 찾아오는 것처럼 하늘을 어둡게 물들인다.'

드래곤은 덩치가 크고 난폭하지만, 매우 교활하고 똑똑해서 수많은 종족의 말을 알아듣고 때로는 마법도 사용한다. 욕심이 많은데 서양의 드래곤은 황금에 대한 집착이 강해서 아주 조그마한 재물도 손에서 놓지 않는다고 한다. 『호빗』에서 드워프 왕국이 습격당한 것도 지나치게 많은 보물이 악룡 스마우그의 관심을 끌었기 때문이었다. 스마우그는 머나먼 북쪽에서 산더미처럼 쌓인 황금의 냄새를 맡았고, 이를 차지하고자 왕국을 습격하여 모든 것을 파괴하고 짓밟았다. 왕국의 황금만이 아니라 인간 마을의 작은 금화 하나도 스마우그의 후각을 피할 수 없다. 그로 인해 난쟁이뿐 아니라 인간들도 괴로워하게 된다.

흥미로운 것은 『호빗』에서 난쟁이와 인간은 결국 드래곤을 퇴치하지만, 싸움은 여기서 끝나지 않았다는 점이다. 난쟁이, 드워프 지도자인 소린은 그의 조부처럼 병에 걸렸다.

그것은 '용의 저주'라고 불리는 병. 바로 황금의 유혹이었다. 탐욕에 물든 소린은 인간들과의 약속을 어기고, 엘프와도 맞선다. 오직 황금을 차지하기 위하여 그는 전쟁을 각오한다. 그가 증오하고 싸웠던 드래곤과 똑같은 존재가 되어 버린 것이다. 빌보는 친구가 된 그를 위해 걱정하며 돕고자 하지만, 소린은 그런 우정조차 저버리고 빌보를 저주한다.

오랜 옛날부터 드래곤을 물리치면 명성만이 아니라 막대한 재산도 얻을 수 있다고 한다. 그것이 항상 좋은 것만은 아니다. 신화나 전설은 경고한다. 드래곤의 황금을 탐한 자는 소린처럼 탐욕에 빠져버릴 것이라고, 심지어 게르만 신화 속 드워프왕의 아들 파프니르처럼 황금에 몰두해서 그 자신이 추악한 드래곤으로 변해버릴지도 모른다.

신화 속에서 괴물로 변한 파프니르를 해방시킨 것은 영웅 시구르드였고, 그 역시 황금의 저주로 목숨을 잃고 말았다. 하지만 『호빗』에선 다르다. 『호빗』에서 인간과 엘프와의 타협을 거부하고 저주받은 던전에 틀어박혀 동포조차 돌보려 하지 않았던 소린을 가만히 놔둘 수 없었던 빌보는, 우연히 손에 넣은 보물을 갖고 던전을 빠져나가 인간과 엘프를 만났다. 그리고 그 보물, 산의 심장이라 불리는 아르켄스톤과 자신이 얻기로 되어 있던 막대한 황금을 그들에게 내어주기로 하고 드워프 친구들을 도와달라고 한다. 왕국 모든 황금의 1/14. 그야말로 하나의 왕국을 세우기에 충분할 만한 황금을 포기한 것이다.

드워프나 인간, 엘프만이 아니라 사악한 악의 군세마저도 눈독을 들이는 황금. 드래곤조차도 빠져버리는 황금의 저주가 빌보에게는 통하지 않았다. 산더미 같은 황금이나 이를 통해 얻을 수 있는 명성보다 함께 모험하며 우정을 나누었던 친구들이 더욱 소중했기 때문이다. 친구를 생각하는 빌보의 순수한 마음은 인간과 엘프를 감동시켰고, 저주로부터 소린의 마음을 해방시켜 진정한 영웅으로 다시 태어나게 했다. 드워프, 인간, 그리고 엘프는 함께 손을 잡고 사악한 악의 군세와 맞섰다.

다섯 군대 전투라 불리는 이 싸움에서 작은 호빗에 불과한 빌보는 활약하지 못했다. 전투가 시작되고 바로 어디선가 날아온 돌에 맞아 기절해 버렸기 때문이다. 하지만 그의 진심이 있었기에 사람들의 마음은 하나가 될 수 있었다. 치열한 싸움 끝에 많은 이가 희생되었지만, 그들은 세상을 위협하는 어둠의 군세를 물리치고 평화를 불러왔다. 그리고 빌보와 소린의 우정은 다시 회복되었다.

오랜 옛날부터 드래곤은 용사들에게 더 없는 시련이자 모험의 대상으로 여겨졌다. 드래곤은 그 강력한 힘으로 도전자의 용기와 힘을 시험할 뿐만 아니라, 황금으로 도전자의 마음을 시험한다.

우리가 드래곤을 최강의 환수라고 부르는 것. 그토록 많은 사람이 드래곤 이야기를 좋아하며, 드래곤에 맞서고 싶어 하는 것은 바로 그 때문일지도 모른다. 드래곤은 바로 우리 자신의 진정한 모습을 깨닫게 만들어 주는 거울이니까.

드래곤을 물리치는 성 조지
이처럼 유럽에서 사악한 드래곤을 물리치는 건 성자나 영웅의 행위로 여겨졌다.

읽을거리 드래곤의 진정한 보물은 무엇일까?

유럽의 전설에서 드래곤을 물리치면 명성뿐 아니라 막대한 보물을 얻을 수 있다고 한다. 적을 물리칠 수 있는 강인함을 중시하는 중세 유럽 세계에서 드래곤을 물리친 용사가 칭송되는 것은 당연했으며 그것만으로 부와 명성, 그리고 지위를 얻기에는 충분했을 것이다.

하지만 판타지 세계에서 드래곤 퇴치는 그 이상으로 여러 가지 보물을 안겨주는 결과를 낳을 수 있다. 소설 『로도스도 전기』에서는 뛰어난 마법으로 번성했던 고대 마법 왕국에서 5마리의 고대용을 마법으로 지배하여, 중요한 마법 아이템을 지키도록 했다. 가장 강력한 환수인 드래곤은 무언가를 지키는 파수꾼으로서도 좋았기 때문이다.

때로는 드래곤 그 자체가 중요한 보물이 될 수도 있다. 드래곤의 피나 고기는 영생을 준다는 전설도 있는데, 불로불사를 위해 막대한 노력을 기울인 진시황 같은 사례를 볼 때, 드래곤의 몸이 주는 가치는 헤아릴 수 없을 정도이다. 동양의 용에겐 여의주나 기가 응축된 내단 같은 것이 들어있다는 설정이 등장하는데, 이 역시 어떤 병이라도 고쳐주고 한순간에 초인으로 만드는 힘을 지니고 있다고 한다. 소설 『추룡기행』(운중행)에선 불치병에 걸린 은인을 치료하고자 용을 찾아 나서는 이야기가 등장한다. 본적도 없는 용을 찾아 나설 만큼 절실한 마음을 보여주지만, 동시에 그만큼 사람들이 용의 가치를 높게 본다는 것을 느끼게 한다.

드래곤의 몸에 마법적인 가치가 없어도, 그 가치는 절대로 작지 않다. 드래곤에서 나오는 고기의 양은 마을이나 도시를 먹여 살리기에 충분하며(만화 『공정드래곤즈(쿠와바라 타쿠)』처럼 고래 대신 용을 사냥하는 포룡선이 등장하는 작품도 있다), 거대한 뼈들은 장식적 가치가 뛰어나다. 용의 머리뼈 정도면 왕궁에 전시해서 애국심을 고취하고, 대대로 자랑거리로 삼기에 충분할 것이다. 강철보다 단단하면서도 가벼운 비늘은 전설적인 무기나 방어구 재료로 적합하다. 크기에 따라선 작은 나라의 군대를 모두 무장시킬 수 있으니, 단번에 군사력이 상승한다(엄청난 덩치에서 쏟아내는 막대한 양의 배변도 거름으로 쓸 만하지 않을까? 마법의 힘이 담겨있다면 더욱!).

전설에선 한 명의 기사가, 판타지에서도 보면 소수의 모험가가 상대하는 드래곤이지만 드래곤이 주는 경제적 가치, 그리고 드래곤의 힘을 생각할 때 물리친 뒤의 처리를 생각하지 않을 수 없다. 드래곤에 맞설만한 힘을 지닌 용사라도 혼자서 거대한 드래곤을 처리하기는 힘들다. 최소한 고기를 해체하는 것만으로도 숙련된 장인 수십 명이 달려들어야 할지도 모른다. 어쩌면 마법의 힘이 있을지 모르는(설사 아무런 힘이 없어도, '드래곤의 피'라는 말에 혹하지 않는 사람이 있을까?) 막대한 보물의 산을 가만히 썩혀버리는 건 정말로 아까운 일이기에 서둘러 처리해야 한다. 수많은 인력이 동원되고 엄청난 경제적 효과로 인해 한 나라, 아니 세계 경제가 요동칠 가능성도 있다. 가히 거대한 금광에 가까울 정도. 때때로 갑작스러운 부귀는 경제를 혼란시킬 수 있다고 하는데, 이 탓에 나라나 도시가 몰락한다면 그 역시 '드래곤의 저주'라고 할 수 있을 것이다.

바그너 작품, 「니벨룽의 반지」는 드래곤의 끔찍한 보물을 잘 보여주었다(Izrail Bograd, 1924).

3. 용, 신비로 가득한 위대한 환수

오랜 옛날, 두 마리의 이무기가 있었다. 선한 이무기와 사악한 이무기는 용이 되기 위하여 500년마다 한 번씩 태어나는 여의주를 가진 소녀를 차지하고자 싸웠다. 사악한 이무기가 여의주를 얻으면 악룡이 태어나서 세상을 파괴하지만, 선한 이무기가 여의주를 얻으면 신룡이 태어나서 세상을 구한다….

영화 「디워」에서는 이 같은 전설과 함께, 현대를 무대로 여의주를 얻고자 두 이무기가 싸우는 이야기가 펼쳐진다.

이무기는 한국 전설에 나오는 신비한 짐승이다. 깊은 호수나 큰 강에 사는 이무기는 거대한 뱀이 오랜 세월 수행을 한 끝에 변신한 모습이라고 여겨지는데, 이 이무기가 다시 수행을 쌓아서 시간이 흐르면 용이 되어 하늘로 올라간다고 한다. 거대한 뱀 모양의 이무기와 더욱 크고 강력한 힘을 가진 용. 이것은 서양의 드래곤(Dragon) 전설과 구별되는 동양만의 신비한 용(龍) 이야기이다.

세상에는 온갖 모양의 용이 있다. 일찍이 바빌론 신화에선 모든 신의 어머니이자 그들에 맞서 싸운 거대한 티아마트가 있고, 성경에서도 악어나 거북 모양의 바다 생물 레비아탄이 있다. 게르만 신화에는 지구를 둘러쌀 정도로 거대한 괴물뱀, 요르문간드나, 본래 인간이었지만 황금의 저주로 드래곤이 되어버린 파프니르가 등장한다. 일본의 여덟 개의 머리를 가진 거대한 뱀, 야마타노 오로치나 아스텍의 깃털 달린 거대한 뱀신, 케찰코아틀처럼, 용의 종류에는 끝이 없으며 동화, 설화에 이르면 더욱 다채롭다.

유럽의 드래곤은 박쥐 모양 날개를 가진 거대한 도마뱀처럼 묘사된다. 공룡의 뼈를 바탕으로 상상한 환상의 생명체인 드래곤은 욕심이 많고 교활하며 잔인하고 사악한 모습으로 종종 등장한다.

모든 드래곤이 사악하고 욕심 많은 것은 아니다. 동화나 판타지 이야기에선 오랜 세월을 살면서 인자한 마음을 가진 드래곤이 나오기도 하기 때문이다. 미카엘 엔데의 작품 『끝없는 이야기』에 나오는 행운의 드래곤 푸쿠르는 강아지처럼 귀여운 얼굴에 노래처럼 아름다운 목소리를 갖고 희고, 부드러운 털이 폭신한 매력적이고 사랑스러운 드래곤이다.

일부 예외를 제외하면 서양의 신화나 전설에서 드래곤은 대개 악당으로 등장하지만, 동양에서는 조금 다르다. 산 제물을 요구하는 거대한 뱀 같은 괴물도 있지만(그리고 그들은 대개 자신들이 요구한 산 제물로 변장한 용사-때로는 여전사-에게 쓰러진다), 대다수 용은 선량하고 위엄이 있으며, 강한 힘을 가진 존재다.

손오공에게 협박당해 여의봉을 빼앗기고 나타에게 힘줄이 뽑혀 죽기도 하지만, 용은 대개 그 누구도 상대되지 않는 무시무시한 힘을 가진 존재이다. 하지만 그 힘을 함부로 휘두르지 않는다. 그들은 단순히 환상의 생명체, 맹수가 아니라 세상을 다스리는 신이기도 하기 때문이다.

동양 전설에는 수많은 용이 있지만, 그중 동서남북 바다를 다스리는 용왕이 가장 유명하다. 바닷속 깊은 곳 용궁에 머무르는 용왕은 『심청전』 같은 이야기에서 종종 화를 내는 모습을 보여주기도 하지만, 대개는 유순하며 함부로 행동하지 않는다.

용왕은 구름을 불러 세상을 뒤덮고 비를 내리며, 천둥과 번개를 내리는 힘을 갖고 있다. 나아가 바다를 다스리며 폭풍이나 해일을 일으키며, 때로는 위험에 빠진 뱃사람을 구해주기도 한다.

동양의 용은 뱀처럼 긴 몸을 갖고 있다. 몸은 물론 강철보다 강한 비늘이 뒤덮고 있으며, 머리에는 사슴과 같은 두 개의 뿔이 있고, 긴 한 쌍의 수염이 나 있다. 뱀과 달리 용에게는 4개의 발이 있다. 발가락에는 물론 강철도 찢어 버릴 수 있는 발톱이 있는데, 발가락의 개수에 따라 신격이 달라진다는 전설도 있다.

용왕은 때때로 여의주(如意珠)라는 구슬을 가지고 등장한다. 이 구슬은 뜻하는 바를 마음대로 이룰 수 있다고 하는데, 용왕은 여의주로 큰 힘을 사용할 수 있다. 일본 만화가 토리야마 아키라는 이 '여의주'에서 힌트를 얻어 소원을 들어주는 드래곤볼과 신룡을 창작했다.

신과 같은 힘을 갖고 세상을 다스리는 존재이기 때문에 이따금 용은 황제를 상징하는 동물이라고 여겨졌다. 그래서 황제의 얼굴을 '용안', 황제의 옷을 '용포', 황제의 자리를 '용좌'라고 부르게 했다. 특히 황제의 용은 다섯 개의 발가락을 갖고 있다고 하기 때문에, 다섯 발가락을 가진 용 문양은 아무나 쓸 수 없었다.

용은 구름을 타고 승천한다고 한다. 사람들은 하늘 높이 올라가는 거대한 회오리바람을 보면서 용이 승천한다고 생각했고, 이를 용오름(용권龍卷)이라고 불렀다.

용은 실제로 존재하는 동물이 아님에도, 십이지에 포함될 만큼 동양 사람들에게 친숙한 존재이다. '용호상박', '화룡점정'처럼 용에 대한 온갖 속담과 격언이 존재하고 지금도 사용되고 있을 정도이다. 유럽의 드래곤처럼 관련된 전설이나 설화는 많지 않지만, 그만큼 유명하고 잘 알려진 환수라고 할 수 있다.

중국에선 공룡 화석을 용뼈라고 하여 약제에 썼던 만큼, 용은 드래곤과 마찬가지로 공룡에서 영감을 받아서 만들어졌다고 생각된다. 그런데도 이렇게 다른 것은 어째서일까? 여러 가지 이유가 있지만 동양 사람들이 용을 단순히 환상의 생명체가 아니라, '수행을 쌓아서 승천한 존재'라고 생각했기 때문이라 여겨진다.

용은 알에서 태어난다는 전설도 있지만, 어느 쪽이건 오랜 세월에 걸

고분 벽화 속 청룡

사신 중 하나로서 신통력을 지닌 것을 잘 보여준다.

쳐 수행을 통해 진정한 모습으로 변화한다고 여겨진다. '등용문'처럼 폭포를 거슬러 올라간 잉어가 용이 된다는 전설도 있으며, 앞서 소개한 이무기도 용이 그냥 태어나는 게 아님을 보여주는 사례이다. 예로부터 사람들은 오랜 존재에 경의를 표했는데, 특히 동양에선 수명이 긴 동물을 영물이라 부르며 숭상했다. 그런 만큼 사람들은 길고 긴 세월을 수행하며 성장한 용이야말로 세상의 진정한 이치를 잘 알고 삶을 아는 존재라고 생각했다. 동양 이야기 속에서 신 같은 힘을 가진 용왕이 그 힘을 함부로 자랑하지 않는 것도 그 때문이다.

서양의 드래곤처럼 동양의 용도 사람의 거울과 같은 존재이다. 다만 드래곤이 인간을 시험하고 넘어서야 할 장해물이었던 반면, 용은 고결한 정신으로 동경하고 숭배하는 존재이자 인간의 마음을 비치는 거울이었다는 점에서 차이가 있다.

읽을거리 **진정한 드래곤은 어떤 것일까?**

가운데 땅의 첫 번째 이야기로서, 하이 판타지의 성장에 이바지한 『호빗』에서 드래곤이 가장 중요한 적수로 등장하듯, 드래곤은 신화나 전설, 그리고 온갖 창작 이야기에서 활약하고 있다. 서양에서부터 동양, 심지어 아프리카나 아메리카에 이르기까지 세계 각지에서 드래곤과 관련한 전승을 볼 수 있으며 지금도 드래곤에 관한 이야기가 쏟아져 나온다.

드래곤이 정말로 어떻게 생겼고 어떤 존재인지에 대해서는 전승마다, 작품마다 다르다. 보통 드래곤은 거대한 도마뱀이나 뱀처럼 파충류 느낌이지만 아즈텍 신화의 케찰코아틀이나 『끝없는 이야기』 속 푸쿠르처럼 깃털이나 털이 난 것도 있다. 영화 「아바타」 속 드래곤도 기존 상식과는 다르다. 모양이 이처럼 다양한 것은, 이들에 대하여 상상한 사람들의 바람이 담겨있기 때문이다. 서양의 드래곤은 날개로 하늘을 날지만, 케찰코아틀이나 청룡처럼 신적 존재인 용들은 신통력이 있기에 날개가 필요 없다는 식으로 상상한 것이다.

판타지에서도 드래곤/용의 모양은 제각기 다채롭고 부르는 이름도 많다. 드래곤만 생각해 보면, 보통 '드래곤'이란 이름의 환수는 4개의 다리가 있어 걸어 다닌다. 새나 박쥐 날개가 앞발이 변형된 것이라는 점을 생각하면, 드래곤은 곤충처럼 6개의 다리가 달린 셈. 다만 날개가 있지만 다리가 두 개뿐인 종도 있는데, 이들은 보통 비룡(와이번 Wyvern)이라 부른다. 반면 날개가 없고 다리가 4개인 종은 웜(Wyrm)[7]이라 부르는데, 본래 이는 「베오울프」 같은 고대 서사시나 전설에 등장하는 거대한 뱀을 말한다. 판타지 작품에서는 날개 없는 드래곤의 변종으로 설정하는 사례가 많다.

드래곤이 워낙 유명해서 따로 묘사가 없으면 4개의 다리에 날개가 있는 거대한 도마뱀을 떠올리겠지만, 파충류라도 도마뱀 이외의 모양일 수 있다. 현무처럼 거북 모양일 수도 있고(특촬물 「가메라」처럼 불길을 내뿜으며 날아다니는 거북은 어떨까?) 프테라노돈, 트리케라톱스, 티라노사우르스같은 공룡을 드래곤이라 부를 수도 있다. 깃털이 달린 새 모양도 재미있지만 고래나 물고기 모양도 좋고, 날개까지 포함해 다리가 6개라는 점을 생각해서 거대한 곤충을 '드래곤'이라 불러도 좋다(소설 『영민 0명으로 시작하는 변경 영주님(카제로)』 속의 윈드 드래곤은 거대한 잠자리처럼 생겼지만, 불도 뿜는다). 신화, 전설에서부터 창작물까지 드래곤/용의 종류가 워낙 많은 만큼 기존의 설정에 얽매이지 않고 자신만의 드래곤을 생각하고, 그들만의 능력을 고민해도 좋다. 인간의 언어를 쓰고 마법을 사용하거나, 인간의 모습으로 변하는 것은 물론이고 소설 『퍼언연대기』(앤 매카프리)처럼 유전자 조작으로 만들어 시공을 넘어서는 능력을 지니는 것도 가능하다.

'드래곤/용'은 워낙 대중적인 존재인 만큼, 자기만의 독특한 설정과 구성을 만들어 내는 것은 창작자에게 흥미로운 놀이가 될 것이다.

7 웜(Wyrm) – 벌레를 말하는 웜(Worm)과 발음은 같지만 철자가 다르다. 다만, 이런 종류의 드래곤을 – 땅을 기어다니는 벌레 같다는 뜻에서 – 웜(Worm)이라 부를 수도 있다. 보통 판타지에서 웜(Worm)이라면, 곤충처럼 생긴 종류보다는 『듄 – 사막의 행성』에 등장하는 모래벌레처럼 땅속에 다니는 거대한 지렁이 같은 괴물 – 몽골리안 데스웜 등 – 을 말하는 일이 많다.

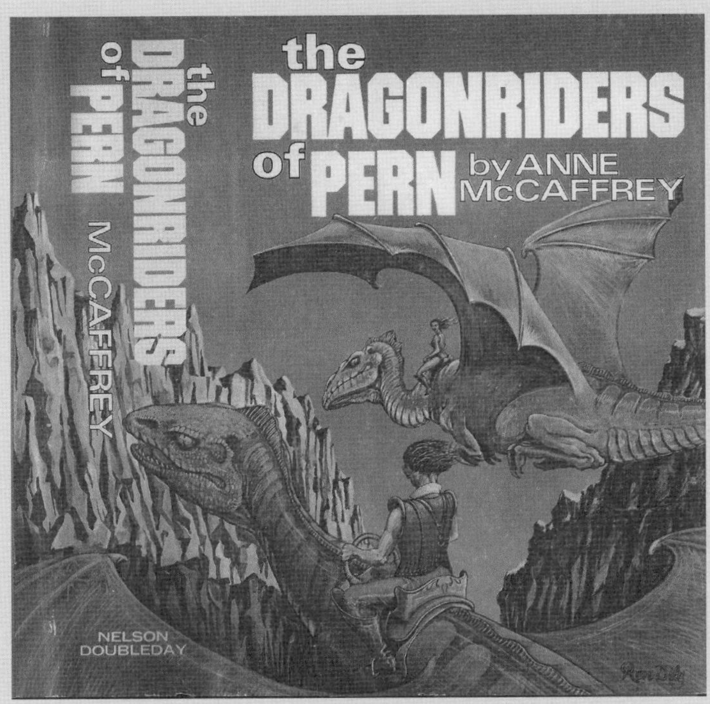

퍼언 연대기에선 용과 닮았지만, 전혀 다른 능력의 유전자 조작 짐승이 등장한다.
©Anne McCaffrey

4. 호랑이는 담배를 피웠을까? 호환과 산군의 전설

오랜 옛날, 홀어머니와 함께 사는 오누이가 있었다. 어느 날 장터로 떠났던 어머니가 돌아와 동생이 문을 열려고 했는데, 오빠가 말렸다. 뭔가 이상했기 때문이다. 알고 보니 집에 온 것은 어머니가 아니라 호랑이였다. 호랑이는 떡장수인 어머니의 떡을 빼앗아 먹고 어머니까지 잡아먹은 것도 모자라 오누이까지 잡아먹으려 한 것이다. 호랑이를 피해 나무 위로 도망친 오누이. 하지만 호랑이는 오누이를 속여 나무에 올라가는 방법을 깨닫고 쫓기 시작한다. 위기에 몰린 오누이가 하느님에게 도와달라고 하자, 하늘에서 동아줄이 내려왔다. 그렇게 하늘로 올라간 오누이는 그대로 하늘의 달님과 해님이 되었고, 욕심을 부리던 호랑이는 떨어져 죽었다.

우리에게 친숙한 「해님 달님」이라는 전래동화이다. 이와 같은 이야기는 "옛날 옛적에 호랑이 담배 피던 시절…"이라는 말로 시작한다. 호랑이가 정말로 담배를 피웠는지 아니면 먹었는지는 알 수 없지만, 그만큼 환상적으로 오랜 이야기라는 뜻이 될 것이다(담배가 우리나라에 들어온 건 1618년 조선의 광해군 때라 하니, 정말로 머나먼 옛날은 아닐지도 모른다).

그런데 왜 하필 여기서 호랑이가 나올까? 우리나라엔 다른 동물이 얼마든지 있는지 왜 '호랑이'가 담배를 피우는 걸까? 「해님 달님」 같은 옛이야기에서 호랑이가 자주 등장하고, 그 이야기들이 '호랑이 담배 피던 시절'부터 시작하는 데는 우리나라와 호랑이에 얽힌 여러 가지 사정이 얽혀 있다.

호랑이는 단군 신화에서 나올 정도로 한국에서 친숙한 동물 중 하나이다. 신화 속에서 호랑이는 참을성이 부족하여 곰에게 지고 말지만, 우리에게 가장 친숙한 신화에 등장할 정도로 친숙하다는 말이다.

그 후에도 호랑이는 각종 이야기에서 모습을 드러낸다. 「해님 달님」만이 아니라 온갖 얘기에서 호랑이의 모습을 볼 수 있고, 여러 그림에서 '담배 피우는 호랑이' 모습을 만나게 된다. 조사에 따르면 우리나라의 옛이야기에서 호랑이는 신으로 나오는 용, 그리고 악당으로 나오는 뱀에 이어 3번째로 자주 나온다고 한다.

흥미로운 건 그들 호랑이의 모습이 이야기마다 다르다는 점이다. 호랑이는 「해님 달님」처럼 악당으로 나와 사람들을 해치는 일이 많지만, 때로는 착한 사람을 도와 악당을 물리치며 나쁜 짓을 하려는 이들 앞에 나타나 꾸짖기도 한다. 호랑이가 얽힌 이야기 상당수는 호랑이에게 쫓기거나 피해를 본 주인공이 호랑이를 물리치고 영웅이 된다는 얘기로 끝난다. 남편을 잃은 아내가 호랑이를 횃불로 잡아 죽이기도 한다.

이런 이야기 속에서 호랑이는 무서운 맹수로 나오지만, 한편으론 - 해님 달님처럼 - 조금 멍청한 모습으로 당하는 일이 적지 않다. 하지만 어떤 이야기건 호랑이는 '영감을 지닌 존재'로 등장한다. 인간과 말을 하거나 말을 알아듣는 것은 기본이며, 거대한 괴물이 되고 인간으로 변하는가 하면 신선으로서 도움을 주기도 한다. '용호상박'이라는 말 그대로 호랑이는 용과 필적할 만큼 신령한 존재였다. 과거에는 어른들만 피웠던 담배를 호랑이가 물고 있는 건 호랑이를 어르신으로 여긴다는 점에서 당연한 일이었다.

예로부터 사람들은 호랑이를 산군(山君), '산의 주인'이란 이름으로 부르며 신처럼 숭배했다. 이런 호랑이가 힘을 내려준다는 이야기도 많다. 삼국유사에는 훗날 후백제를 세운 견훤이 젖먹이 시절, 부모가 일하고 있을 때 호랑이가 찾아와 젖을 먹였다는 얘기가 나온다. 그만큼 견훤이 강하고 위대한 장수라는 것을 보여주는 전설이다.

우리네 이야기 속에서 호랑이가 이처럼 자주 등장하는 것은, 그만큼 호랑이가 가깝고도 위험한 존재였기 때문이다. 비디오와 관련한 공익광고에서 '옛날에는 호환, 마마(천연두), 전쟁 등이 가장 무서운 재앙'이라는 말이 나왔다. 호환, 그러니까 호랑이에 의한 피해가 전쟁이나 대규모 전염병처럼 위험하다는 말이다. 실례로 조선 시대에는 매년 수백 명이 호랑이의 피해로 죽거나 다쳤다고 한다.

일설에는 한반도에 수백 수천 마리의 호랑이가 살았다는데 백두산이나 금강산만이 아니라, 경복궁 바로 뒤의 인왕산에도 있었을 정도였다. 실제로 궁전에 호랑이가 뛰어들었다는 기록이 남아 있는데, 얼마나 호랑이가 많았는지 '착호갑사(捉虎甲士)'라는 호랑이를 잡는 특수부대가 있었다고 할 정도. 그만큼 호랑이를 두려워한 사람들이 호랑이를 숭배하거나, 반대로 멍청한 모습으로 그려서 조금이라도 두려움을 줄이려 한 것은 당연한 일이었다.

호환이 많았던 것은 사람의 탓이기도 했다. 한반도는 시베리아와 연결된 산맥 덕분인지 먹이가 많아서 호랑이가 많았지만('불범'이라 부른 호랑이만이 아니라 '줄범'이라 부른 표범도 많았다고 한다) 사람들이 늘어나며 산과 숲이 줄면서 먹이도 줄었다. 평소에는 거들떠보지 않던 인간을 노

담배 피우는 호랑이와 이를 돕는 토끼
친숙한 그림이지만, 그 호랑이는 이제 쉽게 볼 수 없게 되었다(수원 팔달사 벽화).

리게 된 것도 모두 그 때문이었다.

'담배 피우던 호랑이'처럼 친숙하고, 서울올림픽의 상징이 되었을 만큼 가까웠던 호랑이는 우리 곁에서 사라지고 말았다. 오직 옛이야기나 동물원에서만 볼 수 있게 되었다. 호환이 사라진 것은 좋은 일이겠지만 그만큼 자연이나 신비와 멀어진 느낌이 아쉽다.

읽을거리 **판타지 세계의 맹수 사냥, 고블린 슬레이어 이야기**

맹수란 성질이 몹시 사나운 짐승으로, 보통 사람을 해치거나 하는 짐승을 말한다. 흔히 맹수라면 호랑이나 사자처럼 강한 육식동물을 생각하기 쉽지만, 개의 조상인 늑대나 고양이 비슷한 살쾡이도 맹수이며, 소나 말도 사람을 해칠 수 있다. 신화, 전설에선 이런 동물이 매우 위험한 존재로 등장하는데, 그리스 신화에서 남편인 사랑의 신 에로스를 만나고자 했던 프시케가 모아야 했던 황금털을 지닌 양도 사람을 간단히 찢어버릴 수 있었다.

환상계에도 위험한 맹수는 얼마든지 등장한다. 드래곤이나 크라켄처럼 도시나 나라를 멸망시킬만한 신화급 괴물도 있지만, 게임에선 초반의 적에 불과한 돌거인 트롤이나 식인 거인 오거조차 웬만한 전사는 상대 안 될 정도로 강력하며, 작품에 따라선 거대한 군대로도 상대하기 어렵다. 하지만 상황에 따라 개나 고양이도 사람을 죽일 수 있듯, 환상계의 맹수라고 해서 반드시 강해야만 하는 건 아니다. 게임에선 최약체로 등장하는 슬라임이나 고블린도 보통 사람에겐 충분한 위협이기 때문(앞서 소개했듯, 작품에 따라 슬라임은 드래곤보다 강할 수도 있다).

4장에서 소개하는 코볼트와 함께 판타지 게임의 최약체 몬스터로 자주 등장하는 고블린은 유럽 민간 전승 속 존재지만, 판타지에선 J.R.R.톨킨을 거쳐 「던전&드래곤」에서 등장한 이래 게임에서 초기의 적으로 인기 있다. 「던전&드래곤」의 설정에서 고블린은 인간보다 덩치도 작고 힘도 약한데다 머리도 좋지 않아서 어린아이 수준에 불과하지만, 반대로 말하면 어린아이 수준으로 강하다. 무리를 지어 달려드는 아이들에겐 덩치 큰 어른도 쉽게 휘둘리듯, 무기를 들고 밀려오는 고블린은 어지간한 전사도 상대하기 힘든 위험한 적이 될 수 있다. 액션 게임에서 1대1로는 가볍게 날려버릴 수 있는 약한 적이라도 여럿에 둘러싸이면 일방적으로 얻어맞는 상황을 생각하면 이해하기 쉬울 것이다.

소설 『고블린 슬레이어』는 이 같은 상황을 잘 연출한 작품이다. 이 세계 속 고블린은 「던전&드래곤」의 설정처럼 약하지만, 금방 수가 불어나서 떼거지로 마을을 습격하여 멸망시키곤 한다. 당연히 치안엔 큰 위협이지만, 이 세계에선 마신이나 사악한 마법사처럼 세계를 위협할만한 적수가 얼마든지 있는 만큼, 군대나 베테랑 모험가들은 이런 적들을 상대하느라 고블린 처리는 엄두도 내지 못한다.

마신이나 괴물이 나라를 멸망시킬 수 있지만, 고블린은 마을을 멸망시킬 수 있는 상황에서 고블린 슬레이어라 불리는 주인공은, 베테랑이면서도 별로 돈도 되지 않는 고블린만 맡아서 처리한다. 천재적인 재능이나 영웅적인 힘을 지닌 것도 아니고, 마법이나 초능력을 쓰는 것도 아닌 주인공은 고블린의 습성을 이해하고 끝없는 노력으로 상황을 해결하는데, 함정이나 독 같은 가능한 모든 방법을 동원하여 상황을 극복하는 모습이 눈길을 끈다. 게임에선 적 A나 B로만 등장하는 고블린이 어떤 습성으로 어떻게 살며, 어떤 생각을 하는지를 잘 묘사한 것도 눈에 띈다.

흥미로운 점은 주인공 자신은 단지 일을 할 뿐이라 생각하지만, 고블린의 피해를 받는 서민들에겐 영웅으로 칭송된다는 점이다. 심지어 그의 모험을 노래하는 음유시인도 있을 정도인데, 현실에서도 동네 사람에겐 거대한 맹수를 물리치고 트로피를 걸어놓은 사냥꾼보다 농작물을 망치는 멧돼지를 퇴치하는 사냥꾼을 더 선호하는 것을 생각할 수 있을까?

「공주와 고블린」 제시 윌콕스 스미스의 삽화집, 1920년
전승 속 고블린은 작고 연약하지만, 충분히 사람을 해칠 수 있다.

5. 신명의 저주, 미노타우르스

오랜 옛날, 지중해 동쪽의 섬에 한 왕국이 있었다. 일찍부터 기술 문명을 받아들여 발전한 그 왕국은 강대한 군사력으로 주변국을 지배하며 권력을 휘둘렀다고 한다. 그 왕국에 미노스라는 이름의 왕이 있었다. 그는 자신이 왕이 되는 것이 신의 뜻이라 생각했지만, 이를 입증할 방법이 없었다. 그래서 그는 신에게 기도했다.

"신이시여. 내가 왕의 자격이 있다면, 하얀 소를 내려주십시오. 그러면 내가 그 소를 신에게 바쳐 진심을 입증하겠나이다."

그러자 이게 웬일인가? 정말로 소가 바다에서 걸어 나왔다. 왕은 기뻐했지만, 이윽고 그 소를 바쳐야 한다는 사실을 깨닫고 고민했다. 그 소는 이제까지 보았던 소 중에서도 정말로 아름답고 훌륭했기 때문이다. 일급을 넘어선, 초특급 소랄까?

고민 끝에 왕은 그 소를 자기가 갖고, 자신이 가진 소 중에서 가장 훌륭한 소를 신에게 바치기로 한다. 일급, 아니 특급은 되었겠지만 여하튼 신과의 약속을 어긴 것이다.

신은 분노했고 저주를 내렸다. 그 저주는 왕비에게 도달하여 왕비가 신이 내린 소에게 반하게 만들었다. 그 결과 왕비의 몸에서 소머리 괴물이 태어났다. 괴물은 오래지않아 거대하게 자라났다. 머리는 소였지만, 고기를 먹었고 특히 인간을 잡아먹곤 했다. 너무도 난폭하여 통제할 수 없는 괴물. 왕은 장인인 다이달로스에게 미궁을 만들게 하여 괴물을 가둔다.

그 무렵 미노스 왕의 아들이 아테네에서 죽었다. 당연히 왕이 분노했고, 이에 대한 대가로 왕은 아테네의 젊은이들을 요구한다. 이들은 미궁에 던져져서 살해되고, 잡아먹혔다.

수많은 아테네인을 해친, 소 머리의 괴물 미노타우르스. 결국 이 괴물은 아테네의 한 젊은이, 왕의 아들이던 테세우스의 손에 쓰러진다. 그는 왕의 딸인 아리아드네의 도움을 받아 한 손에 실을 쥔 채, 깊은 미궁으로 향하여 괴물을 물리쳤다. 아테네로 돌아온 그는 왕이 되었고, 수많은 개혁을 통해 아테네의 영광된 역사를 시작했다고 한다.

미노타우로스의 전설은 그리스 신화 중에서도 특히 유명한 이야기이다. 여기서 등장한 괴물 미노타우로스는 다양한 판타지 속에서 괴물이나 「워크래프트」의 타우렌 같은 소머리 모습의 종족으로 차용되어 등장하게 되었다. 다이달로스의 미궁이나 테세우스의 용맹, 실을 이용한 미궁 공략처럼. 흥미로운 내용이 많이 등장한다.

여기까지 보면 판타지의 전형적인 영웅물처럼 보이지만, 사실 여기에는 재미있는 점이 있다. 바로 미노스왕이 다스린 크레타섬도, 테세우스의 고향 아테네도 실제로 존재하는 땅이라는 것이다. 테세우스는 로마시대 만들어진 『플루타르코스 영웅전』을 비롯한 여러 문헌에서 등장하는 인물이기도 하다. 그렇다면 이것은 정말로 있었던 일일까?

미노타우로스라는 괴물이 존재했을 것 같지는 않다. 그러니 이 이야기는 부여의 금와왕이나 고구려의 주몽(동명성왕)처럼 고대 영웅에 붙은 전설일 뿐이다.

하지만 왜 하필 소 머리 괴물일까? 그리고 왜 미노스 왕의 잘못으로 생겨났을까?

여기에 대해서 흥미로운 해석이 있다. 미노타우로스는 미노스왕의, 정확히는 크레타섬의 권력의 상징이며, 테세우스, 또는 테세우스를 연상케 하는 누군가가 크레타섬, 미노스 문명과 패권을 다투는 이야기라는 것이다. 미노스 문명 유적에서는 소와 관련한 유물이 많이 나온다. 농경 문명국가로서, 소를 토템으로 숭배했다는 이야기다. 미노타우로스는 미노스의 힘의 상징이었을지도 모른다.

그런데 그 괴물은 '왕의 잘못'으로 태어났다. 신과의 약속을 저버리고 욕심을 부린 왕에 의해서 태어난 괴물. 바로 폭군의 상징이다. 그런 폭군의 상징을, 한 젊은이가 스스로 희생할 각오로 미궁으로 향하여 지혜와 용기로 물리친다. 그리고 돌아와 왕이 되어 사람들을 이끈다. 왕

괴물을 물리치는 테세우스. 괴물이 불쌍해 보이기도 한다(그리스 토기).

의 아들이라곤 해도(해신 포세이돈의 아들이란 설도 있다), 평범한 젊은이가 미궁과 미노타우로스라는 시련을 거쳐 영웅이 되어 왕으로 성장한 것이다.

고대 사람들은 신의 뜻이 정말로 존재한다고 믿었다고 한다. 왕이 되는 것도, 영웅이 되는 것도 모두 신의 뜻, 신명을 따른 결과라 생각했다. 신명, 천명, 어쩌면 대의…. 하지만 그것을 따르려면 자신을 희생해야만 했다. 때문에 진정한 왕, 진정한 영웅이 되는 것은 쉬운 일이 아니라는 것을 이 이야기는 보여준다. 동시에 신명을 저버린 폭군이 나올 때, 신명에 따라 영웅이 탄생하여 사람들을 구원하리라는 믿음도….

이 이야기에선 악당으로 등장한 소지만, 사실 소 자체는 나쁜 존재는 아닐 것이다. 신이 내린 것은 본래 훌륭한 하얀 소였으니 말이다. 인간, 미노스 왕의 욕심이 그 소를 괴물로, 어쩌면 신성한 존재를 악마로 바꾼 것이다.

읽을거리 그리스 신화 속 괴물들

세계 각지에는 다양한 신화가 있어서 인기를 끌지만, 그중에서도 그리스 신화의 인기는 독보적이다. 그리스 신화의 인기는 물론 유럽 문화의 밑바탕이 되었기 때문이기도 하지만, 무엇보다도 – 적어도 현존하는 자료 면에서 – 여느 신화와 비교할 수 없이 방대한 분량 덕분이라 할 수 있다. 토르와 로키 얘기를 빼면 별로 남지 않는 게르만 신화나 쿠 훌린 이외의 영웅을 찾기 힘든 켈트 신화와 달리, 그리스 신화는 익히 알려진 영웅만으로도 아르고호 같은 함대나 트로이 같은 전쟁 이야기를 꾸미기에 충분하기에 창작물로 활용하기 좋다.

창작의 소재로서 그리스 신화의 매력은 이들 영웅보다도 이들 영웅이 맞서 싸웠던 괴물이 수없이 많다는 점에 있다. 그리스 신화에는 영웅도 많지만 그 이상으로 영웅이 맞서 싸운 상대가 많다. 페르세우스가 물리친 메두사나 티아마트(또는 바다고래), 테세우스의 적수로 유명한 미노타우로스와 포악한 멧돼지 파이아. 오디세우스가 맞선 스킬라나 카리브디스, 세이렌과 키클롭스, 오이디푸스가 지혜로 물리친 스핑크스, 헤라클레스에 이르면 화살도 튕겨내는 털을 지닌 사자나 수많은 머리를 지닌 히드라처럼 무수한 괴물에 맞서는 이야기가 전개된다. 심지어 신들과 맞설만한 기간테스와도 싸웠을 정도.

다채롭고 흥미로운 그리스 신화 속 괴물들은 일찍이 단테의 신곡을 비롯한 여러 창작에 활용되었으며, 현재도 여러 판타지 작품의 기본 설정으로 사랑받고 있다.

그리스 신화 속 괴물이 판타지 작품에서 널리 활용되는 것은, 그 숫자만이 아니라 종류와 특성이 다양하다는 점에 있다. 그리스 신화 속 영웅은 지중해 전역을 돌아다니며 활동하는데, 이는 실제로 그리스인이 바다를 통해 지중해 각지를 돌아다녔기 때문이다. 아르고노트나 오디세이아처럼 바다를 여행하는 이야기가 많은 것도, 키클롭스나 카리브디스처럼 바다의 괴물이 많은 것도 마찬가지.

가령 바다의 여신이자 배를 가볍게 집어삼킬 정도로 거대한 괴물인 카리브디스는 시칠리아섬과 이탈리아반도 사이 메시나 해협에 때때로 생겨나는 거대한 소용돌이에서 나왔다고 하는데, 그만큼 그리스인의 활동 영역이 넓었음을 보여준다.

피닉스의 원형이 된 이집트의 신조 벤누
그리스인은 지중해 전역을 다니며 다양한 괴물의 이야기를 떠올렸는데
피닉스와 전혀 다르게 생긴 이런 디자인을 활용한 것도 재미있다.

판타지에 자주 나오는 그리스 신화 및 전승 속 괴물은 다음과 같다.

이름	내용
그리핀 (Griffin)	사자의 몸통에 독수리 머리와 날개, 앞발을 가진 짐승. 헤로도토스의 『역사』 같은 책에서도 등장하는 짐승으로, 그리스 신화에선 제우스나 아폴론, 네메시스 같은 신들의 전차를 모는 역할을 한다. 같은 역할의 말을 적대시하고 잡아먹기에 불가능한 일을 『그리폰과 말을 교배시키는 것』이라 불렀는데, 여기서 그리폰과 말 사이에 태어나 독수리 몸에 말의 하반신을 한 히포그리프가 탄생했다. 황금이나 신의 창고를 지킨다는 전승도 있어, 지식의 수호자나 왕가의 상징으로 여기기도 한다. 동양의 '기린'과 비슷한 느낌. 판타지에선 드래곤에 맞서는 공중 부대로 종종 등장한다. 그리폰, 그라이프, 그뤼브스라고도 한다.
기간테스 (Gigantes)	대지의 여신 가이아의 자식인 거인족을 부르는 이름(단수형은 기가스) 크로노스가 아버지 우라노스를 쓰러뜨릴 때 떨어진 피에서 태어났다. 제우스가 아버지 크로노스를 물리치고 티탄족을 지하에 가두자 그들의 어머니인 가이아가 분노하여 기간테스를 부추겨 제우스에 맞서게 했다. 신에 필적하는 힘을 지니고 거의 불사신이었기에 헤라클레스의 도움을 받아 겨우 물리칠 수 있었던 존재다. 거인(Giant)이란 말의 어원으로, 거인이 신적인 존재로 등장하는 작품이 많다. 작품에 따라선 거인을 티탄족에서 따온 타이탄(Titan)이라고도 부른다.
님프 (Nymph)	그리스 신화 속 정령이나 여신. 자연의 정령으로 산, 강, 숲, 바다 같은 자연을 수호한다. 아름다운 여성의 모습으로 춤과 노래를 좋아하며, 사람들의 숭배를 받고 때로는 영웅을 사랑하며, 젊고 아름다운 인간 청년이나 소년을 납치한다.

이름	내용
	그리스 신화에선 식물 이름이 된 민테(Minthe=민트)나, 나무의 정령으로 등장하는 드라이어드의 원형이 된 드리아스(Dryas)처럼 많은 님프가 등장한다. 파라켈수스가 4대 정령 중 물의 정령에 님프라는 이름을 붙이면서 물의 정령은 물빛(또는 물로 이루어진) 아름다운 여성으로 나오게 되었다[물의 정령은 신화 속 님프와 비슷한 강의 정령으로 슬픈 전승을 지닌 운디네(Undine)의 이름으로 불리는 일이 더 많다].
라미아 (Lamia)	포세이돈의 딸. 상반신은 여자, 하반신은 뱀의 모습을 한 존재로, 비슷한 모양을 한 괴물 에키드나와 달리 선량한 심성을 지니고 있다. 본래는 평범한 인간 몸이었지만 헤라의 질투로 난폭하고 잔인한 괴물이 되었다는 전승도 있다. 판타지에서 라미아는 몬스터보다는 반인반수의 종족으로 자주 등장한다. 선량하다는 설정 때문인지, 외모와 달리 선한 연출이 많고 마법이나 신비한 힘을 지닌 경우도 적지 않다. 인도 신화 속 성스러운 뱀, 나가와 비슷한 면이 있는데 두 종족이 함께 등장하여 서로 대립하는 장면도 볼 수 있다.
미노타우로스 (Minotaur)	신화에서 가장 압도적인 존재감을 드러내는 괴물. 판타지에선 게임 「워크래프트」의 타우렌처럼 소머리 모양 종족으로 자주 나온다. 신화에선 흉포한 괴물이었지만, 종족으로선 소처럼 온건하지만, 분노하면 무섭다는 설정이 많다. 거대한 체격에 괴력을 지니고 거대한 도끼를 휘두르는 모습으로 자주 묘사된다.
샐러맨더 (Salamander)	플루니우스의 『박물지』 등에서 소개된 불속에서 살아가는 도마뱀. 불에 던져 넣은 장작에서 도마뱀이 재빨리 도망치는 상황을 목격한 사람들에 의해 생겨난 전승으로, 오랜 세월 동안 실존한다고 여겨졌다. 연금술사 파라켈수스가 4대 정령 중 불의 정령을 샐러맨

이름	내용
	더라고 설정하면서, 판타지 세계 속 불의 정령으로 등장하게 되었다. 파라켈수스는 이름만 빌려왔을 뿐 정작 불의 정령 자체는 인간과 비슷하다고 여겼지만, 불도마뱀 전설과 결합하여 화염을 두른 도마뱀 모양이 되었다. 불의 정령으로 화산처럼 불이 많은 곳에 살며 불의 마법을 쓰고자 소환하는 설정이 자주 등장한다.
세이렌 (Seiren)	독수리 몸에 아름다운 인간 여성 얼굴을 가진 존재. 정령 님프 중 하나로, 노랫소리에는 선원을 끌어들여 바다에 뛰어들게 만드는 힘이 있다. 오디세우스가 자기 몸을 묶고 세이렌의 노래를 들으면서도 무사히 지나간 것이나, 음악가 오르페우스의 노래가 더 뛰어난 것에 모욕감을 느껴 자살하여 바위가 되었다는 전승도 있다. 암초 지대에서 좌초하는 배가 늘어나면서 생긴 전승으로, 독일 라인강에는 비슷한 특징을 지닌 로렐라이라는 요정 전승이 있다. 세이렌은 판타지에서 인어를 대신한 바다의 종족으로 자주 등장한다. 외모도 인어처럼 하반신이 물고기 모습으로 작살 같은 무기를 쓴다는 설정이 일반적. 노래로 선원을 유혹해 바다에 빠뜨려 잡아먹기도 한다.
케르베로스 (Cerberus)	튀폰과 에키드나 사이에서 태어난, 3개의 머리에 뱀의 꼬리가 달린 개. 저승의 문을 수호한다(뱀 꼬리는 묘사하지 않는 작품이 많다). 헤라클레스에게 강제로 끌려 나온 일이 있지만, 그를 제외하면 어떤 영웅도 쉽게 상대할 수 없는 괴수. 오르페우스의 노래나 수면제가 든 음식처럼 힘 이외의 상황으로 당하는 이야기가 눈에 자주 띈다. 저승의 문지기라는 특성으로 인해 판타지에선 보물의 수호자로 자주 등장하며, 싸움보다는 시험을 거쳐 통과하는 장면이 많다. 머리 둘 달린 개, 오르토스(오르트로스, Orthros)의 형제로 보통 오르토스의 상위 몬스터로 등장한다.

이름	내용
켄타우로스 (Centaur)	말 모양 하체에 인간의 상체가 달린 종족. 욕망을 주체하지 못하며 야만적이고 난폭한 장면도 있지만 헤라클레스, 이아손 등을 가르친 케이론처럼 인간보다 훨씬 뛰어난 현자로 등장하기도 한다. 북방 기마 민족에서 유래했다는 설도 있는 만큼 기마로서의 능력만이 아니라, 궁술이 뛰어나다는 설정이 많다. 갑옷이나 옷은 인간 몸쪽만 입지만, 말 쪽에도 갑옷을 걸친 작품도 있다. 판타지의 종족 외에도, 캐릭터나 켄타우로스 모양의 메카처럼 다양한 작품에 등장한다.
키마이라 (Chimaira)	튀폰과 에키드나의 자식으로, 사자 머리에 염소 몸통, 꼬리는 뱀이며 입에서 화염을 뿜는다. 염소 머리의 여성이나 사자와 염소의 머리를 함께 지닌 모습으로 그려지기도 한다. 페가수스를 탄 영웅 벨레로폰이 퇴치했다고 한다. 생물학에서 한 생물 안에 다양한 유전 형질을 지닌 키메라의 어원이 되었고, 판타지/SF에서 마법이나 기타 기술로 여러 생명을 합쳐서 만들어낸 괴물을 키메라라고 부른다. 신화 속 모양만이 아니라, 다양한 형태의 키메라가 나올 수 있다. 사람 몸에 여러 생명체를 결합하여, 가면라이더의 괴인들처럼 변신하는 연출이 대표적. 중세 기독교에선 악마를 뜻해서 사악한 존재로 설정하는 일이 많지만, 사악한 마법사나 미친 과학자의 실험체로 악용된 슬픈 이야기도 있다.
페가수스 (Pegasus)	페르세우스가 쓰러뜨린 메두사의 피에서 태어난 날개 달린 말. 페르세우스는 날개 달린 샌들을 신고 하늘을 날지만 페가수스에 탔다는 전승도 있다. 훗날 벨레로폰이 키메라를 물리칠 때 타고 활약했다. 판타지에서 페가수스는 그리핀과 함께 주인공 진영의 탈

이름	내용
	것으로 활약한다. 『파이어 엠블렘』을 시작으로 많은 게임에서 공군으로 활약하며, 흰말에 하얀 날개가 달린 형태가 일반적. 그리핀처럼 맹수가 아니라서 직접 싸우는 장면은 적지만 유니콘처럼 뿔이 달려서 들이받거나, 마법을 쓰는 설정도 있다.
피닉스 (Phoenix)	이집트 신화에서 태양신 라가 변신한 성스러운 새, 벤느가 원형인 불사조. 신화에서 벤느는 태양을 품어 태어나게 한 존재로, 태양과 함께 살아나고 황혼과 함께 죽기를 반복한다는데 이 얘기를 들은 역사가 헤로도토스가 자신의 저서에서 '아라비아에 사는 전설적인 새, 피닉스(포이닉스)'라고 소개하면서 탄생했다. 피닉스는 수명이 긴 새로, 수명을 맞이하면 스스로 불길 속에 뛰어들어 몸을 태우고 되살아난다. 판타지에서 피닉스는 동양의 주작에 대응하는 불 속성 신수로 자주 등장한다. 불을 자유롭게 다루는 신적 존재라 드래곤보다도 훨씬 강한데, 그 깃털에는 부활의 힘이 있어서, 우연히 또는 축복을 받아서 이 깃털을 얻은 용사가 위기를 극복하는 장면이 자주 나온다. 불의 정령 중 하나로 파괴를 맡은 샐러맨더에 대응하여 재생과 부활을 맡은 존재로도 설정하며, 생명과 평화, 안녕을 상징한다는 점에서 봉황과 유사한 면도 있다.
하르피이아, 하피 (Harpy)	독수리 같은 맹금류 새 몸에 인간 여성 얼굴을 지닌 짐승. 무지개 여신 이리스의 자매지만 괴물로 그려진다. 신화에선 식탐이 강하고 남은 음식에 오물을 뿌리는 등 불결하고 저속한 짐승으로 등장한다. 판타지에서도 주로 하늘을 나는 몬스터로 나오며 천사처럼 등에 날개가 달린 종족으로 등장하기도 한다. 이때도 다리는 인간이 아닌 새의 발톱 모양이 대부분. 신화 속 하피가 여성뿐이라는 점을 바탕으로 종족으로 등장할 때는 여성 상위 종족으로 설정하는 일이 많다.

이름	내용
히드라 (Hydra)	여러 개의 머리를 지닌 뱀 모양의 괴물. 전승에 따라 목의 개수가 다른데 헤라클레스 이야기에선 9개의 목을 지니고 있으며, 그중 하나는 불사이고 나머지 목을 베어내면 그 자리에서 2개의 목이 나온다. 헤라클레스조차 독이 묻은 옷을 입었다가 죽었을 정도로 강력한 독을 지니고 있으며, 이 독은 불멸자인 신조차 무한한 고통을 느낄 정도. 불사의 켄타우로스 케이론이 이 독에 중독되어 고통 끝에 불사를 포기하고 죽었다. 여러 개의 머리를 지닌 뱀의 전승은 세계 각지에 있는데, 실제로도 머리가 2개 이상인 뱀이 종종 태어나기 때문으로 보인다. 「고지라」 시리즈의 우주 괴수 킹기도라처럼 머리가 여럿인 드래곤 모습으로 화염을 뿜으며 싸우는 설정의 작품도 있다.

6. 인간이 만들어낸 괴물, 프랑켄슈타인

한 과학자가 있었다. 천재적인 재능은 가진 그 과학자는 스스로 완벽한 생명체를 만들고 싶다는 꿈을 꾸었다. 과학자는 묘지를 뒤져서 아름다운 시체의 재료를 수집하였고, 그리고 전기의 힘으로 살려낸다. 하지만 어찌 된 일일까? 깨어난 것은 완벽한 생명체가 아닌 끔찍하고 추하기 이를 데 없는 괴물이었다. 겉보기와 달리 지능이 높은 괴물은 순식간에 인간의 지식을 배우고 인간보다 똑똑한 존재가 되었고, 여러 가지를 요구하기에 이른다. 과학자는 당황하면서 괴물을 두려워하기 시작한다. 과연 과학자와 괴물의 이야기는 어떻게 될까?

『프랑켄슈타인: 또는 현대의 프로메테우스』는 역사상 최초의 SF 중 하나인 동시에, 근대 공포물에 하나의 새로운 흐름을 안겨준 작품이다. 영국 소설가이자 극작가인 메리 셸리가 완성한 이 작품은 작가가 여자라는 게 밝혀졌을 때는 "스무 살도 안 된 여성의 병적인 상상력이 만들어낸 기이한 산물"이라며 혹평받았지만, 상업적으로는 엄청난 인기를 끌며 많은 사람에게 공포를 주었다.

'프랑켄슈타인 증후군'이라는 말이 있다. '인간이, 자신이 만들어낸 존재에 두려움을 느끼는 것'을 말하는데, 바로 이 작품에서 영감을 받아 나온 표현이다. 「터미네이터」나 「블레이드 러너」처럼 로봇이나 인조인간의 반란을 보여주는 무수한 작품, 현실에서는 알파고와의 대결 같은 사례를 통해 '인공지능에 대한 두려움'을 표현할 때 자주 사용된다.

『프랑켄슈타인』은 '프랑켄슈타인'이라는 괴물이 등장하는 계기가 된 작품으로서 더욱 친숙하다. 추하고 끔찍한 상황이나 괴물, 때로는 상처가 심해서 추하게 보이는 사람을 '프랑켄슈타인 같다'고 한다. 판타지에서 말하는 프랑켄슈타인이라는 괴물은 소설에 나온 것과는 조금 다르다. 우리가 알고 있는 괴물 프랑켄슈타인의 모습은 1933년에 만들어진 영화에 바탕을 두었기 때문이다.

흥미로운 점은 '프랑켄슈타인'이라는 말이 본래 괴물을 부르는 이름이 아니라, 그 괴물을 만든 과학자의 이름이라는 것이다. 생명체를 만든다는 꿈을 품고 연금술을 연구했지만, 나중에는 과학을 이용하여 생명 창조에 성공한 학자 빅터 프랑켄슈타인이 바로 그 사람이다.

빅터는 괴물에 이름을 붙이지 않았다. 인간에게 영혼을 불어넣은 그리스 신화 속의 거인 프로메테우스처럼 자신이 만들어낸 존재에 영혼을 부여했지만, 빅터는 이 창조물을 '혐오스러운 괴물', '비참한 악마'라고 부른다. 누군가를 이름으로 부르지 않는다는 것은, 그에게 이름을 붙여주지 않는 것은, 상대를 거부한다는 뜻이기도 하다. 히브리 성서에서 최초의 인간이 '아담'이라고 불렸듯이 괴물은 자신도 이름을 얻기를 바랐지만, 빅터는 절대로 그에게 이름을 주지 않았다. 그는 괴물을 싫어하고 무서워했으며 그 이상으로 자기 행동을 두려워했다.

모든 것이 싫어진 그는 괴물에게서 도망쳤고 괴물은 홀로 세상에 대해서 배우기 시작한다. 버려진 건물에서 시각장애인과 만나서 친해지면서 세상을 배우지만, 시각장애인의 가족은 괴물을 무서워하면서 쫓아낸다. 강에 빠진 아이를 구했음에도 아이의 아버지가 쏜 총에 맞는다. 인간에게 다가가려 했지만 거부당한 괴물은 인간을, 무엇보다도 자신을 창조한 창조주를 저주한다. 빅터를 만난 괴물은 짝이 될 여성을 만들어낼 것을 요구하며 협박하였고, 괴물이 무서웠던 빅터는 결국 자신이 만들던 여성 괴물을 없애버린다.

"너처럼 너의 짝도 사악할 것이다. 너희는 인류 전체를 위협할 종족이 될 것이다."

분노한 괴물은 그에게 복수를 맹세한다. 빅터는 그를 괴물이라 부른 순간, 그는 진정한 괴물이자 인류를 위협할 존재가 되었다. 빅터의 결혼식 날 갑자기 나타난 괴물이 그의 아내를 해쳤고, 빅터는 괴물을 추적하기 시작한다. 마지막에 빅터는 사망하지만, 이는 괴물에게 위안이 되지 못했다. 도리어 그를 더 비참하게 만들었을 뿐. 그리하여 그는 아무도 자신을 알지 못하는 곳으로 떠나버린다.

과학과 마술이 뒤섞인 『프랑켄슈타인』은 처음부터 엄청난 인기를 끌었다. 일찍 남편을 잃고 홀로 아이를 기르며 살았던 메리 셸리의 생활에는 큰 도움이 되었을 것이다. 메리 셸리의 삶은 고달팠다. 네 아이를 낳았지만 한 아이를 빼고는 모두 병으로 일찍 숨졌고, 본인도 평생 다양한 병으로 고생했다고 한다(결혼 제안은 여러 번 있었지만, '한 천재와 결혼한 후에, 다른 천재와 결혼할 수 없다'라며 거절했다는 이야기가 있다).

그런데도 최초의 포스트 아포칼립스, 또는 디스토피아 작품의 효시로 알려진 『최후의 인간(The Last Man)』을 비롯하여 다양한 작품을 선보였으니 놀라운 일이 아닐 수 없다.

그의 작품 중 가장 성공한 것은 역시 『프랑켄슈타인』이다. 소설도 그랬지만 메리 셸리가 살아있는 동안 몇 번이고 연극이 만들어지며 소개되었고, 영화로도 몇 번이나 만들어지며 지금까지 인기를 끌고 있으니 말이다.

이 작품을 환상적인 공포물이라고 보았을 때 흥미로운 점이 있다. 보통 이런 공포물의 제목에는 '무서운 존재의 이름'을 붙인다는 것이다. 『드라큘라』나 『카르밀라』, 『노스페라투』 … 물론 「살아있는 시체들의 밤」 같은 영화도 그렇다. 제목을 통해 무엇이 무서운지 암시하고 그것이 나오는 것을 기대하게 한다.

우리가 빅터의 괴물을 '프랑켄슈타인'이라고 부르는 것도 그 때문일지도 모른다. 하지만 그 이름은 괴물이 아닌 과학자의 이름이다. 그렇다면 '빅터가 두려운 존재'일까? 어쩌면 그럴지도 모른다. 괴물을 낳은 것은, 그 괴물을 끔찍하고 무서운 존재로 완성한 것은 바로 빅터이니 말이다. 계몽주의자였던 작가, 메리 셸리는 책임 있는 정치로 세상을 좋게 만들 수 있다고 믿었지만 동시에 무책임한 권력은 혼란을 만든다고 생

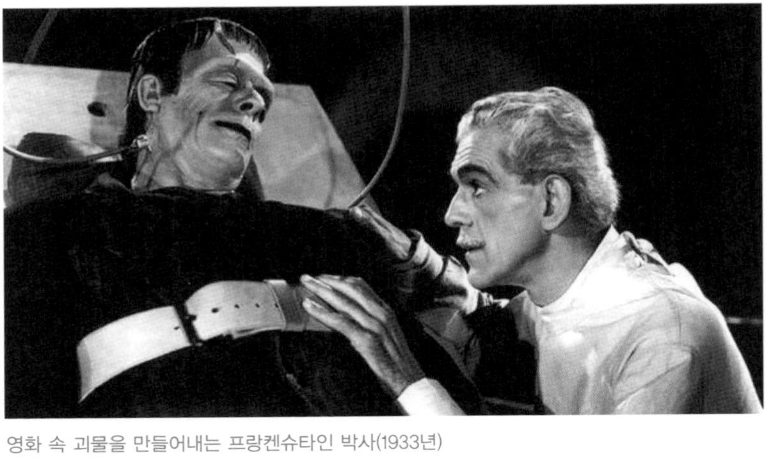

영화 속 괴물을 만들어내는 프랑켄슈타인 박사(1933년)

각했다고 한다. 과학의 가능성을 믿었던 그는 동시에 과학 역시 위험한 존재라 생각했을지도 모른다. 생명을 창조한 빅터는 위대한 과학자이지만 그 능력으로 괴물을 만든 것처럼, 과학이 세상을 위협할 수 있다고 말이다.

메리 셸리는 『최후의 인간(The Last Man)』에서 흑사병의 위협이 가득한 상황에서도, 인류가 서로 협력하기보다는 전쟁과 광신적인 종교로서 자신을 멸망시키는 이야기를 선보인다. 인간이 만든 괴물이 아니라 인간 자체가 괴물이라는 것. 지나친 개발이 낳은 괴물, 코로나19로 위협에 빠진 상황에서도 개발이라는 이름의 자연 파괴에 여념이 없는 요즘을 보는 것 같다. 나온 지 200년이 되어가는 『프랑켄슈타인』이 지금도 사랑받는 건 우리가 마음속의 괴물을 떠올리기 때문은 아닐까? 괴물이 아니라 프랑켄슈타인, 바로 우리 자신의 이야기이기 때문에.

읽을거리 또 다른 프랑켄슈타인, 「꼭두각시 서커스」

메리 셸리의 『프랑켄슈타인』은 마법에 가까운 과학이 등장한다는 점에서 판타지 작품이지만, 동시에 과학 기술로 만들어진 존재에 대한 깊이 있는 내용으로 SF의 원조 중 하나로 손꼽힌다. 인간이 창조한 존재가 인간에게 반항한다는 점에서 로봇 반란물 원조이기도 한 이 작품은, 인간이 만든 존재가 인간의 통제를 벗어날 수 있으며 동시에 인간 자신의 공포가 그 존재를 위협적인 적으로 만든다는 것을 잘 연출하였다.

『프랑켄슈타인』의 영감은 로봇이라는 말을 처음 사용한 카렐 차페크의 『로숨의 유니버설 로봇(R.U.R)』을 시작으로 여러 작품에 영향을 주었는데, 만화 『꼭두각시 서커스』(후지타 카즈히로)도 그중 하나이다[원제는 『카라쿠리 서커스(からくりサーカス)』로, 카라쿠리는 사람이 조종하는 꼭두각시가 아니라 태엽 같은 동력으로 움직이는 자동 인형이니 『자동인형(로봇) 서커스』라고 하는게 정확하다].

이 작품은 실을 이용해서 조종하는 꼭두각시와 자동 인형의 이야기이다. 처음엔 인간이 조종하는 꼭두각시만 나오지만 어느 시점에서 스스로 움직이는 자동 인형(카라쿠리)이 등장하는데, 자동 인형이 운영하는 '한밤중의 서커스단'과 꼭두각시를 조종하여 이에 맞서는 신비한 일족 시로가네의 싸움이 중심이다. 이 작품에서 흥미로운 점은 등장하는 자동 인형이 흔한 로봇 반란물처럼 인간에게 반항하는 게 아니라, 픽사 애니 「월-E」의 컴퓨터 알파처럼 주인의 지시를 충실하게 따르는 과정에서 세상을 위협한다는 점이다.

'한밤중의 서커스단'이 그들이 모시는 주인과 함께 세계를 돌아다니는데, 이는 주인을 웃게 만들라는 명령을 따르기 위함이다. 이는 주인공이 감염된, 남을 웃기지 않으면 죽어버리게 되는 조나하병이란 기이한 병과 연결되어 이야기를 더욱 흥미롭게 엮어낸다.

이야기가 진행되면서 본래는 명령에 따라 행동만 하던 자동인형과 감정을 버리고 자동인형을 물리친다는 임무에만 충실한 시로가네가 점차 사람의 마음을 깨달으며 변화하는 모습은, 인간에 의해 만들어졌지만 여러 경험을 통해 더욱 인간적인 존재로 성장하는 프랑켄슈타인의 괴물을 연상하게 한다.

기계식 자동인형과 인간이 조종하는 꼭두각시를 중심으로 서커스 자체라고 할 수 있는 다양한 설정과 상황을 엮어낸 이야기는 일그러진 느낌의 특이한 그림체와 함께 독특한 다크 판타지의 매력을 잘 전한다.

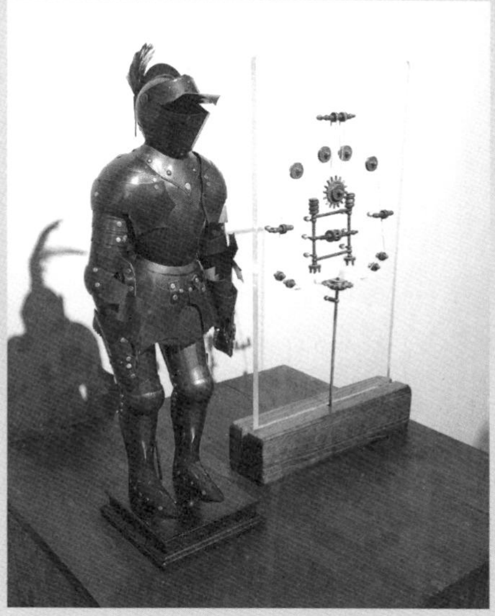

레오나르도 다빈치가 만들었다는 기사 로봇 모형
오토마타라 불리는 이런 자동 장치는 판타지 이야기에서도 흥미롭게 활용할 수 있다
(레오나르도 다빈치 뮤지엄 전시장 사진)

7. 한밤의 불청객, 흡혈귀Vampire 전승

어느 날 젊은 변호사 조너선 하커는 저택을 알아봐 달라는 귀족의 의뢰를 받아 루마니아로 향한다. 근처 마을에서 묵고 귀족의 성으로 향하기로 한 하커. 하지만 어째서인지 마을 사람들은 그를 걱정하며 가는 것을 말린다. 심지어 여관 주인은 끝까지 떠나겠다는 그에게 십자가를 쥐여주며 조심하라고 한다. 그리고 백작의 성에서 조너선 하커는 모든 것을 알게 된다. 백작이 수백 년간 죽지 않고 살아온 흡혈귀이며, 수많은 위험이 성에 도사리고 있다는 사실을. 한편 조너선이 떠난 후로 소식이 끊긴 것을 걱정하던 약혼녀 미나는 마침내 소식을 듣고 그를 찾아내는 데 성공한다.

그로부터 오래지 않아 정체불명의 질병으로 고생하던 미나의 친구 루시가 숨을 거두고 런던에는 흡혈귀의 공포가 찾아온다. 조너선을 속였던 백작이 영국을 찾아와 사건을 일으키고 있던 것이다. 조너선과 미나, 그리고 여러 사람은 이 사실을 알고 백작을 찾아 나서는데…. 과연 그들은 사람들을 구해낼 수 있을까?

19세기 말 아일랜드의 소설가 브램 스토커가 쓴 소설 『드라큘라』는 영국을 넘어 세계 전역에 흡혈귀 붐을 불러일으켰다. 특히 1931년에 나온 영화가 엄청난 성공을 거두면서 '드라큘라'라는 이름은 흡혈귀의 대명사가 되었다.

인간의 피를 빨아먹는 괴물, 흡혈귀라는 존재는 사실 『드라큘라』에서 시작된 것은 아니다. 일찍이 신화 시대부터 피를 빨아먹는 괴물이 다양하게 등장한다. 서양의 뱀파이어부터 중국의 강시에 이르기까지 동서양을 막론하고 흡혈귀는 오래전부터 사람들을 두렵게 만든 습격자였다.

죽었다가 되살아나서 사람의 피를 빠는 존재. 흡혈귀라는 요괴가 세계 각지에 퍼져나간 데는 여러 가지 이유가 있겠지만, 무엇보다도 사람의 피를 생명의 근원이라고 여겼기 때문이다. 피를 많이 흘리면 죽는 것은 당연한 일이지만, 옛날 사람들은 '피'가 곧 생명의 원소이자 우리 자신의 근원이라고 생각했다. 성경에선 '피는 모든 생물의 생명이며, 피를 먹는 사람은 추방한다'라고 말하며 아스텍에서는 반대로 신에게 심장과 피를 바치는 신성한 의식이 존재했다.

그러니 죽은 자가 생명을 얻고자 피를 갈망하며 피를 빼앗으려 한다고 상상하는 것도 당연한 일이었다. 여기에 아직 의학이 발달하지 못했던 시절 아직 죽지 않은 사람을 죽었다고 착각해서 매장하는 바람에 관 안에서 소생한 사람이나, 매장할 때 여러 문제로 인해 썩지 않은 시체가 발견되면서 이런 생각은 더욱 강해진다. 생각해 보자. 분명히 죽은 줄 알고 관 속에 묻었는데, 이상한 소문에 다시 파보니 온몸에 상처가 가득한 채 발버둥 친 모습으로 죽어 있다면? 그래서 때로는 이런 시체에 말뚝을 박기도 했다고 한다.

흡혈귀, 그중에서도 뱀파이어 같은 요괴는 그다지 대중에게 친숙한 존재는 아니었다. 사람들에겐 그보다도 눈에 보이지 않는 귀신이나 유령, 정령 같은 어둠 속의 존재들이 더 익숙하고 두려운 존재였다. 하지만 18세기 들어 『뱀파이어』를 시작으로 수많은 창작 작품이 등장하면서, 인간 모습의 흡혈귀는 더없이 무섭고 강력한 존재로서 사람들에게 인식되기에 이른다. 그중에서도 『드라큘라』는 이 같은 흡혈귀의 인기를 극적으로 높여주었다. 그리하여 지금도 이어지는 흡혈귀 붐이 계속되고 있다.

흡혈귀 붐이 그다지 오래된 것은 아니지만, 흡혈귀의 모습 자체는 오래전에 정착되어 꾸준히 이어져 내려오고 있다. 흡혈귀는 보통 피부색이 창백한 것을 빼면 사람처럼 보인다. 벌레나 박쥐, 쥐, 또는 안개로 변신하기도 하지만 대개는 평범하게 생활한다. 조금 다른 점은 그들 모두 되살아난 시체이기 때문에, 심장이 뛰지 않아 몸이 차갑고 음침한 분위기를 풍긴다는 점이다.

모든 흡혈귀가 그런 건 아니다. 『드라큘라』보다 먼저 나온 소설 『카르밀라』에서는 심장이 뛰고 따뜻한 몸에 낮에도 돌아다니는 흡혈귀가 등장하기 때문이다. 반면 중국의 강시는 몸이 굳어져서 팔이나 무릎을 굽히지 못하고, 발끝으로 껑충껑충 뛰어다닌다고 한다.

십자가를 두려워하고 햇빛을 피하거나, 마늘을 싫어하는 흡혈귀 모습은(마늘을 싫어해서, 한국에선 힘을 못 쓴다는 농담도 있다) 수많은 전설을 바탕으로 『드라큘라』 소설에서 정리한 내용이다. 『반지의 제왕』의 여러 설정이 다양한 판타지의 기본 설정이 되었듯, 『드라큘라』는 흡혈귀 이야기의 기본 설정이자 다양한 흡혈귀 이야기의 원형이 되었다.

한 가지 재미있는 점은 드라큘라의 모델이 된 블라드 체페슈는 이슬람의 공격으로부터 기독교인을 지킨 영웅이라는 것이다. 어릴 때 오스만 제국의 인질로 잡혀갔던 그는 아버지의 뒤를 이어 왈라키아 영주에 오른 뒤 오스만 제국의 공격에 맞서 영지를 지키고자 애썼다. 하지만 영지의 독립을 추구한 그를 미덥지 않게 생각한 헝가리 왕은 그를 모함하여 잡아 가두었다. 그리고 죄를 씌우기 위해 '피를 먹으며 잔치를 벌였다'는 소문을 퍼트렸는데, 이것이 훗날 『드라큘라』 이야기에 영향을 준 것이다.

죽었다는 오해로 잘못 묻힌 사람 사체가 흡혈귀가 된 것처럼, 기독교도를 지키고자 싸운 영주가 사악한 『드라큘라』로 변한 것이다. 그렇게 생각하면 흡혈귀는 사람들의 오해가 낳은 슬픈 존재일지도 모른다. 물론 정말로 눈앞에 그들이 나타난다면 동정보다는 도망치는 게 우선이겠지만.

「드라큘라」 1931년판 영화 포스터
여기서 등장한 드라큘라의 모습은 원작과 다르지만, 이후 온갖 흡혈귀 모습의 원형이 되었다.
ⓒ1931 Universal Pictures

읽을거리 다양한 언데드와 생명 이야기

한 소녀를 둘러싼 흡혈귀와 늑대인간 사이의 삼각관계를 펼쳐내는 소설『트와일라잇』(스테프니 메이어)처럼 흡혈귀를 하나의 종족으로 묘사하는 작품도 있지만, 드라큘라를 비롯한 흡혈귀는 살아있는 종족이라기보다는 죽은 존재, 생명이 없는 존재인 경우가 많다.

전승 속 흡혈귀는 단지 피를 좋아하는 생명체가 아니라, 일단 죽었다가 저주 등의 어떤 계기로 인하여 일어나서 활동하는 존재를 말한다. 살아있는 존재처럼 행동하는 시체인데, 이처럼 죽었다가 깨어나(되살아난 건 아니다) 활동하는 존재를 언데드(Undead)라고 부른다.

언데드는 생각을 하고 말을 하며 돌아다니지만, 생명을 지닌 존재는 아니다. 당연히 숨을 쉬지 않으며 늙거나 성장하는 것은 물론, 자손을 낳는 등 생명체로서 활동은 전혀 하지 못한다. 흡혈귀 사냥꾼 반 헬싱과 드라큘라 백작의 대결을 그린 영화「반 헬싱」에선 드라큘라 백작이 신부들과 아이를 낳지만, 죽은 존재로 태어나서 활동하지 못한다는 설정으로 연출했다(이후 프랑켄슈타인 박사가 만든 괴물의 생명력을 얻어 언데드로 활동한다).

흡혈귀 외에도 다양한 언데드가 있다. 최근 인기 있는 좀비(Zombie)나 중국의 강시는 물론, 육체 없이 혼령만 활동하는 유령도 언데드로 볼 수 있다.

죽음을 선고하는 아일랜드 전승의 목 없는 기사 듀라한(Dullahan)이나 켈트 신화의 울음으로 죽음을 알리는 요정 밴시(Banshee), 아랍의 식시귀인 구울(Ghoul)처럼 저승사자나 정령, 또는 요괴에 해당하는 존재들을 언데드라고 설정한 사례도 있다.

근래엔 게르만 전승에서 무덤을 지키는 괴물 드라우그(Draugr), 유럽 전승의 미이라인 레버넌트(Revenant)처럼 다양한 설정의 언데드가 작품에 등장하고 있으며, 특수효과 영화를 통해 눈길을 끈 움직이는 해골, 스켈레톤(Skelon)이나「던전&드래곤」의 사령 기사 데스나이트(Death Knight), 언데드 마법사인 리치(Lich)처럼 창작 작품을 통해 새로운 언데드가 추가되고 있다.

언데드는 대개 생명력을 지니고 있지 않으며, 생명체를 질투하며 그들의 생명력을 노리는 습성이 있다. 수많은 사람의 생명을 빼앗아 해친 드라큘라는 물론이고, 그보다 앞서 나온 흡혈귀물『카르밀라』속 카르밀라도 주인공 로라를 사랑한다고 말하면서도 그의 피를 빨아서 죽이려 했다. 150년 전에 죽은 백작부인이었던 카르밀라는 영원히 젊은 모습으로 있기 위해 생명력을 노렸다.

인간의 피로는 영양분이 부족하다는 이야기가 있지만, 흡혈귀가 피를 빨아먹는 것은 피 자체의 영양이 아니라, 피에 담겨 있는 마법적인 생명 에너지를 흡수하기 위함이다(언데드인 흡혈귀는 숨을 쉬지 않을 뿐만 아니라, 심장이나 소화기관 같은 장기가 작동하지 않을 수도 있는데, 마신 피도 마법적인 방법으로 어딘가 저장되었다가 흡혈귀를 퇴치하면 모두 쏟아져 나온다는 설정도 있다).

방향성은 다르지만, 악령이 깃든 사람이 쇠약해지는 것도 악령이 생명력을 앗아가기 때문. 좀비처럼 생명력을 흡수하는 게 아니라 잡아먹는 사례도 있지만, 어느 쪽이건 언데드는 생명을 지닌 존재를 질투하며 위협한다. 『변경의 팔라딘』(야나기노 히니타)처럼 살아있는 인간처럼 행동하는 언데드도 눈길을 끈다. 불사를 담당하는 신의 축복으로 언데드가 되었다는 설정인데, 해골이 된 몸으로 죽었다는 사실을 깨닫지 못하고 '우리가 있는 한 왕국은 멸망하지 않았다'라며 말하는 드워프 왕국의 전사 같은 이들의 모습이 안타깝게 느껴진다.

판타지 작품에서 등장하는 대표적인 언데드는 다음과 같다.

「오유키의 유령」, 마루야마 오쿄, 18세기

이 그림을 시작으로, 일본의 귀신에는 다리가 없다는 설정이 추가되었다. 이처럼 언데드를 비롯한 환수의 모습은 창작자의 상상으로 완성된다.

흡혈귀	가장 대표적인 언데드. 죽었다가 깨어난 후 살아있는 것처럼 행동하며, 인간이나 동물의 피를 통해 생명력을 흡수한다. 언데드 중에서 특히 강력한 존재로 생전 모습을 유지하며 안개나 박쥐, 늑대 등으로 변신하기도 한다. 뱀파이어(Vampire)/밤피르(Vampir) 외에 노스페라투(Nosferatu), 스트리고이(Striga)라는 별칭도 있다. 언데드인 흡혈귀는 생명을 낳을 수 없지만, 생식 능력을 지닌 흡혈귀가 있다는 전승도 있는데, 이런 흡혈귀 남성과 인간 여성 사이에 태어난 흡혈귀 혼혈을 담피르(Dhampir)라고 한다. 흡혈귀가 햇빛에 약하고 흐르는 물을 지나가지 못한다는 설정은, 늑대인간처럼 전승의 원형이 된 광견병 증세와 관련이 있는 것으로 여겨진다. 마늘처럼 강한 냄새가 나는 음식을 피하는 것도 마찬가지. 창작 작품 속 흡혈귀는 매우 다양한 모습으로 등장하는데, 보통 몬스터 중에서도 최강의 능력을 발휘한다. 육체적으로도 무적에 가깝고, 풍부한 마력에 인간의 지혜를 지니고 있기 때문. 강력한 마법사가 의식을 통해 스스로 흡혈귀가 된 존재를 불사의 왕이라 하여 '노 라이프 킹(No-Life King)'라고 하는데, 일본의 TRPG 『소드월드』에서 처음 사용한 이래, 일본 창작물에서 흡혈귀 원조인 진조(眞祖)와 함께 최강의 언데드를 뜻하는 말로 사용된다.
좀비	부두교의 되살아난 시체. 현대 창작물, 특히 SF에서 좀비는 흡혈귀처럼 감염되지만, 판타지 작품의 좀비는 몸의 일부가 썩은 상태로 돌아다니는 시체에 가깝다. 자세한 내용은 '3장, 10. 살아있는 시체들의 밤, 좀비의 전설(370쪽)' 참조.
강시	중국의 괴물. 객사한 채로 썩지 않고 오랜 세월이 지난 시체에 원혼이 깃들어 생겨난다. 이러한 강시 설정에 객사한 시체에 부적을 붙여 고향으로 옮겨준다는 영환도사라는 존재를 연결한 영화가 인기를 끌면서 청나라 옷에 얼굴에 부적을 붙인 강시 설정이 완성되었다. 객사한 시체가 요괴가 된다는 설정은, 이런 시체를 버려두지 않고 잘 묻어주어야 한다는 교훈이 담겨 있다.

	청나라 때 전쟁터에서 죽은 시체를 옮겨주는 풍습에서 영향을 받았다는 설이 있지만 이는 영화 설정이다. 전승의 강시는 오랜 세월 동안 썩지 않고 요괴가 된 존재이기에 꼭 청나라 복장을 할 필요는 없다. 영화 속 강시는 두 팔을 들고 발을 모아 껑충껑충 뛰어다니며, 밤에만 돌아다니며 산 사람을 습격하여 피를 빨아먹는 흡혈귀 같은 존재다. 전승 속의 강시는 오랜 세월에 걸쳐 신통력을 얻어 하늘을 날며 사람을 습격하며 잡아먹는다. 그런 면에서 살아있는 괴물로 진화했다고도 볼 수 있다. 나아가 신통력을 더욱 쌓으면 시간이 흐르면 입에서 불을 내뿜으며 사자와 소를 뒤섞은 느낌의 괴물 후(犼)로 변하는데, 그 힘은 용에 필적한다고 전해진다. 영화를 통해 창작된 강시도 매력적이지만, 전승 속 강시엔 또 다른 매력이 있는 만큼 독자적인 강시를 설정해도 좋을 것이다. 실례로 한국 무협 소설에선 마교 같은 악당들이 사용하는 강력한 생체 병기처럼 연출하는 사례가 많다.
유령	죽은 자의 혼령이 어떤 이유로 저승에 가지 않고 떠도는 존재. 귀신, 망령 등으로도 불린다. 대개 안개처럼 희미하고 반투명한 모습으로 그려지지만 나라마다 그 모습은 조금씩 다르다. 생전 모습을 한 경우가 많고, 소복을 걸치고 있거나 형태가 없이 천을 걸친 것처럼 모호한 형태로 그려지기도 한다. 주로 각 나라의 창작물에서 표현한 모습 때문인데, 일본의 유령에 다리가 없다는 것도 한 작가의 그림 덕분이다. 실체가 없는 혼령이기에 평범한 무기로는 공격할 수 없으며, 신통력이나 마법 같은 특별한 힘으로만 퇴치할 수 있다(영화 「고스트버스터즈」에선, 유령 흔적인 엑토플라즘을 연구하여 유령에 타격을 가하는 강력한 에너지 광선포를 만들었다). 반대로 유령도 물건을 만지거나 할 수는 없지만, 염력이나 특별한 힘으로 피해를 주기도 한다(폴터가이스트 현상과 연결하기도 한다). 유령은 선도 악도 아니지만, 이승에 미련을 두거나 원한을 품은 결과 악령이 되어 사람을 해치기도 한다. 판타지 속 유령은 고성이나 던전에서 쓸쓸히 죽은 이들이 변하여 생전의 기억을 잃고 산자에 대한 질투와 증오로 활동한다는 설정이 많다.

스켈레톤	움직이는 해골. '죽음'을 의인화하여 그린 모습에서 탄생한 개념으로, 특수촬영 감독 레리 해리하우젠이 영화 「아르고 황금 대탐험」에서 히드라의 이빨을 땅에 뿌려서 탄생한 전사(용아병)를 움직이는 해골로 연출하면서, 이후 창작 작품에 언데드의 일종으로 등장하게 되었다. 신화 속 용아병은 완전무장한 인간 모습 전사지만, 영화 속 움직이는 해골이 너무 강렬해서 이후 판타지 작품 속 용아병도 해골 전사로 묘사했다. 언데드인 스켈레톤은 마법사가 소환하는 마법 생명체인 용아병과 달리 뼈만 남은 시체에 마력을 넣거나 악령을 내려서 탄생한다. 머리뼈를 부수면 물리칠 수 있는 만큼 초기의 약한 적으로 나오는 일이 많지만, 마력이 남아 있는 한 계속 부활하는 것도 있다.
데스 나이트	악령이 된 상태에서 활동하는 기사. 『반지의 제왕』에서 아홉 힘의 반지를 지녔다가 절대반지의 지배로 악령으로 변해버린 반지의 악령, 나즈굴을 모델로 했다. 「던전&드래곤」에서 데스나이트라는 이름의 타락한 성기사로 설정하여 이후 다른 작품에도 계승되었다. 본래는 고귀한 기사였던 이들이 타락하고 악신의 힘을 받아 변해버린 존재로, 강력한 흑마법 힘을 자랑한다. 데스 나이트의 상위 존재로서 데스 팔라딘이 있다.
리치 (Lich)	고대 영어로 시체를 뜻하는 Lic에서 나온 말. 20세기 초 여러 판타지 작가에 의해 시체를 부르는 고어로 사용하다가, 「던전&드래곤」에서 죽음을 넘어 불사의 존재가 된 언데드 마법사를 리치라고 부르면서 정착되었다. 일반적으로 리치는 마법의 힘에 매료된 자들이 불멸의 몸을 얻는 마법 의식을 거쳐 완성된다. 리치 의식을 위해선 본래부터 뛰어난 마법사여야 하지만, 언데드가 된 후에도 연구를 계속하여 신에 가까운 힘을 지닌 사례도 있다. 판타지에서 리치는 스켈레톤 같은 불사의 군대를 무한정 뽑아내는 끝없는 마력을 자랑하는 강력한 마법사로 연출된다. 리치 의식 자체가 사악한 마법이라 리치가 되는 과정에서 영혼이 비뚤어지기도 하는 등 악한 존재로 설정한 사례가 많으며, 단지 마법 연구에만 몰두하는 리치도 있다.

8. 보름달의 신비, 늑대인간 이야기

하나는 부모를 여의고 홀로 살아가는 대학생이다. 어느 날 하나는 우연히 한 청강생을 만나 사랑에 빠지고 함께 살았다. 행복한 시간은 오래 가지 않았다. 어느 날 그가 물에 빠져 죽고 만 것이다. 갑작스럽게 홀로 남게 된 하나. 하나는 둘 사이에 태어난 두 아이를 홀로 키우게 된다. 대학을 중퇴하고 아이들을 키우는 데 전념하기로 한 하나. 하지만 그건 쉽지 않았다. 왜냐하면 두 아이는 늑대로 변하는 늑대인간이었기 때문이다. 갑자기 귀가 솟아나고 꼬리가 생겨나는 아이들. 과연 하나와 아이들의 이야기는 어떻게 되는 것일까?

호소다 마모루 감독의 애니 「늑대 아이」는 두 아이를 키우는 어머니의 이야기이다. 하나의 두 아이, 유키와 아메는 평범한 아이들로 보이지만 흥분하면 늑대의 모습이 드러난다. 그들은 바로 늑대인간이다.

평소에는 인간 모습을 하고 있지만, 어떤 계기가 있으면 늑대, 또는 반 늑대의 모습으로 변신하는 늑대인간 이야기는 매우 오래전부터 등장했다. 고대 그리스 역사가 헤로도토스의 책 『역사』에서도 1년에 1번 늑대로 변한다는 네우로이인에 대해 소개하고 있을 정도다. 로마 학자였던 플리니우스도 『박물지』에서 늑대인간을 언급하고 있으며, 히브리 성서에서도 늑대로 변할까 봐 고민하는 왕의 이야기가 등장한다. 네우로이인은 단지 늑대 모습으로 분장하고 축제를 여는 것에 불과했으며, 플리니우스도 '이런 존재는 말도 안 된다'라고 했지만, 그만큼 늑대인간에 대한 믿음은 오래전부터 다양한 곳에서 이어져 내려왔다.

동양에서도 들개(옛이야기에선 들개와 늑대를 구분하지 않는 일이 많다) 모습으로 변하는 인간이나 영리한 개가 왕의 말을 듣고 공주를 구해내어 공주와 맺어져 자손을 낳는 이야기가 나오는데, 이들 역시 늑대인간의 원형 중 하나이다. 전설이나 설화에서도 전사들이 늑대나 곰으로 변신한다는 이야기를 종종 볼 수 있다. 에스키모 사이에선 곰 가죽에 마력이 있어서 집 밖에서 곰 가죽을 뒤집어쓰면 곰이 된다는 전설이 내려온다.

다양한 형태로 전해지던 늑대인간 이야기는 소설이나 영화 같은 창작 작품을 통해서 현재와 같은 형태로 정착되었다. 바로 보름달이 뜨면 거대한 몸집에 털이 숭숭 나고 늑대 얼굴의 괴물로 변신하여 사람들을 습격하는 이야기 말이다.

이는 1935년 세계 최초로 늑대인간을 본격적으로 소개한 영화 「런던의 늑대인간」에서 시작되었다. 여기서 늑대인간은 반은 늑대이고, 반은 인간인 모습으로 등장하여 사람을 공격한다. 이후 여러 영화에서 이런 설정이 정착되어 우리가 아는 '괴물 늑대인간'이 탄생한다.

영화 속 늑대인간은 굉장히 강력한 마수이다. 힘은 인간보다 몇 배나 강하고, 날렵한 몸놀림으로 벽을 뛰어넘고 지붕을 타고 달리기도 한다. 게다가 생명력도 강해서 평범한 칼이나 총으로는 죽일 수 없으며, 팔다리가 잘려도 다시 자라나거나 붙기도 한다.

보름달 밤에만(또는 달밤에만) 변신할 수 있기에 낮에는 힘을 발휘하지 못하지만, 밤이 되면 약점도 거의 없는 무적의 괴물이 된다. 그들에게 효과가 있는 것은 오직 은으로 된 무기뿐. 은으로 만든 탄환이나 은으로 도금한 칼 같은 것만이 쓸모가 있다. 그것도 급소를 정확하게 맞추지 않으면 소용없으며, 성스러운 은 십자가를 녹여서 만들어야 한다는 설정도 있다.

인간처럼 평범하게 자손을 낳고 살아가지만, 흡혈귀나 좀비처럼 늑대인간이 물거나 할퀴면 늑대인간이 된다는 이야기도 있다. 늑대 가죽을 뒤집어쓰면 늑대가 된다거나, 보름달 밤 동물 발자국에 고인 물을 마셔서 늑대인간이 된다는 이야기도 있다.

평소에는 평범하거나 왜소한 사람이 밤만 되면 체격이 커지고 무적의 괴물로 변하는, 변신 영웅 같은 느낌이 있어선지 이따금 늑대인간은 흡혈귀의 맞상대로 그려지기도 한다. 귀족적인 흡혈귀와 야성적인 늑대인간이라는 점이 대비되기 때문일지도 모른다.

전승 속 늑대인간은 조금 다르다. 전승에서 늑대인간은 평범한 늑대 모습으로 변한다. 늑대는 개의 조상이다 보니, 조금 큰 개처럼 보일 수도 있는 만큼 거리에 있어도 이상하게 보이지 않을 것이다. 조금 다른 점이 있다면, 사람의 말을 할 수 있다는 정도. 이따금 특별한 능력을 갖추고 있기도 하지만, 보통 평범한 늑대와 다르지 않다. 그러다 보니 「늑대 아이」에서처럼 물에 빠져 죽을 수도 있을 것이다.

늑대인간은 종종 가축이나 인간을 습격하는 나쁜 존재로 등장하지만, 한편으로는 수확 때를 노리는 악마나 마술사와 싸워서 수확물을 지켜주는 신 같은 존재로 소개되기도 한다. 개와 마찬가지로 늑대의 울음 소리에는 사악한 존재를 몰아내는 힘이 있다고 하여 수호신으로 숭배되기도 한다. 고대 일본에선 '개 목소리를 내어 마귀를 쫓는 직업'이 있었다는데, 어쩌면 이들이 「늑대 아이」 속 아이들의 조상일지도 모른다. 그런 면에서 늑대인간은 흡혈귀보다는 좀 더 인간적이며, 때로는 우리 친구가 되는 존재로 여겨질 수 있다.

늑대인간 전설에는 또 다른 면이 있다. 마녀재판이 성행한 중세 시대, 죄를 지은 사람들을 '늑대'라 부르고 늑대 분장을 시켜 숲으로 내쫓았다는 것이다. 중세 유럽에서 늑대는 사람과 가축을 해치는 야수이자 마녀나 악마의 부하로 여겨졌으니, 죄인을 늑대와 동일시하며 박해했다는 말이다. 그렇게 쫓겨난 이들이 무리를 지어 생활하면서 늑대인간 전설이 더욱 성행했을지도 모른다.

흡혈귀와 관련되어 사악하고 위험한 존재로 여겨지는 박쥐처럼, 늑대도 보기보다는 온순하다고 한다. 가장 먼저 인간에게 접근했던 늑대가 인간과 공존하며 개가 되어 우리를 지켜주었듯이, 늑대도 우리 친구가

「마을을 습격하는 늑대인간」 루카스 크라나흐, 1512년

될 가능성도 있다는 것이다. 귀여운 아이들이 늑대 모습으로 등장하는 이야기 「늑대 아이」는 이처럼 친근한 존재가 될 수 있는 늑대인간의 가능성을 보여준다.

읽을거리 개와 늑대, 우리와 함께 한 오랜 동반자

인류 역사와 함께한 여러 동물 중에서 어떤 동물이 가장 유용한지에 대해서는 이견이 있지만, 적어도 개가 인류와 가장 오랜 시간 함께 한 동반자라는 점은 틀림이 없다. 1만5천 년, 적어도 1만2천 년 전부터 개를 길렀다는데 현존하는 가장 오랜 대규모 유적인 괴베클리 테페가 만들어진 것이 1만1700년 전, 초기 농경이 1만1500년 전에 시작되었으니 사실상 개는 인류 문명과 함께 한 것이다.

처음 한 마리의 개(어쩌면 늑대)가 인간이라는 기묘한 짐승의 곁에 다가오기 시작하면서 개와 인류의 공존은 시작되었다. 아마도 굶주린 나머지 주변에 버려진 음식 찌꺼기에 끌려 잠시 찾아온 손님이었지만 오래지 않아 주변에 머무르며 함께 생활했다. 냄새를 잘 맡고 소리를 잘 듣는 개는 특히 인간이 취약한 한밤중에 주변을 경계하며 도움을 주었고, 언제부터인가 사냥감을 찾고 사냥하는 데 도움을 주었을 것이다. 개가 밤을 지켜주면서 인간은 안심하게 되었고, 문화를 만들 수 있는 여유를 얻게 되었다. 일이 많은데다 계속 관리, 감독이 필요한 농경과 목축을 본격적으로 진행한 것도 개의 도움이 있었기 때문이다.

개는 늑대와 함께 신화와 전설에서 중요한 역할로 자주 등장한다. 특히 『오디세이아』에서 20년 만에 돌아온 오디세우스를 유일하게 알아보고 반가워한 후에 숨을 거둔 명견 아르고스처럼 충성심과 헌신으로 기억되는 이야기가 적지 않다.

반대로 늑대는 교활하고 위험한 맹수로 그려지는 일이 많다. 게르만 신화엔 오딘을 잡아먹는 펜리르 외에도 태양과 달을 쫓아서 잡아먹는 스콜이나 하티처럼 세상을 위협하는 다양한 늑대가 있다. 동화나 전승에서도 늑대는 「빨간 두건」, 「늑대와 7마리 아기 염소」, 「아기 돼지 3형제」처럼 악역이나, 「양치기 소년」처럼 삶을 위협하는 적으로 나온다. 이는 일찍부터 늑대와 인간의 생활 영역이 많이 겹치고(특히 예로부터 목축을 많이 했던 유럽은 더욱 심했다), 늑대가 집단 생활을 하며 영리한 만큼 실제로 위험한 상대이기 때문이다.

『시튼 동물기』 중의 『늑대왕 로보(커럼보의 왕, 로보)』 편에서는 늑대의 영리하고 교활한 습성을 잘 보여준다. 실존하는 이야기의 주역인 로보는 늑대 무리의 우두머리로서 수천 마리의 가축을 잡아먹고 심지어는 재미로 죽이기도 했는데, 로보를 잡으려는 온갖 시도가 모두 실패하고(사냥개만이 로보에게 상처를 입히는 성과를 올렸지만, 로보에게 속아 각개격파 당했다) 어니스트 시튼 자신도 농락당하는 상황이 인상적이다. 이처럼 늑대의 위험이 잦다보니 오래전부터 그에 맞서고자 많은 시도가 있었는데, 이 과정에서 '아이리시 울프하운드'처럼 늑대 사냥을 전문적으로 하는 견종도 탄생했다.

판타지에서도 늑대는 교활하고 위험한 적수로 나온다. 『호빗』이나 『반지의 제왕』처럼 오크나 고블린 같은 다른 몬스터가 거대한 늑대를 타고 나오는 장면을 종종 볼 수 있다. 게임에선 초반에 손쉽게 사냥할 수 있는 약해빠진 적수로 나오지만, 소설이나 영화에선 애니 「모모노케 히메」의 늑대신처럼 사람보다 몇 배는 큰 덩치로 사람들을 위협한다.

하지만 늑대가 항상 악역으로 나오는 건 아니다. 일찍이 로마에선 건국자인 로물루스, 레무스 형제를 키웠다는 전승이 있어 현재도 이탈리아를 상징하는 동물이며, 몽골에선 대지의 중앙에 있는 호수에서 푸른 늑대와 흰 사슴이 맺어져 몽골인의 조상이 되었다는 신화가 있다. 독일에선 늑대를 풍요의 신이자 곡물의 어머니로 불렀는데, 소설 『늑대와 향신료』(하세쿠라 이스나)에서 풍작의 신이라 불린 거대한 늑대, 현랑 호로가 여주인공으로 등장한다.

이처럼 늑대, 개는 인류 역사만이 아니라 신화, 전승을 비롯한 창작물에서도 사랑받으며 다양하게 활용되고 있다.

9. 전설의 고향, 구미호 이야기

옛날 한 옛날, 꼬리가 아홉 달린 여우가 있었다. 오랜 세월을 살며 도술을 부리게 된 여우는 어느 날 한 사람을 만나 사랑에 빠졌고, 사람으로 변신하여 함께 살게 되었다. 백일이란 시간이 지나면 여우는 완전히 사람이 될 수 있는 상황. 하지만 여러 위기가 찾아온다. 과연 여우는 사람이 되어 사랑을 이룰 수 있을까?

황금색의 털에 꼬리가 아홉 달린 여우. 구미호는 한국만이 아니라 중국, 일본 등 동양 각지에서 예로부터 잘 알려진, 가장 인기 있는 괴물 중 하나이다.

중국 기서 『산해경』에는 '동쪽 청구산이라는 곳에 여우 같은 모양에 9개의 꼬리를 갖고 어린애 같은 소리를 내며 사람을 잡아먹는 짐승'이 있다는 말이 나오는데(산해경에는 변신한다는 이야기는 없고, 단지 특이한 짐승이라는 말에 가깝다), 이 밖에도 여러 나라의 많은 책과 이야기에서 구미호를 만날 수 있다.

한국, 중국, 일본에서 이야기하는 구미호는 그 특징이 조금씩 다르지만 대부분 사람으로 변신하거나 위장하며 뛰어난 술법 실력을 자랑한다. 사람으로 변하여 집안에 기어들어 살면서 집주인이 고용한 도사들을 요술로 혼내어 쫓아내기도 한다. 괴물 퇴치를 전문으로 하는 도사들을 골리는 것으로 끝나지 않고 그들을 완전히 혼내어 쫓아버리다니, 보통 실력이 아니다.

이러한 실력으로 구미호는 매우 다양하게 활약한다. 흔히 구미호는 사악한 요괴라고 불리지만, 꼭 그런 것은 아니다. 도리어 많은 이야기 속에서 구미호는 사람들을 돕고 복을 내리는 신 같은 존재로 등장한다. 살펴보면 『산해경』처럼 인간을 잡아먹는 위험한 구미호 이야기는 도리어 적은 편이다.

구미호 이야기 중에서 가장 유명한 것으로 중국 소설 『봉신 연의』에 등장하는 달기와 일본의 『타마모 이야기』가 있는데, 양쪽 모두 아름다운 미인으로 변신하여 나쁜 짓을 하는 내용이다[일본 전승에선, 백면금모 구미호가 달기, 포사로 변해 나라를 멸망시키고, 일본에서 타마모란 궁녀로서 온갖 재난을 일으키다가 음양사와 군대의 협력으로 토벌되었다고 한다].

이들 외에도 구미호와 관련하여 비슷한 이야기가 종종 등장한다. 구미호는 왕이나 영주 같은 권력자를 유혹하여 온갖 나쁜 짓을 하게 하는데, 백성들의 마음이 떠나고 권력자가 무너지면서 구미호도 쫓겨나거나 퇴치당한다는 것이 결말이다.

이처럼 구미호가 사악한 존재로 등장하는 것은 여우라는 동물이 개와 비슷하게 닮았으면서도 다르기 때문이다. 여우는 개과 동물이지만 늑대나 개와 달리 보통 단독 생활을 한다.

여우는 변덕이 심한 편으로, 개보다는 고양이와 성격이 비슷하다는 얘기도 있다(눈동자도 고양이처럼 세로로 길다). 붙임성이 있어서 친근하게 다가오지만, 갑자기 사람을 물어버리기도 한다.[8] 잡식 동물이라 이것저

8 늑대나 개와 다른 여우의 성질은 오랜 세월에 걸쳐 타고난 것이지만, 여우도 개과 동물이다 보니 인간과 친밀해질 가능성이 있다. 실제로 러시아에서 여우를 이용해서 실험을 한 일이 있다. 당시 학자

것 가리지 않고 먹는데, 농촌 주변에서는 닭이나 토끼 같은 가축을 습격해서 잡아먹는 일이 적지 않으니 당연히 사람들에겐 민폐를 끼치는 존재로 여겨질 것이다.

동화 속에서도 여우 이미지는 별로 좋지 않다. 개과 동물 중에서도 특히 영리하다고 여겨지다 보니(사냥꾼을 골리는 일도 종종 있다), 교활하다는 이미지가 붙는 것도 어쩔 수 없다. 인간에게 길들어 공존하며 살아온 개와 달리 제멋대로인 면이 있기 때문이다.

요괴인 여우가 여성으로 변신하는 것은 늑대와 대비되어 여성적이라고 느끼기 때문이다. 크기도 작고 날씬한 느낌에, 짖는 소리도 훨씬 날카롭다. 아기 울음 소리 비슷하다고 느끼는 이도 있어 인간을 유혹하는 것처럼 느껴지기도 한다. 여우 요괴가 권력자를 망쳐버리는 이야기가 만들어지는 것도 당연한지도 모른다.

하지만 실제 여우는 사실 사람을 해치지 않는다. 기생충으로 피해를 줄 수도 있고 가축을 잡아먹기도 하지만, 대다수 여우는 늑대보다 훨씬 작고 경계심이 많아서 인간을 만나면 도망가기 때문이다. 늑대나 개하고도 싸움이 되지 않아서, 전설 속 구미호도 사냥개를 만나면 도망치기 바쁘다. 여우 요괴도 사악하게만 나오는건 아니다. 옛날엔 신으로서 숭배되는 일도 적지 않았고, 일본에서도 여러 신사에서 중요한 신령 중 하나로 모시고 있다. 일찍이 늑대가 풍요의 상징이었다가 사악한 존

들은 여러 마리의 여우를 기르면서 그중 인간에게 가장 친밀한 행동을 보이는 개체만 골라서 교배하기를 반복했다. 이렇게 몇 세대를 반복하여 태어난 여우는 마치 개처럼 행동했을 뿐만 아니라, 울음 소리나 외모도 개에 가깝게 변했다.

재로 여겨지게 되었듯이, 여우 역시 그러한 변천 과정을 겪은 것이다.

「전설의 고향」이라는 TV 방송으로 잘 알려진 한국의 구미호는 사람을 동경하여 사람이 되고자 했지만 결국 실패하는 이야기로 종종 등장한다. 단지 사람을 사랑했고 사람이 되고 싶었을 뿐인데도 안타까운 운명을 맞이하는 이야기로, 한국에서 구미호를 영악하고 교활하지만 한편으로 슬픈 캐릭터로 인식하게 했다. 그래선지 한국의 구미호는 사극만이 아니라, 게임에서도 흥미로운 캐릭터로 등장한다. 마블 세계관에서 한국을 대표하는 초인 영웅 중 하나로 화이트 폭스가 나오는데, 이 역시 「전설의 고향」처럼 인간을 사랑하여 맺어진 구미호의 후손이며, 우주전쟁을 소재로 한 소설 『나인 폭스 갬빗』(이윤하)처럼 SF에서도 이민족과의 교류라는 측면에서 한국의 구미호 설정을 흥미롭게 엮어낸 작품도 있다. 이처럼 인간과의 관계로 고민하는 구미호 설정이 다채롭게 활용되는 것은 한국의 구미호가 매력적이면서도 안타까운 이야기를 지닌 캐릭터이며, 여러 나라 구미호 얘기 중 가장 인간적인 면을 지녔다는 것을 잘 보여준다.

그렇다면 구미호, 여우 요괴는 사악한 존재일까? 아니면 착한 존재일까? 한 가지 재미있는 사실은 중국 이야기에서 가장 사악한 구미호 달기는 사실 여신 여와에게 '은나라를 멸망시키라'라는 지시를 받고 활동했다는 점이다. 그런 점에서 주왕은 피해자라고 여길 수 있을지도 모르지만, 여기에 한 가지 중요한 사실이 있다. 여와가 주왕을 해치도록 명한 것은 주왕이 여신인 여와를 희롱했기 때문이다. 결국 왕의 잘못으로 모든 것이 시작된 것.

'호가호위(狐假虎威)'라는 사자성어가 있다. 여우가 호랑이의 위세를 빌려서 다른 짐승을 놀라게 한다는 말이다. 이 말처럼 달기가 왕을 유혹하고 나쁜 짓을 하게 시킨 건 사실이지만, 여우가 날뛰려면 호랑이가 이를 인정할 때만 가능하다. 즉 달기의 나쁜 짓도 왕이 허락했기 때문으로, 나쁜 것은 여우가 아니라 그 같은 유혹에 넘어가 달기의 행동을 묵인한 왕이었던 것이다.

구미호는 강력한 요괴이지만, 혼자서 나쁜 짓을 저지르는 일은 많지 않다. 전승 속 여우의 본질은 사람을 속이고 유혹하는 것이기 때문이다. 결국 여러 환수처럼 구미호도 우리 마음을 비추는 거울이라는 말이다.

에도시대 화가 가쓰시카 호쿠사이가 표현한 구미호의 모습
타마모의 전신, 천축의 화양 부인이 구미호의 정체를 드러내고 도망치는 그림이다.

읽을거리 산해경과 박물지, 판타지 환수의 보고

판타지의 환수는 신화와 전승에서 영감을 얻어 탄생한 것이 많지만, 실제로 존재했던 생명체를 모델로 한 것도 많다. 개나 고양이처럼 친숙한 동물도 있고 심해어나 동굴에 사는 동물처럼 특이한 환경에 사는 생물은 외계 생명체처럼 특이한 모습으로 상상의 나래를 펼치게 도와준다. 이처럼 자연계에도 온갖 신비한 동물이 존재하는 만큼, 자연 도감이나 백과사전을 참고하는 것도 재미있다. 『산해경』과 『박물지』는 고대인이 기록한 자연 도감으로 판타지에 대한 상상을 펼쳐낼 때 도움이 된다.

1. 산해경

『산해경』은 중국 선진 시대에 쓰였다는 신화집이자 지리서이다. 누가 지었는지는 알 수 없지만, 오랜 세월에 걸쳐 정리되어 완성된 만큼 다양한 주석과 설명, 때로는 그림이 추가되며 볼거리를 더한다.

구미호 역시 『산해경』에 기록된 여러 동물 중 하나이다. 구미호 자체는 『산해경』 외에도 온갖 설화나 전승에 등장하지만, 『산해경』은 이 같은 전승과 설화를 지리서라는 형태로 정리하여 새로운 가능성을 준다. 구미호가 술법을 쓴다는 말이 나오지 않으며, '꼬리가 아홉 달린 여우'가 아니라 '생김새가 여우 같다'라고 한 점에 주목해 보자. 즉 구미호는 여우와 비슷하게 생겼지만 여우와 전혀 관계없는 다른 짐승일 수 있으며, 술법을 쓰는 구미호는 구미호처럼 변장한 다른 존재일 수도 있다는 말도 된다.

내용이 뒤죽박죽이고, 지리서라는 형태로 정리되어 읽기는 쉽지 않지만, 『산해경』은 중국을 중심으로 당대 사람들의 인식 너머에 있는 환상계에 대한 다양한 상상을 보여준다.

2. 박물지

보통 고대 로마의 학자인 대 플리니우스의 저서를 말하지만, 중국에도 장화라는 인물이 지은 『박물지』라는 책이 있다. 『산해경』의 영향을 받아서 당대의 다양한 전승을 백과사전 형식으로 정리한 책으로, 『산해경』과 함께 살펴보면 꽤 흥미롭다.

대 플리니우스의 저서 중 유일하게 남은 『박물지』는 '세계의 이야기(Naturalis historia)'란 제목으로, 다양한 주제를 다루어 현대 백과사전의 기틀을 닦았다고 알려진 책이다.

그중 동물 편에서는 인간을 포함하여 당대에 알려진 모든 동물을 소개하는데, 샐러맨더, 늑대인간처럼 상상 속 동물까지 정리하고 있어, 서양 판타지 작품 속 환수 설정에 도움이 된다. 식물학에 이어 의학과 약학에서도 다양한 식물이 소개되고 점성술을 비롯한 마법이나 온갖 민간요법도 등재하여, 판타지 마법 체계 연출에 도움을 줄 수 있다(실제로 중세 의사들이 많은 영향을 받기도 했다).

10. 살아있는 시체들의 밤, 좀비의 전설

출발 직전의 고속열차에 한 학생이 비틀거리면서 올라탄다. 쓰러지는 학생을 보고 걱정한 직원이 다가가서 말을 거는데, 그 순간 갑자기 깨어난 학생이 직원을 물어뜯고….

한국에서만 1,000만 명이 넘게 본 영화. 「부산행」은 이렇게 시작된다. 「부산행」은 서울을 시작으로 대한민국 전역이 끔찍한 위기에 빠진 상황에서 부산으로 향하는 고속열차를 무대로 소중한 사람을 구하려는 사람들의 이야기이다. 여기서 가장 눈에 띄는 건 사람들을 지키려 싸우는 이들이 아니라 바로 살아있는 시체, 좀비들이다.

평범하기 이를 데 없는 어느 날, 그들은 나타난다. 우리에게 친숙한 누군가를 닮았지만, 그 내면은 전혀 다른 어떤 존재로서…. 그들의 입은 열려 있지만 말은 흘러나오지 않고, 그들의 눈은 뜨여있지만 보이지 않으며, 오직 소리와 냄새만으로 살아있는 자를 분간하며 천천히 다가온다. 살아있는 것처럼 보이지만 사실은 시체인 그들은 생명의 기운을 좇아 다가와 무더기로 습격한다.

그들이 지나간 자리에는 그 어떤 생명도 남지 않는다. 그들에게 물리고 뜯기고 상처 입은 이들은 오래지 않아 생명의 기운이 사라지고 그들과 똑같은 존재가 되기 때문이다. '살아있는 시체'. 좀비는 이렇게 늘어난다.

「살아있는 시체들의 밤(Night of the Living Dead)」부터 「부산행」까지. 세상에는 다양한 좀비 이야기가 넘쳐난다. 매년 수십, 수백 편의 좀비 이야기가 소설, 만화, 영화를 가리지 않고 쏟아져 나오며, 한국에선 아예 '좀비 문학상'처럼 좀비만을 소재로 한 상이 있을 정도로 하나의 장르로 성장하고 있다. 단 한 명의 좀비에서 시작하여 무수한 좀비가 태어나는 것처럼, 그야말로 좀비 대유행이라고 불러도 이상하지 않다.

좀비의 인기는 끝이 없지만, 사실 좀비가 이야기 속에서 인기를 끌게 된 것은 비교적 최근 일이다. 본래 좀비는 서아프리카에서 시작한 부두교에서 등장하는 존재이다. 아프리카의 토속 종교와 기독교가 뒤섞여서 탄생한 부두교는 서인도 제도(특히 아이티 인근)에서 발전한 종교인데, 그 안에 인간에게서 영혼을 뽑아내어서 좀비를 만든다는 주술이 있다고 한다. 영혼을 빼앗긴 사람은 주술을 건 사제의 명령에 따라 노예가 된다는 것이다.

일설에 따르면 좀비는 '좀비 파우더'라 불리는 독을 이용해서 만든다고 한다. 독으로 가사 상태에 빠진 사람은 산소가 부족해서 뇌가 손상을 입는데, 그 결과 영혼을 잃은 것처럼 멍청해진다는 이야기다. 그러니까 좀비는 사제가 속임수로 만들어낸 노예, 사실은 불쌍한 존재라고 볼 수 있다.

하지만 1968년 조지 A. 로메로 감독의 영화 「살아있는 시체들의 밤」은 이런 좀비를 새롭게 바꾸었다. 어느 날 갑자기 시체들이 일어나서 사람들을 공격한다. 평범한 이웃이었던 자들의 시체가 멍한 눈으로 습격해오는 모습은 정말로 무섭고 끔찍하기 이를 데 없다. 게다가 공격당한 이들도 '살아있는 시체'로 변하여….

훗날 좀비라고 불리게 되는 끔찍한 시체들의 이야기를 그려낸 로메로 감독의 작품들은 이후 수많은 작품에 영감을 주며, '좀비'라고 불리는 괴물의 유행을 낳았다.

다만 「살아있는 시체들의 밤」에선 '살아있는 시체'를 좀비라고 부르지 않는다. 왜냐하면, 로메로 감독은 전설 속의 식인귀인 '구울'에 흡혈귀를 합쳐서 만들었기 때문이다. 그런데 영화를 본 한 기자가 이를 '좀비'라고 불렀고, 그 결과 좀비물이 탄생했다.

그래서일까? 좀비는 판타지의 여러 존재와는 굉장히 다른 형태로 변화한다. 부두교의 좀비는 주술로 만들어지지만, 영화의 좀비는 뭔지 알 수 없는 효과로 탄생한다. 처음엔 금성의 방사능 같은 게 원인이라고 나오다가 언제부터인가 바이러스나 세균에 의한 것이라고 바뀌고, 좀비를 무기로 쓰려는 악당이 등장하면서 판타지라기보다 SF 작품 설정으로 등장하는 것이 일반적인 것이 되었다.

그런데 좀비는 왜 인기가 있을까? 그것은 우리 인간의 내면을 보여주기 때문이 아닐까 생각한다. 상냥한 태도 속에 감추어져 있을지도 모르는 흉측한 생각들, 증오하는 마음들. 사실은 친절한 이웃 사람이 속으로는 나쁜 생각을 하고 있을지도 모른다는 내심을 보여주니 말이다. 본래는 불쌍한 존재였던 좀비가 위험한 적이 된 것은 그만큼 사람들이 세상을 더 무서워하게 되었기 때문일지도 모른다. 수많은 좀비 영화에서 좀비보다도 인간이 무섭고 위험하게 그려지는 것은 바로 그러한 생각을 반영했기 때문일 것이다.

하지만 세상이 항상 무서운 것만은 아니다. 그래서 때로는 좀비가 더 인간적인 모습을 보여주기도 한다. 말을 하고 생활하고, 심지어 인간처

여기서 좀비물의 전형적인 모습이 정착되지만, 이후 다양하게 변화하고 있다.
ⓒImage Ten

럼 사랑하는 모습을 보여주는 것. 그 역시 세상을 바라보는 우리의 시선을 반영한 것일 것이다.

읽을거리 좀비의 탄생과 변천

현대에서 가장 인기 높은 콘텐츠인 좀비는 「살아있는 시체들의 밤」에서처럼 서양의 식인귀 구울과 흡혈귀의 전설을 뒤섞어서 만들어졌다. 인간의 생명을 빨아먹고 그 인간을 자신과 같은 괴물로 만들어버리는 괴물 이야기는 신화 시대부터 다양하게 있었는데(서양만이 아니라, 동양에도 강시를 비롯하여 여러 가지 이야기가 많다) 누군가가 이런 작품에 부두교 설정 속의 좀비라는 이름을 붙여 현재의 좀비 붐이 시작되었다.

현대 좀비물의 시작은 로메로 감독의 「살아있는 시체들의 밤」이지만, 그보다 앞서 이러한 설정에 영향을 준 작품으로 소설 『나는 전설이다(I am Legend)』(리처드 매드슨, 1954)와 『신체 강탈자(I am Legend)』(잭 피니, 1955)를 손꼽을 수 있다.

『나는 전설이다』에서는 핵전쟁으로 인해 변이된 박테리아에 감염된 흡혈귀, 『신체

강탈자」는 외계 생명체에 의해 만들어진 복제인간이라는 점에서 현대적인 좀비와는 차이가 있지만, 둘 다 주변 사람들의 겉모습은 그대로지만 전혀 다른 존재로 변해버린다는 점에서 좀비의 원형으로 볼 수 있다. 비슷한 시기에 두 작품이 탄생한 것은 바로 냉전, 특히 매카시즘이라는 현실 속에서 '주변의 그 누구도 믿을 수 없다'라는 공포가 늘어났기 때문이다.

『나는 전설이다』는 이 당시 탄생한 여러 이야기 중에서도 특히 충격적이다. 이 이야기는 흡혈귀밖에 없는 세계에 홀로 살아남은 주인공 이야기를 펼쳐낸다. 여기의 흡혈귀는 마늘이나 십자가를 피한다는 점에서 일반적인 흡혈귀 모습을 보인다. 마을과 십자가는 심리적 요인이라고 암시하지만, 햇빛에는 확실히 약하며 낮에는 거의 움직이지 않는다. 주변 사람이 변했기에 주인공을 기억하며 밤만 되면 집 주변에 몰려와 불러댄다. 당연히 주인공이 밤에 제대로 잘 수 없는 건 당연한 일. '친숙한 존재가 변해서 이성을 잃고 습격하며, 다른 존재를 감염시키는 괴물'이라는 점에서 이 작품은 좀비물의 기본적 성격을 보여준다(다만 이 작품에서 중요한 건 흡혈귀가 아니라, 밤엔 흡혈귀에게 위협당하는 주인공이 낮에는 반대로 흡혈귀에게 끔찍한 사냥꾼이 된다는 점이다. 결국 주인공이 흡혈귀들에게 속아서 잡혀 처형당하는데, 본래 인간인 그가 드래곤이나 흡혈귀 같은 '전설적인 괴물'이 된다는 결말이 충격적이다).

『신체 강탈자』에선, 인간의 몸에 잠입한 외계인이 복제인간을 만들어내고 이들이 늘어나면서 누구도 믿지 못하게 된 상황을 보여준다. 복제인간은 감정이 없고 감정을 포착하면 공격하기 때문에, 살아남은 이들은 복제인간처럼 감정을 숨기고 생활한다. 평범하게 생활하던 사람이 감정을 드러낸 순간 가족이나 이웃처럼 보이던 복제인간이 습격해오는 장면이 인상적이다.

조지 A 로메로 감독은 『나는 전설이다』의 영화판에서 영감을 받아 「살아있는 시체들의 밤」을 만들면서, 시체들이 되살아나고 그 시체에 공격당한 인간도 살아있는 시체가 된다는 설정을 퍼트렸다. 여기서 좀비는 되살아난 시체라 느리게 움직였지만, 점차 빠르게 움직이거나 강력한 좀비가 늘어난다. 인간이 아니라 개나 동물이 감염된 경우도 있고, 게임 「바이오해저드」를 통해 생물 병기인 좀비 바이러스가 대중화되면서, 아예 생체 병기로 강화한 괴물 좀비가 등장하기도 한다.

현대의 좀비물은 바이러스가 박테리아, 곰팡이처럼 세균에 감염된다는 설정이 많고, '부도덕한 대기업이 생물 병기를 개발하다가(또는 과학 실험의 실수로) 좀비가 만들어진다는 설정이 많다. 하지만 「캐리비안의 해적」처럼 어떤 마법, 특히 저주로 시체의 몸을 갖게 되었다는 설정도 있고, 연금술에서 만들어낸 인공 생명체인 호문쿨루스 같은 설정을 도입하는 일도 있다. 판타지의 좀비는 네크로맨서(사령술사) 같은 마법사가 시체를 조종한다는 설정도 많다.

좀비는 살아있는 시체로서 로봇 같은 느낌을 주지만, 판타지 세계에선 일종의 새로운 종족으로 나오는 일도 있다. 게임 「워크래프트」 시리즈의 포세이큰 종족이 대표적으로 본래는 리치왕에게 조종당하는 언데드 군단의 일원이었지만, 지배력이 약해지면서 독립하여 독자적인 조직을 갖추었다는 설정이다. 생전의 지식과 기억이 있지만 동포들에겐 괴물로 여겨진다는 점에서 '버림받은 자'라고 부르는 포세이큰은 『나는 전설이다』처럼 인간이 아니게 된 존재가 오히려 인간을 두렵게 바라볼 수 있다는 인식을 반영했다고 할 수 있다.

지구상에는 수많은 생명체가 살아가고 있지만, 인간 이외에 '문화'라는 것을 지닌 생명체는 존재하지 않는다. 개미나 벌처럼 사회를 이루고 있는 생명체는 있으며 침팬지처럼 도구를 만드는 사례도 있지만, 인간과 비교하기에는 너무도 단순하다.
그런데 판타지나 SF 세계에서 우리는 인간과 대등하거나, 또는 그 이상의 사회와 문화를 지닌 존재들을 만날 수 있다. 독자적인 사회를 구성하며 그들만의 언어, 문자를 사용하고 도구를 만드는 것을 넘어 마법이나 각종 놀라운 위업을 달성하는 존재들. 우리는 그들을 종족이라 한다.
판타지 세계에서는 어떤 종족이 등장할까? 여기서 판타지의 다양한 종족에 관하여 소개한다.

판타지의 일상

판타지를 살아가는 종족들

PART
04

판타지 가이드

판타지의 종족들을 생각해보자

1. 종족이란 무엇인가?

사전적인 의미에서 종족(species)은, 같은 종류의 생물 전체를 아우르는 말이기에, 딱히 사회나 문화를 지닐 필요는 없다. 개나 고양이 같은 동물이나 소나무 같은 식물을 종족이라고 부르더라도 잘못된 것은 아니며, 실제로 판타지에선 개나 고양이, 소나무 같은 것들이 소통 수단을 지니고 사회를 구축하며 문화를 지닌 종족으로 등장할 수도 있다.

하지만 이 경우 모든 동물과 식물을 포함한 생명체 전반, 판타지라면 정령이나 마법 생명체 같은 존재도 포함하여 말할 수 있는 만큼, 여기에서는 인간처럼 어느 정도 이상의 지능을 지니고 사회생활을 영위할 수 있는 존재로 한정하여 말한다.

문제는 여기서 말하는 '어느 정도 이상의 지능을 지니고 사회생활을 영위한다'라는 것의 기준을 어떻게 할 것인가이다.

판타지에서는 엘프나 인어처럼 인간과 닮았고, 인간과 비슷하게 살아가는 존재들을 아인종(또는 이종, 異種=다른 종족)이라는 종족으로 분류하지만, 문화나 사회라는 것이 반드시 인간처럼 되어야 한다는 법은 없다. 종족이라고 해서 꼭 사회를 이루고 살아가야 하는 것도 아니다. 지능이라는 것도 마찬가지. 개미나 벌의 지능은 매우 낮아 보이지만, 소설 『개미』(베르나르 베르베르)처럼 개미가 우리 생각과는 다른 형태의 지능이나 기억 체계를 지니고 있을지도 모른다.[1]

컴퓨터를 생각해 보면 현대의 어떤 컴퓨터도 이른바 창조적인 스토리텔링을 작성하고 이해하는 능력에서 인간을 따르지 못하지만, 논리적 기억과 연산 능력은 인간을 압도적으로 능가한다. 컴퓨터의 지능이 인간을 넘어서는 지점을 특이점(singularity)이라고 하는데, 기억과 계산 능력 하나만으로 보면, 2차 대전 때 앨런 튜링이 만든 기계 장치가 천재라도 수만 년은 걸려야 풀 수 있으리라 예상한 독일군의 에니그마 암호 체계를 풀어낸 순간 특이점이 왔다고 해도 이상하지 않다. 소셜 네트워크의 알고리즘이 수천만 명의 사람들이 쏟아내는 빅데이터를 분석하고, 이용자 한 명 한 명에게 필요한 무언가를 제시하는 현재는 이미 특이점이 한참 지났다고 할 수도 있다. 지금도 네트워크에 연결된 컴퓨터 시스템은 서로 간에 데이터를 주고받으며 스스로 알고리즘을 진화시키고 수많은 사람과 대응하고 있는데, 이들의 행동이 우리의 사회 문화와 다른 건 사실이지만, 이 역시 종족 활동이라고 할 수도 있다.

우리보다 뛰어난 지능을 지니고 있음에도, 우리가 그것을 이해하지 못할지도 모른다. 소설 『은하수를 여행하는 히치하이커를 위한 안내서』(더글러스 애덤스)에서 인간은 지구에서 세 번째로 똑똑한 동물이며, 두 번째로 똑똑한 동물인 돌고래가 지구에 위기가 오고 있음을 전하려 했지만 단지 재롱을 부리는 것이라 착각했다는 얘기가 나온다(덧붙이면

1 개미는 화학 물질을 이용하여 정보를 전달하는데, 이를 통해 거대한 집단 지성을 지닌 존재일지도 모른다는 의견도 있다.

처음부터 지구가 박살나며 시작하는 이 작품은, 인간 중심의 사고에서 상당히 멀리 떨어진 이야기를 엮어낸다.
ⓒ책세상

이 작품에서 지구상 가장 똑똑한 존재는 생쥐인데, 사실 그들은 지구에서 어떤 실험을 하는 외계인이다).

종족이라면 자유롭게 움직이며 활동하는 동물에 한정하기 쉽다. 『반지의 제왕』에 등장하는 앤트처럼 식물과 관련된 종족도 있지만, 사실상 몸만 식물 같은 동물이나 다를 바가 없다. 하지만 앞서 개미처럼, 식물이 뭔가의 방법으로 서로 소통하며 우리가 모르는 어떤 사회를 구축하고 있다면 그들 역시 종족이 될 수 있다.

만화 『녹색의 왕』(타카시게 히로시)에서는 지구 식물이 다른 우주의 식물과 정보를 주고받으며 거대한 집단 지능을 이루고 급격히 진화하여 우주로 나아가는 이야기가 진행된다. 여기서도 앤트처럼 움직이는 거대 식물이 나와 전투를 벌이지만, 인간과는 전혀 다른 방식으로 그들 간에(시공의 벽을 넘어서) 소통한다는 점에서 차이가 있다.

이처럼 종족의 설정을 확장하면 사실상 모든 동물, 식물, 심지어 로봇이나 골렘까지도 종족이 될 수 있기에, 이 책에서는 이러한 가능성을 제시하는 한편 칼럼에서는 판타지에서 어느 정도 친숙한 존재들로 한정하며 다음 같은 기준을 정리해 보았다.

소통 수단	언어, 춤, 그림, 텔레파시, 마법 등 하나 이상의 방법으로 같은 종족, 때로는 다른 종족과 의사를 나눌 수 있다.
사회 문화 발전	개인만이 아니라 집단의 경험과 지식을 축적하여 독자적인 문화 체계를 학습하고 변화시키며 세대를 넘어 전달할 수 있다.
개체 규모	단 하나뿐인 존재가 아니라, 최소한의 집단을 이룰 수 있는 숫자가 있어야 한다.
도구 제작과 사용	육체나 정신의 제약을 넘어서 환경을 바꾸거나 적응할 수 있는 도구를 만들거나, 다른 종족과 교류하여 얻어 쓸 수 있다.

앞의 3가지는 일반적인 기준으로 생각할 수 있지만, 문제가 되는 것은 네 번째 '도구 제작과 사용'이다. SF, 판타지 작품에선 영화 「아바타: 물의 길」의 고래 모양 종족 툴쿤이나 소설 『영민 0명으로 시작하는 변경 영주님』(카제로)의 양 모양 종족, 메아처럼 지능은 매우 높지만 도구를 만들어 쓰거나 하지는 않는 종족이 나오기 때문이다(도구가 어떤 물건인지 이해하고 이를 이용하기도 하지만, 그들 스스로 도구를 만들어 쓰지는 않는다).

툴쿤이나 메아가 각 작품에서 종족으로 설정되지만, 이들에게는 타고난 신체의 한계를 넘을 수 없다는 제약이 있다. 사냥꾼 같은 외적이 없다고 해도 약간만 기후가 나쁘거나 환경이 오염되면 살아남지 못할 것이며, 활동 영역을 더 넓히기도 힘들다. 당연히 수많은 종족이 생존

경쟁을 벌이는 설정에선 더욱 살아남기 어렵다. 「아바타」 시리즈에서 나오는 자연과의 조화나 환경주의는 매력적이지만, 나비족이 도구를 만들어 쓰는 종족이 아니었다면(여기에 지구의 도구를 사용하게 도와준 이들이 없었다면) 영화는 시작 직후 막을 내렸을 것이다.

초능력이나 마법 같은 힘이 너무도 강력하여 환경조차 마음대로 바꿀 수 있는 존재라면 도구가 없어도 괜찮다고 생각할지 모르지만, 개체 능력에 한계가 있는 만큼 언젠가 정체되고 도태될 수 있다. 과학적 상상을 펼쳐내는 SF에서 인간과 신의 전쟁이 자주 나오는 것도 이러한 사례. 지금 과학 기술로는 러브크래프트 작품 속 크툴루 같은 존재에 맞설 수 없지만, 과학이 발달한 먼 훗날에는 충분히 가능할지도 모른다.

소설 『스타쉽 트루퍼스』의 거미형 외계인(아라크니드)은 개미 같은 계급 사회 종족으로 육체적인 힘만 쓰는 것처럼 보이지만, 실제론 우주여행 기술로 정복 전쟁을 벌이며 다른 종족을 포섭하기도 한다. 여기에 영감을 얻은 게임 「스타크래프트」의 저그나 소설 『엔더의 게임』 속 곤충형 외계인(버거)도 마찬가지. 아예 『노인의 전쟁』(존 스칼지)처럼 '다른 종족에 맞서 투쟁하고 영토를 넓혀나가지 않는 종족은 도태되고 멸망한다'라는 견해를 제시한 작품도 있다.

그런 면에서 작품 속 설정과 달리 자신의 육체적, 정신적 한계를 넘어설 수 있는 도구의 활용은 종족의 삶을 지켜나가기 위해서 중요한 조건 중 하나라고 볼 수 있다. 많은 판타지에서 엘프처럼 인간 이상의 능력을 지닌 종족들이 인간이 늘어나고 기술이 발달하자 점차 쇠퇴하고 소멸하는 모습을 보여주는 것도 이 같은 모습으로 볼 수 있을까. 공존, 기생, 협력, 교역 등으로 다른 종족에게 도구 제작을 의존하는 것도 가능하지만 직접 만드는 것보다는 자유도가 낮다.

읽을거리 **사실은 환경을 파괴한 원주민 문명?**

「아바타」의 나비족이나 「워크래프트」 시리즈의 오크처럼 판타지나 SF에서는 애니미즘 사상으로 자연과 조화를 이루어 살아가는 종족이 자주 등장한다. 많은 경우 이들은 원시적인 원주민 문화에 영향을 받았다.

미국 작품에서는 인디언이라 불렸던 아메리카 원주민과 비슷한 느낌으로 연출된 종족이 자주 등장한다. 흔히 사람들은 아메리카 원주민을 비롯하여 이른바 '야만 세계' 사람들이 서양 침략자와 달리 물질보다 정신문명에 집중하며 자연과 조화를 이루어 살았다고 생각하는 경향이 있다. 그리하여 나비족 같은 독특한 설정의 세계가 등장하는 것이다. 하지만 이는 어디까지나 일부 측면의 오해에 가깝다.

생명체는 자제라는 특성이 존재하지 않는다. 모든 생명체는 가능한 개체 수를 늘리고자 노력하며 이 과정에서 환경 파괴 같은 것은 전혀 신경 쓰지 않는다. 가령 바다의 고래 개체 수가 어느 정도 제한된 것은 고래가 현명해서 새끼를 적게 낳기 때문이 아니라 먹이 양이나 질병, 포식자(물론 인간 포함)처럼 여러 가지 제약이 있기 때문이다.

이는 인간도 마찬가지로 고대부터 모든 인간 집단은 가능한 인구를 늘리려 노력했고, 이 과정에서 온갖 환경 파괴와 멸종을 낳았다. 원주민 문명도 마찬가지였다. 본래는 북아메리카에서 탄생했다고 알려진 말이 정작 아메리카에서 사라진 것에는 기후 등 여러 가지 이유가 있지만, 원주민들이 이 거대한 초식동물을 손쉬운 사냥감으로 생각했기 때문이라는 의견이 있다. 반면 유라시아에서는 말을 '수송 수단'으로서 쓸모 있게 여겼기에 수가 늘어나고 더욱 거대해졌는데, 말의 수송력은 몽골 제국처럼 거대한 제국의 탄생에 이바지했다.

모아이로 유명한 이스터섬을 비롯하여 많은 고대 문명이 인구 증가와 무분별한 개발로 숲이 파괴되고 사막화를 거쳐 붕괴했다. 애니미즘이나 토테미즘처럼 자연신을 중시하는 사회에서도 인구가 늘어나면 숲의 파괴가 일어나기 쉽다. 농지나 주거를 위한 공간과 목재가 더 많이 필요하기 때문이다.

1장, '라그나로크와 역사 속의 포스트 아포칼립스(127쪽)' 참조

자연계의 정령과 대화를 나눌 수 있다면, 그래서 파괴되는 나무의 비명을 듣는다면 벌목 행위에 부담을 느낄 수 있지만 집이나 도구, 땔감을 위해 목재가 필요하다면 언젠가 나무를 베어야 한다. 먹기 위해 동물이나 식물을 죽여야 하는 것처럼. 나무와 대화를 나누어 죽거나 약해진 나무, 빛을 가로막아 숲의 성장을 방해하는 나무처럼 숲에 도움이 될 만한 기준이 생길 수는 있어도, 모든 나무를 지키는건 어렵다. 종족으로서 생명체가 번성하려면 다른 생명체를 해칠 수밖에 없다. 우리가 할 수 있는 것은 단지 식량이나 목재가 되는 그들에 대한 감사뿐.

그런데 자연과 조화를 이루며 다른 생명체를 해치지 않고 살아가는 종족은 정말로 존재할 수 없을까? 과학 기술은 이것이 불가능하지 않다는 것을 보여준다. 단백질을 합성하여 만들어내는 배양육처럼 생명을 죽이지 않고도 식량을 확보할 방법이 있기 때문이다. 과학이나 마법이 발달하면, 그래서 무에서 식량을 만들거나 기계나 에너지로 된 육체처럼 식량이 필요 없는 몸을 지니게 된다면, 우리는 다른 생명을 해치지 않고 살아갈 수 있을 것이다. 소설 『변경의 팔라딘』(야나기노 히니타)에서는 신에게 기도하여 받은 빵을 먹는 장면이 나오는데, 이처럼 마법이나 신의 힘으로 식량을 얻는 것도 한가지 방법이다.

조선에선 온돌 문화로 인해 막대한 나무를 땔감으로 사용했기에 숲이 거의 사라졌다고 한다. 지금 한국의 산에 숲이 많은 것은, 석탄이나 석유처럼 나무를 대신할 연료가 등장하고, 식목 사업으로 나무를 열심히 심어서다. 기술이 발달하면서 대체할 수단이 생겨나고, 환경을 보호할 여유가 생겼기 때문이다. 가족계획 같은 출산율 제한의 영향도 무시할 수 없다.

자연과 조화를 이루며 살아가는 종족은 문화적 다양성 측면만이 아니라, 독특한 분위기와 디자인으로 판타지와 SF에서도 매력적인 설정이다. 과학 기술로 둘러싸인, 콘크리트 정글 속 현대인에겐 하나의 이상일 수도 있다. 그렇다면 그 모습도 다양한 게 더 좋지 않을까? 엘프나 나비족처럼 자연신을 따르는 원시 종족도 좋겠지만, 초과학이나 미지의 마법을 이용하는 미래 종족으로 설정하는 것도 재미있을 것이다.

2. 종족의 분류 - 생태에 따른 차이

종족이라면 인간 외에 인간과 닮은 드워프[2]나 반인반수의 수인, 인간과 동물이 결합한 켄타우로스처럼 인간과 닮은 동물을 생각하기 쉽지만, 판타지와 SF에서는 동물이 아닌 식물이나 골렘처럼 생물이 아닌 것도 있을 수 있다.

생태적인 특성에 따라 종족을 분류하자면 다음과 같은 것이 있다. 인간형에서 멀어질수록 종족보다는 동물이나 괴물이라는 느낌이 강해지며 인간의 미적 기준에서 멀어지겠지만, 에일리언처럼 추하고 끔찍한 괴물이 사실은 현명하고 고결한 종족이란 설정도 재미있다(보통 판타지보다는 SF에서 좀 더 자주 등장한다).

가) 인간형

팔, 다리가 있고 두 다리로 걷는 형태. 엘프, 드워프, 고블린, 수인족 등 판타지의 일반적인 종족이다. 크기는 다를지언정 체형이 인간과 같기에, 생활 형태나 사용하는 도구 등에서 인간과 유사한 점이 많다. 거인족처럼 크기가 완전히 달라도 인체 비율은 인간과 같은 경우가 많기에 그들의 생활상이나 도구, 복장을 상상하기 쉽다. 마법이나 과학으로 크기를 키우거나 줄이거나 하면 완전히 똑같아 보일 수도 있으며, 크기가

2 드워프란 종족은 난쟁이(Dwarf)란 말에서 나왔지만, 동화 속 난쟁이(복수형: Dwarves)와 톨킨의 드워프(복수형: Dwarfs)는 복수형이 다른 것만 봐도 알 수 있듯이 다른 존재이다. 다만 톨킨이 자기 작품을 '가운데 땅의 언어를 영어로 번역'했듯이, 한국에서 톨킨의 드워프를 난쟁이로 번역하는 일도 자주 나온다.

비슷하면 같은 마을에서 함께 사는 것도 자연스럽다. 복장이나 거주지처럼 다양한 문화를 비교해서 보여주기에도 좋다.

겉모습에 차이를 두고 싶다면, 힌두 신화 신들처럼 팔이나 머리, 눈이 여럿인 것도 재미있고, 이집트 신화의 신들처럼 머리만 완전한 동물 느낌도 좋다. 『피터팬』 시리즈의 팅커벨처럼 매우 작은 요정족이나 인간보다 몇 배나 큰 거인족도 생각할 수 있다. 크기가 다른 만큼 인간과 함께 살거나 인간의 도구를 쓰긴 힘들지만, 복장이나 도구, 거주지 형태는 비슷해서 연출하기 편하다. 요정족이 마법 도구에 필요한 작은 마법진을 그리거나, 거인족이 거구를 이용해 거대한 성벽을 블록처럼 간단히 완성하는 장면을 떠올리기 쉽다. 우리가 쓰는 천이 요정족에겐 너무 두꺼워서 푸대 자루처럼 느껴지고, 거인족에겐 너무 얇아서 쉽게 찢어지는 등 현실적인 요소를 넣어 재료나 스타일을 차별화하는 것도 재미있다.

인간형 종족이 함께 살아갈 때는 서로를 부르는 이름을 생각해도 좋다. '난쟁이', '큰 키', '긴 귀족'처럼 자기 종족을 기준으로 부르는 장면을 생각할 수 있다. 신체적 특징을 기준으로 한 이런 용어엔 차별적인 느낌이 있지만, 드워프가 인간(휴먼)을 '키큰 족'이라고 부르면 종족의 차이가 잘 드러날 것이다. '동굴족', '숲사람'처럼 거주지로 부를 수도 있다.

인간 기본 형태에서 귀 모양이나 키, 체격 등만 다르다면 약간의 변장만으로 인간으로 분장하기 쉽고, 서로 간에 혼혈이 쉽게 일어난다고 설정하는 경우가 많다.

이집트의 여러 신들. 다양한 동물 모양 얼굴이 눈에 띈다.
이집트엔 2,000명이 넘는 신이 있어서 다양하게 활용하기 좋다.

나) 반인반수형

인간과 동물의 특징이 반씩 섞인 느낌의 종족. 켄타우르스(인마족), 인어, 라미아처럼 인간과 동물이 섞였을 때도 동물적인 특성이 많이 드러난 수인은 이쪽에 속한다. 대부분 팔과 손이 있어 인간처럼 도구를 사용하지만, 동물적인 특성도 함께 지니고 있어 동물의 장점과 단점이 생겨난다.

반인반수를 만들 때는 단지 겉모습만 동물의 특성을 더하는 게 아니라, 그 동물의 특성을 살펴서 잘 뒤섞으면 좋다. 켄타우르스는 빠르게 달리지만, 대식가인데다 지구력이 떨어진다거나(인간은 포유류 중에서도 특히 지구력이 뛰어나다), 파충류인 리저드맨은 추위에 약하고, 인어나 어인(머맨)은 물 밖에서 피부가 금방 말라서 다치기 쉽다는 식. 감각 기관의 특성이나 식성 등. 반인반수 종족에 차이를 둘수록 흥미로운 내용이 더해질 수 있다.

천사처럼 인간 몸에 날개가 달렸다면, 즉 실질적으로 팔이 4개인 경우는 반인반수보다는 여러 생명체가 뒤섞인 합성 생명체로 볼 수 있다.

다) 동물형

개나 고양이 같은 동물 모습에 인간처럼 지능을 지닌 종족, 툴쿤 같은 고래, 메아 같은 양 모양 종족이 해당한다. 다람쥐나 원숭이 같은 일부를 제외하면 대부분 손이 아닌 앞발, 지느러미, 날개 같은 것으로 되어 있어서 도구 등을 사용하는데 제약이 있다. 손 모양이거나, 오징어처럼 촉수라도 있다면 조금은 편할 수 있다.

일찍이 개와 인간이 도움을 주고받았듯이 다른 종족에게 도구를 부탁하고 그들에게 도움을 주는 공존으로 대신할 수도 있다. 동물의 말을 알아듣는 박사가 등장하는 소설 『닥터 두리틀』(휴 리프팅)처럼 동물의 능력을 지니고 있으면, 인간과 교류할 수 있다는 사실만으로도 생활에 큰 변화가 있을 수 있기 때문이다.

새처럼 날아다니는 종족이라면 수송이나 우편 전달 등에 유용할 것이며, 물고기처럼 헤엄을 친다면 물속에서 물건을 찾거나 배를 끌어서 옮겨주거나 할 수 있다. 소, 말 같은 동물이 자발적으로 일한다면 그만큼 일이 수월해지며 쥐처럼 작은 종족은 뛰어난 첩자가 될 수 있고, 접근하기 힘든 장소의 수리 등을 담당하는 것도 좋다. 노동이 힘들다면 우유나 털처럼 교역품을 제공하는 것도 방법. 『영민 0명으로 시작하는 변경 영주님』(카제로)의 양 비슷한 동물 '메아'는 자신들의 털을 제공하며 인간에게 도움을 받는데, 자신의 털에 자부심을 지니고 있으며 조금이라도 털의 품질을 좋게 하고자 노력하는 모습이 흥미롭다.

라) 곤충형

곤충은 동물의 일종이지만, 개미, 꿀벌 같은 사회형 곤충을 모델로 설정하여 다른 동물형 종족과는 따로 나누는 경향이 있다. 곤충은 보통 체격에 비하여 힘이 강한 편인데다, 집단의 일원으로서 죽음은 개의치 않고 몰려드는 개미나 벌이 인간처럼 거대해졌을 때의 무서움은 영화 「스타쉽 트루퍼스」에서 충분히 느낄 수 있다. 각자 개성이 있다고 해도 개인보다는 단체를 중시하는 만큼 매우 강력한 군사 집단, 매우 뛰어난 노동자 집단이 될 수 있다. 「스타크래프트」의 저그처럼 모든 존재가 의식을 공유하는 사례가 많은데, 곤충 종족으로 된 강력한 제국이 등장

강화복이란 기술을 처음 제시하여 사람들에게 영감을 준 소설, 『스타십 트루퍼스』는 인간과 차별되는 곤충형 종족의 공포를 잘 보여준다. ⓒ황금가지

하는 판타지나 SF 작품은 적지 않다.

딱정벌레나 사마귀처럼 단독으로 활동하는 곤충 종족도 상당한 실력을 발휘할 수 있다. 곤충형 종족은 외골격형이라 갑옷 같은 게 없어도 상당히 우수한 내구력을 자랑하며, 그 구조상 몸 일부가 파손되어도 능력이 쉽게 감소하지 않는 경향이 있다.

마) 바위/식물형

SF에서는 탄소가 아닌 규소로 이루어진 규소계 생명체가 자주 등장한다. 규소가 탄소처럼 다양한 화합물을 구성할 수 있어, 생명체의 기본 원소로 쓸 만하기 때문이다. 스티븐 호킹을 비롯한 여러 학자가 가능성을 제시하는 생명체로, 바위나 거대한 식물처럼 묘사하는 경우가 많다. 규소라면 반도체와 유리의 주원료이기도 하므로 거대한 크리스탈로 되어, 전자 신호를 통해서 소통하는 설정도 재미있다. 판타지에서 바위나 나무로 이루어진 골렘도 비슷한 사례.

바위/식물 형태 생명체들은 그만큼 몸이 튼튼하고 힘이 강하지만, 느리게 움직이는 설정이 많다. 바위 거인 같은 외형으로 도구를 자유롭게 쓰거나 하는 것도 재미있다. 만약 이런 종족이 있다면 그들은 무엇을 먹고, 어떤 문화를 이루고 살아갈까?

바) 부정형

슬라임처럼 정해진 형태가 없는 유기체나 영화 「터미네이터」 시리즈의 T-1000, 「드래곤 퀘스트」의 메탈 슬라임처럼 변형되는 금속 덩어리로 이루어진 종족. 점액질로서 흐느적거리는 생명체가 종족이라면 이상하게 느낄 수도 있지만, 「드래곤 퀘스트」 시리즈에서 '나는 나쁜 슬라임이 아니야.'라는 대사가 나왔듯이, 이들도 지능만 있다면 대화를 나눌 수 있을지도 모른다. 물론 형태가 자유롭게 변하니 도구를 쓰는 것도 가능.

부정형이라는 특성상, 덩어리 전체가 하나의 의식을 공유한다면 영화 「솔라리스」처럼 행성 전체가 하나의 의식을 지니며 활동하는 거대한 생명체도 가능하며, 분열로 개체를 늘리는 것도 그럴듯하다. 형태가 없는 만큼 보통 종족과는 사고방식이 근본적으로 다를지도 모른다.

사) 군집형

군집형은 산호초처럼, 수많은 생명체가 하나로 모여서 집단 의식을 구성하는 종족을 말한다. 앞서 부정형과 비슷하지만, 군집형은 액체 같은 덩어리가 아니라, 각각 독립된 생명체가 무수하게 모여서 하나의 의식을 갖는 형태이다. 수많은 부품이 모여서 컴퓨터가 만들어지거나 여러 컴퓨터를 합쳐서 하나의 시스템을 구성하는 방식을 생각해 보면 좋다. 부품 하나하나의 기능은 단순하지만, 이들 부품이 모이면 놀라운 성능의 컴퓨터가 구성되듯이, 생명체 하나하나는 종족이라고 부르기 힘들 만큼 간단한 지능밖에 없지만 이들이 무수하게 모여서 거대한 지능을 이룬다.

집단이 지능을 공유하며 뭉칠수록 더욱 거대한 지능을 구성할 수 있다는 것이 매력적인 요소지만, 그중 일부 개체가 개성을 지님으로써 독립된 형태로 나온다는 설정도 재미있다.

아) 기계형

SF의 로봇이나 판타지의 고렘, 또는 자동 인형이 의지를 가진 종족으로 활동하는 사례. 기계나 금속이라면 생명체와는 거리가 있다고 생각하기 쉽지만, 생명체가 아니라도 의지를 갖고 소통할 수 있는 존재라면 종족으로 보아도 이상하지 않다. 트랜스포머, 조이드처럼 기계 조직으로 이루어진 생명체도 있지만 어떤 목적으로 누군가에 의해 만들어진 경우가 많으며, 이때는 목적에 따라 형태와 특징이 달라진다.

수많은 기계 조직으로 이루어져서 몸 일부가 파손되어도 문제없이 작동하는 모습을 보여주곤 한다. 생체로 이루어진 종족들이 출혈 등의 이유로 행동 불능 상태에 빠지는 반면, 기계형은 동력과 판단 장치(두뇌)만 무사하면 문제없이 움직이며 수리로 원상 복귀된다. 즉 기계로서의 특성을 지닌다.

드라마 「스타트렉」 시리즈에는 다른 생명체의 몸에 기계 부분을 이식하여 만들어진 보그 같은 흥미로운 기계형 생명체도 있다.

자) 에너지형

정령처럼 에너지 덩어리로 이루어진 종족. 불길이나 얼음 덩어리, 빛으로 이루어져 있지만, 지능과 의지를 갖고 활동한다. 「드래곤 퀘스트」 시리즈의 불덩어리 괴물 스피릿 프레임이나 『엑스컴』 시리즈의 에너지 외계인 아웃사이더, 「고스트버스터즈」의 유령 등이 대표적으로, 에너지로 되어서 일반적인 물리 공격이 통하지 않는다는 설정이 많다.

「고스트버스터즈」에서 에너지 광선으로 유령을 공격하듯 마법이나 강력한 에너지 공격으로 피해를 줄 수 있으며, 스피릿 프레임에는 냉기 공격, 스피릿 아이스(얼음 괴물)에는 화염 공격처럼 상성을 생각하는 것도 좋다. 서양이면 4대 원소, 동양에선 오행 같은 요소를 바탕으로 한 에너지 종족도 괜찮을 것 같다.

에너지형 생명체는 그 형태가 없어서 소설 『신체강탈자』(잭 피니)처럼 다른 육체에 기생하는 형태로 등장하기에 좋다. 만화 『드래곤 퀘스트 다이의 대모험』(산죠 리쿠, 이나다 코지)에서 대마왕의 간부 미스트번은 암흑 투기라는 에너지로 이루어진 생명체 미스트가 시간을 정지시킨 대마왕 번의 육체를 조종한다는 설정이 재미있는데, 마지막에 자신이 기술을 가르쳤던 횡켈이란 동료 몸을 차지하려다가 이를 예측하고 몸속에 감추어둔 빛의 투기로 인해 소멸하면서 에너지형 생명체의 특성을 잘 보여주었다.

순수한 에너지 덩어리로 이루어진 외계 종족 아웃사이더다. 갑옷 부분을 씌운 모습이 흥미롭다.

차) 고차원형

우리 현실보다도 높은 위상의 초월적 존재. 신이라고 부를만한 존재로서, 너무도 거대하고 절대적이라서 우리 세계에서 모든 실체를 파악할 수 없는 경우가 많다. 창작 작품에서는 보통 우리 현실 세계가 아니라 다른 차원, 또는 여러 세계에 걸쳐서 실체가 존재하며 우리 세계에서는 그중 일부만이 드러난다고 연출되는 사례가 많다.

힘의 일부, 또는 실체의 일부만 드러나는 것만으로 현실 세계가 파괴되는 연출도 있으며, 인간은 그 존재의 그림자만으로도 미쳐버리거나 죽어버릴 수도 있다.

동그란 공을 위에서 내려다보면 납작한 원으로 밖에는 안 보이듯, 고차원 존재의 전체 모습을 볼 수 없는 경우가 많다. 우리 세계에 나타난 실체를 파괴해도 고차원 존재가 소멸하는 것은 아니다.

러브크래프트 작품에 등장하는 크툴루 같은 신적 존재나 『슬레이어즈!』에서 주인공 리나와 맞섰던 마족 같은 경우가 대표적인 사례. 크툴루는 등장만으로 하나의 대륙과 문명을 소멸시켰고, 『슬레이어즈!』의 인기 마족 제로스는 가볍게 손을 휘둘러서 최강의 드래곤 수천 마리를 쓸어버렸다. 드라마 「스타트렉」 시리즈의 Q처럼 시공간을 자유롭게 다루며, 서로 다투는 것만으로 초신성 폭발을 일으키며 우주를 뒤흔드는 존재도 있다.

『슬레이어즈!』의 마족은 인간 같은 모습으로 주인공 앞에 나타나지만, 그건 실체의 일부로 일종의 단말이라고 한다. 이 모습의 실체에 강력한 마법으로 피해를 주면 일시적으로 우리 세계에 나오지 못할 수 있지만 당연히 금방 회복된다. 이처럼 절대적인 힘을 지닌 고차원 존재는 너무 강대한 만큼, 주의 깊게 설정하고 등장시켜야 한다.

창작물에는 이 밖에도 기생형처럼 단독으로는 존재할 수 없으며 다른 생명체의 몸을 빌려서만 존재하는 등 다양한 형태의 종족을 생각할 수 있다. 앞 장에서 소개한 환수의 분류와 함께 묶어서 인간형 이외에 다양한 종족, 특히 판타지라면 마법 같은 신비한 요소가 결합해서 더욱 재미있는 종족이 등장할 수 있다.

NOTE 판타지/SF 종족의 다양한 형태

인간형	인간 비슷한 체형의 종족. 인간과 비슷한 복장, 도구를 쓸 수 있고, 인간과 함께 살고 교류하며 이종 결혼, 혼혈 등을 설정하기 좋다. 체형이 비슷해서 차별화가 힘든 게 단점
반인반수형	인간과 동물을 뒤섞은 형태. 도구를 다루는 인간의 특징과 동물로서의 이점을 함께 지니지만, 동물의 단점도 함께 지닌다.
동물형	지능을 지닌 동물. 크기와 모양이 다양하며, 똑똑한 동물로서 활동한다.
곤충형	개미, 벌 같은 사회형 곤충을 모델로 한 사례가 많다. 개체보다 집단을 중시하며 의식을 공유하여 수로 밀어붙이는 장면이 많이 나온다.
바위/식물형	규소 생명체나 움직이는 식물. 강인한 육체에 긴 수명, 행동이 느린 경우가 많다. 행동을 하지 않아도 염력 같은 힘으로 활동해도 재미있다.
부정형	슬라임이나 T-1000처럼 고정된 형태가 없이 거대한 덩어리가 하나의 생명체로 존재한다.
군집형	산호초처럼 여러 개체가 하나의 생명체처럼 움직이는 종족. 수많은 개체가 하나의 집단의식을 이루며 활동한다.
기계형	로봇, 골렘, 트랜스포머, 조이드처럼 기계몸을 지닌 종족. 기계의 특성과 장단점을 지니고 있다.
에너지형	의지를 지닌 에너지로 구성된 생명체. 물리 공격이 통하지 않고, 에너지로만 피해를 줄 수 있으며, 에너지가 있는 한 무한히 활동하는 경향이 있다.
고차원형	신 같은 존재. 여러 세계/차원에 걸쳐 존재하며, 우리 세계에 드러난 실체는 몸의 극히 일부. 지나치게 강력해서 등장시킬 때 주의가 필요하다.

3. 종족의 생활

종족을 생각할 때는, 종족이 어떻게 살아가는지 그 생활에 대해서 생각해 보아야 한다. 종족은 어떤 사회를 이루고 성별은 어떻게 구성되어 있으며 어떻게 자손을 낳고 살아가는지, 그리고 의식주는 어떻게 되는지 같은 다양한 삶의 요소를 생각해 볼 필요가 있다.

판타지나 SF의 종족은 필요에 따라 만들어지지만, 이러한 여러 삶의 요소를 통해 이야기를 더욱 흥미롭게 엮어낼 수 있다. 종족을 생각할 때는 다음과 같은 요소도 생각해 보면 좋겠다.

가) 라이프 사이클(인생 주기)

종족 설정만이 아니라, 삶의 이야기에서 빼놓을 수 없는 요소. 해당 생물의 수명, 가임 연령이나 성년으로 받아들여지는 시기, 늙어가는 시기처럼 다양한 요소를 담고 있다.

로봇이나 골렘처럼 성장하지 않고 수명이란 개념조차 없는 종족도 있겠지만, 생명체 종족 대부분은 라이프 사이클이 있어 태어나고 자라며 죽는 개념이 중요한 설정으로 작용한다.

라이프 사이클은 종족만이 아니라 시기에 따라서도 달라지는데, 현대에선 보통 20대 가까이가 되어 성년으로서 활동하지만, 중세에선 10대 초반에도 성년으로 인식되어 일하고 결혼하며 아이를 낳기도 했다. 동물 중에는 말처럼 수명은 길지만 3, 4살이면 경마에 투입되는 등 성년으로서 활동기가 긴 사례도 있다.

라이프 사이클은 생활에 많은 영향을 준다. 수명이 늘어나서 결혼 기간이 증가한 결과 이혼율이 늘어날 수 있다고 하는데, 엘프처럼 긴 수명을 지닌 종족은 결혼제도가 없다는 설정도 좋다.

함께 사는 종족 간에 라이프 사이클이 다르다면, 이로 인한 갈등이 벌어지기 쉽다. 가령 수명이 1000년쯤 되는 엘프와 100년쯤 되는 인간이 결혼하면 당연히 인간이 먼저 죽겠지만, 둘 사이에서 태어난 하프 엘프 수명이 500년쯤 되면 역시 엘프 부모보다 자식이 먼저 늙어 죽을 것이다. 수백 년 전에 인간과 엘프 사이에 전쟁이 벌어졌다고 해 보자. 인간에겐 몇 세대 전의 전설이지만 엘프에겐 얼마 전의 일이라 할 때, 인간은 왜 엘프가 자신들을 미워하는지 이해하지 못할 수도 있다.

나) 식량

종족의 삶에서 기본이 되는 의식주가 매우 중요하지만, 그중에서도 무엇을 먹고사는지란 개념을 먼저 생각할 필요가 있다. 흡혈귀처럼 동물 피만 섭취하거나 일부 작품의 엘프처럼 채식만 가능하다면, 그만큼 제약이 따르기 때문이다.

양분으로서 식량만이 아니라 취미와 취향을 생각해도 재미있다. 생명력이나 마력 같은 에너지만으로 살 수 있지만, 음식을 취미로 먹는 것도 생각할 수 있는 것. 리저드맨은 생선을 날것으로 먹는 걸 좋아한다는 식으로 입맛에 차이를 두면 이야기를 재미있게 구성하기 좋다. 사실 우리 인간만 해도 나라마다 문화마다 입맛이 달라서, '누구나 맛있게 느끼는 요리'가 존재하긴 힘들다. 지구상의 생명체는 거의 모두 물이 필요하지만 얼마나 필요한지는 각기 다르기에, 이 역시 중요한 요소가 될 수 있다.

다) 활동 무대

생명체인 종족이라면 그 특성에 따라 활동 장소는 달라진다. 가령 인간에게 바다는 장해물이 되기 쉽지만 인어에겐 넓은 대륙이나 다를 바 없는 것처럼, 활동 장소와 거주 장소가 다르다면 서로 충돌할 가능성도 떨어진다. 영화 「아쿠아맨」처럼 인간이 바다를 파괴하면서, 바다에 사는 종족과 갈등이 생길 수도 있다.

라) 소통 방법

종족에겐 자기 의사를 전달하는 소통 수단이 있지만, 그 수단은 종족마다 다양하게 달라질 수 있다. 인간은 주로 음성 언어를 통해서 소통하지만, 자연계의 동물 중에는 페로몬 같은 화학 물질의 냄새나 춤 같은 움직임을 통해 더 많은 정보를 주고받는 생명체도 많다.

만화 『헤테로게니아 링귀스티코 ~이종족 언어 인문학~』(세노 소루토)에서는 인간 주인공이 개 수인을 비롯한 여러 종족과 교류하는 모습을 통해서 이들 종족이 냄새를 비롯하여 인간은 잘 구분하지 못하는 여러 요소로 정보를 주고받는다는 점을 재미있게 보여준다.

마법이 존재하는 세계라면 마력 통신이나 텔레파시처럼 특별한 소통 수단이 존재할 수 있다. 『헤레토게니아 링귀스티코』의 개 수인이 냄새로 서로를 구분하듯, 마력으로 서로를 구분할 수 있다면 음성으로 된 이름이 없어도 상관없다.

소통에서는 방법만이 아니라 문화적인 문제도 생각할 수 있다. 영화 「컨택트(Arrival)」의 원작 소설 『네 인생의 이야기』(테드 창)에선 과거와 현재, 미래 개념이 함께 담긴 언어를 사용하는 외계 종족이 등장하는데 그들과 교류하면서 주인공의 인식도 변화하는 과정이 흥미롭게 펼쳐진다. 외계 종족이라 그렇다고 생각할 수도 있겠지만, 과거-현재-미래 같은 시간이 모호한 대신, 공간 인식이 뛰어난 인도인처럼 우리 세계에서도 문화에 따라서 시간이나 공간을 다르게 인식하는 사례가 적지 않다. 서로 말이 통하지 않아 충돌하는 상황도 있겠지만, 말이 통하는 것처럼 보여도 사실은 잘못 이해한 결과 충돌하는 안타까운 상황이 벌어질 수도 있다.

다양한 종족과의 교류를 통해 소통의 다양성을 보여준 작품 「헤테로게니아 링귀스티코」
ⓒKADOKAWA SHOTEN

마) 번식과 혼혈

로봇이나 골렘처럼 개체를 늘리지 않는 사례도 있겠지만, 일반적으로 종족은 어떤 방식으로 후손을 낳고 번식하는 사례가 많다. 슬라임처럼 증식할 수도 있고, 인간처럼 서로 다른 개체(성별은 같을 수도 있고, 3,4가지 성별이 있어도 재미있다)의 생식 행위로 자손을 낳을 수도 있겠지만, 다양한 종족이 있다면 종족 간 혼혈 같은 요소도 생각할 필요가 있다.

『반지의 제왕』을 비롯한 판타지에선 엘프-인간-드워프처럼 인간형 종족끼리 혼혈이 태어나는 작품이 많으며, 「스타트렉」같은 SF 작품에서도 종족간 혼혈을 볼 수 있다. 혈액이나 생체가 완전히 다른 「스타트렉」의 종족 간에 혼혈이 생겨나는 건 과학적으로 볼 때 이상한 일이지만, 마법이나 유전자 조작으로 혼혈을 만들었다고 해도 좋다. 말과 나귀 사이에 태어난 노새/버새, 호랑이와 사자 사이에 태어난 라이거/타이온처럼 혼혈에겐 생식 능력이 없는 설정도 재미있다.

혼혈이 가능하다면, 종족 간 갈등이 줄어들거나 반대로 차별 이야기를 연출하기 좋다. 적대하는 종족 사이에 태어난 혼혈이 양쪽에서 핍박받으며 악당이 되는 건 흔한 이야기다. 혼혈만이 아니라 적대 종족을 사랑한 부모들이 박해받는 것도 자주 보인다. 반대로 혼혈로 태어난 존재의 특별한 힘으로 인해 두 종족의 오랜 갈등이 해결될지도 모른다.

바) 종족 간 관계와 갈등

판타지나 SF에서 둘 이상의 종족이 등장한다면, 필연적으로 그 종족 간의 관계를 생각해야 한다. 생태학적으로, 또는 문화적으로 다른 종족 사이에선 설사 우호적인 관계라고 해도 여러 가지 갈등이 생겨날 수 있으며, 필연적으로 다양한 관계와 갈등이 펼쳐진다.

종족 갈등은 영토나 자원처럼 서로 경쟁하는 요소가 있을 때 발생하기 쉽지만 단지 개념이나 인식 차이, 오해로 벌어지는 사례도 많다.

개인만이 아니라 종족, 조직 같은 집단의 관계를 통해 세계의 다양한 모습을 연출할 수 있다. 특히 SF에서 외계인과의 만남과 교류는 '퍼스트 콘택트물'이란 장르로 구분할 만큼 중요한 소재 중 하나이다. 퍼스트 콘택트물에서는 다음과 같은 만남이 전개되는데, 이는 판타지에서도 응용하여 활용할 수 있다. 인류 역사 속에서 '문명의 충돌'은 불행한 결과를 낳은 경우도 많았지만, 이를 통해 서로 발전한 사례도 적지 않은 만큼 다양한 종족을 설정하여 이야기를 펼쳐내는 것도 재미있다.

읽을거리 **퍼스트 콘택트의 대표적인 접촉 형태**

교육	'미천한' 인류에 대한 문화적/정신적 지도. 외계인 = 신
우호	인류보다 앞선(비슷한) 문명으로 우호적 관계를 맺고 교류
호기심	지구 인류보다 앞선 문명으로 개입 없이 관찰/간접적 지원
적대	지구 인류에 대해 적대적인 마음을 갖고 지배/침략/파괴하고자 함
호전/무시	인류, 혹은 세계 자체에 대해 가치를 느끼지 못하고 다른 목적을 위한 방해물로만 여김(어린아이가 개미집을 뭉개는 느낌)
인식 못함	너무도 인식이 달라서 인류를 종족이나 생명체로 인식하지 못하고 지나치거나 소멸시킴
소통 불가	서로를 인식하지만, 사고방식이나 그 밖의 문제로 인해 상대를 이해하지 못하고 소통을 포기

사) 생활과 생태

판타지의 종족은 어떻게 살아갈까? 농경? 목축? 또는 사냥? 고대 지중해 세계에 파멸적인 피해를 준 바다 민족처럼 약탈이나 파괴에 중점을 둔 종족이라면 서로를 절멸시킬 때까지 전쟁을 거듭할지도 모른다. 신의 뜻에 따라 다른 종족을 절멸시켜야 한다거나 지나친 선민의식으로 다른 모든 이들을 지배해야 한다고 믿는 종족이 있을 수도 있으며, 지나친 이타심으로 참견하며 문제를 일으킬 수도 있다.

모든 종족이 비슷하게 생각하고 생활할 수도 있지만, 종족 간에 차이를 두어 다양한 상황을 연출한다면 판타지, SF 이야기는 더욱 흥미로워질 수 있다.

「스텔라리스」나 「마스터 오브 오리온」 같은 우주 전략 게임에서는 외형이나 성격만이 아니라, 생태 자체가 다른 종족이 많이 등장한다. 호흡할만한 산소가 부족한 곳에서도 살 수 있는 종족이나 방사선이 강한 지역에서도 괜찮은 종족, 용암처럼 뜨거운 온도에서만 살 수 있는 종족처럼 특별한 생태를 지녔다면 그만큼 다양한 상황이 전개될 수 있다.

기술이 발달한 종족은 주변 환경을 자신들에게 편한 방향으로 바꾸는 경향이 있는데, 이것이 극적인 형태가 되면 다른 종족이 사는 행성의 환경을 자기 취향에 맞게 바꿈으로써 상대 종족을 멸종시키는 상황이 벌어질 수도 있다. 오래전 지구에서 광합성을 하는 생명체가 등장했을 때, 급격하게 늘어난 산소가 당시 널리 퍼져 있던 혐기성 생명체들에게 치명적인 독으로 작용한 일이 있었는데 문명을 지닌 종족이라면 의도적으로, 더 강력하게 영향을 미칠지도 모른다.

게임 「커맨드&컨커」 시리즈에는 타이베리움이라는 독특한 광석 식물 같은 것이 등장한다. 이는 사실 외계인이 지구를 자신들의 행성처럼 바꾸기 위해 보낸 환경 변화 장치의 일종이다. 영화 「퍼시픽 림」에서도 외계인이 카이주의 혈액을 이용해서 지구를 오염시킨다는 설정이 등장한다.

의도적인 침략과 개조가 아니라도, 우리가 화성을 지구처럼 바꾸는 과정[테라포밍(Terraforming): 지구화]에서 발견되지 않았던 화성의 어떤 생명체가 소멸할 수도 있다. 살아가는 환경이 다르면 서로의 활동 영역이 분리되어 충돌하지 않을지도 모르지만, 반대로 서로의 활동 영역을 망치면서 서로를 위협할 수도 있다.

종족으로서 생활과 생태는 문명과 연결되면서 다양한 이야기를 펼쳐낼 수 있다. 종족의 생태적 특성과 함께 삶의 기본이 되는 의식주를 시

기계 종족이나 규소 종족처럼 다양한 종족이 대결을 벌이는 「마스터 오브 오리온」 이 같은 SF의 종족을 판타지에 등장시켜도 재미있다.
©2016 Wargaming.net

작으로 그 생활상을 상상한다면 재미있는 가능성이 등장할 것이다.

판타지 세계의 다양한 삶의 측면은 '5장 판타지의 주인공들 : 다양한 직업과 사람들'에서 좀 더 자세하게 소개한다.

판타지 칼럼

판타지의 여러 종족들

1. 엘프, 판타지의 또 다른 주인공

판타지 이야기엔 인간을 닮았지만, 조금 다른 종족들이 등장한다. 오크나 고블린처럼 추하게 생긴 괴물도 있지만, 인간과 매우 닮은 종족도 많이 나온다. 그중에서도 『반지의 제왕』에서 등장한 엘프는 판타지에서 가장 유명한 종족이다. 소설만이 아니라 영화, 만화, 게임에 이르기까지 엘프가 나오지 않는 판타지 작품을 찾기 힘들다.

엘프는 키도 외모도 인간과 닮았지만, 한 가지 차이점이 있다. 그것은 바로 귀가 길다는 점이다. 대개 사람보다 조금 긴 정도지만, 일부 엘프는 옆으로 길쭉하게 늘어져서 거의 한 뼘 가까이 펼쳐져 있다.

엘프는 특수한 힘을 갖고 매우 오래 산다. 자연과 공존하는 존재로서 정령과 말하며 조종할 수 있다. 강물을 조종해 홍수를 일으키고 폭풍을 부르며, 불길로 사방을 휩쓸어 버리기도 한다. 하지만 그들은 매우 착해서 함부로 사람을 해치거나 하지 않는다. 인간을 업신여기기도 하지만, 기본적으로 인간의 친구로서 모험을 돕고 세상을 구하는데 도움을 준다.

강력한 힘과 아름다운 외모를 갖춘 요정족, 엘프 이야기는 북유럽 게르만 신화에서 시작되었다. 게르만 신화에는 하얀 피부에 아름다운 외모를 가진 '알브(또는 알프)'라는 종족이 있는데, 바로 여기에서 판타지의 엘프가 등장한 것이다.

하지만 신화나 전설 속 엘프가 모두 아름답고 착한 것은 아니다. 북유럽 신화에는 '스바르트알브(검은 엘프)'라는 이들도 있다. 영화 「토르 - 다크월드」에서 적으로 나왔던 검은 엘프들로, 이들은 빛의 엘프와 달리 땅속에서 살고 있으며, 외모가 추하고 피부는 석탄보다 까맣다고 한다. 게다가 마음은 그보다 어둡고 사악하다.

유럽 전승에는 또 다른 엘프가 있는데, 그들은 도깨비처럼 장난을 좋아하는 모습으로 나오는 경우가 많다. 이따금 사람들이 죽을 때까지 춤추게 만들거나, 아이를 납치하고 대신에 나무를 아이 모양으로 바꾸어 놔둔다고 하며, 엘프가 사람들을 현혹하고 악몽을 꾸게 한다는 전승도 있다.

영국 전설에서 엘프들은 안개 속에서 춤을 추는데, 그들이 춤추고 난 자리에는 풀이 짓밟혀서 기묘한 원이 남는다고 한다. 이를 '요정의 원(Fariy Circle)', 또는 '악마의 원(Demon's Circle)'이라 부르는데, 요즘엔 '미스터리 서클(Mystery Circle)'이라고 해서 비행접시가 남긴 흔적이라고 말한다.

덴마크에는 또 다른 엘프 이야기가 전해진다. 그 엘프들은 초록색 옷을 입고 고깔모자를 쓰고 있는데, 연말이면 몰래 돌아다니면서 사람들에게 선물을 나누어준다고 한다. 훗날 그 이야기가 다른 전설과 합쳐져서 빨간 옷에 빨간 모자를 쓴 산타클로스가 탄생했고, 장난감을 만들고 포장하는 등 산타클로스의 일을 돕는 초록색 옷에 고깔모자를 쓴 엘프 이야기가 더해졌다. 이 전설을 바탕으로 「엘프」라는 영화도 나왔는데, 초록색 고깔모자를 쓴 아저씨 엘프가 활약하는 모습이 재미있게 펼쳐진다.

그밖에도 세계 각지에는 다채로운 엘프의 신화와 전설이 존재한다. 어떤 때는 신에 가까운 존재로서, 어떤 때는 악마로서, 그리고 어떤 때는 장난꾸러기로서…. 그야말로 나라만큼 많은 엘프 이야기가 존재하는 것이다. 그리고 수많은 판타지에서도 엘프는 또 하나의 주인공으로 활약하고 있다.

그런데 왜 엘프가 이렇게 인기가 있는 것일까? 그것은 인간과 닮았지만, 뭔가 다른 그들의 모습에 사람들이 끌린 게 아닌가 생각한다. 인간과 닮은 종족은 많지만, 그중에서 유독 엘프가 인기 있는 것은, 영원하거나 매우 긴 수명을 갖고 반쯤은 신에 가까울 정도로 고결한 판타지의 엘프가 사람들이 꿈꾸는 동경의 상징이기 때문일 것이다. 아니 판타지 속 엘프만큼은 아닐지라도 전설이나 신화 속 엘프는 모두 인간보다 오래 산다고 이야기된다. 영원한 수명을 꿈꾸는 사람들이 엘프처럼 되고 싶다고 생각하면서 이야기를 만드는 것도 이상한 일은 아니다.

한 가지 재미있는 사실이 있다. 신화나 전설, 그리고 판타지. 작품과 모습은 달라도 그들 엘프는 어째서인지 인간을 동경하고, 때로는 인간이 되고 싶어 한다는 점이다. 특히 판타지에선 영원한 수명을 버리고 인간처럼 살고 싶어 하는 엘프를 종종 보게 된다.

왜 그들은 긴 수명보다도 짧더라도 인간처럼 살기를 바라는 것일까? 어쩌면 영원한 수명이라는 게 생각보다 매력적이지 못하기 때문일지도 모른다. 영원히 산다면 자신이 원하는 것은 무엇이든 할 수 있을 것이다. 하고 싶은 게임도 보고 싶은 책도 직업이건 뭐건 바라는 대로 선택하고 관두고 반복할 수 있을 것이다. 그런데 그것이 정말로 재미있을까?

영원한 시간 속에서는 무엇이든 서두를 필요가 없다. 오늘이건 내일이건 상관없으니까. 방학이 되기 전엔 하고 싶은 게 많지만, 정작 방학이 되고 난 직후엔 '내일 해도 되는데'라고 생각하는 것과 마찬가지이다.

한 판타지 작품에서 "인간은 모두 일찍 죽는다. 그래서 불꽃처럼 사는 거야."라는 말이 나온다. 또 다른 판타지 작품에선 엘프가 "수천 년의 삶보다 - 인간과 함께 모험한 - 며칠이 기억에 남는다."라고도 한다.

우리가 엘프의 아름다운 외모와 영원한 수명을 부러워하듯, 그들 역

「춤추는 요정」 어거스트 말스트렘, 1866년
신비한 느낌의 이 그림이 신화속 엘프 모습을 잘 느끼게 한다.

시 우리의 짧지만 그만큼 복잡하고 다양한 삶과 개성적인 외모를 부러워할지도 모른다. 서로가 갖지 못한 무언가를 부러워하는 마음. 그리고 서로의 삶을 동경하는 마음. 그것이 바로 판타지에서 엘프가 또 하나의 주인공으로 등장하는 이유라고 생각한다.

읽을거리 사실은 만능(?)인 엘프

판타지의 인기 종족인 엘프는 톨킨의 영향으로 고결하고 신비하며 자연과 공존하며 살아가는 반쯤 정령이나 신적인 존재로 그려지는 사례가 많다. 이후 여러 작품을 거치며 엘프의 느낌도 바뀌었지만, 신에 가까운 존재로서 수명이 매우 길다는 설정은 그대로 유지되고 있다.

엘프의 수명이 길다, 또는 거의 영원하다는 설정은 판타지 작품에서 중요한 소재로 다루어지는 경향이 있다. 『반지의 제왕』을 비롯한 톨킨의 여러 작품에서 인간을 사랑한 엘프의 짧고 슬픈 사랑이 그려진 사례가 많으며, 인간 사이에서 태어나 자기보다 수명이 짧은 자식과의 이별을 안타까워하는 장면도 자주 볼 수 있다[그리스 신화에서도 트로이 왕자인 티토노스를 사랑한 새벽의 여신 에오스가 제우스에게 부탁하여 그에게 영생을 주었지만, 늙지 않게 하는 것은 잊는 바람에 추하게 늙은 티토노스를 보다 못해 귀뚜라미로 바꾸어 버렸다는 이야기가 등장하며, 영생을 포기하고 인간의 길을 택한 로봇이 주인공인 소설 『바이센테니얼맨(200살을 먹은 사나이)』(아이작 아시모프)처럼 SF에서도 자주 나오는 소재다].

하지만 오랜 수명을 지녔음에도 '오래 사는 만큼, 오랜 경험을 쌓을 수 있고, 무엇이든 통달할 시간이 있다'라는 요소는 그다지 강조되지 않는 경향이 있다. 무엇이든 1만 시간 동안 노력하면 전문가가 될 수 있다는 '1만 시간의 법칙'처럼 반복한다면 어느 정도 이상 숙달될 가능성이 크다. 근래에는 연습 시간보다도, 학습 방법이나 재능 등 여러 가지 요소가 더 중요하다는 주장이 더 많지만, 설사 무의미해 보이는 노력이라도 계속한다면 쓸모가 있을 테니 무진장 긴 수명의 엘프는 무엇이든 남들보다 더 뛰어날 가능성이 크다.

흔히 판타지에서 대장장이 작업은 드워프가 뛰어나다고 하지만, 『반지의 제왕』에서조차 가장 위대한 무기들은 엘프가 만들었다는 설정이 있다. 드워프를 장인 종족으로 설정한 톨킨조차 엘프가 장인으로 더 우수할지 모른다고 생각한 것. 엘프는 본래부터 탁월한 마법력과 함께 각종 재능이 뛰어나다는 설정이 있는 만큼, 모든 종족 가운데 최고의 경지에 이를 가능성이 크다.

다만 수명이 길다고 해서 그것을 유용하게 쓴다는 보장은 없다. 하루가 계속 반복되는 영화 「사랑의 블랙홀」에서 카드를 날려서 모자에 던져 넣는 걸 보여준 주인공은, 어떻게 이렇게 잘하는지 궁금해하는 여주인공에게 '고작 반년만 연습하면 된다'라고 말한다. 그만큼 오랜 시간이 지났음을 보여주는 장면이기도 하지만, 동시에 '정말로 시간이 남아돌아서 할 게 없었구나.'라는 것을 보여주는 연출. 판타지나 SF에선 종종 너무 오래 산 나머지 지루해져서 세계를 멸망시키겠다는 인물이 등장하는데, 어쩌면 엘프들도 그렇게 되지 않을까? 또는 오래 살긴 했지만, 숲속에 처박혀 사는 사이 바깥의 기술 혁명을 놓쳐버릴 지도 모른다.

「사랑의 블랙홀」에서 주인공은 결국 피아노를 배우고 통달하는데, 엘프 역시 취미에 열중하는 이들이 넘쳐나서, 그만큼 '알고 보면 쓸모 있는 잡학 사전'의 대명사가 될지도 모른다. 판타지 요리물에서 평론가 같은 역으로 엘프가 나와서 과장된 연출을 보여주는 설정도 재미있을 것 같다.

2. 드워프Dwarf. 용기 넘치는 난쟁이의 노래

오랜 옛날, 눈처럼 새하얀 피부를 지닌 아름다운 공주가 있었다. 공주의 미모를 시기한 계모는 공주를 죽이려고 했지만, 공주는 무사히 도망쳐서 한 숲에서 한 오두막을 발견했다. 신기하게도 오두막에 있는 물건은 모두 아이들의 물건처럼 작았다. 바로 일곱 난쟁이가 사는 집이었던 것이다. 그렇게 착하고 성실한 난쟁이들의 도움을 받아 공주는 안전한 피신처를 얻게 되는데, 공주의 운명은 어떻게 될까?

우리말로는 난쟁이라고 번역하는 드워프(Dwarf)는 판타지만이 아니라 동화나 신화 세계에서도 친숙한 존재이다. 『백설공주와 일곱 난쟁이』를 비롯하여 여러 작품에서 조연으로 등장하여 주인공을 돕거나 방해한다.

현실에서도 난쟁이는 존재하지만, 하이 판타지 속 드워프는 조금 다르다. 우리 세계의 난쟁이는 유전이나 어떤 요인으로 인하여 키가 어느 정도 이상 자라지 않게 된 사람을 가리키지만, 드워프는 엘프처럼 인간과 닮은 다른 종족이기 때문이다.

드워프는 키가 작지만 체격이 튼튼하여 힘도, 지구력도 인간보다 훨씬 세다고 하는 경우가 많다. 마치 나무로 된 술통을 보는 듯한 느낌에, 항상 수염을 덥수룩하게 기르고 있는데, 작품에 따라선 드워프 여성도 수염을 길러서 성별을 구분하기 어렵다.

드워프는 엘프처럼 게르만 신화에서 나왔다. 게르만 언어로 드베르그라고 불리는 이들은, 세계가 탄생하고 거인 이미르의 시체에 생겨난 구더기에서 태어났다고 한다. 그래서인지 키가 작고 추하다고 나오는 데다, 잔혹하고 욕심 많은 모습을 드러내는 장면이 많다.

그들은 매우 뛰어난 장인으로 등장한다. 토르의 무기인 묠니르, 오딘의 무기인 궁니르를 비롯하여 게르만 신화의 온갖 유명한 물건을 모두 만들었는데, 영화 「어벤저스 : 인피니티 워」에서도 토르가 묠니르를 대신할 무기를 드베르그에게 부탁해서 만드는 장면이 등장한다. 이러한 이야기에서 영향을 받아 여러 동화나 신화, 전설 속에 등장하는 난쟁이들은 광부이자 뛰어난 대장장이 모습을 갖게 되었으며, 톨킨의 『호빗』에 이르러, 드디어 우리가 아는 드워프라는 종족 모습이 완성된다.

톨킨의 드워프는 동화 속의 노래를 부르는 유쾌한 광부도, 신화 속 추한 외모의 미천한 존재도 아니다. 거대한 지하 왕국을 통치하며 위대한 문명을 이룩한 강대한 종족이다. 인간보다 키는 작지만, 절대로 왜소하게 보이지 않으며, 거대한 도끼나 망치를 들고 어둠의 세력에 맞서 싸우는 강인한 전사이다. 심지어 고대 세계에선 강인한 갑옷으로 무장하고 수많은 드래곤에 맞서 그들을 몰아냈을 정도였다. 엘프와는 사이가 좋지 않은데 본래 살아가는 지역이 다르고 시끌벅적하게 떠드는 것을 좋아하기 때문이기도 하지만, 서로에게 도움을 주기를 거부했기 때문이라고 한다. 영화 「호빗」에 등장한, '저 멀리 추운 안개 산맥 너머 깊은 던전과 오래된 동굴로 우리는 떠나야 하네.'라는 내용의 노래는 악룡에게 왕국을 잃고 떠도는 드워프들의 운명과 결의를 잘 보여준다.

게르만 신화처럼 판타지의 드워프는 타고난 장인이며 훌륭한 건축 기술자이다. 키도 작고 투박한 외모지만 섬세하기 이를 데 없는 솜씨로 온갖 장신구를 멋지게 만들어 낸다.

거칠고 격한 성질을 갖고 있지만 당당하고 용맹한 전사이자, 장인으로서 뛰어난 솜씨를 자랑하는 종족. 북유럽 신화를 바탕으로 톨킨이 만들어낸 드워프는 이후 많은 작품에서 계승되어 판타지의 주요 종족으로 자리 잡았다.

톨킨의 드워프가 매력적인 종족으로 자리 잡은 것은 전사나 장인으로서의 솜씨 때문만은 아니다. 바로 '용의 저주'라고 불리는 황금에 대한 욕망이 그들의 약점으로 드러나기 때문이다. 『호빗』에서 산 아래 있던 드워프 왕국이 멸망한 것은, 지나치게 많은 황금을 갖고 있었기 때문이었다. 많은 이가 황금에 대해 경고했지만, 왕은 끝없이 욕심을 부린 끝에 스마우그라는 이름의 저주를 불러들이고 만다. 그의 손자인 소린 역시 고결한 전사로서 모습을 보여주었지만, 황금 앞에서 욕심에 눈이 멀어 우정조차 저버리고 말았다. 드워프에 비해 약해 보이지만, 인간과 드워프를 화해시키기 위하여 자신이 받아야 할 막대한 황금을 주저 없이 내어준 호빗족 빌보와는 다른 모습이다. 톨킨은 드워프들에게 키가 작다는 약점을 넘어서고도 남을만한 육체적 강인함을 주는 한편, 욕망에 흔들리기 쉬운 마음을 약점으로 주면서 그들을 매력적인 존재로 완성했다.

판타지 세계 속 드워프의 모습은 약탈 부족이라는 첫인상과 달리 상인이나 장인으로 뛰어난 능력을 보여준 바이킹과 비슷한 면이 많다. 바이킹 세계에선 여자들도 전사로서 활약하고 명성을 떨쳤지만, 왜소하게 태어난 난쟁이들은 전사가 될 수 없었다. 그래서 그들은 장인의 길을

「백설공주를 구하려는 왕자」 알렉산데르 지크, 19세기
이들 난쟁이는 드워프의 외형에 영향을 주었지만, 종족 설정과는 차이가 많다.

선택하여 사람들에게 이바지했다고 한다.

키는 작지만 배포만은 넘쳐나는 장인 종족 드워프. 어쩌면 그들은 신체적인 약점을 다른 방법으로 극복하고자 했던 고대 바이킹 난쟁이의 모습을 재현한 것일지도 모른다.

읽을거리 드워프를 어떻게 차별화할까?

드워프는 판타지 작품에서 엘프와 함께 묶여서 등장하는 경향이 있다. 이는 드워프가 그만큼 인기 종족인 동시에 개성이 약할 수도 있다는 것을 보여준다.

드워프는 보통 장인으로서 뛰어난 종족으로 등장하지만, 그 이외에 개성을 찾아보기 어렵다. 장인의 능력이란 재능뿐 아니라 경험이나 학습 등 여러 가지 요소가 더해져서 완성되니, 드워프보다 뛰어난 엘프나 인간, 고블린 장인이 있다고 해도 이상하지 않다.

굳이 말하면 동굴에서 산다는 정도지만, 고블린 같은 몬스터 계열 종족 대부분 동굴에서 살고 있으니 역시 드워프만의 특징은 아니다(이런 설정으로 인해 드워프는 고블린처럼 동굴에 사는 몬스터와 사이가 좋지 않은 경우가 많다).

여성도 수염을 기르고 있는 외모로 구분되기도 하지만, 일본이나 한국 창작물 속 드워프 여성은 키가 작은 귀여운 외모를 한 경우가 많아서 개성이 되기 힘들다. 외모로 보자면 귀가 긴 엘프나 맨발에 발이 크고 발에 털이 북실한 호빗 같은 종족과 비교할 때, 단지 키가 작은 인간처럼 보일 수도 있다.

모험 등에서 드워프란 종족의 위치가 애매하다는 문제도 있다. 지구력과 체력이 뛰어나다는 장점이 있지만, 마법력이 뛰어나고 정령을 자유롭게 다루는 엘프나 발소리가 나지 않아 잠입 능력이 탁월한 호빗과 비교해 개성이 약한 편이다. 사실상 만능으로 그려지는 인간(휴먼)이란 종족이 있어 더욱 애매하다.

『호빗』, 『반지의 제왕』 같은 작품에서도 드워프는 그다지 주목받지 못하는 경향이 있다. 심지어 『호빗』에선 드워프가 13명이 나왔음에도 말이다. 『로도스도 전기』에서도 드워프는 후반엔 별로 등장하지 않았다.

『로도스도 전기』 애니에서 드워프인 김은 '드워프에겐 드워프의 싸움 방법이 있어.'라며 도끼로 드래곤을 공격하지만, 호빗도 체력만 있다면 도끼를 충분히 쓸 수 있다. 보드게임 「워해머」 시리즈처럼 총포나 전차를 사용하는 스팀펑크 설정을 부여하기도 하지만, 이 같은 기술은 인간이나 다른 종족도 활용할 수 있다. 문화나 기술만으로 차별화하는 건 한계가 있는 것이다.

그래서인지 근래엔 드워프를 설정하면서 장인의 특성을 벗어나게 하려는 노력이 눈에 띈다. 특히 이전에는 육체적으로 튼튼한 전사로만 설정했던 것에서 벗어나 마법적인 요소를 더하려는 경향도 있다. 『고블린 슬레이어』(카규 쿠모)처럼 정령 마법을 쓰는 승려로 설정하거나, 『영민 0명으로 시작하는 변경 영주님』(카제로)처럼 수염에 독기와 마력을 막아내는 능력이 있어 동굴 속의 독기를 피하고, 바위처럼 동면할 수 있는 존재로 설정하기도 한다(드워프가 돌이 된다는 설정은 모델이 된 게르만 신화속 드베르그가 지닌 속성인데, 톨킨은 이 설정을 트롤에 적용하였다). 특히 『영민 0명~』에서는 드워프나 엘프라는 용어를 쓰지 않고, 동굴 민족이나 숲의 민족처럼 다른 용어로 차별화한 점도 눈에 띈다.

최근 작품에서 오크, 고블린처럼 다양한 몬스터를 종족으로 설정하고 심지어 주인공이 되는 현실에서 엘프나 드워프처럼 흔한 종족을 어떻게 차별화할 것인지를 생각하는 것도 재미있는 상상이다.

3. 호빗, 세상을 구한 작은 모험가

"언덕 아래 굴에 한 호빗이 살고 있었다."
인간의 키에 반 정도밖에 되지 않는 종족, 호빗의 모험담은 이러한 말로 시작된다. 다른 이들처럼 안락한 굴속에서 평화롭게 살아가던 빌보라는 이름의 호빗은 어느 날 기묘한 방문자를 맞이한다. 마법사와 13명의 난쟁이라는 독특한 구성의 방문자들은 용이 살고 있다는 한 산의 이야기를 들려주었다.

황금으로 가득한 드워프 왕국. 번영하던 도시의 이야기는 빌보의 호기심을 자극하기에 충분했고, 엄청난 양의 보화 중 일부(정확히는 14분의 1)를 얻을 수 있다는 제안은 더 없는 유혹이었다. 그리하여 빌보는 오랫동안 살아온 동굴을 떠나 출발한다. 어떤 위험이 기다리고 있는지 모른채. 과연 그의 모험은 성공할 수 있을까?

영국 작가 J.R.R. 톨킨이 쓴 동화 『호빗』은 한 작은 모험가의 이야기이다. 어딘가에 있을지도 모르는 환상 세계를 무대로 펼쳐지는 모험담은 수많은 독자를 매혹하며 인기를 끌었고, 톨킨이 만든 환상 세계를 좋아하게 했다.

사람들은 작고 약하지만 이따금 믿을 수 없을 만큼 용기가 있고, 남을 위해 자신을 희생하는 빌보라는 캐릭터에 빠져들었고, 그 종족 호빗을 기억하게 되었다. 동화 『호빗』에 몰두한 사람들이 빌보와 동료들의 다음 모험을 바라면서, 출판사는 톨킨에게 속편을 써 줄 것을 부탁했다.

10년 가까운 시간이 흐르고 『반지의 제왕』이라는 속편이 등장했다.

빌보가 주운 하나의 반지에서 시작되는 그 이야기는 가운데 땅이라는 세계의 운명을 좌우하는 이야기로 발전했다. 드워프만이 아니라 엘프와 인간이 참여하고, 수많은 적과 아군이 마주하는 대전쟁이 벌어진다. 세계의 운명을 건 거대한 싸움이지만, 주역은 네 명의 호빗이었다. 어찌 보면 가장 작고 약한 호빗이 세상을 구하고, 호빗이란 종족은 다시금 이야기의 중심에서 사람들에게 기억된다.

호빗은 톨킨이 창작한 종족이다. 그의 작품에 등장하는 엘프나 드워프, 고블린이나 트롤과 달리 신화나 전설에서 시작되지 않았다. 그들은 참 개성적인 모습을 갖고 있다.

그들은 인간과 닮았고 키는 인간의 절반밖에 되지 않는다. 평범하게 옷을 입지만, 몸과 비교하면 꽤 큰 발에는 털이 잔뜩 있어서 맨발로 소리를 내지 않고 걸어 다닐 수 있다.

호빗은 노래를 좋아하고 춤을 즐기는 종족이다. 아무리 힘든 곳에서도 먹을 것만 있으면 잔치를 벌인다. 심지어 적 본거지였던 곳에서조차 음식을 찾아가며 유쾌하게 노래 부를 정도이니 말이다.

호빗은 전사가 아니다. 빌보가 처음 모험에 떠날 때도 몰래 잠입하는 '좀도둑'으로 고용되었는데, 똑같은 난쟁이족인 드워프보다 체격이 작고, 몰래 움직일 수는 있지만 엘프처럼 날렵하진 않다. 당연히 인간보다도 훨씬 약하다. 하지만 그들에게는 어떤 상황에서도 희망을 잃지 않는 낙천적인 성향과 꺾이지 않는 의지가 있다.

빌보는 트롤 앞에서 재치로 시간을 끌었으며, 커다란 거미에 사로잡힌 드워프를 구하고 거대한 용에 맞서서 정보를 알아냈다.

빌보의 조카인 프로도와 정원사 샘은 소유자를 유혹하고 파멸시키는 마법의 반지를 지닌 채 죽음의 땅으로 향하여 파괴했다. 프로도와 샘의 동료였던 메리와 피핀은 무시무시한 죽음의 왕을 꺾고 악당들에게 점령된 고향을 구해냈다.

위험한 용을 물리치는 모험에서부터 세상을 파괴하는 반지를 없애는 일에 이르기까지, 가운데 땅을 구해내는 여러 일을 그 어떤 용사도 아닌 이 작은 호빗들이 해낸 것이다.

J.R.R. 톨킨은 처음에 자신의 아이들을 위하여 『호빗』을 만들었다고 한다. 아이들을 보면서 그들에게 꿈과 용기를 주고 싶었을지도 모른다.

한편으로 호빗을 보면 톨킨 자신이 떠오르기도 한다.

톨킨은 어릴 때 부모를 잃고 신부님의 도움으로 홀로 살았다. 학교에서 친구를 만났지만, 그 친구 중 많은 이들이 전쟁터에서 희생되고 말았다. 톨킨 자신도 열병으로 고생하며 죽을 뻔했던 1차대전의 전장에서.

홀로 위험에 맞서야 했던 빌보는 톨킨의 어린 시절을, 적의 칼에 찔려 죽어가던 프로도는 전쟁 중의 그를 떠올리게 한다. 그리고 다른 세 명의 호빗에게선 톨킨과 절친했던 3명의 친구를. 이렇게 호빗이라는 종족에선 톨킨 자신의 인생을 느낄 수 있으며, 동시에 우리 자신을 돌아보게 한다.

신화나 전설에서 나오지도 않고, 이제껏 한 번도 본 적 없는 종족. 마법 같은 특기나 강한 힘도, 아름다운 외모를 가진 것도 아닌 작은 종족의 모험담이 그렇게까지 인기를 끈 것은 바로 그 때문이 아닐까?

이야기 끝에 호빗들은 집으로 돌아와서 모험을 회상한다. 힘겹고 죽

영화 포스터에서 전사처럼 그려진 프로도
소설에선 중년의 아저씨인데다 전사와 가장 거리가 멀다는 게 흥미롭다.
TM& © 2001 Warner Bros. Entertainment Inc.

을 뻰하고 많은 것을 잃으면서 다시 많은 것을 얻은 모험담.

"거기에서, 그리고 다시 돌아오다."

톨킨의 인생이 담긴 호빗 이야기는 지금도 사랑받고 있다.

읽을거리 호빗을 어떻게 써먹을 수 있을까?

톨킨 작품이 하이 판타지 문화의 바이블이라고 할 만큼 보편적인 설정으로 대중화되면서, 엘프나 드워프처럼 톨킨 작품 속 여러 설정이 다양한 판타지에서 등장하게 되었다. 이들 작품에서 주인공으로 등장하는 호빗은 의외로 판타지 작품에서 쉽게 찾아보기 힘든 경향이 있다.

호빗이라는 종족이 톨킨이 만든 종족인데다, 모험가로서의 개성이 약하기 때문이다. 무엇보다 게임에서 필요한 전투에선 별 쓸모가 없다. 게다가 호빗이라는 이름은 톨킨이 창작한 고유명사이기에 저작권에 저촉된다는 문제도 있다. 미스릴처럼 사실상 저작권을 무시하며 자유롭게 사용하는 사례도 있지만(「던전&드래곤」에선 저작권을 고려하여 미스랄이라는 용어를 썼지만, 현재는 판타지라면 당연히 등장할 만큼 대중적이다), 호빗만큼은 비교적 엄격하게 저작권이 적용된다.

「던전&드래곤」의 하플링(Harfling)이나 『던전밥』의 하프풋, 『고블린 슬레이어』의 레아처럼 용어를 바꾸어 호빗을 그대로 등장시키는 사례도 있지만(비슷한 느낌의 노움을 등장시키기도 한다), 드워프조차 차별화가 힘든 상황에서 잠입 능력 외엔 내세울 게 없는 호빗을 모험의 동료로 등장시키긴 쉽지 않다. 톨킨 작품에서 호빗의 가장 큰 강점은 낙천적인 성격과 절대반지의 유혹에도 쉽게 굴하지 않는 저항력이라고 했지만, 이를 게임 플레이에서 활용하기는 어렵기 때문이다.

모험물에서 호빗은 보통 던전 같은 곳을 탐사하면서 남들보다 앞서 정찰하거나, 함정 등을 처리하는 '도적'이나 '탐색자' 역할로 자주 등장한다. 전체적으로 체격이 작고 체중도 가벼우니 함정에도 쉽게 걸리진 않겠지만, 호빗이 살아가는 세계에서 함정이 그렇게 쉽게 만들어질 것 같지는 않다. 무엇보다 작다는 것만으로 생각하면 『피터팬』 시리즈의 팅커벨처럼 손바닥 크기의 요정족도 생각할 수 있고, 체격만큼 체중은 무거울 수 있어도 드워프 역시 키는 작다는 점에서 차별성이 약하다. 어쩌면 드워프의 개성에 호빗의 잠입 능력까지 부여하는 게 더 좋을 수도 있다. 지하에 사는 종족이니 예민한 감각과 잠입 능력이 있다는 설정도 그럴 듯하니 말이다.

마법에 대한 저항력이나 낙천적인 성향으로 인한 노래 능력처럼 작은 체격 이외의 강점을 생각해 보는 것도 재미있을 것 같다. 그만큼 호빗을 처음 생각한 톨킨의 의도에도 어울릴 것 같다는 이점도 있다. 가령 '모든 마법에 면역' 같은 특성이 있다면 치료 마법이 듣지 않아 불리할 수도 있지만, 그만큼 의료 기술이 발달할 수 있으며 저주나 마법적 함정을 통과하는데 탁월한 존재로 이야기를 주도할지도 모른다.

4. 오크Orc, 침략 군단의 상징

대지를 울리는 북소리와 함께 거대한 마수가 질주한다. 지평선을 가득 메운, 녹색의 피부를 가진 괴물들이 도끼를 든 채 질주하며 외친다.

"록타르(Lok'tar)"

승리를 부르는 외침. 호드 군단. 오크의 진격이 시작된 것이다. 대지의 운명을 건 거대한 전쟁. 과연 이 싸움의 결말은 어떻게 될까?

「스타크래프트」, 「오버워치」로 유명한, 블리자드의 게임 「월드 오브 워크래프트(World of Warcraft, 이하 와우)」는 세계 전역에서 가장 많은 사람이 가입하여 즐기는 대규모 온라인 게임 중 하나이다. 이 순간에도 수백만 명. 우리나라에서도 수십만 명이 이 게임에 가입하여 「와우」의 세계를 만끽하고 있다.

같은 회사의 전략 게임 「워크래프트」 시리즈의 세계관을 바탕으로 만들어진 이 작품은 기존의 여러 판타지 작품의 영향을 받았기에, 엘프나 드워프, 오크나 트롤처럼 친숙한 종족들이 등장하여 활약하는 모습을 볼 수 있다.

하지만, 한 가지 특이한 점이 있는데, 그것은 바로 이 작품에서 인간이나 엘프, 또는 드워프가 아니라 초록 피부에 험상궂게 생긴 괴물, 오크가 주인공에 가깝게 소개된다는 사실이다. 이 게임에는 인간이나 엘프, 드워프도 등장하며 대규모 온라인 게임의 특성상 이들을 선택하여 게임을 진행할 수 있다. 하지만 몬스터나 언데드(죽었다가 되살아난 불사의 괴물들)가 중심인 호드 군단, 그중에서도 오크를 선택하는 사람이 비교적 많은 것도 사실이다.

2016년에 만들어진 영화 「워크래프트」에서도 많은 종족이 등장하지만, 그 중 오크족 족장이 사실상 주역으로서 이야기를 펼쳐내었다. 「와우」의 세계에서 오크들이 중요한 역할을 맡고 있기 때문이다.

워크래프트의 세계에서 오크가 처음부터 주역이었던 것은 아니었다. 1994년 시리즈 첫 번째 게임인 「워크래프트」가 나올 때만 해도 그들은 단순한 침략자, 괴물에 지나지 않았기 때문이다. '오크 대 인간'이라는 부제를 가진 이 게임에서 플레이어는 오크를 선택하여 게임을 진행할 수 있었지만, 그 이야기는 인간이나 엘프, 드워프가 평화롭게 살아가는 세계에 오크 군단이 습격해와서 싸움이 벌어진다는 매우 전형적인 판타지 이야기였다. 그러던 것이 「워크래프트 2」, 「워크래프트 3」, 그리고 「와우」를 거치면서 바뀐 것이다. 특히 「워크래프트 3」에서는 오크의 지도자인 쓰랄이 사실상 주인공으로서 전체 이야기를 이끌어나가는 모습을 볼 수 있다.

최근 등장하는 워크래프트 작품에서 오크는 더는 사악한 침략자가 아니다. 아니 침략자일 수는 있지만 무조건 사악한 존재는 아니며, 정의롭고 고결한 인물도 존재하고 때로는 인간들보다 선량하고 믿음직한 종족. 세계 전체의 주역을 맡기에 충분한 매력적인 존재이다.

오크(Orc)는 『호빗』과 『반지의 제왕』을 그려낸 톨킨이 만든 존재이다. 오크라는 이름은 영웅 서사시 「베오울프」에 등장하는 오크나스라는 말에서 나왔다고 한다. 베오울프의 적 중 하나인 좀비 모양 괴물, 그렌델의 종족을 부르는 이름으로, '오르크스의 시체orc'라는 단어가 아일랜드어로 '돼지라는 점에서 착안하여'라는 뜻이다. 오르크스는 그리스-로마 신화의 저승신 하데스(플루토)를 부르는 다른 이름이니, 오크나스란 '저승신의 시체족'(또는 저승신의 족속)이라는 말이 될 것이다.

톨킨은 여기에서 오크라는 말을 따왔는데, 그래선지 『반지의 제왕』에 등장하는 오크는 그렌델처럼 추악한 외모에 시체처럼 회색빛 피부를 가진 모습으로 묘사된다.

톨킨의 세계관에서 오크는 사악한 힘을 가진 자가 엘프를 본떠서 만든 존재로, 인간이나 엘프 같은 이들에 대한 증오심과 욕심으로 가득한 괴물로서 묘사된다. 창조는 할 수 없고 오직 파괴만 일삼는, 사실상 좀비나 다를 바 없는 존재이다.

『반지의 제왕』에서 오크는 사울론이 이끄는 악의 군단 주력을 맡았다. 배신한 마법사 사루만은 오크를 개조하여 우르크하이라는 존재를 만들지만, 이 역시 악의 군단이라는 것은 차이가 없었다. 추하고 사악하며 보통 인간보다 조금 강한 괴물. 『반지의 제왕』의 오크는 사실 그 정도의 특징을 지닌 괴물에 불과했다.

『반지의 제왕』이 인기를 끌면서, 오크 역시 판타지의 중요한 존재로서 인기를 끌기 시작했다. 「던전&드래곤」을 시작으로 무수한 작품에서 오크를 가장 기본적인 괴물로 등장시켰기 때문이다. 「던전&드래곤」의 오크는 톨킨의 그것과 달리 멧돼지 비슷한 얼굴을 한 종족으로 묘사되었다. 게임인 만큼 다양한 몬스터가 필요했던 「던전&드래곤」에선, 전승에서 비슷하게 묘사된 괴물들의 겉모습을 차별화하고자 했는데, 오크를 돼지 얼굴 모양의 종족으로 설정한 것이다. 이후 「드래곤 퀘스트」 같은 일본 게임에서 이 설정을 받아들이면서 일본 작품 속 오크는 인간형의 몸에 돼지나 멧돼지 얼굴의 종족으로 그려지게 된다.

흥미로운 것은 「던전&드래곤」을 비롯한 여러 작품에서 오크를 단순히 사악한 괴물, 엘프가 타락한 존재라고 설정하지 않고, 야만적이고 폭력적인 생명체이자 종족으로 설정했다는 점이다. 톨킨의 오크는 사악한 자가 마법으로 만든 괴물이지만, 다른 작품의 오크는 엘프나 드워프처럼 원래부터 그렇게 태어난 종족이다. 그래서 「던전&드래곤」에서는 플레이어가 오크로 이야기를 진행할 수도 있었다. 주로 인간과의 혼혈인 하프 오크를 자주 사용하는데, 엘프나 드워프처럼 오크와 인간 사이에 혼혈이 태어날 수 있을 만큼 친근하다는 점도 톨킨의 설정과 다르다.

우주를 무대로 펼쳐지는 거대한 전쟁 이야기를 다룬 게임, 「워해머 40000」에서 오크는 초록 피부에 지능은 조금 낮지만 호전적이고 독자적인 문명을 지닌 종족으로 등장한다. 버섯처럼 포자로 번식하여 자라나며 우주 전역을 떠돌며 전쟁을 계속하는 녹색의 침략자, 적을 물리치기 위해서라면 자폭도 서슴지 않는 전투 종족으로 등장했는데 「워크래프트」의 오크는 여기에서 영감을 얻어 탄생했다. 난데없이 아제로스를 습격하여 유린하는 난폭한 종족으로 말이다.

워크래프트가 인기를 끌면서 개발자들은 고민에 빠졌다. '오크를 단순한 침략자로 끝내도 되는 걸까'라고 말이다. 그래서 그들은 오크가 본래부터 사악한 것이 아니라, 누군가에 의해 그렇게 되었다고 설정한다. 여기에 아메리카 원주민 모습을 빌려서 샤머니즘을 숭배하는 고결한 전사 종족으로 그려낸 것이다. 군단이라는 사악한 자들에게 조종당하지만, 그 세뇌를 깨뜨리고 당당하게 일어서는 종족으로. 우리가 기억하는 또 다른 오크는 바로 이렇게 탄생했다.

오크는 톨킨이 창조한 사악한 존재이다. 그 원전은 전설이나 설화에 나오는 좀비 같은 괴물이었다. 하지만 『반지의 제왕』을 본 사람들은 제각기 자신만의 오크를 상상하고 만들어냈다. 그리하여 수많은 형태의 오크가 판타지 작품을 수놓는다.

전설에서 시작하여 톨킨을 거쳐 「와우」까지 펼쳐진 오크 이야기. 판타지는 신화나 전설에서 시작했지만, 창작자에 의해 새롭게 변화하며 확장된다는 그 가능성을 보여준다.

고결한 정신과 현명한 지혜를 지닌 스랄
그리스 신화에서 켄타우로스를 현명한 종족으로 느끼게 해준 현자 케이론처럼.
그의 등장은 워크래프트 세계 속 오크 분위기를 바꾸었다.

읽을거리 인간형 몬스터의 등급과 차별성

전투를 거듭하며 성장하는 게임에서는, 적들도 점차 강해져야 한다. 현실적으로 보자면, 『반지의 제왕』에서 100여 명의 오크(1권)→ 1만 명의 우르크하이(오크의 변종, 2권 헬름협곡 전투)→20만 명의 오크(3권 미나스 티리스 전투)처럼, 하나의 종족이 숫자가 늘어나고 더 강해져서 등장하는 게 자연스럽지만, 이 경우 똑같은 적만 계속 반복되는 느낌이 있다 보니 롤플레잉 같은 게임에선 명백하게 다른 모습의 더 강한 몬스터를 등장시켜 차별화하는 경향이 있다.

미국 게임에서 초반엔 늑대처럼 일상적으로 볼 수 있는 야수가 등장하는 일이 많지만, 일본 게임에선 슬라임이나 고블린처럼 작은 체격의 몬스터가 초기의 적으로 등장한다. 이후 호브고블린(hobgoblin), 레드캡(redcap)[3] 같은 상위종이나 고블린 로드 같은 지휘관급이 나오고, 오크처럼 완전히 새로운 몬스터가 이어진다.

오크는 『반지의 제왕』 같은 작품을 통해 판타지의 대표적인 적으로 등장했지만, 일본 게임에서는 조금 덜 나오는 편이다. 「드래곤 퀘스트」에도 있지만, 다른 몬스터보다는 적게 등장하는 느낌. 게임에선 고블린, 오크 같은 인간형 몬스터보다는 슬라임, 거대뱀, 스켈톤처럼 명백하게 야수나 몬스터 같은 외형의 적들을 더욱 자주 볼 수 있다. 이는 인간형 몬스터가 디자인 면에서 차별하기 힘들고 움직임이 복잡하다는 현실적인 문제도 있지만, 근래엔 인간형 몬스터가 종족으로서 동료나 친구로 나오는 일이 많다는 점도 한 가지 이유가 될 것이다.

반대로 종족으로서 동료나 적으로 설정하기 쉽다 보니, 소설이나 만화, 게임 스토리에서 이들 인간형 몬스터를 자주 볼 수 있다. 이들 역시 등급이 나뉘기 쉬운데, 보통 고블린=코볼트〈 오크〈 트롤=오거 순서로 등장한다. 서양 판타지에선 오크가 더 자주 나오지만, 동양에선 고블린, 오거가 더 자주 눈에 띈다.

---

3 전승 속 호브고블린은 브라우니 비슷한 집요정으로, 고블린 중에서도 더 작고 약하다고도 볼 수 있지만, 판타지 게임에선 앞이나 뒤에 뭔가 붙으면 – 레서(lesser=부족한), 스몰(small=작은) 등을 빼면 – 더 강한 존재로 설정한다. 고블린 로드(영주), 고블린 나이트(기사), 고블린 샤먼처럼 직업이 추가되면 더욱 특별한 능력을 지닌 존재. 인간의 피로 물든 모자를 썼다는 전승의 레드캡은 고블린 중에서도 특히 강력한 친위병이나 암살자 같은 존재로 설정된다.

인간형 몬스터의 최상위 종으로 등장하는 오거(ogre)는 본래 「잭과 콩나무」, 「장화 신은 고양이」 같은 동화에서 등장하는 식인 거인이다. 동화에선 거대한 덩치와 지나치게 큰 머리를 빼면 인간과 비슷한 모습의 거인이다. 판타지에선 트롤 비슷한 덩치 큰 괴물로 등장하며, 일본에선 소설 『전생했더니 슬라임이었던 것에 대하여』처럼 일본 요괴 오니 비슷한 모습으로 그려내는 경향이 있다. 성장하거나 진화하여 오니로 바뀌는 설정도 자주 나오는 편.

오거를 전승 속의 오니처럼 그려내는 것은 그쪽이 일본인에게 친숙하다는 측면도 있지만, 오거와 트롤을 외형적으로 차별하려는 노력이라고도 볼 수 있다. 전승에선 추한 소인으로 그려진 코볼트를 파충류나 개머리 수인으로, 톨킨 작품에선 추한 괴물인 오크를 돼지머리 수인으로 한 것도 마찬가지. 톨킨 소설에서 고블린과 오크는 사실 같은 존재이다. 『반지의 제왕』의 오크를 『호빗』에서 영어로 고블린(도깨비라는 의미)이라고 불렀기 때문이다. 하지만 영화 「호빗」에선 고블린과 오크를 다른 느낌으로 연출했는데, 이 역시 다양한 괴물이 필요하다는 것을 잘 보여준다.

드라마 「스타트렉」의 외계인을 피부병 걸린 인간이라고 말하곤 한다. 고대 종족이 우주 전역에 유전자를 퍼트렸기 때문이라는 설정을 두었으며, 내면적인 개성이 풍부하지만 겉모습으로 차별화가 약하다는 것을 비판하는 것. 물론 제작비나 인간적인 연기를 살려야 하는 등의 제약이 있지만, 독특한 외형의 외계인이 넘쳐나는 영화 「스타워즈」와 비교할 때 차별성이 약한 느낌이 있다. 판타지에서도 기본적인 체형 자체가 비슷한 인간형 몬스터나 종족을 등장시킬 때 어떻게 차별화할지를 고민할 필요가 있다.

5. 무민으로 만나는 트롤 이야기

크리스마스가 다가오면 다양한 장식이 거리를 수놓는다. 크리스마스를 상징하는 여러 장식. 산타와 루돌프, 종과 방울도 있지만, 최근에는 크리스마스 복장으로 옷을 갈아입은 여러 캐릭터도 눈에 띈다. 그중에서도 주목받는 캐릭터가 있으니 바로 하얀색의 하마처럼 생긴 귀여운 생물, 바로 무민이다.

무민은 핀란드 작가 토베 얀슨이 1945년에 만들어낸 캐릭터이다. 무민 계곡에 살아가는 유쾌한 이들의 이야기로 『무민 가족과 대홍수』에서 처음 소개된 이 캐릭터는 핀란드만이 아니라 지구 각지에 소개되어 사랑을 받았다. 지금도 거리에서 무민의 인형과 각종 상품을 만날 수 있다.

무민은 하마처럼 생겼지만 전혀 다른 생물이다. 무민의 본래 이름은 무민 트롤. 그들은 트롤이라고 불리는 작은 요정족이다. 크기는 작품마다 다르지만 키가 30cm 정도로 인간보다 훨씬 작다. 사실 그들은 인간의 세상에서 인간 모르게 살아가고 있다고 한다.

무민을 '트롤'이라고 부르면 조금 이상하게 느껴질지도 모른다. 왜냐하면 판타지에서 흔히 등장하는 트롤은 무민하곤 다르게 생겼기 때문이다. 『반지의 제왕』이나 『호빗』에서 등장하는 괴물. 사람보다 몇 배나 크고 몸이 바위처럼 생겨서 엄청나게 강하지만, 햇빛을 쬐면 돌이 되어버리는... 판타지에서 트롤이라면 보통 이런 모습을 떠올리기 쉽다. 작고 귀엽다는 말과는 거리가 멀고, 인형으로 만들어도 별로 인기가 있을 것 같지 않다. 그런 트롤과 무민이 같은 종족이라니, 조금 이상하지 않나?

트롤(Troll)은 유럽 북쪽, 주로 바이킹의 고향인 스칸디나비아 지방에 전해져 내려오는 요정의 일종이다. 보통 요정이라면 『피터팬』 속의 팅커벨처럼 날개 달린 작은 페어리(Fairy)나 톨킨 이야기 속 엘프(Elf)를 떠올리겠지만, 요정이란 '요사한 정기'란 뜻으로 자연의 힘으로 탄생한 초자연적인 존재 모두를 가리키는 말이기도 하다.

트롤(또는 트라우, 트로우)이란, 게르만 신화의 거인(요툰, jotunn)처럼 사악하고 무시무시한 괴물을 부르는 이름이었으나, 시대가 흐르고 여러 전승을 거치며 다채로운 모습으로 변모한다.

초기엔 트롤을 단순히 털이 잔뜩 난 사악한 거인(즉 괴물)으로만 묘사했지만, 시간이 지날수록 그 외형이 더욱 다양해져서 인간과 비슷한 크기로 바뀌고, 모습도 좀 더 인간에 좀 더 가까워지기도 했다. 그래봐야 그 실체는 코가 크고 우둘투둘한 피부에 여기저기 혹이 난 추한 모습에 불과했지만, 어떤 트롤은 마법으로 절세의 미인이나 미남으로 변신하여 인간을 유혹하여 결혼하거나 못생긴 상대와 맺어지게 하기도 한다.

톨킨 작품과 여러 판타지 때문에 한국에선 트롤이 사악한 존재로만 인식되지만, 전승에 등장하는 트롤은 대개 근본부터 사악한 존재는 아니다. 전승에선 사람을 죽이거나 잡아먹는 트롤은 거의 없으며, 대개 사람에게 장난을 치는 정도로 그친다. 유쾌하게 노래를 부르고, 사람들을 돕는 트롤도 있었다. 외모도 작은 요정에서 커다란 괴물까지 다양하다.

마법의 힘을 가진 트롤은 아이 모습으로 변신하여 엄청난 식욕으로 부모들을 곤란하게 만들지만, 정체가 드러나면 순순히 아이를 돌려주고 때로는 먹을 것에 대해 보답한다. 인간에게 장난을 치면서 곤란하게 만들지만, 때로는 인간에게 속아서 보물을 빼앗기는가 하면 반대로 악당을 물리치고 착한 주인공을 구해주는 친절한 존재가 되기도 하는. 그야말로 각양각색의 모습을 가진 매력적인 존재이다.

트롤은 그 모습이나 하는 짓이 한국의 도깨비와 비슷하다. 덩치가 크기도 작기도 하지만, 인간과 닮았으면서도 꽤 다르게 생겼다. 얼굴은 보통은 못생겼다고 추하다고도 하지만, 밤에 갑자기 만났을 때 무서워서 벌벌 떨 정도로 끔찍한 것은 아닌 것 같다. 실제로 노르웨이나 스웨덴 같은 나라에선 거리마다 다양한 모습의 트롤 장식을 만날 수 있고, 기념품으로서도 인기가 높으니 말이다[그중 가장 유명한 것은 덴마크의 어부이자 나무꾼인 토머스 댐(Thomas Dam)이 만들어서 댐(Dam) 인형이라고도 부르는, 양털 머리에 유리 눈을 가진 트롤 인형이다. 미국의 장난감 협회(Toy Association)에 의해 20세기의 가장 창의적인 100개의 장난감 중 하나로 선정되었고, 「심슨 가족」이나 「토이 스토리」 같은 작품에서도 등장할 정도로 인기를 끌었다].

아름다운 풍경으로 이름 높은 노르웨이의 관광명소 센자섬(Senja)에는 1997년 기네스북에 '세계 최대의 트롤'로 기록된 센자트롤(Senjatrollet)이 있다. 1993년에 만들어진 트롤 공원의 별관 건물이지만, 18m 가까운 높이에 125톤에 달하는 이 트롤을 보기 위해 많은 이가 이곳을 찾고 여러 유명인이 산책로 옆 콘크리트 벽에 손도장을 남기곤 한다. 2007년엔 트롤 마녀(trollkjerringa)를 옆에 세워서 부부로 만들었는데, 센자트롤이 트롤 마녀를 사이좋게 안아 든 모습은 마치 한국의 장승처럼 여겨져 노르웨이인이 트롤을 얼마나 친근하게 여기는지를 느끼게 한다(안타깝게도 이 트롤의 내부가 스티로폼으로 채워져 있어서, 2019년 화재로 인해서 완전히 사라져 버렸다).

노르웨이에서는 뭔가 이상한 일이 일어날 때마다 '트롤의 장난'이라고 말하는데, 그 역시 트롤이 무서운 괴물이라기보다는 친숙한 요정이기 때문일 것이다.

못생겼지만 애교가 넘치고, 장난스럽지만 절대로 사악하지는 않은 요정. 북유럽 끝자락에 있는 핀란드에서 사랑스러운 트롤, 무민이 탄생

「Skogtroll」 Theodor Severin Kittelsen, 1906년
노르웨이 화가 테오도르 키텔센이 그린 「숲의 트롤」. 몸에 난 나무가 털처럼 보이는 것이 트롤의 크기를 느끼게 한다.

한 것도 절대로 이상한 일은 아니다.

크리스마스를 전후하여 거리를 수놓는 무민. 귀엽고도 매력적인 무민 가족 이야기는 지금도 세계 많은 아이와 어른들의 마음을 사로잡으며 빠져들게 한다. 그러한 무민을 보면서 즐거워하는 것도 좋지만 이따금 무민 '트롤'이라는 이름을 보면서 장난꾸러기 요정 '트롤'을 떠올려보면 어떨까?

읽을거리 **창작 작품 속 트롤의 변천**

트롤은 게르만 신화를 시작으로 주로 북유럽에서 다양한 전승으로 이어지는데 관광명소에 공원을 만들 정도로 북유럽 사람에게 친숙하고 다채로운 개성을 가진 트롤은 오래전부터 여러 동화나 소설에 모습을 드러냈다.

사악한 괴물로 전승도 있지만, 스웨덴의 화가 존 바우에르가 삽화를 그린 『노움과 트롤 사이(Bland tomtar och troll)』나 노르웨이 화가 테오도르 키텔센의 『숲의 트롤(Skogtroll)』처럼 덩치는 커도 상당히 친절한 트롤이 등장하는 작품이 많다. 스웨덴 미술가 칼 라르손이 삽화를 그린 『트롤과 먹기 내기를 한 소년(Askeladden som kappat med trollet)』에서는 덩치 큰 악역이면서도 영리한 소년 앞에서 쩔쩔매는 모습에 미소 짓게 된다.

톨킨을 시작으로 한 판타지 작품 속 트롤은 이처럼 우호적이지 않다. 톨킨도 『호빗』에서는 전승이나 동화처럼 난폭하긴 해도 말이 통하며 어리숙한 존재로 그렸지만, 『반지의 제왕』에서는 괴성을 지르며 날뛰는 괴물이 되었고, 햇볕을 쬐어도 돌이 되지 않는 올로그 하이(Olog-hai)라는 상위 종을 등장시키면서 완전한 전투 괴물로 바꾸어 버렸다.

소설 『타임패트롤』 시리즈로 알려진 폴 앤더슨은 판타지 소설 『세 개의 심장과 세 마리 사자(Three Hearts and Three Lions, 1961)』에서 상처를 입어도 금방 재생되는 트롤을 등장시켰는데, 이 설정을 『던젼&드래곤』에서 도입하면서 전승 속 호감 있는 모습은 흔적도 없는 난폭하고 무서운 거인 모습을 유지한다. 일본 작품에서도 이 설정을 계승하면서, 판타지의 각종 설정을 패러디한 소설 『슬레이어즈!』에서도 "트롤은 인간보다 2배 이상 크며 그에 비례한 힘과 체력이 있고, 체구는 거대한 주제에 움직임이 민첩하기까지 하다. 하지만 트롤의 최대의 특징은 그 비정상적일 정도의 재생 능력에 있다. 웬만한 칼 상처쯤은 보고 있는 사이에 나아 버린다."라는 전형적인 괴물 묘사에 그치고 있다.

동화 선집 『노움과 트롤 사이』(1915년)에 들어간 존 바우에르의 삽화
숲에서 길을 잃은 공주를 보호하는 트롤 모습이 푸근하다.

『반지의 제왕』 이후 창작물 속 트롤은 사악한 괴물의 전형을 벗어나지 못했지만, 시간이 흐르면서 조금씩 변화가 생겨났다. 그중 중요한 작품으로 「워크래프트」 시리즈를 꼽을 수 있다. 오크를 샤머니즘 전통을 지닌 녹색 피부의 강인한 전사 종족으로 바꾸었던 이 게임에선, 날렵한 외모의 영리한 종족으로 변화한 트롤이 등장한다. 다양한 주술을 쓰고 농담도 즐기는 모습은 노르웨이의 '장난꾸러기 트롤'과 유사한 점이 엿보이는데, 더 흥미로운 것은 톨킨의 트롤이 나무 정령인 앤트를 본떠서 사악한 힘으로 만들어낸 괴물인 것과 달리, 「워크래프트」에선 트롤이 마법의 영향을 받아서 나이트 엘프란 종족으로 바뀌었다는 것이다.

해석하기에 따라선 사악한 힘으로도 볼 수 있는 마법으로 엘프가 탄생한 것은 톨킨의 설정을 반대로 뒤집었다고도 볼 수 있는데, 「워크래프트」의 인기로 이런 설정이 보급되면서 날씬한 트롤을 더 익숙하게 생각하는 이도 많다.

아더왕 사후 영국을 무대로 한 온라인 게임 「다크에이지 오브 카멜롯」에서는 게르만 신화에 바탕을 둔 바위 거인으로서의 트롤 설정을 가져와서 바이킹을 중심으로 한 미드가르트 왕국의 거인 전사 종족으로 설정했다. 험상궂은 외모는 톨킨의 그것과 비슷하지만, 전사의 노래를 부르며 도끼를 휘두르는 트롤에게 단순한 괴물이 아니라 만만찮은 적장의 기운이 느껴지며, 아군에게는 믿음직한 동료로 신뢰감을 전한다.

트롤은 게르만 신화에서 무서운 괴물을 부르는 말로 시작되었다. 하지만 끝없이 겨울밤이 계속되는 스칸디나비아에서 이야기로 어두운 낮을 보내곤 했던 사람들은 트롤에 다채로운 개성을 부여하고 친근한 존재로 바꾸어냈다. 한국의 도깨비처럼 트롤들은 때로는 난폭하고 나쁜 짓도 하지만, 반대로 인간에게 이용당하거나 골탕을 먹기도 하고 때로는 인간에게 도움을 주며 친구가 되기도 하는 다양한 면모를 보여준 것이다. 이 같은 트롤의 전승은 바이킹 같은 노르만인이 유럽 각지에서 활동하며 퍼져나갔고, 잉글랜드나 스코틀랜드, 그린란드나 캐나다에도 전해지며 더욱 많은 개성을 더해갔다.

톨킨을 시작으로 판타지 작품 속 트롤은 잔인한 괴물의 모습 일색이었지만, 댐 인형이나 무민 트롤이 탄생한 것은 오랜 전승 속에 쌓인 트롤의 개성이 다양하기 때문이다.

못생겼지만 유쾌한 요정 트롤이 『반지의 제왕』의 괴물이 되기도 하고 무민이 되기도 한다는 점을 떠올린다면, 작품 속 트롤이 지금보다도 한층 사랑스럽고 멋지게 보일지도 모른다. 어쩌면 그 와중에 우리만의 또 다른 매력적인 트롤이 탄생할 수 있을 것이다.

6. 개와 코볼트 이야기

판타지에는 소나 말처럼 친숙한 동물들이 많이 등장하지만, 우리 세계의 여러 가축 중 주인공과 함께 모험하는 존재로서 개의 인기를 넘어서는 동물은 없다. 그것은 개가 여러 가축 중에서도 인간과 가장 가까우며, '협력하는 동료'라는 느낌이 강하기 때문이다.

늑대 아종으로 1만 5천 년 전부터 사람과 함께 살아온 개는 그만큼 우리와 친숙한 친구이다. 개와 함께하면서 우리는 사냥감을 손쉽게 찾아내 잡을 수 있고, 밤에도 안심하고 잘 수 있게 되었다. 개가 있었기에 사람들은 여유 시간을 갖고 다양한 일을 하게 되었다. 개들도 손쉽게 먹이를 얻고 새끼들을 잘 기를 수 있었으니 서로 행복한 일이었다.

개는 신화와 전승에서도 자주 동료로 등장한다. 일본에는 복숭아에서 태어난 소년, 모모타로와 함께 요괴인 오니에게 맞선 개(그리고 원숭이와 꿩)가 있으며, 중국에선 개와 함께 요괴 뱀에 맞서 싸운 소녀 영웅 이야기가 전해진다. 술을 이용해서 뱀을 꾀어낸 소녀는, 개가 싸우는 틈을 이용해 뱀의 목을 베었다고 한다. 한국을 비롯한 세계 각지에 존재하는 '은혜 갚은 개' 이야기도 빼놓을 수 없다.

신화 속에서는 어딘가를 지키는 파수견이 종종 등장한다. 그리스 신화에는 지옥 입구를 지키는 머리 셋 달린 개, 케르베로스가 있으며, 게르만 신화에선 니블헤임을 지키는 가름, 켈트 신화에선 주인의 집을 지키고자 영웅을 습격하다가 죽어버린 사냥개가 있다. 세탄타라는 이름의 그 영웅은 자기가 어쩔 수 없이 죽여 버린 개를 대신하여 그 땅, 쿨란을 지켜주기로 했는데, 그로 인해 그는 '쿨란의 사냥개'라는 뜻인 '쿠 훌린'이라는 별명을 얻게 된다. 성스러운 창을 가진 영웅, 쿠 훌린의 전설은 이렇게 시작된다.

개들이 주인의 말을 충실하게 따르고 정해진 자리를 지키는 것은 때때로 나쁜 결과를 낳기도 한다. 셜록홈즈 소설 『바스커빌의 개』에 나오는 마견처럼 나쁜 주인의 명령으로 사람을 해칠 수도 있기 때문이다.

그래도 개는 대개 선한 편으로 등장하는 반면, 개의 조상인 늑대는 많은 판타지 작품에서 악당으로 나온다. 동화 속에선 돼지 삼형제나 새끼양, 빨간 두건을 노리는 적으로 등장하며 판타지에선 오크나 고블린이 무시무시하고 거대한 늑대를 타고 주인공을 공격한다.

개나 늑대는 그 모습 그대로도 판타지에 많이 나오지만 이집트 신화 속 자칼(또는 개)의 얼굴을 한 죽은 자의 신 아누비스처럼 사람의 몸에 개의 머리를 한 모습으로 등장하는 사례도 많다. 세계 각지의 신화나 전설, 그리고 판타지 작품에서 이런 존재가 있는데 그중에서도 잘 알려진 것은 바로 「리니지」 같은 게임에서 종종 등장하는 코볼트(Kobold)라는 괴물이다.

코볼트는 독일어로 '사악한 정령'을 뜻한다.[4] 영국의 보거트(Boggart)나 브라우니(Brownie)처럼 집을 지키는 작은 요정의 일종으로 일을 도와주는 대신 우유나 곡식 같은 답례를 요구한다. 『그림동화』에도 방앗

4 코볼트라는 단어가 '산의 정령'을 뜻하는 라틴어 코발두스(Cobaldus)나 '말에 타는 자'란 뜻의 그리스어 카발로이(Kaballoi), 또는 악당을 뜻하는 카발로스(Kabalos)에서 파생되었다는 설도 있는데 코볼트를 설정하면서 이러한 요소를 도입해도 좋을 것이다.

헨리 저스티스 포드가 그린 「Blue Fairy Book」(1889년)의 삽화
괴물이라기보다 난쟁이처럼 보이는 룸펠슈틸츠헨

간의 딸을 위해 짚을 황금으로 만드는 대신, 앞으로 태어날 아기를 요구했던 룸펠슈틸츠헨이란 코볼트가 등장한다. 아기를 구하고 싶었던 딸이 사정하자 자기 이름을 맞추어보라고 했는데, 마지막 날엔 너무 기쁜 나머지 자기 이름을 대며 노래를 부르는 바람에 목적을 달성하지 못할 만큼 어리숙한 면도 있다.

코볼트는 광산에 몰래 들어가서 은 같은 귀금속을 파내고 대신 다른 금속을 넣어둔다고 한다. 그 금속은 은하고 닮았지만 용광로에 넣으면 유독한 가스가 발생하면서 이상한 분말만 남는다. 속았다고 생각한 광부들은 이 금속을 코볼트가 만든 것이라는 뜻에서 '코발트'라고 불렀다. 과학자들이 코발트를 연구하면서 다양한 용도로 사용하기에 이르지만, 처음 이 금속을 발견했을 때는 은하고 비슷하나 쓸모 없는 물건

이라고 생각했기 때문이다.[5]

정령인 코볼트는 장난이 심하긴 해도 사람을 돕는데, 판타지 작품에 등장하는 개머리 모양 코볼트는 단지 사악한 괴물일 뿐이다. 크기가 작고 약하지만 날렵하고 늑대처럼 집단으로 모험가를 공격하는 위험한 존재이다.

그런데 왜 하필 판타지의 코볼트가 개의 모습을 하게 되었을까? 코볼트가 개처럼 집을 지키는 요정이기 때문이라는 점도 있고, 개처럼 친근한 존재였다는 점도 있을 것이다. 독일에서 지금도 마스코트로 코볼트 인형을 갖고 다닐 만큼 익숙한 존재인 만큼, 개 모양으로 나오는 것도 자연스러울 수 있다. 그런데 이는 잘못된 해석이다. 왜냐하면 코볼트 전승이 내려오는 유럽에서도, 그리고 코볼트를 등장시킨 게임 「던전&드래곤」에서도 코볼트가 개머리 모양을 한 적은 한 번도 없기 때문이다.

5 진한 파란색을 지닌 코발트 화합물은 오래전부터 유리나 도자기의 파란색 안료로 사용되었다. 코발트 광석은 은광석과 비슷하지만 열을 가하면 산화 코발트 분말이 생성된다. 게다가 비소가 포함된 경우가 많아, 유독한 비소 산화물 때문에 피해를 입는 일도 있었다. 18세기가 되어서야 코발트가 새로운 원소임이 밝혀지면서 다양한 용도로 활용되기에 이른다.

소설 『슬레이어즈!』, 만화 『던전밥』 같은 일본 작품이나 한국의 「리니지」 같은 게임에서 개머리 모양 코볼트가 나오는 건 사실이지만, 『해리포터』만이 아니라 미국의 「워크래프트」나 한국의 「마비노기」, 일본 게임인 「드래곤 퀘스트」에서도 코볼트는 개처럼 귀여운 모습보다는 추한 소인 모습으로 등장한다. 『반지의 제왕』에 나오는 오크를 비쩍 마르게 바꾸고 키를 줄인 느낌일까? 영화 「해리포터」 시리즈에 등장하는 비굴한 느낌의 정령, 도비와 – 도비는 고블린이지만, 종종 코볼트와 고블린은 같은 존재로 여겨진다 – 비슷한 느낌.[6]

그렇다면 개머리 모양의 코볼트는 어디에서 등장한 것일까? 이는 사실 아주 사소한 실수에서 시작되었다.

전승이나 『그림동화』 같은 것을 제외하면, 코볼트는 판타지의 다른 설정처럼 게임 「던전&드래곤」을 통해 대중에 알려졌다. 가장 먼저 나온 코볼트는 전승에서처럼 추한 소인으로 등장했지만, 이후 새로운 판본이 나오면서 몸집이 작은, 개처럼 입이 긴 머리를 지닌 괴물로 디자인했다. 하지만 분명히 개머리 모양은 아니었다. 왜냐하면 그 삽화에선 머리에 뿔이 있고 몸엔 비늘이 달린 파충류에 가까운 모습이었기 때문이다. 흑백의 삽화에선 알아보기 힘들지만, 판본이 거듭될수록 파충류와 관련된 모습이 더 강조되는데, 게임 「워크래프트」에선 이 설정을 도입하여 얼굴이 긴 파충류 모양의 괴물이 되었다.

6 코볼트를 영어로는 종종 고블린(Goblin)으로 번역하는데, 둘은 도깨비 같은 요정이라는 점에 비슷한 면이 있지만 고블린은 보통 동굴이나 산에 살고, 코볼트는 보통 집에 산다는 점에서 고블린보다는 전승 속 호브고블린에 더 가깝다. 코볼트가 나온 독일 이야기를, 호브고블린이나 브라우니로 바꾸어도 어색하지 않을 정도. 물론, 게임에선 고블린과 코볼트는 완전히 다른 존재로 그려진다.

일본판 「위저드리의 몬스터」 디자인을 맡은 스미야 준이 그린 코볼트(1987년)
여기서 개 수인의 모습 코볼트가 시작되었다.
ⓒ1987 Sir-Tech Software, Inc

게임 「위저드리」에서도 「던전&드래곤」을 참고하여 얼굴이 긴 초록색 피부의 파충류를 설정했지만, 차별화를 위하여 얼굴의 뿔은 빼버렸다. 문제는 해상도가 낮은, 게다가 하얀색 흑백 모니터를 통해서 게임 속 코볼트 모습만 본 일본 디자이너가 이를 회색빛 털을 지닌 개 머리 모양의 몬스터라고 착각했다는 점이었다.

1987년에 일본에서 「위저드리」를 닌텐도 패미콤 게임기용으로 바꾸어 제작했는데, 여기서 처음으로 코볼트가 하얀 털의 개머리 수인으로 등장한다. 이 게임이 일본에서 큰 인기를 끌고, 디자이너 스미야 준의 삽화가 게임 잡지에 소개되면서 일본에서 코볼트는 개 수인 모습으로 굳어지고 말았다.

「드래곤 퀘스트」의 코볼트는 패미콤판 「위저드리」보다 먼저 나왔기에, 전승 속 추한 소인 모양으로 그려졌지만, 나온 다른 게임 시리즈에선 대부분 일본판 「위저드리」의 디자인을 계승했고 미국의 「위저드리」 시

리즈에서도 이 디자인이 반영되기에 이른다.[7]

착각으로 시작된 것이지만 일본의 코볼트가 개 수인 모습을 갖게 되면서, 일본의 코볼트는 괴물이 아닌 종족, 그것도 늑대 같은 습격자가 아니라 개처럼 냄새와 소리에 민감하고 친구를 소중히 여기는 동료로 등장하게 되었다.

파충류 수인인 리저드맨이 동료로 등장하는 것처럼, 「던전&드래곤」의 파충류나 전승 속의 추한 소인 모습 코볼트가 동료가 되지 말라는 법은 없다. 하지만 파충류 수인 모습 코볼트라면 냄새와 소리에 민감하고 때로는 큰 소리나 악취에 기절하는 코믹한 모습을 연출하기는 힘들 것이다. 나아가 『슬레이어즈!』에서 나오듯, 코볼트의 소굴에 들어간 개가 거대하게 자라나 보스로 군림하며, 자신을 기르던 주인을 코볼트 소굴로 데려가는 유쾌한 이야기를 엮어낼 수도 없을 것이다.

적에게는 으르렁거리면서도 동료에게 꼬리를 흔드는 코볼트. 본래는 괴물 출신이지만, 친숙한 동료가 되는 존재로서 이보다 어울리는 캐릭터를 찾기는 힘들다. 비록 착각에서 시작된 디자인이지만 이제는 세계적으로 알려진 코볼트의 한 형태로서 사랑받는다는 점에서, 판타지의 종족이나 환수 디자인에서 너무 기존에 얽매일 필요는 없다는 것을 느끼게 된다.

7 「위저드리」는 일본에서 큰 인기를 누린 게임으로, 시스템과 설정은 「드래곤 퀘스트」를 비롯한 많은 게임에 영감을 주었으며, 캐릭터가 손쉽게 죽어버리고 부활조차 힘든 하드코어함은 『다크 소울』을 비롯한 여러 작품에도 영향을 주었다. 일본에서는 게임을 이식할 때 아예 새로 삽화를 그려 넣었는데, 나중에는 「위저드리」 시리즈의 판권을 인수하여 독자적인 시리즈와 온라인 게임까지 제작했다. 「위저드리」 시리즈가 미국 게임으로는 드물게 개 수인 모양의 코볼트가 등장하는 것은 이 같은 일본에서의 인기 덕분이다.

읽을거리 수인족의 다양한 형태

「던전&드래곤」과 일본판 「위저드리」의 코볼트는 도마뱀 모양과 개 얼굴 모양을 하고 있다는 점에서 차이가 있지만, 둘 다 인간형 몸에 동물 머리를 했다는 점에서 공통점이 있다. 이처럼 인간과 동물의 특성을 섞어서 만들어진 종족을 동물 인간이라고 하여 수인(獸人), 또는 수인족이라 부른다.

반인반수의 수인은 동아시아 창작물의 환상계에서 매우 자주 등장한다. 늑대인간 같은 존재가 부정적으로 그려진 서양과 달리, 동양에선 『서유기』, 『요재지이』 같은 많은 작품에서 인간과 공존하는 동물 요정을 그려냈기 때문이다(우리의 신화적 조상인 단군의 어머니 웅녀가 곰이 변한 존재라는 것도 생각해 보자).

이집트나 아즈텍, 힌두 신화에도 반인반수의 신이 많으며, 서양에서도 그리스의 자연과 목축의 신 판처럼 반인반수의 존재들이 자주 등장했다. 미노타우로스처럼 사악하고 난폭한 괴물로 그리기도 하지만 보통 인간과 비교하여 특별히 사악하거나 열등하게 그려지지는 않았다. 하지만 인간이 동물의 특징을 갖는 것을 악마의 징표로 여긴 기독교 영향으로, 중세 이후 유럽에서 반인반수 존재는 악마의 일족이자 배척할 존재로 여겨졌다.

20세기 들어 판타지 장르가 유행하면서 반인반수가 다시 생명을 얻게 되는데, 여기서 동물과 인간이 합쳐졌다고 하여 수인이라는 말이 쓰이게 된다.

문제는 수인이라고 부르는 존재가 매우 다양하다는 것이다. 반인반수 개념에서 코볼트는(개든 파충류든) 수인이라 할 수 있지만, 동양의 서브컬쳐에서 수인으로 분류하지 않는 경향이 있다. 동양 서브컬쳐의 이른바 '모에화 요소[8]'로서 수인은 기본적인 얼굴은 인간과 똑같지만 고양이나 개 같은 동물의 귀(때로는 꼬리도)가 달린 모습으로, 이집트의 아누비스나 힌두교의 가네샤처럼 완전히 동물 얼굴을 한 것을 말하지는 않기 때문이다. 당연히 늑대인간처럼 전신이 털로 뒤덮인 경우도 수인이라고 하지 않는다.

일본에서 동물 귀만 추가된 것은 동물 귀(케모미미), 동물에 가까운 얼굴에 얼굴을 비롯한 몸 전체에 털이 북슬북슬한 것은 짐승 인간(케모노)으로 나누며, 서양에서는 후자만 퍼리(Furry)라고 하여 수인으로 분류하는 경향이 있다. 다만 일본 창작물에서도 최근에는 동물 귀 캐릭터와 짐승 인간만이 아니, 『장화 신은 고양

8 주로 만화/애니 캐릭터에서 보는 사람의 마음을 끌어들이는 독특한 매력 개념을 말한다.

이』처럼 인간과 소통할 수 있는 동물 캐릭터(서양에선 이들을 '페럴(Feral)'이라 한다)도 모두 수인이라고 설정한 작품이 종종 있다.

어떤 것을 수인이라 부를지는 작품마다 다르다. 한국의 천지왕 신화에선 짐승은 말을 금한다고 하여 말을 할 수 있는가 아닌가로 짐승과 인간을 구분했으니, 겉모습이 동물이라도 말을 할 수 있다면 하나의 종족으로 생각하는 것도 한 가지 방법이다. 아니, 인간의 말을 하지 않아도 독자적인 언어와 문화를 갖고 소통할 수 있으면 종족이라고 할 수 있을지도 모른다. 이 경우 『장화 신은 고양이』의 고양이나 『빨간 두건』의 늑대, 『정글북』에서 모글리의 스승인 뱀 바기라 같은 이들도 모두 종족이자 수인이 될 것이다.

개머리 모양 코볼트나 리저드맨처럼 완전히 동물의 얼굴 모습을 한 것은 수인으로 따지지 않는 이들도 있으며, 일부 창작물에선 동물귀 캐릭터만 수인으로 설정하고 등장한다.

수인의 다양한 분류

말하는 동물	페럴(Feral). 몸은 완전히 동물이지만, 사람과 소통하고 도구를 사용할 수 있는 지능이 있다. 기본은 네 다리로 걷지만, 장화 신은 고양이처럼 두 다리로 걷기도 한다. 이동, 전투 시엔 네 다리, 작업 시엔 두 다리로 병행하기도. 앞발로 도구를 쓸 수도 있지만, 손가락이 자유롭지 않아서 어느 정도 제약이 있기에 이들을 위한 전용 도구나 장비가 나올 수 있다.
인수(人獸)	켄타우로스(인간+말), 인어(인간+물고기), 라미아(인간+뱀)처럼 동물과 인간 몸이 합쳐진 형태. 둘이 적당히 뒤섞인 모습도 있지만, 인간 상반신과 동물의 하반신을 붙인 느낌이 더 많다. 인간으로서의 지능과 손재주, 동물로서의 이동 능력과 체력이 뒷받침되어 활동한다.
반인반수(半人半獸)	퍼리(Furry). 인간과 동물의 특성이 자연스레 뒤섞인 형태로, 보통 전신이 털로 덮여 있으며, 외모에서 동물적인 느낌이 좀 더 강하다. 걸어 다니는 동물에 약간의 인간적인 느낌을 준 분위기로, 서양에서 수인이라면 보통 이들을 가리킨다. 두 다리로 걸어 다니는 파충류 리저드맨, 개머리 모양 코볼트, 전신이 비늘로 뒤덮인 머맨, 두 팔 대신 날개가 달린 하피도 반인반수에 해당하지만, 퍼리로 보지 않는 이들도 있다.

동물 머리	아누비스, 가네샤처럼 몸은 완전히 인간이고 얼굴만 동물인 존재. 신화 속에 자주 등장하며 가네샤처럼 본래는 인간이지만, 머리만 동물로 바꾸었다는 설정도 있다. 수인으로서는 가장 드문 스타일.
동물 귀	일본 작품에서 자주 나오는 형태. 완전한 인간 얼굴에 고양이나 개 같은 동물 귀가 달린 형태. 인간의 귀가 달린 부분은 머리카락으로 가려져 보이지 않지만, 처음부터 귀가 4개라는 설정도 있다. 동물 꼬리가 있거나, 팔이나 다리 등 일부에 털이 나 있거나, 손톱이 길게 뻗어 있기도 하다. 미소녀, 미소년 모에 캐릭터로 자주 나오지만 동물의 힘과 야만성을 강조하는 경우도 있고, 반인반수나 말하는 동물 형태로 변신하는 짐승화(비스트화) 기술로 더욱 강해진다는 설정도 자주 보인다. 수인이라는 것을 강조하고자 식성이나 능력, 약점 등을 해당 동물과 비슷하게 설정하기도.
동물 요정	본체는 동물이지만, 완전한 인간 모습으로 변신할 수 있는 존재. 『요재지이』의 까마귀 정령 죽청, 『봉신연의』의 여우 요괴 달기, 『백사전』의 백사 요괴 백소정처럼 겉모습은 완전한 사람이지만 동물의 성질을 지니고 있으며, 인간을 잡아먹기도 한다.
짐승 인간	늑대인간처럼 인간→동물/동물→인간으로 변신하는 존재. 동물 요정과 비슷하지만, 보통 동물→인간, 인간→동물 형태가 좀 더 많고, 상대를 물면 감염되는 등 흡혈귀 같은 설정이 더해지기도 한다. 마법/술법보다는 체질에 가까운 느낌으로 좀 더 괴물에 가깝게 여겨진다. 본래 완전한 동물로 변하지만, 근래에는 반인반수 형태가 더 많다. 반인반수로 변했을 때 인간보다 훨씬 강한 힘과 회복력, 폭력적 성향을 보여주는 경향이 있다. 늑대인간이 대표적이며, 중앙아메리카의 재규어 인간, 아프리카의 하이에나 인간처럼 세계 각지에 유사한 전승이 많다.

7. 일본의 요괴, 오니 이야기

옛날 옛날, 일본의 한 마을에 빨간 피부를 가진 오니라는 요괴가 살았다. 사람들과 친하게 지내고 싶었던 빨간 오니는 "마음씨 착한 오니입니다. 누구든 찾아주세요. 맛난 과자가 있습니다. 차도 드릴게요."라는 팻말을 세워두고 집 앞에 서 있었다. 하지만 흉측한 오니의 모습에 겁이 난 사람들은 아무도 그의 집을 찾지 않았다. 결국 빨간 오니는 화가 나서 팻말을 뽑아 버리고 홀로 쓸쓸하게 살았다.

어느 날 흉측한 파란 피부의 오니가 마을을 습격했다. 오니가 날뛰자 사람들은 겁을 먹고 도망쳤다. 그 순간 어디선가 나타난 빨간 오니가 그를 가로막고 내쫓았다. 사람들은 고마워했다. 그렇게 빨간 오니는 사람들의 친구가 되었고, 사람들은 그의 집에 놀러 가게 되었다.

그런데 이는 파란 오니의 작전이었다. 파란 오니는 친구인 빨간 오니가 인간들과 친구가 되고 싶다는 것을 알고, 그를 위해서 사람들을 습격하는 척 한 것이다. 빨간 오니는 자신을 도와준 파란 오니에게 고마워했지만, 한편으로는 걱정했다. 어째서인지 파란 오니가 한 번도 찾아오지 않았기 때문이다. 빨간 오니가 파란 오니의 집을 찾아갔지만, 그곳은 이미 텅 비어 있었고, 오직 한 장의 편지만이 남겨져 있었다.

"빨간 오니야. 사람들하고 친하게, 즐겁게 살아. 나는 멀리 떠나지만, 언제까지나 네 친구야."

파란 오니는 빨간 오니가 자기와 친하게 지내면 사람들이 빨간 오니도 나쁜 오니라고 생각할 거라 걱정했기에, 그로부터 멀리 떨어지기로 한 것이다. 인간에게 나쁜 오니라 불리며 친구를 떠날 수밖에 없었던 파란 오니. 이 사실을 안 빨간 오니는 조용히 눈물을 흘릴 뿐이었다.

진짜 있을 법한 전설 느낌의 이 작품은 하마다 히로스케의 『눈물 흘린 빨간 오니』(하마다 히로스케)라는 창작 동화이다. 일본 요괴 오니에 대한 대표적인 이야기 중 하나로, 교과서에도 실린 이 작품 이외에도 일본에는 수많은 요괴 이야기가 있다. 전국 각지에 다양한 요괴 전설과 설화가 있고, 지금도 많은 이야기가 만들어진다. 가히 요괴 왕국이라고 부를 만하다.

요괴 왕국 일본에는 다채로운 요괴가 있지만, 그중에서도 가장 유명한 것이 바로 오니(鬼)이다. 한자로는 귀신 귀(鬼)자를 쓰지만, 한국의 귀신처럼 인간 혼령 같은 것이 아니라, 도깨비에 가까운 존재다(원한을 품고 죽은 혼령이 오니가 된다는 전승도 있다). 머리에는 뿔이 달리고 헝클어진 머리카락에 입에는 송곳니가 솟아 있으며, 손에는 날카로운 손톱이 흉측하게 자라났다. 호랑이 가죽으로 된 옷을 걸치고 가시가 난 몽둥이를 들고 있으며, 덩치가 커서 무시무시한 느낌의 괴물이다.

피부색은 '파랑', '빨강', '노랑', '초록', 그리고 '검은색'으로, 자연의 흐름을 나타내는 오행과 불교의 다섯 번뇌를 뜻하는 오개(伍蓋=탐욕, 성냄, 게으름, 들뜸/근심, 의심) 개념이 합쳐진 색깔인데, 이는 오니가 자연의 상징인 동시에 번뇌를 상징함을 보여준다.

일본에서 오니는 사악한 요괴의 대명사이다. 전설적인 영웅 모모타로가 물리친 악당이며, 슈텐도지처럼 사람을 위협하고 해치다가 퇴치당한 오니 전승이 적지 않다. 봄을 맞이하는 절기 중 하나인 세츠분 때는 '사악한 것이 물러나라'라는 뜻에서 '오니는 밖으로'라고 외치며 콩을 뿌리는 행사를 하는데, 만화 등에서 오니 분장을 한 사람에게 콩을 던지는 모습을 종종 볼 수 있다. 일본의 '술래잡기'에서 술래를 '오니'라고 부르는 것도 비슷한 느낌.

오니는 사악한 요괴로 여겨지지만, 동시에 지옥의 염라대왕 밑에서 죄인에게 벌을 주는 옥졸로도 유명하다. 지옥의 가마솥에 죄인을 집어넣는 오니는 일본 대중문화에서 매우 친숙하여, 만화 『호오즈키의 냉철』(에구치 나츠미)처럼 지옥을 무대로 한 창작 작품에서 주역으로 등장하는 건 자연스럽다.

오니는 무섭고 추하게 생겼지만, 모두 사악하고 위험한 건 아니다. 일본에는 오니가 살았다는 전설이 있는 산이나 숲이 많은데, 그중에는 동화 속 '빨간 오니'처럼 수호신이 되어 사람들로부터 신처럼 숭배되었던 사례도 많다. 때로는 사람을 잡아먹는 요괴, 때로는 지옥의 옥졸, 그리고 때로는 사람들을 지키는 수호신. 오니 모습은 그 피부색만큼 각양각색, 다채롭기 이를 데 없다.

『눈물 흘린 빨간 오니』는 이처럼 다양한 오니의 모습 속에 사람과 친해지고 싶다거나, 친구를 돕고 싶다는 인간적인 마음이 있음을 보여주는 재미있는 이야기이다. 창작 동화지만 그만큼 일본인들에게 오니가 친숙한 존재라는 것을 잘 보여준다.

한국에도 잘 알려진 오니 이야기 「혹부리 영감」에서, 혹부리 영감의 노래에 반한 나머지 소원을 들어주는 방망이 대신 혹을 가져가는 오니 모습은 지옥의 옥졸이라기엔 너무도 어수룩해 보인다. 오니들을 속이려던 나쁜 영감이 벌을 받는 건 지옥의 상황이나 마찬가지겠지만 말이다.

일본 오니는 한국의 도깨비와 비슷한 느낌이 있다. 그래선지 「혹부리 영감」이 한국의 전래동화로 알려지기도 하고, 한국 도깨비라면서 오니를 그려놓는 일도 적지 않다. 그건 한국 도깨비와 관련한 자료가 많지 않기 때문이기도 하다. 「혹부리 영감」과 비슷한 「도깨비와 개암」 같은 전래동화를 빼면 도깨비에 관한 이야기를 찾기 어렵다. 오니에 대한 전설이나 설화만이 아니라, 오니가 등장하는 무수한 이야기가 넘쳐나는 일본과 비교하여 아쉬운 일이다.

하지만 일본에서도 오니 얘기가 처음부터 넘쳐났던 것은 아니다. 모두 『눈물 흘린 빨간 오니』를 쓴 하마다 히로스케처럼, 오니의 다양한 모습을 보여주고자 했던 이들이 노력한 결과이다. 「도깨비」라는 드라마 덕분에 도깨비에 대중이 관한 관심이 늘어난 것처럼, 창작물에 관심을 지

풍속화가 호쿠사이가 그린, 오니 퇴치 장면
이처럼 오니는 오래전부터 많은 창작자가 활용한 소재였다.

닌 다양한 이들이 오니 이야기를 찾아내고, 만들어 소개했기 때문이다.

때로는 사람을 해치는 요괴로서, 때로는 지옥의 옥졸로, 그리고 나아가 마을이나 산을 지키는 수호신으로서 일본인과 함께했던 오니. 이들이 다양한 작품을 통해 사랑받으며 더욱 새로운 모습으로 재탄생하듯이 한국의 도깨비도 더 많은 이야기로 소개되길 바란다.

읽을거리 일본 요괴물의 아버지, 미즈키 시게루

『눈물 흘린 빨간 오니』나 『모모타로 이야기』 같은 오니 관련 이야기들이 교과서에도 실리는 것처럼, 일본에서는 오니를 비롯한 전통적인 요괴 이야기가 인기가 있으며 만화, 소설 같은 창작물로도 꾸준하게 소개된다. 『유☆유☆백서』(토가시 요시히로), 『요괴소년 호야』(후지타 카즈히로), 『이누야샤』(다카하시 루미코), 『귀멸의 칼날』(고토게 코요하루)처럼 요괴를 중심으로 대중적인 인기를 끈 작품이 적지 않아서, 일본 창작물의 큰 축을 차지하고 있다.

보통 전래동화나 전승으로만 눈에 띄던 요괴들이 현대 창작물의 중심 소재가 된 것은 『눈물 흘린 빨간 오니』의 하마다 히로스케를 비롯한 여러 창작자, 그중에서도 『게게게의 키타로』를 중심으로 무수한 요괴 창작물과 설정 연재를 통해 일본 요괴 문화를 정착시킨 만화가 미즈키 시게루의 영향을 빼놓을 수 없다(소설가 야마타 후타로나 만화가 요코야마 미츠데루를 중심으로 급격하게 성장한 닌자물도 비슷한 사례이다).

1950년대 후반에 만화가 활동을 시작한 미즈키 시게루는 처음에는 SF나 시대극, 개그물처럼 다양한 작품을 집필했지만, 1960년 『게게게의 기타로』를 시작으로 다양한 요괴물을 선보이며 화제를 모았으며, 요괴 그림이나 설정을 연재하면서 일본 요괴물의 바탕을 마련했다. 처음엔 별로 인기가 없었지만 그의 작품을 찾는 팬이 조금씩 늘어나면서 결국 일본을 대표하는 요괴물로 성장한다.

중세 판타지의 엘프나 드워프 같은 설정이 톨킨의 작품에서 영향을 받았듯이, 일본 창작물 속 요괴 설정은 미즈키 시게루 작품에서 많은 영향을 받았다. 만화 『누라리횬의 손자」(시이바시 히로시) 같은 작품에서 일본 요괴의 대장으로 나오는 누라리횬이 대표적인 사례. 전승에선 존재감이 없어서 남의 집에 멋대로 눌러앉아 먹을 걸 훔쳐 먹거나 할 뿐인 누라리횬이 일본 요괴의 대장이라고 알려진 것은, 『게게게의 키타로』에서 키타로의 강력한 적수로 등장했기 때문이다.

그밖에도 여러 창작물 속 요괴들은 전승보다도 미즈키 시게루의 영향을 많이 받았는데, 이는 미즈키 시게루의 창작물이 요괴를 단순한 괴물로 그려낸 것이 아니라, 이들을 주역으로 삶과 드라마를 펼쳐냈기 때문이다. 『게게게의 키타로』를 비롯한 미즈키 시게루의 요괴 이야기에선 인간도 나오지만, 그 중심은 요괴다. 요괴들은 전승에서처럼 물리쳐야 할 괴물로 묘사된 것이 아니라, 『눈물 흘린 빨간 오니』처럼 여러 가지 생각을 지닌 인물로서 그려지며 그만큼 매력적인 존재로 기억된다.

미즈키 시게루가 요괴의 시점에서 요괴의 이야기를 그려낼 수 있었던 것은 어릴 때 유모 할머니에게서 다양한 요괴 이야기를 들으며, 요괴를 좋아하게 되었고 관심을 지녔기 때문이라 한다. 하지만 동시에 전승 속 요괴처럼 그 자신이 상처를 지닌 사람이라는 점을 무시할 수 없다. 톨킨이 1차 대전의 상처를 통해 판타지를 창작했고, 조앤 롤링이 가족이 없는 아픔을 바탕으로 『해리포터』를 썼듯이, 미즈키 시게루도 자기 상처를 바탕으로 요괴를 그려냈다.

미즈키 시게루는 2차 대전에 징용되어 참전했고, 전쟁 중 한쪽 팔을 잃은 상이용사다. 그 자신이 한 팔이 없는 존재였던 만큼, 흔히 사악한 괴물로 묘사되는 요괴의 처지를 이해하고 생각할 수 있었던 것이 아닐까? 자기 경험을 바탕으로 그린 『전원 옥쇄하라!』에서 종군 위안부의 지옥 같은 상황을 증언하기도 했는데, 이 역시 상처에 공감할 수 있기 때문으로 여겨진다.

미즈키 시게루를 시작으로 일본 요괴물이 다양하게 발전한 것은, 판타지에서 설정 이상으로 이야기가 중요하다는 것을, 그리고 인간만이 아닌 다양한 관점의 이야기가 필요하다는 것을 잘 보여준다.

8. 도깨비, 우리와 함께 한 친숙한 존재

옛날옛날 혹부리 할아버지가 살았다. 커다란 혹 때문에 추한 모습에 이렇다 할 장점이 없는 할아버지였지만, 유독 노래만은 잘했는데, 하루는 늦은 밤 산속 오두막에서 머물면서 노래를 불렀다. 그러자 이게 웬 일인가? 어디선가 갑자기 나타난 도깨비들이 할아버지를 둘러싼 것이다. 할아버지는 깜짝 놀라 벌벌 떨었지만, 도깨비는 할아버지에게 미소를 지으며 노래를 잘 부르는 비결을 알려달라고 있다. 당황한 할아버지가 혹을 만지자, 혹 때문에 노래를 잘 부른다고 착각한 도깨비는 혹을 떼어 가져가면서 할아버지에게 보물을 주었다. 이 소문을 들은 옆 마을 욕심쟁이 혹부리 할아버지는 자기도 같은 방법을 써서 보물을 얻고자 했다. 하지만 도깨비들은 두 번 다시 속지 않겠다며 갖고 있던 혹까지 붙이고 가버렸다.

도깨비에게서 보물을 얻으려다가 혹만 달고 끝난 이야기…. 전래동화로 유명한 '혹부리 영감'의 이야기이다. 한국인이라면 누구나 알고 있는 이 이야기처럼, 한국에서는 예로부터 도깨비 이야기가 많았다. 도깨비감투라던가, 도깨비방망이 같은 신비한 이야기는 물론이고, 근래에도 「도깨비」라는 드라마가 화제를 모으며 사람들을 즐겁게 해 주었다.

그만큼 친근하기 때문일까? 도깨비는 많은 동화나 설화만이 아니라 여러 창작 작품에서 등장하며, 동요로도 소개된다.

'이상하고 아름다운 도깨비 나라~' 신비한 도깨비 방망이의 능력을 노래하는 이 동요는 워낙 유명해서 어릴 때 한 번쯤은 들어봤을 것이다. 이처럼 도깨비를 모르는 사람은 없지만 정말로 도깨비가 뭔지를 아는 사람도 별로 없다. 도깨비가 어떻게 생겼고 어떤 존재인지, 그리고 어떤 이야기가 있는지. 예로부터 내려온 도깨비 이야기가 많다고 하지만, 사실 얼마 안 되는 동화밖에는 보지 못했기 때문이다.

도깨비는 서양으로 보면 트롤이나 고블린, 코볼트 같은 장난꾸러기 요정 같은 존재이다. 덩치는 크고 무섭게 생겼다고 하지만, 사실은 춤과 장난을 좋아하고 약속을 잘 지키며, 거짓말을 하지 않고 사람과는 항상 정정당당하게 대결하는 존재이기도 하다. 도깨비는 그다지 심한 짓은 하지 않지만, 때로는 사람을 해치고 위협하며 심지어 죽게 만들기도 한다. 동시에 거짓말에 쉽게 속아 넘어가고, 개암나무 열매를 깨무는 소리에 놀라서 보물을 버리고 달아날 만큼 순진한 면도 있다.

재미있는 점은 도깨비 이야기마다 그 성격이나 특성이 매우 다르며, 그 모습도 천차만별이라는 것이다. 사람들이 쉽게 떠올리는 것은 파란 피부에 뿔이 나 있고, 호랑이 가죽으로 된 팬티를 입은 모습이지만, 옛이야기에 나오는 도깨비는 그와는 또 다르게 생겼다고 한다. 도깨비의 정체가 이처럼 모호한 것은 그만큼 도깨비 이야기가 다양하기 때문이기도 하지만 한편으로는 중국, 일본과 교류하면서 그들의 괴물 이야기가 뒤섞여 들어왔기 때문이다.

「혹부리 영감」 이야기는 한국이 아니라 일본 설화라고 한다(한국 설화라는 주장도 있다). 한국 도깨비가 아닌 일본의 '오니' 이야기가 일제강점기에 전해지면서 한국 설화라고 잘못 인식되었다는 말이다. 게다가 그 모습 역시 일본 그림책을 통해 전해진 오니 모습이 그대로 옮겨지면서 지금처럼 뿔이 달린 무서운 괴물 모양이 되었다고 한다. 뾰족한 송곳니에 눈이 하나나 셋인 경우도 적지 않고, 가시가 나 있는 방망이를 든 오니는 그야말로 사악한 괴물 모습 그 자체이니 말이다.

도깨비는 다르다. 도깨비는 풍자적이며 해학적이고 유쾌한 종족이다. 옛이야기에선 키가 크다는 것을 빼면 사람과 별 차이가 없는 모습으로 등장하는 사례가 많다. 이따금 짐승처럼 털이 잔뜩 난 모습으로 나오기도 하는데, 후대로 갈수록 조금 험상궂지만 잘생긴 모습으로 등장하니, 드라마 「도깨비」의 잘생긴 모습도 충분히 가능할 수 있다. 도깨비 방망이나 복장도 오니와는 아주 다르다. 방망이는 가시가 달린 쇠몽둥이가 아니라 나무망치나 평범한 나무 몽둥이 같은 느낌이고, 한복 입고 패랭이를 쓴 모습으로 종종 등장한다. 복장마저 비슷해서 한밤중에 마주하면 사람과 구분하기 힘드니, 더욱 가깝게 느껴질 것이다.

일본에는 사람과 친구가 되고 싶었지만 실패하고 도리어 사람을 해치는 오니 이야기가 종종 등장하지만, 한국의 도깨비는 동화나 설화에 나오듯 손쉽게 친해질 수 있는 존재이다. 물론 모든 도깨비가 그처럼

'도깨비 기와'라고 불리는 귀면와
용면와라고도 말하는 이 기와의 모습은 도깨비가 무시무시한 모습을 가질 수도 있음을 잘 보여준다.

순박하고 친근한 건 아니겠지만.

도깨비가 등장하는 창작 작품이 적다는 게 안타깝다. 드라마 「도깨비」나 소설 『눈물을 마시는 새』(이영도) 같은 작품이 있지만, 오니만이 아니라 수많은 요괴 만화로 전 세계 사람을 매료시키는 일본이나, 코볼트나 트롤에 관한 같은 전승과 창작 동화가 넘쳐나는 서양과 비교할 때 많이 부족하다. 게다가 일부 알려진 작품에서 등장하는 도깨비 모습이 옛이야기 속 그것과 차이가 있다는 점도 아쉽다. 도깨비 문화를 알리고자 시작했다는 섬진강 도깨비 마을에도 반쯤 벌거벗고 머리엔 날카로운 뿔이 나 있는 - 게다가 뿔 방망이를 든 - 오니 조각상만 잔뜩 늘어서 있으니 말이다.

도깨비는 매우 일찍부터 한국에서 전해진 요괴이다. 우리와 함께 존재했으며, 그만큼 친숙하고 가까운 존재이다. 그런 만큼 우리네 도깨비의 본 모습을 찾고, 그것을 알리는 이야기가 많이 등장하면 좋겠다. 풍자와 해학이 넘치는 도깨비의 모습은 우리네 민족의 즐겁고 재미있는 성품을 그대로 보여주는 거울. 바로 우리 삶의 모습이니 말이다.

읽을거리 **한국의 또 다른 환수, 귀신 이야기**

한국에는 도깨비 이외에도 여러 가지 존재에 대한 전승이 있지만, 이야기로서 널리 알려진 사례는 많지 않다. 「전설의 고향」을 시작으로 마블 만화 같은 작품에도 자주 나오는 '인간을 사랑한 구미호'나, 한국의 전승에서 가장 많이 나오는 호랑이를 제외하면, 제대로 된 이야기가 아니라 짧은 전승 정도로 소개되기 때문이다. 등장하더라도 『천예록』(임방) 같은 야담집의 두억시니나 『삼국유사』의 길달처럼 도깨비의 일종으로 나오는 사례가 많다(일본 요괴 전승에서도 오니가 등장하는 작품이 많다). 근래엔 많은 이의 연구로 한국의 다양한 환수들이 발굴되어 소개되어 『신비아파트』 같은 창작물에서 등장하지만, 아직 부족한 부분이 많다.

하지만 한국의 전통 소재를 바탕으로 한 판타지 이야기를 펼쳐낼 때, 꼭 일본처럼 요괴 이야기에 집중해야 하는 것은 아니다. 도깨비 같은 괴물도 물론 흥미로운 소재이나 한국에서는 이들 이상으로 귀신과 관련한 전승이 많기 때문이다.

죽은 사람의 혼령을 소재로 한 귀신 이야기는 세계 각지에 존재한다. 한국의 귀신은 현세의 인간들과 자연스럽게 어울린다는 이야기가 많다는 점에서 죽은 이의 혼령이라기보다는 하나의 종족 같은 느낌을 준다.

『삼국유사』에는 죽은 진지왕의 귀신과 도화랑 사이에서 태어나 귀신을 자유롭게 부렸던 비형랑이 나오며, 『금오신화』(김시습)에도 귀신과 인간이 맺어지는 이야기가 적지 않다. 『천지왕 본풀이』[➔ '1장, 한국의 창세 신화(149쪽)' 참조]에서 소개했듯, 본래는 우리네 귀신들은 무게가 가볍다는 것을 빼면 인간과 차이가 없었다고 하니 인간과 귀신이 뒤섞이는 이야기도 어색하진 않을지도 모른다. 저승으로 향하여 수문장과 맺어져 자식을 낳고 약을 구해온 바리 공주 이야기도 죽음과 삶의 경계가 모호한 작품의 하나[중국에도 『요재지이』의 '섭소천 이야기'(➔ 2장, 섭소천과 요재지이, 있을 법한 기이한 전승(236쪽)' 참조]처럼 인간과 귀신이 맺어지는 이야기가 있지만, 귀신과 인간이 음과 양의 기운으로 나뉘어 서로를 해치는 것처럼 죽은 자와 산자를 구분하는 작품이 좀 더 눈에 띄며, 악귀 이야기가 많다. 일본은 인류의 조상인 이자나기가 천석 바위로 황천길을 가로막은 후로 저승과 이승 경계가 좀 명확한 편이다].

오래전부터 죽은 이를 제사 지내는 풍습이 계속된 만큼 우리네 조상들은 죽은 자와 산 자가 어울리는 것에 부담이 적을지도 모른다. 언데드와는 다른, 한국만의 귀신 종족을 설정하는 것도 재미있을 것이다.

신비와 마법의 테마파크 판타지 세계. 신화와 전설이 살아있는 그곳은 우리 세계와 다른 온갖 놀라운 일이 벌어지고 독특하고 흥미로운 종족과 생명체들이 살아가는 곳이다. 동시에 그 세계의 주인공인 다양한 직업의 사람들이 삶을 영유하는 곳이다.
판타지 이야기를 생각할 때는 그 세계를 살아가는 사람들의 직업과 삶을 생각해보는 것이 좋다. 판타지에서 등장하는 다양한 직업의 세계. 판타지만의 직업과 현실의 직업. 그리고 이들 직업과 함께 펼쳐지는 삶의 이야기를 살펴보자.

판타지의 주인공들

다양한 직업과 사람들

PART
05

판타지 가이드 **환상계 인물들의 다양한 역할**

1. 판타지 세계의 일거리

판타지에선 어떤 일을 어떻게 하면서 살아갈까? 이를 생각하려면 우선 그 세계가 어떤 곳인지를 생각해봐야 한다. 특히 모델이 된 세계와 비슷한 점보다도 다른 점에 주목해서 살펴봐야 한다.

『반지의 제왕』의 가운데 땅은 중세 유럽을 닮은 세계지만, 우리 세계의 중세와 달리 드워프나 엘프 같은 종족, 오크나 트롤 같은 괴물이 산다. 모리아처럼 거대한 지하 유적이 있고, 미나스티리스처럼 우리 세계의 고층 건물만큼 높은 성이 있으며, 신비한 힘을 지닌 고대의 나무와 부드러우면서도 강철보다 단단한 미스릴 같은 금속도 있다. 무엇보다 이 세계에는 중세 유럽을 지배한 기독교 같은 종교와 성직자가 보이지 않는다.

이런 세계의 생활이 그곳의 직업과 일거리가 우리 세계의 중세 유럽과 완전히 같을 리가 없다. 호빗 마을의 건축업자를 생각해보면 오두막처럼 야외 시설도 있지만, 호빗 대부분 굴에서 사는 만큼 땅을 파고 그 내부에 건물을 만들어 넣는 일거리에 특화되어 있음을 상상할 수 있다. 목재를 많이 쓰는 만큼 목재를 상하게 할 수 있는 습기를 처리하는 기술이 뛰어날 것이며 굴속에서 환기 문제, 불을 사용하는 상황에서 화재 대책도 고려해야 한다. 건축업자란 직업 자체는 같지만, 그들의 일거리와 기술은 광산 업자에 가까울 수 있다. 거대한 지하 유적을 세운 드워프라면 이런 점이 더욱 중요하다.

기술적인 차이도 고려해야 한다. 톨킨이 그린 빌보 집의 그림엔 중세엔 존재하지 않았던 기계식 벽시계가 2개나 있으니, 시계 장인이 있음을 알 수 있다.[1] 밀라노의 산 고타도르(San Gottardor) 성당에 최초의 기계식 시계탑이 세워진 것이 1335년, 영국에서 최초의 기계식 시계 제조공이 탄생한 것이 1368년이니 시계 장인도 중세에는 없는 직업이다.

『반지의 제왕』에서 갠달프는 빌보의 생일을 축하하는 불꽃놀이 장인으로 등장한다. 화약도 중세 말에야 전해졌으니, 갠달프는 중세 유럽엔 없던 직업을 가졌던 셈이다. 그의 또 다른 직업인 마법사는 중세 유럽에도 있었지만, 마술사나 연금술사 수준이었던 유럽의 마법사와 달리 갠달프는 정말로 마법을 쓸 수 있는 사람이었다.

마법사라면 『해리포터』 시리즈를 생각할 수 있는데 여기선 마법 지팡이 가게나 비행 빗자루 가게처럼 마법사의 직업과 관련한 가게나 직업이 많다는 것을 알 수 있다. 퀴디치처럼 특별한 스포츠의 선수나 관련 직업도 빼놓을 수 없다.

1 기계식 물시계는 11세기에도 있었지만 유럽에선 14세기 중반에야 시계탑이 세워지고, 시계공이 탄생했다. 이들이 주로 맡은 건 시계탑처럼 거대한 시계 제작과 수리였고, 괘종시계 정도의 가정용 시계는 1500년대 초에야 탄생했다. 유럽에서 기계식 시계 기술은 매우 빠르게 발전한 편인데, 이는 정확한 시계가 항해의 측량술에서 매우 중요했기 때문이기도 했다.

가스등이 쓰이던 시절엔 가스등으로 된 가로등을 켜고 끄는 직업이 있었다. 마법이 일상에 사용되며 마법 가로등이 있다면, 저녁마다 가로등을 밝히고자 돌아다니는 마법 야경꾼을 볼 수 있을 것이다. 물론 마법 기술이 발달했다면, 어두워지는 밤하늘과 반비례하여 자동으로 밝아지는 마법 가로등을 볼지도 모른다.

판타지 세계에서 사람들의 삶에 중요한 요소로 환수를 빼놓을 수 없다. 엘프나 드워프, 도깨비나 오니처럼 인간 이외의 종족이 함께 살고 있다는 점도 중요하지만, 판타지 세계엔 드래곤이나 용, 유니콘처럼 현

「야경꾼」 렘브란트, 1642년
순찰을 도는 야경꾼을 그린 렘브란트의 작품이다. 마법등이 밝게 비치는 판타지 세계라면 이들의 분위기도 완전히 달라질 것이다.

실에선 만날 수 없는 온갖 존재가 있기 때문이다.

개가 인류 문화의 여명을 이끌었고 말이 몽골 같은 거대한 제국의 기반이 되었듯이, 판타지 세계의 온갖 환수는 그 세계 사람들의 삶과 운명을 근본적으로 바꿀 수 있다.

19세기 나폴레옹 전쟁 시대를 무대로 드래곤이 활약하는 이야기를 그려낸 소설 『테메레르』(나오미 노빅)에서는 드래곤을 통해 변화되는 세계의 모습이 흥미롭게 펼쳐진다. 처음엔 공군의 무기처럼 나오지만, 아프리카에선 자손이라 믿고 있는 원주민과 협력하여 유럽인을 몰아내는 데 이바지하며 중국에선 황제의 권력을 뒷받침하는 존재로서 활약한다. 케찰코아틀 같은 용 덕분에 잉카 제국은 스페인의 침략자를 물리치고 살아남았으며, 나폴레옹과 협력하여 세계 패권을 노린다.

드래곤처럼 거대하고 강력한 환수만이 변화를 일으키는 것은 아니다. 몬스터라 불리는 환수로 인해서 모험가나 몬스터 헌터처럼 몬스터 전문의 사냥꾼이 등장하겠지만, 용기사나 포켓몬 트레이너처럼 환수와 함께 활약하는 이들도 빼놓을 수 없다. 당연히 군대 체계와 전술도 달라질 것이다. 이들 환수에서 얻을 수 있는 다양한 물품은 경제적 효과만이 아니라 세계에 다양한 풍요를 전할 수 있다.

몬스터의 위협은 물자와 사람들의 이동을 가로막아 삶을 위축시킬 수도 있다. 만화 『모험왕 비트』(산죠 리쿠, 이나다 코지)처럼, 반델이라 불리는 마인의 습격이 계속되면서, 마법의 성벽 안에서만 안심하고 살 수 있는 세계가 될지도 모른다. 성곽 도시가 발달하고 강력한 무장을 갖춘 대규모 상단만 이동하거나, 하늘을 나는 비공정처럼 특수한 운송 수단에 의존할 수도 있다.

말이 있었기에 몽골 제국 훨씬 인구가 많은 지역이 되었는데, 같은 거대한 국가가 탄생하여 유지될 수 있었고, 개가 있었기에 인류는 밤에 안심하고 쉴 수 있었다고 한다. 드래곤처럼 희귀하고 강력한 환수보다 우리에게 가까운 존재일수록 삶에 큰 영향을 준다. 「포켓몬스터」에서 주인공이 만나는 많은 이가 포켓몬 관련 직업을 지니고 있는 것도, 그 세계에서 포켓몬이 인간과 매우 가까운 존재이기 때문이다.

인간과 가까운 환수를 생각한다면, 가축 외에도 우리가 주식으로 기르는 작물을 생각해 볼 수 있다. 유럽과 동아시아는 하나로 연결된 유라시아라는 땅에 있으며 오래전부터 교류가 많았지만, 그 삶의 모습과 사고방식에는 다양한 차이가 있다. 둘을 비교할 때 동아시아는 유럽보다 공동체 중심적인 경향이 있는데 『총,균,쇠』로 유명한 학자 재러드 다이아몬드는 밀과 쌀이라는, 서로 다른 주식 문화가 이런 변화를 가져왔다고 말한다.

밀과 쌀은 모두 보관과 가공이 쉽고 양분이 풍부하여 주식으로 좋다. 건조한 기후의 유럽에선 밀과 보리, 옥수수를 주로 재배했고, 동아시아에선 쌀을 길렀다. 씨앗을 심고 열린 씨앗을 수확해서 먹는다는 점에서 비슷하다. 하지만 혼자서 밭에 씨를 뿌려 재배할 수 있는 밀과 달리, 논농사 중심의 쌀은 대규모 관개 사업이 필요했을 뿐만 아니라 모내기처럼 짧은 시기에 많은 노동력이 필요하다. 때문에 오늘은 옆집 논, 내일은 우리 논처럼 여럿이 모여서 협력하는 일이 많다. 그 결과 공동체를 중시하고 함께 무언가를 하는 문화가 발달했으며, 대규모 사업을 위한 큰 문명이 성장하기 쉬웠다. 결국 아시아는 유럽보다도 인구가 많아졌는데, 이는 쌀이 밀보다 생산량이 더 높기 때문이기도 했다.

판타지의 환수는 인간과 함께 그 세계를 살아가는 존재다. 이들과 인간의 관계가 깊고 다채로울수록 그 세계의 삶은 더욱 흥미롭고 독특한 모습을 지니게 된다.

2. 몬스터 사냥을 유도하는 장치

판타지 세계를 모험하는 롤플레잉 게임(RPG)에선 몬스터를 물리치며 활약하는 일이 매우 중요하다. 몬스터는 세상이 위험하다는 분위기를 전하는 무대 장치이지만, 동시에 주인공이 성장하기 위한 도구로 존재한다. 훈련 등을 통해서 경험을 쌓고 점차 강해지는 것처럼 RPG에선 몬스터를 물리치면서 경험치를 얻고 성장하게 한 것이다. 문제는 이것만으로는 몬스터와 싸울 보람이 적다는 것. 그래서 게임에서는 몬스터 사냥으로 금화처럼 이득을 주는 무언가를 얻게 한 경우가 많다. 그런데 도적이나 고블린이라면 모르겠지만, 늑대나 박쥐가 금화를 떨어뜨리는 건 이상하지 않을까? 이 의문과 관련하여 다양한 설정이 등장한다.

1) 생명력의 핵이나 잔재

신비와 마법의 판타지 세계의 생물은 마법과 어떤 관계가 있을지 모른다. 당연히 그들의 몸에 마법의 물질이나 힘이 존재하고, 이것이 죽은 후에 남겨질 가능성이 있다. 불교의 승려가 열반 후, 화장하는 다비식을 거치는데 이때 사리라는 것이 발견되곤 한다. 왜 생기는지는 여러 가지 설이 있지만(일반인 시체에서 나오는 일도 있기에 수행 정도와 관련된 건 아니라고 한다), 판타지 생명체의 사체에서 사리 같은 물질이 나오고 그 물질에 어떤 용도가 있다면 충분한 수입원이 될 수 있다.

보통 무협 작품 속에 나오는 '내공을 쌓는 단전'처럼 마력을 모아두는 어떤 기관에서 마력이나 생명력이 모여 생긴다는 설정이 많다(마석이 있으면 마물, 아니면 생물이라고 부르기도 한다). 이를 마석이나 마정석이라 부르는데, 보통 강력한 마법을 사용하기 위한 소재나 마력으로 움직이는 장치에 사용하는 재료, 동력 등으로 활용한다. 가령 현대 지구에서 마석이 석유, 석탄을 대신할 에너지원이 된다면 그만큼 가치가 올라갈 것이다.

몬스터가 죽는 순간 사라지면서 마석만 남는 연출이 많지만, 시체를 헤집고 마석을 뽑아내는 설정도 재미있다. 좀 더 생명체라는 느낌이 드는 데다, 고기나 뼈 같은 부위도 활용할 수 있기 때문이다.

꼭 마석일 필요는 없다. 「드래곤 퀘스트」 세계관을 바탕으로 한 애니 「아벨 탐험대(원제: 드래곤퀘스트~용자 아벨 전설~)」의 몬스터는 마왕이 보석을 이용해서 만들어냈다는 설정으로 몬스터를 쓰러뜨리면 보석만 남고 사라진다. 마찬가지로 금화나 다른 물건을 핵으로 몬스터를 만들어

드래곤퀘스트 세계관을 바탕으로 흥미로운 모험을 그려낸 아벨 탐험대
여기서 등장한 보석 몬스터는 마석 같은 다양한 설정에 영감을 주었다.

낸다면 죽는 순간 금화가 떨어져도 이상하지 않다.

2) 고기는 모두 먹을 수 있다?

흡혈귀처럼 피나 생명력만으로 살아가는 존재도 있지만, 보통 사람은 음식을 먹어야 살 수 있다. 우리 세계의 식량은 농경, 목축 등으로 얻지만 몬스터가 넘쳐나는 판타지 세계라면 이들 몬스터가 주식이 되어도 이상하지 않다. 소설 『터무니없는 스킬로 이세계 방랑밥』(이구치 렌)처럼 몬스터가 넘쳐나다 보니, 고기 목적으로 가축을 기르지 않고 농경과 사냥만으로 살아가는 설정도 재미있다.

문제는 짐승을 잡는다고 해서 바로 먹을 수 있는 건 아니라는 점. 700kg 소 한 마리에선 살코기 270kg이 나오는데, 고기를 얻고자 기른 소가 이 정도니 자연계의 짐승이라면 살코기의 양이 더 줄어들 가능성이 있다. 고기를 먹기 위해서도 수송을 위해서도 사체를 해체해야 한다.

수송 문제도 있다. 소 한 마리, 270kg의 고기를 나르는 건 보통 일이 아니다. 군마는 500kg의 물건을 견인할 수 있다고 하지만 이는 수레 같은 것으로 끌 때다. 짊어지고 실어 나를 때는 자기 무게의 15~20%가 한계라 한다. 중세 시대 군마 무게가 600kg 정도였으니, 최대 수송 능력은 120kg. 고기만 실어도 2마리 이상 필요하다. 판타지에서 다른 차원의 공간에 물건을 보관하여 부피나 무게를 무시하는 아이템 박스나 중량과 무게를 줄일 수 있는 축소, 경량화 기술이 나오는 건 이런 수송 문제 탓도 있다.

고기 외에도 가죽, 뿔처럼 다양한 소재를 쓸 수 있다. 소의 경우 내장,

군마를 타고 적을 공격하는 리처드 마셜 백작(12세기)
이런 군마는 우수한 품종의 말을 특별한 훈련과 사육 방법으로 길렀기에 보통 말보다 7~8배나 비쌌고 수송 능력도 뛰어났다.

골수 외에도 지방, 가죽이나 꼬리털 등 다양한 부위를 활용할 수 있다. 한약재로 이름 높은 곰 쓸개(웅담) 같은 특수 부위도 있으며, 거대한 거미에서 얻은 거미줄을 비단 같은 옷감 재료로 활용하는 것도 재미있다.

3) 현상금

과거 군대에선 무기, 깃발 같은 물품 외에도 수급(머리)이나 귀 같은 몸 일부를 전공의 증거로 제출했다. 전투보다 이들 물품의 약탈에 신경 쓰거나 민간인 학살 등이 늘어나면서 폐지되었지만, 지금도 사람에게 피해를 주는 해수 사냥 등에서 시체나 특정 부위를 증거로 제시하는 일은 적지 않다.

판타지 세계에서 사람들을 위협하는 몬스터에게 현상금을 거는 일은 자연스러운 일이다. 군대로 대응할 수도 있지만, 모험가나 사냥꾼 같은 민간인에게 맡기는 것도 나쁘지 않다. 당연히 몬스터 사냥 여부를 입증하고자 귀나 뿔, 머리 같은 몸 일부나 마석, 장비 같은 드롭 아이템(몬스터를 물리치면 얻을 수 있는 아이템)을 증거로 제시해야 할 것이다. 만화 『모험왕 비트』처럼 기억을 조사하는 마법을 쓰는 것도 재미있다. 남의 공적을 탈취하거나 민간인 학살 같은 범죄가 줄어드는 반면, 비밀 사냥터처럼 중요한 정보가 누설될 위험도 있다.

현상금 제도는 몬스터 피해를 줄이는 좋은 방법인데, 이를 노린 학살이나 약탈이 늘어날 수 있다. 『시튼 동물기』의 작가인 어거스트 시튼이 늑대왕 로보 사냥에 참여한 것은, 다른 늑대가 학살되는 상황을 막기 위해서였다고 한다. 사람들이 로보를 잡겠다며 늑대 사냥에 뛰어들

커럼보의 늑대왕 로보와 아내 블랑카(1898년판 삽화)
이들로 인해 엄청난 피해를 입은 사람들은 큰 현상금을 걸었기에, 수많은 늑대가 학살되고 말았다.

었고 그 결과 죄 없는 늑대가 무수히 학살되었다. 스티븐 스필버그 감독은 영화 「조스」와 관련하여 "미치광이 낚시꾼들 사이에서 일어난 광풍과 관련해 상어들이 내게 화나 있을까 두렵다"라고 말했는데, 상어의 난폭성을 강조하고 식인 상어란 이미지를 주었기 때문이다.

『반지의 제왕』에서 오크나 트롤은 사악한 힘으로 만들어진 괴물이다. 서부인, 남부인처럼 악의 세력 밑에서 함께 살아가는 인간도 있지만 주인공 쪽에서 볼 때 그들은 물리쳐야 할 악의 괴물에 불과하다. 다른 판타지 세계에서 이들은 인간과 외모는 다르지만, 제각기 자신들의 영역에서 살아가는 종족이다. 왜 현상금이 걸렸을까? 그리고 이는 그들의 삶에 어떤 영향을 줄까? 그들 종족 시점에서 바라보면 또 다른 이야기가 나올지도 모른다.

4) 가축과 노예

지금도 세계 각지에는 노예로 학대받는 이들이 있다. 같은 인간 사이에서도 계급이나 출신, 외모 등의 차이로 노예 같은 행위가 존재하는 만큼, 판타지나 SF에서 다른 종족이라면 특히 인간형 종족이 노예나 하인으로 이용될 가능성은 적지 않다. 가축이나 구경거리로 이용되는 상황도 생각할 수 있다. 수족관의 돌고래 쇼를 위해 수많은 돌고래가 희생되듯 노예나 가축, 그리고 구경거리를 위한 사냥도 몬스터 사냥의 한 가지 목적이 될 수 있다.

5) 금화를 지닌 몬스터

그런데 정말로 늑대는 금화를 지닐 수 없을까? 우리 세계라면 이상하겠지만, 판타지라면 불가능한 일이 아니다. 가령 던전 마스터가 관리하는 던전에서 태어난 몬스터에게 금화를 먹였다면? 신이 몬스터 몸에서 금화가 생기게 했다면? 본래는 생명체인 몬스터의 시체가 녹아버리듯 사라지고 땅에서 튀어나오는 것도, 몬스터를 물리치면 경험치를 얻고 레벨이 올라가면서 능력이 높아지는 것도 '신이 정한 것'이라면 가능하다. 비현실적이나 비과학적이라는 말은 의미 없다. 판타지 자체가 비과학적이고 비현실적인, 신비한 세계 이야기니까.

소설 『로그 호라이즌』(토노 마마레)에선 던전 깊은 곳에 세계의 금화가 모여서 흐르는 곳이 있으며, 몬스터가 태어날 때 그 몸에 금화가 들

게임을 바탕으로 한 판타지 세계를 흥미롭게 엮어낸 「로그 호라이즌」
월드 오브 워크래프트 같은 온라인 게임의 설정을 잘 이해할 수 있는 재미있는 작품이다.
ⓒ橙乃ままれ•KADOKAWA /NHK•NEP

어간다는 설정이 있다. 게임 속 몬스터가 돈을 떨어뜨리는 게임 시스템을 위한 설정이지만, 주인공이 이를 이용하여 상황을 바꾸어나가는 이야기가 펼쳐진다. 판타지 설정은 이야기를 위한 장치이다. 여기에 뭔가 의미를 주고 그럴듯하게 만드는 것도 재미있지만, '금화를 지닌 몬스터'라는 설정에서 어떤 이야기가 나올지 생각하는 것도 흥미롭다. 이야기가 설정을 만들지만, 설정도 이야기를 만들 수 있다.

판타지 세계는 흥미로운 환수가 가득한 세상이다. 당연히 사람들의 삶은 이들과 연관되게 마련이다. 점수나 경험치, 금화만을 위한 게임 속 몬스터뿐 아니라 주인공의 삶, 직업과 관련하여 생각하면, 나아가 사냥감의 시점에서 생각하면 더욱 다양한 가능성이 펼쳐질 것이다.

3. 마법이 바꾸는 생활

앞에서도 조금 살펴보았지만, 판타지 세계의 삶, 그 세계의 직업을 이야기하면서 마법 요소를 생각할 필요가 있다. 마법이라는 기술이 등장하지 않는 작품에서도 마법적인 무언가를 활용하는 사례가 적지 않으며, 마법사가 칼 들고 싸우는 『반지의 제왕』 같은 작품에서도 '반지의 지배'라는 마법 요소가 매우 중요하게 작용하기 때문이다.

그렇다면 마법이 존재하는 판타지 세계의 삶은 어떤 것일까? 이를 위해선 그 세계에서 마법이 어떤 존재이며 어떤 역할을 할지를 고민해봐야 한다.

마법은 신의 기적인가? 아니면 누구나 쓸 수 있는 기술인가? 또는 특정한 사람만 쓸 수 있는 초능력인가? 마법이 어떤 것인지에 대한 답변에 따라 그 세계 사람들의 생활에 미치는 영향은 달라지며, 그만큼 다채로운 삶의 모습이 펼쳐지게 된다.

한 가지 확실한 것은 어떤 형태로든 마법이 있다면, 그와 관련한 직업이 등장하고 삶에 영향을 줄 것이라는 점이다.

마법이 어떤 기술이나 초능력이라면, 이를 사용하는 직업이 등장하는 것은 당연한 일이다. 마법 기술자나 초능력으로 마법을 쓰는 누군가, 적어도 마법을 쓰는 초인 영웅이나 초인 악당이 등장해서 활동할 수 있다.

마법이 신의 기적이라면 어떨까? 신의 기적이라면 사람들이 마음대로 할 수 없는 만큼 직업과 무관하다고 생각하기 쉽지만, 설사 직접 다룰 수 없는 무언가라고 해도 이와 관련한 직업이 생겨날 가능성이 있다. 기적은 분명 신의 뜻에 따라 이루어지지만, 기적을 바라는 사람들은 기적이 이루어진 장소(성지)나 기적과 관련된 사람(성자)을 칭송하며 그곳에 몰려오기 때문이다. 당연히 성지를 관리하고 운영하는 사람이 있을 것이며, 성자들을 보호하거나 따르는 이들이 등장하면서 종교 집단 같은 조직을 이루게 된다.

마법의 형태와 특성에 따라서 다음과 같은 직업이 등장할 수 있다.

1) 신의 기적

신의 기적과 관련한 대표적인 직업은 신의 뜻을 따르며 대변하는 성직자이지만, 신과 관련된 성직 활동 외에도 이 활동을 지원하고 관리하는 다양한 직업이 등장할 수 있다. 사람들이 몰려들면 그만큼 여러 가지 일거리가 생겨나기 때문이다. 이슬람의 성지 메카 같은 곳을 예로 들면, 성지를 관리하고 운영하는 이들만이 아니라 여기 모여드는 사람들을 위한 숙박 시설이나 식당 등 각종 가게가 필요하며, 사람들의 눈길을 끄는 떠돌이 예술가나 이야기꾼, 범죄자나 걸인에 이르기까지 수많은 이들이 모여서 거대한 사회를 구성한 것을 알 수 있다.

기적을 이룬 성자라면 그를 따르는 무수한 이들이 다채로운 활동을 벌인다. 성녀 잔 다르크를 따른 기사들처럼 성자를 중심으로 팬클럽이라 할 만한 이들이 몰려들며 이들을 상대하는 장인이나 상인, 일꾼, 시종 등이 모여서 거대한 집단이 생겨난다.

이런 상황은 신의 기적을 대변하는 용자에게도 성립한다. 많은 게임에서 용자는 몇 안 되는 동료와 함께 외로운 싸움을 이끌어나가지만, 현실 세계라면 신의 기적을 대변하는 용자 주변에 무수한 추종자가 따르는 것도 이상한 일은 아니다.

영화 「드래곤 하트」에서 주인공이 용에 맞설 때 시인으로 활동하는 성직자가 따르는 장면을 볼 수 있는데, 마왕에 맞서 세계를 구하는 용자라면 이런 시인이 한 무더기로 따라다녀도 이상한 일은 아니다. 마왕의 위협에 떨고 있는 사람들에게는 희망이 필요한 것이며, 용자의 활약은 그 어떤 소식보다 그들을 기쁘게 할테니 말이다. 용사의 모험을 따르는 것은 분명 위험한 일이지만, 이는 종군기자도 마찬가지. 세상 사람들에게 희망을 안겨줄 수 있다는 보람을 위해 위험을 무릅쓸 음유시인은 얼마든지 있을 것이다.

용 사냥꾼의 시를 짓는 수도승이나 용 사냥꾼처럼, 용과 함께 살아가는 중세 분위기를 그럴듯하게 보여준 「드래곤 하트」

마법이 신의 기적이라고 해도, 어떤 방법으로 기적의 형태를 흉내내기 위한 노력이 도입될 수 있다. 그리스의 발명가 헤론이 증기 기관을 응용하여 신전의 자동문을 만들고 성수를 판매하는 장치를 만들었고 근대의 마법사들이 화약 기술을 사용했듯이, 사람들이 잘 모르는 과학을 이용하여 장엄하고 놀라운 모습을 연출하려는 시도가 진행될 것이다. 그리고 어쩌면 이 과정에서 신의 기적이라 할만한 마법을 인간이 재현할지도 모른다.

2) 특별한 사람의 초능력

『해리포터』의 마법사처럼 판타지 세계에선 재능을 지닌 소수의 사람만 마법을 쓰는 상황이 종종 등장한다. 마법이 타고난 재능을 통해서만 이룰 수 있는 초능력이고 실제로 쓸모가 있는 무언가라면, 마법을 통한 권력이 생겨나고 마법사라는 계급이 탄생할 수 있다. 마법의 재능이 유전이라면, 마법 귀족들이 세습제로 군림하는 장면을 상상하는 건 어렵지 않다. 또한 재능을 키우기 위한 교육 기관이나 가정교사도 생각해 볼 수 있다.

마법의 재능이 유전이 아니라 돌연변이에 가까운 것이라면, 사회에 중요한 마법사 후보생을 찾기 위한 노력이 필요하다. 재능이 있는지를 알아내는 기술이나 그러한 힘을 사용하는 어떤 직업이 등장할 수 있으며, 전문 기관에서 돈을 받고 검사해 주는 것도 생각할 수 있다. 가난한 서민 중에도 마법사가 탄생할 수 있는 만큼 국가에서 이를 대신할 수도 있지만 산골 마을에서 마법사가 태어날 가능성도 없지 않으니, 전국을 돌아다니며 마법사 후보를 찾는 어사 같은 존재가 있어도 이상하지 않다.

3) 배울 수 있는 학문

마법이 특별한 교육을 통해 배울 수 있는 학문일 때 생겨나는 일은 우리나라의 학력 사회를 통해 상상할 수 있다. 마법이 사회에 도움이 되고 마법사의 급여가 남들보다 훨씬 높다면, 그리고 학연이나 지연으로 특정 학교, 특정 학과를 졸업한 마법사가 성공할 가능성이 훨씬 높다면, 극소수 엘리트 마법 학교 진학을 위한 입시 경쟁과 사교육이 판을 치고 입시 컨설턴트가 넘쳐날 것이다.

반면 공교육이 잘 되고 다양한 특성과 능력의 마법사들이 제각기 보람을 갖고 일할 수 있는 사회라면, 이보다는 여러 가지 교육 방법을 연구하고 실현하는 연구자들의 모습이 더욱 눈에 띌지 모른다. 모든 국민이 마법을 자유롭게 활용한다면 요리나 청소처럼 일상에서 마법을 쓰는 일도 자주 볼 수 있을 것이다.

4) 또 다른 과학 기술

마법을 장치나 기술로서 활용할 수 있는 세계라면 마법을 연구하는 연구자와 기술자, 그리고 이러한 장치의 생산 및 관리와 수리 등에 관련한 직업이 다양하게 등장할 수 있다.

매직펑크나 아케인펑크라고 부를 수 있는 이 세계에서 마법은 우리 세계의 전기나 전자 기술과 같은 것으로 생각할 수 있는 만큼, 우리 세계의 전기, 전자 기술 관련 직업을 그대로 적용하는 것도 좋다. 가령 마법 에어콘이 있다면 이를 설치하는 기사가 필요할 것이고, 마법 텔레비전은 방송국과 관련된 직업을 낳을 수 있다.

마법 기술이 우리 세계의 전자 기술과 똑같지 않은 만큼 제조 방법이나 관리, 수리 방법도 다를 수도 있다. 마법 장치를 위해 인간의 손으로 정밀한 마법진을 그려야 한다면, 기술자보다는 화가나 제도사의 재능을 지닌 사람들이 더욱 도움이 된다.

마법 기술이 널리 보급되면, 전쟁처럼 특별한 분야만이 아니라 생활에 가장 중요하고 널리 사용되는 분야에 쓰일 수 있다. 가장 먼저 삶의 기본인 의식주 관련 기술을 생각할 수 있다. 토지 개간이나 작물 재배 같은 식량 생산을 시작으로 요리 기구나 보존 기술 같은 먹을 것과 관련한 기술, 옷의 보강이나 수선, 염색 등의 의류 기술, 조명과 냉난방 같은 거주지 관련 기술이 가장 먼저 발달할 것이며, 교류에 도움을 주는 기록이나 통신 기술, 생존을 위한 의학/약학 등 분야에도 마법이 활용될 것이다. 비누나 치약을 대신하는 위생 마법도 재미있다.

권력의 중요한 요소 중 하나인 화폐 제도나 사람과의 거래의 기본인 계약에 마법이 도입될 수 있다. 오랜 옛날부터 화폐 위조를 방지하기 위한 노력이 계속된 만큼, 마법이 위조 화폐 방지에 활용되는 것은 매우 쉽게 상상할 수 있다. 소설 『책벌레의 하극상』에선 다양한 계약에서 마법적인 장치가 진행되고 있는데, 계약 위반을 방지하는 목적만이 아니라 발명품이나 요리 레시피 같은 저작권을 지키는 용도로도 널리 사용되는 것을 볼 수 있다.

고대부터 문명사회에서는 상인이나 장인 같은 이들의 기득권을 지키기 위한 조합 같은 시스템이 발달했다. 계약과 관련한 마법 기술은 중세의 길드 같은 조직의 유지와 발전에 도움을 줄 것이다.

판타지 세계에도 사람들이 살아가므로 그 세계만의 삶의 방식과 일거리가 있게 마련이다. 판타지에는 마법과 환수, 그리고 무엇보다도 신비가 존재하는 만큼 삶의 모습은 우리와 다르겠지만 그들에게 필요한 것이 무엇인지를 생각해본다면, 더욱 다채로운 삶을 생각해볼 수 있을 것이다.

4. 모험을 뒷받침하는 직업

몬스터와 싸움에 초점을 맞춘 게임이나 모험 이야기에서는 종종 간과하기 쉽지만, 판타지 세계의 모험에는 직접 칼이나 마법으로 싸우는 이들만이 아니라 이들을 뒷받침하는 직업이 필요하게 마련이다.

히말라야 지역의 고산 등정에서는 셰르파라는 협력자의 역할을 빼놓을 수 없다. 셰르파란 본래 네팔의 산악 지대에 거주하는 민족을 가리키는 말이지만, 이들이 히말라야 고산 지대에 도전하는 산악인의 안내와 짐꾼으로 활동하면서 '고산 원정을 돕는 사람'이라는 의미로 사용된다. 모험에 협력자가 중요하다는 것을 잘 보여주는 사례이다.

판타지의 모험에서도 던전 등에서 길을 안내하고 여정에 필요한 짐을 수송하는 짐꾼 같은 협력자가 필요할 것이다. 장기간의 원정이라면 무기나 방어구 같은 장비를 관리하고 정비할 수 있는 장인도 빼놓을 수 없다. 몬스터를 사냥하여 식량을 확보하려고 한다면 이들을 해체하는 전문가도 있어야 한다. 대규모 원정대라면 대원의 상태나 물품을 살피고 상황을 기록하는 등 여러 가지 관리를 맡는 관리자도 생각할 수 있다. 대개 집단의 지도자가 맡지만, 집단의 규모가 커진다면 각 분야의 관리를 전담하는 사람을 따로 두는 것이 효율적이다.

많은 판타지 작품에서는 모험가를 뒷받침 하는 길드 같은 조직이 등장한다. 중세에서 근세에 걸쳐 유럽에 존재했던 상공인 조합을 모델로 한 이 조직은 판타지에 존재하는 모험가라는 특별한 집단의 관리와 운영을 전담하며, 이들에 도움이 되는 정보를 관리하고 일거리를 알선하는 등 다양한 작업을 맡는다. 주로 사람들에게 몬스터 토벌 같은 일거리를 받아 모험가에게 전달한다는 점에서 직업소개소 같은 역할을 한다. 여러 모험가에게 얻은 정보를 모아서 관리함으로써 축적되는 경험을 바탕으로 일의 위험도를 판정하고 적당한 보수를 책정할 뿐만 아니라, 활동에 필요한 물자와 정보를 제공하여 모험가를 지원한다.

중세 유럽에는 모험가 길드라는 조직은 없었지만 먼 길을 오가는 사람을 위한 쉼터로 정보 교류의 장소이자, 일거리 알선 장소로서 역할을 한 숙소(Inn)가 비슷한 역할을 했다. 게임에선 휴식 장소로만 활용하는 사례가 많지만 마을 사람뿐 아니라 여행자가 모이는 장소이자, 때로는 떠돌이 시인의 즉석 무대가 되기도 했던 이곳은 오락과 정보에 굶주린

사람과 말을 위한 휴식처를 제공한 마차 숙소(Coaching Inn), 토마스 롤랜드슨, 1789년
오랜 기간 유럽 내륙 교통을 책임지는 장소인 동시에, 사람들을 위한 교류의 장소이자 때로는 일거리 알선 장소 역할도 했다.

중세인의 삶을 뒷받침하는 중요한 장소였다.

모험가 길드나 짐꾼, 장인처럼 모험과 직접 관련된 것이 아니라도 판타지에는 다양한 직업이 있으며, 이들은 어떤 형태로든 주인공 모험가와 용자, 때로는 마왕 같은 이들의 활동에 연관되게 마련이다. 모험 뒤에 존재하는 이들의 삶을 상상해 보는 것도 판타지 세계를 흥미롭게 엮어내는 좋은 방법이다.

5. 신분, 또 다른 사회적 배경

중세 유럽 같은 사회를 그려내면서 직업 외에도 작위나 신분이라는 계급 요소를 생각해 볼 수 있다. 21세기 현대 사회에서는 쉽게 느끼기 힘들지만 신분이라는 요소가 사라진 것은 그다지 오랜 일이 아니며, 인도처럼 지금 이 순간에도 신분 제도가 존재하는 나라가 적지 않다. 영국처럼 선진국 중에도 귀족 제도가 존재하거나 일본처럼 황가나 공가 같은 가문이 있으며, 어느 정도 이상의 출신을 지닌 이들만 들어가는 - 그래서 유치원부터 대학까지 프리 패스인 - 특수학교가 있는 나라도 적지 않다.

판타지 무대로 자주 나오는 중세 유럽은 봉건제도를 바탕으로 특별한 신분 제도가 존재했던 시대였다. 이 시대의 서민들은 '농노'라는 이름 그대로 사실상 토지와 그 토지를 소유한 영주의 소유물처럼 여겨지는 일이 적지 않았고, 당연히 여행이나 이주에 제약이 있었다. 신분이 사라진 지 오랜 21세기 현대인이 이 같은 신분제 속의 삶을 떠올리는 건 쉬운 일이 아니다 보니 이런 신분제를 무시하는 사례가 많지만, 전승이나 동화의 원전에선 그들 시대에 어울리는 신분을 갖고 있었다. 가령 동화나 애니에선 평민의 딸처럼 연출된 「신데렐라」는 샤를 페로 작품에선 '귀한 집안 출신'으로 되어 있다. 정확한 작위는 알 수 없지만, 적어도 왕실의 무도회에 초청받을 만한 집안이었던 것. 현대 드라마에서 말하는 '본래부터 가난한 사람이 부자를 만나 성공하는 이야기'를 신데렐라 스토리라고 부르는 건 원작과 거리가 있다고 볼 수 있다.

신분 사회의 신분은 '무언가를 할 수 있다, 없다'에 큰 영향을 준다. 무도회 참여만이 아니라, 직업도 제한한다. 가령 조선 초기엔 누구나 과거를 볼 수 있었지만, 공부를 위해선 어느 정도 재력이 필요하다보니 후기로 갈수록 과거는 양반만 볼 수 있는 형태로 제약된 것도 신분제의 결과다. 소, 돼지 같은 가축을 도살하는 이들을 백정이라 부르면서 천대한 것도 비슷한 사례이다.

신분 제도는 언어, 생활 습관 같은 문화에도 큰 영향을 준다. 가령 일본의 한 판타지 소설에선 우리 세계에서 판타지 세계로 넘어간 주인공이 신분을 감추지만, 왕족 앞에서 편하게 이야기하는 바람에 들키고 만다. 그 세계의 평민이라면 왕족이 아니라 귀족 앞에서도 함부로 말할 수 없기 때문이다.

반대로 엄격한 신분 사회에선 높은 신분의 사람이 낮은 신분의 사람들에게 함부로 말하지 못할 수도 있다. 몇 년 전 도쿄 올림픽 때, 일왕(덴노)이 올림픽 개최와 관련하여 덴노가 직접 이야기하지 않고 황가를 관리하는 궁내청의 관리가 '덴노께서 우려하고 계신다'라고 한 것을 생각하면 이해하기 쉬울 것이다(일본 사회 속에서 덴노는 태양신 아마테라스의 후예로 절대적 권위의 상징이기에 손쉽게 대중에게 모습을 드러내지 못하며, 모든 행동이 공적인 것이기에 개인적인 시간과 행동의 자유가 없다). 일본 교토에서 돌려서 말하는 표현이 발달한 것도 이 지역이 오랜 기간 높은 신분 사람들의 땅이었기 때문이라고 한다.

인도에는 집에서 싼 도시락을 배달하는 직업이 있는데, 종교나 출신마다 꺼리는 음식이 많다는 이유도 있지만, 카스트 제도가 주된 이유라 한다. 높은 카스트일수록 낮은 카스트가 만든 음식을 꺼리기 때문이라는데, 이처럼 엄격한 신분제는 단순히 사람의 높낮이가 아니라 사람의 교류 자체를 가로막는다.

이 같은 신분 제도를 작품에서 연출할지는 개인의 자유지만, 이를 잘 연출하면 재미있는 이야기를 엮어낼 수 있다. 신분에 대한 인물의 반응을 통해서 특성을 드러내는 것도 한 가지 방법. 판타지에선 앞서 소개한 '마법 귀족' 같은 설정으로 인물의 활동에 제약을 주고, 변화를 끌어내는 것도 좋다. 또는 총포의 발달로 기사의 가치가 하락하면서 신분제 소멸에 이바지했듯이, 누구나 마법을 사용하게 되면서 신분제의 가치가 폭락하고 변화하는 세계도 재미있다.

6. 스테이터스Status, 게임에서 시작된 독특한 직업 시스템

모험과 탐험이 중심이 되는 판타지에서 인물을 생각할 때 그 인물의 성격이나 외모 같은 개성도 중요하지만, 또 하나 중요한 것이 있다. 그것은 바로 그 인물이 무엇을 할 수 있으며 무엇을 할 수 없는지, 즉 그들이 어떤 능력을 지니고 있는가 하는 점이다.

소설 『호빗』에는 13명의 드워프가 등장한다. 영화 속에서 이들은 외모가 다르고 이름도 다르고 행동도 다르지만, 솔직히 누가 누구인지 기억하는 게 쉽지 않다. 중심 인물인 소린을 제외하면 거의 같은 능력을 지니고 있기 때문이다. 킬리처럼 칼이나 도끼가 아니라 활을 쏘는 모습이 나오기도 하지만, 『반지의 제왕』에서의 레골라스처럼 확연하게 달라 보이지는 않는다.

반면 『반지의 제왕』 캐릭터들은 매우 다른 모습을 보여주는데 그것은 종족이나 외모, 성격 같은 점도 다르지만 무엇보다도 이들이 다른 방식으로 활약하기 때문이다.

이는 판타지 작품에서만 해당하는 것은 아니다. 마블 시네마틱 유니버스처럼 뭔가 특별한 능력으로 활약하는 인물이 등장하는 작품이라면, 인물의 능력이라는 점에서 명확하게 차별점을 두어야 한다. 아이언맨은 하늘을 날 수 있고, 캡틴 아메리카는 방패를 사용하고, 토르는 망치를 쓰고… 이처럼 명확한 차별점을 둘 필요가 있다.

문제는 인물의 숫자가 늘어날수록 이 같은 차별점이 약해진다는 점이다. 캡틴 아메리카는 초인적인 힘으로 맨손으로 싸우는 인물이며, 블랙 팬서도 마찬가지이다. 둘의 외모는 분명히 다르지만 둘 다 맨손으로 접근전을 하는 인물이라는 점에서 공통점이 있다.

영화 「시빌워」에서 그 둘이 대결하는 장면을 통해서 차이를 잘 보여준다. 방패와 전신을 가리는 복장이라는 외모의 차이도 있지만 그보다 중요한 것은 캡틴 아메리카가 방패를 제외하면 주먹질과 차기, 그리고 조르기나 꺾기 같은 근접 격투기를 쓰는 반면, 블랙 팬서는 맨손 격투기 외에 손톱을 무기로 사용하는 긁기 공격을 한다는 점이다. 캡틴 아메리카와 윈터 솔저도 마찬가지이다. 둘은 슈퍼 솔저 혈청을 맞았다는 점에서 비슷한 존재지만 캡틴 아메리카는 방패와 연속적인 가격, 윈터 솔저는 기계팔을 이용한 강력한 일격을 주요 기술로 사용한다.

똑같은 슈트를 입고 하늘을 날지만, 빔을 주로 쓰는 아이언맨과 미니건 같은 대량의 화약 병기를 쏟아붓는 워머신은 다르게 보인다. 이처럼 능력과 특성이 비슷하지만 전투 방식이나 무기, 기술에 차이를 둠으로써 그 인물의 개성을 보여준다.

이는 다양한 인물을 보여주고 선택하게 하는 롤플레잉 게임에서 특히 중요하다. 『반지의 제왕』 영화에서 프로도를 비롯한 4명의 호빗은 비슷한 느낌을 주지만, 게임에서는 4명 각각에 명확한 차이를 두어야 한다.

그렇다면 비슷한 느낌의 호빗 4명을 어떻게 구분할 수 있을까? 게임에서는 클래스(Class)와 스킬(Skill), 그리고 파라미터(Parameter, 능력치)

라는 특성을 통해 차별화한다[이들을 '스테이터스(Status)'라고 부르는 사례가 많은데, 게임을 통해 익숙해지다 보니 소설이나 만화 등에서도 자연스럽게 스테이터스라고 부르며 활용한다].

1) 클래스(Class)

클래스란 게임의 인물이 가질 수 있는 직업 특성을 말한다. 「파이널 판타지」처럼 잡(Job)이라 부르기도 하지만, 게임 속의 클래스나 잡은 현실의 직업과는 다르다.

현실의 직업은 그 인물이 먹고사는 등 뭔가를 위해서 하는 일거리를 말한다. 가령 『반지의 제왕』에서 프로도와 함께 죽음의 대지로 향하는 샘은 정원사라는 직업을 갖고 있다. 문제는 정원사라는 일거리가 상황의 전개에 별로 관계가 없으며, 샘이 아니라 다른 3명의 호빗 모두 – 실력이나 경험의 차이는 있을지언정 – 정원을 관리할 수 있다는 점이다. 살아있는 존재를 전혀 볼 수 없는 지옥 같은 땅에서, '정원사라는 평화로운 고향의 현실'과 '아름다운 자연'을 떠올리며 노력하게 한다는 점에서 의미는 있지만, 정원사로서의 능력이 이야기 진행에서 도움을 주는 것은 아니다. 사로잡힌 프로도를 구하는 과정에서 그의 잠입 능력이 발휘되고 마지막엔 프로도를 짊어지고 화산을 올라가는 등 힘을 쓰는 장면이 있지만, 이는 정원사라는 일거리와는 상관없다.

반면 클래스는 명확하게 무언가를 할 수 있는지 아닌지, 즉 '가능/불가능'을 나누는 기준으로 작용한다. 영화 「반지의 제왕」에서 간달프는 마법사임에도 칼을 들고 싸우지만, 게임 캐릭터란 설정의 소설 『오버로드』에서 마법사인 주인공은 칼을 아예 휘두르지 못한다(정확히는 '장비' 하지 못한다).

십자군 전쟁에서 의료 활동으로 활약한 것으로 알려진 성 요한 기사단, 일명 구호 기사단의 기사들은 당연히 칼을 들고 싸웠다. 하지만 여기서 영감을 받아 만들어진 클레릭(Cleric, 성직자)이라는 클래스는 오직 철퇴 같은 둔기만 장비하며, 철판 갑옷이 아닌 사슬 갑옷까지만 입을 수 있다(대다수 마법사 클래스는 아예 천으로 된 옷과 마법 지팡이만 장비할 수 있다).

『반지의 제왕』을 게임으로 구현할 때 전사인 아라고른은 방패를 들지 않고 양손으로 드는 칼을 사용하고, 똑같이 전사인 보로미르는 방패를 휘두르는 형태로 나오는 사례가 많다. 아라고른은 활도 사용하지만, 똑같이 활을 쓰는 전사 레골라스는 아예 활만 사용하도록 특화된다. 드워프인 김리는 도끼만 사용할 것이다.

현실에서는 있을 수 없는 일이지만 클래스 시스템을 도입한 게임에서는 매우 당연한 일이며, 근래에는 소설이나 영화, 애니메이션 같은 작품에서도 이러한 요소를 도입하여 이야기에서 적극적으로 활용하고 있다.

소설 『이 멋진 세계에 축복을』(아카츠키 나츠메)에서 주인공은 모험가라는 클래스인데 그 결과 성장이 매우 빠르며 다양한 일을 할 수 있지만 세계 설정상 기사의 최고 클래스인 크루세이더, 마법사의 최고 클래스인 아크위저드, 성직자의 최고 클래스인 아크 프리스트인 동료들보다 전반적인 능력이 떨어진다. 작품에 따라선 기본 클래스(메인 클래스) 외에 보조 클래스(서브 클래스)라고 하여 여러 클래스를 동시에 지니거나,

여러 클래스를 갖고 필요에 따라 교체하여 쓰는 작품도 있는데, 이를 통해서 자신이 무엇을 할 수 있는지 감추거나 상황에 따라 교체하면서 이야기를 펼쳐내기도 한다.

게임을 진행하면서 클래스는 더욱 세분화하여 그 역할을 자세하게 구분하는 경향이 있다. 『반지의 제왕』이라면 보로미르는 공격보다 방어에 더 특화한 클래스인 기사(Knight), 아라고른은 검과 활을 쓰며 가벼운 갑옷을 입고 활약하는 레인저(Ranger), 김리는 오직 근접 전 무기만 쓰는 전사(Fighter), 레골라스는 활만 쓰는 궁수(Archer)라는 형태로 구분되는 것. 심지어 기사도 신성 마법으로 회복 기술을 쓸 수 있는 성기사(Paladin/Crusader, 팔라딘/크루세이더), 육탄 방어에 특화한 호위 기사(Guardian, 가디언)처럼 세분하기도 한다.

클래스 시스템을 어떻게 구성하며, 클래스의 이름을 어떻게 설정할지는 작품에 따라 다르다. 「파이널 판타지」 시리즈처럼 용어 자체가 다른 사례도 있으며, 클래스 시스템을 아예 도입하지 않는 사례도 있다.

보통 매우 많은 플레이어가 자신만의 캐릭터를 키워나가거나 여러 캐릭터를 수집하는 대규모 온라인 게임에서 다양한 클래스가 등장해서 분화하며, 혼자서 스토리를 진행하는 싱글 플레이 방식 게임에서는 캐릭터 숫자가 적은 만큼, 클래스 숫자가 비교적 적은 편이다.

이야기 속에서 클래스는 그 인물이 할 수 있는 가능성을 명확하게 정리함으로써 이야기 속의 역할을 차별화한다. 그런 만큼 클래스를 도입한다면 매우 한정된 특성 안에서 다양하게 구분하는 것을 생각해보는 것도 좋다.

2) 스킬

스킬(Skill)의 본래 뜻은 어떤 일을 얼마나 잘하는지, 즉 능숙도나 숙련도이지만 게임에서 스킬은 세계의 규칙에 따라 만들어져 인물이 사용하는 특수 기능을 말한다(「파이널 판타지」 시리즈에선 어빌리티(Ability)라고 부른다).

앞서 캡틴 아메리카는 방패를 던지고, 블랙 팬서는 손톱으로 긁는다고 했는데 여기서 '방패를 던지는 것', 그리고 '손톱으로 할퀴는 것'을 스킬이라고 설정하면, 오직 캡틴 아메리카만이 방패를 던질 수 있고, 블랙 팬서만이 손톱으로 할퀼 수 있다. 이처럼 처음부터 그 스킬을 지니고 사람만이 해당 스킬을 활용할 수 있다.

스킬은 일반적으로 특정한 요소(마력/생명력/투지 등)를 대가로 작동하

다양한 종족과 클래스가 등장하는 「월드 오브 워크래프트」
온라인 게임의 클래스는 일행 안에서 각자 차별된 역할을 수행하기 위해 필요하다.
ⓒ2004 Blizzard Entertainment, Inc.

여 무언가를 실현하는 형태로 작동한다. 예를 들어 '번개검'이라는 스킬을 사용할 때 '투지'가 필요하다면, '번개검' 스킬을 쓰는 순간 투지가 줄어드는 대신 번개가 발생하면서 더욱 큰 피해를 주는 것이다. 스킬 시스템 상 대가가 되는 투지라는 요소는 구체적으로 정해진 수치가 있는 만큼, 투지가 부족하면 '번개검' 스킬이 아예 작동하지 않거나 실패한다.

작품에 따라 스킬을 얻는(배우는) 방법이 다르며, 스킬마다 숙련도나 레벨이 있어서 사용할수록 더 강해지기도 한다. 일반적으로 어떤 스킬이 있는지는 세계의 규칙으로 미리 정해져 있으며, 새로 만들거나 하는 사례는 별로 없다. 보통은 신이 만들어서 내려준 것이라는 설정으로 되어 있는데, 신들조차 모르는 이상한 스킬이 등장하거나 특별한 힘을 지닌 신이 주인공만을 위해서 특별한 스킬을 주는 사례도 있다.

게임에서 스킬이라는 시스템이 도입될 때는 그것을 사용하는데 필요한 대가나 조건, 사용 장소, 사용 횟수나 다시 사용할 때 필요한 대기시간(쿨타임, Cool Time) 같은 요소들이 함께 도입된다. 소설에서도 이러한 요소를 통해서 전투를 연출하는 사례가 늘어나고 있다.

스킬이라는 요소가 꼭 필요한 것은 아니지만, 이를 도입하면 이야기를 쉽게 펼쳐낼 수 있는 경우도 적지 않다. '누구나 할 수 있는 것'이 아니라 주인공처럼 정해진 사람만 할 수 있는 어떤 것이며, 스킬을 어떻게 사용할 수 있으며 스킬로 뭘 할 수 있는지를 통해서 상황을 엮어낼 수 있기 때문이다.

쓸모없어 보이는 어떤 스킬을 주인공이 활용하면서 무적이 된다는 것은 최근의 매우 흔한 클리셰이며, '다른 사람이나 물건의 구체적인 설정을 알 수 있는' 감정 같은 스킬을 주인공만 가지며 여러모로 유리한 상황에서 이야기를 펼쳐내는 경우도 많다.

게임에서는 거의 기본적인 시스템인 '아이템 박스'[2]를 스킬로 구현하고 주인공만 쓸 수 있다면, 주인공은 이 세상 그 누구와도 비교할 수 없는 놀라운 성과를 올릴 수 있을 것이다. 크기에 따라 달라지겠지만 배낭 같은 물건을 사용하지 않고도 엄청난 양의 물품을 넣어둘 수 있다면, 가벼운 차림으로 세계 여행도 가능하기 때문이다. 난데없이 대포를 꺼내서 적을 공격하거나, 수십 마리의 짐승을 사냥해서 가져오는 것도 가능할 것이다.

스킬에 따라서는 차원을 넘나들기도 하는데, 소설 『터무니없는 기술로 이세계 방랑밥』(에구치 렌)의 인터넷 쇼핑처럼 우리 세계의 물건을 가져갈 수 있다면 정말로 굉장하겠지만, 우리 세계 정보를 참고할 수 있기만 해도 상황은 엄청나게 유리해진다.

스킬은 이야기를 손쉽게 펼쳐내는데 유용한 도구다. 좀 더 흥미롭게 만들고 싶다면 처음부터 무적의 스킬을 주기보다는 어느 정도 제약을 가하고, 여러 가지 방법으로 상황을 극복하는 형태를 적용하는 게 재미있다.

2 아이템 박스(Item Box) – 인벤토리(inventory)라고도 하는 시스템. 게임, 특히 롤플레잉 게임에서는 다양한 물품과 장비를 사용해야 하기 때문에, 한 캐릭터가 '물약 1,000개'처럼 비현실적일 정도로 많은 물건을 소지하는 경우가 있다. 중량 개념을 도입해서 무게에 제약을 두더라도 갑옷 10벌을 동시에 지닌다는 식으로 부피는 무시하는 경향이 있는데, 거대한 배낭을 매는 짐꾼이 등장할 수도 있지만, 배낭 같은 물건을 이용하지 않고 다른 차원의 공간에 물건을 보관한다는 설정을 두는 작품이 많다.

'무엇을 할 수 있나'도 중요하지만, '무엇을 할 수 없나'와 '어떻게 극복할 수 있나'라는 것이 이야기를 풀어나가는 요소가 될 수 있기 때문. 가령 「드래곤 퀘스트」에서 한 번 갔던 마을은 얼마든지 다시 갈 수 있는 '룰라'라는 순간 이동 기술은 게임의 진행을 편하게 도와주지만 던전에서는 쓸 수 없다는 제약을 두거나, 마왕의 습격으로 상황이 바뀌어서 이전의 마을을 다시 갈 수 없게 된다거나 하는 식의 설정을 통해서 긴장감을 높이고 더욱 흥미롭게 만들기도 했다.

3) 파라미터(Parameter)

파라미터는 수치라는 뜻으로 게임에서는 보통 캐릭터가 무엇을 할 수 있으며, 무엇을 할 수 없는지를 나타내는 수치와 항목을 말한다. 만화 『드래곤볼』에서 나온 전투력처럼 종합적인 수치를 표현하기도 하지만, 게임에서 파라미터는 보통 다양한 항목으로 나뉘어 정리되며 이를 통해서 구체적인 가능성을 확인할 수 있다.

힘(Strength)이 50이면, 50kg의 물건을 들 수 있다는 것이 대표적인 사례. 힘 이외에도 민첩성(Dexterity)이나 지능(Intelligence)처럼 다양한 항목이 등장하여 활용된다.

파라미터는 캐릭터에만 주어진 것이 아니라 게임에서 사용되는 여러 물건에도 적용되어, 이들 물건을 사용할 때 활용된다.

공격력 50의 검을 주인공이 장비하면 주인공의 공격력은 기본적인 공격력에 50만큼 추가되며, 장비 내구도가 0이 되면 파괴된다. 사용하는 사람에 따라서 검의 공격력을 모두 활용하지 못하거나, 더 높은 공격력으로 작용하는 사례도 있다.

최근 작품에선 클래스나 스킬, 파라미터 같은 스테이터스를 구체적인 숫자나 문자로 볼 수 있는 작품이 많다. 게임 세계가 아님에도 게임처럼 연출되는 경우, 대개는 '신이 그렇게 만들었다', 즉 '원래부터 그런 세계'라는 설정이 있기 때문. 캐릭터만이 아니라 동물이나 무기, 아이템에도 스테이터스가 있어서 '감정'이란 스킬로 볼 수 있는 경우도 많다.

스테이터스는 능력이 얼마만큼 올랐고 무엇을 할 수 있는지 숫자와 항목으로 보여주기 때문에, 이를 확인할 수 있다면 최적의 방법으로 찾

전투력이라는 상대적인 능력을 구체적인 수치로 보여주는 스카우터

파라미터는 구체적인 숫자로 강약을 비교하기 쉽게 해준다.

아 수련하여 급격하게 성장할 수 있다.

파라미터만이 아니라 상대의 클래스, 스킬 같은 것까지 볼 수 있다면, 상대가 무엇을 할 수 있고 무엇을 할 수 없는지를 알 수 있으니 금상첨화. 물론 만화 『드래곤볼』의 전투력처럼 능력이 낮은 상대를 비웃다가, 상대의 능력이 급격히 상승하면서 놀라는 장면을 연출하는 것도 재미있다.

스테이터스는 입체 화면 느낌의 계기판으로 표시되는 사례가 많지만, 길드 같은 조직에서 발급하는 마법 아이템(카드)을 통해서만 확인하거나, 특별한 능력을 지닌 경우에만 보거나 표시할 수 있는 사례도 있다. 주인공만 스테이터스를, 그것도 상대의 스테이터스도 맘대로 볼 수 있다면 그야말로 사기적인 기술, 치트라는 말에 어울린다(매우 불공평한 스킬이라 도리어 게임에서는 잘 안 나오거나 나와도 한정적으로만 사용할 수 있다).

클래스, 스킬 외에 게임에서 주로 사용되는 스테이터스엔 다음과 같은 것이 있다. 여기서 소개한 용어는 가장 기본적인 형태로 작품에 따라 다를 수 있다.

레벨 **(Level)**	캐릭터의 성장 정도를 나타내는 수치 일반적으로 경험치를 얻어 어느 수치에 오르면 자동으로 높아지며(레벨업), 레벨업하면 여러 능력치가 높아지거나 새로운 스킬을 얻는다. 특별한 시련을 달성하거나, 특정한 장소/인물/아이템을 통해서만 레벨이 상승하는 작품도 있으며, 클래스마다 레벨이 따로 존재하는 것도 있다.
등급 **(Rank)**	캐릭터의 종합적인 등급. 명성에 따른 평가로 등장하기도 하지만, 인간으로서 수준을 나타내기도 한다. 이 경우 등급이 높으면 기초 능력도 높다. 가령 '인간→도인→선인→신인'처럼 등급이 있을 때, 99레벨 인간보다 1레벨 신인이 더 강할 수도 있다. 캐릭터 뽑기 게임의 희귀도 느낌으로, 등급에 따라 최대 레벨이 달라지거나, 성장 속도, 레벨업 시 상승하는 양이 달라지는 등 여러 영향이 있다. 등급이 높아지는 건 진화 같은 느낌으로 보통 한 등급의 최대 레벨이 되었을 때, 각성 등의 계기로 다음 등급의 1레벨로 진화/각성한다. 레벨과 등급이 상승하면 보통 사람으로 성장할 수 있는 한계를 넘어 초인처럼 연출하는 사례도 많다. 총알을 잡고 피하거나 튕겨내는 것을 넘어, 지구를 가르고 가루로 만드는 수준에 이르기도 한다.
경험치 **(EXP)**	행동의 결과로 얻는, 성장에 필요한 점수를 구체적인 숫자로 표현한 것. RPG에서 경험치는 보통 어떤 일을 달성했을 때 얻는다. 예) 며칠 동안 싸워서 적을 죽이기 직전이라도, 마지막에 적이 도망치면 경험치를 얻지 못한다. 전투 외에 퀘스트를 완수하거나, 특수한 약을 먹거나 먹이를 잡아먹는 등 다양한 방법으로 경험치를 얻는다.
파라미터 **(Parameter** **능력치/수치)**	생명력, 힘, 민첩성 같은 캐릭터의 기초 능력을 숫자로 표현한 것. 일종의 가능성으로 '이 물건을 들려면 힘이 oo이상 필요하다'라는 식으로 이야기한다. 파라미터는 보통 레벨업이나, 특별한 아이템/세례/스킬을 통해서만 높아지지만, 훈련/전투를 할 때마다 경험치 대신 파라미터가 조금씩 올라가는 작품도 있다.
액티브 스킬 **(Active skill)**	일반적인 스킬. 직접 사용해야 작동한다. 스킬에 따라 작동에 필요한 포인트가 다르며, 포인트가 부족하면 작동하지 않거나 실패한다. '10분간 방어력 상승'처럼 한번 사용하면 일정 시간 동안 계속 효과를 발휘하는 것도 있다.

패시브 스킬 **(Passive skill)**	갖고 있기만 해도 효과를 발휘하는 스킬 공격력, 방어력 같은 파라미터를 높여주거나, 자동으로 반격하는 등 여러 가지 효과가 있다. 일반적으로 한번 얻으면 대가 없이 영원히 작동하는데, 작동에 대가가 필요해서 필요에 따라 켜고 꺼야 하는 것은 액티브 스킬로 분류한다.
어빌리티 **(Ability)**	가능/불가능. 잘함/잘하지 않음을 나타내는 항목 예) 검 어빌리티 3 → 검을 쓸 때 남보다 강하게 공격할 수 있다. 특정한 무기를 많이 써서 성장하는, 숙련도라는 요소도 비슷한 개념
성향 **(Alignment)**	선/악, 빛/어둠, 질서/혼돈처럼 캐릭터가 지닌 방향성 성격이 아니라, 본래 태어나면서 가졌거나 오랜 경험으로 쌓인 특성으로, 힌두교의 카르마(업)과 비슷한 느낌이다. 게임 속 NPC는 성향에 따라 행동하는 경향이 많지만, 플레이어가 조작하는 캐릭터는 악한 성향이라도 착하게 행동하기도 한다. 성향에 따라 아예 일행으로 함께 행동하지 못하는 작품도 있다.
속성 **(Attribute)**	캐릭터나 아이템, 스킬 등을 4대 원소나 음양오행 같은 특성으로 분류한 것. '악마, 천사, 정령, 과학, 자연' 같은 종족/출신이나 '변화, 강화'같은 능력 계열처럼 다양한 방식으로 설정한다. 속성에 따라 사용할 수 있는 스킬 위력/특성이 다르고, 속성의 유불리에 따라 결과가 달라지는 등 다양한 효과가 발생한다.
내성 **(Resist/Immune)**	화염, 냉기, 마법, 독처럼 특정한 종류의 공격에 대한 내성 해당 공격으로 인한 피해를 줄이거나 무효화한다. 이 내성은 보통 마법적인 것으로 육체적인 한계와는 관계없다. 가령 열에 대한 내성이 매우 높은 사람은 용암 속에서도 헤엄치며 돌아다닐 수 있다.

읽을거리 또 다른 용사, 슈퍼히어로(초인 영웅)의 길

맹수와 자연재해, 그리고 범죄와 질병, 전쟁 등. 오래전부터 인간은 수많은 위협에 시달렸으며, 그때마다 누군가에게 도움을 요청하곤 했다. 그들의 기도는 대개 허무하게 끝나곤 했지만, 이따금 누군가가 달려와 그들을 구원해주었고 사람들은 구원자를 영웅이라 부르며 칭송했다. 그들 영웅은 대개 우리와 같은 평범한 사람이지만, 그중에는 이따금 우리 보통 사람들은 지닐 수 없는 특수한 능력을 지닌 이들도 있다. 단련으로 얻을 수 있는 한계를 넘어 인간 이상의 절대적인 힘을 휘두르는 영웅들. 사람들은 그들을 슈퍼히어로(초인 영웅)라 불렀다.

1. 슈퍼히어로란 무엇인가?

슈퍼히어로(초인 영웅)이란 보통 인간은 가질 수 없는 특수한 힘을 가지고 정의를 추구하는 영웅적인 존재를 가리킨다. 배트맨이나 아이언맨, 퍼니셔처럼 평범한 인간이 도구를 써서 힘을 얻기도 하지만, 대다수 슈퍼히어로는 '슈퍼'라는 말에 어울리는 특별한 능력(슈퍼 파워)으로 악당과 대결하고 사건을 해결한다.

슈퍼히어로는 사악한 자들을 물리치고 사람들을 구원하는 존재이기에 대중의 환영을 받지만 그들의 행동은 경찰, 군대 같은 공권력과 법에 따른 것이 아닌 '사적 처벌'로서 불법적인 행동이다. 때문에 영화 「다크나이트」에서 살인 혐의로 받은 배트맨처럼 사회의 적으로 쫓길 수도 있다.

슈퍼히어로는 자원봉사 활동이라 국가 지원은 고사하고 보험이나 급료도 기대할 수 없다. '스파이더맨'으로 활동한 피터 파커는 아르바이트로 피자 배달부터 안 해본 것이 없으며, 궁여지책으로 스파이더맨으로서 자기 모습을 촬영해서 신문에 팔아 겨우겨우 생활을 이어가야 했다. 애니 「타이거&버니」에서 스포츠 선수나 경주용 차처럼 여러 후원자 이름이 붙은 복장의 슈퍼히어로들을 방송 카메라가 추적하며 보도하는 장면은 슈퍼히어로의 삶을 뒷받침하는 한 가지 방법이다.

정의를 위해 활동하는 슈퍼히어로에게는 수많은 적이 있고, 그들은 슈퍼히어로의 약점을 노리기 때문에 정체를 감추어야 한다. 슈퍼히어로도 사람이기 때문에 가족이 있고 생활이 있게 마련. 평상시엔 슈퍼 파워를 충분히 발휘하지 못할 수도 있고, 가족이나 친구가 인질로 잡혀 어쩔 수 없는 상황이 생길지도 모른다.

역사적으로 많은 악당이 인질을 사로잡고 슈퍼히어로를 협박했는데 질서-선 성향의 슈퍼히어로는 전혀 모르는 사람조차 함부로 하지 못하는 만큼, 가족이나 친지가 사로잡히면 손쉽게 위기에 빠지곤 한다.

영화 「아이언맨 1」에서 주인공은 자신이 아이언맨임을 당당히 밝혔지만, 이것은 매우 드문 사례로 거의 모든 슈퍼히어로는 오직 가면을 통해서만 자신을 밝히고 활동했다. 때문에 많은 슈퍼히어로는 일상과 영웅의 생활 사이에 혼란을 겪기도 했다. 슈퍼맨을 비롯한 많은 슈퍼히어로는 사랑하는 사람에게도 자신의 정체를 감추었는데 그 탓에 영웅으로선 사랑받지만, 평소의 자신은 사랑받지 못하는 괴리에 빠지기도 한다.

슈퍼히어로가 정체를 밝히면 또 다른 문제가 생길 수도 있다. 그들은 정의를 위해 활동하지만, 이 과정에서 때때로 주변에 손해를 끼치기도 한다. 이를 '부수적인 피해(Collateral Damage, 콜래트럴 데미지)'라고 부르며 무시할 수도 있지만, 슈퍼히어로들은 사람들에게 불만을 사고 심지어는 고소당한다. 애니 「인크레더블」의 미스터 인크레더블은 빌딩에서 뛰어내려 자살하려는 이를 구해주었지만 그 과정에서 다친 상대로부터 거액의 손해 배상 청구를 받았으며, 슈퍼히어로 활동을 금지하는 법안으로 발전하기도 했다.

슈퍼히어로는 특수한 힘으로 정의를 지키는 이들이다. 자기 삶을 희생하며 활동하지만, 그들의 행동은 불법으로 지탄받으며 피해 보상을 요구받거나 복수 대상이 되기도 한다. 그런데도 그들은 보상 없는 자원봉사의 길을 걸어왔다. 바로 슈퍼히어로이기 때문에.

큰 힘에 따르는 큰 책임은 때때로 슈퍼히어로를 힘들게 만들어, 핸콕처럼 불량스러운 캐릭터로 변모시키기도 한다.

2. 슈퍼히어로가 되는 길

세상의 영웅은 제각기 다양한 형태로 힘을 얻어 사용한다.

1) 타고난 힘

많은 영웅은 영웅의 운명을 타고난다. 슈퍼맨처럼 외계인이거나, 엑스맨처럼 특수한 유전 인자를 가진 그들은 자라나면서 자신이 남들과 다르다는 것을 느끼며 고뇌하고, 때로는 차별 받으며 그들의 길을 걸어간다. 이따금 그러한 고뇌에 견디지 못하거나 자신의 힘을 과신하게 된 이들이 악의 길에 빠져 세상의 적이 되기도 하지만, 많은 이는 그러한 역경을 훌륭히 이겨내고 타고난 힘을 세상을 지키고 사람들을 구원하는 데 이용한다.

2) 운명과의 조우, 힘의 선택

우연히 반지의 힘을 얻어 그린 랜턴 군단의 일원이 된 할 조던이나 마법사 샤잠에게 캡틴 마블의 힘을 얻은 빌리 소년처럼 사람에게는 때때로 예기치 못한 운명이 찾아온다. 그 운명은 대개 누군가의 선택으로 찾아오며 누구도 이를 거역하지 못한다. 운명의 선택으로 힘을 얻은 영웅은 때때로 그 거대한 운명에 고뇌하고 방황하지만, 자신의 운명을 받아들이고 슬기롭게 극복한다.

3) 사고의 잔재

운명은 사고라는 형태로 찾아오기도 한다. 실험 중 사고로 변신 체질이 된 헐크나 우주 탐사 중 마주한 특수한 힘으로 변화된 판타스틱 포처럼 사고로 힘을 얻은 이들은 어느 순간 변화한 자신에게 당황하고 힘겨워한다. 그중에는 지나친 힘을 주체하지 못하고 폭주하는 이도 있지만, 그 와중에서도 자신의 힘을 조금이라도 남을 위해 사용하면서 영웅으로서의 자신을 자각한다. 방사능으로 변한 영웅 중에는 인간이 아닌 거북이가 돌변한 '닌자 거북이' 같은 이들도 있다. 인간처럼 말을 하며 무술로 악당을 물리치는 그들은 영웅 중에서도 매우 특이한 사례이다.

4) 새로 얻은 육체

사고는 사람의 몸을 잃는 불행한 결과를 가져온다. 우주비행사였던 스티브 오스틴은 비행 사고로 팔과 다리를 잃었는데, 정부의 도움으로 당시 돈으로 600만 달러(현재 가치로는 대략 5백억 원)를 들여 몸 일부를 기계로 개조했고, 600만 불의 사나이라 불리며 악당들에 맞설 힘을 얻었다. 이처럼 누군가의 도움으로 기계 몸을 얻은 사람도 있지만, 『스파이더맨 2』의 닥터 옥타비우스처럼 사고로 인해 몸과 기계가 융합한 사례도 있다. 폭발 사고로 부인을 잃은 박사는 동시에 기계팔이 몸과 융합되는데 이 탓에 4개의 팔을 얻어 문어 박사(닥터 옥터퍼스)라는 별명의 악당으로 활동한다.

5) 새로운 인자와의 융합

평범한 청년 피터 파커는 연구소 견학 중 실험실에서 빠져나온 거미에게 물리고 만다. 겉으로 큰 문제가 없었으나 피터의 몸에 들어간 거미 인자는 피터의 유전자와 결합하여 몸을 변화시켰다. 피터 파커는 거미처럼 실을 뿜어내며 빌딩 숲을 날아다니는 영웅, 스파이더 맨이 되었다. 피터 파커 외에도 동물 인자 같은 외부의 요소를 흡수하여 힘을 얻은 이들이 있다. 특수 인자는 특별한 힘을 가져다주지만 때때로 성격마저 변하게 한다. 스파이더맨의 숙적으로 알려진 그린 고블린의 정체는 성실한 기업가이자 연구자인 노먼 오스먼 박사인데, 그가 각종 테러 행위를 저지른 것은 그가 연구한 약물 때문이라 한다.

동물과 인간을 조합한다는 개념은 늑대인간 같은 라이칸슬로프에서 나온 것이지만, H.G.웰스는 『모로 박사의 섬』에서 과학으로 이런 키메라를 만드는 모습을 보여주었다. 동물의 힘에 인간의 지능을 결합한 이들이 점차 동물적 본성으로 흉포해지며 날뛴다는 상황은, 『지킬 박사와 하이드씨』와 함께 그린 고블린이나 리저드 같은 악당의 설정에 영감을 주었다.

6) 악마와의 계약

영웅의 운명은 때론 사악한 존재와 함께 다가온다고 한다. 영화 「고스트 라이더」에서 불길을 휘감은 해골의 모습으로 나타난 수수께끼의 레이서 고스트 라이더는 한때 오토바이 곡예로 명성을 떨친 자니 블레이즈가 변한 모습으로, 파우스트 박사와도 계약을 맺은 악마 메피스토펠레스와의 계약으로 그 힘을 얻었다. 메피스토펠레스는 사악한 목적으로 그 힘을 주었지만, 자니는 그의 뜻을 어기고 악마와 싸움으로써 세상을 구원하고자 한다. 만화가 이시노모리 쇼타로는 『사이보그 009』, 『가면 라이더』 등에서 악의 세력이 만들었지만 자신을 만들어낸 악에 맞서 싸우는 영웅들의 이야기를 통해, 영웅에게 중요한 것은 힘보다 인간의 마음임을 잘 보여주었다.

7) 새 옷으로 힘을

널리 알려진 바와 같이 스타크 인더스트리의 사장인 토니 스타크는 자신이 개발한 강화복을 입고 아이언맨이 되어 활동한다. 토니 스타크 외에도 많은 이가 과학의 힘을 빌린 다채로운 도구를 사용하며 이를 통해 다른 초인에 못지않은 힘을 발휘한다. 이러한 초인은 도구 덕분에 힘을 발휘하는 것이며, 도구는 쉽게 몸에서 떼어 분리할 수 있어서 그들의 일상은 별 차이가 없다. 심지어 토니 스타크는 스타크 엑스포 행사장에서 아이언맨 수트를 입고 나타나 깜짝쇼를 벌이기도 했다.

8) 수련의 증거

초인이라 불리는 이들은 오랜 수련을 거쳐 태어나기도 한다. 대기업 웨인 컴퍼니의 회장 브루스 웨인은 배트맨으로 활약한 것으로 알려졌는데, 평범한 인간인 그가 총을 든 악당에 맞서 싸울 수 있었던 데는 방탄 재질 옷과 장비 덕도 있지만, 그보다는 오랫동안 세계 각지를 돌며 수련을 한 덕분이다. 그가 어디에서 어떤 수련을 했는지는 잘 드러나지 않지만, 그는 타고난 재치와 수련의 힘으로 온갖 악당들에 맞서 위기를 헤쳐 나갔다. 그의 동료인 로빈도 서커스 단의 수련으로 날렵한 몸놀림을 익혔다.

9) 기생자

할 클레멘트는 소설 『Niddle(바늘)』에서 지구에 도착한 외계인이 우연히 다치게 한 인간 몸에 기생하여 활약하는 이야기를 펼쳐 보였는데, 이는 일본의 특촬물 『울트라맨』 시리즈에 영감을 주었다. 그의 작품처럼 세상에는 외계의 생명체나 신의 영혼 등을 몸에 받아들여 큰 힘을 얻는 이들이 있다. 이들은 심비언트가 기생하여 탄생한 베놈처럼 기생한 존재에 조종되어 사악한 일을 저지르기도 하지만, 정의로운 마음으로 기생체의 힘을 이겨내거나 선한 기생체의 도움으로 영웅이 되어 활약한다. 기생자와의 관계에서도 중요한 것은 인간의 마음이다. 만화 『데빌맨』(나가이 고)의 데빌맨은 인간의 마음으로 몸에 깃든 악마의 본성을 이겨내고 악마와 맞서는 이들이다. 이중엔 악마의 영향으로 성격이 과격하게 변하기도 하지만, 인간으로서 관계와 마음을 통해 인류의 편에서 활약한다.

10) 만들어진 존재

로봇처럼 만들어진 존재는 자신의 의지 없이 주어진 명령을 충실히 따르게 마련이지만, 그중에는 드물게 정의로운 마음을 가진 이들이 있다. 기계 몸을 가졌어도 정의로운 영혼을 가진 그들은 육체만큼 강한 정신으로 악에 맞서 활약한다.

일본에는 키카이더나 아톰 같은 다양한 로봇 영웅이 있으며, 미국에도 사악한 로봇 울트론이 만들었지만 어벤져로서 활약한 조카스터나 가디언에 의해 만들어져 그린 랜턴 군단의 일원이 된 에크론 등이 있다. 만들어진 육체의 초인들은 정의로운 마음으로 악과 맞서지만, 때때로 사악한 존재에 조종되어 악을 행하기도 한다.

길가에서 넘어지거나 복권에 당첨되는 등 슈퍼히어로가 되는 길은 수없이 많다. 하지만 이러한 길을 만나려면 행운만이 아니라 정의를 추구하며 역경에 굴하지 않는 영혼이 필요하다. 정의로운 마음과 약간의 행운이 함께 한다면, 세상을 구원하는 또 다른 슈퍼히어로가 탄생할 수 있다.

3. 슈퍼히어로의 타락 – 슈퍼 빌런(초인 악당)의 탄생

사람은 다양한 길을 거쳐 강대한 힘을 얻으며 초인이 되지만, 슈퍼히어로는 오직 힘만으로 될 수 있는 것은 아니다. 전설적인 '킥애스'처럼 아무런 힘이 없어도 히어로로 이름을 남길 수 있지만, 힘이 있어도 오직 자신만을 위해 사용하면 악당으로 두려움을 사게 된다.

슈퍼히어로처럼 강대한 힘을 가졌지만, 사악한 목적만을 위해 사용하는 악당들을 초인 악당(슈퍼 빌런)이라 부른다. 영웅이 되는 것은 쉽지 않지만 악당이 되는 것은 간단하다. 단지 슈퍼 파워를 세상이 아니라 자신만의 목적을 위해 사용하면 된다.

그린 랜턴의 숙적 시네스트로처럼 한때 정의를 위해 활동하던 영웅이 악당이 되는 일도 적지 않으며, 일시적으로 좌절하거나 타락하여 악을 저지르다 부활하는 영웅 이야기도 유명하다.

슈퍼히어로보다 슈퍼 빌런이 되기 쉬운 만큼, 아니 슈퍼히어로가 되어 그 자리를 지키는 것이 어렵기에 이야기 속에선 영웅보다 많은 악당이 있다. 다행스럽게도 개성적이고 이기적인 슈퍼 빌런이 서로 손을 잡는 일은 많지 않지만, 이따금 그들은 손을 잡고 슈퍼히어로를 위협하기도 한다.

슈퍼히어로가 타락하여 빌런이 되듯 이따금 슈퍼 빌런이 정의로운 마음에 눈을 떠서 슈퍼히어로가 되거나 그들을 돕기도 한다. 슈퍼맨의 숙적이자 빌런 계의 전설 렉스 루터도 외계 침략자에 맞서 슈퍼맨을 도운 일이 있으며, 배트맨의 허리를 부러뜨리고 거의 죽일 뻔한 베인이 배트맨과 함께 마피아를 소탕한 것은 유명한 일화이다.

그들 대부분은 악당이며 배신을 밥 먹듯 한다는 것도 잘 알려진 사실이다. 슈퍼히어로의 역경은 대개 슈퍼 빌런 때문이며 슈퍼히어로나 그의 동료들이 죽음을 맞이하기도 한다.

4. 슈퍼히어로의 역경과 극복

슈퍼히어로는 뛰어난 힘을 지닌 영웅이지만, 그들이 영웅인 만큼 무수한 고난과 역경이 다가오게 마련이다.

슈퍼히어로의 역경은 그들처럼 강력한 힘을 가진 슈퍼 빌런 때문에 일어나는 사례가 많다. 슈퍼맨은 자신처럼 절대적인 힘을 가진 조드 장군 등 세 악당과 싸워야 했으며, 렉스 루터의 계략으로 거의 빈사 상태에 몰리기도 했다. 자기 세포로 태어난 핵인간이나 클론과 맞서기도 했다.

슈퍼히어로는 그들을 잘 아는 사람과 맞서기도 한다. 그린 랜턴 군단의 일원인 할 조던이 자신의 멘토였던 시네스트로와 싸운 일도 있지만, 영화 「배트맨 비긴즈」에서 배트맨도 그를 가르친 스승 듀커드와 대결하여 쓰러뜨려야만 했다.

악당은 영웅을 연구하여 그들의 약점을 노리며 위기에 빠뜨린다. 그때마다 슈퍼히어로는 재치와 용기, 그리고 동료의 도움으로 위기를 극복하고 물리친다.

슈퍼히어로에게 있어 가장 큰 역경은 자기 자신과의 싸움이다. "강한 힘에는 강한 책임이 따른다."라는 숙부의 말을 거울삼아 최선을 다한 스파이더맨은 거듭된 고난 와중에 자신을 잃고 한때 힘을 잃어버렸으며, 아스가르드의 영웅신 토르는 지나친 자신감으로 친구를 위기에 빠트리고 전쟁마저 일으키려 하며 추방되기도 했다. 헐크는 자아를 잃고 세상을 파괴하여 쫓기게 되었으며 사랑하는 연인과도 함께 할 수 없게 된다. 배트맨은 지나친 분노에 빠진 나머지 상대를 죽여 버리기도 했고, 가장 성실하다고 알려진 슈퍼맨조차 악에 물들어 날뛴 일이 있으니 무적을 자랑하는 슈퍼히어로조차 자신의 마음과 맞서기는 쉽지 않다는 것을 알 수 있다.

보통 사람보다 훨씬 뛰어난 슈퍼히어로이지만, 그들이 마음을 가진 존재인 이상 다양한 고뇌와 역경이 찾아온다. 하지만 그들에게 슈퍼히어로라는 자각이 있는 이상 언제나 우리의 친구이자 훌륭한 구원자로 남아줄 것이다. 비록 그들의 일이 돈 한 푼 되지 않는 자원봉사라고 해도. 아니 자원봉사인 만큼 그들은 자기 일을 더욱 자랑스럽게 여기며 활약할 것이다.

5. 슈퍼 파워만으로 슈퍼히어로는 될 수 없다?

슈퍼히어로 중엔 인간을 초월한 존재가 많지만, 동시에 인간적인 약점을 지닌 이들이 많다. 그러한 점이 캐릭터의 매력을 살려주기 때문인데, 이와 관련하여 마블의 전설적인 편집자이자 작가인 스탠 리는 다음과 같이 말했다.

"우리는 독자들에게 주인공이 슈퍼 파워를 가졌다는 것을 믿어달라고 합니다. 일단 독자들이 이를 받아들이면 우리는 최대한 현실적으로 이야기를 만들려 하죠. 슈퍼 파워가 있다고 여드름이 없거나 연애에 대한 고민이 없다거나 싸움 도중에 코를 얻어맞지 않거나. 돈 문제가 없지 않다는 거죠. 그들을 크고 잘났다거나 항상 이기는 만사형통 캐릭터로 만들지 않아요."

슈퍼히어로는 특별한 힘을 지닌 인물이지만, 그 이상으로 그들에게 약점이 있고 인간으로서 내면을 지닌 존재이기에 우리는 그들을 사랑하게 된다. 그렇다면 이러한 슈퍼히어로는 어떻게 만들까? 스탠 리가 남긴 말을 통해 소개한다.

"스파이더맨이 빌딩 끝에 서 있다고 생각해봐. 그냥 도시를 내려다보고 있는 거야. 찬찬히 살펴보고는 거미줄을 푸슉 쏘며 뛰어내리지. 멋진 장면이지. 하지만 그가 누구인지, 그가 사랑하는 사람, 그를 사랑하는 사람들, 그의 문제를 다 이야기해 주면 그가 빌딩에서 뛰어내리는 순간 보는 이의 심장도 덜컥하지. 캐릭터에 몰입되었으니까. 이야기가 없으면 스파이더맨은 슈트를 입고 건물을 뛰어내리는 사람일 뿐이야."

슈퍼히어로는 특별한 힘을 지닌 존재이며, 특별한 외형으로 그려진다. 하지만 그보다 중요한 것은 그들이 한 명의 인간이라는 점이다. 게르만 신화 속에서 로키와 토르가 인기 높은 것도, 그들이 굉장한 힘과 능력을 지녔기 때문이 아니라, 여러 가지 인간적인 면모가 있어서다. 그리스 신화가 인기 있는 것 역시 서양에서 널리 알려졌기 때문만이 아니라, 사람들이 쉽게 이해할 수 있는 인간적인 모습을 보여 주었기 때문임을 기억하면 좋겠다.

판타지 칼럼 판타지의 여러 직업과 역할

1. 판타지 모험의 주인공, 용자의 전설

큰일이 났다! 세상을 노리는 대마왕의 부하들이 사람들을 위협하고 있는 것이다. 군대와 기사가 맞서 싸우려 하지만, 대마왕의 군대는 너무도 강력해서 엄두도 나지 않는다. 사람들은 바란다. 누군가가 앞에 나서서 대마왕의 군대와 싸워주기를…. 그리고 대마왕을 물리쳐주기를…. 과연 그 누군가는 나타나는 걸까?

세상이 완전한 어둠으로 둘러싸여 모두가 겁에 질려 슬퍼할 때, 그는 나타난다.

마왕에 맞서 세상을 구하는 존재, 용자(勇者)는 수많은 판타지 작품의 주역으로서 이름을 남긴 존재이다. 게임에서는 일본의 「드래곤 퀘스트」를 시작으로 수많은 작품에서 플레이어가 조종하는 주인공으로서 수많은 악과 맞서 싸워나갔다.

용자는 '영웅'과 다른 존재이다. 보통 영웅이라는 말은 세상을 구하는 것처럼 큰일을 이룬 사람을 칭송하는 표현이지만, 판타지 이야기 속 용자는 아직 세상을 구하거나 큰일을 이룬 사람이 아니기 때문이다.

판타지 작품에서 용자가 되기 위해서는 어떤 자격이 필요할 수도 있다. 용자의 후손이거나 몸에 어떤 표시가 있거나 엑스칼리버처럼 특별한 검을 얻어야 하는 것이다. 그 밖에도 길에서 넘어져서 계시를 얻거나 복권에 당첨되는 등…. 용자가 되는 계기는 다양하기 이를 데 없다. 하지만 그보다 중요한 조건이 있다. 그것은 바로 '용자'라는 이름은 자신이 직접 불러야 한다는 점이다.

본래 '영웅'이나 '용자'라는 말은 자기가 직접 부르는 말이 아니다. 어디까지나 남이 불러주어야 하는 것이다. 아무리 대단한 사람이라도 자신을 직접 영웅이나 용자라고 부른다면 부끄러울 것이다. 하지만 판타지 모험담의 용자는 조금 다르다. 그들은 자신을 용자라고 부르며 용자로서 행동한다. 그러면서 사람들에게 용자라고 불리며 세상을 구한다.

백제와 신라가 싸웠던 황산벌 전투에서 화랑인 관창이 '나는 화랑이기에 항복할 수 없다'라고 했던 것처럼, 용자들은 '나는 용자이기 때문에, 용자로서 행동한다'라고 말한다.

용자란 본래 '용맹스러운 사람'이라는 뜻이다. 무슨 일이든 용기 있게 나서는 사람. 이를테면 강대한 적에 맞서 용기 있게 일어서서 달려가는 사람을 '용자'라고 불렀다(전쟁터에서 용기 있게 싸우는 사람은 보통 '용사'라고 부른다. '용사'는 '참전 용사', '역전의 용사'처럼 군사적인 느낌이 더 강한 말이다. 전쟁터에서 이름 없이 죽어간 누군가를 기리는 '무명 용사'라는 말도 있다).

판타지 이야기 속 주인공으로서 '용자'도 다르지 않다. 그들은 남들보다 용맹하게 앞으로 나서 대마왕에 맞선다. 그들이 조금 특별한 것은 그들의 용맹이 그들 혼자만의 것으로 끝나지 않는다는 것이다. 많은 판타지 작품에서 용자는 동료와 함께 세상을 구한다. 때때로 동료들은 용자보다 훨씬 강할 수도 있다.

용자가 슈퍼히어로처럼 강한 이야기도 적지 않다. 오직 용자만 쓸 수 있는 칼이나, 용자만 사용하는 주문처럼 특수한 무언가가 등장하며 보통 사람은 할 수 없는 어떤 특별한 슈퍼 파워를 발휘하기도 한다.

모든 용자가 그런 것은 아니다. 많은 작품, 특히 게임에서 용자는 전사도 아니고 마법사도 아닌 어중간한 인물로 등장한다. 칼을 써서 싸울 수 있고 마법도 사용하지만, 반대로 생각하면 마법도 어중간하고 칼솜씨도 전문적인 전사보다 떨어지는 그런 인물이다. 활을 쏘는 용자도 있지만 역시 전문적인 레인저보다 잘하지는 못한다. 어느 것을 보아도 특출나지 못한, 어떤 면에서는 평범한 인물. 그것이 판타지 작품 속의 용자이다.

그런데 어떻게 용자가 판타지의 주역이 될 수 있는 것일까? 그것은 용자가 '용기 있는 사람'이기 때문일 것이다. 전쟁터에서 열심히 싸워서

게임 「드래곤 퀘스트 3 – 그리고 전설로」
모두의 앞에서 희망을 주는 존재. 그것이 용자다.

승리하는 것이 중요한 것이 아니다. 그보다는 모두가 어둠 속에서 자신감을 잃고 겁에 질려 있을 때 일어나는 한 사람. 그것이 용자이다. 그리고 사람들은 용자의 용기에 힘을 얻어 함께 일어나 희망을 품고 어둠에 맞선다.

J.R.R.톨킨의 소설 『반지의 제왕』에서 주인공인 프로도는 전사가 아니다. 반지 원정대에서도 가장 약한 인물, 칼도 마법도 쓸 수 없는 난쟁이 호빗 중에서도 특히 약한 존재이다. 하지만 그가 '절대반지'라는 공포에 맞서서 분연히 일어나면서 모두가 그를 따라 세상을 구하는 여정에 나선다. 그리고 '모든 것은 프로도를 위해서'라며 악에 맞서 싸운다.

'내가 반지를 파괴하겠어요.'라고 선언한 그 순간 프로도는 용자가 되었던 것이다.

때로는 일행 내에서 가장 약할지도 모르지만, 꼭 필요한 때 가장 큰 용기를 발휘하며 사람들에게 희망을 주는 존재. 그것이 바로 판타지의 주역으로서 용자에게 필요한 가장 중요한 조건이다.

읽을거리 용자(勇者)와 용사(勇士)는 어떻게 다른가? 설정으로서 용자(勇者)

일본의 판타지 게임 중에서도 가장 대중적인 작품 「드래곤 퀘스트」 시리즈는 용자를 주역으로, 용자가 무엇인지를 이야기하는 작품이다. 용사와 용자는 모두 '용감한 사람'이라는 뜻이 있는 만큼 구별 없이 사용하는 일이 많으며, 한국에선 보통 용사라고 번역하지만, 「드래곤 퀘스트」를 비롯한 일본 여러 작품에서는 명백하게 구분하여 사용한다.

꼭 작품이 아니라도 두 단어가 갖는 의미에 약간 차이가 있다. 용자는 단지 '용감한 사람 모두'를 가리키지만, 용사에는 '용감한 전사', '용감한 병사' 같은 의미가 더해져서 좀 더 군사적인 느낌이 강하다. 한국의 예를 들면 「바보 온달과 평강 공주」 이야기로 유명한 고구려의 온달 장군은 용사이고, 홍길동이나 임꺽정은 용자라고 할까?

하지만 「드래곤 퀘스트」로 대표되는 판타지 작품에서 용자는 좀 더 다른 의미가 있으니, 바로 '마왕이라는 존재로부터 세계를 지키고자 일어선 자'라는 점이다. 전쟁터의 영웅도 용사가 될 수 있지만, 용자는 반드시 세계를 구하기 위한 싸움에서 활약해야 한다. 그것도 단순히 그 싸움에 참여하는 것이 아니라 가장 먼저 나서서 앞장서 마왕에 맞서야 한다. 그를 돕는 동료도 있지만 반드시 용자가 앞에 나서 그들을 이끌어야 하며, 그럼으로써 동료와 일반인도 용기를 얻어 함께 나선다. '용자는 무엇보다도 용기가 있고 그 용기로서 남에게 용기를 불어넣어 주는 존재'인 것이다.

'마왕에 맞서는 것은 용자. 용자만이 마왕을 물리칠 수 있다'

「드래곤 퀘스트」 시리즈를 통해 이러한 인식이 강해지면서, 용자는 단순히 호칭이 아니라 설정으로 굳어지게 되었다. '용자의 칼'이라는 오직 용자만 쓸 수 있는 무기가 등장하고 번개 주문 라이데인처럼 '용자만 사용하는 마법'이나 용자만 열 수 있는 문처럼, 여러 가지 설정이 추가된 것이다.

'천공의 신부'라는 부제를 지닌 「드래곤 퀘스트 5」에도 용자의 무기가 등장하는데 주인공은 이를 사용할 수 없다. 주인공은 이 세계의 용자가 아니기 때문이다. 이야기를 진행하면서 주인공은 누군가와 결혼하게 되는데(결혼 상대는 플레이어의 선택에 따라 달라진다) '천공의 신부'라는 부제처럼 결혼 상대가 천공 용자의 후손이며, 그 결과 주인공의 자식이 천공의 용자로 선택되어 용자의 무기를 쓸 수 있게 된다.

이제껏 당연하게 사용했던 용자의 무기를 주인공이 쓸 수 없고 함께 모험하는 자식이 사용한다는 설정은, 「드래곤 퀘스트」의 용자가 어떤 것인지를 잘 보여주는 동시에 매우 참신한 스토리로 호평 받았다(시리즈 중 내가 가장 좋아하는 작품이다).

용자의 후손만이 용자가 되는 건 아니다. 시리즈 30주년을 기념하여 나온(정확히는 31년째에 나왔다), 「드래곤 퀘스트 11」에서 주인공은 용자의 후손은 아니지만(적어도 주인공의 부모가 용자는 아니다), 용자라는 징표를 지니고 태어났다. 용자는 '세계로부터 선택된 존재'인 것이다.

용자가 태어난다는 것은, 용자가 맞설만한 존재, 세계를 위협하는 어떤 일이 일어난다는 것을 뜻한다. 「드래곤 퀘스트」의 패러디를 담은 만화, 『마법진 구루구루』(에토 히로유키)에서 주인공의 아버지는 아들을 용자로 만들려고 어릴 때부터 훈련했는데, 본래 자기가 용자가 되고 싶었지만, 자기때는 마왕이 없었기 때문이었다. 마왕을 물리칠 용자를 찾는다는 팻말을 본 아버지는 용자가 되기 싫다는 주인공에 "너는 마왕이 있어서 행복한 줄 알아라."라고 말한다. 황당하지만 용자가 되려면 기회가 필요하다는 점을 잘 관통한 대사다.

용자는 마왕과 묶여서 여러 가지 설정이 추가되는 사례도 많다. 가령 '마왕과 싸울 때, 능력이 향상된다' 같은 스킬이나, '용자만이 마왕에게 피해를 줄 수 있다(용자 이외의 공격으로는 마왕이 죽지 않는다)', '마왕 때문에 사람들이 많이 죽을수록 더욱 강해진다' 같은 설정이 더해지는 것이다. 전투 중 사망했을 때 부활할 수 있는 것도 세이브/로드라는 게임 시스템 때문이 아니라 용자라는 설정 때문이다.

매우 비정상적인, 편의적인 설정처럼 보이겠지만 판타지 세계는 누군가가 만든 것이니 그 누군가가 그렇게 만들었다면 상관없다. 실제로 이야기 속에서 '용자'라는 시스템이 등장한 순간, 이 세계를 창조해서 구경하며 즐기는 누군가가 있다는 이야기가 진행되는 일이 많다. 이 경우 그 누군가(창조주?)가 가장 마지막 상대, 최종 보스로 등장하고 그를 물리치면서 용자-마왕이라는 시스템이 소멸하는 이야기도 자주 볼 수 있다.

용자에게 필요한 것은 세계로부터 선택되는 일. 용자의 힘은 마왕을 물리치고자 세계가 준 힘. 여기서 인간적인 고결함이나 도덕심은 무시되는 경우도 적지 않다. 때문에 마왕을 물리치는 목적을 위해선 수단 방법을 가리지 않는 다크히어로적인 용자나 전투 외엔 아무것도 모르는 전투 기계 같은 용자, 또는 능력만 있지 성격은 최악인 용자가 나오는 이야기도 많다.

용자는 세계의 설정이자, 세계를 창조한 누군가에 의해 선택되어 활약하는 존재이다. 그런 면에서 용자는 영웅이나 용사보다 신화적이고 전설적인 존재이며, 그 같은 요소로 재미를 준다. '선택된 존재만이 용자가 된다'라는 설정은 차별적이고 편의적이라고 느껴질지도 모르지만, 이를 잘 살릴 수 있다면 얼마든지 재미있는 이야기가 나올 수 있다.

그런데 용자가 마왕을 물리치고 나면 어떻게 될까? 실베스터 스탤론 주연의 영화 「람보(원제: 퍼스트 블러드)」에선 베트남 전쟁에서 활약하고 돌아온 주인공이 사회에서 외면되는 모습을 잘 보여준다. 전쟁에선 뛰어난 병사로 활약하여 온갖 훈장을 받은 용사였지만, 현실에는 적응하지 못하고 배타적인 시골 사회와 충돌하고 괴롭힘을 당한 끝에 큰 사건을 일으키고 만다.

만화 『전설의 용자의 혼활』(나카무라 타카토시)에선 마왕을 물리치고 무기력하게 지내던 용자가 동료가 결혼하자 자신도 사랑하는 사람과 미래를 함께 하고 싶다는 바람으로 결혼을 위해 노력하는 이야기를 보여준다. 용자로 살다 보니 갑옷 이외 옷은 전혀 모르는 등 일상을 아예 이해하지 못하는 전투 기계처럼 보이지만, 사실은 평범한 인간이었다는 인상적인 이야기. 소설 『귀환병 이야기』(이수영)나 『영원한 전쟁』(조 홀드먼)처럼 전쟁에서 돌아오니 고향이 사라져버린 용사들의 이야기도 흥미롭다. 이처럼 '마왕과 싸우는 일상'을 벗어난 용자의 일상 역시 재미있는 소재이다.

2. 세상을 위협하는 게 일? 마왕의 길

마법과 신비가 존재하는 세계 엔테이슬라. 중세 판타지 세계를 닮았지만 여러 모로 다른 그 세계는 세상의 운명을 건 순간에 놓여있었다. 마왕과 용자. 세상의 빛과 어둠을 상징하는 두 존재의 마지막 결전이 벌어지고 있던 것이다. 마족의 왕, 마왕의 힘은 강력하고 무시무시했지만, 세계를 구원하기 위하여 선택된 존재, 용자의 힘은 이를 능가했다. 마지막 순간, 용자만이 사용할 수 있다는 전설의 성검이 바람을 가르며 마왕의 머리를 가격하면서 용자의 승리는 결정되었다. 마왕의 뿔 하나가 부러지고, 상처 입은 마왕은 무릎 꿇었다.

마왕은 굴복하지 않았다. 모든 마족을 위하여 세상을 정복하겠다고 했던 맹세를 포기할 수 없었던 그는 마지막 남은 힘을 다하여 다른 세계로의 문을 열고 부하와 함께 달아난 것이다. '언젠가 다시 돌아오겠다'라는 말을 남기고….

하지만 마왕의 상황은 쉽게 풀려나가지 않았다. 마왕이 도착한 곳은 마왕과 마족에게 필요한 마법의 힘이 존재하지 않은 곳, 바로 현대 일본의 한 거리였기 때문이다. 어느새 전혀 모르는 이상한 곳에 도착한 마왕과 부하. 그리고 그들의 모습은 평범한 인간, 판타지스러운 망토를 걸친 코스튬 플레이어로 변해 있었다.

얼마 남지 않은 마력으로 자신들이 처한 상황을 알게 된 마왕. 마력이 존재하지 않는다는 사실에 좌절할 뻔했던 마왕이지만, 그는 역시 굴복하지 않았다. 왜냐하면 '포기하지 않는 도전 정신'이야 말로 판타지 세계의 마왕에게 필요한 가장 중요한 덕목이었기 때문이다.

그렇게 인간의 모습으로 일본의 거리에서 거점이 될 마왕성과 일자리를 얻은 마왕은, 언젠가 힘을 되찾겠다는 각오를 다지며 생활을 시작한다. 엔테이슬라만이 아니라 일본마저 손에 넣겠다는 야망을 품고. 과연 마왕의 야망은 달성될 수 있을까?

와가하라 사토시의 소설 『알바 뛰는 마왕님!』은 두 세계를 오가면서 펼쳐지는 마왕의 모험담이다. 2011년에 연재가 시작되어 2020년에 완결되었지만, 2013년에 제작된 첫 번째 애니메이션(1기)에 이어 2022년에 후속 애니메이션이 제작될 만큼 – 마왕처럼 - 꾸준한 생명력을 보여준 작품이다.

이 작품은 주인공이 마왕이라는 점도 재미있지만, 그보다 중요한 것은 주인공인 마왕이 우리 세계에서 판타지 세계로 넘어간 것이 아니라 판타지 세계에서 우리 세계로 넘어왔으며, 현실 세계에서 지극히 평범하게 살아간다는 점이다.

주인공이 '지구도 정복하겠다'라면서 사는 곳은, 허름한 단칸방. 세계정복의 첫걸음이라며 하는 일은 맥O날드 햄버거 아르바이트. 그 수입으로 마왕을 포함해 둘, 나중에는 셋 이상이 먹고 사니 생활이 잘 풀릴 리가 없다. 냉장고에는 먹을 게 없어서 오이와 곤약만으로 세끼 반찬을 처리하거나, 알바 후에 남은 햄버거로 때우는 장면을 종종 보게 된다. 본래 인간보다 훨씬 큰 육체에 굉장한 힘을 가진 존재지만, 지구엔 마력이 없다보니 평범한 인간 모습에 마법도 쓰지 못하고 살아간다. 이 세계에선 공포 같은 부정적인 감정에서 마력이 발생하기도 하는 만큼 이따금 본 모습으로 돌아가기도 하지만, 혼란을 수습하고 복구하는 과정에서 힘을 다 써버리고 인간으로 돌아가는 일상이 반복된다.

주인공의 평소 모습도 마왕과는 거리가 있다. 우수 사원으로 뽑힐 정도로 손님에게 친절하고 후배들에겐 좋은 선배로서 존경받으니 말이다. 마왕이라는 설정이 어디 갔는지 무색한 느낌. 마왕을 쫓아서 지구로 온 용자가 "대체 왜 마왕이 맥O날드 아르바이트나 하는 건데?"라며 이상하게 여기는 것도 당연한 일이다.

이는 주인공인 마왕이 「드래곤 퀘스트」에서 친숙한 '세계를 파괴하는 존재'와는 거리가 멀기 때문이다. 이 작품에서 마왕은 마족이라고 불리는, 마력으로 생활하는 종족을 통치하는 국왕이며 인간 세계를 침공한 것도 어디까지나 마족에게 도움을 주겠다는 목표 때문이었다. 이 세계의 마족은 마력만으로 살아가는 존재인데, 마족 세계에선 혼란과 분쟁이 계속되며 수많은 이들이 희생되면서 마력이 끊임없이 발생했다. 문제는 혼란과 분쟁 속에 가족을 잃은 경험을 지닌 주인공이 마왕이 되어 이 세계를 평화롭게 다스리면서 발생했다. 혼란과 분쟁이 사라지고 부정적인 감정이 일어나지 않게 되면서 마력이 사라지기 시작한 것이다. 훌륭한 통치로 평화로운 세상을 이룩했기에 도리어 위험에 빠진 상황.

주인공은 마족들의 생명에 필요한 마력을 얻고자 인간 세계를 침공하기로 한다. 인간을 힘으로 지배하며 적당히 위협하면 마력이 생겨날 거라고 여긴 것이다. 문제는 주인공을 비롯한 마족들이 인간을 잘 몰랐다는 점이다. 마족과 달리 인간은 음식을 먹어야만 한다는 기본적인 사실조차 모르는 등의 문제와 함께 부하의 폭주, 여기에 마족에 맞서는 인간끼리 서로 대립하는 등의 문제가 겹치면서 각지에서 파괴와 학살이 이어졌다. 침략 자체가 잘못이라는 건 말할 필요가 없겠지만, 주인공은 이 같은 파괴와 학살을 할 생각은 없었다. 하지만 전쟁은 격해지고 피해 입은 이들 중에 용자가 탄생했다.

마력이 없는 인간 세계로 넘어와 인간으로 살아가면서 주인공은 이러한 점을 깨닫고 행동을 반성한다. 여기서 '맥O날드 알바를 하며 세계 정복을 노리는 마왕'이라는 독특한 상황이 펼쳐진다. 놀랍게도 주인공은 세계 정복을 포기하지 않았고, 일본을 포함한 현실 세계까지 지배하겠다는 야망을 품고 하루하루를 열심히 살아간다. 시급 몇천 원의 알바 생활을 계속하면서도 세계 정복의 꿈을 버리지 않은 마왕. 인간

악신 아리만(앙그라마이뉴)을 물리치는 용사 다리우스 대왕

을 이해하기 위해(가령 꼬마 손님이 말하는 해피밀 상품을 정확하게 알기 위해) 정보 수집을 게을리하지 않고, 주어진 위치에서 최선을 다하는 마왕. 어떤 점에선 그 모든 마왕의 모범이라 할 수 있지 않을까?

판타지 세계의 마왕은 흔히 '세계를 파괴하는 존재'처럼 그려지곤 한다. 그러니 세계를 지키는 존재로서의 용자가 등장하여, 마왕에 맞서 그를 물리치며 이야기가 막을 내리는 것이다. 그런데 마왕은 왜 '세계를 파괴하는 존재'가 되었을까? 조로아스터교의 악신 앙그라마이뉴처럼 본래부터 그런 존재로 그려지거나, 세계 정복 그 자체가 목적으로 그려지는 경우가 많은 것이다.

이처럼 본래 악한 존재도 있지만 판타지의 마왕에겐 뭔가 다른 배경이 있을지도 모른다.

그런데 정말로 마왕은 그런 존재일까? 무언가 이유가 있어서, 적어도 그에게 있어서는 올바르다고 생각한 무언가를 위해서 행동한 것은 아닐까? 『알바 뛰는 마왕님』은 바로 이 같은 고민에서 만들어진 이야기로 흥미를 끈다.

마족을 구하겠다는 목적이 있다고 해도, 인간 세계를 침공하고 파괴와 혼란을 가져온 것은 분명 잘못된 것이다. 인간계에 여러 가지 문제가 있고(실제로는 인간계만이 아니라, 이 세계 자체에 여러 가지 문제가 있고) 최종적으론 주인공의 행동으로 세상을 구하게 되지만, 침략이라는 과정과 여러 가지 행동은 잘못된 것이다. 하지만 세계 파괴나 세계 정복 같은 개인적인 야망이 아니라 마족의 왕이라는 지도자로서 행동하고자 한 그의 모습은, 나아가 자기 잘못을 후회하며 인간을 포함한 세상 모든 이들의 행복을 위한 길을 찾는 주인공의 모습은 마왕이라는 것이 단순히 사악한 괴물이나 파괴자가 아니라, '왕'이라는 이름에 어울리는 통치자일 수 있다는 것을 보여준다. 용자와 마찬가지로 마왕도 단순한 시스템이 아니라, 여러 가지 고민을 지닌 존재라는 말이 아닐까?

읽을거리 **마왕의 길: 악당 연대기**

세상에 빛이 있으매, 어둠이 생기니. 빛과 어둠은 함께 공존하는 세상의 두 가지 모습이니라.
아아, 악당들이여. 밤이 깊을수록 아침이 따사롭고, 어둠이 짙을수록 빛이 고맙게 느껴지는 법이니. 그대들 악당들이 위대하고 강할수록, 정의의 빛은 더욱 강해질 것이다.

빛과 어둠. 선과 악… 혼잡하기 이를 데 없는 실제의 세상은 이처럼 쉽게 둘로 구분되기 어렵지만, 창작의 세계에서 선과 악은 비교적 명쾌할수록 사람들에게 감동을 주곤 한다. 창작의 세계에도 선과 악을 구분하기 어려운 사례가 많지만, 사람들은 이른바 '주인공'이라는 존재를 선으로 인식하고 그 반대의 존재를 악으로 인식하며, 대다수는 주인공에게 공감하며 환호하고 그들의 승리를 기뻐한다.

하지만 어둠이 짙을수록 빛이 밝게 느껴지듯 멋진 주역에는 그에 어울리는 멋진 조연, 악역이 필요하게 마련이다. 때로는 주인공보다도 카리스마 넘치고 주인공보다도 멋지며 주인공보다 활약하는 악역이.

그들은 분명 주역은 아니지만 때때로 주역 이상의 존재감으로 작품의 완성도를, 그리고 재미를 더해준다. 이른바 작품 세계를 빛내는 진정한 악당들. 과연 그들은 어떤 존재이며 어떤 가능성을 갖고 있을까?

1. 졸개와 보스, 악당의 두 형태

세상에는 수많은 작품과 악당이 있지만, 그들 악당은 크게 두 가지로 구분할 수 있다. 하나는 그 존재 가치가 단순히 '주인공의 강함'을 드러내기 위한 악당. 이른바 졸개(잔챙이)이고, 또 하나는 '주인공의 위기'를 가져오기 위해 등장하는 악당, 속칭 숙적이다.

물론 졸개도 숙적도 아닌 악당도 있겠지만, 어중간한 것에선 매력을 느끼기 어렵다. 약하려면 아예 약하고 강하면 아예 매우 강해서 주인공을 어떤 형태로든 돋보일 수 있는 것, 그것이 진정한 악당으로서 가져야 할 기본적인 도리라고 할 수 있을 것이다.

첫 번째 졸개는 워낙 많이 등장하여 친숙한 존재이다. 「파워레인저」 같은 전대물의 전투원에서, 「스타워즈」의 스톰트루퍼, 「배달의 기수」 같은 반공물 속 북한군에 이르기까지 한 무더기로 나와서 쓰러지는 모든 적이 졸개, 잡몹(잡 몬스터)이기 때문이다.

간혹 개성적인 졸개도 있지만, 이들은 대개 같은 디자인의 같은 복장으로, 때로는 얼굴조차 드러나지 않는 모습으로 등장한다(이는 개성을 없애는 동시에, 디자인 등 작업 시간을 줄이는 목적도 있다. 개성이 사라지는 만큼 유명한 이들을 카메오로 등장시킬 때도 종종 사용된다).

10명이 당했는지 11명이 당했는지 유심히 지켜보는 이들은 하나도 없고 단지 주인공이 무수하게 쓰러뜨린다는 사실 만으로 충분. 필살기는 고사하고 액션 게임으로 보자면, 주인공이 대충 휘두르는 칼에 날아가 버리는 그런 존재. 소설 『전투원, 파견합니다!』(아카츠키 나츠메)처럼 졸개가 주역이 되어 활약하는 이야기도 있지만 대다수 작품에서 졸개들이 중심에 나오는 경우는 일시적 여흥이나 일상 이야기, 또는 개그 장면에 그친다.

카데시 전투의 주역 람세스 2세. 영웅이건 악당이건 주역은 이처럼 엑스트라와 다른 존재감(크기)을 지녀야 한다.

반면 보스급, 숙적 악역은 매우 강렬한 인상과 활약으로 사람들의 눈길을 즐겁게 하고 무엇보다 개성적인 모습으로 눈길을 끈다. 「배트맨」에서 갱단은 아무리 많이 나와도 졸개지만, 조커는 단 혼자만으로 배트맨과 맞서는 존재감을 지니며, 영웅을 괴롭히고 때로는 물리치기도 한다(물론 정의의 용사는 반드시 부활한다). 이야기에 따라선 그들 자신이 주역이 되어 주역을 넘어서는 존재감을 보이기도 한다.

수많은 졸개에 둘러싸여 위험에 빠질 수는 있겠지만, 주인공이 갱단 A(전투원 B나 스톰트루퍼 C)에게 당한다면 받아들이기 힘들다. 중간 보스급 조연에게 당하는 것도 위험하다.

이야기 전개에 따라서는(가령 게임을 진행하면서 성장하는 롤플레잉 게임에선) 초기에는 주인공이 졸병 D에게 당할 수도 있지만, 이는 어디까지나 주인공이 아직 약하다는 전개를 위한 일시적인 것. 진정한 주인공, 정의의 용사라면 반드시 보스급 적과 대결을 벌여서 이야기를 고조시켜 나가야만 한다.

반대로 보스나 숙적은 주역이 아니라면 꺾을 수 없어야 한다. 만화 『드래곤볼』(도리야마 아키라)에서 보스로 등장한 피콜로, 베지타, 그리고 프리저, 그리고 마인 부우는 – 설사 다른 캐릭터가 아무리 강해져도 – 결국 주역인 손오공과 최후의 대결을 벌이고 쓰러져야 한다(셀 편에선 아들 오반으로 주인공을 바꾸려고 오반에게 최후의 맡겼지만, 호응이 없었다).

프리저 편에서 베지타가 아무리 강해져도, 피콜로가 아무리 파워업해도 프리저를 꺾을 수 없었던 것은 그가 진정한 보스이며 오직 주역을 위해 준비된 적수이기 때문이다. 만화 『원피스』(오다 에이지로)의 밀짚모자 해적단에 강자들이 많지만, 최강 적수는 항상 루피가 상대하는 것도 마찬가지이다. 하물며 「배트맨」의 조커나 「스파이더맨」의 그린고블린이 경찰관이 쏜 총에 맞아 죽거나 동네 자경단에게 당하는 건 상상도 할 수 없다.

보스급 악역은 주인공의 그림자이며 주인공을 상대하기 위해 존재한다. 『사이보그 009』로 잘 알려진 만화가 이시노모리 쇼타로의 『인조인간 키카이다』에서 주역인 키카이다가 다른 로봇에게 파괴되었을 때(파괴된 것으로 알려졌을 때), 키카이다의 적수로 만들어진 로봇 하카이다는 '나는 앞으로 무엇을 해야 하지.'라며 고뇌하는데, 이는 그들 보스급이 지닌 숙명을 잘 보여준다.

보스급 악역에는 그에 어울리는 존재감과 강함이 필요하지만, 이는 단순히 육체적 강함만을 뜻하는 건 아니다. 「슈퍼맨」의 렉스 루터나 「배트맨」의 조커는 두 영웅의 숙적이자 최고의 악역으로 손꼽히지만, 특별한 능력이 없는 평범한 인간일 뿐이다.

그런데도 이들에게 경찰 같은 공권력은 큰 위협이 되지 않으며, 심지어 군대조차 두려워하지 않는다. 영화 「슈퍼맨」에서 렉스 루터는 슈퍼맨에게 잡혀 교도소에 들어갈 때조차 "내가 누군지 아는가? 렉스 루터다. 최고의 천재."라면서 당당하게 외친다.

2. 존재감, 슈퍼 악당에게 꼭 필요한 것

슈퍼히어로가 등장하는 작품 속 보스는 강한 힘을 자랑하는 사례가 많지만, 힘만으로 그들의 매력을 보여줄 수는 없다. 무엇보다도 '멋'을 위해서 악당은 매우 독특한 개성과 카리스마, 이른바 '존재감'이라는 것을 가져야 한다.

존재감은 육체적 강함만으로 드러나지 않는다. 머리가 똑똑한 것도 보스의 힘이 될 수 있고, 강한 신념을 갖고 있거나, 특별한 가치가 있는 이도 보스가 될 수 있다. 실수한 부하를 관대하게 용서하는 것도, 반대로 가차 없이 처단하는 것도 활용에 따라 존재감을 높여준다. 슈퍼히어로에 내면이 중요한 것처럼, 주인공에 맞서는 보스의 내면에 담긴 어둠이 어떤 것이며 강함이 무엇인지를 생각한다면 그만큼 존재감은 드러난다.

악당의 존재감은 주인공을 압도하는 힘, 독특한 외모나 성격, 어두운 과거 같은 여러 가지 측면에서 보여줄 수 있다. 하지만 무엇보다도 중요한 것은 그들의 등장과 대결, 그리고 결말이 충분히 매력적이어야 한다는 점이다.

역사상 최고의 악역 중 하나로 손꼽히는 「스타워즈」 다스베이더의 매력은 첫 등장부터 주변을 압도한다는 점에서 시작되어, 자신과 루크의 스승인 오비완을 가차 없이 베어버리는 단호함, 그리고 루크와의 짧지만 격렬한 대결에서 보여준 강한 능력을 통해 여실히 드러난다. '내가 네 아버지다'라는 놀라운 반전이 존재감을 더하고 아들이 위기에 빠진 순간 그를 구원하는 모습, 그리고 맨눈으로 아들을 보겠다는 바람으로 죽음을 각오하고 헬멧을 벗는 장면에서 감동을 더한다. 헬멧 너머로 드러난 그의 본 모습은 약하고 병든 환자에 가깝지만, 그 장면에서 그의 존재감은 더없이 빛을 발한다. 그야말로 하이라이트만 골라도 한 편의 드라마가 되는 존재. 때문에 그를 주역으로 프리퀄 3부작이 탄생하고, 그가 죽은 뒤의 속편에서도 그의 그림자가 쉽게 사라지지 않았다.

반면 에피소드 1에서 양날 광검을 펼치며 인상적인 등장 씬을 선보이고, 두 명의 제다이를 상대로 강력한 실력을 자랑한 다스 몰은, 마지막의 허전한 결말(퇴장)로 인해 불완전연소의 악역으로 종결되었다. 애니메이션 시리즈에서 다스 몰이 다시 등장한 것은, 그만큼 그가 인상적인 악역이었기 때문이지만 동시에 그의 퇴장을 사람들이 받아들이기 힘들었다는 것을 잘 보여준다.

좋은 악역은 그 자신만이 아니라 주역을 돋보이게 한다. 「스타워즈」 오리지날 시리즈에서 다스베이더는 자신만이 아니라 루크, 그리고 배후의 악역인 황제의 매력을 더해주었지만, 다스몰은 결국 그 자신만이 아니라 자신에게 죽은 콰이곤 진, 심지어는 자신을 물리친 오비완 케노비마저도 덜떨어진 것처럼 느끼게 했다. 이렇듯 악당들의 존재감은 픽션이라는 상황에서 어떤 드라마를 연출하는가에 따라 결정되게 마련이다.

악당의 드라마가 길어야 할 필요는 없다. 희미하게 타오르는 촛불보다 한순간 번쩍하는 번갯불이 더욱 깊은 인상을 심어주듯, 악당 역시 한순간 타오르듯 등장했다 소멸하는 것이, 약해 빠진 채로 남겨지는 것보다는 훨씬 매력적이고 강렬한 인상을 줄 수 있기 때문에.

그렇다면 어떤 모습이 매력적일까? 상황에 따라 다르지만, 가장 중요한 것은 어떤 상황이건 항상 당당한 모습을 보이는 것이라 생각한다. 위기의 순간에 몰려 절절

망토는 날려야 멋지다. 보스급 악역이라면, 망토처럼 무의미한 부분에도 신경쓰는 허세가 필요할 수 있다.

매는 것이 아니라, 위기에 몰렸을 때 더욱더 당당한 모습. 주역인 슈퍼맨보다는 가장 약한 악당(한 마디로 평범한 인간)에 지나지 않는 렉스 루터가 슈퍼맨의 숙적이라고 여겨지는 것은, 그가 슈퍼맨이라는 최강의 상대 앞에서도 주눅이 들지 않고 분명히 이길 수 있다는 생각으로 대하기 때문이다. 강할 때 당당하고, 약할 때 더욱 당당하게. 허세처럼 보이는 자신감으로 존재감은 더욱 살아난다.

3. 악당들의 드라마, 그 목적과 수단

주인공과 마찬가지로 악당에게는 어떤 목적이 있다. 대다수 영웅은 악당을 막는 것이 목적이라는 점에서 비슷하지만, 악당은 제각기 개성적인 목적을 지니고 있어 차별화된다. 졸개는 어디까지나 목적 없이 명령만 듣고 행동하는 존재로서 이른바 목적이나 수단은 전혀 중요하지 않다. 반면 마왕이나 악의 제왕(또는 보스나 총재, 총수)이라 불릴 만한 보스급 악당이라면 그들만의 개성적인 목적과 수단을 지니게 마련이다. 주인공의 목적에 반하는 '악이란 무엇인가?'의 대답인 동시에, 이야기를 관통하는 테마에 대한 반테마라고 해도 좋을 목적. 악당의 테마가 충실하면 이야기가 더욱 고조되고, 악당에 테마가 없으면 그만큼 몰입감이 떨어지는 경향이 있다. 악당들의 목적 중 대표적인 것은 다음과 같다.

1) 개인의 영달 – 권력

세속적이며 단순한 목적. 정치가, 조직의 보스로서 더 큰 권력을 원하거나 세력을 장악하기 위해서 활동하는 것을 말한다. 보통 소악당이라 불리는 이들이 선호하는 목적으로 위대한 마왕들에게는 대개 중간 과정에 지나지 않지만(다른 목적을 위해 권력을 추구한다거나) 권력에 대한 추구는 그 자체로 꽤 멋진 모습을 보인다.

쿠데타를 일으키는 신하, 정복 전쟁을 일으키는 왕, 세력 다툼을 벌이는 보스처럼 역사적으로도 권력을 추구하는 이들은 수없이 많았지만, 소설 『은하영웅전설』(다나카 요시키)의 정치가 요브 트류니히트는 이 같은 권력 추구형 인물 중에서도 강렬한 모습을 보여준 인물로 기억된다. 정치가로 탁월한 실력을 자랑하며 목적을 위해 수단 방법을 가리지 않으면서도 대중에게 환영받는 모습. 권력을 위해선 나라마저 가차 없이 팔아먹으면서도 애국자라고 자부하는 그 느낌은 썩어빠진 정치가의 전형을 잘 보여주었다.

2) 개인의 영달 – 부귀

권력보다도 더 세속적이며 단순한 목적. 돈이나 보석, 땅 등 소유할 만한 무언가를 추구하는 인물이다. 역시 소악당의 목적으로, 위대한 마왕에게 중간 과정에 지나지 않는 개념이지만, 역사적으로 많은 이들이 바로 이 부귀를 위해서 애쓰곤 했다.

기존 「슈퍼맨」 시리즈의 렉스 루터는 부동산으로 제국을 세우겠다는 거창한 꿈을 꾸는 존재인데, 지극히 세속적인 목적을 추구하는 그가 그토록 매력적인 것은 역시 슈퍼맨이라는 초인과도 과감하게 맞서며, 고작 땅을 위해 그야말로 모든 수단을 동원하기 때문일 것이다. 어떤 면에서 목적을 위한 수단이 아니라, 수단을 위한 목적을 추구하는 듯한 그의 모습은 슈퍼맨이라는 강력한 영웅의 반대 존재이기에 더욱 강렬하다.

3) 개인의 이상 – 평화

평화를 위해서 전쟁을 일으킨다는 것은 모순이자 오류이지만, 이러한 목적을 추구하는 이들에게 있어 그것은 지극히 성스럽고 고귀한 이상이라 해도 과언이 아니다. 그들은 권력이나 영토를 위해 침략 전쟁을 벌이지만, 그들에게 있어 이들은 단지 수단에 지나지 않을 뿐. 진정으로 그들이 추구하는 것은 전쟁이나 혼란이 없고, 모두가 행복하게 살 수 있는 세상을 구축하겠다는 이상이다.

『로도스도 전기』의 악역 베르도왕은 그를 따르는 이들에겐 영웅이라 불릴 만한 강렬한 인물이었다. 베르도는 일찍이 마신을 물리치고 로도스를 구한 영웅 중 하나였지만, 이후 마모라는 나라를 이끌고 동료 영웅들의 나라에 맞서 정복 전쟁을 일으킨다. 그가 전쟁을 일으킨 것은 일찍이 동료이자 연인이었던 성녀가 남긴, '로도스에 평화를'이라는 유언을 따르기 위함이었다. 끝없이 전쟁과 혼란이 계속되는 로도스를 안정시키고 평화를 지키려면 강력한 통일 군주가 필요하다는 그의 이상은 수많은 종족과 세력이 대립하던 마모라는 나라의 모든 이가 하나로 뭉쳐, 기꺼이 정복 전쟁에 동참하게 했다.

통일 전쟁만이 평화를 지키는 방법은 아니다. 베르도와 함께 마신을 물리친 영웅, 회색 마녀 카라는 '통일된 나라는 도리어 더욱 큰 붕괴와 혼란을 가져온다'라는 믿음으로, 베르도의 통일 전쟁에 협력하는 척하다가, 그가 결정적인 승리를 이룩한 순간 살해했다. 멸망한 고대 마법 왕국의 마법사였던 그는, '역사의 천칭은 다소 흔들려야만 안정된다'라는 이념 아래 로도스 통일을 막고자 노력한다.

영화 「어벤저스」 시리즈의 악당 타노스도 마찬가지이다. 그는 인구에 비해 자원이 부족한 것이 멸망을 가져온다고 생각하여, 우주 전역의 인구를 절반으로 줄이는 시도를 한다. '인구 증가를 식량 생산 증가가 따르지 못한다'라는 멜서스의 인구론 같은 그의 생각은 여러 가지 문제가 있지만, 자기 자신조차 소멸 대상에서 제외될 수 없다는 공정한 생각과 목적을 이룬 뒤 모든 것을 버리고 잠적하는 모습으로 강렬한 인상을 주었다.

4) 개인의 이상 – 환경주의

악당의 이상이라고 해서 반드시 세계 정복이나 파괴만 있는 건 아니다. 종교나 다른 사상 역시 그들의 이상이 될 수 있는데, 근래에는 그중 환경주의를 내세운 모습이 눈에 띈다. 처음에는 자연을 보호하고 사랑해야 한다는 정도로 이야기되었던 환경주의는, 극단적인 상황에 이르면 '인류는 지구를 좀먹는 암이고 쓰레기다'라는 이념 아래 인류 멸망이라는 목적을 추구한다. 환경주의 자체가 잘못된 것은 아니지만, 이를 위한 선택한 극단적인 수단으로 인해 인류의 악이 되는 사례.

소설 『레인보우 식스』(톰 클랜시)에서 올림픽 경기장에서 생물 병기를 퍼트려 인류를 멸망시키려 했던 환경 테러 단체나 애니 「기동무투전 G건담」에서 주인공의 스승인 마스터 아시아 같은 인물이 대표적인 사례. 한때 정의를 추구하며 평화를 위해 싸웠던 그가 자신이 저지른 파괴에 절망하면서 인류를 멸망시키기 위해서 행동하는 모습은, 광기를 느끼게 하는 동시에 지극히 슬프고 감동적인 드라마를 전해준다. SF 작품에서 환경 보호를 위해 노력하던 컴퓨터가 '인간이야말로 지구의 암'이란 판단으로 인간을 공격하는 것도 환경주의를 추구하는 악당의 한가지 형태이다.

5) 최강자의 길

무예를 쌓는 무술가 중에서는 강함 그 자체를 목적으로 삼는 악당을 종종 볼 수 있다. 이런 존재는 절대적인 무술이나 특별한 경지를 추구하는 인물과 강자로서 남위에 군림하는 것을 즐기는 타입으로 나뉜다.

최강자를 추구하는 악당은 대전 격투 게임의 보스로 종종 등장한다. 절대적인 무술이나 경지를 추구하는 인물 중에는 게임 「스트리트 파이터」 시리즈의 진보스로 등장한 고우키가 유명하다. 주인공 류의 스승을 해친 그는 일격필살이라는 절대적인 강함을 입증하겠다는 목적만으로 싸움을 벌인다. 이 세계에는 세상을 위협하는 악당이 많지만, 고우키는 그들과 싸우는 것에 관심이 없다. 무술을 수행하고 싸우는 건 단지 일격필살을 이루고, 입증하기 위해서다. 고우키처럼 강함만을 추

「내 이름은 고우키. 권의 극에 달한 자」
스트리트파이터 2에서 보스를 쓰러뜨리며 등장하여 진보스의 모습을 보여준 그는 시리즈를 거듭하며 더욱 강렬한 존재로 거듭났다.
©CAPCOM CO., LTD

구하는 이들이 꼭 악이라고 볼 수 없지만, 여러 상황에서 그들은 보스이자, 악역 입장에 놓이곤 한다.

소설 『태극문』(용대운)의 최종 보스 화군악은 절대적인 무공만 추구하는 순수한 무인이지만, 이를 증명하는 과정에서 주인공의 형을 포함한 많은 이를 해쳤다. 그 결과 주인공의 행동은 – 복수심을 충족하는 목적은 아니지만 – 형에 대한 복수의 모양새를 갖추게 된다. 문제는 그를 신격화한 이들이 사실상 무림을 지배하는 조직이 되어 사람들을 억압하며, 그를 꺾겠다는 목적을 지닌 이들이 이를 위해 수단 방법을 가리지 않으며 혼란을 더한다는 점이다. 화군악 자신은 악이 아니지만, 그를 둘러싼 상황이 그를 악의 보스처럼 만들고 만다.

반면 『스트리트 파이터』의 베가나 『아랑전설』의 기스 하워드처럼 남위에 군림하고 힘을 휘두르는 것을 즐기는 이들은 범죄도 개의치 않으며, 사람들을 해치고 억압하며 악의 보스에 어울리는 모습을 보여준다.

목적이 최강이며, 동시에 힘이기 때문에 이들은 때때로 라이벌이라는 형태로 주인공의 동료가 되기도 하지만, 절대 강자로서 군림하다가 당당하게 최후를 맞이하는 쪽이 더 멋지게 보인다. 최강자의 길을 추구하는 악당 중엔 목적을 위해 수단을 가리지 않는 이들도 있다. 소설 『소오강호』(김용)에서 주인공 영호충의 스승 악불군은, 정파인 화산파 장문인이자 군자검이라 불리는 인물이지만, 절대적인 무공을 얻고자 제자를 살해하고, 주인공을 악당으로 몰아가며 결국 굴욕스러운 최후를 맞이한다.

6) 파괴나 전쟁 그 자체

악당 중에서도 가장 골치 아프면서도 재미있는 사례로서, 파괴나 전쟁, 또는 혼란을 목적으로 삼는 이들이 있다. 그들에게 있어 파괴나 전쟁은 목적인 동시에 수단이며, 오직 그것만을 위해서 살아간다. 마치 살인을 유희처럼 즐기는 살인귀처럼.

배트맨을 괴롭히는 것을 즐기는 조커처럼 수많은 악당이 파괴나 전쟁 그 자체를 추구하며 행동했지만, 흡혈귀가 주역인 만화 『헬싱』(히라노 코우타)에 등장하는 소령(소좌)은 그중에서도 '수단을 위한 목적'을 절실하게 추구한 모습을 잘 보여준다. "제군들 나는 전쟁이 좋다."라며 광기와 희열로 가득 차 연설하는 장면은 많은 작품에서 패러디될 정도. 승리가 아니라 끝없는 전쟁을 추구하는 그 모습은, 일반인은 이해하기 힘든 그 목적에 수많은 부하가 동참하는 광기를 이해하게 한다.

7) 복수

이해하기 쉽고, 한편으로는 동정을 느낄 수 있는 목적. 세상 사람들이 보기에 분명 그는 악당이지만, 그것은 오해에 의한 것이거나 또는 '정의'라고 위장한 또 다른 악에 의한 사례가 많다. 물론 복수라는 목적으로 물불을 가리지 않는 그들의 행동은 더욱 큰 슬픔과 아픔을 가져오기에, 그들은 악당으로 불리며 정의의 이름으로 처벌받아 슬픈 결말을 맞이한다.

「드래곤 퀘스트 4」의 피사로는 사랑하는 엘프 로잘리를 괴롭힌 인간을 증오하고 인간 이외의 종족이 평화롭게 살 수 있는 세상을 이루고자 노력하지만, 인간에 의해 연인이 살해되면서 증오가 폭발하여 복수를 다짐한다. 자기 몸에 진화의 비법을 가하여 궁극 생물 데스피사로로 변해버린 피사로는, 자아가 사라지고 오직 파괴만 남은 존재로서 세계를 위협하다 파멸한다. 흥미로운 것은 연인의 죽음이 그를 조종하여 세계를 정복하고자 했던 부하, 에빌 프리스트의 음모였다는 점이다. 결국 피사로는 복수라는 목적에 눈이 먼 나머지, 이상도 기억도 잃고 괴물이 된 것인데, 이는 복수라는 목적이 얼마나 위험한지를 잘 보여준다.

8) 그 밖의 이유

세상에는 그 밖에도 악당들을 움직이는 수많은 이유가 존재한다.

사랑하는 여인을 되살리기 위해 저주받은 비법에 손을 대는 연금술사나 마법사가 있는가 하면, 오직 '지식'을 위해서 악당들과 손을 잡거나 스스로 악의 길로 빠져드는 존재도 있다. 신에 필적할만한 강력한 힘이나 영원한 생명은 악당들에게 있어 지극히 흔한 목적이지만, 이조차 목적을 위한 수단으로 생각하는 이도 있다.

『로도스도 전기』의 바그나드는 사악한 신을 부활시키려 하는데, 이는 단지 마법 연구를 위해 영원한 생명을 얻고자 했기 때문이다. 그는 영웅들에게 처단되지만, 그의 강렬한 바램은 달성되어 노라이프킹이라 불리는 언데드의 제왕으로 부활한다.

거창한 이상이나 지식 같은 것만이 목적이 되는 것은 아니다. 소설 『슬레이어즈!』에서 적법사 레조는 수많은 업적으로 현자라 불리며 존경받지만, 이는 단지 '태어날 때부터 닫혀있는 눈을 뜨겠다는 마음'으로 마법을 연구한 결과일 뿐이었다. 눈을 뜨기 위해 그야말로 무슨 일이든 가리지 않은 결과, 수많은 인체실험 희생자를 낳고 세상을 위기로 몰아간 그는 눈을 뜨는 데 성공했지만, 주인공에 의해 파멸한다.

물론 악당 중엔 더 강력한 악당(이를테면 마왕)의 명령이나 이상을 충실히 따르기만 하는 이들도 있다.

4. 마왕의 길, 그 끝없는 어둠의 여정

세상에 악당들이 수없이 많듯, 그들 악당의 목적이나 행동도 지극히 다양하게 마련이며, 물론 '멋진 악당' 역시 무수하게 존재한다.

정의의 용사라 불리는 주역에게 패배하는 것이 그들의 존재 가치이지만, 그런데도 그들은 나름대로 다양한 방식으로 그 정의의 길에 대항하며 세상에 그들만의 빛(어둠?)을 펼쳐낸다.

결국은 주역이 될 수 없는 그들. 하지만 그들이 존재하기에 이야기는 생명을 얻고 주역들은 빛을 발한다. 그것이 바로 진정한 '악당들의 이야기'이기에.

3. 판타지의 해결사? 모험가의 활약

오랜 옛날, 판타지 세계의 어딘가에 한 마을이 있었다. 농부와 상인, 장인과 광부들이 모여 살아가는 그곳은 크진 않지만, 꿈을 지닌 많은 이가 행복하게 살아가는 곳이었을 것이다. 하지만 어느 날 그 마을은 어둠에 잠기고 말았다. 가까운 산의 동굴에 모여든 괴물, 몬스터들이 마을을 노리기 시작한 것이다. 처음에는 광산으로 향했던 광부들이, 다음에는 밭으로 나간 농부들이, 하나둘 몬스터에게 희생되었다. 끔찍하고 무서운 일이 마을을 위협하며 마을은 슬픔과 공포에 잠기고 말았다. 사람들은 자신과 가족을 지키고자 발버둥 쳤지만, 그들에겐 힘이 없었다.

절망의 시간. 하지만 그들에겐 희망이 있었다. 이런 문제를 처리해 주는 해결사들이 있었으니 말이다. 돈이 많이 들긴 하지만….

그들은 어디든 출동하여 문제를 해결한다. 마치 '이상한 일'이 일어났을 때, 전화 한 번으로 출동하여 유령을 퇴치하는 사냥꾼, 고스트버스터즈나 막힌 하수구를 뚫어주는 수리업자처럼. 몬스터나 재난의 위협이 끊이지 않는 판타지 세계에서, 모든 문제를 맡아서 처리하는 해결사. 사람들은 그들을 '모험가'라고 부른다.

우리가 판타지라고 부르는 작품에는 많은 종류가 있지만, 그중에서도 중세 유럽을 바탕으로 만들어진 중세 판타지가 유명하다. 『반지의 제왕』이나 『나니아 연대기』부터 『드래곤 라자』나 『왕좌의 게임』, 그리고 「리니지」나 「젤다의 전설」, 「세븐 나이츠」 같은 판타지 게임에 이르기까지 중세 판타지는 그야말로 정통파 판타지의 대세라 할 수 있다.

중세 판타지는 중세 유럽을 바탕으로 만들어졌기에, 중세 유럽의 다양한 직업도 함께 등장한다. 기사나 전사는 물론이고, 마법사나 연금술사처럼 조금은 사기꾼 같은 직업도 함께 존재한다. 하지만 중세 판타지에만 존재하는 직업도 있는데, 그중 가장 대표적인 것이 바로 '모험가'이다.

'모험가'는 모험을 하는 사람, '위험을 무릅써야 하는 일들을 즐기거나 자주 하는 사람'이라는 뜻이다. 우리 세계에서 모험가라면, 높은 산을 등반하거나 스카이다이빙, 심해 잠수 같은 것에 도전하는 사람을 가리킨다. 이른바 '모험 스포츠(익스트림 스포츠)'라고 불리는 활동을 즐기는 사람들이다. 그들은 부상이나 생명의 위험을 무릅쓰고 온갖 일에 도전한다. 그리고 목숨을 걸고 목적을 마친 후에는 더욱 위험한 일에 도전하기를 반복한다.

중세 판타지의 모험가는 다르다. 그들은 모험 스포츠를 즐기는 사람이 아니다. 그들은 주로 판타지의 여러 문제에 도전하여 처리한다. 몬스터가 마을을 습격하면 가서 구해주고, 위험한 길을 나서는 상인을 보호하며, 때로는 산적들을 퇴치하고 도적을 잡는다. 악당의 부탁으로 사람들을 습격하고 물건을 약탈하는 일도 있다.

그야말로 돈만 되면 무엇이든 처리하는 사람들. 세계의 해결사라고 해도 과언이 아니다.

그것은 판타지 세계의 모험가가 직업이기 때문이다. 판타지 게임과 달리, 현실의 판타지 세계에서 살아가려면 먹을 게 필요하다(일부 게임은 게임 속에서 돈을 벌고 생활해야 하지만). 당연히 먹을 것을 살 돈이 있거나, 직접 먹을 것을 구해야 할 것이다. 어느 쪽이건 땀을 흘리거나 정신을 써서 일해야 한다. 그래서 모험가들은 자기 능력, 주로 전투력을 팔아서 돈을 번다. 그야말로 목숨을 걸고 할 수 있는 모든 일을 하는 것이다.

모든 모험가가 그런 것은 아니다. 모험가도 꿈은 갖고 있다. 모험가가 된 모든 사람이 처음부터 해결사가 되려고 한 것은 아닐 것이다. 분명 그들 중 상당수는 음유시인의 노래에 나오는 영웅이나 용사의 이야기를 듣고 동경하며 그 길을 택했을 것이다. 언젠가는 자신들도 드래곤이나 마왕과 싸워서 세상을 구하고 영웅이 되리라 믿고 있었을 것이다.

하지만 아무리 판타지 세상이라 해도 드래곤이나 마왕이 여기저기 굴러다닐 리가 없다. 아니, 드래곤이나 마왕이 넘쳐난다고 해도 그들이 호락호락 당할 리도 없다.

용사나 영웅이 될 수 있는 건 극소수 사람들. 재능을 갖고 태어났을 뿐만 아니라 일찍부터 훌륭하게 교육받고 뛰어난 장비를 지닐 수 있었던 누군가. 한 나라의 왕자나 공주 정도가 아니라면 가능성은 거의 없다. 동화 속에서 농민 A나 대장장이 B가 아니라, 지나가던 왕자가 공주를 구하고, 지나가던 공주가 사람들을 지키는 건 지극히 현실적인 얘기인 셈이다.

그렇다면 영웅이 되겠다며 모험가가 된 농민 청년 A는 어떻게 할까? 재능이야 어떻든, 제대로 된 무기도 없고, 훈련도 제대로 받지 못한 사람들은 말이다.

답은 하나. 노력뿐이다. 일단은 몽둥이라도 들고, 나무판자라도 감싸서 몸을 지키며 눈앞의 문제를 하나하나 해결해나가는 것이다. 다행히도 그들이 있는 곳은 판타지 세계. 싸울 대상은 얼마든지 있으니 싸우고 싸우다 보면, 언젠가 강해질 수도 있다. 어쩌면 뛰어난 실력을 지닌 모험가의 집단(이를 파티라고 부른다)에 들어가 함께 성장할지도 모른다. 최소한 친구라도 있다면 외롭지는 않은 법이다.

위협이 넘쳐나는 판타지 세계, 전쟁이라도 있다면 용병 활동이라도 가능하지만, 지금 당장 몬스터 때문에 삶이 위협받는 상황에서 그들의 주 임무는 사람들을 해치는 몬스터 퇴치가 중심이 된다. 마을을 습격하는 고블린 무리에서, 밭을 망치는 멧돼지, 도심의 하수구에 살아가는 거대한 괴물쥐에 이르기까지. 사람들의 삶을 위협하는 몬스터는 얼마든지 있으니 말이다. 그렇게 그들은 얼마 안 되는 보수를 위해 목숨을 걸고 사람들의 삶을 지켜나간다.

'모험가'라는 거창한 이름과 달리, 몬스터 전문 퇴치사로 전락해버린 그들. 중세라면 쥐잡이 같은 직업에 가까운 만큼, 판타지 작품에선 종종 "모험가라고 하지만, 고작 돈을 받고 몬스터를 잡는 사람들일 뿐"이라고 비난하는 장면이 눈에 띈다. 하지만. 정말로 그럴까? 몬스터 퇴치사라는 모험가의 역할이 그렇게 무시당할 일일까?

판타지 세계는 중세 유럽보다도 훨씬 위험하고 살기 힘든 땅이다. 수많은 몬스터만이 아니라 온갖 신들의 변덕으로 죽음이 함께 하는 세계. 힘없는 이들에겐 지금 당장 목숨이 사라져도 이상하지 않은 상황. 모험가들은 그처럼 위험한 땅에서 자기 목숨을 걸고 사람들을 지켜나간다.

옛날 한반도에는 호랑이가 많았고, 호랑이에게 죽는 사람도 적지 않았다. 조선시대엔 호랑이를 전문으로 잡는 착호갑사라는 군대가 있었을 정도이니 말이다. 유럽에선 사람과 가축을 해치는 늑대가 큰 위협이었기에, 늑대 사냥 전문의 개[이름부터 울프하운드(Wolfhound)다]가 탄생했다. 그것은 호랑이나 늑대가 매일 나타나는 건 아니지만, '호랑이에게 죽을 수도 있다'라는 두려움만으로 사람들의 삶은 황폐해지기 때문이다. 착호갑사나 울프하운드가 항상 필요한 환경은 아니었지만, 이들의 존재는 사람들을 안심하게 해 주었다.

좋은 일이건 나쁜 일이건, 돈만 받으면 대부분 맡아서 처리하는 판타지 해결사인 모험가. 하지만 그들 덕분에 세계 사람들은 평온하게 살아갈 수 있다. 처리하고 처리해도 끝없는 괴물 퇴치에 목숨을 걸고 도전하는 사람들. 그것이야말로 '모험가'란 말에 어울리는 것이 아닐까?

게임 「몬스터 헌터 월드」의 거대한 몬스터에 맞서는 모험가
이 정도면 훌륭한 영웅이 아닐까?
©CAPCOM CO., LTD

읽을거리 지나가던 왕자나 공주의 모험담

흔히 동화에선 지나가던 왕자나 공주가 등장한다. 보통 사람들이 동경하며 즐기는 동화의 주역이 왕자나 공주처럼 흔치 않은 느낌의 존재인 것은, 사람들의 꿈을 반영했기 때문이기도 하겠지만, 동시에 봉건 체계라는 현실 속에서 매우 자연스러운 일이었다.

본래 왕은 한 나라에 1명이며 당연히 왕자와 공주의 숫자도 한정된다. 하지만 영지 하나하나가 왕국이나 다를 바 없는 봉건 체제에서는 영주 수만큼, 아니 그 이상으로 많은 왕자와 공주가 존재하게 된다. 가령 독일에는 한때 300개가 넘는 나라가 있었다는데, 피임을 신경 쓰지 않고 자식을 계속 낳은 만큼 300명이 넘는 왕자와 공주가 있었을 것이다[일본 전국시대에는 수백, 수천 명의 영주, 다이묘가 있었는데, 그들의 딸은 모두 '히메(姫=공주)'라 불렸다].

그 왕자와 공주의 자식까지 생각하면, 수천 명의 왕자와 공주가 있었을지도 모른다. 고구려 장수왕의 아들이 죽을 때까지 왕자였던 것처럼, 왕이 살아있는 한 50이 아니라 100살이 되어도 그는 왕자이며 그들의 자식도 왕자, 공주이니 말이다.

초기엔 균등 상속제로 모든 자식에게 영지를 물려주었지만, 훗날 장자 상속제가 정착된 시기에는 만약을 대비한 둘째 정도는 몰라도 셋째나 넷째에겐 국물 한 방울 없는 경우도 적지 않았으니, 여기저기 일거리를 찾아 돌아다니는 왕자, 공주가 넘쳐나도 이상한 일은 아니다. 일거리도, 물려받을 재산도 없는 그들은 십자군 전쟁 같은 기회에 뛰어들어 성공을 노렸다. 가난한 영지의 막내라도 농민 A나 장인 B보다는 삶에 여유가 있고 최소한 장비도 좀 더 충실했으니, 판타지 세계라면 그들이야말로 모험가라는 직업에 가장 어울릴지도 모른다.

게임에선 동네 청년 C로 시작하는 주인공조차 강철이나 구리로 된 칼을 들고 시작하지만, 실제 중세 시대에는 일일이 망치를 두드려 칼을 만든 만큼 칼 한 자루가 웬만한 자동차 한두 대 값에 달했다. 그보다 몇 배 비싼 전신 갑옷에 이르면, 평생에 걸쳐 한 벌 갖출까 말까 하여 대대로 물려주는 일도 적지 않았다고 한다.

이는 중세 유럽만의 현상은 아니었다. 중국을 무대로 한 무협물에서도 평범한 사냥꾼 D 같은 이들이 우연히 놀라운 무공을 배워 무공 고수가 되고 영웅으로 불리지만, 실제 고대 중국에서 무술을 배운 사람은 대개 집안이 부유하거나 대대로 무술로 명성을 떨친 경우가 많았다.

영화 「황비홍」의 주인공 황비홍은 집안이 대대로 의원을 하며 돈을 번 집안이었고, 그 자신도 의원이었다고 한다. 의원으로 번 돈에 의술을 통해 익힌 인체에 관한 공부로 얻은 지식으로 무술을 만들었고, 이를 대대로 물려가며 수련하여 이름을 떨친 것이다. 제대로 된 무술을 배우려면 엄청난 돈을 내고 도장에 입문하거나 그보다 훨씬 많은 돈을 들여 스승을 모시고 배워야 했으니, 거지 E가 무공 고수가 되려면 기적 이상의 행운이 필요했다.

부자나 영주가 무술을 수련하고 기술을 쌓은 것은 당연히 필요했기 때문이다. 언제 들이닥칠지 모르는 약탈자에 대비해야 했고, 영주도 영지와 영민을 지키고자 죽어라 실력을 쌓아야 했다. 경호원이나 부하를 고용할 수 있지만, 그들이 배신하지 말란 법도 없으니 스스로 실력을 갈고닦아야 했다. 이렇게 실력을 쌓은 고수나 기사들을 갓 징집되어 막대 하나 달랑 든 병사 F가 이기는 것은 당연히 불가능했기에, 『삼국지연의』에서 유비, 관우, 장비가 이끄는 수백의 의용군이 수천, 수만 황건적을 물리치는 상황이 가능했다.

이렇게 현실적인 문제를 얘기하면 판타지의 낭만이 사라져 버릴 테니, 판타지 모험물에서는 좀 더 손쉽게 무기를 얻거나 신의 축복으로 능력을 받는 등, 편의주의적인 상황이 많다. '환생하고 보니 농민 A' 같은 작품보다는 '환생하니 용사의 능력에 신이 내린 무기 들고 영웅 되어 해피'가 많은 건 당연하다. 이런 얘기가 주류인 만큼, 농민 A로 시작해서 몽둥이 하나로 모험가가 되어 죽을 고생 하며 성장하는 이야기 쪽이 더 참신하고 흥미롭게 여겨질 수도 있지만.

4. 하늘을 나는 마녀 이야기

깊은 숲과 나지막한 산 사이, 작은 마을에는 신기한 일이 있다. 키 큰 나무 꼭대기에 매달린 방울이 바람이 없는데도 큰 소리로 울리는 것이다. 소리의 정체는 키키라는 한 꼬마이다. 키키는 평범한 아이가 아니다. 꼬마인 주제에 높은 나무의 방울을 울리니 말이다. 바로 전통 있는 마녀 집안의 외동딸, 꼬마 마녀이다. 열세 살이 된 키키는 마녀 집단의 규율에 따라 홀로서기를 시작한다. 오랫동안 함께 지낸 고양이 '지지'와 함께 새로운 마을을 찾아 나선 것이다. 어머니의 빗자루를 물려받아 타고, 가족과 마을 사람의 전송을 받으며 하늘로 날아오른 키키. 어느 순간 방울 소리는 울리지 않고 나무를 피하여 키키는 하늘 높이 솟아 멀리 떠나간다. 강을 따라 바다로…. 그렇게 큰 마을에 도착한 키키. 기쁜 마음에 사람들에게 인사하지만, 아무도 환영해주지 않는다. 과연 키키의 홀로서기는 어떻게 될까?

카도노 에이코의 동화 『마녀 배달부 키키』는 하늘을 날 수 있는 꼬마 마녀에 관한 이야기, 새로운 세계를 접한 마녀가 사람들과 친해지고 자신의 길을 찾아 나서는 동화이다. 낭만적인 항구도시를 무대로 택배일로 활약하는 마녀가 주인공으로, 미야자키 하야오와 스튜디오 지브리의 애니메이션으로도 유명하다.

이 작품 세계에는 마녀가 있다. 자동차가 달리고 비행선이 날아가는 시대이지만, 하늘을 날고 마법 약을 만들고 점을 치는 마녀가 곳곳에서 생활하는 것이다. 키키도 큰 마을에 도착하여 '하늘을 나는 택배일'

을 시작하지만, 일은 잘되지 않는다. '마녀 택배'라는 이름을 본 사람들이 맡긴 물건에 마법을 거는 건 아닐까 걱정했기 때문이다.

"나 슬퍼. 어째서 마녀는 나쁜 일을 한다고 생각할까?"

이렇게 말하는 키키에게 지지가 대답한다.

"모르기 때문이야. 어쩔 수 없지."

그래도 시간이 흐르면서 키키의 일은 조금씩 풀려나간다. 키키의 도움을 받은 이들이 친구가 되어 일을 맡기기 시작한 것이다. 이처럼 꼬마 마녀 키키는 마을에 친숙한 존재가 되어 행복한 이야기를 펼쳐낸다.

하지만 역사 속 마녀는 그렇지 않았다. 적어도 중세 유럽에서는….

마녀(Witch, 윗치)는 초자연적인 힘을 사용하는 사람을 말한다. 한자로는 '마법(특히 나쁜 마법)을 쓰는 여성'이란 뜻이지만 Witch라는 영어 단어는 성별과 관계없으며, 마법을 쓰는 모든 사람을, 그것도 선악을 가리지 않고 부르는 표현이었다.[3]

윗치(Witch)의 전통은 원시 시대로 거슬러 올라간다. 구석기 시대의 벽화에 주술을 사용하는 것처럼 보이는 사람의 모습이 있는데, 바로 여기서부터 마법으로 무언가는 하는 전통이 시작된 것이다. 어려운 일이 있을 때 사람들은 마법에 의존했다. 기우제처럼 농사에 좋은 날씨를 바

3 윗치(Witch)는 마법사와 주술사, 드루이드 같은 마법을 쓰는 이들을 가리키는 뜻으로, 남성 마법사를 뜻하는 고대 영어 wiċċa(윗차)와 여성 마법사 wiċċe(윗체이)가 합쳐져서 만들어진 단어이다. 윗치라는 단어를 쓴다면 남자 윗치, 여자 윗치라고 따로 불러야겠지만, 윗치 사냥(Witch Hunt) 이야기와 함께 동양에 전해지면서 '마녀'라는 단어로 번역되고 말았다. 이는 번역상 오류라기보다는 윗치 사냥 당시, 여성이 압도적으로 많이 희생되면서 '윗치=사악한 주술을 쓰는 여성 마법사'라고 인식했기 때문으로 보인다.

라는 일도 있었지만, 대개는 원인을 알 수 없는 질병을 치료하고자 한 것이다.

수메르 신화에는 지혜의 신 엔키의 자손으로 귀신 쫓는 신인 아살루히(마법과 주문의 신이기도 하다)가 있는데, 여기서 귀신이란 바로 '병을 주는 귀신' 병귀나 역신을 말한다.

신라 시대 처용가에서도 '집에 돌아와 보니 아내 옆에 누워 있는 사람이 있어 춤추고 노래 불렀다(즉 굿을 했다)'라는 구절을 통해 처용이 역신을 쫓는 마법사, 또는 주술사였다는 것을 알 수 있다. 일설에는 처용이 외국인이었다는데, 서양인을 처음 본 사람들이 '도깨비'라고 불렀듯, 뭔가 다르게 생긴 처용이 특이한 힘을 지닌 것처럼 여겼을지도 모른다.

어떤 이유건 처용은 병을 쫓는 힘을 지닌 주술사나 마법사, 즉 윗치였기에 굿으로 아내의 병을 고칠 수 있었고, 이후 우리나라에서는 질병이 돌 때 문 앞에 처용의 얼굴을 그려서 붙이는 전통이 생겼다고 한다.

마법 자체가 정말로 있는지는 알 수 없지만, 오랜 세월 동안 윗치는 출산이나 질병 치료 같은 의료 행위만이 아니라 농경이나 축산 등 많은 분야에서 도움을 주는 존재로 존경받았다. 그들을 두려워한 이들도 있었지만, 배척하고 몰아내려 한 것이 아니라 굳이 말하면 경외심에 가까운 느낌으로 바라보았다. 주술 행위를 악용하거나 사기를 치는 이들을 벌하긴 했지만, 주술 그 자체를 나쁘게 보거나 모든 위치를 사악하고 부정한 것으로 바라보진 않았다.

중세 유럽이 되면서 상황은 돌변한다. 중세 유럽을 지배하던 기독교를 맹목적으로 신봉하던 사람들이, 그들이 이해할 수 없는 주술과 마법을 사용하며 사람들에게 존경받는 윗치를 사악한 악마와 손을 잡았다고 주장한 것이다. 신의 이름으로 유럽 전역에서 수많은 윗치가 배척되고 추방되며, 처형되었다. 윗치가 쓰는 주술이나 마법이 선한지 아닌지는 상관없었다. 사람들이 이해할 수 없는 모든 종류의 주술과 마법은 모두 악마의 힘을 빌린 부정한 힘이었고 그러한 행위를 한다는 것 자체가 악마와 손을 잡은 증거였다.

이 과정에서 오랜 세월 마법이나 주술이라는 이름으로 전해져 내려오던 윗치들의 기술(가령 병을 치료하는 민간요법)이 사라졌고, 의술을 시작으로 많은 것들이 쇠퇴했다. 그로 인해 사람들의 삶은 더욱 힘겨워졌고, 그럴수록 민중은 악마와 손을 잡았다고 여긴 윗치를 박해했다.

페스트 같은 질병이 도는 것은 사악한 윗치가 저주를 걸었기 때문이었다. 갑자기 가축이 죽어버리면 악마와 손을 잡은 윗치가 산 제물로 바쳤기 때문이었다. 무엇이건 기묘한 일이 일어날 때마다 사람들은 윗치 탓을 했고, 그들을 몰아내며 처형했다. 그로 인해 '마녀사냥'이라 불리는 끔찍한 사건이 이어졌다.

당시 처형된 윗치 중엔 남자도 있었지만, 여성이 훨씬 많았다고 한다. 주로 교회가 주도하여 진행한 윗치(마녀) 사냥으로 수많은 사람이 목숨을 잃었지만, 사람들의 바람과 달리 혼란은 줄어들지 않았다. 병이 유행할수록 사람들은 신에 기도하며, '악마와 손을 잡고 있다'라고 믿은 윗치를 색출하여 처형했지만, 질병과 재앙은 해를 거듭할수록 심해졌고 한때 유럽 인구의 1/3 이상(일설에는 절반 이상)이 페스트로 사망했다.

이런 질병의 대유행이 사라진 것은 과학이 발달하면서 질병의 원인이 밝혀지고 위생 상태가 호전된 이후의 일이다. 백신과 치료법이 개발되고, '손 씻기'를 생활화하면서 질병으로 인해 사망하는 사람들은 급격하게 줄어든 것이다. 모르는 것을 '신의 축복'이나 '악마의 주술'이라 여기며 두려워하고 배척하지 않고, 그 원인을 밝혀내고 배우고자 한 이들 덕분에 우리는 안심하고 살아갈 수 있는 것이다.

일설에 따르면, 윗치(마법사나 마녀)는 세상의 신비를 찾고자 노력한 일종의 과학자였다고 한다. 세상을 관찰하며 이치를 알아내고 사람들에게 도움이 되는 길을 찾아나간 사람들이었다는 말이다. 비록 방향성은 잘못되었지만, 현대 화학의 가능성을 끌어낸 연금술사도 일종의 마법사였고, 흔히 예언자로 알려진(그래서 창작 작품에서 마법사로 종종 등장하는) 노스트라다무스도 사실 페스트 치료에 도움을 준 의사였다고 한다.

『마녀 배달부』에서 키키의 어머니가 오랫동안 내려온 마법약으로 마을 사람들을 돕듯, 어쩌면 역사 속 희생된 윗치 중엔 사람들을 돕고자

악마에게 밀랍인형을 바치는 마녀들
근대 유럽인이 마녀를 어떻게 생각했는지 잘 보여준다(History of Witches and Wizards, 1720년).

연구하던 사람들이 있었을지도 모른다. 그런 면에서 '신의 기적'만을 바라며 마녀를 사냥했던 이들은 정말로 안타까운 이들이다.

'인간은 자기들이 이해하지 못하는 건 이내 나쁜 일이라고 단정지어 버려.'라고 키키는 말한다. 과거엔 마법과 윗치가 그랬다면, 요즘엔 과학과 과학자를 가리키는 것 같다. 실제로 '백신'은 믿을 수 없다면서 거부하는 이들도 늘어나고 있다(특히 미국에선 그로 인해 독감이 대유행하여 매년 수만 명이 사망하고 있다).

코로나 바이러스가 유행하면서 이런 일이 이어지고 있다. 백신과 마스크를 거부하며, 중국인을 비롯한 아시아 사람들을 '코로나'라고 부르며 차별하는 일도 벌어진다. 하지만 이런 때일수록 '현대 사회의 윗치'인 과학자와 의사의 말에 따라 적절한 수면과 영양가 있는 식사로 건강을 유지하면서 손 씻기를 생활화하면 좋겠다. 우리 인류 문명은 바로 그런 '윗치'에 의해 발전해왔으니까.

읽을거리 페스트와 맞선 윗치, 노스트라다무스

"1999년 7의 달 하늘에서 공포의 대왕이 내려오리라"라는 예언으로 유명한 노스트라다무스는 중세의 윗치, 즉 남자 마녀 중 하나이다. 사람들은 그를 예언자로 이야기하지만, 그는 단지 풍자 시인이었을 뿐, 예언자로 활동한 적은 없다.

그런데도 그가 윗치이자 예언자가 된 것은 그가 페스트가 대유행하던 시기에 페스트와 싸웠던 사람 중 하나, 즉 의사였기 때문이다. 젊은 시절 노스트라다무스는 페스트가 유행하던 지역을 돌아다니며 다양한 의술을 행했다. 그가 행한 여러 가지 기술은 당시 사람들이 보기엔 기묘하기 이를 데 없었다. 쥐 사체를 모아서 태우게 하고 독한 술을 부어 여기저기를 닦아내며, 기묘한 열매나 약초를 주며 물을 끓여 먹이는 모습을 본 사람들은 그를 이상하게 여겼다. 하지만 그의 시도가 나름 효과를 보면서, 덕분에 목숨을 건진 사람 중엔 노스트라다무스를 윗치라 여기며 두려워한 이들도 있었다고 한다. 다행히도 그가 윗치로 몰려 처형되는 일은 일어나지 않았지만, 젊은 날의 이런 행적은 훗날 그가 남긴 기묘한 풍자시를 예언으로 생각하게 만드는 결과를 낳았다.

당시 사람들에겐 이해되지 않는 노스트라다무스의 행위는 현대 의학적으로 볼 때 타당한 시술이었다. 페스트는 체액이나 직접적인 접촉을 통해서 감염되는 질병으로 주로 쥐벼룩에 의해서 퍼져나간다. 그러니 쥐 사체를 그대로 놔두면 그만큼 감염자가 늘어나기 쉽다. 독한 술에 든 알코올은 페스트는 아닐지라도 여러 가지 세균을 소독하여 여러 질병에 걸릴 위험을 줄이며, 그가 환자에게 준 여러 가지 먹거리는 비타민을 비롯한 영양소가 풍부했기에 회복을 돕는 효과가 있었다. 수많은 질병이 더러운 물의 세균에 발생한다는 점을 생각할 때 물을 끓여 먹는 게 도움이 되는 건 당연한 일이었다.

노스트라다무스가 시행한 여러 행위는 그가 홀로 생각한 것이 아니라, 예로부터 많은 지역에서 시행되던 의술이자, 고대엔 윗치의 주술이라 여겨진 방법이었다. 젊은 시절 노스트라다무스는 의사로서 여러 지역을 다니며 많은 사람과 이야기를 나누었다고 하는데, 이 과정에서 그들의 지혜를 배웠을 것으로 여겨진다.

고대 윗치의 주술이나 마법이라는 것은 사실 이러한 것이었을 가능성이 크다(정말로 고대의 마법이었을 가능성도 있다). 윗치에게 가장 중요한 능력으로 관찰력과 상상력, 그리고 이를 바탕으로 한 직관을 손꼽는 이들이 있는데, 윗치는 그 같은 관찰력과 직관을 통해 질병이나 재앙에 맞서는 '마법'을 만들어낸 것이다.

민간요법과 마찬가지로, 과학적인 방법론을 따른 게 아닌 만큼 모든 마법이 효과가 있는 것은 아니었고 나쁜 결과를 낳을 수도 있지만, 여러 대를 내려오며 축적된 경험과 관찰, 직관으로 쌓인 마법은 '신의 기적'을 바라며 기도하는 것과는 비교할 수 없을 정도로 강력한 효과를 발휘했고, 사람들의 경외심을 얻으며 숭배받기도 했다. 일부 기독교 신자들이 윗치 사냥에 나선 데는 하나님 이외의 존재를 경외하고 숭배하는 것에 대한 시기와 두려움 탓도 있을 것이다.

윗치 사냥에 대해 추가하자면, 중세의 마녀사냥이 신의 이름으로 행해진 사례가 많았지만 이 과정에서 카톨릭 교회가 적극적으로 나선 일은 많지 않다. 카톨릭 교회가 점술이나 주술을 부정적으로 보았지만, 그들은 고대로부터 내려온 민간 의술이나 요법을 부정하기보다는 적극적으로 활용한 쪽에 속했다. 야만이라고 불렀던 지역에 포교할 때 기독교 사제들이 그 지역 윗치들과 마법(정확히는 의술이나 과학) 대결을 벌여 그들보다 뛰어나다는 것을 보여주면서 사람들의 마음을 사로잡는 방법을 사용했는데, 그 때문인지 카톨릭 교회는 과학과 지식이 포교에도 도움이 된다고 여기며 적극적으로 후원했다. 암흑 시대라 불리는 중세에도 교회는 다양한 학문을 보관하고 전파하는 역할을 했으며, 유전학 창시자 중 하나인 멘델을 비롯하여 많은 신부가 과학사에 이름을 남기고 있는 것도 그 덕분이다.

윗치 사냥에 주로 나선 것은 세속화되고 조직화된 카톨릭 교회보다는, 지방의 개신교 교회와 업적(때로는 윗치들이 지닌 재산)에 눈이 먼 부패한 이단 심문관, 그리고 기독교를 맹목적으로 신봉하는 민중이었다(그것도 암흑 시대라 불린 중세보다는 근대에 더욱 성행했다). 또한 가톨릭 지역보다는 근본주의적인 면이 강한 개신교 지역에서 마녀사냥이나 과학에 대한 배척 행위가 심했다. 실례로 갈릴레이와 함께 근대 천문학 발전에 큰 업적을 남긴 요하네스 케플러가 마법으로 우주를 여행하는 내용의 소설 『솜니움(꿈)』을 발표했을 때, 소설 내용을 근거로 그의 어머니를 마녀라고 고발하고 고문한 것은 개신교 교회였다.

노스트라다무스 같은 사례와 함께, 이러한 기독교의 또 다른 측면도 판타지 이야기에 활용할 수 있지 않을까?

5. 연금술사와 세상의 비밀

오랜 옛날 세상의 모든 것을 궁금하게 여기며, 이 세상이 어떻게 만들었는지 고민한 사람이 있었다. 세상이 돌아가는 이치를 살피며 물질의 근원을 생각하던 그는, 어느 순간 물질의 근원이 사실은 몇 안 되는 물질이라고 느끼게 되었다.

'만일 모든 물질이 같은 근원 물질로 구성되어 있지만, 이것을 조금만 바꾸면 얼마든지 다른 물질로 바꿀 수 있지 않을까? 가령 가치가 낮은 납을 영원하고 절대적인 금으로…'

이렇게 생각한 그는 자신이 생각한 원리를 바탕으로 여러 물질을 뒤섞고 끓이고 태우고 하면서 실험을 시작했다. 훗날 연금술이라고 불리게 되는 신비학이 탄생한 순간이었다.

'금을 만들어내는 기술'이라고 알려진 연금술(鍊金術, Alchemy)은 판타지의 매력적인 요소 중 하나이다. 만화 『강철의 연금술사』(아라카와 히로무)나 게임 「아틀리에 시리즈(마리의 아틀리에 등)」처럼 연금술사가 주역인 작품도 많지만, 『해리포터』 시리즈처럼 많은 작품에서 연금술은 실제로 작용하는 유용한 기술로서 등장한다. 『해리포터』 시리즈 첫 작품 제목인 『마법사의 돌』은 본래 연금술에서 말하는 - 모든 물질을 연성하는 힘을 가진 - '현자의 돌'과 같은 것이며, 그 밖에도 많은 판타지 작품 속에서 연금술로 만들어낸 신비한 물질이나 존재가 나온다.

판타지 작품에서는 인간의 체액이나 온갖 물질을 뒤섞어서 만들었다는 인조인간 '호문쿨루스'나 연금술로 수많은 생물을 합쳐 만들어낸

'키메라' 같은 존재를 쉽게 볼 수 있다. 그만큼 연금술은 판타지를 이해하고 만드는데 빼놓을 수 없는 존재이다.

실제 연금술은 판타지가 아닌 과학의 영역에 가깝다. 처음 등장한 연금술은 위에서 이야기한 것처럼 '세상의 근원'을 생각하고 노력하는 학문이었기 때문이다.

연금술의 역사는 수천 년 전으로 거슬러 올라간다. 어디에서 등장했는지는 알 수 없지만, 적어도 4000년 전에는 연금술이 존재했다고 한다.

연금술은 크게 3종류로 구분한다. '연단술(鍊丹術)'이라고 부르는 중국의 연금술, 그리고 인도의 연금술, 아랍/지중해 일대에서 번성하여 서양으로 퍼져나간 서양의 연금술이 그것이다. 나라나 지역에 따라서 내용은 다르지만, 이들은 모두 한가지 목적이 있다.

바로 '세상의 근원을 알아내고, 완벽한 존재를 완성한다'는 것이다.

흔히 연금술을 '납처럼 저렴한 금속을 이용해서 금을 만들어 내어 부자가 되는 방법'이라고 생각하기 쉽지만, 연금술사들은 돈에는 관심이 없었다. 돈에 관심이 있다고 해도 그게 목적은 아니었다. '납을 금으로 만든다'라는 것은 금을 만들어 돈을 번다는 뜻이 아니다.

서양 연금술에서 금은 완벽한 금속으로 여겨졌다. 녹슬지 않고 어떤 물질에도 녹지 않고(금을 녹일 수 있는 물질은 드물어서 잘 알려지지 않았다) 변함없이 찬연한 광채를 보여준다.

'쉽게 물러지고 독도 있는 납을 완벽한 금으로 바꿀 수 있다면, 우리 인간도 그렇게 바꿀 수 있을 것이다'

이것이 금을 만들려 했던 연금술사가 생각하고 추구한 목표였다. 무엇이든 마음대로 바꿀 수 있는 연금술의 촉매를 '현자의 돌(철학자의 돌)'이라고 부르는 것은 바로 연금술을 통해서 현자가 될 수 있다는 말이기도 했다.

중국의 연금술인 '연단술'은 바로 그러한 목적을 더욱 잘 보여준다. 연단술은 단(丹)이라 불리는 약을 만든다는 뜻인데, 이 이름은 연단술에서 진사(辰砂)라는 이름의 피처럼 붉은색의 황화수은 광석을 주로 활용했기에 붙여졌다. 연단술은 주로 도교 사제인 도사들이 행한 기술이었다. 도사들은 신선술의 영향으로 수행을 통해서 불로불사의 신선이 되는 것을 추구하는데, 이를 위해서 여러 가지 노력을 기울였다.

도사들은 신선이 되려면 우선 몸부터 완벽해야만 한다고 생각했다. 그래서 무술을 창시하고 배우기도 했지만, 주로 약을 만들어서 몸을 바꾸고자 한 것이다. 신선이 되는 보약을 만드는 술법, 그것이 바로 연단술이다.

연단술에서도 금은 만들 수 있지만, 그것은 수단조차 되지 않았다. 연단술은 금을 만드는 것이 아니라, 신선이나 현자를 만들기 위한 수행이었기 때문이다. 마법을 쓸 수 있는 마법사를 만드는 기술. 현대로 보자면 캡틴 아메리카 같은 초인을 만들려는 시도였다.

연금술(Alchemy)이라는 말에서 화학(Chemical)이라는 말이 나왔지만, 화학이 발전하면서 연금술은 사라지게 되었다. 원자 구조와 함께 물질의 구조가 밝혀지면서 단순히 가열하거나 녹이거나 하는 것만으로 납을 금으로 바꾸는 것은 불가능하다는 것을 알게 되었기 때문이다.

연금술은 인류 문명에 많은 도움을 주었다. 화약을 비롯한 여러 발명품이 연금술을 통해서 탄생했으니 말이다. 하지만 연금술이 진정으로 세상에 영향을 미친 것은 세상이 어떻게 이루어졌는지를 생각하고 고민하려는 자세, 나아가 세상 만물의 본질은 같지만 더 나은 모습으로 변화할 수 있다는 철학적 사고방식이라고 생각한다.

'납이 금으로 바뀔 수 있듯이, 평범한 사람도 현자가 될 수 있다'

많은 판타지 이야기 속에서 등장하는 주인공의 이야기야말로 연금술의 가장 중요한 원리이다.

다양한 연금술사의 모습, 피터르 브뤼헐 더 아우어, 16세기 중반

실험 도구만이 아니라, 각종 자료를 뒤지며 노력하는 모습이 눈에 띈다.
연금술사의 여러 도구는 현대 화학의 탄생을 이끌었다.

읽을거리 연단술, 천지의 기운을 통한 인간의 진화

판타지에서 눈에 띄는 연금술은 엠페도클레스의 이론으로 바탕으로 파라켈수스 등이 정리한 유럽의 연금술에 바탕을 둔 만큼 물, 불, 흙, 바람의 4대 원소 이론을 통해서 설명하는 사례가 많다. 한편 중국의 연단술은 음양오행의 이론을 바탕으로 인체를 변화시켜 불로불사에 초점을 맞추었다는 점에서 차이가 있다.

연단술은 진시황처럼 영원한 권력을 원했던 권력자의 욕심에 영합하여 시작되어 황실을 중심으로 성행했지만, 동시에 불사의 신선을 꿈꾼 도교 도사들을 중심으로 민간에서도 성행했다. 영생을 바랐던 사람들은 다양한 음식과 약재를 이용한 비법을 찾았지만, 결국 먹을 수 없는 물질을 이용해서 해결책을 찾고자 했다. 이 과정에서 피를 닮은 붉은색의 진사가 선택되었고, 여기서 추출한 액체 수은으로 인해 수많은 황제가 수은 중독으로 사망했다.

결국 진사를 이용한 단약 제조보다는 호흡을 통해 자연의 기운을 받아들이며, 이 기운을 모아 스스로 단을 만들어내는 방법이 성행하게 되었다. 천지의 기운을 받아들여서 몸속의 기운을 활성화시키고 단전이라 불리는 부분에 기를 모으는 수련법인 단전 호흡이 발전한 것이다. 단약 제조를 통한 '외단술'에 대응하여 '내단술'이라 불린 이 기술은 신체 단련을 중심으로 한 무예 수련과 무공이라는 설정으로 발전하여, 무협 설정의 바탕이 되었다.

무협의 무공은 판타지의 마법 같은 기술을 말하는 것이 아니라, 내공을 통해 초인이 되는 비법이다. 무공을 수련한 고수는 강인한 육체와 정신, 놀라운 힘을 지닐 수 있으며, 검술이나 권술 같은 기술을 통해 이 힘을 발휘한다. 무공 수련은 롤플레잉 게임의 레벨업과 비슷하다. 롤플레잉 게임에서 레벨이 올라가면 같은 기술을 써도 더 강한 위력이 나오듯, 무공이 높아질수록 더 빠르고 날렵하며 강한 힘을 발휘하게 된다. 무공은 공격력을 높이는 데만 쓰이지 않는다. 무공 고수는 총알을 보고 피하거나 잡을 수 있으며, 맨손으로 칼을 막아내고 자동차보다 빨리 뛰며 빌딩도 가볍게 뛰어넘는다. 어지간한 독에 끄떡없는 것은 물론, 병에도 잘 걸리지 않고 수명도 늘어난다. 두뇌가 활성화되어 똑똑해지고 외모가 변하기도 한다.

무협 작품에서 고수들이 신선 같은 분위기를 지닌 것은 실제로 그들이 신선과 같은 존재이기 때문이다. 무공을 통해 그들은 인간의 한계를 넘어 새로운 존재가 된다. 판타지에서 연단술이나 무협 설정을 도입하고 싶다면, 이처럼 '인간의 진화'라는 요소를 도입하면 좋다. 단순히 능력치가 높아지는 것으로 끝나는 것이 아니라,

자연의 기운을 받아들여 신선, 신에 가까운 존재가 된다는 설정으로 설정을 엮어 낸다면 그만큼 차별화할 수 있을 것이다.

진사를 이용해 단약을 만드는 외단술은 사라졌지만, 자연의 재료를 통해 몸의 기운을 채우고 건강하게 만든다는 비결은 한의학에 도입되어 발전하였다. 무협에선 다양한 약재로 단약을 만들어 내공을 회복하고 몸을 치유하는 기술이 등장하는데, 음양 사상에 따라 체질을 분류하는 사상 의학 같은 요소도 더한다면 4대 원소론에 바탕을 둔 서양 판타지의 상성과는 다른 독특한 설정을 더할 수 있다. 특히 각 속성이 서로 대립하는 상극만이 아니라 쇠의 속성에서 물의 속성이 탄생하는(금생수, 金生水) 상생 관계까지 더해진 오행 개념을 더하면 더욱 흥미롭다.

내단술에서 무협의 무공이 탄생하고, 외단술에서 한의학을 거쳐 자연의 요소로 내공을 회복하는 보약의 개념까지 다양한 요소들은, 연단술이 연금술처럼 어떤 물건을 만드는 기술도 마법처럼 신비한 현상을 일으키는 술법도 아니라, 자연의 기운을 통해 인간을 한 단계 높은 존재로 이끄는 초인 비법, 진화의 비법임을 말해준다.

6. 지나가던 선비는 왜 활을 갖고 있었을까?

옛날 조선시대, 한 선비가 과거를 보러 한양으로 가고 있었다. 길이 발달하지 않았던 만큼 여정은 험난하기 이를 데 없었고, 산 넘고 강을 건너 한참을 나아가야 했다. 그러던 어느 날, 산을 넘던 선비는 어딘가에서 까치가 시끄럽게 우는 소리를 들었다. 이상하게 여긴 선비가 그쪽으로 가보자, 웬 커다란 구렁이가 나무를 감고 올라가 까치둥지를 노리고 있었다. 어쩔 수 없던 부모 까치는 주변을 날며 울부짖을 뿐. 선비는 마침 갖고 있던 활을 들어 단방에 구렁이를 맞추어 까치 가족을 구해주었다.

어느새 날이 저물고 산을 빠져나가지 못한 선비는 길을 헤매던 중 멀리 불빛을 보고 찾아갔다. 도착한 곳은 한 작은 오두막. 산속에 이런 집이 있는 것을 이상하게 여기면서도 선비는 문을 두드렸다. 그러자 안에서 한 젊은 아가씨가 나와서 선비를 맞이했다. 다행히 그곳에 머무를 수 있게 된 선비는 아가씨가 차려준 밥을 먹고 잠이 들었다.

한참을 자던 중, 몸이 답답하다는 것을 느끼고 깨어난 선비는 놀라운 상황을 맞이했다. 커다란 구렁이가 선비의 몸을 칭칭 감고 노리고 있는 것이었다. 당황한 선비에게 구렁이는 사람의 말로 이렇게 이야기한다.

"나는 낮에 네가 쏘아 죽인 구렁이의 아내다. 네가 내 남편을 죽인 게 억울하고 분통하여 너를 살려 보내지 않을 것이다."

선비는 미안하다며 살려달라고 하소연했지만, 구렁이는 말을 듣지 않았다. 자신은 불쌍한 까치들을 구하고 싶었을 뿐이라고 항변하지만,

소용이 없었다. 대신 구렁이는 비웃듯이 "좋다. 저 언덕 위에 있는 절에 종이 세 번 울리면 너를 살려줄 것이다. 그렇지 않으면 죽을 것이다."라고 말할 뿐이었다. 위기에 빠진 선비. 과연 선비는 어떻게 될까?

물론 많은 이들이 그 결말을 알고 있다. 낮에 구해 준 까치가 머리로 종을 들이받아서 선비를 구해준 것이었다. 우리보다 하루 먼저 설날을 맞이한다고 알려진 까치. 비록 말 못하는 짐승일지라도 자신의 은혜는 반드시 갚는다는 교훈을 담은 민담 「은혜 갚은 까치」의 대목이다.

왜 구렁이가 종이 울리면 구해준다고 하는지는 알 수 없다. 비슷한 내용을 담은 전설, 「은혜 갚은 꿩」('꿩이 있는 산'이란 뜻인 치악산의 유래가 되었다는 전설)에 따르면, 뱀이 쇳소리를 싫어해서 그랬다고 한다. 또는 구렁이가 사실은 용이 되고자 수행하던 이무기였는데, 종소리가 울리면 용이 될 수 있다고 해서 자신의 소원을 들어주었기에 구해주었다는 말도 있다. 어느 쪽이건 사람의 말을 할 수 있고, 사람으로 변할 수 있는 구렁이는 대단한 영물이었던 것 같다. 그러니 단순한 구렁이가 아니라 이무기였다고 해도 이상하지는 않다.

은혜를 갚고자 종을 울린 까치(또는 꿩)도 보통은 아니다. 결국 까치들은 머리로 종을 들이받은 나머지 죽어버리고 마는데, 두 부부가 3번이나 종을 울렸으니 말이다. 전설이건 민담이건 동물들이 선비보다 더욱 인간적이고 매력적인 모습을 보여주고 있다.

하지만 여기서 흥미로운 게 있다. 도대체 왜 선비는 활을 갖고 있었을까? 그리고 어떻게 구렁이 머리처럼 작은 표적을 단번에 맞히어 떨어뜨릴 수 있었을까? 그가 보려던 시험이 무예를 겨루는 무과였다는 이야기도 있지만, 이는 조선의 선비라는 이들이 사실은 활을 매우 좋아하고 활 솜씨를 자랑하는 이들이었기 때문이다.

선비란 '학식과 인품을 갖춘 사람'을 부르는 말이다. 특히 유교에서 선비는 유교 사상을 받아들여 좋은 사회를 이끌고자 노력하며 선행하는 이들을 말했다. 선비라고 하면 대개 공자왈 맹자왈 하면서 밖에 나가지 않고 방에만 틀어박혀 있는 책벌레를 생각하기 쉽지만, 사실은 공부만이 아니라 이를 실천하고 노력하는 자세를 지닌 이들을 선비라고 했다.

선비를 뜻하는 사(士)나 유(儒)라는 한자는 예부터 있었고, 오래전 중국에선 조정에 나가서 일하는 이들을 가리켰다. 나아가 '도덕을 지키고 학문을 하는 이들'을 가리켰다고도 한다. 그러니 지배층인 양반이 아니라도 학문을 하면 선비가 될 수 있겠지만, 조선의 선비는 조금 다르다. 그들은 무엇보다도 유교 정신을 따라 노력하는 이들이었다. 반대로 양반이라도 놀고 먹는 이들은 한량이라고 했다.

공자가 창시한 유교, 또는 유학은 춘추전국시대 혼란한 중국을 어떻게 안정시킬까 노력하는 과정에서 나온 여러 학문 중 하나였다. 당연히 실천을 중시하고 계속 수행하게 했다.

이 같은 학문이라면 세상을 다스리는 것을 강조하는 느낌이 있겠지만, 유교에서는 세상을 다스리기에 앞서서 자기 자신을 다스리는 것을 좀 더 중시했다. '세상을 좋게 만들기 위해서는 먼저 자기 몸과 마음을 다스리고, 집안을 안정시키며, 나라를 다스려야 한다(修身齊家治國平天下, 수신제가치국평천하)'라는 말로서, 무엇보다 자신을 갈고 닦아야 함을 이야기했다. 때문에 유교 정신을 추구하는 선비들은 자기 수양을 위해 노력했다.

유교에서는 책을 보고 글을 지으며 토론만이 아니라 음악이나 예법, 산술 같은 여러 가지 교양을 쌓도록 했는데 그중 활쏘기와 말타기가 있었다. 유교가 탄생하던 것이 전란이 계속되던 시대이니 전투 훈련도 중요했을 것이다. 이순신 장군처럼 군인으로 활동한 분들 역시 선비였던 것은 당연한 일이다. 임진왜란 때 의병장으로 활동한 대부분이 선비였던 것도, 가상의 조선을 무대로 좀비와 싸우는 드라마 「킹덤」에서 갓을 쓴 선비들이 무쌍을 펼치는 것도 그럴 듯하다.

조선 시대 선비는 대개 사회 지배층이기에 남들보다 잘 먹을 수 있었고 말타기를 즐겼으니 체격이 크고 튼튼했으며, 활쏘기를 교양으로 즐겨 200보 밖(145m정도)에서 붉은 과녁을 맞히지 못하면 부끄러워했을 정도라 한다. 어깨도 떡 벌어지고 당당한 모습의 장정들, 조선의 선비는 사실 그런 이들이었다. 그런 선비를 꽁꽁 감쌌던 구렁이도 확실히 보통 구렁이가 아니었을 것이다.

그런데 까치가 구해준 선비는 어떻게 되었을까? 이에 대해서는 여러 가지 이야기가 있다. 수신제가치국평천하를 추구하던 선비답게 과거에 합격했다고도 하고, 까치의 넋을 기리기 위해 스님이 되었다고도 한다. 어느 쪽이건 선비라는 존재의 다양한 가능성을 보여주는 결말이 아닐까 한다.

최근 한국을 무대로 한 판타지 이야기가 인기를 끌고 있다. 글만이 아니라 음악 같은 교양이 뛰어나고 무술, 특히 말을 잘 타고 활을 잘 쏘는 선비를 주역으로 하는 건 어떨까?

병자호란을 배경으로 활 대결을 그려낸 영화 「최종병기 활」
여기서도 선비의 활솜씨를 충분히 볼 수 있다.

읽을거리 **한국의 또 다른 전사, 화랑**

선비는 한국을 무대로 한 판타지의 주역에 어울리는 직업이지만, 실제 한국 무대의 판타지 작품에선 선비보다 화랑이 더 친숙하다. 신라 시대 심신 수련 조직이었던 화랑은, 주로 청소년을 중심으로 이루어졌다는 점에서 '젊은 주역'의 이미지에 어울리기 때문이다.

화랑은 개인 수양과 단련을 통해 국가에 봉사하는 목적을 지니고 있다. 고대 그리스처럼 아름다운 육체와 정신을 숭상한 만큼 외모가 단정한 청소년으로 구성되었다. 대부분 왕이나 귀족 자제였지만, 신분보다는 용맹과 인격, 덕망을 중시한 만큼 계급에 제한이 없었으며, 미시랑(未尸郎)처럼 거리를 방황하던 고아가 화랑의 지도자인 국선(國仙)에 뽑힌 사례도 있었다.

화랑은 청소년들이 협조 정신을 바탕으로 자발적으로 참여하여 시작된 조직이다. 고구려, 백제에 비하여 영토가 작은 신라의 청소년들이 나라를 지키겠다는 마음으로 함께 모인 조직인 만큼, 김유신 같은 인재 탄생의 밑거름이 되었고 관창처럼 전장에서 활약한 화랑도 적지 않았다. 국가와 동시를 위해 함께 싸우며, 앞으로 나아가 죽는 것을 영예롭게 생각하고, 적의 포로가 되는 것을 수치로 여겼던 젊은 전사들. 화랑에겐 이런 느낌이 어울린다.

하지만 화랑이 전사로만 유명한 게 아니다. 유교와 불교, 도교의 정신을 포괄하여 중생을 교화하는 가르침인 풍류(風流) 정신에 바탕을 두어, 음악과 예술을 즐기고 학문을 갈고 닦기를 게을리하지 않았다. 심신을 단련하고자 각지의 명산과 계곡을 모험하여 지리에도 밝았고, 인재를 보는 눈도 있었다.

도사와 승려와 선비를 결합하고, 무술을 더한 완벽한 존재. 화랑에게선 이처럼 다양한 요소가 느껴진다. 계급이나 외모보다도 벗을 아끼며 나라에 충성하는 자세, 내면을 중시한 점에선 판타지의 성기사 같은 면모를 느낄 수 있다.

유교, 불교, 도교를 결합한 풍류도에 바탕을 두어 판타지에서 화랑은 무예만이 아니라, 술법 같은 마법적인 힘을 지닌 설정을 도입해도 좋다. 마법 전사나 성기사 예비군으로서 모험가의 중심이 될 수 있는 젊은 용사, 그것이 화랑이다. 유교의 정신을 중시하니 활 실력도 만만치 않겠지만, 선비와 차별하고 싶다면 주로 검이나 창을 쓰는 근접 마법 전사로 설정해도 좋겠다.

마법도 사용하는 근접 전투사 화랑, 원거리 궁술로 적을 유인하며 후방을 책임지는 선비, 침술이나 기공으로 회복을 맡는 한의사에, 전우치처럼 자연의 기운을 다스리며 환술을 쓰는 도사가 더해지면 판타지에 어울리는 집단이 완성된다. 여기에 신내림 기술로 귀신을 부리며 신통력을 발휘하는 무당과 자연의 기운을 제어하며 일행의 능력을 높여주는 풍수사를 결합하면 완벽하다. 이 집단에서 중심을 이루는 건 공격과 방어의 중심이자 가장 젊은 화랑이 될 것이다.

화랑은 낭가(郎家), 풍류도(風流徒), 국선도(國仙徒), 풍월도(風月徒)라고도 했는데, 화랑이란 이름 대신 이런 명칭을 사용하는 것도 좋다.

7. 풍수사, 바람과 물의 소리를 듣다

고려 말, 조정에서는 원나라와 명나라의 혼란을 틈타 영토를 넓히고자 했다. 당시 군의 최고 사령관이었던 최영은 부하 이성계에게 침공을 명했지만, 이성계는 마지막 순간 위화도에서 군대를 돌려 조정으로 향했다.

고려를 무너뜨리고 새로운 나라를 세우고자 했던 이성계는 우리네 옛 정신을 이어서 나라 이름을 조선이라 부르며, 수도도 새롭게 정하고자 했다. 이를 위해 그는 자신의 사형이기도 한 무학대사에게 새로운 수도에 어울리는 땅을 정해달라고 했다.

더 이상 배울 것이 없다고 하여 무학(無學)이라고 불렸던 그는 원나라 수도에서 수행을 마치고 돌아온 뛰어난 승려이자, 이성계의 부친 이자춘의 묘자리를 잡아준 풍수사(지관)였다. 이성계의 명을 받은 무학은 도읍에 어울리는 땅을 찾아 전국을 돌아다니던 중, 훗날 한성이라 불리게 될 지역의 한 곳에 이르러 휴식을 취했다. 잠시 쉬다 사방을 보니 북으로 행당산, 서로 매봉산, 동과 남으로 청계천이 흐르는 것이 이보다 좋은 명당이 없어 보였다.

흡족한 그가 만족하고 있을 때, 어딘가에서 "야, 이 무학같이 미련한 소야."라는 소리가 들려왔다. 놀라 바라보니, 한 노인이 소를 끌고 있었다. 깜짝 놀란 무학이 노인에게 가르침을 청하자, 그는 "북서쪽으로 십 리를 더 가봐라."라고 말하며 소와 함께 떠나갔다.

무학이 그 말대로 걸어가니 과연 도읍으로 더없이 좋은 자리가 보였는데, 그곳이 바로 지금의 경복궁 자리였다고 한다. 생각지 못한 인연에 놀랐던 무학은 이런 명당을 점지할 수 있는 것이 보통 사람이 아니라고 생각했다. '이런 땅을 점지할 수 있는 건 고려 태조의 탄생을 예언한 도선대사뿐이다'라고 생각한 무학은 뒤늦게 처음 장소로 달려갔지만, 노인의 모습을 다시 찾을 수는 없었다.

현재의 왕십리(往十里)라 불리는 지역의 유래에 대한 옛이야기이다. 사실 그 지역은 고려 시대부터 왕십리라 불렸다고 하니 어디까지나 야사일 뿐이지만, 한 나라의 도읍을 정할 때는 그만큼 노력이 필요하다는 것을 보여주는 재미있는 이야기이다. 물론 고려 시대 누군가가 조선의 건국을 예견하고 '왕십리'라는 이름을 지었을 가능성도 생각하면, 더욱 신비하고 놀라운 이야기겠지만 말이다.

이처럼 진실인지 아닌지 알 수 없는 이야기가 지금까지 내려오는 것은, 풍수지리가 사람들에게 미치는 영향이 적지 않았음을 느끼게 한다. 지금도 풍수지리는 동아시아에서 땅과 관련된 여러 사업에 활용되고 있는데, 특히 홍콩을 중심으로 중국인은 살 집이나 묘자리만이 아니라, 집의 가구나 장식 같은 실내 배치에서도 풍수를 활용하는 것으로 유명하다.

'바람과 물'이라는 뜻을 가진 풍수는 땅과 공간을 해석하고 활용하는 방법에 관한 사상이다. 자연의 흐름, 특히 산과 물의 형세나 명당이라 불리는 좋은 땅을 찾는 학문인데, 음양오행설을 시작으로 아시아의 자연관을 담아 땅, 그중에서도 산이나 물의 흐름 같은 자연의 여러 가지 형세와 조화를 인간 삶과 연결하여 세상을 바라보았다.

뒤에는 산이 있고, 앞에는 물이 있는 배산임수(背山臨水)처럼 여러 가지 명당의 조건이 있는데, 풍수를 이해하는 풍수사들은 단순히 이 같은 간단한 조건만이 아니라 자연에 흐르는 정기의 흐름을 비롯한 다양한 요소를 고려하여 좋은 자리를 찾으며, 이를 통해 인간의 길흉화복을 좌우할 수 있다고 여긴다. 길한 기운이 가득한 자리에 집을 세우거나 조상 무덤을 모시면 천지의 길한 기운이 모여 복이 찾아오고, 흉한 기운이 가득한 자리를 택하면 불행이 다가온다는 것이다.

풍수지리는 여러 신비학처럼 과학적 근거를 갖춘 학문은 아니다. 풍수지리에서 말하는 명당이라는 것은 실제 자연의 정기나 어떤 신비한 요소보다는, 오랜 경험과 직관에 따라서 결정된 사례가 많다. 풍수지리에 따라 명당이라 했던 묘자리나 주택지 밑에 지하수가 흐르고 있어 물이 고이거나, 지반이 내려앉은 이야기가 종종 들려오는 것도 풍수지리가 완벽한 어떤 학문이 아니기 때문에 벌어지는 일이다(물론 자리를 정해 준 풍수사가 풍수를 잘못 보았기 때문일 수도 있다).

앞서 무학대사의 이야기를 볼 때, 경복궁이 풍수지리에 적합하게 만들어진 것처럼 보이지만, 실제 경복궁의 구성과 배치는 무학대사의 풍수지리가 아니라 정도전이 주장한 유학의 덕목에 따라서 결정되었다. 천도 장소에 대해서는 다양한 의견이 있었는데, 경기도 관찰사 하륜처럼 무악(현재의 신촌 일대)을 내세우는 이도 있었지만, 고려 수도인 송악(개성)이 풍수적으로 더 좋으니 천도하지 말고 송악에 그대로 머물자는 이도 적지 않았다고 한다. 이에 대해 정도전은 "제왕의 도읍한 곳은 자연히 정해 좋은 곳이 있고, 술수로 헤아려서 얻는 것이 아닙니다."라며 풍수를 통해 결정하는 것을 반대했고, 그의 의견이 받아들여졌다. 본래 계룡산 쪽으로 천도하려 했던 태조는, '계룡산 땅이 너무 좁고 근처에 큰물이 없어 도읍으로는 적절치 않다'는 하륜의 의견을 받아 마음을 바꾸었지만, 풍수지리를 바탕으로 무악 천도를 제시한 하륜이나 궁정은 동쪽을 바라보게 해야 한다는 무학대사의 의견이 아니라 정도전의 의견을 받아들이면서 풍수지리보다 유학을 우선하는 모습을 보여주었다.

이는 실리적인 면을 더 중시했기 때문이라고 보이지만, 그 결과 경복궁은 북악산을 등진 평지 위에 반듯한 모양으로 정확하게 남쪽을 바라보는 형태로 배치되어 한성의 중심을 잡아주는 역할을 했다. 반면 풍수지리에 바탕을 둔 고려 수도 개성은 산의 지형에 맞추어 구성되면서 상당히 복잡한 구조를 갖추게 되었는데, 이는 풍수사들에겐 매력적으로 보일 수 있지만, 그곳에서 살아가는 이들에겐 매우 불편한 구조였을지도 모른다.

산과 물이라는 자연의 모습에서 기운을 떠올리고 인간의 길흉화복을 보고자 했던 풍수지리에는 자연과 벗하며 살아가고자 하는 조상의 마음이 느껴진다. 나아가 유교 덕목에 따라 지어졌다는 경복궁 이야기에서는 살아가는 건물에서조차 덕을 추구하고자 했던 모습도 엿볼 수 있다.

한양 천도에 얽힌 무학대사의 풍수 이야기, 그리고 유교 덕목에 따라 세워진 경복궁 이야기는 우리 인간이 단지 홀로 살아가는 것이 아니라, 다양한 존재와 영향을 주고받으며 살아간다는 것을 잘 느끼게 한다. 우리의 삶이 환경을 통해 변화할 수 있으며, 이를 위해 우리가 살아가는 세상을 보아야 한다는 것을 느낄 수 있다.

일설에 따르면, 뛰어난 풍수사는 단지 지리를 보는 것이 아니라 자연의 내면에 흐르는 기운을 볼 수 있다고 한다. 나침반이나 풍수에 사용하는 각종 도구는 이러한 것을 도와주는 역할을 하지만, 진정으로 뛰어난 풍수는 오직 풍수가 자신의 기운을 통해서만 느낄 수 있다는 말이다. 나아가 더욱 뛰어난 풍수사는 자연의 흐름을 끊거나 연결하여 변화시킬 수 있다는 이야기도 있다.

우리 세계에 정말로 이런 기운이 있을지는 알 수 없지만, 마법과 신비가 서려 있는 판타지 세계라면 이 같은 설정이 더욱 그럴듯하게 느껴진다. 자연의 기운을 통해 인간의 길흉화복을 예측할 수 있다면, 반대로 자연에서 신비한 힘을 끌어내어 인간의 활동에 영향을 주고 변화시킬 수 있을지도 모른다.

전장 위에서 다양한 인물이 전투를 벌이는 전술 RPG게임 「파이널 판타지 택틱스」와 「파이널 판타지 11」에서는 풍수술을 사용하는 풍수사라는 마법사 캐릭터가 등장한다. 직접적인 공격력은 대단치 않지만, 지형을 다양하게 변경하고 용암 위도 자유롭게 지나다닐 수 있으며, 아군의 능력을 높여주며 적을 약하게 만드는 기술을 가진다. 이는 자연이 직접 우리에게 해를 끼치는 것은 아니지만, 그 기운이 우리의 삶을 좌우할 수 있다는 풍수의 느낌을 잘 보여준다.

『삼국지연의』 같은 작품에는 지형지물이나 군대 배치를 이용하여 기운을 만들어내고, 전장의 상황을 바꾸는 진법이라는 개념이 등장한다. 주변 사물을 통해 좋은 기운과 나쁜 기운을 일으키고 군대의 승패를

「**백악춘효도**」 안중식, 1915년
산을 등진 경복궁의 멋진 모습을 잘 느낄 수 있다.

좌우한다는 설정은 풍수와도 일맥상통하는 점이 있다. 그렇다면 이러한 요소를 결합한 풍수사가 등장할 수도 있지 않을까?

만일 여러분의 판타지 세계에 자연의 기운이 흐르고 있으며, 이를 느끼고 제어할 수 있는 풍수사가 있다면 그들은 어떤 기적을 벌일 수 있을까?

지형 모양만이 아니라 자연의 기운을 생각하며 인간의 삶을 바라보고 했던 신비학, 풍수에는 이처럼 다양한 상상의 가능성이 감추어져 있다.

읽을거리 용맥과 가이아 가설

자연의 기운을 본다는 풍수 이야기에는 자연의 기운이 흐르는 길이라는 개념이 등장하곤 한다. 흔히 기운이 흐르는 길이라면 우리 몸의 핏줄처럼 물이 흐르는 수맥이라는 것을 떠올리기 쉽다. 하지만 풍수에서 말하는 '기운이 흐르는 길'이라는 것은 무공에서 말하는 눈에 보이지 않는 내공이 흐르는 경맥과 같은 것을 말한다. 중국의 풍수에서는 자연에서 흐르는 거대한 기운이 있다고 말하는데, 이 기운이 흐르는 길을 용과 같다 하여 용맥(龍脈)이라 한다.

흔히 풍수에서는 산줄기를 따라서 용맥이 펼쳐진다고 하지만 실제 용맥은 산이나 강의 흐름이 아니라 눈에는 보이지 않는 길을 따라 펼쳐져 있다고 한다. 용맥을 따라서 정기가 모이는 곳을 혈이라고 부른다.

용맥이나 혈이라는 개념은 무공에서 말하는 경맥이나 경혈과도 비슷한 점이 있다. 바로 자연을 인간의 몸과 비교하여 이야기하는 개념인데, 이러한 신비론에 '가이아 이론'을 결합하여 지구 전체를 하나의 생명체로 생각하는 이야기도 있다.

제임스 러브록이 주장한 가이아 가설은 다양한 생물과 무생물로 이루어진 생태계가 상호작용하면서 하나의 생명체처럼 반응한다는 가설이다. 인간 같은 생명체의 몸을 구성하는 다양한 조직이 환경 변화에 맞추어 상호작용하며 체온을 비롯한 몸의 여러 상태를 조절하듯, 지구 생태계를 이루는 여러 요소가 환경과 상호 작용한다는 것이다.

이는 '생태계가 하나의 생명처럼 반응할 수 있다'라는 은유적 표현이었지만, 일부 환경 운동가는 이를 바탕으로 '지구 온난화는 병에 걸린 사람의 체온이 높아지듯, 인간이란 암을 몰아내려는 지구의 자정 작용' 같은 표현을 만들어냈으며, 용맥이나 레이라인을 주장하는 신비학자들은 정령 같은 설정과 결합하여 '지구가 용맥이나 레이라인[4] 같은 길을 통해 자연 에너지를 순환시키는 거대한 영혼을 지닌 생명체'라는 이야기를 만들었다.

4 레이라인(ley line)이란 스톤헨지 같은 고대 성지들이 어떤 선을 따라 배치되었고, 이들을 연결한 직선(레이 라인)을 통해 지구의 기운이 흐른다는 주장이다. 유럽에서 20세기 초에 나온 신비학 가설로 풍수설의 영향도 볼 수 있다.

만화 『스프리건』(미나가와 료지/타카시게 히로시)에선 이런 설정을 받아들여 고대 유적을 통해 지구의 영혼과 접촉하고 이를 통제함으로써 세계 질서를 좌우하려는 세력이 등장한다. 영화 「아바타」의 판도라처럼 마법 에너지 같은 것이 흐르는 행성이 있다면, 외부 침략자에 맞서 행성 전체가 반응하여 맞서는 이야기도 좋을 것이다.

지구의 용맥이 인간의 경맥과 비슷하다면, 지구의 기운을 이용해 인간의 능력을 높인다는 설정도 재미있다. 무협 소설 『천붕종왕기』(설봉)에선 묘자리를 정하는 감여사(堪輿師)인 주인공이 자연의 기운을 통해 사건을 조사하고, 이를 응용하여 몸의 기운을 느끼며 무술을 배우는 장면이 있다. 자연의 기운을 통해 무공 고수로 성장한다는 설정을 용맥/레이라인이란 요소와 연결하면 더욱 흥미로운 이야기를 엮을 수 있다.

애니 「성방 무협 아우트로 스타」에선 우주에도 시공 에너지가 흐르는 용맥이 있으며, 이를 통해 인과율을 변화시킬 수 있다는 설정이 나온다. 지구처럼 하나의 천체가 아니라 우주 전체에 거대한 기운이 흐르면서 운명을 바꾼다는 설정에서는, 풍수만이 아니라 천계의 배치와 움직임이 인간의 삶에 영향을 준다는 점성술의 영향도 엿볼 수 있다.

8. 최강의 환수와 마음을 나누는 자, 드래곤 라이더

오랜 옛날, 세상을 지배하던 드래곤 로드에 맞선 인간이 있었다. 그는 드래곤 로드의 압도적인 힘에 위기에 몰렸지만, 대마법사와 여러 동료의 도움으로 드래곤 로드에게 치명상을 가하고 그로부터 인간과 여러 종족을 해방시켰다. 큰 부상을 입고 간신히 살아난 드래곤 로드는 고민하기 시작했다. 무적의 힘을 지닌 자신이 왜 패했는지, 아니 그보다 왜 한 인간이 목숨을 걸고 자신에게 싸움을 걸었는지….

긴 시간이 흐르고, 우연히 한 인간 일행을 만난 드래곤 로드는 그들과의 대화를 통해서 해답을 얻게 되었다. 인간이 자신처럼 홀로 선 존재가 아니라, 함께 하는 존재임을. 그리고 느꼈다. 그런 인간들과 소통하며 자신들의 부족함을 채우고 싶다는 생각을. 그리하여 드래곤과 인간이 서로 마음을 나눌 수 있는 존재, 드래곤 라자[5]가 탄생했다.

이영도의 『드래곤 라자』는 한국의 하이 판타지 시장을 대표하는 작품이다. 1997년 컴퓨터 통신 서비스인 하이텔에서 연재를 거쳐, 다음 해 책으로 소개된 이 작품은 초창기 한국 판타지 소설의 대표작으로 100만 권이 넘는 판매량을 자랑하는 작품이며, 일본이나 타이완, 중국에도 소개되어 눈길을 끌었다. 나온 지 20년이 넘게 지난 작품이지만 지금도 한국 판타지의 최고 작품 중 하나로 기억되며, 오디오북 등으로 다시 소개될 정도. 만화나 게임으로는 그다지(아니 전혀) 성공하지 못했

5 라자(Raja, राजा)는 인도의 고전어인 산크리스트어로 왕이나 군주를 부르는 말이다.

지만, 적어도 소설만큼은 한국 판타지 소설 중에서 가장 성공한 작품으로 생각할 수 있다.

여러 중세 유럽풍 판타지처럼 소설 『반지의 제왕』이나 게임 「던전&드래곤」에서 영향을 받았지만, 독자적인 세계를 연출한 이 작품에는 여러 가지 매력적인 요소가 있는데, 그중 하나가 바로 작품의 제목이기도 한 '드래곤 라자'이다.

드래곤 라자는 드래곤과 계약을 통해 소통할 수 있는 능력이다. 라자의 소질을 지닌 인간이 드래곤과 서로 합의하여 계약을 맺게 되면 둘의 정신이 연결되는데, 이를 통해 드래곤과 인간이 서로의 생각을 나누고 공감할 수 있게 된다. 설정상 인간을 잡초나 돌맹이처럼 무시하는, 그리고 인간과는 비교할 수 없을 정도로 긴 수명과 힘을 지닌 드래곤이 인간과 교류할 수 있게 만드는 능력이지만, 당연히 강대한 존재인 드래곤에게 무언가 부탁하거나 명령을 내릴 수는 없다. 하지만 이를 통해 드래곤이 한낱 인간의 감정을 이해할 뿐만 아니라, 감정에 공감하고 때로는 이에 동화되어 행동한다는 점에서 위험한 능력. 인간의 슬픔과 분노 같은 감정에 공감할 뿐만 아니라, 계약을 맺은 라자가 수명이나 질병처럼 정당한 이유가 아닌 다른 이유로 죽게 된다면, 가령 살해되면 마치 자신의 수족이 사라진 듯한 상실감에 미쳐 날뛰기도 한다.

드래곤과 교류하는 라자라는 능력은 상당히 재미있는 설정이지만, 신 같은 존재와 교류하며 공감한다는 설정은 오래전부터 다양한 작품에서 등장했다. 특히 드래곤이라는 존재와 관련해서는, 드래곤과의 교감을 통해 그들과 함께 싸운다는 설정으로 종종 등장한다. 바로 드래곤을 타고 하늘을 날며 싸우는 사람들, 드래곤 라이더(Dragon Rider, 용기수)라는 존재이다.

강력한 힘을 지닌 드래곤은 오래전부터 신화와 전설에서 매력적인 존재로 등장했지만, 이들을 타거나 동료가 된다는 설정은 찾기 힘들다(『서유기』에서 삼장법사가 타는 용왕의 아들 정도일까? 이 경우도 용이 아니라, 말로 변한 상태로 탔다). 드래곤이라는 존재가 워낙 매력적이다 보니 이들과 교류하는 이야기는 적지 않지만, 대개 적이거나 조언자 정도로 나왔기 때문이다. 특히 드래곤이 거대하고 사나운 존재로 나오는 사례가 많았던 서양에서는, 기독교 문화의 영향이 더해지면서 기사들이 맞서는 악당으로만 나왔기에, '드래곤을 탄다'라는 것은 톨킨의 작품에 등장하는 드래곤 슬레이어 에오우인처럼 드래곤의 몸에 타고 공격한다는 느낌이 강했다.

동양에서는 신 같은 성수로, 서양에선 기사의 가장 강력한 적수로 등장한 드래곤이 주인공의 동료로서 함께 싸우는 이야기는 앤 매카프리의 『퍼언 연대기(Dragonriders of Pern, 1967)』 시리즈에서 시작되었다. 퍼언이라는 외계 행성을 무대로 모든 유기체를 파괴하는 외계 생명체 사포(Thread, 실모양 포자)에 맞서 싸우는 전사들의 활약을 그린 이 작품에서는, 드래곤이라는 이름의 합성 생명체에 타고 싸우는 전사들의 이야기가 등장하는데, 이 작품이 인기를 끌면서 다양한 작품에서 드래곤을 탄 전사들이 등장하기 시작했다.

『퍼언 연대기』의 드래곤은 판타지 세계의 드래곤이 아니라, 퍼언 행성에 사는 토착 생명체인 불도마뱀을 유전자 조작으로 변형시킨 생명체이다. 이 드래곤은 텔레파시 능력으로 기수와 교류하면서 서로의 반신과도 같은 긴밀한 유대감을 지닌다. 드래곤은 기수가 죽으면 거의 예외 없이 자살하며, 드래곤이 죽으면 기수는 절대로 치유할 수 없는 깊은 감정적 상처를 지니게 된다. 『퍼언 연대기』에서 보여준 드래곤과 기수의 깊은 교감은 독자들에게 깊은 인상을 주었고, 이후 용 기수가 등장하는 많은 작품에서 기본적인 설정으로 등장했다. 『퍼언 연대기』처럼 일체감을 느끼는 정도는 아닐지라도 애니 「드래곤 길들이기」처럼 단짝에 가까운 느낌으로 연출되는 작품이 많으며, 이들의 교류가 이야기에서 중요한 역할을 차지한다. 『드래곤 라자』의 라자 능력도 이 같은 설정에서 영향을 받았다고 볼 수 있다. 『퍼언 연대기』의 드래곤은 시공을 넘나드는 능력도 지니고 있는데, 이 역시 여러 작품에서 '시공을 초월한 신적 존재'인 드래곤 설정에 영감을 주었다.

모든 작품에서 기수와 드래곤이 깊은 교감을 나누는 것은 아니며, 교감의 형태도 다양하다. 소설 『테메레르』(나오미 노빅)에서도 드래곤과 기수 간에 교감이 두드러지지만, 주인공이 속한 영국에선 드래곤을 가축이나 병기로 여기며 아프리카에선 드래곤이 인간을 자기 후손으로 생각하고, 잉카에선 드래곤이 인간들을 소유물로써 아끼는 모습이 등장한다. 나라마다 문화마다 드래곤과 인간의 관계가 다양하게 그려질 수 있다는 것을 재미있게 보여준 사례. 소설 『로도스도 전기』(미즈노 료)처럼 강력한 마법 장치로 드래곤을 제압하기도 한다. 영화 「아바타」에선 촉수처럼 생긴 신경 다발을 연결하여 생물끼리 소통하는 모습을 볼 수 있다.

어느 쪽이건 드래곤은 매우 강력하고 위험한 존재인 만큼 쉽게 부릴 수 없다. 마법적 계약에 따른 교류건, 텔레파시를 이용한 교감이건, 신경을 통한 소통이건, 드래곤 정도의 강력한 존재에게 받아들여지기 위해선 그만큼 노력이 필요하다. 이 같은 노력에는 그만한 제약과 위험이 따른다는 것도 충분히 생각할 수 있다. 또 하나 생각할 수 있는 점은, 교류라는 것이 일방적인 것이 아니라는 점이다. 『퍼언 연대기』나 『테메레르』, 그리고 「드래곤 길들이기」처럼 인간과 드래곤의 교류는 인간만이 아니라 드래곤에게도 여러 가지 영향을 준다.

『드래곤 라자』에서 라자는 신과 같은 존재인 드래곤과 소통한다는

나폴레옹 전쟁을 무대로 용을 탄 공군이 활약하는 소설 『테메레르』에서는 다양한 관계가 등장한다.

점에서 샤먼을 연상케한다. 보통 샤먼이 일방적으로 신에게 영향을 받는 것으로 끝나는 반면, 『드래곤 라자』에서는 하찮게 여긴 인간과 교류를 나눈 결과 드래곤이 점차 인간과 일체화된다는 점이 흥미롭다. 인간이 드래곤을 이용하기 위해 만든 기술이 아니라 드래곤이 인간과 교류하며 배워나가고자 만든 기술이지만, 그로 인해 지나치게 인간처럼 변해버린다는 것. 동시에 인간도 드래곤과 관계에 얽매여 파멸적인 운명을 맞이한다.

니체는 "심연을 오랫동안 들여다보면 그 심연 또한 나를 들여다본다."라고 했다. 어떤 대상을 이해하기 위해서는 깊이 다가가야 하지만, 이것이 지나칠 때 자기 정체성을 잃어버릴 수 있다는 이야기가 아닐까?

『드래곤 라자』의 끝에서 주인공은 인간의 영향을 받지 않고 드래곤의 관점에서 세상을 보는 한 드래곤을 피신시킨다. 드래곤과 인간이 서로 영향을 주며 긍정적인 결과를 낳을 수도 있지만, 때로는 다른 관점의 존재가 필요할 수도 있는 것을, 그리고 영향을 주고 받지 않고 스스로 변화하는 길을 찾아가야 할 수도 있다는 이야기가 될까?

드래곤과 인간의 교류를 펼쳐내는 용 기수 이야기. 그리고 여기에서 영향을 받은 『드래곤 라자』는 판타지나 SF만이 아니라, 우리 세계에서도 다양한 존재의 교류 방법에 대한 여러 생각을 갖게 한다.

용 기사(龍騎士)? 용 기수(龍騎手) 어느 쪽이 맞을까?

한국이나 일본의 판타지 작품에서 용을 타고 싸우는 이들을 용 기사(드래곤 나이트(Dragon Knight, 龍騎士)라고 부르는 경우가 있지만, 『퍼언 연대기』를 시작으로 한 서양 작품에서 용을 타는 사람은 용 기수(Dragon Rider)라고 부른 경우가 더 많다(『퍼언 연대기』의 한국 번역서에선 용 기사라고 번역했다).

이는 기사(騎士, Knight)라는 용어의 의미가 서로 다르기 때문으로 생각된다. 동양에서 기사는 말을 타고 싸우는 전사 대부분을 말하지만, 서양에선 봉건 영주 체계에서의 작위나 영주를 따르는 직책을 말하는 경향이 더 강하다. 드래곤처럼 강력한 존재를 타고 싸우는 인물이라면 그만큼 작위를 지닌 경우가 많겠지만, 애니 「드래곤 길들이기」의 평범한 마을 청년이나 『테메레르』의 공군 장교로 나오는 사례도 많은 만큼 구분해 쓰는 것도 좋다.

용 기사란 이름은 게임 「파이널 판타지」 시리즈와 만화 『드래곤 퀘스트:다이의 대모험』의 영향으로 「리니지」, 「던전&드래곤」, 「몬스터 헌터」처럼 '용을 죽이는 기사'나 '용과 같은 힘을 쓰는 기사' 같은 뜻으로 쓰는 사례도 많다. 그래선지 한국에서도 게임 「하스스톤」, 「월드 오브 워크래프트」처럼 용 기수라고 번역하는 사례가 조금씩 눈에 띈다.

읽을거리 판타지의 날틀

판타지에는 드래곤 외에도 하늘을 나는 다양한 탈 것이 등장한다.

게임을 예로 들면 드래곤, 와이번 외에도 페가수스, 그리핀, 히포그리프, 만티코어, 하피처럼 하늘을 나는 거의 모든 환수가 공중 부대로 활약하며, 게임 「워해머 판타지」의 거대한 박쥐(펠벳), 큰 독수리처럼 기존의 날아다니는 생명체들을 키운 것들도 인기가 있다. 동화에선 주인공이 작아져서 벌 같은 곤충이나 참새처럼 작은 새를 타고 날아다니기도 하는데, 이처럼 작은 동물을 키워서 타고 다니는 것도 재미있다.

드워프처럼 기술이 뛰어난 종족이라면 비공정이나 비행선 같은 기계 장치도 등장할 수 있다. 조선 시대에는 비차(飛車)라는 것이 있어 임진왜란 때 외부로 연락할 때 썼다고 하는데, 이처럼 전승이나 야사의 것들을 등장시키는 것도 좋다. 레오나르도 다 빈치의 스케치는 이런 장치 설정에 어울린다. 「워크래프트」 시리즈의 드루이드처럼 마법사가 독수리 같은 생명체로 변신하는 것도 한 가지 방법. 여기에 마법적인 설정이 더해지면 더욱 흥미로운 이야기를 덧붙일 수 있다.

판타지 세계의 날것을 등장시킬 때는 과학적인 설정보다는 마법적인 설정으로 접근하는 게 재미있다. 하늘을 난다고 해서 페가수스처럼 날개가 달릴 필요는 없다. 동양의 용이 날개 없이 술법으로 하늘을 날 듯, 마법을 이용하면 모양은 상관없기 때문이다. 하늘을 나는 해파리나 하늘을 나는 호박, 하늘을 나는 꽁치 등, 무엇이든 하늘에 띄울 수 있다.

마법과 관련한 탈것이라면 마녀의 빗자루를 떠올리기 쉽지만, 전승에는 마녀가 소쿠리를 타고 난다는 이야기도 있다. 공기 저항을 생각하면 빗자루가 좋을지도 모르지만, 안전을 생각한다면 확실히 빗자루보다는 소쿠리가 더 나을지도 모른다. 비공정, 비행선, 거대 로봇 같은 경우에도 마법을 넣으면 좀 더 다양한 모양이 될 수 있다.

재미있는 요소를 위해선 날것과 주인공의 관계, 날것을 어디에 어떻게 쓰는지, 날것에 제약인 무엇인지처럼, 날것을 실제로 활용하는 방법을 고려하는 게 낫다.

9. 크리스마스에 울리는 산타클로스의 종소리

매년 12월 말이면 세계 각지의 많은 아이가 가슴을 두근거리며 누군가를 기다린다. 빨간 옷에 거대한 보따리를 짊어진 손님. 바로 산타클로스를 기다리는 것이다.

크리스마스에 아이들에게 선물을 전한다는 산타클로스는 하얀 수염을 길게 기르고 빨간 옷에 모자를 쓴 모습으로 그려진다. 등에 짊어진 큰 보따리에는 착한 아이들에게 나누어줄 선물이 가득 담겨 있는데, 이 선물은 산타의 동료이자 부하인 녹색 옷의 엘프[6]들이 만든다고 한다. 북극에 산다는 산타는 크리스마스이브에 거대한 순록이 끄는 썰매를 타고 하늘을 질주하며 굴뚝을 통해 들어가 아이들의 머리맡이나 거실에 놓여 있는 양말에 선물을 넣어주고 떠난다. 순록은 본래 1마리였지만 그 후 8마리로 늘어났고 빨갛게 빛나는 코를 가진 루돌프가 선두에 서게 되면서 9마리가 되었다.

이 같은 산타 모습이 세계 전역에 알려지게 된 것은 한 광고 덕분이었다. 오래전 산타와 똑같이 빨간색과 하얀색의 로고를 사용하는 음료수 회사에서 빨간색에 하얀 무늬가 들어간 옷을 입은 산타를 내세운 광고를 만들었고, 그게 널리 퍼져서 듬직한 체격에 빨간 옷을 입은 산타가 세계 전역으로 유행한 것이다(코카콜라 이전에도 비슷한 산타 모습은

6 『반지의 제왕』이나 중세유럽 판타지의 요정 종족이 아니라, 녹색 옷을 입은 작은 인간 모양의 종족을 말한다. 윌 페렐 주연에 훗날 「아이언맨」을 만든 존 패브로가 연출한 영화 「엘프」(2003)를 통해 그 모습이 널리 알려졌다. 『호빗』에서도 초반에 나오는 엘프는 신비한 존재라기보다는 이 영화 속 엘프처럼 노래와 춤을 즐기고 장난스러운 요정에 가깝다.

있었지만, 코카콜라 덕분에 그 모습이 완전히 정착되었다).

현재의 산타클로스 모습은 20세기 들어 탄생한 광고에서 시작되었지만, 연말이나 연초에 선물하는 풍습은 예로부터 세계 각지에 존재했다. 선물을 전해주는 날은 크리스마스이브가 아닌 경우도 많은데, 선물을 주는 것도 산타가 아니라 마녀와 와서 착한 아이에게 과자를 준다는 이탈리아의 전설도 있다. 영국의 산타클로스는 본래 녹색 옷을 입었고, 러시아의 산타클로스에 가까운 캐릭터 데드 모로스(Ded Moroz, 모로스 할아버지)는 파란 옷을 입고 있다. 아이슬란드에서는 유르란즈라 불리는 13명의 요정이 있어서 12월 12일부터 매일 같이 산에서 내려와 착한 아이에게 선물을 주고 크리스마스에 돌아간다고 전해진다. 그야말로 각양각색, 나라마다 지역마다 산타 모습은 천차만별이다. 그중에서도 가장 특이한 것은 오스트레일리아의 산타이다. 북반구와 계절이 정반대인 남반구에서 크리스마스는 여름이라서 산타도 여름에 다닐 수밖에 없는데, 북반구의 산타처럼 두꺼운 털옷을 입는 게 아니라 가벼운 복장으로 바다에서 서핑으로 찾아와 선물을 전한다고 하니, 정말로 지역화가 잘 된 정열적인 산타이다.

보통 산타클로스는 착한 아이에게만 선물하는데, 반대로 나쁜 아이에게 벌을 주는 산타클로스도 있다. 독일에는 쌍둥이 산타가 있어서 검은 산타가 나쁜 아이들을 잡아간다고 하며, 이탈리아의 마녀 산타는 나쁜 아이에게는 과자 대신 석탄을 던진다고 한다.

산타 모습은 여러 작가나 광고를 통해서 만들어진 것이지만, 사실 산타 이야기에도 시작은 존재한다. 4세기 경 동로마 제국 외진 곳에 니콜라우스라는 성직자가 있었다. 어느 날 길을 걷던 그는 가난한 나머지 세 딸을 노예로 팔아넘길 처지에 놓인 가족을 만나게 되었다. 이들을 측은하게 여긴 니콜라우스는 그날 밤 그 집의 굴뚝을 통해서 금화를 떨어뜨렸다. 그 집의 굴뚝 밑 난로에는 마침 양말이 걸려 있었는데, 금화가 그 양말에 들어가고 말았다. 여기서 한밤에 양말에 선물을 놓고 간다는 전설이 유래했다. 이후 이야기가 전해지면서 니콜라우스는 성인(세인트)이 되는데, 성인 니콜라스, 세인트 니콜라우스라는 이름에서 산타클로스라는 말이 태어났다. 이후 많은 사람의 상상과 창작이 더해지면서 연통을 타고 몰래 들어가거나, 빨간 옷을 입고 크리스마스이브에 순록이 끄는 썰매를 타고 날아온다는 등의 이야기가 생겨난 것이다. 한 사람의 선한 마음이 천 년이 넘게 이어져 아름다운 전설로 승화된 것이다.

전설 속 산타클로스가 정말로 있는지는 알 수 없다. 하지만 연말이 다가오면 수많은 아이가 산타를 기다리며 착한 일을 하고, 수많은 어른이 산타를 대신하여 아이들을 위해 노력하는 것은 부정할 수 없는 사실이다.

산타가 정말로 있다고 믿는 아이도 많이 줄어들었지만, 그린란드에 있는 산타 마을에는 지금도 세계 많은 아이의 편지가 도착하며, 매년 크리스마스마다 수많은 산타가 거리를 수놓는다. 크리스마스이브가 되면 미국 전략공군사령부 노라드(NORAD)에서는 전 세계를 날아다니는 산타를 추적하며, 캐나다 공군은 아예 산타를 호위하는 전투기를 출격시킨다. 추운 겨울 밤새도록 진행되는 힘든 일이지만, 수없이 많은 조종사가 자원해서 경쟁할 만큼 인기가 높다.

물론 이들은 진짜 산타와는 관련이 없다. 어디까지나 산타를 믿고 만나고 싶은 아이들을 위해서 나선 어른들의 일이기 때문이다.

산타가 정말로 있다고 믿는 아이들, 그리고 그런 아이들의 꿈과 바람을 위해서 자발적으로 나선 어른들. 이들의 마음이야말로 정말로 산타가 있다는 증거일지도 모른다. 그리고 어쩌면 이들의 마음이 정말로 산타를 만들어냈을지도 모른다. 사람들의 믿음이란 때때로 마법 같은 힘을 발휘하니까. 마법이 존재하는 판타지 세계라면 정말로 산타클로스 같은 존재가 있을지도 모른다. 그렇다면 그 세계의 산타는 과연 어떤 모습일까? 그리고 어떤 이유로 그런 존재가 탄생했을까? 그런 걸 상상해 보는 것도 판타지 세계의 존재들을 펼쳐내는 좋은 방법이다.

읽을거리 **가족 사랑이 만들어낸 9번째 순록, 루돌프 이야기**

크리스마스 하늘을 수놓는 산타의 썰매를 끄는 순록이라면 보통 루돌프를 기억하는 이들이 많지만, 사실 썰매를 끄는 순록은 한 마리가 아니며, 루돌프는 그중에서도 가장 막내로 1939년, 미국 백화점 광고부에 근무하던 로버트 메이가 지은 동화에서 등장했다. 로버트에게는 아내와 딸이 있었는데 당시 아내는 암에 걸려서 투병 중이라 집에만 있었다. 자기 어머니가 다른 집과 다르다며 슬퍼하는 딸을 위해서 지은 것이 바로 루돌프 동화였다.

본래는 가족만을 위해 만든 이 이야기를 들은 아내의 조언으로 로버트는 동화를 잡지사에 보냈고, 그 이야기가 큰 성공을 거두면서 루돌프에 대한 동요도 탄생하여 현재에 이르게 되었다. 한국어 가사에선 루돌프를 사슴이라고 하지만, 이는 이 동요가 들어올 당시 순록이라는 동물에 익숙하지 않았기 때문.

로버트가 남과 다르다는 이유로 놀림 받는 루돌프란 캐릭터를 만든 것은 어머니가 남들과 다르다며 슬퍼하는 딸을 위로하기 위한 마음도 있었지만, 동시에 자신이 어렸을 때 남들보다 키가 작다고 놀림 받았기 때문이라고도 한다.

유달리 붉고 빛나는 코를 가졌기에 여러 순록에게 놀림 받고 따돌림 당했던 루돌프가 리더인 돈더의 반성과 '누구에게나 장점이 있다'라는 산타클로스의 격려로 기회를 얻고 가장 앞에서 썰매를 끄는 역할을 맡아 활약하는 이 동화는 매년 크리스마스마다 많은 아이에게 용기를 심어주고 있다.

사실은 산타클로스의 모양이 나라마다 시대마다 다르듯, 산타클로스의 이동 방법도 한가지는 아니었다. 순록이 아니라 말이 끄는 썰매, 마녀처럼 빗자루를 타고 나는 등 다양한 형태가 있었는데, 그중 순록이 끄는 썰매로 정착된 것은 미국 백화점에서 순록의 전설을 바탕으로 크리스마스 이벤트를 열었기 때문이다. 게다가 순록이 끄는 썰매라는 이미지가 산타클로스와 가장 잘 어울렸기 때문이기도 했다.

썰매를 끄는 순록의 숫자나 이름도 조금씩 다르다. 1823년에 뉴욕의 신학자 클레멘트 클라크 무어가 지은 동시『크리스마스 전날 밤(Twas the Night Before Christmas)』에서 아이가 목격한, 산타가 8마리 순록을 부르며 격려하는 다음 장면에서 나온 이름이 가장 대중적이다.

"독수리보다 빠르게 순록은 날아오며
산타씨는 큰 소리를 이름을 부른다.
'자, 대셔(Dasher), 자, 댄서(Dancer), 자, 프랜서(Prancer), 빅센(Vixen),
가라 코멧(Comet), 가라 큐피드(Cupid), 돈더(Donder), 블리첸(Blitzen),
입구 위로, 굴뚝 위로!
빨리 달려라, 자 달려라, 모두 달려라!'
태풍 앞에서 낙엽이 춤추듯,
뭐에 부딪히던, 썰매는 하늘로 춤추듯 날아오르며.
그리고 순록들은 지붕 위로 날아간다,
장난감이 가득한 썰매와 산타클로스를 싣고."

_클레멘트 클라크 무어의「크리스마스 전날 밤」중

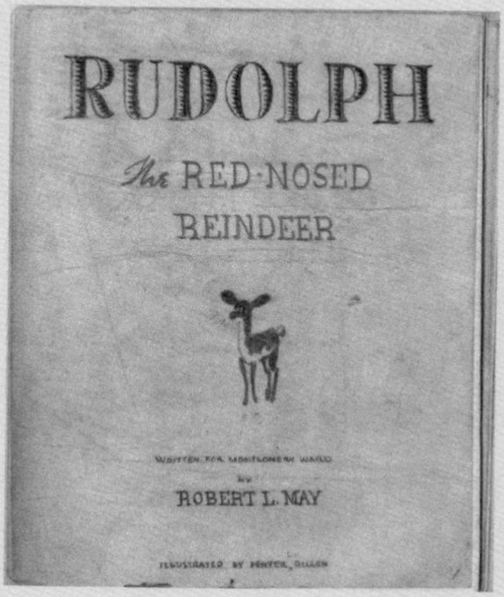

슬퍼하는 딸을 위해 로버트 메이가 직접 쓴 최초의 루돌프 동화
산타클로스의 전설은 이처럼 아이들을 사랑하는 어른들에 의해 완성되어갔다.
(Robert L, May, 1939)

환상 세계의 테마파크인 판타지는 신비하고 놀라운 일이 벌어지며 다양한 모험이 가득한 곳이자 작품마다, 이야기마다 제각기 다채롭고 흥미로운 일들이 벌어지는 세계이다. 이 같은 판타지에는 그 세계만의 독특하고 흥미로운 측면이 존재한다.
판타지에는 목숨보다도 명예나 협의를 중시하는 독특한 가치관이 등장하며, 게임에선 가볍게 등장하지만, 그 내면은 더욱 깊이 있는 다채로운 마법이 나온다. 마법과 술법, 신비한 그 힘이 과학의 일종으로서 세계의 삶에 영향을 주기도 한다. 독특한 장소와 생물들이 지도 위에 그려지는 모험 세계에서는 던전 같은 흥미로운 장소도 있는데, 주사위와 연필을 이용해 규칙에 맞추어 그 세계를 여행하는 RPG라는 게임을 통해 직접 체험할 수 있다.
환상 세계의 테마파크로서 판타지 세계만의 재미있는 이야기들, 그리고 그 세계를 더욱 그럴듯하게 해주는 다양한 이야기를 소개한다.

환상계의 또 다른 이야기들

PART
06

판타지 가이드 판타지의 가치관

1. 목숨을 건 명예, 삼총사의 결투

『삼총사』는 프랑스를 무대로 국왕을 지키는 총사대의 활약을 그린 이야기이다. 실존 인물이기도 한 프랑스의 귀족, 달타냥을 주역으로 다채로운 모험을 펼쳐내고 있다. 총사대에 들어간 달타냥 앞에 수많은 시련이 다가오지만, 동료인 삼총사들과 함께 힘을 합쳐 극복한다. 믿음직한 아토스, 힘세고 유쾌한 포르토스, 그리고 미남에 화려한 검기를 뽐내는 아라미스. "하나는 모두를 위하여, 모두는 하나를 위하여(All for One, One for All)"라는 표어와 함께 활동하는 삼총사 이야기는 동서양을 막론하고 인기가 높다.

달타냥과 삼총사는 동료로서 멋진 활약을 거듭하지만, 사실 그들의 첫 만남은 그다지 좋지 않았다. 아니 최악이었다. 왜냐하면 이들의 이야기는 결투로 시작되었기 때문이다. 달타냥이 삼총사 모두와 결투 약속을 한 것이었다. 총사대의 앙숙인 근위대가 나타나면서 결투는 흐지부지되었지만, 그대로 진행되었다면 삼총사 이야기는 거기서 끝났을지도 모른다. 달타냥이 아무리 실력이 좋아도, 삼총사 각자와 결투해서 살아남을 가능성은 얼마 되지 않으니 말이다. 물론 삼총사 중 한 명이 죽더라도 이야기는 이어지지 않았을 것이다.

어쩌면 이야기의 시작과 함께 끝나버릴 수도 있었던 상황. 그것은 지극히 사소한 이유로 진행되었다. 악당을 발견하고 급히 달려가던 달타냥이 삼총사 각자와 부딪힌 것이다. 달타냥은 급한 나머지 대충 사과하고 떠나려 했지만, 당연히 삼총사들은 이를 인정하지 않았다.

"예의를 모르는 친구"

이런 말을 들은 달타냥도 화를 내고 말다툼이 벌어졌다. 그리고 결투를 선언했다. 그들은 진지하기 이를 데 없었다. 목숨을 걸고 대결하기로 했으니 말이다.

생각할수록 어이없지만, 『삼총사』를 쓴 뒤마도, 그리고 이 이야기를 본 사람들도 우스갯소리로 여기지 않았다. 왜냐하면 『삼총사』의 무대인 17세기에는, 그리고 『삼총사』가 나온 19세기 중반에도 '사소한 이유의 결투'가 수없이 벌어지고 있었기 때문이다. 미국에선 유력한 대통령 후보가 상대 정치가를 결투로 죽이는 바람에 선거에 나가지 못한 일도 있었고, 프랑스의 작가 모파상처럼 십수 번의 결투를 거듭한 사람도 있었을 정도. 심지어 모파상은 "편집자에게 필요한 건 오직 결투 능력뿐"이라며, 기자나 편집자에게 결투를 권하고 입회인으로 참석한 일도 적지 않았다.

결투에는 목숨이 걸려 있게 마련이다. 그런데도 결투가 거듭된 것은, 결투가 당시 사람들에게는 '목숨보다 소중한 무언가를 지키는 행위'이기 때문이다. 결투에 거는 것은 시대와 장소, 상황에 따라서 다르다. 몇몇 이야기처럼 '세상의 운명을 건 결투'도 있지만, 때로는 다른 이들에겐 매우 하찮아 보이는 무언가를 위해 결투를 벌이기도 한다. '목숨보다 소중한 것'은 사람마다 다르기 때문이다.

➔ 결투의 역사에 대해서는 제1장의 '6. 역사 시대의 의식 전환-신명에서 법치를 향하여' 중 '나) 진인사대천명 시대'(68쪽) 참조.

어떤 이들은 돈이나 물질을 위해서, 또는 사랑하는 사람을 얻고자 결투를 벌이지만, 그 대상은 실존하는 것이 아니어도 상관없다. 가령 『삼총사』에선(그리고 19세기의 모파상 같은 이들은) 명예(Honor)를 위해 싸웠다. 그것도 남에게 인정받는 평판이 아니라, 나 자신이 고결하다고 믿는 무언가로서의 명예로서 말이다. 중세를 거치면서 근대에 이르기까지 사람들은 예기치 못한 일로 죽는 일이 적지 않았는데, 그만큼 쉽게 사라지는 목숨보다도 더 중요한 무언가가 있다고 생각했을지도 모른다. 그래서 어떤 형태로든 자신의 명예가 훼손된다고 생각한 일, 특히 모욕당했다고 생각했을 때는 절대로 참지 않았다.

어떤 일이 모욕인가는 사람에 따라 달랐다. 『삼총사』에서처럼 사과를 제대로 하지 않았다는 이유로, 또는 '무례한 사람'이라 말했다는 이유로 결투할 수도 있고 모파상처럼 작품에 대한 비판을 참지 못할 수도 있었다. 심지어 열차에서 반대편 자리에 앉은 사람이 자신의 옆자리에 발을 올렸다는 이유로 결투를 벌여서 상대를 죽여 버린 사례도 있었다.

명예의 결투가 항상 나쁜 모습만 보였던 것은 아니다. 사소한 이유로 싸우는 것처럼 보이는 명예의 결투에는 사실 '목숨을 걸더라도 소중한 가치를 지킨다'는 의지가 담겨있기 때문이었다. 그래서 승패와 관계없이 '명예를 지키려는 의지가 있는 사람'이라는 명성과 함께 고결하고 믿음직하다는 인식을 받게 된다.

『삼총사』에서 네 사람이 화해하고 더없는 친구가 된 것처럼, 실제 역사에서도 결투를 마치고 살아남은 사람들은 대부분 화해하고 절친이 되었다고 한다. 죽음을 앞에 두면 다른 모든 것이 의미가 없어 보이기 때문이기도 하지만, 무엇보다 '명예를 위해 죽는다'라는 공통점을 느끼기 때문이다.

"상처 입은 몸은 치료술로 고칠 수 있지만, 상처 입은 명예는 칼로만 고칠 수 있다(Wounded fresh cured by heal, wounded honor cured by steel)."

BBC 드라마로도 선보인 「삼총사」
이처럼 꾸준히 사랑받는 것은 역시 멋지게 보이기 때문일 것이다.
©2014 BBC

누군가는 명예의 결투에 대해 이렇게 말했다. 현대인에게는 이해할 수 없는 이야기지만, 목숨보다도 명예의 가치가 높았던 시대에는 당연한 이야기였다. 현대에는 당연히 사라져 버린 결투[1], 그것이 『삼총사』를 비롯한 여러 작품, 그리고 판타지라는 낭만 속에서 멋지게 그려지는 것은 역시 거기에 현대인조차 끌어들이는 매력이 있기 때문이다.

창작 작품의 세계, 사는 시대와 장소가 다르면, 그곳에 사는 이들의 가치관도 다르게 마련이다. 신이 당연하게 존재하는 세계에선 신의 뜻에 따르는 것이 자연스럽고, 명예를 중시하는 사회에선 명예를 위해 죽는 게 그럴듯하다. 마법이나 요정, 그리고 환수처럼 그 세계만의 특성에 따라 다양한 가치관이 등장한다. 21세기를 살아가는 우리에겐 이상하게 보일지라도 그것은 그 이야기만의 세계관이자 독특한 재미 요소로서 흥미를 끈다.

1 명예의 결투는 대다수 나라에서 사라졌지만, 지금도 일부 지역에서는 명예를 위해 목숨을 거는 풍습이 남아 있다. '피는 피로 갚는다'라는 마피아의 불문율 같은 것도 일종의 명예율이며, 지금도 복수가 복수를 낳으면서 마을 전체가 피의 복수극에 물들었다는 이야기를 들을 수 있다.

2. 협의를 위한 죽음, 삼왕묘의 전설

오랜 옛날, 중국의 전국시대 한 나라에 별이 떨어져 내렸다. 왕은 기뻐하며 그 별을 캐어다 칼을 만들게 했다. 장인은 아내와 함께 칼을 만들기 시작했지만, 어째선지 쇠가 잘 녹지 않아 약속한 기일을 어기고 말았다. 왕의 편협한 마음을 아는 사람들은 그들에게 도망치라고 권했다. 하지만, 장인은 믿음을 저버릴 수 없다며 어렵게 칼을 완성하여 왕을 찾아갔다.

왕은 훌륭한 칼에 기뻐했지만, 장인이 남에게 이런 칼을 만들어줄까 우려하며 날짜가 늦은 것을 빌미로 장인을 죽였다. 장인은 기꺼이 죽음을 받아들였지만, 이야기는 여기서 끝나지 않았다. 왕이 자신을 죽일 것을 예측한 장인이 함께 만든 한 자루의 칼을 아내에게 남겨둔 것이다.

장인은 아내에게 말했다. "나는 믿음을 저버리지 않기 위해 왕을 찾아가지만, 왕이 나를 해친다면 역시 믿음을 어긴 것이니, 이 원한을 갚아 주시오."

얼마 후 장인의 아내는 아들을 낳았다. 아들은 아버지의 복수를 다짐하며 한 자루 칼로 수련했지만, 그 뜻이 너무 강했던지 그의 모습이 왕의 꿈에 나타나고 말았다. 매일 같이 왕을 죽인다며 맹세하는 청년을 두려워한 왕은 그 모습을 그려 수배했다.

쫓기게 된 아들은 자신의 신세를 한탄하며 눈물을 흘리며 슬퍼하는데, 한 길손이 지나가며 말을 걸었다. "사내대장부가 어찌하여 행동하지 않고 눈물만 흘리는가?" 아들은 그를 믿고 솔직하게 이야기를 꺼내면서 말했다. “내가 죽는 것은 아깝지 않지만, 원한을 갚지 못하는 것이 슬플 뿐입니다.”

길손은 말했다. “자네의 목을 내게 준다면 뜻을 이루게 해 주겠네.” 아들은 주저 없이 칼을 들어 자기 목을 베었다. 머리가 잘리고도 빳빳하게 서 있던 시체는, 길손이 약속을 지키겠다고 맹세하고 나서야 쓰러졌다.

길손이 아들의 머리와 칼을 들고 왕을 찾아가자, 기뻐한 왕은 원한을 없애겠다며 머리를 기름솥에 넣고 끓이게 했다. 하지만 사흘이 지나도록 머리는 아무런 변화 없이 둥둥 떠 있을 뿐이었다. 길손은 왕이 직접 살펴봐야 한다고 말했고, 그 말대로 왕이 솥을 들여다보는 순간 왕의 목을 베고, 자기 목도 베어 스스로 목숨을 끊었다. 왕, 장인의 아들, 길손. 이들 세 사람의 목이 기름솥에 떨어져 순식간에 익어서 분간할 수 없게 되었다. 사람들은 이들이 모두 영웅이며 왕의 자격이 있다며 세 개의 머리를 합장하여 ‘삼왕묘’라고 불렀다.

위진남북조의 지괴(志怪) 소설[2], 『수신기(搜神記)』에 나오는 이 이야기[3]는, 협(俠)이라는 것이 무엇이며, 협객이라는 것이 무엇인지에 대해서 이

2 지괴 소설(志怪小說) – 주로 육조시대 중국에서 나온 기괴한 이야기로, 과거 인물의 일화를 모아서 엮은 지인 소설(志人小說)을 바탕으로, 기괴한 이야기를 결합하여 만들었다. 지괴 소설은 보통 풍문을 그대로 옮긴 것으로, 지인 소설처럼 역사나 전설 속 인물이 주역으로 등장하는 사례가 많다. 당송대 전기 소설(傳奇小說)을 거쳐, 명청대 신마 소설(神魔小說)로 이어진다.

3 오나라왕 합려와 간장(干將)과 막야(莫邪, 또는 막사)라는 부부 장인이 주역으로 등장한다. 간장막야가 만든 검은 그들의 이름을 이어받아 전설적인 명검으로서 칭송되며 다양한 작품에 등장하지만, 이들이 실존 인물이라는 증거는 없다. 합려는 오자서의 도움으로 초나라를 정벌하고 월나라와 전쟁 중 상처를 입고 사망했기에 삼왕묘와 관련이 없다. 초나라에 비슷한 전설이 내려오는데, 이를 비롯한 여러 가지 이야기를 결합하고 유명한 합려왕을 중심에 두어 창작했다고 여겨진다.

야기할 때 자주 인용된다. 믿음을 저버리지 않고자(협객불상신 俠客不傷信), 원한을 잊지 않고자(협객불망원 俠客不忘怨), 그리고 의를 버리지 않고자(협객불기의 俠客不棄義) 자신의 목숨을 걸었던 이 이야기는 물론 전설이자 창작이지만, 이들의 목이 담겼다는 삼왕묘는 중국의 허난성에 실제로 존재한다.

이와 비슷한 이야기는 수신기 외에도 다양한 형태로 전해져 내려오는데 이처럼 하나의 이야기가 다양한 형태로 내려오는 것, 그리고 실체를 알 수 없는 삼왕묘가 현재까지 존재한다는 것만으로도 중국인이 이런 이야기를 얼마나 좋아하는지 알 수 있다.

이 전설에는 중국인이 바라는 협(俠)의 모습이 등장한다. 늦은 것을 변명하지 않고 목숨을 바친 장인, 그리고 당대 권력자인 왕에게 맞서 대항하려던 아들, 그런 아들을 믿고 아무런 보답 없이 목숨을 던진 길손. 아들은 무엇 하나 바라지 않고 자신이 믿는 바를 위하여 목숨을 걸었고, 길손은 그런 아들의 뜻과 믿음에 보답하며 희생했다. 권력도 명예도 바라지 않았고 오직 '의협(義俠)'이라는 정신만을 남겼다. 이처럼 사람을 믿고 누군가를 위해 목숨을 바쳐 의를 관철하는 것, 이를 협(俠)이라 부른다.

협을 추구하는 사람들, 오랜 옛날부터 중국에선 이들을 협객이나 유협이라 부르며 칭송했다. 중국 최고 역사서 중 하나인『사기』에서도『유협열전』이라고 항목을 나누어 이들을 소개하는데, 사마천은 유가와 묵가가 이들을 배척하여 기록을 남기지 않는 점을 안타깝게 생각하며, '유협은 믿음이 있고 과감하게 결정하며, 약속을 성실하게 지키고 남을 위해 생사를 돌보지 않으며, 자기 능력이나 공덕을 과시하지 않는다'라고 칭송했다.

사마천의 말대로 협객은 지배층과 학자들에겐 '사회를 어지럽히는 자들'이라며 폄훼되었지만, 서민들에겐 어지러운 시기에 세상을 구하는 영웅으로 인정받았다. 역사 속에선 한나라를 세운 유방이나 명나라를 세운 주원장처럼 유협 집단으로 시작하여 황제가 된 사례를 종종 볼 수 있는데, 『삼국지연의』에서 주역으로 등장하는 유비, 관우, 장비 세력이 협객에 가까운 모습을 보여주는 것도 이것이 중국 서민의 취향에 맞기 때문이다.

협(俠)은 아무것도 바라지 않고 오직 자신이 믿는 정의를 따른다는 점에서, 나라와 조직의 질서를 따르는 충(忠)과 충돌하는 경향이 있다. 협객은 자신을 믿어주고, 자신이 믿는 개인을 따르며, 그를 위해 목숨을 바친다. 충성은 종종 보답을 요구하지만, 협은 어떤 보답을 원하지 않으며 역경 속에 빛을 낸다. 관우가 조조의 극진한 대접에도 이를 모두 버리고 외로운 유비를 찾아 떠난 것도, 충성을 바치는 장수라기보다는 협의를 따르는 협객의 모습에 가깝다. 자신이 믿는 이를 위해 목숨을 바친다는 정신은 부정한 세상, 사악한 강자에 맞서는 용기를 주지만, 때로는 테러 조직이나 사조직 형태로 세상을 어지럽힐 수도 있다.

소설 『의천도룡기』(김용)에서는 협객의 검인 의천검과 장군의 검인 도룡도를 등장시켜 충과 협이 서로 대립하며 협력하는 모습을 보여준다. 의천검과 도룡도는 천하제일 명검과 명도지만, 실제로는 그 안에 담긴 비급이 더 중요하다. 의천검에는 뛰어난 무예 비급이, 도룡도에는 뛰어난 병법 비급이 있으며 각각 협객과 영웅의 길을 가는 기반이 된다. 도룡도는 그 병법으로 충성스러운 인재를 모으고 천하 평정에 나서도록 도와주지만, 만일 올바르지 않은 길을 걷는다면 의천검의 무예를 익힌 협객이 그를 베어 세상을 구한다. 충성과 협의는 방향은 다르지만 모두 세상을 구하는 힘이 된다는 것을 이 작품은 잘 보여준다. 올바른 세상에서는 충성이, 바르지 않은 세상에서는 의협이 사람들의 눈길을 끌고 세상에 도움을 주는 것이다.

『수호전』을 비롯한 중국의 많은 의협 작품에서는 이 같은 충과 협의 충돌과 조화를 종종 볼 수 있다. 『삼국지연의』에서도 인의와 신뢰로 맺어진 유비 집단과, 일찌감치 조직에 대한 충성과 법치로 다스리는 조조 진영을 대립시켜 보여주고 있다.

중국은 수천 년 전부터 그 문명의 기본 모습이 변하지 않고 계승되었

검을 만드는 두 사람. 간장 막야의 전설

다고 한다. 중국의 로마라고 부를 수 있는 한나라에서 정착된 여러 가지 전통이 지금도 면면히 이어진다. 넓고 방대한 중국에선 나라나 도시, 마을이 수없이 흥하고 망했으며, 통치가 제대로 미치지 못하고 무력이나 재력이 가치를 결정하는 사례가 많았다고 한다. 언제 누구에게 배신 당할지 모르는 세계. 배금주의(돈이 가장 가치가 있고, 자신과 돈 만 믿을 수 있다는 사상)라 할만한 이런 정신은 문화만큼은 중국이 제일이라고 여기는 중화사상과 함께 중국의 전통으로서 내려왔는데, 이에 대한 반감으로써 협의 정신이 주목받고 칭송받았다.

유럽의 명예율과도 비슷한 협의 정신, 이는 현대 사회에는 맞지 않을지도 모른다. 『수호전』이나 『삼총사』가 지금도 인기 있지만, 그 모습이 영웅이나 용사보다는 산적떼, 조직폭력배에 가깝게 여겨지는 것은, 공권력이 치안이 안정된 현대 사회와는 상반되기 때문이다.

하지만 시대와 상황이 다르고, 독자적인 세계관을 지닌 판타지, 그리고 무협에서 이들은 이야기를 흥미롭게 엮어내고, 독특한 깊이와 느낌을 부여한다.

읽을거리 **'무(武)'에 대한 무협 정신**

중국 작가 양우생은 "무(武)는 쓰지 않을지언정, 협(俠)이 빠져서는 안 된다."라며 무협에서 협의 정신을 강조하고 이를 보여주고자 노력했다. 김용을 비롯한 여러 무협 작가도 이 같은 사상을 바탕으로 협의 정신을 보여주며 눈길을 끌었다. 하지만 중국 무협에 영향을 받아 탄생한 한국에서는 협의 정신 이상으로 무예라는 쪽에 초점을 맞추어 이야기를 연출한 사례가 많다.

무협이란 무예(武)를 통해서 협의(俠義)를 펼치는 이야기이다. 그 역사는 『수호전』이나 『홍길동전』을 넘어 『사기』의 『자객열전』, 『유협열전』으로 거슬러 올라간다.

무협을 펼칠 때 협이라는 요소는 당연히 중요한 것이지만, 무예 역시 무시할 수 없다. 무협에서 무예란 단순히 힘으로 상대를 꺾어 누르는 기술이 아니라, '강함이 무엇인지', '무예가 무엇인지'를 깨닫는 과정과 결과이기 때문이다.

흔히 중국 무술을 쿵푸라고 부르지만, 이건 쿵푸라는 기술을 말하는 게 아니다. 영화 「포비든 킹덤」에서 "쿵푸(工夫,공부)란 힘써서 노력한 과정과 결과. 화가가 그림에 정진하면 쿵푸고, 가수가 노래를 부르는 데 노력하면 그것도 쿵푸다."라고 했듯이, 무예라는 깨달음을 얻고자 노력하는 과정과 그로부터 얻은 깨달음이다. 그런 면에서 무협에서의 무예란 불교의 대오각성과도 비견될 만한 깊이를 지니고 있다.

무협에선 뭔가 거창하고 강력한 기술이 등장하는 사례가 많았다. 『사조영웅전』(김용) 같은 작품에서도 구음신공이란 초절한 무공이 등장하며, 이를 수련한 주인공이 다른 무공을 더 오래 수련한 이들보다 훨씬 강한 모습으로 등장하는 걸 볼 수 있다. 육대문파나 구대문파 등으로 불리는 정파의 중심 세력이나 마교 같은 적대 세력의 고수들이 강한 것은 남보다 좋은 무공을 배웠기 때문이라는 설정이 있었고, 이는 더 높은 깨달음의 경지에 있기 때문이라고 여겨졌지만, 때로는 복잡 기기한 초식을 내세우는 사례도 많았다.

소설가 백상은 『성검』 시리즈를 통해 깨달음의 무학이라는 것을 선보였다. 이는 초능력 같은 정신 무예로, 주먹과 검을 휘두르지 않고 오직 생각만으로 상대를 격살하고 소멸시키는 능력으로, 여러 무협물에 영감을 주었다. 『태극문』(용대운)은 화려한 초식에 의존하지 않고, 기초적인 기술을 반복하며 단련하는 태극문이라는 일파를 통해 기본기를 내세운 수련법(어떤 무공이건 극에 이르면 최강자가 될 수 있다)을 강조했는데, 이 역시 새로운 무협의 형태로서 여러 작품에 영향을 미쳤다. 한국 무협에서 협의 정신이 나오지 않는 것은 아니다[『혈기린외전』(좌백)처럼 협객이 무엇인지를 충실하게 추구한 작품도 있다].

무예로서 도를 추구하면서도 협객보다는 인간으로서 살아가는 한국의 무협 작품은 협의에 집중한 중국 무협과는 다른 색채로서 지금도 인기를 끈다.

판타지 칼럼 마법의 신비

1. 기적을 일으키는 치유의 힘, 힐링Healing

영화 「인디아나 존스 3: 최후의 성전」은 기적을 일으킨다는 예수의 잔, 성배를 둘러싼 모험을 그린 작품으로, 나치와 맞서는 고고학자 인디아나 존스(인디)와 그 아버지 헨리 존스 박사의 활약을 그린 이야기이다. 사이가 나빴던 두 사람은 어쩔 수 없이 힘을 합치지만, 중과부적으로 잡히고 만다. 당연히 둘은 나치에 협력할 마음이 없었다. 그러자 악당은 아버지를 총으로 쏜다.

'성배만이 아버지를 살릴 수 있다'

인디는 온갖 함정이 가득한 유적으로 뛰어든다. 과연 그는 성배를 찾아낼 것인가? 그리고 성배의 기적은 아버지를 구할 수 있을까?

예로부터 병이나 상처를 치유하는 능력은 때때로 '기적'으로 불렸다. 세계 신화에는 아폴로처럼 치유를 담당하는 신이 등장하며, 고대 신앙의 샤먼은 치유술로 유명하다. 신약 성경에는 예수 그리스도가 행한 기적들이 나오는데, 그중 대부분이 병자나 불구를 치료하고 죽은 이를 깨워내는 '치유'이다.

하지만 판타지 속에서 치유는 기적이 아니다. 그것은 많은 이가 사용하는 기술이자, 나아가 모험에서는 절대로 빼놓을 수 없는 필수품이다.

슬라임에서부터 강대한 마왕에 이르기까지, 용사의 모험에는 무수한 적이 등장하여 용사를 해친다. 게임 속에서 몬스터의 공격은 HP(히트 포인트 Hit Point나 헬스 포인트 Health Point)라고 불리는 숫자가 줄어드는 것에 그치지만, 실제론 엄청난 피해가 발생하기 마련이다. 슬라임의 공격으로 발생한 1정도 피해면 약간 긁힌 느낌이겠지만, 칼을 든 적이라면 팔다리가 잘릴지도 모른다. 악당 마법사의 5,000짜리 화염 마법이라면 전신 화상 정도로 그치는 게 차라리 다행일 것이다. 용사를 재기불능에 빠뜨릴 수도 있는 피해. 이를 해결하는 것이 바로 이 판타지의 치유술 '힐링(Healing)'이다.

흔히 '회복 마법'이라고 번역하는 '힐링'은 판타지 게임의 가장 기초적인 마법이다. '약초'라고 부르는(HP를 50 정도 회복하는) 궁극의 식량이나 '포션(Potion)'이란 이름의 절대적인 치료약을 사용하기도 하지만, 용사라면 역시 힐링을 사용하는 게 기본. 마법 포인트(MP)가 줄어들지만, 모든 상처가 한순간에 사라지고 완벽한 상태로 다음 전투에 뛰어들 수 있다. 화염 마법으로 입은 화상도, 냉각 마법에 따른 동상도, 잘려 나간 팔다리도 원상 복귀. 그야말로 기적 그 자체이다. 특히 판타지 영화나 애니메이션에서 잘려 나간 팔이 원래대로 생겨나는 장면은 놀랍기 이를 데 없다.

생각해 보면 조금 이상한 상황이다. '힐링' 한 방에 잘려나간 팔이 새로 생겨나면, 원래의 팔은 어떻게 될까? 싸울 때마다 용사의 팔이 잘리고 그때마다 힐링을 쓰면, 세상에는 용사의 팔이 수십, 수백, 수천 개가 떨어져 있을까? 재생되는 팔들은 도대체 뭘로 만들어질까? '힐링'으로 잘린 팔이 생겨난다면, 잘린 팔에 '힐링'을 걸면 내 몸이 생겨나고 수백 명의 용사가 탄생하는 건 아닐까? 그야말로 온갖 의문과 수수께끼가 뒤를 잇고 끝없이 딴죽을 걸고 싶은 마음이 피어오른다.

이처럼 '힐링'은 이해하기 힘든 어떤 개념이지만, 용사의 모험에는 거의 빠짐없이 등장한다. 용사의 모험이 '힐링' 없이 헤쳐 나갈 수 없는 역경으로 가득하기 때문이다. '힐링'만이 아니다. 상처 외에도 저주나 석화, 최면 같은 역경이 있으며, 이에 맞는 해결책이 등장한다. 모두 사람들이(더 정확히는 이런 게임을 만든 제작자들이) 바라기 때문이다.

신화나 전설에서 '힐링'이 등장하는 상황도 비슷하다. 대부분의 이야기에서 '치유'는 소중한 누군가를 구하고 싶은 누군가의 마음에 반응하여 작용한다. 그것이 샤먼에 의한 것이건, 마법사나 신에 의한 것이건, 그러한 기적을 발동시키는 원동력은 바로 '소중한 이를 지키고 싶은 마음'인 것이다.

「인디아나 존스 3」에서 인디는 '수많은 성배'를 발견한다.

"참 성배는 생명을 주지만, 거짓 성배는 앗아간다."

성배를 지키던 기사는 경고하고, 악당은 잘못된 성배를 골라서 죽어버린다. 진짜 성배만이 아버지를 구할 수 있는 상황에서 인디는 스스로 성배를 들고 시험한다. 고고학 지식이 도움이 된 건 당연한 일이지만, 그가 함정을 돌파하고 성배를 찾은 것은 모두 아버지를 구하고 싶다는 일념이었다. 그리고 그 마음이 찾아낸 성배는 아버지를 '치유'한다.

하지만 성배가 치유하지 못한 것이 있다. 바로 둘의 마음이다. 둘의 마음, 서로를 싫어하는 가족의 마음을 '치유'한 것은 성배가 아니었다.

바로 아버지를 구하고자 하는 아들의, 그리고 아들을 구하려는 아버지의 마음이었다.

'힐링'은 판타지의 만능 기술인 회복 마법을 부르는 이름이지만, 현실에서 사람들은 자기 마음을 회복시킨다는 뜻으로 사용한다. 요즘처럼 힘겨운 시기, 사람들은 '힐링'을 위해 많은 방법을 시도한다. 하지만 '힐링'을 진정으로 바란다면, 신화부터 전설을 거쳐 판타지에 이르는 '힐링'의 존재가 모두 '남을 생각하는 마음'에서 시작되었음을 떠올리는 것은 어떨까. 내게 소중한 누군가를 구하고 싶다는 마음. 그것이 바로 치유라는 기적을 탄생시킨 원동력이니까.

「최후의 만찬」 후안 데 후아네스, 1555~1562년
평범한 이 잔이 힐링의 힘을 얻게 된 것은, 세상을 구원하겠다는 마음이 담겼기 때문일지도 모른다.

2. 세상을 파멸하는 통제 불가능의 힘, 계약 마법

판타지에는 종종 마법이라고 부르는 신비한 능력이 등장하여, 다친 사람을 구하거나 공중에 불덩어리나 냉기의 덩어리를 만들어내는 등 다양한 효과를 발휘한다. 마법은 다양한 방법으로 사용하지만, 대개 마법 주문이라는 것을 통해서 발동한다. 정의의 용사가 필살기 이름을 외치듯, '불공'이나 '아브라카다브라' 같은 말을 하는 것이다. 이 같은 마법 주문은 게임을 중심으로 발전한 판타지 소설을 통해서 대중화되는데, 그중 칸자카 하지메의 소설 『슬레이어즈!』가 있다.

『슬레이어즈!』는 애니메이션으로 한국에서도 인기를 끈 작품이다. 보통 전사나 기사가 주역인 판타지 중에서 유독 '마법사'를 주역으로 한 작품으로, 상황에 맞추어 다채로운 기술을 사용하는, 마법 전투를 잘 연출했다. 주인공 리나 임버스는 10대 소녀지만, 다양한 마법으로 산적 퇴치를 취미와 부업으로 즐기는 강력한 마법전사이다. 검도 사용하지만, 나이에 비하여 다양하고 강력한 마법을 잘 사용하는데 그중에서도 다음 주문이 유명하다.

> 황혼보다 어두운 자여
> 피의 흐름보다 더 붉은 자여
> 시간의 흐름 속에 파묻힌 위대한 그대의 이름을 걸고,
> 나 여기서 어둠에 맹세하노라.
> 우리 앞을 가로막고 있는 모든 어리석은 자들에게
> 나와 그대의 힘을 합해 위대한 파멸의 힘을 보여줄 것을!

이는 '드래곤 슬레이브', 용을 죽인다는 의미의 무시무시한 이름을 가진 마법이다. 드래곤 슬레이브는 강력한 마법이 잔뜩 등장하는 작품 속에서도 최고급 기술이다. 단방에 용을 날려버리는 위력. 당연히 보통 사람들을 대상으로 쓸 수 있는 기술이 아니다. 취미인 산적 퇴치에 썼다간 산채만이 아니라, 산조차 송두리째 소멸시켜 보물도 얻지 못하게 될 것이다. 자연 파괴의 최고봉이자 지도 제작자의 천적과도 같은 이런 마법을 팡팡 날려대는 리나의 성격도 성격이지만, 이 세계 자체도 보통은 아니라고 하겠다.

이런 마법이 등장해야 할 이유가 있다. 이 세계에는 용도 넘쳐나지만, 그보다도 훨씬 강력한(혼자서 용 몇 십, 몇 백 마리를 상대하는) 마족이라는 자들이 있기 때문이다. 마족과 싸우려면 보통 전사로는 어림도 없고, 드래곤 슬레이브 같은 마법을 사용하는 리나 같은 인물이 필요하다.

실제로 리나는 처음부터 마족과 싸웠다. 그것도 마족 중 최고인 마왕과 말이다. 『슬레이어즈!』 세계의 마족은 세상의 혼돈과 파멸을 가져오는 존재인데, 그중 정점에 '붉은 눈의 마왕'이 있다. 등장한 것은 본체가 아니라 오래전 신족과 대결하다 갈라져서 봉인되었던 7개 파편 중 하나였지만, 이 역시 보통 마법으로 맞설 수 있는 존재는 아니다. 그래서 '드래곤 슬레이브'를 사용한다. 리나가 아닌, 다른 마법사가...

그런데 놀라운 일이 벌어진다. 마왕을 향해 발사된 드래곤 슬레이브가 그 마법사에게 돌아온 것이다. 용을 날리고 산을 없애는 마법. 당연히 인간이 버틸 수 있는 기술이 아니다. 그 마법사는 동료와 함께 소멸한다. 대체 어째서?

여기서 리나가 설명한다. '드래곤 슬레이브는 마왕의 힘을 빌린 기술'이라고. 주문에서 '황혼보다 어두운 자, 피의 흐름보다 더 붉은 자'가 바로 마왕의 별칭이었던 것이다. 드래곤 슬레이브는 단순한 공격 주문이 아니다. '내가 적을 물리칠 건데 힘을 빌려줄래?'라는 부탁, 아니 계약의 주문이다.

신이나 악마처럼 강력한 존재와 약속해서 힘을 빌려오는 기술. 이를 '계약 마법'이라 한다. 『슬레이어즈!』에서는 상대의 진정한 이름을 부르는 것만으로 힘을 빌려주지만, 보통은 뭔가 대가가 필요한 기술. '용을 죽이는' 위력을 발휘하는 것도 당연하다. 일부라곤 해도, 마왕의 힘을 빌려 쓰니 말이다. '네가 너를 죽일 건데 힘을 빌려줄래?'라는 부탁을 들어주지 않는 한, 마왕에게 통하지 않는 것도 당연하다. 이런 원리를 모르고 마왕에게 드래곤 슬레이브를 썼으니 반격을 당한 것이다.

문제는 리나의 강력한 마법 대부분이 마족의 힘을 빌린 계약 마법이라는 점이다. 마족은 모두 마왕의 부하. 당연히 그들의 힘이 마왕에게 통할 리가 없다. 그럼 어떻게 해야 하나.

다행히도 리나는 '금색의 마왕'이라는 상사를 알고 있었다. 그래서 그 상사의 힘을 빌려서, 마왕에게 사용한다. 지나치게 힘을 써서 머리가 하얗게 세긴 했지만, 마왕을 물리치는데 성공한다.

판타지에서 마법이란 능력은 강력한 힘을 발휘할 수 있지만, 힘에는 대가가 필요하다. 보통 마법사 자신이 가진 마법력[보통 '마나(Mana)'라고 한다]을 사용하는데, 인간의 마법력은 대단치 않으니 별로 강하지 않다.

계약 마법은 이러한 제약을 넘어설 수 있다. 마법력에서 마족과 비교도 되지 않는 인간이 마족, 심지어 마왕마저도 물리치게 해 주는 것. 그야말로 최고의 마법이다.

정말로 그럴까? 계약 마법은 - 상대만 잘 고르면 - 무적의 기술이 될까? 『슬레이어즈!』에서는 계약 마법의 위험성을 보여준다. 나중에 리나는 '금색의 마왕'의 힘을 한 번 더 빌린다. 문제는 이때 사용한 주문이 전보다 완성도가 높았다는 점. 이로 인해 리나는 힘만이 아니라, 마왕 그 자체를 자기 몸에 불러들이고 말았다. '금색의 마왕'은 혼돈 그 자체…. 리나 자신이 세상을 멸망시킬 뻔 한 것이다.

힘을 빌린다는 것은, 바로 그런 것이다. 남의 힘을 빌린 결과 상대에게 휘둘리는 상황은 비단 계약 마법만의 문제는 아니겠지만, 계약 마법은 자칫 자기 몸을 빼앗길 가능성이 존재한다. 세상을 파괴할 힘을 발

유쾌한 모험극 「슬레이어즈!」(칸자카 하지메)
흥미로운 마법 연출과 개성 넘치는 인물이 가득한 재미있는 작품이다.

휘하지만, 자신도 파멸할 수 있는 마법. 그것이 계약 마법만의 흥미로운 요소이다.

읽을거리 판타지의 세계를 이루는 마법의 과학적(?) 구현

판타지의 힐링은 신비한 힘이지만, 만약 우리 세계에서 이 힘이 등장한다면, '질량 보존의 법칙'이라는 물리학의 기본 법칙과 충돌하는 문제가 발생한다. 질량 에너지 등가 원리[4]에 따르면, 막대한 에너지만 있다면 물질을 만들어낼 수 있지만, 그 양은 상상을 초월한다. 핵폭탄이 작동하면서 사라지는 양이 얼마 안 된다는 점을 생각할 때, 용사의 팔 한쪽을 생성하는 것만으로도 지구상 모든 전력을 다 동원해도 모자랄 것이다.

하지만 판타지 세계가 우리 세계와 다른 곳이라면, 이 문제는 손쉽게 해결된다. 가령 근래의 판타지에선 슬라임 같은 괴물이 마소(魔素) 같은 물질로 이루어졌다는 설정이 자주 등장하는데, 이 경우 이들 괴물이 주변의 마소를 끌어들여 거대하게 변하거나, 잘린 팔이 다시 생겨나는 것도 이상하지 않다. 마소는 종종 마정석이나 마석이라는 물질로 응축되는데, 이것이 마소가 다이아몬드처럼 응축된 것이라면 작은 마석에서 거대한 괴물이 탄생하는 것도 있을 수 있다.

회복약이 응축된 마소의 결정체라면 회복약을 먹는 것만으로 팔이 솟아나도 이

4 질량에너지 등가원리 – 1905년 아인슈타인이 발표한 원리. 물질의 질량이 에너지로, 반대로 에너지가 물질로 변할 수 있다는 이론으로, 우리 세상을 이루는 기본 원리이다. $E=MC^2$(에너지는 질량에 광속의 제곱을 곱한 것과 같다)라는 수식으로 표현되며, 종종 SF에서 '물질 변환'(엄청난 에너지로 물질을 만들어내는 것)이나 '소멸 엔진'(물질–반물질을 결합하여 소멸시키면서 에너지를 발생시키는 것) 같은 초과학 원리로 등장한다.

상하지 않을 것이며, 마소가 주변 물질을 끌어들이고 변화시켜서 결합한다는 설정도 좋다(정확한 모양으로 회복하려면, 육체나 세계가 잘린 팔의 모양을 기억하고 있다는 설정. 정신체 세계인 아스트랄계에 모습이 저장되어 있거나, 오라가 몸의 모양을 기억하는 등의 설정이 더 필요하다).

또 다른 방법으로는 만화 『강철의 연금술사』(아라카와 히로무)처럼 등가교환으로 무언가를 만드는 것이다. 여기서 주인공은 자기 의수를 여러 가지 무기로 바꿀 수 있는데, 의수를 구성하는 금속을 생체로 바꿀 수 있다면, 팔이 원래대로 돌아오고 '강철의 연금술사'가 아니게 될 것이다.

연금술은 우리 세계가 4대 원소나 5대 원소(4대 원소에 '공간'을 더한 인도의 설정), 음양오행처럼 어떤 요소로 구성되었다는 가정에서 탄생했다. 이들 요소를 더하거나 빼고, 변화시켜 다른 물질로 바꾸거나 창조하고, 생명체도 만들어낸다.
➔ 연금술에 대해서는 '제5장 판타지의 주인공들' 중 '5. 연금술사와 세상의 비밀'(546쪽)을 참조.

힐링 마법을 단순히 HP라는 숫자를 높이는 것으로 설정해도 좋지만, 연금술 같은 다른 요소와 결합하여 그 원리를 설정하면 독특한 느낌을 주고 새로운 이야기를 연출할 수 있다.

그런데 판타지의 마법은 어떻게 구성되어 작동할까? 『슬레이어즈!』에서 주인공은 계약의 형태를 이룬 마법 주문으로 마족의 힘을 빌려서 이 세상에 마법을 구현했다. 이처럼 많은 작품에서 마법은 무언가 특별한 의미를 지닌 마법의 주문을 통해서 어떤 효과를 발동시키는 형태로 작동한다. 창조 신화에서 '빛이 있으라' 같은 말에 빛이 생겨나듯, 말에는 힘이 존재할 수 있기 때문이다.

마법을 발동시키는 힘의 주문은, 평범한 언어보다는 특별한 힘을 지닌 고대어로 등장하는 사례도 많다. 게르만 신화에서 오딘이 배웠다는 마법의 글자 룬(Rune)이나 만화 『마법천자문』에서 한자 마법을 위해 사용하는 한자처럼 무언가 특별한 의미를 지닌 언어나 글자라면 좀 더 그럴듯한 느낌이 들 것이다. 기독교 구약 성경의 바탕이 된 히브리 성서는 히브리어로 되어 있는데, 이 히브리어도 하나의 글자에 숫자를 포함하여 여러 가지 의미를 담은 표의문자 같은 성격이 있다.

말만으로 부족하다면, 역시 만화 『마법천자문』처럼 마법진이나 글자를 그리는 방법도 좋을 것이다. 만화 『공작왕』(오기노 마코토)에서는 불교일파인 밀교의 승려인 주인공이 구진법이라는 독특한 손동작을 하면서 강력한 힘을 발휘한다. 이처럼 특별한 손동작 역시 마법 발동의 한 가지 방법으로서 활용할 수 있다.

마법은 어떤 규칙을 바탕으로 말이나 글자, 마법진이나 손동작을 통해서 작동한다. 여기에 마나나 마소 같은 어떤 에너지가 작동하기도 한다. 규칙에 따라서 만들어진 명령으로서 가장 친숙한 것은 '컴퓨터 프로그램'이다. 판타지 세계가 신에 의해 만들어진 이상, 그 세계에는 신이 정한 어떤 시스템으로 작동하고 있을 것이다. 마법의 언어나 글자, 마법진이나 손동작은 일종의 프로그램으로서 세상의 시스템에 작용하는 것일지도 모른다.

우리가 프로그램으로 컴퓨터에서 그림을 그리고, 글자를 지우고, 소리를 내듯, 마법의 프로그램으로 신의 시스템에 영향을 주어 어떤 현상을 일으키는 것. 그것이 마법일 수도 있다. 그렇게 되면 마법은 더욱더 흥미롭고 독특한 느낌으로 완성될 것이다.

가령, 피타고라스 학파의 말대로 이 세상이 숫자로 이루어졌다면, 그 숫자를 바꾸는 것만으로 온갖 기적과 놀라운 마법이 발동하는 재미있는 연출이 가능하게 된다.

그 세계는 어떻게 이루어졌을까? 마법은 신비한 힘이지만, 동시에 그 세계의 규칙을 바탕으로 하는 만큼, 이러한 설정과 연결해 보는 것도 즐겁다.

판타지 칼럼

판타지의 과학

1. 마법 같은 과학 이야기

옛날 오랜 옛날, 어느 왕국에서 전쟁이 일어나 왕궁이 포위되었다. 왕과 왕비는 죽고, 오직 한 사람의 공주만 살아남았다. 사람들은 공주만이라도 어떻게든 살리고자 노력하지만, 적들은 이미 미리 몰려왔고, 탈출 방법은 오직 성의 북쪽에 있는 '악령의 숲'을 통과하는 길뿐. 대낮에도 어두워서 길을 알 수 없는 그 숲은 너무도 복잡한 장소라 한번 들어간 사람은 아무도 빠져나오지 못한다는 전설이 있을 정도였다.

고민 중이던 사람들 앞에 한 마법사가 나타났다. 마법사는 실에 매달린 바늘처럼 생긴 돌을 내밀면서 이렇게 말했다.

"공주님. 이 돌이 가리키는 곳으로 가십시오. 그러면 악령의 숲을 무사히 빠져나갈 수 있을 것입니다. 하지만 주의하십시오. 이 돌은 철을 싫어합니다. 철을 지니지 않은 사람이 들고 있을 때만 길을 제대로 알려줄 것입니다."

공주는 소수의 기사와 시종을 거느리고 악령의 숲으로 향했다. 실에 매달린 마법의 돌을 갖고서. 추적자들이 나섰지만, 그들은 모두 악령의 숲에서 길을 잃고 돌아오지 못했다. 오직 마법의 돌을 따라간 공주 일행만이 무사할 수 있었다.

이 이야기를 옛날 사람이 들으면 '아. 그래 정말로 마법의 돌이 있구나.'라고 생각할 것이다. 하지만, 우리는 알고 있다. 그것이 마법도 뭐도 아니라는 것을…. 그것은 바로 우리 인류를 바다로 이끌고, 수많은 탐험을 인도했던 과학의 힘, 바로 '자석의 힘'인 것이다.

자석의 N극이 항상 북쪽을 가리키는 것은 현재는 익히 알려진 사실이지만, 고대인에게 그것은 매우 신기한, 마법 같은 현상이었다. 우리는 그것이 지구에 자기가 있기 때문이라는 것을 알지만(나아가 지구 내부의 대류 현상 때문에 생기는 것이라는 것도 알지만), 이 현상을 처음 목격한 사람들은 뭔지 알 수 없는 마법의 힘이 그 돌에 작용하고 있다고 생각했다. 그래서 일찍이 중국에서는 이 기술을 이용하여 점을 치기도 했다. 독특하게 생긴 판 위에서 숟가락 모양 자석을 올리고 회전시켜서 정지하는 위치를 통해서 점을 친 것이다.

그 자석은 일반적으로 북쪽을 가리키겠지만, 주변 상황에 따라서 미묘하게 다른 위치를 가리키게 마련이었다. 그것을 보고 점술가가 해석하여 적당한 대답을 해 주었다고 한다. 하지만 점술이 제대로 되지 않을 때도 있었다. 한나라를 세운 초대 황제 유방(고제)은 자신의 통치가 잘 될 것인지를 묻고자 점술사를 불렀다. 하지만 이상하게도 점술 도구는 제대로 작동하지 않았다. 불쾌하게 여긴 황제가 그를 처형하라고 명할 때, 점술가는 칼을 보고 '칼의 쇠 성분이 점술을 방해한다'라고 말했다. 실제로 칼을 들이대자 점술 도구가 이상하게 작동했고, 황제는 칼을 든 병사를 물리고 다시 점을 치게 했다.

'황제의 통치가 잘 될 것이다' 점괘는 이렇게 나왔고, 황제는 기뻐했다. 실제로 한나라의 통치는 꽤 오래 이어졌고, 유방은 중국의 훌륭한 황제로 기억되니 그 점술이 맞았다고도 할 수 있을 것이다. 이런 일도 있었기에 자석 점술은 꽤 오랫동안 유행했으며, 지금도 풍수와 관련하여 비슷한 기술을 쓰고 있다.

고대 세계로부터 마법이라고 알려진 무언가의 정체는 대개 이러한 것이었다. 화약이 처음 나왔을 때도 그것은 마법의 가루라고 여겼고, 실제로 많은 마법사가 화약을 이용하여 마법을 행했다. 분명히 금속처럼 보이지만 액체처럼 흐르는 수은은 마법과 깊이 관련된 것 같았기에, 황금을 만드는 연금술이나 신선이 되는 약을 만드는 연단술의 재료로 널리 사용되었다(수은으로 된 약을 먹은 사람 대부분은 일시적으로 피부가 곱게 변하는 느낌이 있었지만, 수은 중독으로 고생하다 죽었다).

『반지의 제왕』에 등장하는 간달프가 사용하는 마법도 상당수는 화약으로 구현할 수 있다. 그는 불의 마법을 즐겨 사용했는데, 빌보의 생일에 화약을 이용한 멋진 연출로 호빗들을 즐겁게 해 주기도 했다. 반대로 악당 마법사 사루만은 마법 가루인 화약을 무기로 사용하여 성을 공격했다. 마법이 쓰기에 따라 선할 수도 있고, 악할 수도 있다는 것 역시, 과학과 비슷한 느낌이다.

판타지 세계의 모든 마법이 과학이라고는 할 수 없다. 마녀들이 빗자루를 타고 하늘을 나는 것은 현대 과학 기술로도 구현할 수 없기 때문이다. 하지만 어쩌면 여기에도 우리가 모르는 어떤 과학의 힘이 숨어 있을지도 모른다. 일찍이 마법이라고 여겼던 수많은 것들이 과학을 통해서 입증되는 것처럼, 언젠가 빗자루를 통해서 하늘을 나는 과학 기술이 탄생할지도 모른다.

그리고 그로부터 먼 훗날, 인류 문명이 한번 멸망하고 잊혔을 때, 하늘을 나는 마법의 빗자루가 발견되어 마녀들이 하늘을 수놓을 수도 있다.

SF 작가이자 과학자이기도 했던 아서 C 클라크는 "매우 발달한 과학은 마법과 같다."라고 말했다. 이 말은 사람들이 이해하지 못하는 과학 기술이 마법처럼 여겨진다는 말이기도 하지만, 동시에 마법과 과학이 결국 같다는 말이기도 할 것이다.

수많은 판타지에서 등장하는 흥미로운 마법 이야기. 그것은 매우 신비하고 놀라운 기적의 이야기이다. 하지만, 어쩌면 거기에는 진실로 재미있는 과학이 숨어있을지도 모른다. 그리고 그로부터 또 다른 흥미로운 이야기가 나올지도 모른다.

중국 우표에 등장한 자석을 이용한 점술 장치

고대인에게 자석은 신비한 마법의 도구였다.

2. 과학으로 펼쳐지는 유령 사냥, 고스트버스터즈

오빠와 어머니와 함께 사는 피비는 과학을 좋아하는 소녀이다. 12살밖엔 되지 않았지만 집안의 전기 배선을 손볼 만큼 기술도 잘 안다. 도시에 살던 피비 가족은 집을 떠나 최근 숨진 할아버지 집으로 향한다. 집세도 내지 못할 만큼 가난한 나머지 뭔가 팔만한 물건이 있을까 하며 찾아갔지만, 남은 것은 아무도 사지 않을 만한 흉가와 쓸모없는 농장. 돈이 될 걸 얻지 못한 피비 가족은 이곳에 머물러 살기로 한다.

혼란한 대도시와 달리 평화롭고 평범한 시골 마을. 하지만, 여기선 얼마 전부터 이상한 일이 벌어지고 있었다. 일어날 리 없는 지진이 계속되고, 폐광에선 기묘한 소리와 빛이 흘러나온다. 게다가 -마을 사람들이 미치광이 흙밭 농부라고 부르며 경멸하던- 할아버지 집에선 물건들이 혼자서 움직이기 시작한다. 우연히 발견한 기묘한 장치로 이 현상을 추적하던 피비는 지하에 감추어져 있던 할아버지의 비밀 연구소를 발견한다. 피비의 할아버지는 오랜 옛날 뉴욕에서 활약하던 유령 사냥꾼, 고스트버스터즈였던 것이다.

할아버지가 남긴 장비로 악령과 맞서기로 한 피비. 하지만, 어느새 수많은 악령이 지하에서 풀려나 마을은 혼란에 빠지고 만다. 피비와 동료들은 고대 파괴신을 막고 세상을 구할 수 있을까?

영화 「고스트 버스터즈 라이즈」는 유령 사냥꾼의 장비를 얻은 아이들이 활약하는 액션물이다. 1984년에 나온 「고스트버스터즈」의 속편,

30년도 더 지나서 나온 3번째 시리즈이다. 한국에선 별로 유명하지 않지만, 「고스트버스터즈」는 호러 코미디물의 대표 작품이자, 미국 의회 도서관의 영구 보존 영화 중 하나로 선정된 작품이다. 조금 덜떨어진 과학자들이 독특한 과학 장비로 유령을 잡는 내용은 여러 퇴마물 중 가장 독특한 이야기로 사랑받았고, 핵물질로 작동하는 프로톤팩이나 독특한 작동음과 함께 유령을 빨아들이는 뮤온 트랩, 일명 유령 덫 같은 장비들은 지금도 장난감으로 인기 있다.

「고스트버스터즈」에서 주인공들은 과학자이다. 보통 퇴마물 주인공이 무당, 신부, 영능력자나 마법사처럼 판타지의 초능력을 지닌 자들이라는 것과 달리, 고스트버스터즈에겐 어떤 초능력도 없다. 그들에게 있는 것은 과학의 힘으로 만들어낸 독특한 장비뿐. 그런데도 그들은 세상을 구하겠다는 사명감으로 악령에 맞선다. 그리고 세상을 구하고는 본래의 일상으로 돌아간다.

고스트버스터즈의 주인공들은 세상을 구하지만, 특별한 힘을 지닌 이들은 아니다. 어디나 있을 법한 평범한 시민들. 그런 그들이 '과학의 힘'으로 온갖 악령과 사악한 마법사, 심지어 고대의 파괴신에 맞서 그들을 물리치는 것. 그것이 바로 「고스트버스터즈」 시리즈의 매력이다(그 고대 파괴신도 과학의 힘으로 이 세상에 출몰한다).

그래서일까? 미국의 할로윈에선 지금도 고스트버스터즈 복장을 볼 수 있다. 한해의 마지막, 가을의 끝이자 겨울의 시작을 뜻하는 켈트족 축제 할로윈은 죽은 자의 영혼이 집으로 돌아오는 시간이다. 악령이나 요정, 악마 같은 모습으로 돌아오는 영혼들의 마음을 위로하고자 음식을 준비한다. 그리고 죽은 자의 영혼이 아이들에게 씌지 않도록 그들처럼 분장하면서 할로윈 축제가 탄생했다. 악령에 대한 두려움으로 그들처럼 분장하며 지냈던 할로윈. 하지만 언제부터인가 여기에 악령에 맞서는 과학 전사, 고스트버스터즈가 등장한다. 과학이 발전하며 어둠이 사라지고, 오컬트가 멀어진 것을 떠올리게 한다.

현대의 할로윈 축제는 단지 좋아하는 모습으로 가장하고 함께 즐기는 행사이다. 악령이나 악마의 축제와는 관계없다. 슈퍼히어로나 제다이처럼 다양한 분장을 볼 수 있는 상황에서 고스트버스터즈가 있어도 딱히 놀랍지는 않을 것이다. 그래도 나는 할로윈의 고스트버스터즈가 특별하다고 생각한다. 왜냐하면 고스트버스터즈는 평범한 사람이니까.

고스트버스터즈의 도구는 과학 장비이기에 누구든 쓸 수 있다. 도구

과학 장비만 걸치면 누구든 '고스트버스터즈'가 될 수 있다.

만 가지면 모두가 고스트버스터즈가 된다. 박사 학위를 가진 대학 교수만이 아니라, 일자리가 필요했을뿐인 평범한 아저씨도, 12살의 과학 소녀나 팟캐스트에 열중하는 소년도 유령 사냥꾼이 될 수 있다.

『해리포터』처럼 판타지의 마법사는 누구나 될 수 있는 것은 아니다. 재능이나 혈통, 특별한 교육이 필요하다. 하지만, SF의 과학자는 누구나 될 수 있다. 과학에 관심만 있다면, 박사 학위가 없어도 과학을 이해하고 활용할 수 있다.

「고스트버스터즈」는 유령과 파괴신, 마법사를 다루는 판타지지만, 동시에 과학이라는 인간의 힘을 다룬 SF이다. 과학을 좋아하는 마음과 세상을 구하고자 하는 용기만 있다면, 12살의 중학생 소녀라도 유령사냥꾼이 될 수 있는 이야기. 누구든 과학자가 되고, 과학으로 세상을 구할 수 있다는 가능성을 「고스트버스터즈 라이즈」는 보여준다. 과학을 통해 누구나 영웅이 되는 이야기. 아니 영웅이 아니라도 세상을 위해 활약할 수 있는 이야기. 그것이 바로 1984년에 탄생한 이 시리즈가 세기를 넘어 사랑받는 이유일 것이다.

읽을거리 마법은 과학이 될 수 있을까? 마법 설정의 고민거리

신화나 전설, 동화 속에서 마법은 신이나 요정이 쓰는 신비한 능력으로 등장했지만, 근래의 판타지에서는 재능이 있고 훈련만 하면 누구나 쓸 수 있는 기능이나 과학 대신 등장하는 기술로 그려지는 경향이 있다. 자연의 경이나 신비한 힘으로 그려지던 마법이 기능이나 기술로 바뀌게 된 것은 판타지가 대중화되었기 때문이기도 하지만, 롤플레잉이나 전략 같은 게임을 통해 마법을 기능이나 기술처럼 사용하는 상황이 친숙해졌기 때문이다.

롤플레잉 게임에서 마법은 마법사나 성직자처럼 마법 사용자가 마법 점수를 써서 사용하는 기술로 연출된다. 거대한 불덩어리로 괴물을 물리치고 다친 사람을 치유하며 동료의 힘을 더 세게 만들고, 어두운 동굴을 밝히며, 잠긴 문을 열고, 멀리 떨어진 물건을 집어오는 등 모험의 도구로 활용된다.

전략 게임에서 마법은 대포나 투석기를 대신하는 전술 병기이자 강력한 원군을 불러들이는 생산 기술이며, 도시에 에너지를 공급하고 자원을 수송하거나 만들어 내는 등 자원을 공급하는 기술로서 애용된다.

게임 진행을 위하여 마법을 사용하는 일이 늘어날수록 마법은 신의 기적이 아니라 인간의 기술이자 도구로 활용되기에, 신비한 힘이 아닌 과학 기술의 일종으로서 여겨진다. 그리고 마법을 통해 삶이 편해지는 모습을 보게 된다.

『슬레이어즈!』 같은 작품에선 밤마다 마법사들이 돌아다니며 마법의 가로등을 밝히는 장면을 볼 수 있으며, 『용사가 되지 못한 나는 마지못해 취직을 결심했습니다』(사쿄우 준)처럼 마법으로 작동하는 냉장고나 텔레비전이 가게에서 팔리며, 집집마다 놓인 작품도 있다. 마법으로 움직이는 자동차가 마차를 대신하고, 골렘이 인간을 대신해서 일하는 장면도 친숙하다.

게임의 영향을 받아 기능이나 기술로 활용되는 마법은, 게임처럼 규칙이 갖추어져 있고 흥미로운 설정과 배경을 가진 것이 많다. 정해진 규칙이 있고 원리나 대가가 명확하니, 정확한 방법으로 사용만 하면 누구나 같은 결과가 나온다. 이렇게 되면 마법은 신비한 기적이 아닌 그 세계만의 자연법칙, 과학이 된다. 마법이 과학 기술이 되면, 이를 활용하는 방법 자체를 이야기에 녹여내기 좋으며, 판타지가 아니라 마법이란 과학이 등장한 SF 느낌을 낼 수도 있다. 무대가 중세가 아니라, 현대 도시라면 더욱 그렇게 보일 것이다.

마법 기술을 그럴듯하게 연출하고 싶다면, 마법의 결과보다도 과정을 좀 더 고민하는 게 좋다. 마법은 누가 쓸 수 있고, 쓰려면 어떤 대가(원천)가 필요하며, 어떤 제약과 한계가 있는가? 몇 가지 고민거리를 소개한다. 각 상황은 한 가지만이 아니라 여러 가지로 조합될 수 있으며, 마법 설정에는 이 밖에도 다양한 고민이 추가될 수 있다. 무엇보다 중요한 것은 신의 기적이 아닌 이상, 마법에는 무언가 한계와 제약이 있다는 점이다. 마법으로 무엇을 할 수 있냐만이 아니라, 무엇을 할 수 없나, 어떻게 할 수 있나? 같은 것을 생각하면 재미있다.

1. 마법 사용자의 조건

마법은 누가 어떻게 쓸 수 있게 될까? 마법을 사용하려면 우선 마법을 얻거나 마법이 작동할 수 있는 재능이 필요하다. 때로는 남이 만든 도구조차 재능 없이는 쓸 수 없는 상황도 나온다.

혈통	마법 재능은 유전이나 돌연변이로 타고나며, 이들만 마법을 쓴다. 마법사가 계급이나 노예가 될 수 있는데, 기술이 발달하면 인공적으로 재능을 줄 수 있을지도 모른다. 마력 같은 힘이 원인이라면, 훈련으로 성장도 가능하다.
훈련	마법은 특별한 훈련을 통해서 누구나 사용할 수 있게 된다. 마법이 유용하다면, 학교에 들어가려는 경쟁이 치열해지고, 부자나 귀족만 가며, 이곳을 나온 이들이 선민의식을 가질지 모른다.
계약	마법은 신이나 악마나 포켓몬스터 같은 존재와 계약을 맺어 사용한다. 강력한 존재와 계약을 맺기는 힘들고, 계약이 파기될 수도 있지만, 일단 계약을 맺으면 내가 주체가 되어 사용한다.
시련	마법은 특별한 시련을 거쳐서 사용할 수 있다. 참선으로 깨달음을 얻거나 목숨을 걸고 던전에 도전하며, 쪽지시험으로 지식을 시험할 수도 있다. 노력하고 극복한 이들만이 마법을 얻는다.
습득	마법은 마법서를 구입하여 얻을 수 있다. 가치에 따라 가격은 천차만별이라, 운과 재력이 뒷받침되는 이들만 강력한 마법을 손에 넣는다. 복제 문제를 줄이고자 한번 읽으면 사라지는 설정도 있다.

2. 마법의 원천

신비한 기억에는 대가가 없을 수도 있지만, 마법이 기술이나 기능이라면 사용하기 위해 에너지 같은 것이 필요하다. 마법의 원천은 사용자 내부의 것과 외부의 것으로 나뉘며 각각 다음과 같은 것이 있다. 일반적으로 게임에선 내부 에너지를 쓰는 일이 많지만, 마석이나 약초 같은 재료를 쓰기도 한다. 마법 도구를 만들어 누구나 사용할 수 있다면, 마법 과학 기술이 탄생한다.

내부	신념/신앙심	믿는 마음. 오직 그것만이 조건이다. 믿음을 지속하려면 오랜 훈련과 경험이 필요하다. 마법을 쓸수록 신념이 약해지거나 마음이 피폐해지는 설정도 재미있다.
	내부 에너지	마나, 마력, 내공처럼 내면의 에너지를 소비하여 마법이 발동한다. 이 에너지는 내공처럼 수련이나 시간에 따라 자연히 축적되는데, 어느 쪽이건 몸안에 쌓을 수 있는 양은 제한된다.
	육체	피, 머리카락 같은 사용자의 육체를 대가로 마법이 발동한다. 강력한 마법일수록 많은 대가가 필요하며, 때로는 목숨을 잃을지도 모른다. 영양분을 대가로 쓴다면, 잘 먹고 잘 자야 한다.
외부	마법 재료	마법을 쓰려면 약재나 마석, 산제물처럼 특별한 재료가 필요하다. 한의학 같은 느낌으로 다양한 약재를 모아서 사용하는 느낌도 좋다. 산제물이 필요하면 마법사를 위험하게 여길지도?
	특별한 도구	특별히 만들어진 도구로 마법을 쓴다. 마검처럼 여러 번 사용하는 도구도 있겠지만, 부적이나 두루마리처럼 한 번 쓰면 사라지는 것도 있다. 제조법이 사라져서 고대 유물로만 등장할 수도 있다.
	외부 에너지	세상에는 기, 마나 같은 특별한 에너지가 있어, 마법사는 이 에너지를 모아서 마법을 쓴다. 제한이 없는건 재미없으니, 아주 약한 마법만 쓰거나, 사전 준비가 필요한 것도 좋다.
	초자연적 존재	마법의 힘은 신이나 악마, 포켓몬 같은 초자연적 존재에게서 온다. 계약의 일종이기에 대가가 필요할 수도 있으며, 때로는 그 존재가 도움을 거부하거나 공격할 위험도 있다.

3. 마법 발동 방법

기능이나 기술로서 마법은 무작정 작동하는 것이 아니라, 어떤 방법으로 발동시켜야 한다. 보통 주문만을 떠올리기 쉽지만, 그 밖의 방법도 생각해 두면 재미있는 상황을 연출하기 좋다. 주문이라고 해도 어떤 제약이나 한계를 두어 설정해 보자.

생각(믿음)	머릿속에서 마법을 떠올리고 생각하거나 상상하는 것만으로 구현된다. 생각만으로 작동하니 매우 빠르지만, 잡념이 많다면 실패할 가능성도 커진다. 집중력과 상상력이 중요하다.
언어	주문이나 노래를 통해 발동한다. 여기에는 규칙이 있으며, 이 규칙에 따라 새로운 마법이 생겨날 수도 있다. 소리가 도달하지 않으면 마법이 발동하지 않는 설정도 재미있다.
행위	손동작이나 춤 같은 행동을 통해 마법이 발동한다. 정확한 동작을 하기 위한 육체 능력이 필요한데, 상대를 겨누는 행위만으로 저주를 내리거나 공격하는 마법사는 정말로 무서운 존재가 될 것이다.
작동	만들어진 도구를 작동시켜 마법이 발동한다. 계약자나 특별한 재능이 있는 사람만 작동시킬 수도 있지만, 누구나 쉽게 쓸 수 있다면 편리한 도구가 된다.
소비	부적을 태우거나 약을 마시는 등 재료를 소비하여 마법을 사용한다. 한번 써버린 재료는 사라져 버리지만 그만큼 즉각 마법이 작동하며, 보통 누구나 사용할 수 있는 사례가 많다.
명령	정령이나 악마 같은 존재와 계약을 맺었다면, 그들에게 명령을 내려 마법을 쓰게 할 수 있다. 명령은 보통 말로서 전달되지만 상대가 명령을 제대로 이해 못 하면 실패하기 쉽다.

3. 마법사 하울과 매직 펑크 세계

소피는 잉거리란 나라의 마을에 사는 영국의 작가 다이애나 윈 존스가 1986년에 선보인 소설을 원작으로 「이웃의 토토로」, 「마녀 배달부 키키」, 「센과 치히로의 행방불명」 같은 작품으로 잘 알려진 미야자키 하야오 감독과 스튜디오 지브리의 애니메이션이다. 평범한 소녀이다. 돌아가신 아버지가 물려준 모자 가게를 운영하며 가족을 보살피고 있는 착한 사람이지만, 사실 좋아서 가게를 지키고 있는 것은 아니다. 단지 장녀로서 가업을 지켜야 한다는 의무감이 있을 뿐.

하루는 제과점에서 일하는 동생을 만나러 길을 가던 중 짓궂은 군인에 둘러싸여 곤경에 처했을 때, 마법의 힘을 가진 청년에게 도움 받는다. 마법으로 군인을 조종해 떠나게 만든 청년은, 적에게 쫓긴다며 소피와 함께 하늘로 날아오른다. 그리고 춤추듯 하늘을 걸어 소피를 목적지로 데려다주고 사라져 버린다. 그는 바로 하울. 미인의 심장을 가져간다는 위험한 소문이 도는 마법사였다. 소문과 달리 하울은 소피를 해치지 않았다. 소피는 자기가 미인이 아니라 그랬다고 생각하지만, 문제는 여기서 끝나지 않았다. 하울을 쫓던 황야의 마녀가 소피에게 저주를 건 것이다.

한순간에 소피는 늙어버린 꼬부랑 할머니로 변하고 말았다. 집에 머물 수 없다고 생각한 소피는 저주를 풀기 위해 하울을 찾아 떠난다. 한참 여행 끝에, 소피는 안개 속에서 신비한 집을 발견한다. 놀랍게도 그 집은 불의 기운으로 증기를 뿜으며 걸어 다니는 거대한 성, 바로 '하울의 움직이는 성'이었다. 과연 소피는 하울을 만나 자신의 저주를 풀 수 있을까?

본래 「시간을 달리는 소녀」, 「썸머 워즈」 등으로 알려진 호소다 마모루 감독이 제작을 시작했고, 지브리의 모회사에서 압력을 넣어 급하게 미야자키 감독이 맡게 되었던 작품이라 완성도가 떨어진다는 비평도 있지만, 원작의 독특한 마법 설정을 매력적인 영상과 음악으로 보여준 것만으로도 이 작품은 충분한 가치가 있다.

평소 미야자키 감독 작품과 다르다는 평도 있지만, 증기를 뿜으며 천천히 움직이는 고철 로봇 느낌의 거대한 성의 모습이나 마법 기술을 전쟁에 이용하려는 제국 같은 설정은 「천공의 성 라퓨타」나 「바람계곡의 나우시카」, 멀리는 「미래소년 코난」 같은, 감독의 SF 작품에서 쉽게 볼 수 있는 요소들이다.

애니메이션은 원작과 다른 점이 많다. 결말이나 진행 과정만이 아니라, 인물의 설정 등에서도 많은 차이가 있다. 가령 애니메이션에선 황야의 마녀가 마법의 힘을 잃은 뒤로 하울 일행이 되어 도움을 주지만, 원작에선 마녀와 그와 계약한 불꽃 마귀가 진정한 악당으로 하울의 스승을 죽이고 하울의 친척을 괴롭히는 등 여러 악행을 저지른다. 하울은 현대 영국 출신자이며, 소피는 자신은 모르지만 사실 특별한 마법 힘을 타고났다.

그래도 가장 중요한 공통점이 있으니 바로 마법의 힘으로 움직이는 거대한 성이 나온다는 것이다. 「하울의 움직이는 성」이라는 제목대로, 캘시퍼라는 악마의 마법으로 움직이는 성은 이 작품의 또 다른 주역이다. 아이들과 대화를 위해 여기저기 학교를 방문하던 중 한 아이에게서 '움직이는 성의 이야기를 써주세요.'라는 말을 듣고 작품을 시작한 만큼, 성을 빼곤 이야기가 될 수 없는 것이다. 후속작에선 성이 별로 나오지 않지만(대신 하늘을 나는 양탄자처럼 좀 더 판타지적인 물건이 등장한다), 마법 그 자체가 아니라 마법의 힘으로 작동하는 장치라는 설정은 이 작품의 매력을 더해준다. 바로 '스팀 펑크'라는 독특한 분위기로 말이다.

스팀펑크(SteamPunk)는, 컴퓨터나 로봇 같은 전자기술이 발달한 미래를 바탕으로 이야기를 펼쳐내는 사이버펑크(CyberPunk)에서 탄생한 이야기 갈래이다. 보통 영국의 빅토리아 시대 같은 분위기에서 증기 기술로 작동하는 기계들을 활용한 이야기가 펼쳐진다. 애니메이션에서 이처럼 증기로 작동하는 기계나 장치들이 자주 등장한다. 전쟁도 그렇지만, 사람들의 삶도 이들 기술 덕분에 유지된다. 증기자동차나 증기선, 물론 증기로 움직이는 공장까지. 하울의 성이나 각종 병기는 마법으로 움직이는 게 더 많지만, 이 역시 마법이란 '과학 기술'로 움직인다는 느낌이다.

증기나 마법 같은 기술은 우리 삶을 더 편하게 만들어주지만, 동시에 우리 삶을 파괴하는 무기로 이용될 수 있다. 증기 기술이 발달하면서 범선보다 훨씬 크고 강력한 증기선이 바다를 질주하고, 거대한 전차가 대지를 짓밟는다. 이는 마법도 마찬가지이다. 목욕물을 데워주고 요리할 수 있는 마법의 불은 동시에 사람을 해치고 마을을 파괴한다.

흔히 판타지에서 과학 기술은 사악한 개념으로 등장하곤 하지만, 기술은 선도, 악도 아니다. 생각해 보라. 과학 기술이 없다면 우리네 삶이 얼마나 초라할지를. 불과 1세기 전 스페인 독감에서 불과 1년도 안 되는 짧은 시간에 1억에 이른다는 희생자가 생긴 것과 달리, 인구가 몇 배로 늘어난 현재 사망자가 그 1/10도 되지 않는건, 모두 과학 발전 덕분이다. 제국이 마법으로 전쟁을 일으킬 수 있지만, 그 제국을 마법으로 막을 수도 있다.

빅토리아 시대는 산업 혁명으로 제국주의가 극에 달한 시기이다. 사람들의 삶은 전반적으로 편해지는 듯 했지만, 빈부격차가 격해지고, 이에 따라 범죄도 급격하게 늘어났다. 잭 더 리퍼 같은 끔찍한 사건이 눈에 띄던 그 시기에 사람들은 셜록 홈스 같은 영웅을 바라기도 했다. 그는 탁월한 지혜를 지닌 탐정이지만, 동시에 과학 기술을 쓰는 사람이다. 왓슨과의 첫 만남에서 '피를 검출하는 약물'을 만든 걸 기뻐하면서 시작하니 말이다. 홈스 자신이 마음만 먹으면 최악의 범죄자가 될 수 있다는 점에서도 그는 과학 쪽의 인간이다. 그가 범죄자가 아닌 탐정으로 활동하는 건 단지 인간으로서 홈스가 탐정을 선택했기 때문이다.

기술은 그 자체로 선도, 악도 아니라고 했다. 이는 과학만이 아니라 마법 기술도 마찬가지이다. 원작에서 소피는 자신이 말한 게 뜻대로 되는 마법의 힘을 지니고 있는데, 그 탓에 스스로 노인이라고 생각하고 늙은 모습으로 변한다(애니메이션에서 자신 있게 이야기할 때 젊어지는 연출은 이런 점을 반영했다고도 볼 수 있다). 소피의 마법은 자신을 노인으로 변하고 힘들게 했지만, 동시에 악당을 물리치고 캘시퍼에게 자유를 준다.

같은 기술이라도 인간의 마음에 따라 다르게 작동할 수 있는 것. 「하울의 움직이는 성」의 원작과 애니는 서로 다르지만, '기술의 선악은 마음에 따라 다르다'라는 SF의, 스팀펑크의 기본 정신을 공유하고 있다. 그런 면에 이 작품은 독특한 판타지의 보여주는 흥미로운 작품이다.

증기를 내뿜으며 걸어다니는 하울의 성
원작 그림보다 로봇 느낌이 강한 이 성은 스팀 펑크를 좋아하는 미야자키 스타일에 잘 어울린다.

읽을거리 **스팀펑크, 레트로퓨처와 기술의 양면성**

거대한 기관차와 자동차가 질주하며, 거대한 공장에선 끊임없이 매연과 상품이 쏟아져 나온다. 증기기관으로 움직이는 거대한 로봇을 탄 괴인이 거리를 질주하고, 소년 탐정이 증기를 뿜으며 하늘을 날아 추격한다...

스팀펑크는 이처럼 증기기관이 극도로 발달한 세계를 무대로 펼쳐지는 모험담이다. 스팀펑크는 로봇이나 인공지능처럼 전자기술이 극도로 발달한 불안한 미래 사회를 그려낸 사이퍼펑크(CyberPunk) 장르에서 영향을 받아 탄생했다. 스팀펑크 분위기는 19세기 쥘 베른 작품을 시작으로 여러 작품에서 볼 수 있지만, 용어 자체는 1987년에 탄생했다.

스팀펑크는 산업혁명 이후, 증기기관이 널리 쓰인 빅토리아 시대나 서부 개척 시대를 배경으로 하는 경향이 있으며, 스모그로 가득한 거리의 뒷골목이나, 증기를 내뿜으며 황야를 질주하는 기관차 장면이 어울린다.

증기기관을 중심으로 과거 기술이 우리 역사와는 다르게 발달한 세계를 다루는 스팀펑크에서는, 종종 「하울의 움직이는 성」처럼 과학이 아닌 마법 기술로 작동하는 장치가 등장한다.

마법 기술을 과학처럼 활용하면서 벌어지는 이들 작품은 매직펑크(Magic Punk)나 아케인펑크(Arcane Punk)라고 부르기도 하지만, 내면은 스팀펑크과 유사한 경향이 있다. 바로 기술을 악용하는 제국이나 괴인에 맞서, 기술을 사용하는 주인공이 활약한다는 것이다. 스팀펑크에서 전쟁이나 싸움만 나오는 건 아니지만, 기술의 양면성(특히 악용되는 가능성)은 거의 빠짐없이 등장하며, 이 과정에서 자연스럽게 대립한다. 게임 「파이널 판타지」 시리즈에 마법을 악용하는 제국과 대결하는 것도 비슷한 사례이다.

스팀펑크에 판타지의 신비가 더해지면, 인간의 힘으로는 상대하기 힘든 적에게 기술로서 맞서는 이야기가 나올 수 있다. 게임 「사쿠라 대전」에서는 증기 기술에 영력이라는 힘을 합쳐 만든 강화복, 영자갑주라는 무기가 등장하는데, 이를 통해 주인공들은 인간보다 훨씬 강력한 강마라는 괴물에 맞선다. 적의 간부 중엔 주인공들의 무기를 설계한 제작자도 있는데, 그가 적에게 전투 병기를 제공하면서 같은 기술로 대결하는 구도가 보여 진다.

이 같은 작품에는 증기 기술만이 아니라, 디젤 기술(디젤펑크), 태엽기술(클록펑크), 원자기술(아톰펑크)처럼 인류 역사상 등장한 여러 기술을 바탕으로 한 것도 있으며, 각 기술에 어울리는 시대 분위기에서 기술의 양면성을 펼쳐낸다. 어떤 점에선 우리의 또 다른 미래를 보여주지만, 분위기는 고전적인 작품들. 레트로 퓨처(Retro Future)라고 부를 수 있는 이들 작품은 SF와 판타지가 뒤섞인 독특한 재미를 준다.

주요 레트로퓨처의 기술과 특징

이름	주요 기술	배경 시대	상황
클록펑크	태엽장치 (시계, 측량, 오토마타)	14~17세기 (근세)	르네상스, 대항해 시대, 신대륙과 미지의 발견, 종교-과학 대립
스팀펑크	증기 동력 (기관차, 비행선, 거대로봇)	18~19세기	산업혁명, 제국주의, 괴인과 거인, 어둠과 신비 감소(충돌)
매직펑크 **아케인펑크**	마법 동력, 연금술 (마력로, 크리스탈(증폭기))	중세~ 근대	스팀 펑크와 유사 마법 + 과학 장치
디젤펑크	디젤 동력(자동차/오토바이, 프로펠러 비행기)	20세기 초	세계대전, 체제 대립 신비의 재발굴
아톰펑크	원자력, 로켓, 플라스틱 (핵병기, 우주개발, 로봇)	20세기중 후반	냉전 시대, 첩보전, 음모론, 비밀조직
사이버펑크	전자 기술 (인공지능, 가상현실)	20세기 말*	(미지의) 기술에 대한 공포 기술 속 인간의 정체성 다국적 기업/기술의 지배 불안하고 모호한 미래
나노펑크	나노 기술		
바이오펑크	유전공학, 생체 기술		
실크펑크*	생체 모방적 디자인 전통적 유기 재료 (나무/대나무, 깃털, 비단, 종이, 산호)	중세~ 근대	아시아풍 스팀펑크 × 전통의 재해석 ○

* 사이버펑크, 나노펑크, 바이오펑크는 모두 미래를 무대로 하지만, 그 세계의 모습은 1980~90년대를 모델로 상상한 것에 가깝다. 거리 풍경은 당시 급격하게 성장하며 변모한 도쿄, 서울, 홍콩 같은 아시아 도시에서 영감을 얻었는데, 때문에 「블랙팬서」 속 부산시와 「블레이드 러너」 속 풍경이 비슷하게 보이며, 서양의 사이버펑크 풍경이 아시아인에게 새롭게 느껴지지 않는 경향이 있다.

* 실크펑크는 중국계 미국작가 켄 리우가 자기 작품 『민들레 왕국』을 연출하면서 만든 용어로 '아시아풍 판타지'나 '아시아풍 스팀펑크'와는 다르다고 강조한다.

과학 기술을 이용하면 연약한 소녀들도 사악한 괴물에 맞설 수 있음을 보여주는 게임 「사쿠라 대전」

4. 독특한 판타지 :

이세계 판타지, 차원을 넘어 펼쳐지는 모험

어느 평온한 날, 갑자기 밀려온 소용돌이가 한 마을을 휩쓸었다. 강렬한 소용돌이가 사방을 휩쓰는 가운데 한 소녀가 집에 숨어 자고 있었다. 소용돌이가 사라지고 밖에 나온 소녀는 그곳이 자신이 평소 살던 마을이 아니라는 사실을 깨닫는다. 소용돌이가 판잣집 채로 소녀를 또 다른 곳으로 보내버린 것이다. 그곳은 소녀의 고향은 고사하고, 소녀가 살던 세계도 아니었다. 바로 마녀와 마법사가 사는 세계, 판타지의 나라 오즈였던 것이다.

'다른 세계 모험담(이세계 모험담)'이라는 작품들이 있다. 평범한 누군가가 자신이 살던 세계와는 다른 어떤 곳으로 날아가서 그 세계를 모험하는 이야기이다. 날아간 세계는 다양하겠지만, 그중에서도 마법이 있고 괴물이 살며, 요정과 드래곤이 날아다니는 판타지 세계가 가장 인기가 좋아서, '이세계 판타지'라고 부르는 게 일반적이다.

이세계 판타지는 생각보다 오랜 역사가 있다. 『오즈의 마법사』 외에도 『이상한 나라의 앨리스』, 『피터팬과 웬디』 같은 동화들이 유명하지만 전설이나 설화, 또는 신화에서도 '또 다른 세계로 향하여 모험하는 이야기'는 워낙 많기 때문이다. 근래에도 『끝없는 이야기』나 『십이국기』처럼 다양한 작품이 나왔고, 웹 소설이나 라이트 노벨에서 인기 높다.

이세계 판타지의 매력은, 도로시(오즈의 마법사)나 앨리스(이상한 나라의 앨리스)처럼 우리 세계의 평범한 누군가가 다른 세계를 모험한다는

데 있다. 『오즈의 마법사』에서 도로시는 어떤 마법의 힘도 갖고 있지 않다. 우연히 집에 깔린 사악한 동쪽 마녀가 죽었지만, 이 과정에서 도로시가 어떤 일을 한 건 아니다. 착한 북쪽 마녀의 도움을 받아 '보호의 마법'을 얻고 동쪽 마녀의 마법 구두를 신긴 했지만, 도로시 자신이 어떤 특별한 능력을 지닌 것은 아니다. 앨리스 역시 마찬가지다. 차를 마시고 커지거나 작아지기도 하는 등 온갖 일을 겪지만, 앨리스 자신은 평범한 소녀 그대로이다.

그런데도 그들은 뭔가 특별한 일을 하게 된다. 그들이 도착한 곳이 특별한 어떤 곳이기 때문이지만, 동시에 그들이 그런 세계 속에서 자신만의 무언가를 위하여 노력하기 때문이다. 그 결과 세계의 위기를 구하고 영웅이 되며, 행복한 결말을 맞이한다.

우리와 비슷한 누군가…. 어쩌면 우리 자신일지도 모르는 그들이 판타지 세계에서 모험하는 이야기. 자연스레 우리 모습과 겹쳐 보이게 마련이다. 그리고 '어쩌면 나도 판타지 세계를 모험할 수 있지 않나?'라는 생각을 품게 된다. '나라면 어떻게 할까?' 상상한다.

우리 세계의 누군가가 주역이기 때문에, 그들의 눈에서 바라본 세상을 친근하게 느낄 수 있다는 점도 매력적이다. 마법이 없는 평범한 세계에 간 주인공의 눈으로 바라본 판타지 세계는 더없이 놀랍고도 흥미로운 세계. 본래부터 그 세계에서 살아가던 누군가는 절대로 느낄 수 없는 경이로 가득한 세상이니 말이다. 생전 처음 외국을 여행가는 상황처럼, 이국적이면서도 신기한 일을 손쉽게 경험하게 된다.

검과 마법의 세계에서, 거대한 모험에 동참하여 그 세계를 구해내는 경험은 우리 세계에선 절대로 할 수 없는 일이다. 우리 세계에는 마왕이나 드래곤은 고사하고 마법조차 없는 만큼(어딘가에 『해리포터』 세계의 '호그와트' 같은 곳이 있을 지도 모른다) 판타지 모험과는 거리가 멀기 때문이다. 롤플레잉 게임을 즐기고, 테마 공원이나 메타버스에서 놀 수는 있지만, 거기에서 끝. 우리의 모험은 우리 세계 현실에서 벗어날 수 없다.

판타지 세계에선 그 무엇도 불가능하지 않다. 말을 하고 걸어 다니는 허수아비가 등장하고 동물들과 자유롭게 이야기를 나누며, 양철로 된 나무꾼이 도끼로 나무를 베어낸다. 물론 위험한 마녀와 괴물이 있고 재앙이 밀려올 수도 있지만, 그 상황조차 다른 세계 판타지에서는 즐거운 여정의 일부이다.

근래의 다른 세계 판타지 중엔 주인공에게 특별한 힘을 주는 작품이 많다. 모험을 더욱 흥미롭게 만들기 위한 목적도 있겠지만, '기왕 판타지 세계이니 마법 정도는 맘대로 써 보자.'라는 마음이 더 강할 것이다. 그 결과, 그 세계의 모든 것을 무의미하게 만들어버리기도 한다.

'판타지 세계에서 마음대로 활동하고 싶다'라는 마음이 지나치게 강해진 결과, 그냥 장난감을 갖고 놀듯이 세계를 뒤흔든다. 개미집을 발견하여 개미집에 물을 붓거나 막대기로 쑤시는 느낌으로 세계를 내 맘대로 만들어버리는 것이다. 이런 이야기가 나쁜 것은 아니다. 그 역시 재미있는 판타지니까. 하지만 관점을 바꾸면 어떻게 될까? 가령 우리 세계에 마법을 쓰는 누군가가 나타나서 세상을 맘대로 휘젓는다면?

다른 세계 판타지는 마법이 존재하는 신비하고 흥미로운 세계를 모험하는 이야기이다. 우리 세계가 아닌 만큼 더욱 맘대로 활동할 수 있는 그 세계에서는 그야말로 테마 공원처럼 즐거운 탐험의 기회를 만끽할 수 있다. 그래서 인기를 끄는 것일지도 모른다.

다른 세계 판타지를 통해서 다양한 판타지 세계를 모험하는 건 정말로 즐거운 일이다. 하지만, 한 번쯤은 그 세계에 살아가는 사람에 대해서 생각해 보면 어떨까? 가령 오즈 세계에서 살아가는 사람들의 관점에서 도로시를 바라본다면? 어쩌면 여기에서 또 다른 재미를 맛볼 수 있을지도 모른다. '세상은 정말로 다채롭고, 다양한 가능성이 있다'는 생각과 함께 말이다.

『피터팬과 웬디』의 1911년판 표지
신비한 세계 네버랜드의 모험담 피터팬 시리즈에서는 피터팬이 놀라운 힘으로 악당에 맞선다.

읽을거리 다른 세계 여정의 형태와 특성

다른 세계 모험물은 그 방법에 따라, 전이, 전생, 소환, 유랑, 빙의 같은 다양한 패턴이 있다. 이야기에 따라 환상 세계에 갔다가 돌아오기도 하고 그 세계에 머물기도 하는데, 『귀환병 이야기』(이수영)처럼 환상 세계에서 돌아온 사람에게 초점을 맞추거나, 『알바뛰는 마왕님!』(와가하라 사토시)처럼 환상 세계에서 우리 세계에 온 인물 이야기를 펼쳐내기도 한다. 아예 환상 세계와 연결되어 두 세계 간의 문화적 충돌이 일어나는 얘기도 있다. 아래 패턴은 이중 대표적 사례로 여러 가지가 뒤섞이는 등 특별한 사례도 많다.

판타지를 무대로 한 다른 세계 모험물은, 판타지 세계에 현대 기술과 문명을 전파하고 가르치는 모습이 자주 나온다. 판타지 세계 사람들이 주인공의 요리에 열광하거나 주인공을 신성시하는 모습을 보이는 장면이 많은데, 이는 주인공이 손쉽게 성공하는 모습을 통해 사이다 같은 느낌을 주기 위함이겠지만, '야만적이고 미개한 존재들을 가르쳐야 한다.'라는 문화식민지주의, 특히 일찍이 『로빈슨 크루소』 같은 작품으로 거슬러 올라가는 '마이티 화이티[5]' 전통과 일맥상통하다는 비판도 있다. 판타지 세계의 문화적 다양성을 무시하고 일방적인 미의식을 강요한다는 것도 한 가지 비판점.

마법과 특수한 기술이 있는 판타지 세계는 우리보다 나은 무언가가 있을지도 모른다. 가령 모든 상처를 순식간에 고쳐주는 마법약은 현대 의학을 초월하며, 한순간에 냉동식품을 만들 수 있는 얼음 마법이 있다면 수천 년 전부터 아이스크림이 유행하며 발전했을 수도 있다. 주인공이 자신의 지식으로 무쌍을 펼치는 이야기도 좋지만, 반대로 뛰어난 문명을 지닌 세계에서 본래의 삶보다 더욱 즐겁게 살아가는 것도 재미있을 것이다.

5 마이티 화이티(Mighty Whitey) – 우월한 백인이 백인이 아닌 자들의 세계에서 왕이나 신 같은 존재로 군림하는 이야기. 보통 야만적인 유색인종 세계를 문명적인 백인이 구원하고 지도하고 이끈다는 설정이 많다.

전이	상황	사고 등으로 육신 그대로 이동
	전개	폭력과 야만의 세계에 떨어진 문명인 표류물[『걸리버 여행기』(조너선 스위프트)], 현대기술 활용
	특이	전이 중 특별한 힘/새로운 외형을 얻기도 한다.
소환	상황	신/국가의 목적으로 육신 그대로 소환
	전개	영웅으로서 소환(게임 「울티마」) 노예로서 쓸모 영웅으로 소환 – 실제론 음모
	특이	특별한 힘을 얻는 사례가 많다.
전생 (환생)	상황	기억을 가진 채로 다시 태어남
	전개	새로운 가족, 새로운 신분, 새로운 외형 학습할 시간을 얻어 새로운 삶에 적응이 쉽다. 전생의 꿈(목표 성취/슬로우 라이프 등)을 추구
	특이	인간 외 존재(슬라임, 거미 등)로 환생 → 인간의 몸을 얻음
유랑	상황	목적 없이 방랑/목적지를 향해 다양한 세계를 여행
	전개	다양한 세계, 다양한 만남, 다양한 이야기 [『은하철도의 밤』(미야자와 겐지)] 다양한 세계 보여주기 → 주인공은 관찰자?
	특이	다른 세계 = 손쉽게 오가지 못하기 위한 장치?
빙의	상황	영혼/정신/기억만 다른 세계 존재에 빙의
	전개	정신과 육체의 괴리, 당혹감과 만능감 [『드래곤과 조지』(고든R.딕슨) 드래곤 몸에 빙의 → 나는 법을 모름 → 나는 데 열중하여 근육통]
	특이	본래 존재의 영혼/정신/기억이 공존 → 혼란과 충돌
연결	상황	SF/판타지 기술로 두 세계가 정기적/상시적으로 연결
	전개	1) 문명의 충돌과 전쟁(『우주전쟁』(H.G.웰스) 2) 문명의 이기 – 냉장고와 현대 식자재/요리기구/요리법, 스마트폰, 인터넷 쇼핑... [『이세계 식당』(이누즈카준페이), 『터무니없는 스킬로 이세계방랑밥』(에구치렌)]
	특이	마법 문명 → 현대 문명의 가능성

판타지 칼럼

판타지의 지도와 장소들

1. 괴수로 가득한 고대 바다로의 이정표, 카르타 마리나

여기 한 장의 지도가 있다. 카르타 마리나 엣 데스크립티오 셉텐트리오날리움 테라룸(Carta marina et descriptio septentrionalium terrarum, 북부 지역의 영토를 표시한 해도), 줄여서 카르타 마리나(Carta marina)라고 부르는 이 지도는 16세기 스웨덴의 교회에서 만들어진 북유럽의 인근 지역을 표현한 지도이다.

프톨레마이오스의 『지리』를 비롯하여 다양한 자료를 모으고, 자기 경험에 선원들의 설명을 덧붙여서 이 지도를 완성하는 데 자그마치 12년이 걸렸다고 한다. 1539년에 베네치아에서 인쇄되었지만, 오랜 기간 잊혔다가 19세기 말 한 도서관에서 사본을 찾아 소개되었다.

다양한 자료를 모아서 만든 이 지도는 16세기에, 그것도 자료와 남의 설명만을 모아서 만들었다는 것으로는 상상하기 힘들 정도로 자세한 내용을 담고 있지만, 여기서 가장 흥미로운 것은 지형이나 도시 같은 것이 아니라, 지도 곳곳의 바다에 가득한 괴물의 모습이다. 이 지도의 육지에도 온갖 동물이나 가축이 있다. 동물을 잡는 사냥꾼이나 가축을 기르는 사람들의 모습도 생생하게 표현되어 눈길을 끌지만(바이킹의 전통대로 배를 육지로 옮기거나, 얼어붙은 바다를 썰매로 건너는 것처럼 다양한 삶의 모습이 등장해서 참 재미있다), 육지 동물보다는 바다에 가득한 독특한 괴물들이 눈에 띈다.

소용돌이에 휘말린 배뿐 아니라, 괴물에 습격당하는 배. 그중에는 배를 칭칭 감쌀 정도로 큰 바다뱀이나, 배를 한입에 집어삼킬 정도로 거대한 용도 있다. 한 괴물이 다른 괴물을 공격해서 잡아먹거나, 거대한 괴물이 서로 대치하여 맞서는 '괴수 대전'을 연상케 하는 장면도 눈에 띈다. 육지의 호수에도 뱀을 잡아먹는 커다란 새 같은 괴물(?)이 있지만, 바다의 그들은 육지의 맹수나 괴물과는 비교도 안 될 만큼 거대하며 위협적이다. 그야말로 '괴수'라는 말이 딱 어울리는 느낌.

육지는 사람들의 삶으로 가득 차 있지만 바다는 배보다도 괴수로 넘쳐나는 지도. '해도'라고 이름 붙였지만 바닷길이나 육지의 지형보다 바다의 괴수가 더 눈에 띄는 지도. 이 지도는 당시 사람들이 생각하던 바다에 대한 인식을 잘 보여준다.

이 지도가 만들어진 16세기 초반은 탐험의 시대였다. 마젤란[6]이 지구 일주에 성공한 지 불과 20년도 되지 않은 시기. 아스텍이나 잉카 제국 같은 '신대륙'이라 불리는 세계의 거대 왕국이 멸망하고 얼마 되지 않은, 정복이 본격적으로 진행되던 시기였다.

콜럼버스의 항해로부터 100여 년이 지났으니 이제는 바다에 익숙해질 법도 하겠지만, 마젤란조차 이국의 땅에서 숨지고 말았을 정도로

6 페르디난드 마젤란 – 포르투갈 태생의 스페인 탐험가로 최초의 세계 일주를 달성한 사람으로 이름 높지만, 마젤란 자신은 필리핀에서 사망해서 세계 일주를 완수하지 못했고, 실제로 귀환한 것은 1척 남은 빅토리아호의 선장 후안 세바스티안 엘카노를 포함한 18명 뿐이었다.

위험한 시대. 바다는 아직 모험과 희망보다도 절망과 공포로 가득한 세계였다.

스웨덴, 콜럼버스보다 500년 앞서 아메리카를 발견한 바이킹의 후예라도 마찬가지였을 것이다. 제작자가 성직자로서 평생 교회에 살면서, 그리고 수많은 이들의 이야기를 들으며 상상이 부풀어 올랐기 때문이기도 할 것이다. 무엇보다 뱃사람이라는 것은 '과장'을 좋아하는 사람들이기도 했다. 낚시꾼이 놓친 고기를 남에게 얘기할 때마다 크기가 계속 늘어나듯, 뱃사람이 바다의 온갖 일들을 얘기할 때 과장이 뒤섞이는 건 당연한 일. 『천일야화』의 신드바드의 모험처럼 뱃사람의 얘기엔 허풍이 따르게 마련이었다.

바다에는 육지와는 비교할 수 없을 정도로 거대한 동물이 살아간다. '가랑잎 타고 바다를 건너던 코끼리와 고래가 결혼한다'라는 노래가 있지만, 둘의 체격을 비교하면 무리한 일. 크기가 15m에 이르는 대왕오징어를 본 사람이 '크라켄(Kraken)'이란 괴물을 상상한 것도 이상한 일은 아니다.

이 지도는 그 같은 바다에 대한 온갖 상상이 담겨있다. 다채롭고 생생한 괴물의 모습을 보는 것만으로도 다양한 이야기를 떠올리기에 충분하다.

지도는 군사적으로 매우 중요한 자료로서 전쟁의 승패를 가르는 물건이지만, 하지만 동시에 세상을 다스리는 이치를 담은 자료이자, '미지의 세계에 대한 희망'을 품게 하는 지표. 온갖 괴수가 가득하면서도 당대 사람들의 다채로운 삶이 담긴 카르타 마리나는 생생한 북해의 모험을 즐기기에 적합한 모험의 이정표다.

“그리스인이나 라틴인에게 이전에는 알려지지 않은 매우 기이한 자연의 경이로움을 제시하는, 게르만 바다 너머에 있는 북유럽 한랭지의 지도를 더 자세히 설명하는 작은 책”이라는 이탈리어 제목 그대로의, 즐거운 설명서이기도 하다.

카르타 마리나는 바이에른 국립도서관에서 공개하여 위키백과 같은 데서도 쉽게 볼 수 있다. 이따금 이 지도를 들여다보면서 수많은 신비로 가득했던 옛사람들의 바다로 여행을 떠나보는 것은 어떨까?

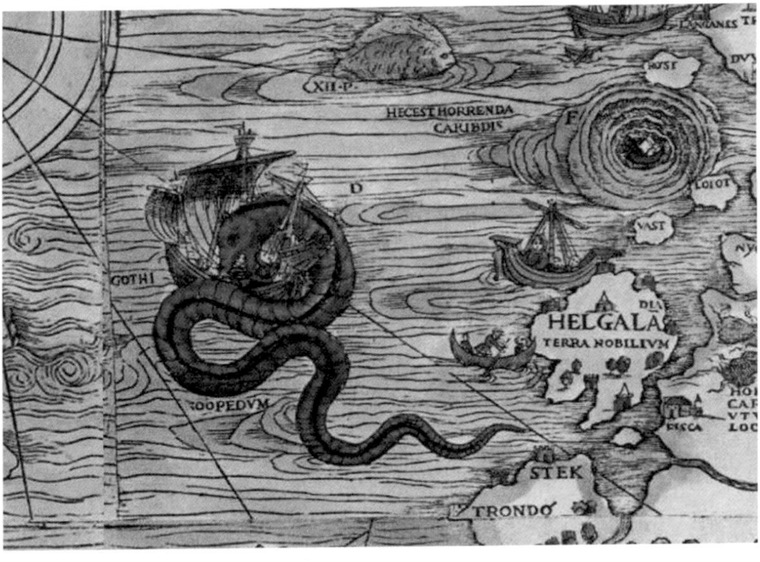

거대한 바다뱀과 소용돌이에 휘말린 배들
카르타 마리나엔 생생한 바다의 신비가 가득하다.

2. 미지의 세계를 향하여, 판타지 지도 읽기

오래전 한 사람이 있었다. 시험 채점을 하다가 우연히 '호빗(Hobbit)'이라는 말을 쓴 그는 자신이 쓴 이 단어가 무엇인지 고민했다. '한 굴에 호빗이 살고 있었다'라는 말을 보고 고민하던 그는 한 장의 그림을 그렸다. 굴이라기에는 훨씬 안락해 보이는 느낌의 저택 입구 같은 장소에서 담배 파이프를 물고 있는 난쟁이의 모습. 그리고 둥글고 거대한 문 너머로 펼쳐진 바깥 풍경.

이렇게 그림을 그리고 나니, 저 바깥 풍경에 무엇이 있을까 궁금해졌다. 특히 언덕을 넘어서 돌아간 길 저편에 과연 어떤 풍경이 펼쳐져 있을지 알고 싶어졌다. 그렇게 생각한 그는 그 세계의 지도를 그리기 시작한다. 여기에서 저기로 가면 무엇이 있고, 저 멀리 거대한 산이 있는데 그 산의 이름을 외로운 산이라고 한다. 그리고 외로운 산에는 한 마리 용이 있는데….

지도를 만들어 나가던 그는 한 명의 난쟁이, 빌보라는 이름의 호빗이 동료들과 함께 그 세계를 여행하는 이야기를 펼쳐내어, 아이들에게 들려주기 시작한다. 훗날 『반지의 제왕』으로 판타지 세계에 큰 영감을 준 작가, J.R.R.톨킨 이야기이다.

톨킨은 "복잡한 이야기를 쓰고 싶다면 반드시 지도를 만들어야 한다. 아니면 나중에 그 이야기에 대한 지도를 결코 만들지 못할 것이다."라고 했다. 톨킨만이 아니다. 오래전부터 이야기를 만드는 이 중에서 많은 사람이 그에 대한 지도를 그렸다. 『나니아 이야기』를 쓴 C.S.루이스를 비롯하여 많은 판타지 작가가 어디에 무엇이 있는지 지도로 그려낸 것은 잘 알려진 사실이다.

지도는 오랜 옛날부터 사람들의 상상을 자극하는 물건이었다. 지도가 군사적, 정치적으로 중요한 물건이라는 것은 말할 필요가 없다. 한 장군은 "내게 정확한 지도를 주면, 나라를 정복해 보이겠다."라고 했다고 했는데, 진실인지 아닌지 모르겠지만 그만큼 지도가 중요한 물건이라는 말이다.

우리나라에서도 지도는 매우 중요한 전략적 자료였다. 김정호가 멋대로 『대동여지도』를 만들어서 감옥에 갇혀 죽었다는 이야기가 존재했을 정도이니 말이다(훗날 일제강점기 때 일본의 역사학자들이 만들어낸 얘기로 진실이 아니다).

『대동여지도』와 관련해서는 김정호가 전국 각지를 직접 답사했다는 이야기가 있지만, 이 역시 사실은 아니다. 쥘 베른이 파리의 집에 앉아서 세계만이 아니라 우주까지 여행했고, 프랑스의 지리학자 당빌이 역시 프랑스를 한 발짝도 나가지 않고 세계 지도를 그린 것처럼, 김정호 역시 다양한 문물과 상상력 하나만으로 놀라운 지도를 완성했다.

지도는 사람들의 상상을 끌어내는 원천이지만, 『대동여지도』의 사례처럼 지식과 상상력은 동시에 지도를 완성하는 중요한 힘이다. 상상이 지도를 만들고, 다시 지도로부터 이야기를 상상하면서 상상의 세계는 더욱 넓어져 간다.

여기 한 장의 그림이 있다.

폭이 1.4m를 넘어가는 이 그림에는 그야말로 동화에서나 등장할 법한 전설적인 땅들의 모습이 드러난다. 천사와 요정이 돌아다니고, 신비한 천마와 인마들이 뛰어 논다. 바다에는 커다란 범선이 위대한 항해자들을 태우고 질주하며, 산 위엔 커다란 거인들이 바람을 헤치고 걸어다닌다. 전설 속의, 신화 속의 존재들이 행복하게 살아가는 곳이다.

선량하고 평화로운 풍경만 있는 것은 아니다. 산속 동굴에는 수많은 머리를 가진 히드라가 모습을 드러내며, 그 옆에는 세 개의 머리를 가진 지옥의 문지기 개, 케르베로스가 자리 잡고 사람들을 위협한다. 어두운 숲속에 요정이 음모를 꾸미며, 소용돌이가 배를 집어삼킨다. 아서왕의 아발론부터 피터팬의 네버랜드에 이르기까지. 온갖 동화와 전설, 신화 속의 장면이 가득하다.

이처럼 무섭고 위험한 광경과 평화롭고 매력적인 풍경이 함께 존재하는 이 그림을 보면, 자신도 모르게 '이 세계를 가 보고 싶다'라는 마음을 갖게 된다.

「요정 나라의 옛 지도(An ancient mappe of Fairyland)」라는 이름의 이 그림은 1918년, 제1차 세계대전이라는 끔찍한 전쟁이 끝난 직후에 소개되었다. 참혹한 전쟁터와 수많은 사상자의 모습에 질렸던 유럽인에게 이 그림은 어떤 느낌으로 다가왔을까? 잘은 모르겠지만, 분명 마찬가지로 동화 속 요정의 나라를 여행한다는 마음을 느꼈을 것이다. 끔찍한 현실에서 잠시 벗어나 동화 세계의 다채로운 꿈을 노니며, 마음을 치유했을 것이다. J.R.R.톨킨이 제1차 세계대전의 참상 속에서 실마릴리온의 신화를 꿈꾸며 위안을 얻었듯이.

코로나 이후 여행을 할 수 없었던 시기에 가상 현실, 메타버스라는 것이 눈길을 끈 시기가 있었다. 이후 메타버스 인기는 많이 시들해졌지만, 여전히 사람들은 상상의 세계를 꿈꾸며 모험을 떠나고 싶어 한다.

이럴 때는 한 번쯤 상상을 통해 나만의 지도를 만들어보는 것은 어떨까? 아니면 판타지 세계의 다양한 지도를 살펴보며 상상 속의 여행을 해 보는 것은? 분명 거기에서는 나만의 판타지 이야기, 새로운 모험의 가능성이 펼쳐질 것이다.

'여기는 아발론'이란 표시 아래 '기네비아(아서왕의 아내)가 잠든 곳'이 눈에 띈다. 이처럼 온갖 이야기가 이 지도에 담겨 있다.

3. 판타지의 신비한 장소와 도원향 전승

아주 오랜 옛날, 삼국지의 영웅 이야기가 막을 내리고 사마의의 후손이 세운 서진(西晉)이 넓은 중국 땅을 지배하고 있을 때, 무릉이라는 곳에 강에서 물고기를 잡으며 사는 한 어부가 있었다. 어느 날 어부가 물고기를 잡으러 강 위로 올라가던 중, 강에서 복숭아 꽃잎이 내려오는 것을 보았다. 복숭아꽃이 피는 것은 보통 따뜻한 봄날. 주변은 이미 쌀쌀해지고 있던 시기였다. 이상하게 여긴 어부는 강을 따라 더 위로 올라가 복숭아꽃 가득한 계곡을 발견한다. 신기한 마음에 둘러보던 어부는 계곡을 살펴보다 한 동굴에 이른다. 동굴에서는 따스한 기운이 흘러나오고 있었다. 동굴로 들어간 어부는 아름다운 마을을 마주한다.

바깥과 달리 화창한 봄기운으로 가득한 마을, 그곳에는 사람들이 평화롭게 살아가고 있었다. 사람들은 어부를 손님으로 맞이하며 환대해 주었다. 그들과 이야기를 나누던 어부는 깜짝 놀라고 말았다. 그들이 춘추전국시대의 진나라 때부터 살아온 사람들이었기 때문이다. 진나라는 중국을 처음으로 통일했던 진시황제가 다스렸던 나라. 역사도 오래되어 1,000년 가까이 계속되었으니, 어쩌면 이 사람들은 1000년 이상 나이를 먹은 사람들일지도 모르는 일이었다. 그들 자신도 얼마나 시간이 지났는지 모른다고 하니 말이다.

어부는 그들이 궁금하게 여기는 바깥세상 이야기를 들려주고는 좋은 대접을 받고 마을을 떠났다. 그들은 어부에게 자신들의 이야기를 비밀로 해달라고 부탁했지만, 이 신비한 땅이 부러웠던 어부는 다음에도 또 오고 싶어서 돌아오는 길을 표시해 두었다. 그리고 이 이야기를 마을의 관리에게 전했다.

관리는 그 땅에 관심을 가지고 어부에게 부하와 함께 찾아보도록 했다. 하지만 어째서인지 표시가 모두 사라져서 다시는 찾을 수 없었다고 한다.

항상 봄이 계속되고, 복숭아 향기가 가득한 낙원. 사람들은 다시는 찾을 수 없는 이곳을 복숭아 정원의 땅, 도원향이라고 불렀다.

도원향, 또는 무릉도원은 중국에서 말하는 이상향을 말한다. 도원향은 본래 서진 다음에 세워진 한족의 망명 정부, 동진의 시인 도연명의 작품 「도화원기」에 나오는 장소 중 하나이다. 계속되는 전란을 피하여 도망쳐서 근심 걱정 없이 살아간다는 이곳은 오래전부터 중국만이 아니라, 우리나라나 일본 등 아시아 전역에서 극락 같은 낙원으로 여기며 가보고 싶다는 마음을 지녔다. 이러한 마음은 「몽유도원도」 같은 그림으로도 표현되었다. 세종의 셋째 아들 안평대군의 꿈을 바탕으로 했다는 이 그림은, 그처럼 높은 자리에 있는 사람도 도원향 꿈을 꿀 정도로 이곳이 흥미로운 땅이라는 것을 보여준다. 신사임당도 영향을 받았다고 하는 당대의 뛰어난 화가 안견이 그린 이 그림은, 안타깝게도 일본에 넘어가고 말았다.

도원향 이야기는 조선시대에 쓰인 소설, 「무릉도원」에서도 등장한다. 다섯 명의 미인이 혼인하는 이야기라고 하여 「오미인」이라고도 불리는 이 소설에서 주인공들은 역경 끝에 황제의 호감을 사고 잘 살았지만,

훗날 무릉도원으로 들어갔다고 한다.

산속 깊은 곳에 있는, 풍경이 아름답고 영원한 행복을 누릴 수 있는 땅, 도원향은 제임스 힐튼의 소설, 「잃어버린 지평선」에 등장하는 신비한 땅, 샹그릴라와 닮았다. 샹그릴라는 티베트 불교 경전에 등장하는 신비한 불법의 땅, 샹바라에서 영향을 받아 만들어진 가공의 장소다. 소설뿐 아니라 영화로도 소개되면서 서양의 많은 이가 관심을 지녔다고 한다. 신비학에 관심을 품었던 나치 독일에선 조사단을 파견하기도 했다니 재미있는 일이다. 소설에서 창작된 장소였던 샹그릴라를 찾을 수는 없었지만 말이다. 고대 중국의 이야기 속 낙원과 서양 소설 속 이상향이 서로 닮은 것을 보면, 동서양을 가리지 않고 사람들은 비슷한 바람을 지닌 모양이다.

도원향은 토머스 모어의 소설 「유토피아」에 나오는 이상향과도 비교된다. '어디에도 없는 장소'라는 뜻의 '유토피아'는 토머스 모어가 생각한 이상적인 곳이지만, 군대도 있고 노예도 존재한다. 전란을 피해서 떠나 정치나 군대 같은 것은 잊고 평온하게 살아가는 땅 도원향과는 매우 다른 모습이다.

도원향, 샹그릴라, 그리고 유토피아. 세계 각지의 창작물에서 등장하는 이상향은 당시 사람들의 꿈을 반영하고 있다. 평화롭고 싶다는, 행복하고 싶다는 마음 말이다. 특히 전란을 피해 도망친 사람들이 세상을 잊고 평화롭게 살아가는 도원향에선 이민족의 침입으로 힘겨웠던 당시 사람들의 심정을 엿볼 수 있다. 하지만 세상에 도원향은 존재하지 않는다. 인간이 살아가는 곳이라면 어디든 갈등과 분쟁이 있기 때문이다.

때문에 '도원향'을 죽음의 세계로 인식하는 이들도 있다. 다시 말해 어부가 사실은 죽음의 체험을 했다는 인식인데, 이 경우 어부가 그곳을 다시 찾지 못한 이유도 이해할 수 있다.

『아서왕의 전설』에서 반역자인 모드레드와의 싸움에서 큰 상처를 입은 아서왕은 엑스칼리버를 호수에 돌려주도록 한 이후에 신비한 배를 타고 아발론이라는 땅으로 떠났다고 한다. 죽음과 늙음 같은 현실의 고통에서 해방되고 아름다움과 즐거움만이 존재한다는 땅. 황금 사과와 신비한 작물이 자라며, 영원히 마르지 않는 활력의 샘물이 흐르는 아발론은 도원향이나 샹그릴라와 비슷한 느낌이 있다. 아발론은 켈트 신화 속에서 다난 신족(투 어허 데 다난)이 산다는 땅, '티르 나 노그'와 비슷한 곳인데 『반지의 제왕』에서도 신들의 땅으로 비슷한 장소가 설정되었다. 아발론이나 티르 나 노그, 그리고 톨킨 이야기 속 발라와 요정의 땅 아만은 도원향 같은 불멸의 낙원인 동시에 저승 세계라고도 여겨진다.

중국에는 도삭산(度朔山)에 대한 전설이 있다. 푸른 바다 한 가운데 있다는 이 산은 신도(神荼)와 울루(鬱壘)라는 두 명의 신이 다스리는 죽은 자들의 땅인데, 여기에도 삼천리에 걸쳐 가지를 펼치는 거대한 복숭아나무가 있다. 후세의 이야기 중에는 한 상인이 항해 중 조난하여 어떤 나라에 도착했는데, 그곳이 바로 죽은 이들의 땅이었다는 내용도 있다.

흥미로운 것은 죽은 이들의 모습이나 생활은 우리와 차이가 없었지만, 상인이 그곳에 들르자 상인이 지닌 양의 기운 탓에 왕이 병에 걸렸다는 점이다. 무당 덕분이 이 사실을 알게 된 죽은 이들은 푸짐한 술과 음식을 마련하여 상인을 대접하고 떠나보냈다고 한다. 이는 무릉도원이

안평대군의 꿈을 그려낸 「몽유도원도」
왕자처럼 높은 자리의 인물도 도원경을 꿈꾼다는 것을 잘 보여준다.

나 유토피아, 또는 일본의 『우라시마 타로 이야기』에 등장하는 용궁 같은 곳에서 생면부지의 주인공을 환대하는 것과 연결되는 면이 있다. 어부가 무릉도원에 도착하여 사람들이 병에 걸렸다는 이야기는 없지만, 어쩌면 무릉도원 사람들이 음의 기운을 지닌 죽은 이들이기에 어부를 환대하며 빨리 떠나게 권했을지도 모른다.

영원한 봄으로 가득한 도원향은 매력적이지만, 갈등도 다툼도 없는 그곳의 삶이 재미있을지는 알 수 없다. 영원한 봄, 변함없는 평화는 동시에 아무 일도 없는 영원한 정적일 수 있기 때문이다. 봄은 겨울이 있기에 더욱 아름다운 것. 우리가 겨울의 역경을 넘어섰기 때문에 도원향의 봄이 더욱 매력적으로 보이는 것이 아닐까?

정말로 영원한 봄, 늙음도 죽음도 없는 세계가 있다면 이에 대한 대가를 생각해 보는 것도 재미있다. 『동굴의 여왕』이란 이름으로 소개된 헨리 라이더 해거드[7]의 소설 『그녀(She)』에서는 아프리카 깊은 곳에서

7 인디아나 존스를 비롯한 여러 탐험가 캐릭터에 영감을 준 앨런 쿼터메인이 활약하는 『솔로몬왕의 보물』을 비롯하여 주로 아프리카를 배경으로 한 모험물을 만든 작가. 아프리카의 체류 경험을 바탕으로 한 풍부한 묘사와 아프리카의 신비와 매력적인 고대 문명을 흥미롭게 펼쳐낸다.

2천 년에 걸쳐 늙지 않고 군림하는 여왕이 등장한다. 훗날 톨킨의 『반지의 제왕』에 나오는 요정 여왕 갈라드리엘처럼 절대적인 권위를 지닌 여성 캐릭터에 영감을 준, 이 여왕을 만난 주인공들은 그에게 경외감을 느끼며 매료된다. 하지만 마지막에 그는 생명의 불꽃이 위험하지 않음을 보여주고자 불길에 뛰어들었다가 소멸하고 만다.

이는 19세기 말 남성 중심 사회 속에 이토록 강력한 권위의 여성을 퇴장시킬 수밖에 없었던 상황도 있겠지만, 한편으로 아무런 댓가도 없이 얻는 봄이나 젊음은 그만큼 위태로움을 보여준 게 아닐까 생각한다 [작가 자신도 이 캐릭터를 아쉬워했는지 이후 『아샤(Ayesha, 1905)』를 비롯한 여러 편의 속편에서 여왕의 과거와, 부활 이야기를 펼쳐낸다].

읽을거리 환상계의 테마파크를 완성하기 위한 디테일

하이 판타지는 환상 세계의 테마파크이다. 상상으로 만들어낸 세계에서 그 세계만의 체험을 통해 현실과는 다른 즐거움과 재미를 느끼며, 상처받은 정신을 치료하고 마음의 힘을 회복하는 이야기이다.

테마파크의 이모저모를 체험하게 하려면, 이야기만이 아니라 그 세계를 충실하게 느끼게 해야 한다. 디즈니랜드의 건설에 중요한 역할을 했던 이미지니어, '존 핸치의 디테일 4단계'는, 이 같은 환상 세계의 테마파크를 떠올릴 때 훌륭한 이정표가 된다. 여기서 말하는 디테일이란, 단순히 '무서운 분위기다'나 '더러운 느낌이다', '조용하다' 같은 애매한 느낌이 아니라 현재 있는 위치에서 어떤 것이 보이며 그것이 어떤 느낌인지를 구체적으로 떠올리는 것을 말한다.

『반지의 제왕』을 쓴 J.R.R.톨킨을 비롯하여 하이 판타지 대가들은 지도를 그리고 이야기를 연출하면서 단순히 지형이나 이동 경로만 신경 쓴 것이 아니다. 각각의 장소에 무엇이 있으며, 주인공이 그곳을 어떻게 보는지 상상하면서 마치 독자가 '가운데 땅'의 어딘가에 도착하여 보고 있다고 느끼게 해 주었다. 흥미로운 하이 판타지를 연출하고 싶다면, 이 디테일 4단계를 떠올리며 여러분의 캐릭터가 무엇을 보고 있는지 떠올리고 묘사해 보는 것도 좋을 것이다.

디테일 1단계

시골 야외에 서 있는데 숲과 교회 첨탑이 보인다.

디테일 2단계

마을로 들어가 메인 스트리트에 도달한다.
조경 도로, 중앙 분리대, 나무, 벤치가 보인다.

디테일 3단계

인도에 서서 훌륭한 주택을 보고 있다.
색, 질감, 재질, 크기, 건축 스타일 등이 눈에 들어온다.

디테일 4단계

현관으로 다가가 쇠고리를 쥔다.
쇠고리로 문을 두드린다. 금속의 온도, 질감을 느낀다.
오래된 것인지 아닌지, 페인트 칠이 됐는지 칠이 벗겨졌는지가 보인다.

_ 존 핸치의 디테일 4 단계

판타지 칼럼

판타지의 테마파크

1. 판타지의 놀이동산? 던전Dungeon

위험한 유산이 그 모습을 드러내고, 거대한 악의 세력이 세상을 위협한다. 용감한 모험가는 유산을 파괴하고자 위대한 모험에 나서는 것이다. 하지만 눈에 띄는 모든 곳에 적이 도사리고 그들을 기다리고 있다. 거대한 산을 넘어서려는 그들의 계획은 실패하고, 이제 남은 길은 단 하나. 거대한 지하 미궁을 통과하는 방법뿐.

동료들은 불길하다며 걱정하지만, 어느새 다가온 적들이 쫓아온다. 모험가는 급하게 문을 열고 안으로 들어간다. 무엇이 기다리고 있을지도 모르는 어둠의 세계, 던전을 향하여. 과연 그들의 운명은 어떻게 될까?

현실에서는 찾기 힘든 모험가라는 직업이 등장하는 판타지 세계에는 그 밖에도 우리 세계의 중세 유럽과는 다른 여러 요소가 등장한다. 그중에서도 던전은 판타지의 독특한 모험의 장소로 가장 유명하다.

던전은 흔히 지하 미궁이라고 부르는 전설적인 장소를 말한다. 거대한 동굴 같은 곳이지만 자연의 동굴이 아니라 누군가의 손길이 깃든 공간을 뜻한다. 오래전에 누군가가 만들었다가 버려졌거나, 고블린이나 코볼트 같은 괴물들이 살면서 꾸며 놓은 장소이다.

던전에는 동굴만 있는 것은 아니다. 사악한 마법사가 만든 탑이나 유령이 득실대는 마을, 고대인이 세운 건물이 평범하게 지상에 있거나, 공중에 떠 있을 수도 있다. 악마나 괴물이 마법으로 만들어낸 미로 역시 모험가를 유혹하는 던전이다. 던전은 누군가가 오래전에 살았거나 지금 괴물 등이 사는 장소이기 때문에, 때때로 위험한 함정이 도사리고 있다. 자신만의 캐릭터를 만들어서 종이와 연필로 계산하며 진행하는 테이블 탑 롤플레잉 게임의 원조 「던전&드래곤」처럼, 드래곤 같이 무시무시한 괴물이 기다리고 있을지도 모른다.

함정이나 괴물이 없어도, 좁고 어두운 던전은 그냥 걸어 다니는 것만으로도 위험한 장소이다. 어디에서 무엇이 튀어나올지 모르는 상황에서 믿을 수 있는 것은 고작 횃불이나 등불, 아니면 작고 미약한 마법 불빛 정도니까. 21세기 현재에도 동굴 탐사는 위험하기 이를 데 없는데, 중세 판타지 세계라면 더욱 말할 필요도 없을 것이다.

던전이라는 말을 들으면 모험가들은 설레기 시작한다. 왜냐하면 보물이 있을지도 모르기 때문이다. 던전에는 고대인이 남긴 전설의 무기나 아이템이 있을지도 모른다. 괴물들이 모아둔 보물도 무시할 수 없다. 보물을 좋아하기로 유명한 드래곤이라도 있다면, 산더미 같은 황금을 발견할 수도 있다. 던전은 보물을 얻을지도 모르는 공간이지만, 그것만이 모험가들을 유혹하는 것은 아니다. 무엇보다도 '미지의 공간'이라는 사실이 모험가를 유혹하며 그들을 던전으로 이끈다. 언제 누가 만들었을지 모르는 신비한 장소. 지금도 무엇이 있을지 모르는 경이로운 공간. 던전은 '무엇이 있는지 모른다'라는 사실만으로 호기심 가득한 모험가를 끌어들인다.

그래서일까? 판타지 작품에선 던전을 이용해서 모험가를 끌어들여 돈을 번다는 이야기가 적지 않게 등장한다. 놀이동산처럼 입장료를 받거나, 던전에서 필요한 물품을 팔아서 돈을 버는 것이다. 던전 안에 숙소나 상점을 준비해서 폭리를 취하기도 한다. 산꼭대기나 여행지에서 파는 물건이 비싸듯, 던전 안에서도 가격이 비싼 건 당연하기 때문이다.

던전에 도전하는 모험가의 마음 자체가 주인(던전 마스터)의 힘이 되기도 한다. 아니면 모험가들을 보며 즐길 수도 있다. 러닝맨 같은 TV 방송처럼, 오락이 부족한 중세 판타지 세계에선 모험가의 활약과 고생 그 자체가 즐거운 오락이 될 수 있다.

문제는 놀이동산처럼 던전이 늘어날수록 경쟁도 심해진다는 점이다. 모험가의 숫자는 한정되어 있고 그들의 재산도 제한되어 있으니, 입장료가 있는 던전을 들어갈 때는 그만큼 고민하게 마련이다. 던전 마스터로선 어떻게든 그들을 끌어들이고자 더욱 매력적인 던전을 만들기 위해 노력할 수밖에 없다. 보물이 많이 나오거나, 손쉽게 큰돈을 벌게 해준다거나, 심지어 돌파한 성적에 따라서 상금을 줄 수도 있다. 그야말로 놀이동산, 그중에서도 목숨을 걸고 도전하는 극한 스포츠 같은 장소가 되는 것이다.

던전은 위험과 성공이 함께 존재하는 미지의 공간이다. 본래는 어둡고 죽음이 도사리는 끔찍한 장소이자 가능하면 피하고 싶은 불길한 곳이었지만, 언제부터인가 판타지 세계 모험가들의 놀이동산 같은 곳이 되었다. 안전한 공간은 아니다. 던전 마스터가 돈벌이를 위해 만든 곳이

던전 마스터가 되어 매력적인 던전을 제작하는 게임「던전 키퍼」
던전 제작은 게임에서도 재미있는 도전이다.
ⓒEA Mythic, Inc

라도, 까딱하면 목숨을 잃을지도 모르는 위험한 곳이라는 것은 점에는 변함이 없으니까.

오늘도 모험가는 던전에 도전한다. 목숨이라는 칩을 입장료로 걸고서. 왜냐하면 던전은 미지의 공간이며 그 미지라는 말 자체가 호기심 많은 사람을 유혹하니까.

읽을거리 던전 키퍼와 판타지의 던전 시스템

그리스 신화에서 테세우스가 미노타우로스의 던전에 도전한 이래, 던전은 부와 명성을 원하는 이들의 모험 공간이 되었다. 모험가가 주인공인 이야기에서 던전은 보물과 함정이 놓여있고 치명적인 몬스터가 배회하는 도전 장소로 등장한다. 그곳은 누군가 창조하고 완성한 미궁으로서, 주인공은 단지 그곳에 도전하여 돌파하는 것만을 시도할 수밖에 없었다.

불프로그에서 나온 게임 「던전 키퍼」는 이 상황을 바꾸어 놓았다. 「던전 키퍼」에서 플레이어는 용사나 모험가가 아닌 던전 주인, 던전 마스터가 되어 진행한다. 던전 마스터로서 플레이어는 부하 몬스터들에게 던전을 확장하게 명령하고, 보물 창고나 몬스터의 소굴, 훈련소 같은 시설을 세워야 한다. 나아가 새로운 몬스터를 불러내어 훈련시키고, 다양한 함정을 배치한다. 던전을 확장하여 지상에 가까워지면, 어느새 영웅들이 벽을 뚫고 잠입하며, 우리 편 몬스터와 맞서 싸운다. 황금에 눈이 먼 그들은 던전을 없애고자 마스터의 생명이 담긴 던전 하트(Dungeon Heart 던전의 심장)를 노린다[다른 작품에선 보통 던전 코어(Dungeon Core)라 한다].

플레이어는 자기 목숨을 지키기 위해 이들을 막아야 하지만, 던전 마스터의 적은 그들 영웅만 있는 게 아니다. 어딘가 숨어있는 또 다른 던전 마스터도 호시탐탐 플레이어의 던전을 노리기 때문이다. 당연히 그들의 던전을 공격하여 던전 하트를 파괴해야 한다.

던전을 만들고 다양한 몬스터와 함정, 시설로 적을 막고 세계를 정복하는 게임 「던전 키퍼」는 던전 주인이 되어 만드는 재미를 주었고, 마왕이 주인공이 되어 영웅을 기다리는 이야기도 충분히 즐겁다는 것을 느끼게 했다. 나아가 게임 속 던전 같은 상황을 위해선, 이 모험 공간을 디자인하고 유지하는 노력이 필요하다는 것을 보여준다.

현실의 던전이라면 그 안의 몬스터나 보물은 한정되지만, 게임 속 던전은 다르다. 현실 던전은 한번 털리면 비어버리는 탐험물의 왕묘지만, 게임 던전은 끝없이 도전할 수 있는 모험 공간이며 몬스터가 계속 나오고, 금화나 아이템이 마르지 않는 영구 광산이어야 한다.

던전을 무대로 한 작품도 마찬가지다. 소설 『던전에서 만남을 추구하면 안되는 걸까?』(오모리 후지노)에서 새로운 모험가들이 성장할 수 있는 건, 던전에서 몬스터가 계속 태어나기 때문이다. 비록 보물상자가 생겨나진 않지만, 몬스터를 잡을 때 떨어지는 마석과 뿔 같은 소재들이 충분한 값어치를 하기에, 모험가는 계속 활동할 수 있다. 근래의 던전은 게임의 영향을 받아, 몬스터나 자원이 재생되는 장면이 많다. 미끼로 유혹하여 곤충을 잡는 식충식물처럼, 값어치 있는 소재를 지닌 몬스터로 먹이인 모험가를 유혹한다는 설정이 있는데, 이 경우 몬스터나 모험가가 죽으면 순식간에 던전에 흡수되어 사라지는 장면을 자주 볼 수 있다.

레이드/헌터물에선 던전 주인이 자신에게 유리한 미궁을 만드는 설정이 자주 나온다. 특별한 힘을 지닌 존재가 자기에게 유리한 공간을 만들어 적을 유인하는 설정은, 소설『봉신연의』에서 십천군이 사용하는 진법처럼 일찍부터 친숙한 개념인데, 일본 전대물의 OO공간이나 여러 게임 시스템을 통해 대중화되었다.「던전 키퍼」도 무시할 수 없지만 특히 게임「밤이 온다!」와 이에 영향을 받은 TRPG「나이트 위저드」를 통해 체계화되었다. 여기에「월드 오브 워크래프트」 같은 온라인 게임에서 보스와 싸우는 레이드 던전 시스템이 합쳐서 다양한 작품에서 활용되었다[사이버펑크 스타일 근미래 배경의 퇴마 만화『사일런트 메비우스』(아사미야 키아)의 영향도 엿볼 수 있다].

무의식을 반영한 팰리스란 던전으로 독특한 이야기를 보여준「페르소나 5」 몬스터의 던전 생성 시스템을 현대식으로 연출한 게 흥미롭다.

주인이 생성한 던전은 「봉신연의」처럼 다양한 모습으로 펼쳐지는데, 영화 「인셉션」의 꿈 세계나 「페르소나 5」의 팰리스처럼 주인의 무의식을 반영한 느낌을 주는 사례가 많아서 그들에게 유리한 공간이자 약점으로 작용하는 점이 재미있다.

소설 『전생했더니 슬라임이었던 것에 대하여』처럼 주인공이 던전을 운영하며 관리하는 작품도 있다. 이 작품의 몬스터는 마소라는 물질로 만들어지기에 마소 농도를 높여 자연스레 마물이 태어나게 하지만, 보물상자를 채워넣거나 태어난 몬스터에게 아이템을 먹여 몬스터로부터 아이템이 떨어지게 하는 등 작업을 해야 한다. 게다가 때때로 던전 구조를 바꾸고 난이도도 조정하고 있으니 게임의 던전 그대로지만, 이를 위해 주인공과 동료들은 계속해서 던전 관리에 힘쓰고 있다. 그야말로 「던전 키퍼」 같은 느낌. 특별한 능력으로 만들어져 땅을 파거나 할 필요가 없으며, 부활이나 장소 저장 기능도 있다.

「던전 키퍼」는 던전 건설 게임인 동시에 경영 게임이다. 아무것도 없는 공간에 던전을 파서 시설을 세우기 위해 자금이 필요하며 소환해낸 몬스터를 위한 잠자리와 먹거리, 훈련실 같은 것을 준비하는데도 역시 돈이 필요하다. 이 같은 돈은 일꾼 몬스터를 시켜 파낸 황금으로 얻을 수 있지만 금맥의 양이 한정되어 있으니 잘 아껴서 필요한 곳에 써야 한다. 그렇다고 너무 아끼다간 몬스터나 함정이 부족해서 모험가라는 침략자에게 던전이 파괴될지도 모른다.

판타지의 던전은 매력적인 모험 공간이지만, 흥미로운 던전을 위해선 테마파크 설계자 만큼의 노력이 필요하다. 특히 게임이라면, 적당한 난이도를 조정하여 맞추는 노력도 중요하니 말이다.

근래엔 현실의 지구 각지에 던전이 출몰하면서, 현실 세계에 영향을 준다는 설정의 이야기가 눈에 띈다. 던전에서 얻은 물품이나 장비, 힘 등을 현실에서도 쓸 수 있다는 상황이다. 던전에선 평범한 모험가 A인 사람이 현실에선 초인으로 활약하며, 던전에선 흔한 회복약이 현실에선 기적의 물약이 되는 등 영구 광산으로서 던전이 일으키는 혼란을 보여준다. 이 같은 경우가 아니라도 던전은 모험가에게 이질적인 공간이자 기회의 장소인 만큼 다양한 이야기에 활용하기 좋다.

*** 다양한 던전 설정**

여러 가지 던전에 대한 대략적인 설정을 소개한다. 던전의 기원이나 특징에 따라 완전히 다른 무언가 설정을 부여해도 좋다. 나아가 던전을 유지하기 위한 에너지원이나 던전을 구성하는 이유 등, 여러 가지 요소를 더하면 좀 더 흥미로운 던전이 될 수 있다.

현실의 던전	개념	고대 유적, 몬스터 소굴
	목표	마을/무덤/신전 등 생활 장소
	공략법	전체 탐색
	몬스터	외부 유입, 수호자, 악령 등
	보물	유물, 몬스터 소재
	함정/퍼즐	적음(묘지 수호 등 특수 목적에만 설치)
	특징	일회성, 공략 후엔 재생 안 됨
생체 던전	개념	지역형 몬스터 = 식충식물?
	목표	생존 본능–영양(모험가 시체, 정신력 등), 번식 등
	공략법	던전 파괴(심장부 등)
	몬스터	외부 유입(유혹, 기생), 자체 생성(복제/재생)
	보물	몬스터 소재, 죽은 모험가의 유물
	함정/퍼즐	적음. 몬스터가 제작하거나 생체 조직으로 구성 (재생 가능)
	특징	지능이 높아 특수한 목적을 지닌 던전도 있다.
관리 던전	개념	제작 시설 = 테마 파크?
	목표	이익(돈, 에너지), 자랑, 요새/거점, 주거/둥지, 봉인
	공략법	마스터 격파(코어 파괴, 마스터 살해 등)
	몬스터	소환, 고용, 생성(자원 소비)
	보물	몬스터 소재. 보물 상자(관리 필요)
	함정	다수. 사용 후 재설치(관리 필요)
	특징	자동 생성/변형, 부활/저장 등 기능 구현 가능 화장실, 휴게소, 상점 등 편의시설 제공 가능 마스터가 참전하기도 한다.
생성 던전	개념	던전 마스터가 특수한 힘으로 창조한 공간
	목표	요새, 함정, 침공 거점, 시험/시련 장소
	공략법	마스터 격파(주인 살해, 퀴즈 등 목표 달성)
	몬스터	생성, 소환, 고용(자원 소비)
	보물	마스터의 보물/소재, 던전 소멸 결과(공략 자체가 보물) 등

생성 던전	함정	다수의 함정, 자동 재설치 등 가능
	특징	보스 = 마스터/분신 마스터에게 유리한 공간이자, 약점(꿈의 세계) 시간제한이 있는 경우가 많다. 잠입 형태 공략 방법도 있다.

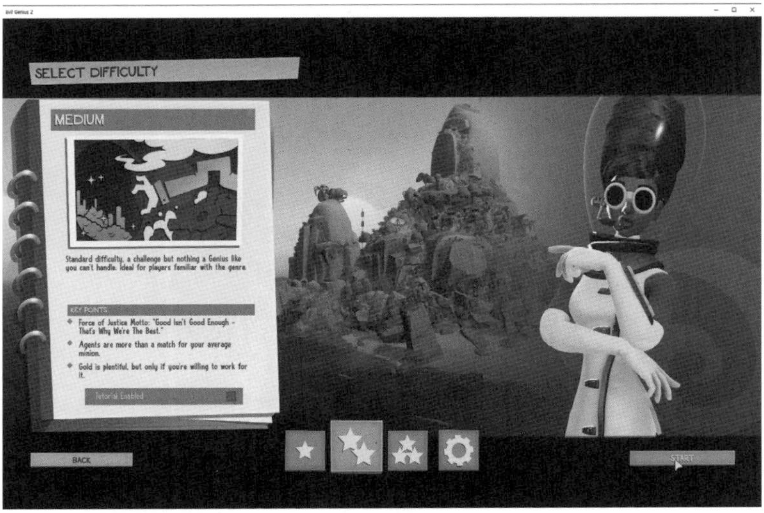

세계 정복을 노리는 악의 조직을 운영하는 「이블 지니어스 2」

이 같은 기지는 007같은 첩보원에 맞서는 SF 설정의 던전으로서 재미있게 활용할 수 있다.

ⓒRebellionGamesStudio

2. 아바타로 출발하는 환상계의 모험, 롤플레잉 게임

일찍이 환상계를 꿈꾼 사람이 있었다. 지구와 비슷하지만 완전히 다른 세계…. 자기가 만들어낸 언어를 쓰고 상상한 종족이 살아가는 환상계를 보고 싶었던 그는 오랜 고민 끝에 자신을 모델로 한 캐릭터를 만들어 환상계로 떠나보냈다. 캐릭터의 눈을 통해 그는 그 세계를 바라보고 느끼며 체험했고 그 이야기를 글로 옮겼다. 캐릭터의 눈으로 세상을 보고, 캐릭터의 입으로 그 세계의 언어를 이야기하고, 그리고 캐릭터를 통해서 세상을 구하는 위대한 여정을 완수하고….

그가 남긴 환상계 여행기는 수많은 이에게 꿈을 전하고, "나도 환상계를 여행하고 싶다"라는 마음을 품게 했다. 그중 대다수는 자신만의 환상계와 그 세계의 모험담을 글로, 또는 그림이나 영화로 펼쳐냈다. 하지만 그중에 조금 특이한 사람들이 있었다. 그들은 자기 마음대로 엮어내는 이야기보다는 정말로 그 세계에서 '모험'을 하고 싶다고 생각했다. 어렵고 복잡한 시련이 눈 앞에 펼쳐지고, 고민 끝에 길을 선택하면서 나아가는 모험. 때로는 실패하고 다시 도전하거나 패배할 수 있는 모험.

이를 위해선 만든 사람 자신도 예측할 수 없는 상황이 진행될 필요가 있었다. 고민 끝에 그들은 규칙이 있는 놀이, 자신들이 좋아하던 보드게임의 규칙을 가져왔다. 주사위를 굴려서 승패를 가르는 규칙, 확률에 따라 패배 가능성도 있는 규칙 말이다.

적을 만나면 전투가 벌어지지만 그 결과는 제작자 자신도 알 수 없다. 모든 것은 적절한 전략과 운, 주사위로 결정되기 때문이다. 심지어 어떤 적이 나타날지조차 주사위로 정할 수 있었다. 그리고 게임을 관리하는 마스터와 게임을 진행하는 플레이어를 나누었다. 이야기의 감추어진 상황은 마스터가 알고 있지만, 이런 상황조차 플레이어의 행동에 따라 달라질 수 있다. 게다가 플레이어가 한 명이 아니라 여러 명이 되면 더욱 복잡해진다. 그리하여 여러 플레이어가 자신의 분신이 되는 캐릭터의 역할(Role)을 맡아 즐기는(Playing) 작품, 롤플레잉 게임(Role Playing Game, RPG)이 탄생했다.

최초의 RPG는 컴퓨터가 아니라 종이와 연필, 그리고 주사위를 이용해서 테이블 위에서 즐기는 것이었다. 여러 플레이어가 테이블에 둘러앉고, 마스터가 자신이 창조한 이야기 상황을 설명한다. 가령 마스터가 "여러분은 홀처럼 보이는 안락한 구멍에 있습니다. 동쪽에는 크고 둥근 녹색 문이 보입니다. 여러분 앞에는 나무 상자가 있고, 신기한 지도를 든 마법사 간달프가 보입니다. 간달프가 여러분에게 지도를 줍니다." 라고 설명한 후에 어떻게 할지를 묻는 것이다.

플레이어의 결정에 따라 모험 상황은 완전히 달라진다. 바로 출발할 수도 있고, 또는 하룻밤 푹 쉬고 다음 날 생각할 수도 있다. 일단 문을 열고 밖으로 나가면 거기에선 어떤 일이 펼쳐질지 모른다. 결말이 정해져 있을지도 모르지만, 거기까지 가는 여정은 자유롭다. 소설이나 영화와 달리 마음대로 결정하여 도전할 수 있는 모험, 다채로운 환상계 여정이 눈 앞에 펼쳐지고 체험한다.

어떤 이야기가 펼쳐질지 예측할 수 없고, 마스터나 플레이어의 판단에 따라 무궁무진한 이야기가 등장할 수 있다. '말이나 약간의 그림'으로만 상황을 알 수 있지만, 그런 만큼 환상계에 대한 상상은 더욱 커지게 마련이다. RPG를 즐긴 이들이 다시금 자신의 이야기를, 그리고 자신만의 환상계를 꿈꾸며 또 다른 모험에 도전한다. 그리고 어떤 이들은 자신의 이야기를 각색하여 소설이나 만화로 소개했다. 일본에서 중세 유럽풍 판타지 창작을 본격적으로 시작한 소설 『로도스도 전기』나 한국의 『드래곤 라자』는 이처럼 RPG에서 영감을 받아 탄생했으며, 지금도 판타지 게임을 무대로 한 작품이 계속 탄생한다.

테이블 위에서 시작된 RPG의 여정은 컴퓨터로 자리를 옮겨 발전했다. 여럿이 함께 즐기는 방식은 아니었고, 자유롭게 선택하기도 힘들어졌지만, 캐릭터를 직접 조작하며 진행하는 모험은 테이블 위의 그것보다 훨씬 방대하고 거창했으며 무엇보다 실감 났다. 그리고 더욱 그럴듯하게 변해갔다.

컴퓨터 통신이 등장하면서 RPG 세계는 더욱 넓어졌다. 수많은 이가 하나의 환상계에 뛰어들어 자신만의 이야기를 펼쳐내기 시작했으니 말이다. 세계 각지에서 수십 명이 거대한 용에 맞서 사투를 벌이고, 수백 명의 전사가 검과 마법을 휘두르며 전장을 질주한다. 플레이어 중엔 병에 시달려 외출할 수 없는 환자나 다리를 못 쓰는 장애인도 있었지만 RPG라는 환상계에선 모두가 전사이자 마법사, 그리고 위대한 모험가가 될 수 있었다.

J.R.R.톨킨은 판타지를 '도피의 문학'이라고 불렀다. 현실에 지친 사람들이 환상계로 피하여 쉴 수 있다는 이야기이다. 하지만 RPG를 통해 환상계는 휴식만이 아니라 '도전과 모험의 공간'이 될 수 있다.

RPG를 통해 우리는 끝없이 시련에 도전하고 이를 극복할 수 있다. 위대한 모험을 마치고 얻는 성취감을 통해 자신감을 가질 수 있고 그러한 성취감은 우리에게 현실에 맞설 수 있는 용기를 준다.

작은 테이블 위에서, 그리고 모니터나 작은 전화기 너머로 펼쳐지는 무수한 모험의 세계…. RPG는 현실에 지친 우리에게 다양한 기회를 제공한다. 나아가 공간과 시간의 제약을 넘어 수많은 이들과 함께 무언가를 이룰 수 있는 또 하나의 환상계이기도 하다.

온갖 문제로 힘겨운 현실…. 가끔은 RPG라는 환상계에 뛰어들어 보는 것은 어떨까? 소설이나 영화와 달리 실패할 수 있는 여정이지만 몇 번이고 다시 도전할 수 있는 그 시련은 우리의 마음을 단련시킨다. 그

어드벤처 게임 「호빗」
초록색 문을 열고 밖으로 나가면, 무엇이 있을지 모르는 상황.
RPG는 우리에게 환상계를 체험하고 모험하는 기회를 준다.
ⓒ1982 Beam Software

리고 새로운 발견과 체험의 기회를 제공하고, '환상계를 향한 꿈'을 더욱 키워줄 것이다.

읽을거리 롤플레잉과 어드벤처, 변화무쌍한 샴쌍둥이

게임은 규칙을 갖춘 놀이이다. 어떻게 해야 점수를 얻으며 어떻게 해야 다음으로 진행하며 어떻게 해야 승리할 수 있는지 여러 가지 규칙을 통해서 상황이 전개되고 진행된다.

소설이나 영화는 어디까지나 창작자의 생각에 따라서 이야기가 전개되며 진행되지만, 게임은 다르다. 플레이어가 결정하고 생각하면서 전개가 진행되고 상황이 연출되기에 플레이라는 내용이 강조된다. 그 결과 게임에서는 플레이 방식에 따라 각기 다른 형태의 게임, 장르가 탄생했다.

처음에 게임 장르는 훨씬 단순했지만, 시간이 흐르면서 여러 게임이 나오고 장르도 다양해졌다. 「던전&드래곤」에서 영향을 받아 시작한 롤플레잉 게임도 그중 하나로 초기의 롤플레잉 게임은, 던전을 돌아다니며 적과 싸우고 돌파하는 내용만을 담고 있었지만, 이후 다양한 게임이 등장하며 여러 가지 모습의 롤플레잉 게임이 탄생했다.

「던전&드래곤」에서 시작된 장르는 크게 롤플레잉 게임과 어드벤처 게임으로 나누어 볼 수 있다. 두 장르는 모두 「던전&드래곤」을 재미있게 했던 사람들이 이를 컴퓨터로 옮기는 과정에서 탄생한 것으로 그 출발점은 같지만, 목적과 방향에서 다른 결과를 낳았다.

1. 어드벤처 게임(Adventure Game)

어드벤처 게임 장르는 윌 크라우더가 만든 텍스트 기반의 게임, 「콜로설 케이브 어드벤처(Colossal Cave Adventure)」에서 시작되었다. 동굴 탐사를 취미로 하는 그는 자식들에게도 동굴 탐사의 재미를 알려주고 싶다는 마음에서 이 게임을 제작했는데, 북미에 있는 콜로설 케이브 탐험을 체험할 수 있도록 했다. 이를 위해 그는 실제 동굴 속의 여러 장소를 글로 묘사하고, 적절한 길을 찾아 동굴을 빠져나가는 형태로 내용을 구성했다. 모험의 재미를 더하고자(동시에 아이들의 흥미를 끌고

자) 그는 드워프나 드래곤 같은 판타지 요소를 더했으며, 이들에게 어떻게 반응할 지를 생각할 필요가 있었다. 영어로 명령을 입력하는 만큼 모험은 자유로워 보였지만, 실제로 탈출할 방법은 어느 정도 정해져 있기에 정답을 찾아 나가는 형태에 가까웠다.

이후 이 게임을 모방한 작품들이 나왔는데 다양한 모험 상황에서 정답을 생각하여 임무를 완수하고 빠져나가는 종류의 게임을 '콜로설 케이브 어드벤처 같은 게임'이라고 불렀고, 여기에서 어드벤처라는 장르가 탄생했다.

어드벤처 게임은 '콜로설 케이브 어드벤처'처럼 주어진 상황에서 적절한 행동을 생각하여 나가는 형태로 진행된다. 게임의 무대를 자유롭게 다닐 수 있는 경우도 있으며, 선택에 따라 다른 전개가 될 수도 있지만 정해진 상황에서 모험을 통해 하나의 스토리를 만드는 느낌이 강했다. 이는 캐릭터를 직접 조종하는 액션 조작으로 상황을 풀어나가는 액션 어드벤처 게임에서도 마찬가지였다. 주어진 상황에서 이야기를 펼쳐내는 어드벤처 게임은, 깊이 있는 스토리를 즐기며 결과를 달성하는 데 초점을 맞추었다.

기술이 발달하면서 그래픽이 향상되고 이야기가 더욱 복잡해지면서, 「라스트 오브 어스」처럼 한 편의 영화를 체험하는 듯한 몰입감을 주거나, 「디트로이트 비컴 휴먼」처럼 선택에 따라서 다양한 시점의 여러 가지 이야기를 보며 생각하게 하기도 한다.

2. 롤플레잉 게임(Role Playing Game)

롤플레잉 게임은, 리처드 게리엇이 만든 「아칼라베스(Akalabeth)」와 그 계승작인 「울티마(Ultima)」, 그리고 서텍 게임의 「위저드리(Wizardy)」를 통해 시작되었다. 일찍부터 「던전&드래곤」에 빠졌던 리처드 게리엇은 주어진 상황에서 자유롭게 모험을 체험하며 캐릭터가 성장하는 점에 가장 큰 매력을 느꼈다.

「아칼라베스」에서 하나의 던전에 들어가 몬스터와 싸우며 나아가는 내용을 연출했던 리처드 게리엇은 「울티마」에선 브라타니아라는 세계를 설정하고 이곳을 자유롭게 다니면서 모험을 체험하는 형태로 제작했다. 어떤 목적을 달성했다는 느낌을 위해, 세계를 위협하는 사악한 마법사를 물리친다는 설정을 주었지만, 이를 달성하기 위한 모험 과정의 정답이 하나로 정해진 것은 아니었다. 캐릭터는 전투 같은 여러 가지 활동을 경험하며 성장했는데, 사용자가 어떻게 진행하는가에 따라 캐릭터의 상황도 바뀔 수 있었다.

「위저드리」에서 중시한 것은 다양한 동료가 일행(파티)를 이루어 목적을 달성하는 경험이었다. 내용은 영주의 의뢰로 사악한 마법사의 던전에서 소중한 부적(Amulet)을 찾아내는 간단한 것이었는데, 다양한 몬스터와 함정으로 만들어진 던전은 플레이어의 실력을 시험하기에 충분할 만큼 어렵고 재미있었다. 다양한 직업의 캐릭터로 파티를 구성하는 만큼 게임을 즐기는 사람마다, 그리고 같은 사람이라도 즐길 때마다 다른 모험을 체험할 수 있었다.

롤플레잉 게임은 던전이나 세계처럼 모험의 무대가 주어지며, 때때로 목적을 주기도 한다. 하나의 모험을 달성하는 것도 중요하지만, 진짜 중요한 것은 모험을 진행하는 과정에서 받은 경험에 따라 제각기 다른 캐릭터로 성장한다는 점이다. 마법이건 칼이건 사악한 마법사를 물리치는 과정에서 캐릭터는 경험에 따라 마법사나 전사 중 하나로 성장한다.

「울티마 4」에서 리처드 게리옷은 전투를 통한 성장만이 아니라, 어떤 경험을 했는가에 따라 캐릭터의 선악이 바뀌며 이것이 다른 캐릭터의 반응과 모험의 진행에 영향을 주게 설정했다. 이에 따라 캐릭터의 방향성만이 아니라 이야기의 성격 자체도 달라질 수 있었다. 흥미로운 점은 '아바타의 과업(Quest of the Avatar)'이란 부제가 달린 이 게임의 진정한 목적이 적을 물리치는 게 아니라, 이 과정을 통해 진정한 미덕을 깨닫는 데 있다는 점이다.

밤낮의 변화를 제공한 「울티마 5」와 같은 해에 나온 「웨이스트랜드(Wasteland)」에선 경험에 따라 캐릭터만이 아니라 세계도 변화했다. 캐릭터의 경험을 통해 사람들의 반응이 달라질 뿐만 아니라, 마을이 멸망하는 등 상황이 바뀔 수도 있는 이 게임을 통해 완전히 열려 있는 세계에서 다양한 체험을 하는 오픈월드 게임의 재미를 느꼈다.

롤플레잉 게임은 독특한 설정을 지닌 세계를 무대로 한 다채로운 경험을 통해 캐릭터와 세계가 변화하는 과정을 체험하게 해 주었다. 결과보다는 선택에 따른 경험을 중시하는 롤플레잉 게임에선, 「웨이스트 랜드」처럼 아예 목적조차 없는 게임이 등장하며 자유롭게 가상 현실 세계를 경험하게 해 주었다.

기술이 발달하면서 롤플레잉 게임은 더욱 다채로운 모습으로 변화한다. 「스카이림」처럼 그 세계에서 살아가는 여러 인물들(NPC)과 대화를 나누고 생활을 즐기면서 세상의 이모저모를 파고들 수 있으며, 「젤다의 전설:왕국의 눈물」처럼 풀이나 모닥불 같은 세계의 다양한 것들과 상호작용하며 실제 세상을 돌아다니는 듯 열린 세계를 체험할 수도 있다.

찾아보기

인명

작품명

ㄴ

ㄷ

ㅇ

ㅈ

ㅎ

전홍식 관장의

판타지 도서관

초판 1쇄 인쇄 2024년 06월 15일
초판 1쇄 발행 2024년 06월 20일

지은이 | 전홍식

펴낸이 | 이동섭
편집 | 민소연, 송정환
표지 디자인 | 경놈
내지 디자인 | 박은주
영업·마케팅 | 조정훈, 김려홍
e-BOOK | 홍인표, 최정수, 서찬웅, 김은혜, 정희철
관리 | 이윤미

㈜에이케이커뮤니케이션즈
등록 | 1996년 7월 9일 (제 302-1996-00026 호)
주소 | 08513 서울특별시 금천구 디지털로 178, 1805호
TEL | 02-702-7963~5 FAX : 0303-3440-2024
http: //www.amusementkorea.co.kr

ISBN | 979-11-274-7632-8 03900